Warum Liebe weh tut

사랑은 왜 아픈가

Warum Liebe weh tut: Eine soziologische Erklärung
by Eva Illouz

All rights reserved by the proprietor throughout the world
in the case of brief quotations embodied in critical articles or reviews.

Korean Translation Copyright ⓒ 2013 by Dolbegae Publishing Co., Gyeonggi-do
Copyright ⓒ 2011 by Suhrkamp Verlag Berlin

This Korean edition is published by arrangement with
Suhrkamp Verlag, Berlin through Bestun Korea Literary Agency Co, Seoul.

이 책의 한국어판 저작권은 베스툰 코리아 출판 에이전시를 통해
저작권자와 맺은 독점계약으로 주식회사 돌베개에 있습니다.
저작권법에 의해 한국 내에서 보호를 받는 저작물이므로
무단전재와 무단복제, 광전자 매체 수록 등을 금합니다.

사랑은 왜 아픈가
사랑의 사회학

에바 일루즈 지음 | 김희상 옮김

2013년 6월 24일 초판 1쇄 발행
2023년 6월 15일 초판 11쇄 발행

펴낸이 한철희 | 펴낸곳 돌베개 | 등록 1979년 8월 25일 제406-2003-000018호
주소 (10881) 경기도 파주시 회동길 77-20 (문발동)
전화 (031) 955-5020 | 팩스 (031) 955-5050
홈페이지 www.dolbegae.co.kr | 전자우편 book@dolbegae.co.kr
블로그 blog.naver.com/imdol79 | 트위터 @Dolbegae79 | 페이스북 /dolbegae

책임편집 소은주
디자인 기획 오필민 | 본문디자인 이은정·박정영
마케팅 심찬식·고운성·조원형 | 제작·관리 윤국중·이수민 | 인쇄·제본 영신사

ISBN 978-89-7199-549-5 (03300)
책값은 뒤표지에 있습니다.

이 도서의 국립중앙도서관 출판시도서목록(CIP)은 e-CIP 홈페이지
(http://www.nl.go.kr/ecip)에서 이용하실 수 있습니다(CIP제어번호: CIP2013008955).

사랑은 왜 아픈가

사랑의 사회학

에바 일루즈 지음 | 김희상 옮김

내 작품은 차가움과는 거리가 먼 처녀가 읽었으면 좋겠네,
그 달콤한 심장에 청년이 불을 붙인 처녀가,
아무것도 모르고 첫사랑의 열병을 앓으면서.
내 화살에 상처받은 어떤 청년은 내 작품에 나타난 증상이
자기 자신의 열정을 그대로 반영하는 것을 알아차리고 놀라 외치네.
내가 겪는 아픔을 누가 이 작가에게 알려주었는가?

— 오비디우스, 『아모레스』

차례

● 프롤로그 사랑은 왜 아파야만 하는가? ─── 9
현대란 무엇인가? 21 ● 현대 안에서의 사랑, 현대로서의 사랑 27 ● 우리는 왜 사회학을 필요로 하는가 32 ● 사회학과 심적 고통 35

1 사랑의 일대 전환 결혼시장의 형성 ─── 41
낭만적 선택의 성격과 그 도덕생태 48 ● 사랑의 거대한 전환, 결혼시장의 형성 83 ● 신분 상승의 새로운 기준, 성적 매력 114

2 낭만적 선택의 새로운 아키텍처 ─── 117
여성의 신중함에서 남성의 거리두기까지 124 ● 남성성 그리고 신의의 종말 143 ● 섹스의 배타적 독점전략 148 ● 쾌락에 물든 관계공포증 157 ● 관계맺음의 의지를 잃은 사람들 173 ● 낭만적 선택의 새로운 아키텍처 또는 의지의 해체 179 ● 약속 지키기와 현대의 선택 아키텍처 194 ● 섹스 과잉과 감정불평등 201 ● 즉흥적 섹스와 자유의 아포리아 209

3 인정받고 싶은 욕구 자아의 사랑과 상처 ─── 213
사랑은 왜 좋은 느낌을 줄까 217 ● 계급 인정에서 자아 인정으로 220 ● 사랑 중독 혹은 인정 욕구 그리고 존재론적 불안 238 ● 인정 대 자율 254 ● 자기사랑에서 자책에 이르기까지 275 ● 자책감의 도덕구조 287 ● 잃어버린 확실성 298

4 사랑, 이성, 아이러니 —— 301

마법에 걸린 사랑 308 • 과학이 되어버린 사랑 315 • 정치적 해방으로서의 합리화 329 • 선택의 기술 342 • 에로스, 아이러니 357 • 사라진 사랑 380

5 낭만적 상상에서 실망으로 —— 383

상상력, 사랑 387 • 허구적 감정의 의미와 특징 406 • 우리는 왜 실망하게 되었는가 417 • 상상력과 인터넷 438 • 그 자체가 목적이 되어버린 욕구 447 • 모나드의 상상력 놀이 454

• **에필로그 사랑에 필요한 새로운 형식** —— 457

· 감사의 말 476
· 옮긴이의 말 478
· 주 488
· 참고문헌 528
· 찾아보기 552

일러두기

1. 이 책은 Eva Illouz의 *Warum Liebe weh tut: Eine soziologische Erklärung*(2011)을 우리말로 옮긴 것이다.
2. 본문의 각주 가운데 ■는 지은이의 것이고 ●는 옮긴이가 독자의 이해를 돕고자 단 것이다. 다만 본문에 등장하는 수많은 인물을 옮긴이가 일일이 조사했지만 자세한 정보를 알 길이 없어 소개하지 못한 경우가 많았음을 밝혀둔다. 미주는 모두 지은이가 단 것이며, 그중 옮긴이가 덧붙여 설명한 부분에 한해 괄호 안에 '―옮긴이'로 표시했다.
3. 본문과 인용문의 굵은 글씨 부분은 모두 지은이 에바 일루즈가 강조한 것이다. 또 인용문에서 대괄호([ ])에 넣은 내용 역시 지은이가 달았으며, 옮긴이가 설명을 덧붙인 경우에는 중괄호({ }) 안에 넣었다.
4. 옮긴이의 번역어 가운데 '근대'는 18세기와 19세기 말까지를, '현대'는 20세기 이후를 가리킨다.
5. 단행본과 정기간행물에는 겹낫표(『 』)를, 칼럼·단편·시 등에는 낫표(「 」)를 영화·드라마·방송 프로그램 등에는 홑꺾쇠(〈 〉)를 썼다.
6. 외국 인명, 지명, 작품명 등은 국립국어원의 외래어 표기법과 용례를 따랐다. 다만 이미 국내에 출간된 책이 있는 경우는 그 선례에 따랐다. 모든 외국 서적은 독자의 이해를 돕기 위해 제목에 한해서만 맨 처음 나올 때 번역문을 병기하고 나머지는 원문을 적었다. 단, 국내에 번역 출간된 책은 번역서 제목을 그대로 썼다.

프롤로그

사랑은 왜 아파야만 하는가?

축복받는 사랑은 드물다. 현재 경험하는 만족스러운 사랑,
짧은 순간의 충만함에는 바닥에 팽개쳐지는 아픈 사랑의 경험이
열 가지도 넘게 따른다. 사랑 이후에는 더욱 오래가는 아픔의 '질곡'이 이어진다.
당사자를 자주 파멸의 구렁텅이로 내몰거나 적어도 냉소적 감정을 일으킨다.
다시 사랑하는 것을 어렵게 하거나 아예 불가능하게 만든다.
이런 아픔이 사랑의 과정 그 자체에 내재하는 게 아니라면, 대체 왜 그런 것일까?

— 슐라미스 파이어스톤[1]

『폭풍의 언덕』은 사랑을 고통스러울 만큼 괴로운 감정으로 묘사하는 오랜 문학전통이 낳은 소설이다. 히스클리프와 캐서린은 이 작품에서 명성을 떨친 남녀 주인공이다. 함께 성장하며 뜨거운 사랑을 키웠는데도 캐서린은 히스클리프가 아닌 에드거 린턴과 결혼하기로 결심한다. 사회적 신분이 높은 에드거가 더 나은 남편감이라 여긴 탓이다. 히스클리프와 결혼하는 것은 자신의 품위와 맞지 않는다는 캐서린의 말을 우연히 엿들은 히스클리프는 낙담한 채 집을 나가버린다. 캐서린은 들판을 헤매지만 끝내 히스클리프를 찾지 못하자 죽을 정도로 심한 병을 앓는다.

　보바리 부인 역시 악명 높은 여주인공이다. 『보바리 부인』은 훨씬 더 아이러니한 분위기로 낭만적 성품의 여인이 성실하지만 평범하기 그지없는 시골 의사와 이루어가는 불행한 결혼생활을 묘사한다. 이 용렬한 시골 의사는 상류사회를 꿈꾸는 아내의 왕성한 낭만적 상상을 만족시킬 수가 없다. 엠마는 소설을 읽으며 꿈꿔온 낭만적인 주인공을 늠름한 지주 로돌프 불랑제라는 인물에서 찾았다고 믿는다. 3년에 걸친 은밀한 만남 끝에 두 사람은 함께 도망가기로 결심한다. 그러나 엠마는 운명의 그날, 약속을 깨겠다는 로돌프의 편지를 받는다. 비록 화자는 여주인공의 낭만적 감정을 대부분 비꼬듯 묘사하지만 엠마가 느끼는 고통만큼은 온전한 공감을 담아 묘사한다.

엠마는 창틀에 기대어 분노로 일그러진 표정으로 편지를 거듭 읽었다. 그러나 편지에 집중하면 할수록 생각은 혼란스러워졌다. 그녀는 머릿속에서 애인을 보았다. 그의 목소리를 들었다. 자기도 모르게 남자를 격정적으로 끌어당겼다. 가슴속에서 심장은 망치질하듯 갈수록 빠르게 뛰었다. 심장 뛰는 소리는 더욱 빨라지며 불규칙적이 되었다. 세상이 아예 무너져버렸으면 하는 갈망이 꿈틀거리는 것을 느꼈다. 무얼 위해 더 살 것인가? 새처럼 자유로운 자신이 끝장을 내는 걸 누가 막을까? 창밖으로 머리를 내밀어 보도블록을 노려보며 외쳤다.

"끝내, 끝내자고!"[2]

극단적이기는 하지만 캐서린과 엠마의 아픔은 오늘날을 사는 우리도 이해할 수 있다. 앞으로 이야기하겠지만, 두 여인이 겪는 사랑의 고통은 시대의 흐름과 더불어 내용과 색채 그리고 구성이 변모했다. 우선 두 여인이 고통스럽게 감당해야 했던 사회와 사랑 사이의 갈등은 이제 거의 의미를 잃었다. 오늘날에는 캐서린과 엠마가 사랑을 유일하고도 가장 좋은 선택의 기준으로 삼지 못하도록 방해하는 그 어떤 경제적 장벽이나 금지규범이 없다. 오히려 반대로 사회적 신분이 아니라 심장의 명령을 따르도록 요구하는 게 오늘날 우리가 이해하는 사랑의 기준이다. 두 번째로 눈길을 끄는 변화는 저 우유부단한 캐서린이나 애정 없는 결혼생활에 갇혀버린 엠마가 더는 병에 걸리거나 애인과 도망가거나 죽음의 유혹에 사로잡히지 않고 전문가들에게 도움을 받을 수 있다는 점이다. 심리상담이나 부부관계 치유 코스, 이혼 전문 변호사, 중재 전문가 등이 예비신부나 권태에 빠진 부인의 개인적 딜레마를 집중 조명하고 문제해결의 실마리를 찾아주는 것은 오늘날의 일상이다. 전문가의 도움(보충적 차원의 도움일지라도)이 없어도 오늘날의 엠마나 캐서린은 자신이 품은 사랑의 비밀을 남에게 털어놓으리라. 가장 가깝게는 동성 친구들에게 그러겠지만, 아주 가끔은 인터넷이라는 익명의 공간에서 알게 된 사람들에게도 기댈 수 있다. 이런 사정은 홀로 겪는 고통의 절절한 외로움을 어느 정도 줄여주리라. 욕구와 절망 사이에 가로놓인 깊은 계곡으로 이런저런 말과 자기분석과 우정 어린 충고 혹은 전문가의 조언이 도도한 강물처럼 흘러드는 셈이랄까. 그럼 결국 현대의 캐서린이나 엠마는 아마도 실망에 몸부림은 칠지라도 죽음에 근접하거나 심지어 자살까지 감행할 생각을 품는 일이 거의 없으리라. 오히려 많은 시간을 들여 고민하고 친구나 전문가와 아픔을 나누며 아마도 자신의 어린 시절을 물들였던 아픈 경험(또는 애인의 경험)에서 그 원인을 찾으며 약간의 위로를 얻지 않을까. 그런 아픈 경험을 했다는 사실에서 위안을 얻는다기보다는 일련의 자기치유 기법을 통해 아픔을 넘어설 수 있었다는 점에서 자긍심을 회복한다. 오늘날 사랑의 아픔에는 거의 끝없는 말참견이 이어지는데, 그 원인을 이해해 뿌리 뽑고 싶어하기 때문이다. 병들어 죽거나 자살을 감행하거나 수녀원으로 들어가는 선택은 이제 더는 우리의 문화적 레퍼토리에 속하지 않으며, 그걸 두고 자랑스러워하는 일도 없다. 물론 '포스트모던', 곧 '현대 이후' 혹은 '현대의 끝자락'을 살아가는 우리라고 해서 사랑의 아픔 따위는 전혀 모른다는 뜻에서 하는 말은 아니다. 그러나 사랑의 아픔을 둘러싼 사회구조에 심대한 변화가 일어났다는 주장과는 확실히 맞물려 있는 통찰이다. 이 책은 이런 변화의 본질을 이해하는 일에 몰입하려 한다.

사실 애정관계와 결부된 아픔을 겪지 않는 사람은 오늘날에도 극소수다. 이런 아픔을 우리는 다양한 형태로 겪는다. 동화 속 왕자나 공주를 찾느라 너무 많은 개구리에게 입을 맞추었다거나 인터넷에서 짝찾기라는 시시포스의 허망한 노력을 되풀이한다거나 술집이나 파티를 찾거나 이른바 '소개팅' 끝에 홀로 외로이 집으로 돌아오며 우리는 쓰라린 가슴을 달래곤 한다. 일단 관계가 맺어졌다 하더라도 고통은 끝나지 않는다. 이내 열기가 식어버린다거나 정말 이런 관계를 계속 이어가도 좋은지 두렵다거나 심지어 끓어오르는 분노를 참을 수 없는 경우가 허다하다. 그래서 서로 할퀴며 싸움과 갈등을 반복한 끝에 결국 헤어지고 갈라섬으로써 낙담하고 번민하며 우울증을 앓기도 한다. 그리고 이런 것은 사랑을 찾아 나서는 일이 왜 현대의 남성과 여성 대다수에게 지독한 아픔을 안겨주는 경험인지 설명할 수 있는 가능성들 가운데 몇 가지에 지나지 않는다. 여성 사회학자인 내가 사랑을 희구하는 사람들의 생생한 목소리를 듣게 된다면, 그것은 아마도 한숨과 탄식이 뒤섞인 장황하고 구슬픈 넋두리이리라.

사랑의 아픔은 아주 널리 퍼져 있고 아무한테서나 찾아볼 수 있을 정도로 모든 집단에서 공통적인데도 우리 문화는 그 원인을 개인의 정서미숙 혹은 정서장애에서 찾으려 고집한다. 헤아릴 수 없이 많은 자기치유 목적의 책자와 강연 등은 우리의 잠재의식에 숨어 있는 좌절감이 작용하는 방식에 주목하게 함으로써 애정생활을 더욱 잘 이뤄가도록 도와주려는 데 초점을 맞춘다. 우리를 물들인 '프로이트 문화'는 성적 매력이 어린 시절의 경험을 통해 가장 잘 설명될 수 있으며, 어떤 사랑을 선호하는가 하는 태도는 부모와 자식 사이에서 일찌감치 형성된다는 주장을 강력히 내세운다. 가정이 에로스 생활을 결정짓는 척도라는 프로이트 식의 논점이야말로 우리가 사랑을 찾고 지키는 일에서 왜 그리고 어떻게 실패하느냐 하는 물음의 주된 설명으로 당연하게 여겨지고 있는 셈이다. 심지어 앞뒤가 잘 맞지 않는 내용에도 '프로이트 문화'는 꺼떡없이, 우리의 짝이 우리 부모와 닮았든 말든 우리 자신의 어린 시절 경험이 직접적으로 반영된 결과물이라는 주장까지 서슴지 않는다. 내 아내 혹은 남편이 부모와 닮은 구석이 전혀 없어도 그렇다? 아무튼 어린 시절의 경험이야말로 우리 애정의 운명을 설명할 수 있는 열쇠라는 게 '프로이트 문화'의 흔들림 없는 바탕이다. 프로이트는 "반복강박"*이라는 관점으로 한걸음 더 나아가 유아기의 상실체험은 그게 아무리 고통스러울지라도 우리가 성인으로 살아가는 내내 되풀이됨으로써 극복될 수 있다고 주장한다. 이런 착상은 사랑의 아픔을 성숙과정의 치유 차원으로 끌어올림으로써 그 아픔을 일반적으로 파악하고 치료하는 데 엄청난 영향을 미쳤다. 더욱이 '프로이트 문화'는 사랑의 고통이 전체 맥락에서 크게 볼 때 피할 수 없으며 스스로 불러들인 화근이라는 은근한 암시까지 서슴지 않는다.

이런 이론을 널리 퍼뜨리고, 사랑과 그 좌절이 개인의 심리발달 역사를 통해 설명될 수 있으며, 결과적으로 개인이 책임질 수밖에 없는 문제라는 주장(여기에 과학적 정당성을 부여하려는 의도)을 내세운 책임은 특히 임상심리학에 있다. 비록 잠재의식이라는 개념이 원래 전통적인 모델, 곧 모든 것을 아는 화자**로부터 출발하는 모델을 폐기하는 쪽으로 방

---

* Wiederholungszwang: 크게 당하고도 매번 똑같은 실수를 반복하는 연쇄적 비극을 두고 프로이트가 표현한 개념.

향을 맞춘 것이기는 했지만, 심리학은 사랑과 에로스의 영역에서 개인에게 모든 책임을 떠넘기는 데 결정적 기여를 하고 말았다. 의도했든 아니든 정신분석과 심리치료는 개인이 주절주절 자기 이야기를 떠벌이게 만드는 기술들의 가공할 만한 무기고를 장만해놓고는 결국 사랑의 고통을 피할 수 없게 스스로 책임지도록 내몰았다.

사랑의 고통은 개인이 자초한 것이라는 생각은 20세기 내내 무시무시할 정도로 괴기한 개선행진을 거듭해왔다. 이는 아마도 그 고통이 극복될 수 있다는 위로의 약속을 심리학이 동시에 제공했기 때문이리라. 고통으로 점철된 사랑의 체험은 끊임없이 심리학적 논평의 대상이 되었고, 일군의 전문가(정신분석가, 심리학자, 모든 종류의 치료사 등)와 출판업계, 방송 등 미디어업계의 다른 분야들까지 들썩이게 만드는 무서운 추동력이었다. 이례적으로 성공을 거둔 이른바 '자기계발산업'은 우리가 겪는 참상이 머리카락 한 올 어긋남 없이 심리발달의 역사와 정확히 맞아떨어진다는 뿌리 깊은 확신, 이야기를 털어놓고 자신의 자아를 깨닫는 게 치유에 도움이 된다는 굳은 믿음, 고통의 원인을 알아내고 그 모델을 그려보는 게 그 극복에 힘을 실어준다는 신념 등을 바탕에 깔고서야 가능했다. 이제 사랑의 고통은 오로지 자아와 개인의 심리변화 여정 그리고 그 고통을 꾸미는 능력에만 초점을 맞춘 문제로 전락하고 말았다.

마침 우리는 그 '개인의 책임'이 무한정 강조되는 시대를 살고 있는 탓에 사회학은 예나 지금이나 결코 포기될 수 없는 생생한 과제를 떠맡았다. 19세기 말엽 빈곤이 허약한 성격이나 타락한 도덕에서 비롯된

•• 여기서 '모든 것을 아는 화자'라는 표현은 전지전능한 신을 염두에 둔 것으로 보인다.

게 아니라 체계적 경제착취의 결과라는 파격적인 주장이 대두했듯, 오늘날 우리는 개인의 좌절이 우리의 허약한 마음 탓이 아니라 우리가 겪는 그 감정의 변화무쌍함과 갈급함이 사회라는 제도의 질서로부터 강제된 것임을 명확히 직시해야만 한다. 따라서 이 책은 현 시대의 인간관계가 끌어안은 문제에 지금껏 흔히 취해오던 것과는 다른 관점에서 접근해 분석하고자 한다. 어린 시절의 결함이나 자아심리의 부족한 통찰이 아니라 현대인의 자아와 그 정체성을 형성하는 온갖 사회적이고 문화적인 긴장과 모순의 다발에서 문제를 찾아내야 하기 때문이다.

사실 이런 논점은 그 자체로 보면 전혀 새로운 게 아니다. 이미 오래 전부터 페미니스트 여성 저술가와 사상가는, 사랑이야말로 모든 행복의 원천이라는 널리 퍼진 고정관념은 물론이고 우리가 겪는 사랑의 아픔을 개인의 문제로 이해하는 심리학의 태도와도 줄기찬 싸움을 벌여왔다. 대중적으로 전해오는 이야기와는 반대로 사랑은 초월적인 힘을 경험하며 행복을 맛보고 자아를 실현하게 해주는 원천이 아니라고 페미니스트들은 목청을 높였다. 오히려 이들이 보는 사랑은 남성과 여성 사이에 질곡을 낳은 주된 원인 가운데 하나일 따름이다. 또한 사랑은 여성으로 하여금 남성에게 복종하는 것을 감내하게 만드는 일(그래서 "사랑하라!")에 지나지 않는 문화적 관습일 뿐이다. 사랑하는 남자와 여자는 예나 지금이나 각자 성정체성의 분열에 사로잡혀 행동할 뿐이기 때문이다. 시몬 드 보부아르의 유명한 표현에 따르면 사랑의 관계에서 주도권을 쥐는 쪽은 남성인 반면, 여성은 자신을 포기하는 쪽을 택할 뿐이다.[3] 슐라미스 파이어스톤은 자신의 논쟁적인 책 『성의 변증법: 페미니스트 혁명의 사례』에서 한걸음 더 나아간다. 남성이 누리는 사회적 권력과 힘의 원천은 사랑이며, 여성은 이 사랑을 돌보고 가꾸는 일에만 진력한다는 게 그녀의 진단이다. '남성의 지배'라는 건축물을 지은 시멘트가 바로 사랑이라는 뜻이다.[4] 낭만적 사랑은 계급과 성의 차별을 은폐할 뿐 아니라 사실상 이런 차별을 비로소 만들어내는 주범이다. 티그레이스 앳킨슨Ti-Grace Atkinson의 좀더 강렬한 표현에 따르면 낭만적 사랑은 '여성 학대를 위한 심리적 덫'이다.[5] 페미니즘의 이런 관점은 하나 이상의 강점을 명확히 드러낸다. 특히 결정적인 것은 사랑과 섹스가 그 핵심에서는 일종의 권력투쟁이며, 이 싸움에서 늘 승리를 거두는 쪽은 남성이라는 페미니즘의 주장이다. 경제권력과 섹스 주도권은 서로 맞물리며 수렴하기 때문이다. 남성이 자랑하는 섹스 주도권은 사랑의 대상을 고르면서 짝찾기와 낭만적 감정의 표현규칙을 정할 능력을 독점하는 데 뿌리를 둔다. 궁극적으로 남성의 권력은 성의 정체성과 위계질서가 낭만적 감정을 표현하고 경험하면서 재생되고 거꾸로 감정은 더욱 포괄적인 차원에서 경제권력과 정치권력의 차이를 안정화한다는 점에 바탕을 둔다.[6]

그러나 권력을 누가 선점하느냐 하는 문제설정은 그동안 주류를 이뤄온 페미니즘 운동이 사랑을 비판할 때 갖는 결함을 고스란히 드러낸다. 오늘날보다 훨씬 더 가부장이 힘을 발휘하던 시절, 사랑은 남성과 여성의 주체성 문제에서 거의 아무런 역할을 하지 못했다. 문화가 사랑에 더욱 의미를 부여하면서 가정에서 남성의 권력은 강해지는 게 아니라 오히려 약해졌다. 이는 물론 양성兩性 간에 균형을 이루려는 평등사상을 교육해온 결과다. 더구나 페미니즘 이론의 상당 부분은 사랑이든 다른 사회관계든 근본초석은 권력이라는 점을 당연한 전제처럼 깔고 들어간다. 결과적으로 페미니즘 이론은 사랑이 권력 못지않은 근본 추진력이며 눈에 보이지는 않지만 사회관계를 맺어가는 데 강력한 원동력이라는 아주 많은 경험적 사실을 무시해야만 했다. 페미니즘 이론은 여성의 사랑(그리고 사랑받고자 하는 욕구)을 가부장에게만 맞추는 바람에, 왜 사랑이 현대의 '여성과 남성' 모두에게 그토록 강한 영향력을 가지는가 하는 문제를 소홀히 다루고 말았다. 또한 사랑이라는 관념에 내재하는 평등주의 성향을 간과한 탓에 사랑이 가부장주의를 안으로부터 뒤엎을 잠재력을 가졌다는 점도 놓쳤다. 가부장제가 남녀 사이의 관계구조를 설명하는 데 핵심역할을 하는 것은 의심할 여지가 없는 사실이다. 그러나 어째서 이성애가 예나 지금이나 남성과 여성 모두에게 야릇할 정도로 열광을 불러일으키는지 풀어낼 실마리를 제공하는 것 역시 가부장제다. 따라서 가부장이라는 범주만으로는 왜 이상적인 사랑이 현대의 남성과 여성을 그토록 강하게 사로잡는지 남김없이 설명할 수 없다. 이처럼 사랑에 끌리는 것을 두고 '잘못된 의식'이라고 폄훼하는 것은 물음을 던지기도 전에 답부터 내놓는 것이나 다름없다.[7]

나는 이 책에서 사랑의 고통을 낳는 제도적 원인이 무엇인지 묻고자 한다. 그러나 미리 분명히 해둘 것은 사랑의 경험을 그저 간단히 '잘못된 의식'으로 설명하는 방식으로 다루지는 않으리라는 점이다. 나는 왜 사랑이 우리의 행복과 정체성에 그토록 결정적인지 그 원인을 찾아볼 생각이다. 이 원인은 또 사랑이 왜 그토록 어려운 경험인지와도 밀접하게 맞물려 있다. 이 두 원인은 현대인의 자아와 정체성이 어떻게 제도화했는가 하는 문제와 연결된다. 우리는 대개 사랑을 하면서 '후벼 파는 것만 같은 두려움 혹은 불안'을 느끼며, 사랑은 '짜증스러움과 불안함 그리고 불만족스러움이라는 감정'과 맞물려 있는 게 아닌가 하는 의혹을 지우지 못한다. 철학자 해리 프랑크푸르트*의 표현을 그대로 빌려 쓰자면 말이다.[8] 이런 불안의 원인은 현대인의 자아가 사회라는 제도에 '사로잡혔음'을 비춰주며 더욱 강화하는 게 바로 사랑이기 때문이다.[9] 여기서 제도는 물론 경제와 남녀관계를 고스란히 반영한다. 카를 마르크스도 다음과 같은 유명한 말을 남기지 않았던가. "인간은 자신의 역사를 스스로 써나가지만, 자신이 선택한 상황에서 자유롭게 써나가는 게 아니라 이미 주어져 있고 예로부터 전해져온 상황 아래서 쓸 따름이다."[10] 사랑을 하거나 연인에게 토라져 입을 샐쭉하는 것은 우리가 스스로 만들어놓은 게 아닌 상황에 처해 우리가 활용할 수 있는 자원으로 뭐가 있는지 살피고 그 자원이 충분하지 않다고 느낄 때 보이는 행동이다. 그래서 이 책은 자원과 상황을 연구하고자 한다. 이 책을 관통하는 주된 논제는 사랑 자체의 구조에서 무언가 근본적 변화가 일어났다는 점이다. 아주 일반화해서 이야기하자면 이 변화는 사랑의 의지를 이루는 구조의 변화라 할 수 있다. 다시 말해 우리가 원하는 것은 무엇이고, 결국 우리는 원하는 바를 섹스 파트너와 함께 어떻게 이루어가는지, 그 의지의 내용과 실현방식이 변해버린 것이다(1장과 2장). 그리고 사랑 그 자체를 다치게 만드는 것, 곧 우리로 하여금 자신은 무가치한 존재라는 감정을 갖도록 만드는 것도 바뀌었다(3장). 그래서 결과적으로 우리 욕구의 구조, 곧 우리에게 성애와 사랑을 꿈꾸도록 만드는 생각과 감정의 내용이 변화했다(4장과 5장). 의지는 어떤 구조를 가졌으며, 서로 인정하는 일은 어떻게 이루어지고, 욕구는 어떻게 촉발되는가? 이 세 가지 물음이 내가 현대의 사랑에서 일어난 변화를 분석하면서 따라가려는 세 개의 주요 축이다. 내 궁극적 관심은 마르크스

- Harry G. Frankfurt(1929~): 미국의 철학자로 프린스턴 대학교 명예교수이며 윤리학과 실천이론을 주로 연구해왔다.

가 상품을 가지고 했던 작업을 사랑으로 해보려는 데 있다. 사랑은 구체적 사회관계들로 형성되며 산출된다는 점, 사랑은 서로 다른 능력을 가지고 경쟁하는 사람들이 각축을 벌이는 시장에서 순환된다는 점을 보여주고자 한다. 이로써 귀결되는 논점은 몇몇 사람이 그 외 다른 사람들보다 훨씬 뛰어난 능력으로 사랑받을 수 있는 조건을 결정한다는 점이다.

다른 사회학자들과 마찬가지로 나 역시 사랑을 현대라는 변화과정을 이해하는 데 아주 알맞은 소우주로 관찰했다. 그러나 다른 사회학자들과 달리 내가 여기서 하려는 이야기는 감정이 이성을 제압한 영웅적 승리의 역사가 아니다. 또는 성적 착취관계를 이겨낸 성평등의 역사도 아니다. 훨씬 더 다중적인 이야기다.

현대란 무엇인가?

그 어떤 다른 분과학문보다 더 현대라는 것의 의미와 현대가 몰아올 결과를 두고 근심 어린 눈길로 뜨거운 논란을 벌이면서 탄생한 학문이 사회학이다. 카를 마르크스, 막스 베버, 에밀 뒤르켕, 게오르크 지멜 등 모두가 '옛 세상'에서 '새로운 세상'으로 넘어감이 무엇을 뜻하는지 이해하고자 노력했다.* '옛 세상'은 곧 종교, 공동체, 질서, 안정성이다. '새로운 세상'은 숨 가쁠 정도의 변화를 몰아오면서 세속화, 공동체의

• Max Weber(1864~1920): 독일의 사회학자이자 경제학자로 실증주의를 사회과학의 방법으로 제시한 인물이다. Émile Durkheim(1858~1917): 프랑스의 사회학자로 실증주의를 바탕으로 객관적 사회학을 수립했다. Georg Simmel(1858~1918): 독일의 사회학자이자 철학자로 형식사회학의 창시자이며 상대주의 철학을 세운 인물이다.

결속 해체, 갈수록 커지는 평등 요구와 더불어 고통스러울 정도로 불안한 정체성 문제를 불러일으켰다. 19세기 중반에서 20세기 초반까지 평소 겪어보지 못한 과도기 이후 사회학은 늘 다음과 같은 버거운 물음들과 씨름해왔다. 종교와 공동체가 의미를 잃어버림으로써 사회질서가 위협받지 않을까? 거룩함의 차원 없이도 우리는 의미로 충만한 인생을 살 수 있을까? 특히 도스토옙스키와 톨스토이가 던진 물음들은 막스 베버로 하여금 밤잠을 이루지 못하게 만들었다. 더는 신을 두려워하지 않는다면 무엇이 우리를 도덕적으로 만들까? 종교와 공동체의 결속에 이제 누구도 아무런 의무감을 갖지 않는다면, 대체 무엇이 우리 인생에 의미를 부여할까? 신 대신 개인이 도덕의 중심에 선다면, 종교가 지녔던 저 원동력, 곧 '형제애 윤리'는 어찌될 것인가?[11] 사실 처음부터 사회학의 과제는 종교의 몰락 이후 인생의 의미를 어디서 찾아야 좋을까 하는 물음의 답을 찾는 것이었다.

사회학자들 대다수는 현대가 가슴 설레는 가능성을 열어주기는 하지만, 또한 의미로 충만한 인생을 살아갈 우리의 능력을 치명적으로 위협할 수 있다는 데 의견을 같이했다. 현대가 무지와 만성적 빈곤 그리고 도처에 만연한 굴종을 퇴치해줄 발달을 의미한다고 주장한 심리학자들조차 아름다운 이야기를 할 수 있는 풍부한 질감의 문화에서 살아갈 능력을 빈곤하게 만드는 것이 현대라는 점은 인정했다. 현대는 인간을 정신 번쩍 들게 만듦으로써, 남루한 인생을 그나마 견딜 수 있게 해준 강력하면서도 달콤한 상상을 비눗방울 불듯 날려버렸다. 공상과 상상이 전혀 없이, 고결한 원칙과 가치를 지키는 의무도 지지 않고, 거룩함을 향한 열정과 황홀감도 없이, 성인의 그 어떤 영웅적 행위도 없이, 신의 율법이 보장해주는 든든함과 정연한 질서도 없이, 그리고 무엇보다도 우리를 위로해주며 세상을 더 아름답게 만드는 그 어떤 시적 상상도 없이 인생을 살아야만 한다는 게 곧 현대였다.

그같이 확 깨게 만드는 각성이 눈을 찌를 정도로 절박하게 다가오는 곳은 서구 유럽 역사에서 수백 년에 걸쳐 기사의 용맹함과 낭만주의를 이상으로 삼았던 '사랑의 왕국' 외에는 그 어디서도 찾아볼 수 없으리라. 늠름한 기사를 이상으로 삼는 남성의 꿈은 용기와 충성심을 가지고 약자를 보호해야 한다는 기사도 정신을 금과옥조처럼 떠받들었다. 이로써 여성의 섬약함은 아예 문화체계의 당연한 일부로 여겨졌다. 이 체계는 남성의 권력과 여성의 섬약함을 사랑받아 마땅한 특성으로 인정하고 미화한다. 섬약함이 한쪽에는 '보호본능'을 일깨우는 것으로, 다른 한쪽에는 온순함과 부드러움을 강제하는 특성으로 자리잡은 셈이다. 따라서 사랑을 한다는 것은 문화가 여성과 남성 각각의 특성으로 규정한 것을 찬미하며 거기에 생생함을 불어넣어주는 행위를 뜻한다. 처음에는 종교에 바탕을 두다가 나중에 낭만주의라는 관념에 의지한 사랑이라는 문화체계는 여성을 미화하면서 단상 위에 세운 반면, 동시에 남자들에게는 용맹과 명예와 부풀려진 자신을 과시하며 단상을 향해 달려갈 기회를 주었다. 이에 따라 사회적으로 열악한 처지에 있던 여성은 남성의 절대적이고 헌신적인 사랑으로 구매되어야만 상류사회로 발돋움할 수 있었다. 그러니까 남자에게 사랑은 자신의 남성다움을 전시하고 과시할 무대였다. 그렇다, 경제와 정치에서는 여성의 권리가 제한되었지만 사랑에서는 남성에게 보호받을 뿐만 아니라 복종해야 한다는 보증을 통해 어느 정도 허락되었다(여기서 보증은 우리가 추정하기에 일종의 보상과 같다). 그러므로 사랑이 역사적으로 여성에게 상당히 유혹적이었다는 사실은 조금도 놀라운 일이 아니다. 사랑은 여성에게 존경

받는 신분을 약속했다. 말하자면 평소 사회에서 누릴 수 없던 지위가 사랑으로 열리는 셈이다. 그리고 사랑은 여성의 사회적 운명을 미화했다. 어머니로, 아내로, 애인으로 다른 이들을 돌보며 사랑하는 것이 여성에게 주어진 당연한 숙명이었다. 이로써 사랑은 대단히 매혹적이었다. 사랑은 남녀관계의 뿌리 깊은 불평등을 가려주는 동시에 이런 불평등이 좀더 그럴싸하게 보이도록 조명했기 때문이다.

이른바 '하이퍼모더니티'hypermodernity 혹은 '현대의 전성기'(여기서는 좁은 의미에서 제1차 세계대전 이후를 뜻함)는 초기 현대의 사회적 경향을 극단화했다. 이 경향은 사랑의 문화와 거기 포함된 성정체성의 경제를 변화로 몰아넣었다. 이 변화는 때로 아주 격심한 양상을 보였다. 현대문화는 이상적인 사랑이란 일상생활을 초월하는 일종의 권력이라고 고집했으며 심지어 강화하기도 했다. 그러나 성의 평등과 섹스의 자유라는 두 가지 정치적 이상이 애정관계의 핵심으로 치고 들어오자, 현대문화는 그때까지 사랑을 감싸고 있던 의례적 경건함과 신비스러운 후광을 벗겨버렸다. 사랑에서 거룩하게 여겨지던 모든 것은 이제 범속한 것으로 변해버렸으며, 마침내 남성은 여성이 살아가는 참된 조건을 냉철하게 바라보도록 강제되었다. 이것이 바로 사랑이 떠안은 깊은 분열상이며 이중적 측면이다. 한편으로는 일상생활을 초월해 현실의 고단함을 잊게 해주는 원천이지만, 다른 한편으로는 성정체성이 맞부딪치며 권력을 놓고 싸우는 각축장이기도 한 게 사랑이다. 그리고 이런 싸움이야말로 현대적 사랑이 갖는 문화적 특징이다. 자신의 고유한 성정체성을 과시하는 동시에 성의 투쟁을 벌여나간다는 것은 곧 제도와 문화의 핵심과 현대의 딜레마를 고스란히 감당해야 한다는 의미다. 여기서 말하는 딜레마란 그 중간지점에 문화와 제도의 핵심동기라 할 수 있는 가치들, 곧 진정성·자율·평등·자유·책무·자아실현이 서 있는 것을 뜻한다. 사랑 연구는 결코 지엽적인 일이 아니며 오히려 현대성의 핵심과 기초를 연구하는 일의 중심이다.■

이성애의 낭만적 사랑이야말로 현대를 바라보는 그런 다중적 관점의 결산을 이끌어내기에 가장 좋은 구경터이다. 지난 40년 동안 우리는 연인관계 안에서 자유와 평등이 철저히 강조되는 것은 물론이고 섹스와 감정이 극단적으로 분열하는 것 역시 목도해왔기 때문이다. 이성애의 낭만적 사랑은 20세기에 일어난 두 가지 가장 중요한 문화적 혁명을 포괄한다. 하나는 생활방식의 철저한 개인주의화이며, 인생을 살아가는 데 자신의 감정을 가장 우선시하는 태도다. 다른 하나는 사회관계의 경제화로 자아와 심지어 그 감정을 꾸미는 일까지 경제모델이 장악했음을 뜻한다.[12] 섹스와 성적 취향은 도덕규범으로부터 해방되었으며, 지극히 개인적인 생활방식과 인생설계의 문제가 되었다. 이는 자본주의 문화의 문법이 권력을 가지고 이성애라는 낭만적 관계의 영역으로 침투해 장악한 결과다.

예를 들어 사랑(특히 이성 사이의 사랑)이 소설의 주제가 된다면, 이것이 다른 주제, 곧 사회적 이동성이라는 주제와 밀접하게 맞물린다는 점을 주목하는 사람은 거의 없다. 하지만 사회적 이동성이라는 주제는 시민사회와 현대사회에서 사랑 못지않게 핵심적인 주제다. 앞서 살펴본 캐서린과 엠마의 사례에서도 분명하게 드러나듯, 소설이 다루는 사랑은 거의 언제나 사회적 이동성이라는 문제와 피할 수 없이 맞물린다. 다

■ 이는 여러 다른 사회학자들, 이를테면 앤서니 기든스Anthony Giddens, 울리히 벡Ulrich Beck, 엘리자베스 벡게른스하임Elisabeth Beck-Gernsheim, 지그문트 바우만Zygmunt Bauman 등의 이론적 관점이기도 하다.

시 말해 소설이 중요하게 다루는 문제들 가운데 하나는 사랑이 사회적 이동성, 곧 신분의 변화를 쟁취할 수 있는지, 할 수 있다면 그 조건은 무엇인지였으며, 지금도 그렇다(나중에 할리우드 영화도 마찬가지다). 거꾸로 말하자면 두 사람의 사회경제적 조건의 합치 가능성이 사랑을 이루기 위한 필수 전제조건을 형성하느냐의 문제일 수도 있다. 바꿔 말해 현대의 개인은 감정적인 동시에 경제적이며, 소설을 읽으며 낭만을 즐기는 동시에 계산적이다. 사정이 이렇게 되어버린 것은 결혼에서 사랑이 차지하던 핵심역할이, 가족 결성의 도구로서 결혼의 비중이 줄어들면서 함께 축소되었기 때문이다. 그리고 사랑은 사회적 이동성을 담당한다는 새로운 역할을 부여받았다. 그럼에도 경제적 계산에 종지부를 찍기는커녕 현실의 사랑은 더욱더 경제적 계산에 매달리는 모습을 보여준다. 남성이든 여성이든 사랑이라는 연금술로 사회적 신분 상승을 꾀하는 일이 잦아진 탓이다. 물론 계산이 꼬여 오히려 몰락하는 경우도 심심치 않게 찾아볼 수 있다. 사랑하기 때문에 결혼한다는 것과 경제와 사회의 종족번식 전략으로서의 결혼이 명확히 맞아떨어지지 않고 형식의 일치도 보기 어렵기 때문에, 현대의 파트너 선택은 감정의 기대는 물론이고 경제적 기대치까지 갈수록 올려놓았다. 이제 사랑은 계산적이고 전략적인 이해관계를 포함하기에 결혼 희망자의 경제상황과 감정기질이 유일한 문화의 형틀로 굳어졌다. 이렇게 짜인 형틀은 판박이 결혼을 찍어낸다. 그러니까 현대와 더불어 일어난 문화적 변화의 핵심 가운데 하나는 사랑이 사회적 이동성을 고려하는 경제적 전략과 뒤섞인 것이다. 이것이 바로 내가 이 책의 주제에 접근하기 전에 방법론에서 미리 몇 가지를 단정 짓고 들어가는 이유이기도 하다. 나는 동성애보다는 이성애에 집중했다. 이성애는 짝을 선택할 때 경제적 동기를 아예 부정하거나 경제와 감정이 마구 뒤섞이기 때문이다. 이 두 측면은 그동안 틈새를 찾아보기 어려울 정도로 조화를 이루었으나, 낭만적 감정이 외부의 강제 없이 저절로 깨지게 하는 일도 잦았다. 사랑과 경제적 계산의 혼합은 현대인의 사랑에 주요한 특징이 되었으며, 현대인이 받아야만 하는 모순적 강제의 중심을 형성했다. 이것이야말로 내가 현대의 사랑을 새롭게 해석하면서 따라가보고 싶은 붉은 실마리˙ 가운데 하나다. 무엇보다도 짝을 찾고 사귀며 구애하는 방식에서 선택의 자유, 합리성, 관심, 경쟁 등이 어느 정도 변화했는지, 또 이때 우리는 자신의 감정을 어떻게 다루며 무슨 결정을 내리는지 보여주고 싶다. 이 책은 또 사랑을 남성보다는 여성의 관점으로 관찰해야 한다고 단정 지었다. 더 정확히 말하자면, 생활방식과 자녀문제에서 중산층이 되는 결혼을 결심하는 여성의 관점으로 사랑을 관찰했다. 앞으로 보여줄 수 있겠지만, 경제적 요구를 어느 정도 만족시키면서도 감정을 소홀히 하지 않으려는 여성의 이런 갈망과 또 자유연애 시장에서 여성의 위치야말로 남성이 여성을 감정적으로 지배해온 행태에 새로운 형식을 불러왔기 때문이다. 그래서 말이지만, 이 책은 대다수 사람에게 의미가 있기는 하겠지만 모두를 위한 것은 아니다.

현대 안에서의 사랑, 현대로서의 사랑

승승장구하는 현대의 개선행진을 이끈 주범으로 흔히 의심을 받는

• 아리아드네가 테세우스에게 미로에서 빠져나오라고 풀어준 붉은 실타래, 즉 문제해결의 열쇠를 상징한다.

것에는 과학지식, 인쇄매체, 자본주의 발달, 세속화와 민주주의 이념의 영향 등이 있다. 반면 감정자아emotional self의 형성은 언급되는 일이 별로 없다. 다른 곳에서 논의했듯[13] 현대가 출현하고 빚어지는 일은 사실상 반성할 줄 아는 감정자아의 출현과 맞물려 있다. 이 자아는 자신의 정체성을 일차적으로 감정의 범주, 곧 자신의 느낌을 관리하고 강화하는 것을 중심으로 이뤄지는 언어를 선택하는 것으로 정의된다. 이 책은 낭만적 사랑이라는 문화의 이상과 현실이 현대의 핵심 안에 뿌리를 내리고 있다는 점, 그리고 무엇보다 개인 각자의 인생에서 전기를 마련해주고 감정자아를 구성하는 데 사랑이 결정적 의미를 갖는다는 점을 밝혀보고자 한다. 일찍이 우테 프레베르트*가 썼듯, "감정은 역사에 의해 만들어지는 것일 뿐만 아니라 [······] 감정이 역사를 써나가기도 한다."[14]

철학자 가브리엘 모츠킨**은 현대에 개인의 자아가 형성되는 오랜 과정에서 사랑이 어떤 역할을 했는지 생각해볼 수 있는 실마리를 제공한다. 그의 논의에 따르면 기독교 신앙(사도 바울의 전통을 따르는 믿음)이 사랑과 희망이라는 감정을 두드러지게 했을 뿐 아니라 핵심가치로 떠받들어 감정자아가 창조되었다(이를테면 지적 자아 혹은 정치적 자아와 달리).[15] 모츠킨은 그 근거로 문화의 세속화 과정이란 다름 아니라 종교적 사랑의 세속화였다는 점을 제시한다. 그리고 종교적 사랑의 세속화는 두 가지 형태를 취했다. 우선, 세속의 사랑을 거룩한 감정으로 변화시켰으며(나중에는

• Ute Frevert(1954~): 독일의 여성 역사학자로 2008년부터 막스 플랑크 연구소 교육연구 분과에서 '감정의 역사'라는 연구주제를 총괄 지휘하고 있다.

•• Gabriel Motzkin: 이스라엘의 철학자로 히브리 대학교 명예교수이며, 1996년부터 2006년까지 독일-유대인 문학과 역사 연구소 소장을 맡았다.

낭만적 사랑으로 찬양했다), 더 나아가 낭만적 사랑을 종교가 금지한 것과 모순을 일으키는 감정으로 변모시켰다. 이로써 사랑의 세속화는 종교의 권위로부터 해방되는 과정에서 중요한 역할을 했다.

이런 분석을 시대별로 맞추어 정리하자면, 프로테스탄트 종교개혁은 현대의 낭만적 자아 형성에서 중요한 단계였던 것으로 보인다. 그러나 기존의 가부장주의와 친구처럼 우정을 나누는 부부관계라는 이상 사이에는 늘 팽팽한 긴장이 감돌았다. 부인할 수 없는 사실이다. "청교도 작가들은 애정의 의미와 부부 사이의 밀도 있는 감정을 강조하는, 결혼의 새로운 이상을 다듬고자 한껏 고무되었다. 남편은 아내의 정신적 평안과 영혼의 안녕을 살피고 보장하도록 자극받았다."[16]

로렌스 스톤,* 프란체스카 캔시언, 앤서니 기든스 등 수많은 역사학자와 사회학자가 사랑은 특히 프로테스탄트 문화에서 남녀평등을 낳은 원천이라고 강조한다. 프로테스탄트 문화가 그만큼 여성의 가치를 높이 평가했기 때문이다.[17] 아내를 섬세한 감정으로 사랑하라는 종교의 가르침으로 여성은 그 지위가 향상되었으며 남편과 눈높이를 맞춰 가정의 대소사를 의논하고 결정할 능력을 키웠다. 더 나아가 앤서니 기든스를 위시한 학자들은 사랑이 여성의 자율권을 구축하는 데 핵심 역할을 했다고까지 주장한다. 이런 자율의 뿌리는 18세기에 낭만적 사랑이라는 문화적 이상이 종교윤리로부터 풀려나자마자 여성도 남성 못지않게 짝을 자유롭게 고르도록 부추긴 정황에서 찾아야 한다.[18] 실제로 사랑의 이상은 사랑하는 연인들에게 자유의지와 자율권을 요구하며 또 정당성을 부여한다. 모츠킨은 심지어 이런 주장까지 한다. "권

● Lawrence Stone(1919~1999): 영국의 초기 현대사 전문가로 결혼문제를 집중 연구했다.

력의 민주화는 여성의 감정자율권을 목표로 이뤄진 장기적 발달과정의 결과다."[19] 18세기 감성적 소설의 양산은 이런 경향을 강화했다. 문학이 표방하는 사랑의 이상이 이론적으로나 현실적으로 딸의 결혼에 행사하던 부모(특히 아버지)의 권력을 흔드는 데 이바지했기 때문이다. 이로써 낭만적 사랑이라는 이상은 적어도 하나의 중요한 관점에서 여성해방을 이끈 지렛대였다. 어떤 에움길을 거쳐 그런 해방운동이 이뤄졌든 낭만적 사랑이라는 이상이야말로 개인화와 자율권을 쟁취한 수단이다. 18세기와 19세기에 사생활이 크게 존중받기 시작하면서 여인들은 앤 더글러스가 해리엇 비처 스토˙를 인용하며 "핑크와 화이트 독재"라고 부른 것, 곧 "19세기 미국 여성들이 자신의 성정체성을 이용해 정치권력을 쟁취하고자 한 일"에 나섰다.[20] 비록 사랑은 여성을 여전히 남성의 후견 아래 두었지만, 그럼에도 동시에 자아라는 모델을 정당화했다. 이 자아는 사적이고 가정적이며 개인주의적인 성향을 갖는 것으로, 무엇보다 감정의 자율권을 요구했다. 이렇게 해서 낭만적 사랑은 사적 영역 안에서 저 개인주의 도덕을 강화했으며, 이런 개인주의가 공적 영역을 이끌게끔 만들었다. 실제로 사랑은 패러다임의 변화를 이끈 사례이며 새로운 사교성 모델을 구축해낸 본래의 추동력이다. 기든스는 이런 새 모델을 두고 "순수한 관계"라고 불렀다.[21] 그런 순수한 관계는 동등한 권리를 갖는 두 개인이 저마다 자발적으로 우러나오는 감정으로 관계를 맺는다는 계약이론적 전제에 바탕을 둔다. 이는 각자의 의지로 형성되는 관계이며, 따라서 뜻이 맞거나 갈림에 따라 형성되거

• Harriet Beecher Stowe(1811~1896): 미국의 노예해방론자이자 사실주의 작가로 유명한 소설『톰 아저씨의 오두막』*Uncle Tom's Cabin*을 남겼다.

나 해체될 수 있다.

의심의 여지 없이 사랑은 역사가들이 '정서적 개인주의'라고 부른 것의 형성에 중요한 역할을 했지만, 현대의 러브스토리는 주로 노예에서 자유를 향해 나아간 영웅적 이야기로 사랑을 꾸며 보이려는 경향을 띤다. 이런 독법에 따른다면, 사랑의 승리란 목적과 계산에 따른 결혼이 사라지고 개인주의와 자율 그리고 자유가 중시되는 것을 뜻한다. 사랑이 가부장제는 물론이고 가정이라는 제도 역시 문제 삼았다는 점에는 나도 동의하지만, 그럼에도 지적하지 않을 수 없는 것은 '순수한 관계'가 사적 영역을 규범적으로도 불안하게 만들었으며, 특히 낭만을 꿈꾸는 의식을 불행한 의식으로 내몰았다는 점이다. 무엇이 사랑을 불안함과 막연함, 심지어는 절망의 만성적 원천이 되게 만들었는지는 내가 보기에 사회학을 통해서만, 현대라는 문화와 제도의 핵심을 이해함으로써만 풀릴 문제다. 그러므로 나는 여기서 이뤄진 분석이 현대라는 발달에 이른 대다수의 나라에서 의미 있는 내용이리라 믿는다. 여기서 현대란 평등과 계약 사상 그리고 자본주의 시장에서 남성과 여성의 조화로운 융화와 제도로 굳어진 '인권' 등을 인격의 핵심으로 보는 시대를 뜻한다. 전 세계 많은 나라에서 찾아볼 수 있는 이런 범문화적 제도의 매트릭스는 결혼이 갖는 전통적 경제기능과 양성관계를 규제하는 기존의 방식을 흔들고 변화시켰기 때문이다. 동시에 이 매트릭스, 곧 문화의 틀은 우리로 하여금 현대 규범의 상반된 성격을 고민하게 만들었다. 현대라는 조건 아래서 내가 행한 사랑의 분석은 비판적이다. 그러나 비판적이라는 것은 현대를 바라보는 관점이 '냉철'하다는 의미다. 다시 말하면 이런 관점에서 현대는 큰 맥락에서 파괴와 곤궁함을 일으켰다. 현대는 그 핵심가치(정치적 해방, 세속주의, 합리성, 개인주의, 다원주의 도덕, 평등)

를 추구해왔지만, 현재 그 어떤 더 나은 대안도 보이지 않는다는 점에서 비판적 조명을 받지 않을 수 없다. 현대를 철두철미 살펴보는 냉철한 기획은 지속되어야만 한다. 서구문화에서 이전에는 결코 볼 수 없던 감정의 빈곤과 전통 생활방식의 파괴를 몰아오고 현대인의 삶을 만성적 존재불안에 시달리게 만들면서 정체성과 욕구에 점점 더 악영향을 끼친 게 현대이기 때문이다.[22]

우리는 왜 사회학을 필요로 하는가

현대 심리학의 위대한 아버지 윌리엄 제임스*는 심리학자란 무릇 "끊임없이 다양한 형태로 생각하는 자세"를 출발점으로 삼아야 한다고 주장했다. 그리고 생각함이란, 그가 확인해주듯 개인적인 것이다. 다시 말해 모든 생각은 개인의식의 일부이며, 개인으로 하여금 외부세계의 어떤 경험을 진지하게 받아들이고 어떤 것은 무시해도 좋은지 결정하도록 도움을 준다.[23] 이와는 반대로 사회학이 첫날부터 감당해야 하는 핵심과제는 어떤 생각에 깔린 '사회적' 밑바탕을 폭로하는 것이다. 사회학자가 볼 때 개인과 사회는 서로 대립하는 게 아니다. 생각과 희망과 내적 갈등의 내용은 제도와 집단이라는 바탕에 기초를 두기 때문이다. 이를테면 사회와 문화가 낭만적 사랑이라는 밀도 높은 격정은 물론이고 이성애로 결합한 결혼생활을 어른들 삶의 모델이라고 선전한다면, 이런 선전은 우리의 태도를 결정지을 뿐만 아니라 우리가 기

• William James(1842~1910): 미국의 심리학자이자 프래그머티즘 철학자로 미국 심리학의 창설자로 불리는 인물이다. 1876년부터 1907년까지 하버드 대학교 교수를 지냈다.

대하고 희망하며 꿈꾸는 행복의 내용까지 주무른다. 아니, 사회가 요구하는 모델의 영향은 그 이상이다. 사회의 모델은 결혼이라는 제도를 낭만적 사랑이라는 이상과 충돌하게 만들며, 현대의 공동체는 우리의 기대 안에 사회적 모순을 심어놓는다. 이 모순은 결코 관념적인 게 아니라 심적 갈등을 일으키는 현실이다. 일부일처와 공동생활 그리고 부의 증식을 위해 경제자원을 함께 운용하는 결혼이라는 제도는 정열을 활활 불태우는 밀도 높은 낭만적 사랑을 펼쳐낼 가능성을 배제한다. 이런 모순은 개인으로 하여금 일정 정도 문화의 틀을 지키도록 강제한다. 문화 차이에서 빚어지는 파트너 사이의 갈등을 잠재우고 화해할 수 있게끔 만들기 위한 강제다.[24] 서로 다른 두 사람이 만나 각자 그동안 살면서 지켜왔던 문화적 틀이 나란히 가는 게 어떤 것인지는, 사랑과 결혼에서 종종 터져나오는 내재적 감정, 곧 분노와 불만과 실망은 사회와 문화가 강요하는 질서 때문에 빚어진다는 점이 잘 보여준다. 모순은 문화의 불가피한 부분이며, 사람들은 보통 모순을 해결하거나 지배하려고 별다른 노력을 기울이지 않는 탓에, 이 모순을 극복하기는 그 어떤 일보다 어렵다. 이런 모순에 자극받아 자신의 경험을 직접적으로만 표현한다면 서로 부드럽고도 조화롭게 일상생활을 해나가기가 무척 힘들어진다.

똑같은 경험일지라도 개인마다 다르게 해석한다거나 우리의 사회적 경험이 주로 심리학 범주로 정리된다고 해서 이 경험이 사적이며 유일한 것은 아니다. 경험이란 언제나 제도의 틀 안에서 일어난다(병원의 환자나 학교의 반항아 혹은 가정에서 분노하는 여인이 겪는 경험은 병원, 학교, 가정이라는 제도 안에서만 일어난다). 경험은 제도가 감정생활을 다스리는 방식에서 비롯되는 형태와 밀도와 질감을 가진다. 예를 들어 결혼생활에서 볼 수 있는 분노와 불만은 대개 결혼이라는 제도가 성에 따른 역할 강요, 제도논리와 감정논리의 뒤섞임, 이를테면 평등하면서 하나가 되기 원하는 갈망에도 피할 수 없이 따라붙는 남편과 아내라는 역할의 강제로 빚어진다. 결과적으로 경험은 자신과 다른 사람이 이해할 수 있도록 기존의 문화틀을 따르게 만든다. 환자는 자신의 병을 과거에 저지른 죄 때문에 신이 내린 형벌이라거나 생물이기에 겪는 우연이라고, 혹은 자기도 모르게 죽고 싶다고 생각한 결과라고 다양하게 해석할 수 있다. 이 모든 해석은 이미 우리에게 주어진 정교한 설명모델의 틀에서 비롯된 것으로, 그래야만 역사적 배경이 같은 사람들로부터 인정받을 수 있다. 그러니까 우리는 사회가 설정한 설명모델의 틀 안에서 살아가는 셈이다.

물론 그렇다고 해서 개인들 사이에 커다란 심리적 차이가 있다는 주장을 부정한다거나, 이런 차이가 우리 인생에서 중요한 역할을 한다는 점을 인정하지 않는다는 뜻은 아니다. 나는 심리학이 지배하는 해석모델에 반대하는 것이며, 그 논지는 세 가지로 정리될 수 있다. 첫째, 우리가 개인의 포부와 경험으로 여기는 것은 사실 사회와 집단이 심어준 것에 지나지 않는다. 둘째, 심리적 차이는 그게 어떤 것이든 흔히 사회적 위치와 요구의 차이에 불과하다. 셋째, 현대가 자아와 정체성 형성에 영향을 미친다면 이는 곧 개인에게 이런저런 심리적 속성을 가져야 애정생활은 물론이고 사회생활에서도 성공을 누릴 수 있다고 강제하는 것과 다름없다. 우리가 심리적 존재라는 사실, 그러니까 심리학이 우리 운명에 심대한 영향을 미친다는 사실은 그 자체로 '사회학적 사실'이다. 개인의 행동공간을 사회라는 주변환경으로 규정하던 사회적 강제를 줄여주는 방편으로 현대의 구조는 개인의 '고유한 심리구조'를 노출시켰다. 이로써 우리의 심리는 사회적 운명에 쉽게 상처받고 민감하게 반응하게 되었다. 현대인의 자아가 갖는 섬약함은 이렇게 요약할 수 있다. 제도의 강력한 강제가 우리 경험을 주도하지만 개인은 사회적 발달과정에서 쌓은 심리적 자원의 도움을 받아 그 강제를 소화한다. 사회의 강제가 심리라는 간판 뒤에 숨어 있는 셈이다. 이게 바로 현대의 이중적 측면이다. 나는 제도와 심리 사이에 끼어 있는 현대인의 경험을 사랑과 그 아픔에 초점을 맞춰 기록해두고자 한다.

사회학과 심적 고통

사회학은 창설 이래 가장 중요한 연구대상으로 집단이 겪는 고통의 여러 형태를 다루어왔다. 불평등, 빈곤, 차별, 질병, 정치적 탄압, 전쟁과 자연재해 등은 인간의 조건이 감당해야만 하는 고통을 연구하는 사회학의 가장 중요한 프리즘이다. 집단이 겪는 고통의 이런 형태를 분석하는 데 사회학이 매우 성공적이기는 했지만, 사회관계 안에서 흔히 볼 수 있는 심적 고통은 소홀히 다루었다. 분노와 굴욕, 채워지지 않는 욕구는 일상에서 겉으로 드러나지 않는 고통의 수많은 사례 가운데 몇 가지에 지나지 않는다. 사회학은 감정적 고통, 물론 이를 임상심리학이 떠맡아야 할 과제로 보는 게 옳기는 하지만, 어쨌거나 감정적 고통을 자신의 연구영역 가운데 하나로 삼기를 꺼려왔다. 사회를 개인에 초점을 맞춰 그 심리에 기반을 두는 것으로 설명하는 모델은 투명하지 못해 단지 구성물에 지나지 않기 때문이다. 그러나 사회학이 현대사회에 유의미한 것으로 남고자 한다면, 현대 후기late modernity라는 조건 아래서 자아의 상처받기 쉬운 연약함을 반영하는 감정을 절박하게 연구해야만 한다. 물론 여기서 말하는 상처받기 쉬운 연약함이란 제도에서 빚어진 것이기도 하고 감정적 본성을 갖기도 한다. 이 책은 사랑이 그런 감정 가운데 하나이며, 그렇기 때문에 사랑과 더불어 일어나는 경험을 주의 깊게 분석해야 한다는 주장과 함께 그 증거를 펼쳐 보이고자 한다. 그래야만 우리가 사회학의 원초적 과제, 변함없이 필요하며 몹시 절실한 그 과제로 되돌아갈 수 있으리라.

사랑이 주는 고통의 현대성이라는 주제를 두고 생각하면 '사회적 고통'이라는 개념이 어울리는 것처럼 보인다. 하지만 그런 개념은 내 연구에 별 도움을 주지 못한다. '사회적 고통'은 인류학자들이 이해하듯 기근이나 빈곤, 폭력과 자연재해 같은 규모가 큰 고통을 나타내며[25] 잘 드러나지 않아 파악하기 어려운 고통, 이를테면 불안이나 자신의 무가치함 혹은 우울증 같은 감정을 제외하는 일이 잦기 때문이다. 그러나 이 모든 감정을 우리는 일상생활과 보통의 관계에서 얼마든지 찾아볼 수 있다.

영혼의 아픔 혹은 심적 고통에는 두 가지 주된 특성이 있다. 쇼펜하우어가 썼듯 고통은 우리가 "기억하고 예견함으로써" 인생을 살아간다는 사정에서 생겨난다.[26] 달리 말하자면 고통은 상상력이 빚어낸다. 우리의 기억, 기대, 갈망 등이 얽혀 그려낸 그림과 관념이 고통을 낳는 원인이다.* 사회학적으로 표현하자면 고통은 자아의 문화적 정의로 중개된다. 두 번째로 고통은 의미연관을 경험할 줄 아는 능력의 상실과 맞물려 생겨나는 전형적 현상을 보여준다. 결과적으로 폴 리쾨르*가 말한 것처럼 고통은 어째서 세상일은 이토록 맹목적이고 제멋대로인가

---

* 예를 들어 평등주의 문화에서는 그 평등의 이미지와 상상력 그리고 역동적 사회구조가 계급사회보다 더 심한 고통을 불러일으킨다. 계급주의 사회에서 개인은 별다른 기대를 갖지 않거나 갖는다 하더라도 소박한 기대를 품을 뿐이다.

하는 불평의 형태를 흔히 취한다.[27] 고통은 우리의 일상생활에 불합리함이 침입한 것이기 때문에, 합리적 설명과 '받아 마땅한 보상'의 해석을 요구한다.[■] 달리 말해 고통스러운 경험은 거기서 얻어내는 의미가 적을수록 그만큼 더 견디기가 힘들어진다. 고통을 설명할 수 없을 때 우리는 이중의 아픔을 겪는다. 우선은 당장 당하는 고통을 참을 수가 없고 그다음에는 그 고통에 의미를 부여할 수 없는 무능력 때문에 괴롭다.

이로써 고통의 경험은 언제나 우리로 하여금 그 해석에 끌어댈 수 있는 설명체계를 참고하게 만든다. 각각의 설명체계는 그게 고통에 어떤 의미를 부여하는지에 따라 달라진다. 이를테면 책임감을 누구에게 어떻게 돌릴지, 경험하는 고통의 어떤 측면을 주제화하고 강조할지, 고통을 경험의 다른 범주로 어떻게 번역할지, 그게 '구원'인지, '성숙'인지, 아니면 '지혜'인지에 따라 의미의 설명체계는 달라진다. 나는 여기에, 현대인이 겪는 영혼의 아픔은 생리적이든 심적이든 간에 일련의 반응형식을 모두 포괄하지만, 그럼에도 변함없는 사정은 고통받는 당사자의 자아가, 곧 자아의 정의와 자존감이 직접적으로 위험에 노출된다는 점이다. 영혼의 고통은 자아의 온전함을 위협하는 경험을 포함한다. 인간관계, 특히 애정관계에서 일어나는 아픔은 현대라는 조건 아

● Paul Ricoeur(1913~2005): 프랑스의 철학자로 주로 현상학과 정신분석의 관점에서 생각을 풀어나갔다.
■ 고통의 보상을 이야기하는 것은 종교에서 신정론神正論, 곧 악의 존재 역시 신의 섭리라고 보는 이론의 핵심과제다. 신정론은 왜 인간이 고통받는지, 고통받는 게 어째서 옳은지 설명하기 때문이다. 낭만적 감정의 영역에서 신정론의 역할은 임상심리학이 떠맡는다. 왜 우리가 고통을 받는지 그 이유를 설명함으로써 고통을 이해할 뿐만 아니라 그것을 편한 마음으로 받아들이게끔 만든다.

래 놓인 자아의 상황을 고스란히 반영한다. 낭만적 사랑으로 빚어진 고통은, 더 심할 것으로 짐작되는 다른 형태의 고통을 설명하기 위해 각주 정도로 끌어댈 수 있는 성질의 것이 아니다. 앞으로 충분히 이야기하겠지만, 사랑의 낭만적 고통은 현대인의 자아가 겪는 딜레마와 무력감을 고스란히 드러내기 때문이다. 다양한 자료로 입증할 테지만, 응답 없는 사랑과 버림받음의 경험은 다른 형태의 사회적 굴욕 못지않게 당사자의 인생을 뒤흔드는 결정적 타격이다.※

시인과 철학자들은 이미 오래전부터 사랑이 몰아오는 파괴적 결말을 잘 알고 있었으며, 그래서 사랑의 고통을 사랑과 아픔이 서로 교차하며 일어나는 낭만적 운동의 정점으로 비유해왔다. 그러나 나는 이 책에서 '현대'에 경험하는 사랑의 고통에는 무엇인가 질적으로 새로운 점이 있음을 증명하고자 한다. 사랑의 아픔에서 특히 현대적인 점은 규제가 풀려버린 결혼시장(1장)이며, 짝을 선택하는 구조의 변화(2장)이고, 사회적 자존감 형성에서 사랑이 차지하는 압도적 비중(3장)이며, 격정의 계산적 이성화(4장)이자, 낭만적 사랑이 사용되는 방식(5장)이다.

※ 여기서 말하는 자료란 내가 유럽과 미국과 이스라엘에서 인구밀집지역 세 곳을 골라 주민들을 상대로 실시한 70여 편의 인터뷰, 19세기와 지금 이 시대의 소설들, 사랑과 데이트와 결혼과 이혼 문제를 다룬 실용서들, 인터넷 데이트 사이트, 그리고 마지막으로 『뉴욕타임스』에 매주 「모던 러브」Modern Love라는 타이틀 아래 연재된 칼럼들이다. 내가 인터뷰한 사람들은 60퍼센트가 여성이었고 40퍼센트가 남성이었으며, 신뢰도가 중요하기 때문에 대상은 무작위로 뽑았다. 연령대는 25세에서 67세 사이로 모두 대학 졸업 이상의 학력을 가졌다. 단 한 번도 결혼한 적이 없는 독신자, 이혼한 독신자, 기혼자가 망라되었다. 국가에 따른 차이는 두 가지 이유로 언급하지 않았다. 첫째, 남성과 여성이 겪는 딜레마가 정말이지 비슷했다(이것만으로도 중요한 발견이다). 둘째, 각각의 인터뷰는 현상의 어떤 측면을 포함하고 어떤 것을 배제할지 일종의 결단을 요구했기 때문에 국가에 따른 차이점보다는 공통점에 더 집중하고자 했다.

이 책이 사랑의 아픔에서 정말 새롭고 현대적인 게 무엇인지 다룬다 할지라도 그 고통이 드러나는 모든 방식을 하나도 빠짐없이 다루는 것은 아니며 그중 몇 가지에 집중할 생각이다. 물론 행복한 사랑을 영위하는 사람이 많다는 사실을 의심하지는 않는다. 그럼에도 사랑의 아픔과 행복이 나타나는 특별히 현대적인 형태는 틀림없이 있다. 나는 이 형태에 오롯이 집중하고자 한다.

1

사랑의 일대 전환:
결혼시장의 형성

제게 무어라 편지를 쓰셨나요, 내 소중한 이여?
제가 어떻게 당신에게 가오리까?
사람들이 수군거리지 않을까요, 내 귀여운 귀머거리여?
마당을 가로질러 가면 같이 사는 사람들이 분명 알아차리고
뒷조사를 벌이려 할 거예요. 낄낄거리며 수다를 떨겠지요.
분명 엉뚱한 의미를 끌어댈 겁니다.
아니에요, 내 천사여, 내일 저녁 미사에서 당신을 보는 게 나아요.
그게 우리 두 사람에게 해가 없는 현명한 선택입니다.

— 표도르 도스토옙스키

(1951년) 와인즈버그 칼리지 여대생이 청년을 "탐내려나?"
어쨌거나 나는 와인즈버그든 뉴어크Newark든 그 어디에서도 아가씨들이
그런 감정을 가지고 있다는 이야기를 들어본 적이 결코 없어.
내가 아는 한 처녀들은 그런 감정에 휘둘리지 않아.
그녀들은 반듯한 몸가짐과 해서는 안 될 금기와 엄격한 터부에 자극받을 뿐이야.
이 모든 것은 와인즈버그의 내 동급생 대다수가
최우선의 목표로 삼는 것을 실현하는 데 도움이 되지.
최우선의 목표란 신뢰할 수 있는 젊은 봉급생활자와 단란한 가정을 꾸리는 거야.
칼리지를 다니느라 잠시 떠나야만 했던 가정을 새롭게 꾸리려는 거야.
그것도 될 수 있는 한 빨리.

— 필립 로스[1]

오래전부터 사랑은 우리를 압도하고 의지로 다스릴 수 없으며 경험으로 통제할 수도 거부할 수도 없는 힘으로 묘사되어왔다. 그러나 이 책의 1장과 2장에서 나는 정반대로 조금은 낯선 주장을 펼치려 한다. 현대에 일어난 사랑의 변화를 이해하는 가장 좋은 방법 가운데 하나는 선택이라는 범주로 사랑을 바라보는 일이다. 이는 사랑한다는 것은 곧 여러 사람 가운데 한 명을 사랑의 상대로 선택하는 바로 그 행동에서 자신의 개성을 분명히 드러내야 한다는 뜻에서만 하는 이야기가 아니다. 나아가 누군가를 사랑한다는 것은 곧 선택의 물음에 직면한다는 뜻이기도 하다. "정말 저 사람이 나에게 맞는 짝일까?" "이 사람이 진짜 내 짝이라는 걸 어떻게 알지?" "더 기다려보면 훨씬 나은 짝을 만날 수 있지 않을까?" 이런 물음들은 감정이라는 차원을 선택의 차원과 함께 묶어놓는다. 말하자면 '느끼다'와 '고르다'라는 서로 다른 행위가 하나의 행동으로 묶이는 셈이다. 현대인의 자아는 스스로 고르고 결정할 권리를 요구한다는 점을 통해 정의된다. 그런 의미에서 사랑은 현대에 선택이라는 범주가 갖는 사회적 기초가 무엇인지 중요한 통찰을 얻을 수 있게 도와준다(자율적 선택과 결정이 현대에서 차지하는 비중은 소비와 정치의 영역에서 가장 분명하게 드러난다).

선택은 현대문화의 전형적 특징이다. 선택은 적어도 경제와 정치의 무대에서 자유의 행사뿐 아니라 두 가지 능력을 육화한 것이다. 자유의 행사를 정당화하는 이 두 가지 능력이란 바로 합리성과 자율이다. 이런 의미에서 선택은 현대인의 자아를 형성하는 문화와 제도의 가장 강력한 벡터다. 벡터, 곧 자아형성의 강한 추진력인 선택은 권리인 동시에 일종의 능력이다. 선택이 현대인이 지닌 개성의 육화한 부분이라면, 이제 던져야 할 물음은 인간은 관계를 맺을지 말지를 어떻게 결정하며, 왜 그렇게 결정하느냐다. 이 물음은 사랑을 현대성의 경험으로 이해하는 데 결정적으로 중요하다.

경제학자, 심리학자, 심지어 사회학자까지 선택을 이성능력의 자연스러운 특징으로 여기려는 경향을 보여준다. 일종의 확실하고 불변하는 정신의 특성이 곧 선택이다. 그래서 선택은 선호도에 따라 좋아하는 단계를 정한 다음 모순 없이 행동하는 능력으로 정의된다. 이때 우리는 가장 효율적인 수단을 사용해 결정을 내려야만 한다. 그럼에도 선택은 결코 간단한 일이 아니다. 선택은 행동의 다른 특징 못지않게 문화의 영향을 받는다. 선택이 이성적 사고와 감정 사이의 위계질서를 함축하는 정도로, 선택이 그 함축된 가치평가를 바탕으로 선택과정을 조직하는 인지능력을 포괄하는 정도로, 우리는 선택을 두고 문화와 사회의 영향을 강력하게 받는 것이라 보아야만 한다. 다시 말해 선택은 주변의 영향을, 그리고 선택하는 사람이 선택을 두고 생각하고 확신하는 모든 것을 종합적으로 고려해서 이뤄지는 행동이다.[2]

현대에서 사랑이 겪은 핵심적 변화 가운데 하나는 낭만적 선택결정 decision of choices을 내리는 조건과 직접적 관계를 가진다. 이 조건은 두 종류다. 하나는 생태에 따른 선택이다. 이는 사회환경이 특정한 방향으로만 결정하도록 몰아간 탓에 이뤄지는 선택이다. 이를테면 동족결혼이라는 규칙, 곧 같은 혈족 출신이거나 다른 인종 혹은 이민족에 속하는 사람은 원천적으로 결혼상대가 될 수 없다는 규칙은 사회환경 내에서 그리고 사회환경으로 제한되는 선택의 매우 좋은 예다. 이에 반해 섹스혁명은 섹스 파트너를 선택하는 데 존재하던 현저히 많은 금기를 제거하면서 성적 선택의 생태를 바꾸어놓았다. 그러니까 선택을 제한하거나 선택하기 쉽게 만든 일반적 사회환경이 그 생태인 셈이다. 생태에 따른 선택은 의지를 가지고 의식적으로 구상한 원칙[3]의 결과이거나 거꾸로 사회의 계획되지 않은 역동적 변화과정의 산물일 수 있다.

그러나 선택은 내가 '선택 아키텍처'라 부르는 또 다른 측면을 가진다.[*] 선택 아키텍처란 인간주체 내면의 메커니즘인 동시에 문화의 영향을 받아 형성되는 것이다. 그러니까 선택 아키텍처는 대상(예술작품, 치약, 장래 배우자)을 평가할 때 참고로 하는 기준들이자 동시에 스스로에게 묻는 양상, 곧 사람이 자신의 감정과 지식과 논리적 사고를 총동원해 결정을 내리는 방식이기도 하다. 선택 아키텍처는 일련의 인지과정과 감정과정으로 이뤄진다. 더 정확히 말하자면, 생각을 담당하는 감정형식과 이성형식이 결정을 내리는 과정을 감독하는 방식이 곧 선택 아키텍처다. 어떤 선택은 자문을 거듭해가며 다른 대안들을 시험하는 아주 수고로운 과정의 결과일 수 있지만, 동시에 '직접' 자발적으로 내리는 결정일 수도 있다. 그러나 이 모든 방법은 특별한 문화적 전형을 따른

---

[*] 이 개념은 탈러와 선스테인과는 무관하게 구상된 것이며 다른 어떤 것을 겨눈 표현이다 (Architecture: 본래 건축학이나 컴퓨터의 구성방식을 가리키는 말이다. 여기서는 선택이 이뤄지는 환경과 그 방식을 통틀어 표현하는 개념으로, 적당한 번역어가 없어 '아키텍처'라는 표현을 그대로 쓴다. 독자의 양해를 구한다—옮긴이).

1. 사랑의 일대 전환: 결혼시장의 형성   45

다. 이 전형을 우리는 더 자세히 살펴보아야 한다.

선택 아키텍처를 이루는 문화적 요소로는 다음 여섯 가지가 눈에 띈다.

① 그 선택은 자신이 내린 결정의 간접적 결과까지 고려한 것인가?[4] 만약 그렇다면 어떤 결과를 짚어보고 그려보았는가? 예를 들어 높아진 이혼율은 결혼을 결심할 때 그 결과를 새롭게 지각하도록 만드는 조건이 될 수 있다. 설혹 빚어질지 모를 위험한 상황을 꺼리고 후회가 될 일을 미리 인지하는 것은 많은 결정(이를테면 결혼 결심)에서 두드러지는 문화적 특징이며, 이로써 선택의 과정을 변화시킬 수 있다. 다른 한편으로 자신의 행동이 몰아올 간접적 결과를 고려하지 않더라도 결정은 내려질 수 있다. 이를테면 2008년 금융위기 이전에 선택과 결정을 내린 월스트리트의 금융 귀재가 시장의 충돌이 일어난 뒤 자신이 내린 결정이 낳은 결과를 새로이 인식해야만 했던 것을 떠올려보라. 문제가 되는 결말이 결정과정의 전면에 서 있었느냐는 이처럼 문화에 따라 달라지는 양상을 보인다.

② 어떤 협의나 상의의 과정을 거쳐 결정을 내리는가? 예를 들어 명확한 규칙을 따르는가, 아니면 제도처럼 굳어진 틀에 의존하는가? 전문가(점쟁이 혹은 점성술사, 랍비, 심리학자, 법률가, 금융 컨설턴트)에게 결정에 필요한 자문을 구하는가? 혹은 사회가 정한 규범의 강제에 굴복하는가? 전문가의 의견을 구하는 경우, 결정과정의 형식에서 정확히 어떤 점을 분명히 하는가? 자신의 '미래'를? 법률적 검토를? 자신의 무의식적 희망이나 계산적 이해관계를?

③ 결정을 내리기 위해 어떤 형태로 자성과 자문을 하는가? 결정을 내릴 때 자신의 직관적 혹은 습관적 지식에 의존하는가? 아니면 어떤

행동방식이 가능한지 체계적으로 접근하는가? 이때 활용 가능한 조건을 갖춘 정신적 로드맵을 짜보는가? 물론 동방박사의 계시 같은 형태의 깨달음으로 결정을 내리는 경우도 없지는 않다. 예를 들어 현대의 남성과 여성은 갈수록 자신의 감정을 주시하는 경향을 보인다. 이때 그런 성찰 혹은 반성을 위해 심리학 모형에 입각해 자기감정의 원인을 이해하려는 시도도 있다. 이런 자문과정은 역사의 상황에 따라, 문화의 특성에 따라 달라진다.

④ 자신의 욕구와 희망을 의심하게 만드는 문화적 규범과 기술은 없는가? 예를 들어 기독교 문화는 자기 자신의 욕구와 희망(성적 욕구든 다른 것이든)을 애초부터 불신하는 반면, 자아실현을 중시하는 문화는 그런 욕구와 희망의 소비를 규제하기는커녕 오히려 욕구야말로 결정을 내릴 정당한 근거라는 견해를 장려하곤 한다. 문화가 구성한 불신과 혐의(또는 조장과 장려)는 결정이 내려지는 과정과 그 결말에 적지 않은 영향을 준다.

⑤ 결정을 내린 이유로 받아들여지는 것에는 무엇이 있는가? 선택을 위해 무언가를 평가할 때 그 정당한 근거는 감정인가 계산적 이성인가? 또 감정이나 이성이라는 근거는 각기 어떤 영역에서 가장 중요하게 여겨지는가? 예를 들어 집을 사는 것과 파트너를 선택하는 문제에서 우리가 이성과 감성을 활용하는 정도는 각기 다르다. 뜻밖에도 우리가 부동산시장에서 더욱 '감정적'이며, 결혼시장에서 훨씬 '계산적'으로 행동하는 것은 현실에서는 바로 그런 문화가 우리의 이해와 결정 과정에 적지 않은 영향을 미치기 때문이다.

⑥ 선택은 그 자체로 오로지 자기 자신만을 고려해 이뤄지는가?(개인의 권리에 기초한 현대 소비문화는 자신의 의지에 따라 선택하고 가치를 평가했던 현대 이전의 문화와

현격한 차이를 보인다). 예를 들어 타이완에서는 배우자 선택이 그 자신과 배우자와는 전혀 관계가 없는 이유(이를테면 사회의 규범이나 네트워크 혹은 어쩔 수 없이 주어진 상황)로 결정되는 경우가 미국보다 훨씬 많다.[5] 다시 말해 선택이 이뤄지는 범주가 두 문화 사이에서 심한 차이를 보인다.

인간이 더 선호하는 것은 무엇인가? 이 물음은 그런 선호도로 자기 자신을 어떻게 검증하는지, 그게 감정이라는 범주를 따르는지 아니면 심리학의 범주인지 혹은 합리성의 범주인지보다는 이 모든 범주를 포괄하는 '선택 아키텍처'를 다뤄야만 한다. 자아가 쓰는 언어는 이 모든 범주에서 형성되며, 이게 바로 '선택 아키텍처'이기 때문이다.[6] 실제로 선택 아키텍처는 역사적으로나 문화적으로나 그때그때 다른 모습을 보여준다. 바로 그래서 현대인의 자아는 그가 선택결정을 내리는 데 영향을 미친 주변의 상황과 습관에 따라 행동한다고 보아야 한다. 이렇게 사회학적으로 접근해야만 의미 있는 진단이 나온다. 이 장과 다음 장에서는 낭만적 선택의 생태와 아키텍처에 어떤 변화가 일어났는지 그려보고자 한다.

낭만적 선택의 성격과 그 도덕생태

현대라는 시대의 사랑이 갖는 '특별한 본질적 차이'를 이해하기 위해 나는 감정 개인주의라는 모델에 알맞을 정도로 충분히 현대적인 문화가 어떤 원형을 갖는지 살펴보고자 한다. 물론 근대에서 시작되어 현대로 넘어온 감정 개인주의는 오늘날을 살아가는 우리의 감정 개인주의와는 달라서 현재 우리의 낭만적 생활이 갖는 중요한 특성을 분명히 드러낸다. 이 분석을 위해 나는 문학 텍스트에 집중하기로 했다. 문학은 다른 어떤 자료보다도 명료하게 문화모델cultural models과 이상형을 언어로 표현하기 때문이다. 나는 특히 제인 오스틴의 문학세계를 조명하려 한다. 그녀의 문학은 결혼생활과 사랑과 사회적 신분을 다룬 것으로 유명하기 때문이다.

나는 오스틴의 텍스트를 낭만적 풍습의 실제 기록이 아니라 19세기 영국에서 자아와 도덕과 인간 상호관계를 이끌며 장악한 문화적 요구의 증거로 활용할 생각이다. 그러니까 오스틴의 소설들을 섭정시대˙ 영국의 복잡한 결혼풍습의 역사적 정황을 드러내는 것으로 끌어다 쓰지는 않겠다. 또한 통상적인 문학 독법이 의당 그러하듯, 오스틴의 작품 구성과 그 인물들이 자랑하는 다양한 면모를 조명할 생각도 없다. 뿌리를 찾아보려는 환원주의적 접근으로 오스틴 작품의 다층성과 복잡함을 무시하고 오히려 그 문화적 정황의 시스템에 집중하고자 한다. 오스틴이 그리는 세계에서 중산층의 낭만과 결혼풍습을 조직하고 이끄는 것의 정체가 무엇인지 확인하려 함이다. 잘 알려졌듯이 오스틴은 결혼과정을 지배하는 거리낌 없는 이기주의를 비판하면서 관심과 상호존중 그리고 감정을 중시하는 결혼을 적극 옹호했다(물론 여기서 감정은 사회가 용인하는 규범이 허용하는 범위 안의 것이어야 한다). 요컨대 오스틴의 작품이 내 관심을 끄는 것은 그녀가 그리는 사랑의 그림이 계급에 따라 규제되는 결혼과 개인의 감정적 선택 사이에서 벌어지는 타협을 보여주기 때문이다. 감정을 일정한 틀로 찍어내는 문화 시스템, 곧 감정의 표현과 경험을 제한하는 의례와 규칙과 제도 등이 무엇인지 이해할 수 있

• regency era: 영국사에서 1811년부터 1820년까지를 가리키는 말로 정신이상 증세를 보인 조지 3세가 아들 조지 4세의 섭정을 받은 것을 의미한다.

는 좋은 관점을 제시하는 게 오스틴의 문학세계다.

문학작품이 문화의 틀을 체계적으로 일정한 코드 안에 담아내는 한, 다시 말해 자아나 도덕 혹은 행동방식을 규제하는 문화의 틀을 포함한다는 점에서, 문학작품은 우리의 것과는 다른 문화모델을 그려보고 이해하는 데 상당한 도움을 준다. 문학작품에서 그려지는 이상형은 우리 자신의 낭만적 풍습을 더 쉽게 분석하도록 해주는 일종의 대비對比 배경이 되어주는 셈이다. 19세기 중산층과 중상위층이 실제로 보여준 결혼 전의 연애 풍습이 오스틴의 문화모델에 어떻게 반영되었는지 살펴봄으로써 결혼을 조직화하는 근대의 사회 틀이 무엇이었는지 이해할 수 있을 것으로 기대한다. 화가가 그림의 전면에 다뤄진 대상을 강조하기 위해 밝은 배경색을 사용하는 것처럼, 여기서 나는 오스틴의 세계를 당시의 사랑풍습에서 사회가 낭만적 감정을 어떻게 조직화했는지 더욱 분명히 드러내는 다채로운 배경으로 삼을 생각이다.

성격의 사랑, 사랑의 성격

자신의 대표작 『엠마』*에서 제인 오스틴은 미스터 나이틀리가 엠마에게 쏟는 사랑의 본질을 다음과 같이 풀어준다.

엠마는 종종 냉담하고 변덕스러웠다. 남자의 충고를 무시하거나 심지어 과감하게 맞서기도 했다. 남자의 장점을 조금도 인정하지 않으려 말싸움을 벌이는 일도 잦았다. 미스터 나이틀리가 엠마의 터무니없고 무례하기까지

- *Emma*: 제인 오스틴이 1816년이라는 인쇄 표기로 1815년에 발표한 작품. 원본은 총 세 권의 장편이다. 아름답고 지적이며 자신감에 넘치는, 심지어 부자인 21세 처녀 엠마 우드하우스가 결혼에 이르는 좌충우돌 과정을 그린 작품이다.

한 자부심을 참고 받아들이려고만 하지 않았기 때문이다. 그럼에도 여전히 남자는 가족과 같은 믿음과 습관 그리고 탁월한 인간성으로 그녀를 사랑했으며, 어린 시절부터 지켜보며 올바로 교육시키겠다는 목표에 충실하면서 그 누구도 따를 수 없는 열정으로 그녀가 잘못을 저지르는 일이 없게 돌봐 왔다.[7]

여기서 대략적으로 그려진 사랑의 모습은 19세기의 남성과 여성이 '성격'이라고 부르던 것을 직접 다룬다. 사랑이 판단력을 압도하고 사랑의 대상을 맹목적일 정도로 이상화하는 감정으로 여겨오던 오랜 서양 전통과는 반대로 이 소설에서 사랑은 나이틀리의 판단력에 확고한 뿌리를 내리고 있다. 이게 바로 엠마의 약점이 강점 못지않게 부각되는 이유다. 엠마를 사랑하는 유일한 사람은 그녀의 잘못도 볼 줄 아는 인물일 따름이다. 누군가를 사랑한다는 것은 그 사람을 크게 뜬 눈으로 헤아릴 줄 알아야 한다는 뜻이다. 그리고 그런 판단능력(상대방의 결함을 의식하는 능력)은 오늘날 우리의 예상과는 달리 엠마를 향한 이중적 감정을 수반하지 않는다. 반대로 나이틀리 자신의 너그러운 성격은 엠마의 실수를 용서하게 하며, 그녀에게서 나중에 '탁월한 인간성'으로 키워질 수 있는 것을 읽어내게 하고 이로써 열성으로, 다시 말해 격정적으로 그녀의 성격을 개선하려 들게 만든다. 엠마의 결함을 이해한다는 것이 그녀에게 철저히 헌신하는 태도와 대립하는 것은 아니다. 결함의 이해와 무한정의 헌신은 하나의 동일한 도덕원천에서 솟아나는 것이기 때문이다. 나이틀리의 사랑은 그 자체로 최고의 도덕성을 자랑한다. 그가 자신이 사랑하는 이에게 도덕규범의 책무를 지도록 만들었다는 점만 놓고 하는 이야기는 아니다. 그가 엠마를 사랑하는 일을 그녀의 정신을 가꾸려는 도덕 프로젝트와 맞물려놓았기 때문이기도 하다. 그가 엠마를 열망의 눈길로 바라보는 것은 그녀를 갖고 싶다는 욕구가 불타오르기 때문이라기보다는 그녀가 올바르게 처신했으면 하는 희망에서 비롯된 행동이다. 사랑을 보는 이런 특별한 관점에서 중요한 것은 우리가 사랑하는 바로 그 사람만의 독특한 개성이 아니라 오히려 우리가 다른 이들과 함께 존중하는 가치를 지키려는 이 사람의 능력이다. 더욱 흥미로운 점은 엠마가 나이틀리의 질책에 굴욕감을 느끼거나 자신이 폄훼된다고는 결코 느끼지 않고 그의 꾸지람을 받아들인다는 사실이다. 그렇다, 우리는 심지어 엠마가 나이틀리를 존경하고 사랑하는 것은 그녀에게 도덕규범을 강조하는 유일한 사람이 바로 그이기 때문이라고까지 추정할 수 있다. 도덕규범은 두 사람을 모두 초월하고 제압하는 것이기 때문에! 엠마는 이 도덕규범에 아주 강한 의무감을 느끼는 탓에 나이틀리가 주는, 오늘날 우리의 용어를 빌리자면 나르시시즘적인 상처까지 수용한다. 자기 자신의 이런저런 점을 좋다고 보는 그녀의 자신감마저 문제 삼아도 엠마는 참아낸다. 이 모든 게 그녀가 그와 함께 공유하는 덕성이라는 이름 아래 이루어진다. 나이틀리에게 사랑받는다는 것은 곧 그가 문제 삼는 것에 귀를 기울이며, 동시에 서로 공유하는 도덕표준을 지키려는 도전을 감당할 자세가 되었음을 보여줘야 한다는 뜻이다. 누군가를 사랑한다는 것은 그가 가진 좋은 점을 사랑한다는 의미다. 정말 그렇다. "기독교나 히브리 문화의 전통에서 성격(혹은 성격의 '뛰어남')은 말 그대로 덕성과 도덕규범을 꾸준히 지키는 것으로 정의되었으며, 그래야만 훌륭한 인생을 살아갈 길을 열어갈 수 있었다."[8] 그리고 매사에 이런 성실함이 기대되었다. 물론 심장이 펄펄 뛸 일에서도! 17세기의 지배적 견해(특히 프랑스에서 가장 강했던 견해)와 달리 여기서 심장은 이해 불가능하며 이성과 도덕에 책임지지 않아도 좋은, 그 자체로 따로 있는 왕국이 아니었다. 심장이 뛰는 사랑의 감정은 오히려 이성과 도덕과 밀접하게 연결되었으며 이성과 도덕으로 규제되었다. 이것이 결국 '가족과 같은 믿음과 습관'에서 성장하는 사랑이었으며, 첫눈에 반하는 사랑 같은 직접적 매력과는 거리가 한참 멀었다. 이 사랑은 일상생활의 파괴나 일탈로 경험되지 않았다. 오히려 사랑은 충분한 시간을 가지고 상대를 알아가면서 그 가족의 일상과 밀접하게 맺어지면서 신뢰를 키우는 일이었다. 이 가족적 친근함은 워낙 농후한 것이어서 현대적 감각으로는 희미하게나마 근친상간의 냄새를 풍길 정도다. 나이틀리가 무어라 했던가? "어린 시절부터 지켜보며······ 잘못을 저지르는 일이 없게 돌봐왔다"고 하지 않던가! 이것은 이미 상대방의 일상과 가족에 결합된 사랑이며, 만남을 이어가는 동안 그의 성격을 관찰하고 시험하며 알아볼 무수한 기회를 갖는 사랑이다. 제임스 헌터˙가 썼듯이 "성격은······ 목적에 따라 달라지는 게 아니다."⁹ 키르케고르가 성격을 두고 말하곤 한 비유에 따르면, 성격은 그 주인에게 아로새겨지는 것이다.¹⁰ 성격에 의존하는 탓에 사랑은 돌출하는 사건이 아니며 '롱그 뒤레'longue durée, 곧 '장구한 세월'에 걸쳐 쌓아가는 것이다.

그런 사랑을 바라보는 현대의 해석은 아마도 나이틀리가 엠마에게 품는 감정을 가부장제와 통제망상Kontrollwahn의 감정으로 의심할 것이며, '성격' 또는 '덕성'을 가부장의 여성 지배를 함축하는 암호로 읽을

• James Davison Hunter: 미국 버지니아 대학교의 사회학과 교수로 지금까지 여덟 권의 책을 썼다.

게 분명하다. 그런 해석은 물론 오스틴의 여주인공이 가슴 뛰는 사랑에서 드러내는 놀라운 주체성을 간과하는 것임에 틀림없다. 오스틴이 그려낸 여인들에게서 이런 종류의 **주체성**souveraineté은 거듭 되풀이되어 나타난다. 이는 당시 여성의 자아를 형성한 문화에 깊이 깔린 전제를 알아야만 이해될 수 있다. 『오만과 편견』의 여주인공 엘리자베스 베넷은 왜 다시가 그녀의 외모를 두고 무시하듯 거만하게[11] 중얼거리는데도 모욕을 느끼거나 낙담하지 않고 외려 재치 있고도 의연하게 대응할까? 이유는 간단하다. 경멸에 가까운 다시의 태도에도 그녀의 자존감과 자신감이 전혀 흔들리지 않았기 때문이다. 비록 다시가 주변에서 훨씬 매력적인 조건을 갖춘 신랑감이기는 했지만, 엘리자베스는 감정을 완전히 다스리면서 먼저 사랑을 바라보는 '자신'의 비전과 정의에 다시가 동의하게 한 다음에야 비로소 자기 감정을 드러낸다.

오스틴의 소설 『설득』*의 주인공 앤 엘리엇은 지난 8년 동안 얼굴도 한번 보지 못한 웬트워스 대령이 그녀의 미모가 이젠 시든 것 같다고 한 말을 듣는다. 여전히 대령을 사랑하는 앤은 오늘날을 사는 우리의 예상과 달리 격심한 충격을 받아 헤어나지 못하는 대신, "그런 말(미모가 시든 것 같다는 말)을 들은 것을 차츰 기쁘게 생각한다. 그 말은 일종의 각성 효과를 냈다. 사랑하는 남자를 보고 여전히 설레던 마음을 잠재웠다. 마음을 다잡고 오히려 다행이라 여기게 만들었다."[12] 사랑하는 남자가 자신을 더는 매력적으로 보지 않는데도 즐거워하는 것, 그보다 더 자신을 잘 다스리는 반응은 상상하기 어렵다. 이런 태도는 앤의 사랑이

• *Persuasion*: 1815년부터 1816년까지 쓴 작품으로 오스틴이 죽고 난 다음인 1818년에야 유작으로 발표되었다.

남자를 통해 자신의 주체성을 확인받으려는 욕구에서 비롯된 게 아니라는 점을 잘 보여준다.

마지막으로 예를 하나 더 들어보자. 『이성과 감성』의 여주인공 엘리너 대시우드는 에드워드 페라스와 사랑에 빠진다.[13] 그런데 에드워드가 이미 루시라는 이름의 다른 여인과 약혼했다는 사실을 알게 된다. 에드워드가 루시와의 약혼을 깨지 않았다는 것(이는 곧 두 사람이 결혼하리라는 것을 뜻한다)을 나중에 들은 엘리너는 에드워드의 '빛나는 도덕성'에 기뻐한다. 다른 여인에게 한 약속을 깬다는 것은 에드워드가 자신의 도덕성을 손수 훼손하는 것이나 다름없는 행동이기 때문이다. 엘리너가 도덕적 원칙에 보이는 엄정함은 에드워드를 향한 그녀의 사랑보다 명백히 우선한다. 이는 에드워드가 루시와 약혼한 것이 에드워드가 엘리너에게 보이는 감정보다 앞선다는 뜻이기도 하다. 나이틀리, 웬트워스, 앤 엘리엇 같은 캐릭터는 자신의 도덕적 의무감과 격정적 사랑 사이에 갈등이 빚어지도록 행동하지 않는다. 실제로 그들의 행동은 그런 갈등을 전혀 불러일으키지 않는다. "그만큼 그들의 전체 인격이 균형을 이루었기 때문이다."[14] 바꿔 말하면 도덕을 감정과 분리하는 것이 그들에게는 불가능했다. 바로 도덕의 차원이 개인의 감정을 다스리며, 이로써 감정은 공공의 차원을 가지기 때문이다.

우리의 현대적 감각으로 볼 때 제인 오스틴의 주인공들은 대단한 자제력을 자랑할 뿐만 아니라 오늘날 우리가 말하는 것처럼 애인을 통해 '자기만족'을 맛보려는 그 어떤 욕구로부터도 기이할 정도로 자유롭다. 그런 한에서 오스틴 여주인공들의 자아는 현대 여성의 자아에 비해 남자의 시선에 훨씬 덜 의존적이다(3장을 참조할 것). 당시 여성들이 처해 있던 법적 불평등과 시민권 제한이라는 상황을 고려한다면 이는 놀라운 일이 아닐 수 없다. 이런 수수께끼 같은 정황을 간단하게 풀어줄 열쇠는 바로 이 여인들의 성격에 있다. 내면이든 외면이든 자아를 도덕규정과 융화하는 능력이 그녀들의 성격이다. 물론 이 도덕규정은 여인의 욕구와 이해관계를 초월한다. 그녀들의 자존감과 자신감은 그 누구에게서 빌린 게 결코 아니다. 일견 객관적으로 존재하는 것처럼 보이는 도덕율법을 파악하고 거기에 타당성을 불어넣는 그녀들 자신의 능력에서 비롯된 자존감과 자신감이다. 이런 관점에 따른다면 내면의 가치라는 것은 자신의 개인적 욕망을 괄호쳐버리고 자신의 도덕원칙이 나무랄 데 없이 실현되도록 주의하는 성실함에서 유래한다. 물론 이 도덕을 실현하는 주체는 자기 자신뿐 아니라 다른 사람들이기도 하며, 사랑뿐 아니라 다른 일들에서도 지켜져야 한다. 이렇게 본다면 '성격'이란 곧 욕구와 도덕규범을 일치하게 만드는 능력이다. 이로써 성격은 집단의 가치가 표면으로 드러나 대상화한 버전이라 할 수 있다. 성격은 자아의 존재론적 본질을 정의하는 데 기초하는 게 아니라 일종의 수행능력이라고 봐야 한다. 다시 말해 성격은 다른 사람들이 눈으로 확인하고 칭송할 수 있을 정도로 의무감을 실천하는 행위가 되어야만 한다. 성격은 혼동할 수 없는 심리구조와 감정에 있는 게 아니다(어쨌거나 본질적이지 않다). 실천하는 행위가 곧 성격이다. 성격은 자아의 유일함과 독창성과는 전혀 상관이 없으며, 공개적으로 인지할 수 있고 검증할 수 있도록 덕성을 실천하는 능력이다. 결과적으로 성격은 개인의 내면이라기보다는 공공가치와 규범이라는 공공의 세계와 자아 사이에 다리를 놓아주는 능력이다. 성격은 자아가 존경과 명예를 중시하며 공공의 행동규범을 지키도록 영향을 주는 것이지, 개인에게 특수한 개성을 선물하는 사적 감정을 '확인'하는 데 매우 결정적 역할을 하는 것은 아

니다. 사랑과 구애라는 맥락에서 성격은 두 당사자가 서로의 도덕코드
와 이상을 합치하게 만드는 능력으로부터 자존감을 이끌어낸다는 상
황을 압축하는 것일 뿐 남자가 여자의 내면적 자아를 존중하며 인정해
주는 가치가 아니다. 여인의 가치는 구애하는 남자가 인정해주는(혹은 인
정하지 않는) 가치로 보증을 받는 것 같지는 않다. 당사자의 거래에 의존하
지 않는 이런 도덕경제에서는 구애하는 남성도 구애받는 여성도 자신
이 누구이며 자신의 사회적이고 도덕적인 가치가 무엇인지 스스로 안
다. 이런 앎을 바탕으로 쌍방의 사랑이 성립한다(유용한 대비를 다룬 3장을 참조
할 것). 물론 쌍방의 사랑은 매력과 애착과 관심 정도라는 여러 다른 조
건들로 다양한 차이를 보여준다. 그럼에도 결국 선택이 이뤄질 수 있
는 것은 이들이 기존의 도덕규범과 사회규칙에 자신을 맞추려 하기 때
문이다. 그리고 이런 코드들에 성공적으로 적응하는 능력이 곧 자신감
을 불어넣어주는 원천이다. 이런 의미에서 남성과 여성이 서로 인정해
주는 가치는 그게 전적으로 객관적이지 않다고 할지라도 최소한 객관
적으로 닻을 내린 것이기는 하다.

 오스틴의 여인들이 갖는 자아를 성격■으로 설명해보자고 하는 제안
은 이내 또 다른 물음 하나를 이끌어낸다. 무엇이 그 같은 내면의 가치

■ 성격이라는 개념은 18세기에 정체성의 '앙시앵레짐'이 있었으며 이것이 나중에 근대가
내면화한 유일한 자아로 변모했다는 드로르 워먼Dror Wahrman의 주장과는 다르게 이해
되어야만 한다. 워먼의 구상에 따르면 '앙시앵레짐' 정체성은 "텅 빈" 혹은 핵심적 자아
가 없는 폭넓은 문화의 틀이어야 마땅한 것으로 보인다. 말하자면 "진정한 주체가 없는
피상성의 게임, 진정한 가치와는 전혀 관계가 없는 일종의 허상"이 정체성이 될 수는 없
는 노릇이라는 것이다. 내가 논의하는 성격이라는 개념은 이와는 반대로 더욱 안정적인
핵심을 가진다. 비록 성격이 수행을 통해 모습을 드러내고 강화되는 것이라 할지라도
말이다.

와 구애과정의 분리를 가져왔을까?[15] 많은 철학자와 공동체주의* 사회학자들이 주장하듯 내적 가치와 구애과정의 분리야말로 성격이라고 말하는 것은 동어반복에 지나지 않는다. 성격은 개인의 기질을 반영하며 자신의 자존감을 일궈내고 유지하는 능력이라고 보는 주장은 대체 '어떻게' 개인이 그렇게 하느냐 하는 문제를 건너뛴다. 성격은 내적 기질이며, 이 기질이 사회라는 공공영역의 도덕규범을 따르도록 하는 능력을 낳는다는 순진하기 짝이 없는 생각과 반대로 나는 도덕규범으로부터 자존감을 얻어내는 능력과 도덕성격moral character의 과시는 일련의 사회 작동방식이 만들어내는 것으로 보자고 제안하려 한다. 다시 한번 말해두지만 사회를 등한시하고 심리학이나 도덕에만 초점을 맞추는 태도는 옳지 않다. 성격은 그저 단순하게 내적 기질과 정신적 습관의 다발이 아니다. 도덕규범을 직접적으로 내면화한다고 해서 성격이 형성되지는 않는다. 오히려 성격은 특정한 사회질서가 개인 안에 심기고, 개인이 이 질서를 반영함으로써 도덕적 면모를 갖출 따름이다. 감정을 선택의 일반적 생태에 맞추는 방식도 그 사회질서에 속한다. 철학자나 역사학자는 사랑을 도덕적 테두리와 얽힌 것으로 관찰하는 일에 자족하는 반면, 나 같은 사회학자는 좀더 설명을 필요로 하는 것이라 여긴다. '어떻게' 사랑은 도덕과 얽힐까? 다시 말해 사회의 어떤 작동방식이 사랑을 자아의 도덕 프로젝트에 얽어매는 것일까? 나는 우리가 도덕적 자아와 도덕감정moral sentiments이라 부르는 것이 어떤 특수

• Communitarianism: 이기적 개인주의에 반대하는 정치사상으로 20세기 후반에 등장한 사회학의 한 흐름이다. 근대 개인주의의 보편화에 따른 윤리적 토대의 상실, 즉 고도의 산업사회화에 따른 도덕공동체 와해와 이기적 개인주의 팽배에 의한 원자화 현상 등을 불만스럽게 바라보는 이론이다.

한 '선택의 생태와 아키텍처'임을 보여주고자 한다. 이 생태와 아키텍처에서 사적인 결단과 공공의 결정 사이의 합치가 아주 높은 정도로 이루어진다. 다시 말해 사적인 감정은 공공의 통일체라 할 수 있는 사회 그 자체에서 출발한다. 사랑을 하는 당사자가 어떤 감정을 가져야 좋은지 결정하는 쪽은 사회라는 말이다. 오스틴의 캐릭터들은 분명 높은 정도의 내면성을 자랑한다. 그러나 그 내면성은 오늘날의 우리와는 다르다. 오스틴의 캐릭터들은 의례와 역할이라는 공공의 세계와 자신들 내면의 일치를 추구하기 때문이다. 대체 사회의 어떤 작동방식이 이런 일치를 가능하게 할까? 구체적으로 살펴보자.

사회 네트워크로서의 연애

오스틴의 다른 소설들과 마찬가지로 『엠마』 역시 연애를 친척과 이웃 주변에서 일어나는 과정으로 보여준다. 주변사람이 관여한다고 해서 감시와 감독을 하며 일종의 통제기능을 행사한다는 뜻은 아니다. 물론 이런 일도 간혹 일어나기는 하지만 말이다. 오히려 핵심은 연애가 여인의 자아를 자연스럽게 그녀의 사회 네트워크와 친족에 결합해주며, 이로써 그녀의 자아를 네트워크와 친족이 보호하게 만드는 행위가 된다는 점이다. 오스틴은 물론이고 다른 작가들도 그려 보이는 연애과정에서 주도면밀한 관찰의 대상이 되는 쪽은 여성이라기보다는 남성이다. 남자는 다른 사람들의 감시의 눈길 속에서 결혼상대를 구해야 하며, 결과적으로 그 남자는 아주 많은 사회관계를 통해 '중개'되어야만 여인에게 접근할 수 있다. 문학평론가 제임스 우드가 지적하듯 『이성과 감성』의 독자는 엘리너가 "여동생의 남자(윌러비)의 성격을 낱낱이 밝혀내기 위해 자신의 관찰은 물론이고 다른 사람들의 의견도 구했을 뿐만 아니라 여동생을 대하는 그의 태도를 주도면밀하게 살폈다"[16]
는 점에 주목해야만 한다. 어떤 남자를 안다는 것은 종종 그를 다른 사
람의 눈을 통해 알아간다는 뜻이다. 콜로라도의 변경에서 살던 몰리
도르시 샌포드Mollie Dorsey Sanford는 1860년 자신의 일기장에 이렇게 털
어놓았다. "할머니는 그가 내 애인이라는 귀여운 생각을 굳히셨다.
[……] 그동안 나 역시 그렇게 믿는다. 그는 바로 나 자신이라고. 오랫
동안 보지 못하다가 찾아온 그를 오늘 본 순간 그가 내 심장 안에서 차
지한 자리가 얼마나 큰지 깨달았다."[17] 몰리의 사랑은 그녀의 할머니를
통해 중개되는 일종의 자기암시다. 그 같은 암시는 남자가 그녀의 일
상생활과 가족관계의 일부가 되었다는 정황으로부터 빚어지는 것이기
도 하다. 잠재적 배우자를 그처럼 은근하게 알아가는 것은 두 사람의
사회적 조화와 심리적 융화에 요구되는 신뢰감을 쌓아가기 위해 반드
시 필요하다. 『설득』의 앤 엘리엇이 자신의 첫사랑(그리고 유일한 사랑)인 웬
트워스 대령을 맞지 않는 짝이라고 평가하는 러셀 부인의 주장에 몹시
흔들리는 이유도 같은 배경을 가진다. 아무리 마음이 쏠려도 주변에서
부정적으로 평가하는 탓에 신뢰를 가지기가 힘들다. 우리의 현대적 감
각은 러셀 부인이 웬트워스 대령을 부정적으로 평가하는 정황이 앤으
로 하여금 자신의 진정하고도 유일한 사랑의 짝을 포기하게 만들었다
고 혀를 끌끌 차리라. 그러나 다른 관점에서 본다면 참견이나 마찬가
지인 러셀 부인의 실수는 앤의 자아를 보호하려는 진심 어린 마음에서
비롯된 것이기도 하다. 친척처럼 보살펴주는 러셀 부인의 충고는 곧

• James Wood(1965~): 영국 태생의 문학평론가로 2010년부터 하버드 대학교 교수로 재
직 중이며 『뉴요커』The New Yorker의 고정 필진으로 참여하고 있다.

앤이 살아가는 사회배경이나 다름없다. 물론 앤이 처한 사회환경이 사회적 지위와 내면의 가치가 구별되지 않는 것임을 암시함으로써 오스틴이 이런 체계의 한계를 드러내 보이려 했다는 것은 맞는 말이다. 앤과 독자는 웬트워스 대령을 둘러싼 세평을 검증할 기회가 많기 때문에 그 판단이 맞는다는 확신을 가질 수 있지 않을까. 이런 환경에서 남자는 사회 네트워크를 통해 아주 촘촘하게 감시를 받으며, 여자는 바로 이 탄탄한 네트워크로 보호받는 셈이다.

그래서 영국은 물론이고 미국에서도 연애과정은 종종 구애 남성의 주장을 검증하고 그 신뢰도를 조사하는 과정을 포함한다. 연애는 "수많은 속임수와 겉만 화려한 사기 그리고 온갖 감언이설로 얼룩진 게임이다. 그러나 이런 사기와 기만행각을 속속들이 밝혀내고 상대가 실제로 오랜 세월 동안 가장 가까운 친구로 지낼 수 있을지 확인하는 일은 반드시 필요하다."[18]

남자들이 철저한 심사대상이 된다는 점은 예비 장인과 장모가 구애자의 평판을 확인하는 풍습을 통해 잘 알 수 있다. 예를 들어 새뮤얼 클레멘스Samuel Clemens(나중에 마크 트웨인이라는 필명으로 불린 인물)가 올리비아 랭던에게 구애했을 때 그녀의 가족은 청혼을 허락하기 전에 추천서를 받아 올 것을 요구했다. 추천서 문제를 해결하고 나서 클레멘스는 다음과 같이 토로한다.

내 모든 추천인들은 내가 범속하거나 잘못되었거나 심지어 죄라고 부를 수 있는 그 어떤 것도 결코 범하지 않았음을 확인해줄 수 있으리라 믿는다. 그들은 7년 전 내 앞에 열려 있던 모든 문이 여전히 그대로 열려 있음을 말해주겠지. 지난 7년 동안 사귄 '모든' 친구는 여전히 내 친구들로 남으리라.

내가 갔던 곳은 어디라도 다시 갈 수 있다. 그것도 밝은 대낮에, 또 머리를 꼿꼿이 들고.[19]

이 사례는 구애를 받는 동안 여인의 자아가 가까운 관계들 안에 확실하게 "감싸여 있으며", 이 관계들이 구애하는 남자를 평가하고 그와의 결합을 다져가는 과정에 적극적으로 개입한다는 점을 여실히 보여준다. 이렇게 해서 여성의 자아는 다른 사람들의 완충역할로 보호받는 결과가 빚어진다. 구애하는 잠재적 남편감을 평가하고 판단하는 사회적 과제에 여러 명이 참여하기 때문에 해당 여성의 생각은 그녀가 속한 사회 네트워크의 반영이자 연장선상에 있는 것이 된다. 그러니까 어떤 여인이 한 남자에게 느끼는 감정은 다른 사람들이 그를 두고 왈가왈부하는 의견에 자극을 받는 셈이다. 감정과 판단이, 개인적 감각과 집단의 관찰이 이처럼 뒤얽히는 일은 누군가를 사랑하고 그를 잠재적 배우자라고 결심할 때 집단의 규범과 터부라는 도덕의 우주로 빨려들지 않을 도리가 없음을 함축한다. 이로써 자신의 낭만적 감정은 다른 사람들과의 관계라는 네트워크와도 밀접하게 얽힌다. 연애 당사자들의 자아, 곧 남성과 여성의 자아는 각기 다른 사람들과의 촘촘한 네트워크 안에 자리잡으며, 다른 사람들은 도덕과 사회규범의 심판이자 집행인으로 행세한다.[20]■ 이런 사정이 19세기를 상당 부분 지배했다.

■ 이런 사정은 거의 혹은 전혀 땅을 갖지 않았으면서 결혼을 하려 했던 빈곤층에게도 적용된다. 실제로 마이클 맥도널드Michael MacDonald는 17세기 초에 나타난 여러 질병을 의학과 점성술이 치료한 것을 연구한 논문에서 젊은이들이 결혼을 결심하려 할 때 부모의 판단과 공동체의 규범이 실질적으로는 아니더라도 늘 그 배경이나 전면에서 압박을 행사했다고 확인해준다.

공식 규칙과 비공식 규제

오스틴의 세계에서 짝찾기는 겉으로 드러나지 않는 무수한 규칙을 따라야만 한다. 사회학 관점으로 바라보지 않는 사람들은 규칙을 일종의 제한으로 이해하는 경향이 있다. 그러나 사회학자에게 규칙은 사람들을 관계 맺어주고 함께 기대를 다듬으면서 아는 사람은 물론이고 모르는 사람들까지 서로 깊이 알아가도록 돕는 매체라는 점에서 제한이 아니라 허용과 가능성이라는 특징을 가진다.[21] 예의와 의식, 곧 사람들이 서로 숙지하며 그 도움으로 관계를 맺거나 끝내는 규칙의 다발은 가능성의 정글을 헤쳐나가는 데 유용한 잘 그려진 약도와 같다. 의례는 다음에 무슨 일이 일어날 수 있으며 또 일어나야만 하는지 기대감을 불러일으킨다.[22]■ 다시 말해 의례는 불안함과 불확실함 때문에 생겨나는 두려움을 몰아낼 가장 강력한 수단이다. 이런 식으로 19세기에는 꼼꼼하게는 아닐지라도 유산계급이 서로 만남의 틀 안에서 지키는 예절과 행동규범이 엄존했다. 이 의례 안에서 남자와 여자는 서로 존중하며 품위 있게 행동했다. 이런 사랑의 질서를 따르며 당사자들은 행동규범으로 자신을 멋들어지게 치장했다.

그런 의례 가운데 하나가 예방禮訪이다. 예방은 처녀의 집에서 일어

■ 『뉴요커』에 발표한 『체실 비치에서』On Chesil Beach라는 단편소설에서 이언 매큐언Ian McEwan은 신혼 첫날밤을 맞는 부부의 이야기를 들려준다. 그토록 오랫동안 갈망해왔으면서 한편으로는 두렵게 짝이 없는 첫 섹스를 앞두고 부부는 전전긍긍한다. 결국 첫날밤은 수포로 돌아간다(잠자리는 이루어지지 않았다). 이 사건을 빌미로 화자는 '옛 성도덕'에서 '새로운 성도덕'으로 이행이 어떻게 이루어졌는지 생각해볼 기회를 갖자고 제안한다. 그러니까 1960년대의 섹스혁명 이전과 이후의 성도덕을 비교해보자는 제안이다. '단 두 사람 사이에도 수천 가지 암묵적 규칙이 존재했다. 그러나 갖은 수고를 들여 차려놓은 식탁을 거들떠보지도 않는 것처럼 유치한 노릇도 따로 없었다. 어른이 되었는데도 어린 아이처럼 굴 수야 없지 않은가. 그래서 결국 두 사람은 저녁만찬을 즐겼다."

난다(물론 처녀라 부를 수 있을 정도로 충분히 젊다면 말이다). 남자가 먼저 선수를 쳐서 처녀의 집을 찾는 것은 허용되지 않았다. 물론 남자도 좋아한다는 표현을 할 수 있었지만 남자로 하여금 예방을 하게끔 요구하는 것은 어디까지나 처녀의 '특권'이었다.[23] 한마디로 연애과정을 통제하는 쪽은 어디까지나 여성이다(아마도 미국에서 남북전쟁이 일어나기 전까지는 대부분의 지역에서 남성의 인구수가 압도적으로 많았던 게 그 원인일 수 있으리라). 중산층의 예방 풍습은 처녀의 부모와 그녀 자신에게 연애과정의 통제권을 선물했다. 그리고 이런 풍습을 문제 삼는 남자는 없었다. 파티석상에서 숙녀에게 춤을 추자고 간청하고픈 신사는 거리에서 우연히 지인을 만난 듯 스스럼없이 굴어서는 안 되었다. 신사는 서로 같이 아는 제3의 친구를 통해 다시금 여인에게 소개되어야만 했으며, 또 연락해도 좋은지 여인에게 허락을 얻어야만 했다. 일단 연애가 시작되었다 할지라도 아주 미묘한 차이를 갖는 단계를 거치며 다시 진행되어야 한다는 사실이, 이 논지에서는 결정적이다. 서로 담소를 나누고 나서야 함께 외출했으며, 이런 과정을 통해 상대의 매력을 확인했을 때에야 비로소 교제가 계속될 수 있었다. 달리 말해 감정은 두 사람이 서로 익히 아는 의례를 지켜가며 만남을 이어가는 가운데 각자 상대를 주도면밀하게 관찰하면서 그 지속 여부가 결정되었다.

이처럼 의례화한 사랑의 질서에서 감정은 행동과 언변에 따라 빚어지는 결과였다(또는 시간적으로 동시에 일어나기도 했다). 물론 엄밀하게 말하면 행동과 언변이 감정을 빚어내는 전제조건은 아니다. 아무리 그럴싸하게 행동하고 화려한 말을 늘어놓을지라도 감정은 생겨나지 않을 수 있기 때문이다. 나는 감정의 생성을 '감정 수행성 체제'regime of performativity of emotions라 부르겠다. 이 체제에서 감정은 의례화한 행위와 느낌을 표현하는 언변으로 촉발된다. 확실히 우리의 감정은 언제나 다른 사람의 감정에 의해 촉발된다.[24] 그러나 낭만적 감정의 상호작용은 하나의 특별한 물음을 제기한다. 낭만적 감정에서는 서로 주고받는다는 상호성이 결정적 의미를 가지기 때문에, 누구든 먼저 자신의 감정을 드러내는 사람은 이 감정에 화답이 오지 않을 위험을 감수하고 들어간다. '감정 수행성 체제' 혹은 '감정의례 체제'에서 사람들은 행동예절을 지키고 그 의미를 해석하고 나서야 비로소 감정을 느끼며 드러낸다. 그러니까 감정의 성숙은 상대가 적절한 사랑표현을 하고 예절을 지키며 노력할 때 비로소 시작되는 여러 단계의 과정이다. 다시 말해 두 사람 사이의 미묘한 표현과 신호의 교환이 일어난 결과가 낭만적 감정이다. 이런 체제에서 다른 쪽의 감정을 불러일으키는 역할을 사회적으로 주도하는 쪽은 남자다. 감정 수행성 체제에서 여성은 사랑의 상대에게 결코 압도되지 않으며, 또 그럴 수도 없다. 규칙을 지켜가며 이루어지는 구애는 여인으로 하여금 충분한 시간을 두고 차근차근 밀도 있고 집중적인 감정으로 이끌려 들어가게 만들기 때문이다. 여인은 남성의 표현형태를 철저히 연구한 끝에 그 감정에 반응할 따름이다.

19세기 연애 풍습을 연구하면서 여성 역사학자 엘렌 K. 로트먼은 엘리자 사우스게이트의 이런 말을 인용한다. "자신에게 누군가 호의를 가졌다고 확인하기 전에는 그 어떤 여인도 상대를 사랑할 수 있으리라는 헛된 믿음을 품지 않는다." 로트먼은 이어서 말한다. "여인은 자신의 감정이 화답을 받으리라는 확신이 들 때까지 기다린다. 그런 확신이 들기 전에는 감정을 자기 자신에게도 고백하지 않는다."[25] 사랑이 고도로 의례적이 되었다는 정황은 그렇지 않았다면 압도적 위력을 발휘할 감정의 왕국으로부터 여인을 지켜준다. 사실 『이성과 감성』이라는 작품은 전반적으로 심장이 하는 일에서 무엇을 우선시해야 하는지 그 단계의 물음을 다룬 소설이다. 엘리너는 이성이 열정에 우선한다고 주장하지 않는다. 다만 이성은 의례화한 사랑의 육화이자 보호자다. 이처럼 매력과 구애와 약속이라는 적절한 질서를 거치고 난 다음에야 비로소 감정이 집중적으로 드러나고 표현된다. 의례화한 사랑의 형식에서 감정은 약속을 확인해주며, 약속이 곧 감정을 확약해준다. 다시 말해 낭만적 감정의 수행과 의례화에서 감정의 진지함과 진정성이 물론 중요하기는 하지만, 진지함과 진정성을 묻는 물음은 흔히 감정이 올바른 순서를 지키고 있는가 하는 걱정 뒤로 숨게 마련이다. "총각은 자신이 구애하는 처녀로부터 충분한 격려를 얻자마자 청혼을 하기 전에 먼저 처녀 아버지의 허락을 간청한다. (……) 처녀는 자신의 진정한 감정을 드러내기 전에 남자가 먼저 사랑을 고백하기를 기다려야만 한다."[26]

이 체제는 현대의 관계를 장악한 '감정 진정성 체제'와 대립한다. 진정성이란 당사자가 자신의 감정이 무엇인지 안다는 것, 그런 감정으로 실제 관계의 초석을 놓도록 행동한다는 것을 전제한다. 자신의 감정을 솔직하게 고백하고 (다른 사람의 감정까지) 이 감정을 기초로 결정 내린다는 것을 당연한 일로 전제하는 게 '감정 진정성'이다. 감정 진정성 체제는 사람들로 하여금 관계의 중요함과 진지함 그리고 이 관계가 장래 어떤 의미를 가질지 판단하기 위해 자신의 감정은 물론 다른 사람의 감정도 아주 꼼꼼하게 캐묻는다. "나는 그를 정말 사랑할까? 혹시 그저 즐기려는 것은 아닌가?" "내가 그를 사랑한다면, 내 사랑은 얼마나 깊고 강하며 진정한가?" "이 사랑은 건강한가 아니면 자아도취적인가?" 이런 게 바로 진정성 체제에 속하는 물음들이다. 반대로 전통을 중시하는 사회에서 "진정성은 인간이 이상으로 여기는 어휘 안에서 자리를 차지하지 못한다. 이 사회에서 사람들은 사회체계가 제공하는 조건들에 만족한다. 이들은 '사회가 확정한 역할 감당하기'를 가장 좋은 것으로 여긴다."[27] 진정성은 크게 볼 때는 감정의 표현과 경험을, 특수하게는 사랑의 표현과 경험을 조직해내고 걸러내, 발신하는 규칙들에 우선하면서 이 규칙들을 넘어서까지 엄존하는 실제 (감정)존재론이 있음을 전제한다. 진정성 체제에서 약속은 주관主觀이 느끼는 감정을 전제하는 게 아니라 감정에 따라 일어나는 것일 따름이다. 말하자면 감정이 약속의 동기를 부여하는 선택적 대안이 된다. 결과적으로 진정성 체제는 주관에게 자신이 갖는 감정의 확실성을 만들어낼 수 있는 두 가지 길 가운데 하나를 택하도록 요구한다. 주관에게 감정의 본성과 그 '진짜' 근거를 묻는 물음이 중요한 한 상당히 높은 정도로 자기검증을 하게 만들거나, 거꾸로 높은 밀도 때문에 저절로 이뤄지는 폭발적 감정표현(이를테면 '첫눈에 반한 사랑')을 하는 것이다. 자기검증은 자아의 반성이 감정의 '진짜 본성'을 이해하도록 도울 것이라는 점을 전제한다. 동방박사 계시와 같은 폭발적 감정표현은 감정의 밀도와 비합리성이야말로 진정한 감정의 적절한 좌표임을 당연하게 전제한다. 낭만적 감정의 진정성을 확인할 수 있는 이 두 가지 방식은 현재 우리 시대의 문화에서 어깨를 나란히 하고 있으며, 이 두 가지 가운데 어느 하나를 따르는 한 낭만적 결속은 의례라는 규칙보다 감정의 내면성을 중시하게 된다.

기호의 일관성

감정 수행성 체제에서 핵심적 의미를 갖는 것은 다음과 같은 중요한 사회규칙이다. 즉 누구든 의도와 일치하는 행동을 해야만 한다. 그래서 1897년의 에티켓 매뉴얼은 이런 규칙을 권고한다.

신사가 숙녀에게 보여야 할 행동 친하게 지내는 숙녀들을 콘서트나 오페라 혹은 무도회 등에 초대하는 것은 신사의 자유다. 집을 찾아가 정중히 모시며 젊은 숙녀들 모두의 사교 분위기가 편안하도록 배려해야 한다. 그때그때 초대를 받아들이거나 거부하는 것은 숙녀의 자유다. 그러나 젊은 신사가 오로지 단 한 명의 처녀에게 집중하기 위해 다른 모든 숙녀를 무시한다면, 그는 처녀에게 저 남자가 나에게 특별히 끌리는 모양이구나 하고 짐작할 실마리를 주는 셈이며, 이로써 처녀는 남자가 아무 말도 하지 않았음에도 자신이 그의 약혼녀가 되어야 하는가 보다 하고 믿게 된다. 따라서 결혼을 생각하는 신사가 아니라면 오로지 단 한 명의 숙녀에게만 관심을 쏟아서는 안 된다.[28]

본래 도덕질서는 당사자들이 자신의 행동을 감정뿐 아니라 의도에도 맞게끔 표현해야 한다는 기호적semiotic 도덕질서에 따라 이루어진다. 『이성과 감성』이 상세히 묘사하듯 말과 행동 그리고 의도 사이에 빚어지는 불일치는 도덕적 파국을 불러오는 원인이 된다. 사회적으로 얼굴을 들고 다닐 수 없을 정도로 정신적 파산을 당할 수 있다(윌러비의 문제는 메리앤을 사랑한다는 감정이 없었다는 데 있는 게 아니다. 그의 행동이 그가 품은 실제 의도를 "알아볼 수 없게 만들었다"는 게 오히려 문제였다). 도덕적으로 성실하게 구애하는 남자라면 속에 품은 의도와 겉으로 드러난 행동이 최대한 일치하는 모습을 보이도록 노력해야만 한다. 도덕적으로 칭찬받아 마땅한 성격이 그런 일치를 추구한다는 것을 보여주는 또 다른 사례는 『설득』이다. 앤은 웬트워스 대령이 자신을 더는 사랑하지 않는다고 믿고, 웬트워스 대령은 루이자에게 구애한다. 그러나 이야기가 계속 진행되면서 독자는 웬트워스가 앤을 여전히 사랑한다는 것, 그녀에게 충실하고 싶어한다는 것을 깨닫는다. 그러나 자신의 행동이 루이자에게는 구애로 받아들여지자 웬트워스는 한때나마 머물러 살고 싶다고 생각했던 도시를 떠난다. "요컨대 그는 너무 늦게 깨달았어. 루이자가 그에게 품는 감정이 하빌 가족의 짐작과 같다면, 루이자에게 묶인 것이나 다름없다는 확신을 가진 바로 그 순간에 그는 자기감정의 포로가 되어버렸음을 깨달은 거야."[29] 여기서 구애는 철저히 기호화했기 때문에 자신이 보낸 기호가 자기감정과 맞지 않다는 것을 깨달은 웬트워스는 솔직하게 자신을 드러내지 않고 여인에게 구애를 한다는 게 불명예나 다를 바 없다는 생각에 도시를 떠났다. 그런 기호는 특히나 영국의 상류층이 정말이지 중시하는 것이었다.

이런 코드가 대서양을 건너간 것은 조금도 놀라운 일이 아니다. 보스턴 상류층의 연애를 분석한 티모시 켄슬리의 『친구 사이』*Friendlies*는 연애 풍습을 두고 상당히 고민하며 이야기를 나누는 젊은 여인들 한 무리를 다룬다. 이 그룹에서는 "성급한 제스처나 표현 혹은 단지 부적절한 음색이라 할지라도 약속의 증표로 읽힐 수 있다. 조금도 그런 의도가 없었음에도 말이다."[30]

사랑의례의 이토록 섬세한 기호화는 두드러진 효과를 발휘했다. 즉 감정의 왕국을 확실하고도 밀접하게 기호화한 코드체계에 묶어놓음으로써 불안함을 줄이거나 제거했다. 감정은 기호를 먹고살았으며, 또 적절한 기호가 의례를 수행하는 사람은 물론이고 그 '수신인'에게도 감정을 불러일으킴으로써 기호가 곧 감정이 되기도 했다. 감정기호의 그 섬세한 코드화와 의례화는 감정을 주고받는 쌍방관계의 단계적 운동을 엄격히 규제하고 조종했다. 감정표현에 미세한 단계 차이를 심어놓음으로써 감정이 계속 발전하고 또 다른 의례적 감정표현을 불러일으키게끔 만든 것이다. 상대방은 물론이고 자기 자신에게서도 말이다.

열정으로서의 이해관계

근대에는 짝을 찾는다는 게 상당히 진지하고 심각한 일이었다. 당시 결혼이란 많은 사람이 뒤얽히는 아주 중대한 경제적 변화를 뜻했기 때문이다. 무엇보다도 여인의 재산이 결혼과 동시에 남자의 것으로 넘어갔다. 여기에는 세 가지 중요한 의미가 함축되어 있다.

우선 결혼 당사자들이 갖는 일체의 감정은 사회질서와 경제적 이해관계라는 폭넓은 틀을 벗어날 수 없었다. 사회학 내부는 물론이고 바깥으로도 널리 퍼진 견해에 따르자면 이해관계에 끌린 행동은 열정의 적敵이다. 하지만 나는 이해관계는 열정과 일치할 수 있을 뿐만 아니라 심지어 열정을 일깨우고 생생히 유지하는 충동이기도 하다는 점을 인정하고 싶다. 경제학자 로버트 프랭크*는 감정이야말로 우리 이해관계의 구속성을 상징하며 우리로 하여금 이 이해관계를 지키는 데 적당한 행동을 하도록 유도하는 결정적 역할을 한다고 주장한다. 프랭크는 "감정이 종종 우리의 이해관계에 아주 잘 봉사한다"고 굳게 믿는다.[31] 그렇다, 오스틴의 문학세계에서 특별히 밀도 높은 감정으로 이끄는 것이야말로 합리적 이성과 이해관계다. 이성과 이해관계가 감정을 촉발하는 강력한 기폭제인 셈이다. 이런 확인은 사회의 다른 계급으로도 확장된다. 결혼은 경제적 생존에 중대한 의미를 가지는 탓에 감정적 구속의 구조를 만들어낸다. 이런 질서에서 열정과 이해관계는 이론상으로는 서로 무관할지라도 서로 영향을 주고받으며 강해진다. 경멸(이

• Robert Frank(1945~): 미국의 경제학자로 코넬 대학교 교수다.

를테면 다아시의 태도)이나 사랑(엠마와 나이틀리가 가꾸는 사랑)은 사회적 신분계급이 같은 사람끼리 결혼하게 만드는 도구나 다름없다.

결혼이 경제적 이해관계 안에 닻을 내리는 두 번째 의미는 청혼이 주로 사회적 지위나 재산 정도에 따라 거부되거나 받아들여진다는 점이다. 17세기에서 19세기에 이르기까지 노동자 계급과 중산층에서 "남편감은 재산이 충분치 못하다는 이유로 여인의 부모로부터 거절을 당하는 게 상례였다."[32] 오스틴의 세계에 그려진 결혼체계 속의 자아, 곧 정체성과 자존감의 담지자가 현대인들처럼 상처를 입지 않았던 이유는 간단하다. 프랑스 인류학자 루이 뒤몽*의 연구를 끌어대 말하자면, 당시 자아는 "선천적으로 타고난 위계질서 안에 편입되어 있었기 때문이다."[33] 실제로 오스틴의 캐릭터들 가운데 사회적 지위를 둘러싼 감각이 전무한 인물은 거듭 모욕을 당하며 우스꽝스러운 사람으로 놀림을 받거나 아예 부도덕하다는 비난을 감수해야 했다(『엠마』의 해리엇 스미스, 『설득』의 윌리엄 엘리엇이 좋은 예다). 오스틴이 그리는 낭만적 분위기에서 연애의 성공을 거두는 쪽은 자신이 처한 사회적 위치가 무엇인지 잘 알면서도 이를 넘어서려 감행하지 않거나 현재의 지위로부터 더 낮게 굴러떨어지지 않는 사람이다. 바꿔 말해 어떤 사람의 지위를 결정하는 기준은 일반이 공유하는 것이었고, 결혼결정이 어느 계급 소속이냐에 따라(부분적으로만 속했을지라도) 내려졌기 때문에 결혼상대로서 어떤 사람을 거부한다는 것은 자아의 본질이 아니라 오로지 사회적 지위의 문제에 달린 것이었을 따름이다. 제인 오스틴도 자신에게 구애했고 그녀 역시

* Louis Dumont(1911~1988): 프랑스의 인류학자로 인도의 문화와 사회를 집중 연구했으며 서구의 사회철학과 이데올로기에도 많은 관심을 쏟았다.

좋아했음에 분명한 톰 레프로이˙와 더는 만나지 말라는 요구를 아무 저항 없이 그대로 수용했다. 둘 다 돈이 없음을 제인 오스틴이 절감했기 때문이다. 토머스 칼라일은 자신의 청혼이 제인 웰시로부터 일단 정중히 거절당하자, 그 원인을 자신의 불안정한 경제상황 때문으로 짐작했으며, 실제로도 이 짐작대로 행동했다. 자아의 본질을 중시한다면, 그래서 사랑이 그 정의에 알맞게 개인의 지극히 내적인 본질을 겨누는 것일 뿐 소속계급과 사회적 지위와는 상관없는 것이라고 한다면, 사랑은 그 개인의 가치를 직접적으로 인정해준다는 뜻이다. 따라서 거부는 자아의 거부가 될 따름이다(3장 참조).

결혼이 경제적 이해관계와 맞물리는 일의 세 번째 함의는 다음과 같다. 경제적 고려에 커다란 비중을 두는 것은 배우자를 평가하는 과정이 또한 '객관적'이 된다는 뜻이다. 다시 말해 배우자를 평가하고 선택하는 일은 사회라는 공통의 환경이 인정하고 받아들이는 객관적 지위와 부의 정도에 따른다. 이런 식으로 여인의 지참금이 결혼시장에서 그 여인의 가치까지 결정한다. "지참금은 젊은 처녀의 결혼능력을 가늠하는 가장 중요한 요소다. 이로써 그녀의 장래 인생도 결정된다."[34] 지참금은 신분 상승을 꾀하고 동맹을 다지는 데 결정적 역할을 했다. "지참금 액수는 신부의 사회적 신분과 경제적 지위를 고스란히 보여주는 지표였다."[35] 대개의 경우 지참금을 직접 관리할 수 없었던 여인은 "별거나 이혼을 하게 되면 지참금을 되돌려줄 것을 요구했다." 매리언

• Tom Lefroy: 제인 오스틴의 애인으로 알려진 인물로, 부자 삼촌에게 전적으로 의존했던 그는 가난한 여성 작가와 만나지 말라는 삼촌의 요구에 오스틴을 포기했다. 오스틴은 평생 독신으로 지냈으며, 결혼한 레프로이는 딸에게 제인이라는 이름을 붙여줬다.

캐플런에 따르면 이런 사실은 "남자의 변심을 막아주며 여인을 보호해
줬다."[36] 지참금이 배우자 선택에서 중요한 역할을 했다는 사실은 여성
의 결혼능력이 자신의 특별한 감정과는 무관한 '객관적 기준'에 따라
평가되었음을 뜻한다. 제인 오스틴의 여주인공 엠마는 자신의 여자친
구 해리엇 스미스를 출세주의자인 엘턴 목사와 맺어주려 시도한다. 물
론 엠마가 해리엇의 외모와 성격을 잘못 판단하는 실수를 저지르지는
않았다. 그러나 해리엇이 엘턴의 출세 야망에 객관적으로 어울린다고
판단한 것은 엠마의 실수다. 엠마의 실수는 두 사람이 어울리는 한 쌍
인지 판단하기 위해 실제로는 객관적 기준을 전혀 고려하지 않았다는
데 있다. 엠마는 엘턴의 출세욕을 간과한 것이다. 이는 곧 제인 오스틴
의 연애관이 오로지 '같은 계급끼리의 결혼'이라는 틀에만 안주하고 있
음을 보여주는 암시다. 결국 객관적 기준을 적용한다는 것은 개인의
선택을 공공의 위계질서와 가치관에 묶어두는 판단이다. 이런 의미에
서 배우자가 사회적으로 적절한 상대인지 판단하는 일은 어디까지나
공공에 따른 행위일 뿐 사적인 행위가 아니다.

평판과 약속 지키기

도덕과 기호 그리고 생태라는 축으로 이뤄진 체계의 중심은 약속을
지키는 일이다. 대다수 사람들은 인생을 살아가며 단지 몇 번에 지나
지 않는 결혼기회를 얻고, 파혼은 심각한 후폭풍을 불러일으키는 탓에
평판은 배우자 선택에서 중요한 고려대상이다. 평판을 이루는 핵심요
소는 약속을 지키는 능력이다. 약속이란 다른 사람의 이해관계와 맞물
리며 이뤄지는 행위다(흄*의 연상을 떠올리게 만드는 대목이다).[37] 그렇다면 약속을
지키는 일은 사람들로 하여금 자신에게 '가장 좋은 것'을 선택하도록

영향을 미친다. 실제로 제인 오스틴의 소설에 등장하는 불쾌한 캐릭터들은 한 가지 공통점을 가진다. 이들은 모두 더 전망 좋은 결혼을 하고 거기서 최대 성과를 얻어내기 위해 기존의 약속을 깬다. 이사벨라 소프, 루시, 윌러비는 약속을 지키지 못하는 무능함이 뻔뻔할 정도다. 이런 무능함은 결혼을 통해 자신의 이득을 극대화하려는 욕구의 결과다. 이는 스티븐 샤핀**이 17세기와 18세기의 영국 신사가 지켜야 할 도덕이라고 묘사한 것과 일치한다. 샤핀은 신사의 특징을 자신이 한 말을 지키는 능력이자 진실한 태도라고 확인한 바 있다.[38]

오스틴의 세계에서 약속을 깨는 사람은 남자든 여자든 그 자신의 평판과 명예에 심각한 손상을 입는다. 가장 두드러진 예가 『설득』의 여주인공 앤 엘리엇이다. 소설이 막을 올리기 전에 이미 웬트워스와 약혼했던 앤은 평소 친하게 지내며 그녀에게 돈독한 관심을 베풀어준 후견인 러셀 부인이 웬트워스를 두고 맞지 않는 짝이라고 하자 약혼을 깬다. 이제 앤은 귀족 출신의 부유한 사촌 윌리엄의 구애를 받는다. 이때 앤의 속내는 다음과 같다.

만약 웬트워스 대령이 없었다면 어떻게 반응했을까 궁리해보는 것은 헛된 짓이다. 웬트워스 대령은 분명 있었기 때문이다. 현재의 막연함이 좋은 쪽으로, 아니면 나쁜 쪽으로 전개되든 상관없이 그녀의 애정은 언제나 그에

- 스코틀랜드 출신의 경험주의 철학자 데이비드 흄David Hume(1711~1776)을 가리킨다. 흄은 우리 인간의 생각은 인상과 관념을 묶어 인과관계에 따른 '연상의 법칙'을 통해 이루어진다고 주장했다. 그러니까 저자는 약속이 인과관계로 맞물리며 영향을 준다는 뜻에서 흄을 언급한 것이다.
- Steven Shapin(1943~): 미국의 저명한 과학사회학자이자 과학사학자로 하버드 대학교 과학사 교수다.

게 속하리라. 두 사람의 맺어짐은, 그녀가 확신하듯, 다른 남자들은 결코 다다를 수 없는 지경에 이르렀다. 돌이킬 수 없는 헤어짐이라고 해서 다른 남자들에게 기회를 주어서는 안 된다.[39]

이것은 감정의 영역에서 이해를 추구하고 극대화하라는 유혹을 거부하는 일종의 선언이다. 선언은 어느 쪽이 더 나은 부를 열어줄지 전혀 계산하지 않고 약속을 지키자는, 남성과 여성을 향한 호소다. 앤의 충절과 변함없음을 남성으로서 대변하는 인물은 웬트워스다. 그렇다, 웬트워스의 행동과 감정 사이에 이뤄지는 일치를 증언하는 다음 대목을 읽어보자.

> 그녀(앤)는 그 어떤 것으로도 대체될 수 없었다. 그(웬트워스)는 언젠가 또 그녀와 같은 여인을 만날 수 있으리라고 조금도 믿지 않았다. 무의식적이지만, 정말 의도하지 않았지만, 자신은 그녀에게 충실하게 남을 수밖에 없었다는 것만큼은 실제로 고백했어야만 했다. 부러 그녀를 잊으려 했고, 또 실제 잊었다고 믿기도 했다. 무심한 척 행동했으나 속은 쓰라릴 따름이었다. 그녀의 장점을 부당하게 다루었다. 그런 장점을 갖는 여인을 사랑할 수 없다는 게 괴로웠기 때문이다. 그동안 그는 그녀의 완벽한 인격을 확신했다. 강력한 의지를 자랑하면서도 부드러움을 잃지 않는 가장 사랑스러운 중용의 인격을![40]

약속을 지키는 태도를 명예로 여기는 게 20세기 초반 10년 동안 얼마나 널리 퍼진 생각이었는지 마지막으로 예를 하나 더 들어보자. 이디스 워튼의 소설 『여름』의 여주인공 채리티 로열은 자신이 사랑하며 결혼하기를 희망하는 남자 하니가 애너벨 볼치와 이미 약혼한 것을 알게 되자 하니에게 이런 편지를 쓴다. "저는 당신이 애너벨 볼치와 결혼했으면 합니다. 그녀에게 약속을 하셨다니 어쩔 수 없죠. 제가 무척 아파할까 봐 혹여 걱정하실 거 같아 두렵군요. 당신이 올바르게 행동하는 게 저에게는 더 큰 기쁨입니다. 당신을 사랑하는 채리티."[41]

여기서도 여인은 남자의 약속을 존중해주기 위해 자신의 사랑과 장래의 행복을 포기하는 쪽을 택한다. 약속을 지키는 것만큼 도덕성을 확인해주는 특징은 따로 찾아낼 수 없기 때문이다.

약속을 지키는 데 결정적인 것은 시간의 흐름에도 꾸준한 모습을 보여주는 능력이다. 그래서 새뮤얼 클레멘스(마크 트웨인)는 올리비아의 아버지 저비스 랭던에게 보낸 편지에서 이렇게 썼다. "'과거에 제가 누구였으며, 현재는 누구인지, 앞으로는 어떤 사람이 될 것인지' 확실하게 보여드릴 수 있는 충분한 시간을 가졌으면 하는 게 저의 간절한 바람입니다. 아버님도 그러하시리라 믿습니다. 그렇지 않다면 제게 만족할 수 없으시겠지요. 저도 물론 만족할 수 없습니다."[42] 어느 모로 보나 여기서 새뮤얼 클레멘스는 시간의 흐름에도 변함없는 자신의 모습을 과시함으로써 강한 성격을 입증해 보이려 했던 게 분명하다. 이것은 미래에도 자신의 현재 모습(혹은 더 나아진 모습)을 계속 지킬 수 있는 능력이다. 그러니까 성격은 한결같은 모습, 과거의 나와 현재의 나 그리고 앞으로의 나를 의지의 중심에서 하나로 통일하는 능력을 통해 입증된다.

- Edith Wharton(1862~1937): 미국의 여성 소설가로 퓰리처상을 받았으며 상당히 많은 작품을 남겼다.

오스틴의 세계는 한결같은 꾸준함을 거의 과시에 가까운 방식으로 선보인다. 등장인물들이 늘 '더 나은' 기회와 충돌하게 하고 예전의 소박한 관계로 되돌아가게 하는 방식으로 말이다. 배우자를 통해 자신의 이득을 극대화하려는 욕구에 마침표를 찍고 약속을 지키는 능력을 관계의 기본으로 보는 게 오스틴 문학이 그리는 낭만적 감정이다. 그러나 현실에서는 누구나 약혼을 존중했던 것은 아니다. 이를테면 19세기 영국에서는 결혼약속을 파기하는 일로 심심찮게 재판이 벌어지곤 했다.[43] 약속을 깨는 행위를 형법으로 다스릴 정도로 사람들은 그 일을 심각하게 받아들였다. 그리고 남성이든 여성이든 결혼과 같은 문제에서 평판은 매우 중요했기 때문에 파혼이 비교적 드물었다. 결혼약속 파기는 워낙 중대한 도덕침해 행위였던 탓에 헨리 손(앤서니 트롤럽*의 소설 『닥터 손』 *Doctor Thorne*의 주인공)은 자신이 유혹해서 결혼을 약속했다가 결국 버린 여인의 오빠에게 살해당한다. 재판정에 세워진 오빠를 보며 화자(트롤럽)는 냉소를 담은 반어적 표현으로 이렇게 읊조린다. "그는 살인혐의에 유죄를 인정받아 6개월 실형을 선고받았다. 우리 독자들은 아마도 이 처벌이 너무 가혹하다고 여기리라."[44] 이런 사회질서는 감정과 도덕적 자아 그리고 시간을 하나의 유일한 축으로 묶어낸다.

역할과 의무

이디스 워튼의 유명한 작품 『순수의 시대』에서 주인공 뉴랜드 아처는 엘렌 올렌스카와의 격정적 사랑을 포기하고 메이 웰랜드와 결혼하

● Anthony Trollope(1815~1882): 빅토리아 시대의 영국이 낳은 위대한 작가로 정치와 사회와 성 문제 등에 걸쳐 다양한 작품을 썼다.

기로 했던 애초의 의무를 지키기로 결심한다. 같은 계급 출신의 여인과 이루어갈 결혼을 바라보는 아처의 생각은 다음과 같이 묘사된다.

> 그는 이미 오래전에 깨달았다. 메이는 자신이 누리고 있다고 믿는 자유를 오로지 단 한 번만 희생할 것이라는 점을. 메이는 사랑의 제단에서 자신의 자유를 그에게 바치리라는 점을. 〔……〕 그러나 그녀의 생각처럼 복잡할 게 없고 별다른 호기심도 느끼지 못하는 결혼이라면, 위기는 그가 그녀를 상대로 어느 모로 보나 터무니없는 속임수를 쓸 때에만 생겨나리라. 그러나 그녀가 그에게 갖는 순정한 감정으로 미루어 그런 일은 생각할 수 없다. **무슨 일이 벌어지든 그녀는 언제나 충실하고 듬직할 것이며 분하고 억울하다며 따지는 일이 결코 없으리라는 점을 그는 분명히 깨달았다. 바로 그래서 그는 그녀에게 같은 태도로 대해 줘야 한다는 의무감을 느꼈다.**[45]

소설이 펼쳐 보이는 드라마는 메이와 결혼해야만 한다는 뉴랜드 아처의 의무감과 엘렌 올렌스카를 위한 열정을 남김없이 불사르고 싶다는 그의 은밀한 갈망, 심지어 제도와 인습을 거부하려는 열망 사이의 갈등과 모순으로 생동하는 생명력을 얻는다. 의무를 중시하는 결혼모델에서 당사자의 내면에 자리잡은 감정은 무시될 따름이다. 어쨌거나 감정은 결혼에 따른 결합이라는 유일한 정당성마저 외면한다. 오히려 감정은 익숙한 역할, 그리고 평생 동안 이 역할을 일관되게 감당하는 능력으로 대체될 뿐이다. 특히 이런 결혼의 가치와 품격은 부부가 각자 자신의 진정한 자아를 표현하느냐, 자신의 숨겨진 내면을 남김없이 체험하며 살 수 있느냐로 결정되는 게 아니다. 좋은 결혼은 자신이 맡은 역할을 성공적으로 연기하는 능력에 지나지 않는다. 이 능력이란 역할에 알맞은 감정을 느끼고 과시하는 것이다. 이런 연기 연출을 이 끄는 일반의 문화적이고 도덕적인 테두리는 서로 약속을 지키라는 의무감의 명령이다. 그러니까 저마다 맡은 사회적 역할에 충실한 연기를 하고 그 역할에 알맞은 감정을 느끼라고 하는 사회 일반의 명령이다.

결과적으로 의무는 일종의 도덕구조다. 이 구조는 결혼 이전은 물론이고 결혼생활을 하는 동안에도 이런저런 길을 걸어가라고 감정에 요구하며, 당사자가 자신의 진정한 내면을 오로지 "무엇을 하는 게 나의 의무인가?"라는 물음의 관점에서만 바라보도록 강제한다. 그렇다고 해서 인간이 내면이나 감정을 갖지 않는다는 뜻은 아니다. 다만 그런 내면이 의무론에 충실하려는 구조를 가질 따름이다. 이런 사회의 인간은 자신이 무얼 해야 마땅하며 또 자신이 누구여야만 하는지 그 물음 안에만 갇혀 지낸다. 바로 그래서 앞서 언급한 바 있는 몰리 도르시 샌포드는 남편의 뜻에 순종해 콜로라도의 거친 황무지에 살면서 1860년 자신의 일기장에 이렇게 털어놓았다. "격심한 향수병이 부끄럽다. 물론 나는 여기 일기장에 쓰는 모든 것을 입 밖으로 꺼내지는 않았다. 〔……〕 나는 남편을 거스르지 않으려고 부러 명랑한 모습을 보이려 애쓴다. 혹여 내가 그와 함께 행복해하지 않는다고 남편이 믿을까 봐 두렵다. 그는 내가 애틋하게 생각하는 가족이라는 것을 모르며 또 이해하지 못한다."[46] 우리의 현대적 감각으로 볼 때 이 몇 줄의 고백이 낯설게만 느껴지는 이유는 몰리가 자신의 진정한 내면, 오늘날 우리가 진정성이라고 부르는 것에 충실하지 않고 오로지 아내로서 지켜야 할 의무만 생각하고 있어서다. 물론 현대에는 젊은 여인이 자신의 향수병을 부끄러워하는 일은 거의 찾아볼 수 없으리라. 여기서 몰리가 느끼는 수치심의 본질은 자신이 아내로서 감당해야 할 역할에 충실하지 못한

게 아닐까 하는 두려움이다. 이는 의심의 여지 없이 "남편과 아내 사이의 역할분담과 권력관계라는 빅토리아 시대의 전통이 대서양을 건너 태평양에 이르기까지 결혼생활의 뼈대를 이루었다"는 사실을 확인해주는 사례다.[47] 이와는 반대로 현대 여성은 그녀의 감정을 차고도 넘치는 말로 존중해줘야 하며 역할보다 중시해주는 대우를 해줘야만 한다. 아니, 그보다 훨씬 더하다. 결혼의 현대적 정의는 이런 종류의 감정을 적극 유념하면서 지원을 아끼지 말 것을 남편에게 요구한다. 다시 말해 아내의 감정을 존중하며 인정하고 정당한 것으로 수용해야만 한다. 현대의 애정관계는 대화로 감정을 드러내는 일을 중요하게 여긴다. 더욱 결정적인 점은 대화를 통해 배우자와 감정을 공유하는 행위가 인정과 지원을 받으려면 감정자아를 솔직하게 드러낼 줄 알아야 한다는 사실이다. 이로써 우리는 몰리의 태도가 우리의 현대적 감각과 다르다는 점을 확실히 감지할 수 있다. 그녀는 자신의 내면에 자리잡은 진정한 감정을 드러내는 것을 옳지 않게 여긴다. 거꾸로 적절하게 처신하려고 이런 감정을 명랑함이라는 가면 아래 감춰야 한다는 게 아내의 역할을 보는 그녀의 관점이다. 몰리는 자신이 맡은 역할을 설득력 있게 연기한다는 것이 곧 남편이 그의 역할을 잘 감당하도록 돕는 행위라고 여겼으며 여기서 여인은 아내로서의 의무를 다했다는 충족감을 얻는다. 심지어 이 여인은 자신의 진정한 감정을 이해하고 표현하려는 시도조차 하지 않으리라. 오히려 그녀는 부정적 감정을 드러냄으로써 혹여 남편에게 그녀를 행복하게 만들어줘야 한다는 그의 과제를 적절히 감당하지 못했다는 인상을 심어주는 게 아닐까 전전긍긍한다. 바꿔 말해 몰리는 남편의 감정을 적절하게 떠받들어주는 것을 자신의 책임으로 여긴다. 그리고 남편의 감정은 아내를 행복하게 해줄 수 있는 자신의 능력을 인정받음으로써만 충만해진다. 결국 가장 흥미로운 물음은 몰리가 어떻게 중립적이고 객관적으로 남편이 자신을 이해하지 못한다고 판단하느냐다. 실제로 그녀가 보인 행동은 남편이 그녀의 개인적 불행에 무심하며 설혹 관심을 갖는다 할지라도 불행을 덜어줄 능력이 없다는 사실을 인정하고 용서하는 쪽을 택한 것이다. 여기서 우리는 현대의 남성이 특히 여성의 기대와는 달리 그와 극단적으로 대립하는 것을 본다. 현대인은 서로의 내밀한 속내를 솔직하게 드러내며 배우자와 함께 묶였으면 하는 간절한 기대를 품지 않던가. 근대의 결혼관계 역시 복잡한 방식으로 짝과 함께 묶이는 자아를 전제하기는 한다. 그러나 이런 결합에서 근대인의 자아는 솔직한 속내를 드러내지 않을 뿐 아니라 진정성을 보이지도 않는다. 우리가 일기장을 통해 살펴볼 수 있는 당시 남성과 여성의 자아는 현대의 표준으로 볼 때 감정적으로는 상당히 멀리 떨어져 있다(남자든 여자든 상대의 생각과 감정을 알아차리게 하지 않는다). 그럼에도 떼어낼 수 없이 얽혀 있으며 서로 의존적이다. 반대로 현대의 자아는 각기 서로에게 감정적으로 솔직할 것을 기대하면서도 각자 독립적이기를 바란다. 현대의 결혼에는 고도로 개인화하고 차별화한 자아가 두 번째 자아와 함께한다.[48] 여기서 성공적인 결혼을 이루는 바탕은 주어진 역할의 과시가 아니라 섬세하게 조정된 합의다. 두 사람의 감정을 세밀하게 치장하는 게 애정의 근본바탕이 된 셈이다.

의무의 본질을 더 잘 이해하려면 아마르티아 센●이 공감과 의무를 흥미롭게 구분한 것을 살펴볼 필요가 있다. 고문당하는 사람을 떠올리

● Amartya Sen(1933~): 인도의 경제학자이자 철학자로 1998년 아시아 최초로 노벨 경제학상을 받았으며 불평등과 빈곤 연구의 대가다.

며 내가 깊은 번뇌에 빠질 때, 이것이 공감을 보여주는 사례라고 센은 말한다. 그러나 이런 상상이 나 개인에게 불편하거나 충격적이지 않음에도 거기에 뭔가 뿌리 깊은 잘못이 있다고 여긴다면, 이는 곧 의무의 한 사례다. 의무로부터 비롯되는 행동은 말 그대로의 의미에서 진정으로 '이기적이지 않음'이다. 그리고 그런 행동이 자아의 핵심, 곧 의무감을 발산하는 핵으로서의 자아와 아무런 관련을 갖지 않는다는 점에서 비도덕적이다.[49] 이런 정의를 따른다면 의무는 일차적으로 혹은 주로 개인의 감정에 따라 생겨나는 게 아니다. 의무로 사는 부부와 진정한 감정으로 맺어진 부부 사이에도 비슷한 차이가 성립한다. 감정의 진정성을 소중히 여기는 결혼생활은 두 개의 독립적 감정정체성을 서로 조화롭게 하려는 노력으로 이루어진다. 그러니까 서로의 감정이 어울릴 정황과 구실을 끊임없이 창출하려는 노력이 반드시 필요하다. 반대로 개인화한 감정자아로부터 출발하지 않는 의무는 감정적 요구를 끊임없이 만족시키려는 목표를 갖지 않는다. 여기서 감정은 사회적 역할에 따른 결과일 뿐 결혼에 반드시 필요한 선천적 전제조건은 아니다.

이로써 근대에서 구애와 결혼 풍습을 규제하는 '성격'과 의무는 당사자의 심리적 특성도 아니고, 어떤 도덕문화의 특징으로도 이해될 수 없음이 분명해진다. 그것은 오로지 특정 사회의 작용원리가 낳은 결과일 따름이다.※ 각 개인들을 이어주면서 완충역할을 하는 촘촘히 짜인 사회 네트워크, 객관적인(비교적 비주관적인) 배우자 선택기준, 같은 계급 출신이어야만 한다는 명확한 기준, 곧 사회적 신분과 종교적 성향과 경

※ 이런 작용원리는 가톨릭 국가보다는 개신교 국가에서 더 잘 찾아볼 수 있다. 개신교 국가는 친구 같은 사랑이라는 이상을 결혼의 근본토대로 보는 경향이 가톨릭 국가보다 강하기 때문이다.

제적 지위를 명시적이고도 정당한 배우자 선택의 근거로 삼았던 게 그런 작용원리다. 이는 곧 예절로 규제되는 감정 수행성 체제였다. 여기서는 약속을 지키는 일이 평판 형성에 결정적 비중을 차지했으며, 사회적으로 부과된 역할을 당연하게 받아들이는 게 곧 의무를 다하는 것으로 여겨졌다. 이런 확인의 의미와 목적은 결단코 과거를 미화하고 찬양하는 데 있지 않다. 19세기 인간들이 더욱 뛰어났다거나 좀더 도덕적이었다고 말하는 것도 아니다. 오히려 다음과 같은 논제에 더 큰 설득력을 불어넣으려는 것일 따름이다. 곧 도덕철학자나 공산사회주의자가 도덕적 성향이라고 보았던 것이 실상은 사회가 근본으로 삼는 작용원리에 지나지 않는다는 논제 말이다. 이 작용원리는 남성과 여성의 감정적 상호작용을, 부분적으로나마 공공의 예절과 역할로 재단해버렸다. 그 결과 자아는 다른 사람의 시선과 그 평가에 별로 상처받지 않았다. 당사자가 느끼는 감정은 그 자아의 내면에서 솟아오른 게 아니었기 때문이다. 평가의 기준과 양상, 사랑을 지키려는 능력, 연애경험에서 자아가 온전히 열정으로 추구하는 것은 모두 사회의 작용원리가 힘을 발휘한 결과물이다. 그리고 이런 사회는 '덕성'을 이상적 성향이라며 추켜세웠다. 사회적인 동시에 도덕적이며, 개인적인 동시에 공공의 성격을 갖는 이런 작용원리는 19세기 전반에 걸쳐 최소한 영어권 세계에서 중산층과 중상위층의 배우자 선택을 규제했다. 현대에 들어와 바뀐 것은 바로 배우자 선택을 내리는 조건들이다.

사랑의 거대한 전환, 결혼시장의 형성

배우자 선택을 오로지 사랑에 맞춘 사회가 개인주의로 흐르는 경향을 띤다는 것은 하나마나한 진부한 소리다. 결혼결정을 가문이나 가족에 맡기지 않고 스스로 내림으로써 개인의 감정자율성이 힘을 얻는 건 당연했기 때문이다. 그러나 서구 유럽의 애정 '개인주의'가 최소한 300년은 존속해왔다는 사실[50]을 염두에 둔다면, 현대에 들어와 일어난 감정의 변화를 적확하게 설명하기에 '개인주의'라는 진단은 너무 일반적이며 지나치게 두루뭉술하다. 19세기의 낭만적 선택을 둘러싼 영국과 미국의 문화는 개인주의적이기는 하지만, 그 형식과 의미에서 오늘날과는 현저한 차이를 보인다. 내가 보기에 이 차이는 좀더 정확히 파악할 필요가 있다. 개인 각자가 실제로 어떤 식으로 선택을 내렸는지 살펴봄으로써 말이다. 지금껏 나는 사회의 작용원리를 묘사했다. 이런 작용원리는 남성과 여성이 서로 탐색함 없이, 형식적이며 규칙을 필요로 하는 자기검증 과정 없이, 열린 시장에서 잠재적 배우자를 고를 기회 없이, 그저 사회의 표준이 반영된 평가기준을 토대로 배우자를 선택하게끔 강제했다. 여기서 심대한 변화를 일으킨 것은, 앞으로 자세히 다루겠지만, 선택이 내려지는 조건이다. '낭만적 선택의 생태는 물론이거니와 그 아키텍처' 역시 극심한 변화를 겪었다.

 나는 낭만적 선택에 일어난 변화가 경제상황을 두고 칼 폴라니[•]가 "거대한 전환"이라 부른 과정과 닮아 있다는 과감한 주장을 하고자 한다.[51] 경제관계의 '거대한 전환'이란 자본주의 시장이 경제활동을 사회와 그 도덕적이고 규범적인 기본 틀로부터 떼어내 경제를 자기규제의 시장으로 바꿔버려 결과적으로 사회를 경제에 예속시킨 과정을 뜻한

• Karl Polanyi(1886~1964): 헝가리 출신으로 미국에서 활약한 정치경제학자이며 1944년 『거대한 전환』을 발표해 인간과 자연의 상품화를 비판했다.

다. 우리가 이성 간의 관계에서 낭만적 사랑의 승리라 부르는 것은 무엇보다도 개인의 사랑 선택이 공동체의 도덕적이고 사회적인 조직으로부터 떨어져 나왔으며, 이로써 자율적 규제의 기능을 갖는 결혼시장이 성립했다는 의미다. 다시 말해 사랑의 상대를 고르고 평가하는 현대의 기준은 공동체가 공유하는 도덕조건을 떨쳐버렸다. 이런 해방은 배우자 선택의 기준에서 내용적 변화가 일어난 결과다. 이제 배우자 선택은 신체와 성적 매력을 중시하는 동시에 감정 역시 소중히 생각하는 심리학적인 것이 되었다. 또 배우자 선택과정 자체도 바뀌어 더욱 주관적이 되었고 더욱 개인주의화했다.

사랑의 '거대한 전환'은 일련의 특징을 가진다. 첫째, 잠재적 배우자를 평가하는 일에서 규범이 힘을 잃었다. 공동체의 가치체계로부터 떨어져 나왔고, 배우자의 매력과 가치를 평가하는 기준에 대중매체가 막대한 영향력을 행사하기 시작했다. 둘째, 배우자를 감정이라는 범주와 함께 성적 매력이라는 범주로 평가하는 경향이 갈수록 강해졌다. 여기서 결국 배우자의 감정적 소통능력은 섹시함에 우선순위를 내주고 말았다. 셋째, 성적 매력의 약진이 더욱 두드러졌다. 섹시함이라는 경쟁력이 결혼시장에서 점점 더 커지는 비중을 자랑하게 되었다.

섹스 중심과 감정 우선의 낭만적 선택

'성격'은 내면이 겉으로 드러난 표현이다. 그리고 이 내면은 공공이 중시하는 가치들을 연기한다. 이런 뜻에서 어떤 사람의 성격을 평가하는 일은, 물론 그 개인을 우선시하는 것이기는 하지만, 동시에 공공 곧 공통의 가치를 공유한다는 암묵적 동의다. 성격 평가는 다른 사람들의 동의를 전제로 하기 때문이다.

배우자 선택의 기준이 개인주의화한 것과 공동체의 도덕구조에서 떨어져 나온 것은 두 가지 새로운 기준이 개선행진을 벌여온 데서 분명히 목격할 수 있다. 한편으로는 '감정적 친밀함과 심리적 합의'가, 다른 한편으로는 '성적 매력의 발산'이 그것이다. '감정적 친밀함'이라는 개념은 성격에 기초를 둔 사랑과 다르다. '감정적 친밀함'은 두 유일한 인격체, 서로가 지극히 다르며 복잡한 심리를 갖는 인격체들이 합의를 이룰 수 있음을 뜻한다. 그러니까 공공의 가치를 우선시하는 성격은 현대의 낭만적 사랑에서 별로 주목되지 않는다. '섹스어필' sex-appeal, '성적 매력' 혹은 '섹시함'은 섹스와 신체매력 그 자체를 고스란히 반영하는 문화를 대변한다. 여기서도 다시금 도덕적 가치라는 세계는 도외시된다.

역사를 살펴보면 성적 매력이 자랑하는 힘과 사랑받기 위해 필요한 미모의 중요성을 증언하는 사례들은 차고 넘쳐난다. 하지만 오늘날 우리가 상대방을 평가하는 데 결정적 역할을 하는 '섹시함'이라는 범주는 잠재적인 연인/섹스 파트너를 평가하는 전혀 새로운 방식이다. 문화의 범주로서 '섹시함'은 '미모'와 다르다. 19세기에 중산층 여인들은 그 '아름다움' 때문에 매력적이었지 '섹스어필'로 매력적이지는 않았다. 사람들은 아름다움을 몸과 마음의 특성으로 이해했다[•] (그래서 로버트 브라우닝[•]은 장애를 가진 엘리자베스 배럿과 사랑에 빠질 수 있었다. 그에게는 외모보다 내면의 아름다움이 더 중요했기 때문이다. 그녀를 향한 자신의 사랑을 묘사하면서 브라우닝은 장애가 전혀 문제되지 않는

- 키르케고르는 『이것이냐 저것이냐』Either/Or(1944년 판. 21쪽)에서 이렇게 썼다. "(낭만적) 사랑이 감각에 기초하는 것이기는 하지만, 동시에 그것이 품는 영원함의 의식 덕에 고결하기도 하다."
- Robert Browning(1812~1889): 빅토리아 시대의 영국을 대표하는 시인으로 그의 아내 엘리자베스 배럿Elizabeth Barett(1806~1861) 역시 시를 썼다.

다고 썼다).[52] 성적 매력 그 자체는 아름다움은 물론이고 도덕의 성격으로부터도 분리된 새로운 평가기준■이거나, 오히려 성격과 마음씨마저 섹시함에 종속되었다. '섹시함'이라는 말은 현대에서 남자도 그렇지만 특히 여자의 성정체성이 일련의 의식적이고 의도적인 신체·언어·복장 코드로 이뤄지는 섹스 정체성으로 변모했음을 드러내는 표현이다. 물론 이런 코드들은 성적 욕구를 불러일으키려는 목적을 가진다. 이렇게 해서 다시금 섹시함은 배우자 선택의 자율적이고도 결정적인 기준이 되었다. 이런 변화는 갈수록 섹스를 강조하는 소비문화가 심리학과 페미니즘의 세계관이 성정체성을 정당화하는 과정과 맞물리며 빚어낸 결과다.

의심할 바 없이 소비문화는 성의 해방을 부르짖는 페미니즘과 보헤미안의 요구와 나란히, 여성 그리고 결국 남성의 성적 측면을 강조하는 데 기여한 가장 강력한 문화권력이다. 1920년대의 상황을 되돌아보며 데밀리오와 프리드먼●은 다음과 같은 논의를 펼친다.

미국의 소비문화는 산업의 인프라 구축에 필요한 자본을 축적하기 위해 더는 고집스러운 금욕적 노동윤리에 의존하지 않았다. 기업가들이 오히려 필요로 한 것은 소비자들이다. 〔……〕 소비상품 획득을 조장하는 윤리는 오락과 욕구 충족 그리고 개인의 만족을 더욱 강조했다. 이런 관점은 섹스영

■ 플라톤의 『향연』Symposium에는 사랑에서 아름다움이 차지하는 비중을 두고 토론을 벌이는 장면이 나온다. 이를 보면 고대에서도 아름다움을 중시한 것 같겠지만 이 토론은 젊은이들의 아름다움을 주로 다룬 것일 뿐 결혼의 기준으로 취급한 것은 아니다.

● John D'Emilio(1948~): 미국의 역사학자로 여성과 성 문제 전문가이며, Estelle Freedman은 데밀리오와 함께 책을 쓴 공저자다.

역에서도 쉽사리 먹잇감을 발견할 수 있었다.[53]

소비문화는 욕구를 주관의 핵심으로 만들었으며, 섹스는 욕구의 일반적 비유로 변모했다.

이 과정을 그림처럼 보여주는 게 화장의 역사다. 19세기에 아름다움의 관념은 변할 수 있는 것이었으며 외부로부터 조종되는 유행과 화장술을 '도덕적 아름다움', 곧 '영원한 미' 혹은 '내면의 아름다움'과 명확히 구별했다.[54] 그러니까 19세기 미의 관념은 성gender이나 섹스와 분명 아무런 관련을 갖지 않았다. 오히려 정반대로 아름다움은 성격을 표현하는 정도로만 중요하게 받아들여졌다. 빅토리아 시대의 도덕은 화장을 '실제' 내면의 도덕적 아름다움을 부당하게 대체하는 것이라며 불신의 눈초리로 바라보았다. 20세기 초로 접어들면서 향수와 파우더와 크림 등 각종 화장용품은 막 생겨난 소비시장에 넘쳐났다. 그리고 광고산업은 이런 상품을 더 많이 팔려고 아름다움을 성격으로부터 해방시켰다. "화장한 여인들은 빅토리아 시대의 지하세계에서 해방되어 광고산업이 그려낸 가상의 세계를 우쭐거리며 누볐다. 이 여인들은 수영을 하고 선탠을 하며 춤을 추고 자동차를 운전하는 면모를 과시했다. 이로써 건강미가 넘치며 쾌활한 여성을 보여주는 사진들이 넘쳐났다."[55]

상품의 포장과 마케팅 그리고 물류의 새로운 방법을 고안해낸 경영기법으로 무장한 새 사업모델에 힘입어 화장품산업은 인격의 도덕적이해와 더는 아무런 상관 없이 몸을 미적 감각의 표면에 내세웠다. 산업의 타깃이 되어버린 몸은 갖은 미적 실험의 무대가 되고 말았다. 그리고 이런 과정은 화장품업계가 의류업계와 영화산업과 손잡고 모든 사회계층을 꿰뚫는 작업을 벌이면서 더욱 빨라지고 일반화했다. 화장품과 유행 산업은 영화와 모델 그리고 광고업계의 전폭적 지원을 받으면서 더욱 강력해졌고 훨씬 커졌다.** 영화사와 여성잡지와 광고업계는 얼굴을 전면에 내세우며 몸의 성적 매력을 한껏 강조하는 새로운 방식을 대중화하고 정형화하면서 증폭시켰다. 여성은 성적 매력을 강조한 아름다움이라는 이상에 사로잡혀 소비문화의 적극적 주체가 되었다. 그리고 이런 이상은 다양한 업계가 앞다퉈 공격적으로 퍼뜨렸다. 의상, 영화, 광고, 음악, 화장품 등 이 모든 경제 분야는 에로티시즘에 바탕을 둔 자아를 구축하고자 경쟁을 마다하지 않았다. 여성잡지와 영화가 대대적으로 선전하는 새로운 아름다움은 "화장을 섹스어필과 확연히 결합한 것"이다.[56] 결국 새로운 아름다움이란 화장과 여성성과 소비와 섹스가 이음매 하나 찾아볼 수 없을 정도로 서로 맞물린 데 지나지 않았다.[57] 바꿔 말해 산업의 분과들이 일대 밀집대형을 이루어 여성을, 나중에는 남성까지 섹스 중심 문화에 도취되게 만들려고 안간힘을 쓰면서 그런 문화를 정당화하는 데 앞장섰다. 이제 인간의 몸은 적극적으로 감각적 만족과 쾌락을 추구하는 감각적인 몸으로 이해되었

- 이를테면 미국의 화장품 제조업자 맥스 팩터Max Factor는 영화배우들로 대대적 광고를 펼쳤다. "(맥스 팩터의) 모든 광고는 은막의 스타들을 전면에 내세웠다. 기획사와 미리 입을 맞춘 스타들은 요구받은 그대로 맥스 팩터를 두고 긍정적 표현만 늘어놓았다". Kathy Peiss, 『작은 병 안에 담긴 희망—미국 미용문화의 탄생』*Hope in a Jar. The Making of America's Beauty Culture*, New York, 1998, 126쪽{맥스 팩터(1877~1938): 폴란드 출신으로 미국에 건너가 1909년 '프록터 & 갬블' Procter & Gamble이라는 화장품 회사를 창립했다—옮긴이}.
-- "영화 스튜디오는 새로운 유행 스타일을 이끌어내기 위해 의류 제작자들과 협의했다. 관객들이 어떤 옷을 특별히 마음에 들어했다면, 이를테면 조안 크로포드가 〈레티 린턴〉 Letty Lynton(1932)에서 입었던 것과 같은 옷은 빠르게 엄청난 가격으로 치솟으면서 대량 생산되어 백화점에 깔렸다." Peiss, "On Beauty", 13쪽.

다. 그 같은 감각적 만족의 추구는 몸을 섹스 중심의 관점으로만 보게 만들었다. 몸은 성적 매력을 자극하고 에로틱한 상상을 촉발할 수 있으며, 또 그래야만 한다. 에로틱한 몸의 구축은 20세기 초반의 소비문화가 낳은 가장 두드러진 업적이다.

이로써 젊음과 아름다움이라는 두 가지 상징은 성적 매력과 섹스라는 상징으로 변해버렸다. 몸의 상업화는 성애를 집중적으로 강조하는 것이었지만, 또한 낭만적 사랑과 밀접하게 맞물리는 것이기도 했다. 아름다움과 섹스와 사랑은 번거로울 게 전혀 없이 서로 연상의 끈으로 이어졌다. "얌전한 여인들조차 연애나 결혼을 위해 화장을 포기하지 않았을 뿐만 아니라",[58] 오히려 더 적극적으로 화장을 하는 듯했다. 그만큼 "화장은 사랑과 거부, 승리와 굴욕이라는 일상에서 중요한 역할을 했다."[59] 사실 아름다움을 가꾸고 치장하려는 노력은 참된 사랑을 찾고자 하는 희망이었다는 점에서 그리 특별할 것은 없다. 여성이 가꾸는 아름다움의 '본래적 목표'는 다름 아니라 "그럴싸한 남편을 사로잡으려는 것"이었기 때문이다.[60] 화장은 하층계급 출신의 여인에게 신분 상승을 노리는 결혼을 통해 상층계급으로 올라갈 기회를 열어주는 것이기도 했다. 아름다움과 성적 매력을 강조하는 여성스러운 몸가짐은 로맨스라는 이미지와 아주 밀접하게 맞물렸다. 아름다움과 마찬가지로 로맨스 역시 광고업계, 영화제작자, 화장품 제조업자 등의 눈에 확실한 매출을 보장하는 보증수표나 다를 바 없었다. 로맨스는 남성성과 여성성을 확실히 분리하고, 남자와 여자에게 각자 맡은 역할을 부단히 연기하도록 요구한다. 그러면서 동시에 로맨스는 남성과 여성이 하나로 녹아든 유토피아에서 이런 역할의 차이를 없애줄 것이라고 은밀히 속삭인다.

남자들 역시 몸의 섹스 중심화라는 과정에 내몰렸다. 비록 이런 소비문화에 남성이 여성보다 뒤늦게 끌려들어가기는 했지만, 소비와 쾌락과 섹스에 기초를 두는 남성의 정체성이 첫 싹을 드러낸 것은 이미 19세기의 일이었다.[61]

거리의 지저분한 끄트머리에는 사창가와 동물결투 그리고 무허가 오락시설이 즐비했다. 그러나 못지않게 눈을 끄는 것은 남성의 소비욕구에 맞춘 일련의 가게였다. 실제로 〔……〕 독신 남성들의 하위문화를 겨냥한 식당, 이발소, 담배 가게, 양복점, 술집, 극장 등 부유한 젊은 건달들이 자주 찾는 많은 상업이 번창했다.[62]

그러나 남성의 몸을 겨눈 본격 소비문화는 1950년대에 와서야 비로소 등장한다. 이런 소비문화를 가장 잘 보여주는 상징은 1953년에 창간된 잡지『플레이보이』*Playboy*다. 이 잡지는 "소비와 취미활동과 선정적 탐닉 등이 끝없이 이어지며 돌아가는, 화려하게 반짝이는 세계에서 개인의 욕구 충족을 최고의 가치로 여기는 이른바 '플레이보이 윤리'"의 탄생을 알리는 신호탄이었다.[63] 여기서 남자 몸의 상업화는 애당초 아름다움과 화장을 겨눈 게 아니라 스포츠를 겨냥했다. 그리고 노골적으로 드러내놓고 남성의 섹스 판타지를 자극했다. 이 상업화는 남성의 섹스모델을 만들어내면서 그들도 여성과 똑같이 성적 매력이라는 의식을 갖도록 조장했다. 흥미로운 차이는 남성들에게서 사랑과 로맨스라는 주제가 여성에게서처럼 커다란 비중을 갖지는 않았다는 점이다. 사진술은 남성과 여성의 성적 매력을 일종의 규범처럼 표준화했다.[64] 동시에 남성과 여성이 외모를 더 첨예하게 의식하도록 만들었다. 사진과 영화는 미와 섹스의 이상형을 일종의 표준처럼 찍어내 널리 퍼뜨리면서 갈수록 인간이 자신과 타인의 몸을 바라보고 지각하는 방식을 자기네 입맛에 맞게끔 조종했다. 19세기 중반 이후부터 사진술은 판박이 미의 표준을 만들어내는 데 중요한 역할을 하면서 성적 매력이 새로운 기준과 코드를 자랑하도록 해서 배우자 선택의 기준이 바뀌는 데 혁혁한 공을 세웠다.

미국문화가 몸을 전면에 내세운 것 그리고 섹스와 성적 취향의 집중적 상품화는 '성적 매력'이라는 것을 도덕과는 완전히 별개인 독자적 문화범주로 만들었다. 문화산업은 미모숭배와 나중에는 건강숭배, 성적 특징으로만 남성과 여성을 정의하는 일을 무자비하게 몰아붙였다. 그 결과 성적 매력과 섹시함은 문화의 긍정적 범주로 정당성을 부여받기에 이르렀으며, 이로써 성적 매력을 갖느냐 여부가 배우자 선택의 핵심기준 가운데 하나가 되었다. 심지어 자신의 인격을 스스로 연출하는 데도 성적 매력은 중요한 역할을 하기에 이르렀다. 섹스와 성적 취향의 상업화는 자본주의의 작동원리 한가운데로 치고 들어오면서 섹스를 종족번식과 결혼과 장기적 관계, 심지어 감정생활과 전혀 상관없는 경험으로 변화시켰다.

소비문화는 전통적인 성규범과 금기를 헌신짝처럼 내던져버리고 몸과 관계를 섹스라는 관점으로만 바라보도록 하는 작업을 놀라울 만큼 성공적으로 해냈다. 이것이 성공한 이유는 소비문화가 정신분석과 심리학 전문가들의 권위와 정설에 기댈 수 있어서였다. 실제로 정신분석과 심리학은 자아를 새롭게 정의하면서 섹스에 두 가지 근본적 역할을 떠맡겼다. 우선 (유아기의) 성정체성을 개인의 심리발달 역사의 핵심으로 밀어놓으면서 성이라는 문제를 개인의 본질적 특징, 이른바 '심리의 에

센스'로 만들어버렸다. 그러나 동시에 섹스는 '건강'한 자아의 상징이자 과시로 빠르게 발달하기도 했다. 이게 바로 두 번째 역할이다. 임상심리학과 상담사들이 꾸며내는 이른바 '자기계발'이라는 번창하는 산업은 만족스러운 성생활이야말로 잘 사는 인생의 필수조건이라고 주장한다. 이런 식으로 섹스는 건강한 자아로 멋진 인생을 살아가는 프로젝트의 중심이자 정점으로 자리잡았다. 이로써 '성경험'이 긍정적 개념으로 발전할 길이 열렸다. 섹스라는 게 주관의 핵심으로 치고 들어왔다는 것은 자아의 지극히 개인적이고도 유일한 진면목이 오로지 성별과 섹스의 형태로만 국한된다는 뜻이다. 심리학은 건강한 자아를 좋은 섹스에 기초하게 함으로써 성별과 섹스를 자아의 역사를 들려주는 시간축의 양쪽 끝에 가져다놓았다. 한 인간의 과거와 미래는 이제 오로지 성별과 섹스를 중심으로만 이야기될 수 있는 것으로 전락하고 말았다. 자아는 자신의 성경험으로 인생 이야기를 들려줄 뿐만 아니라 섹스 자체를, 그 현실과 관념을 이 이야기의 목적으로 변화시켰다.

  심리학의 메시지는 특히, 새로운 혹은 두 번째 여성운동이 불러들인 문화혁명과 섹스혁명으로 더욱 증폭되었다. 섹스를 정치적 행위로 새롭게 개념화한 것이 새로운 여성운동의 영향력을 실제로 강하게 해주었다. 섹스의 오르가슴과 두 사람이 느끼는 쾌락은 자율성과 평등을 상징하는 도덕적 행위로 변모되었다. 성적 쾌락은 여성이 남성과 똑같은 평등함을 누리면서 자유롭고도 평등한 주체라고 주장할 수 있는 길을 열어줬다.[65] 이로써 섹스는 자아의 긍정적인, 심지어 도덕적인 확인의 원천이 되었다. 여성운동과 직접적 연관을 맺으며 나란히 이뤄지지는 않았지만, 동성애 운동 역시 섹스와 정치적 권리의 동일시를 자연스럽게 만드는 데 일조했다. 이렇게 해서 섹스는 민주주의 공동체가 핵심으로 여기는 가치들, 이를테면 선택의 자유, 자결, 자율과 어깨를 나란히 하게 되었다. 정치권리 가운데 하나로 자리잡음에 따라 예전에 여성과 남성이라는 도덕규정의 다발로부터 해방된 섹스는 이제 자아의 자연스러운 차원인 동시에 규범적 차원으로 급부상했다. 이런 문화의 영향력은 성별과 섹스와 성적 취향에 정당성을 부여했을 뿐만 아니라, 이런 것들에 자율이라는 무게를 실어줌으로써 배우자 선택의 결정적 기준이 되게 만들기도 했다. 이제 누군가에게 성적으로 매력을 느낀다는 것은 낭만적 관계의 필수조건이 되었다.

섹스라는 것이 갖는 의미의 다양한 변화과정을 무엇보다 분명히 드러내는 것은 자기 자신과 다른 사람을 평가하는 새로운 형식, 특히 낭만적 관계에서 새로운 평가방식으로서 '섹시함'이라는 범주의 탄생이다. 문화범주로서 섹스어필과 섹시함은 소비문화가 아름다움을 성격과 도덕성으로부터 분리하고 섹스를 인격의 자율적 특성으로 변모시킨 과정이 낳은 산물이다. 『옥스퍼드 영어 사전』Oxford English Dictionary에 따르면 '섹시'라는 단어는 1920년대까지만 해도 부정적 여운을 남기는 말이었다. 사람에게 적용한 '섹시'라는 단어가 요즘처럼 긍정적 의미를 갖는 형용사가 된 것은 1950년대에 들어와서 비로소 이뤄진 일이다. 그러나 이때도 '섹시함'은 아름다움이나 도덕과는 아무런 상관이 없었다. 그래서 윌리엄 캠프는 1957년 자신의 책 『사랑의 전망』Prospects of Love에서 이렇게 썼다. "그녀에게는 무언가 있어야만 한다. 침대에서 뭔가 특별할 것 같다는 기대를 불러일으키는 그 무언가가! 처녀가 섹시하다고 반드시 예뻐야만 하는 것은 아니다."[66] 문화적 전파의 과정에서 섹시함은 단순한 외모 그 이상의 의미를 얻었다. 섹시함은 신체적인 것을 총괄하지만 동시에 그것을 넘어서는 "무어라 형언키 어려운" 인물 특징을 나타낸다. 소피아 로렌의 이런 말을 귀담아 들어보자. "섹시함은 내면에서 우러나는 특성이다. 그것은 당신 안에 있거나 없는 것이다. 섹시함은 가슴이나 허리 혹은 당신의 도톰한 입술과 별로 관계가 없다."[67] 여기서 섹시함은 매력적인 인물을 표현하는 일반적 특징으로 변모한다. 그러나 이런 변모의 본질은 섹시함이 배우자 선택의 결정적 특징이 되었다는 사실이다. 예를 들어 제약회사 영업이사인 52세의 앨런은 자신의 주장이 대중을 대변한다고 강변한다.

앨런   저의 기본조건은 외모입니다. 얼굴만 두고 하는 이야기가 아닙니다. 허리도 중요하죠. 잘록한 허리, 아름답고 풍만한 가슴, 평평한 배, 음…… 에, 그리고 늘씬한 다리. 하지만 그거 아세요? 외모보다 더 중요한 건 섹시해야 한다는 점이죠.
나   그게 무슨 말씀이시죠?
앨런   허 그것참, 느낄 수 있어야만 하죠, 그녀가 뜨겁다는 걸. 섹스를 좋아해서 쾌락을 베풀 줄 알며 또 자신도 즐긴다는 것을.
나   그 말에 해당하는 여성들이 많습니까?
앨런   음…… 물론 그렇게 많지는 않지만 틀림없이 몇 명은 있어요. 그러나 정말 짜릿한 여성을 찾을 줄 알아야만 하죠. 눈으로 보면 알 수 있지만 말로 하기는 쉽지 않아요. 섹시함은 대단히 중요하지만 정의하기는 어려워요. 두 눈으로 보면 그냥 알 수 있죠.

어느 모로 보나 이 남자의 안목은 몸을 섹스의 관점으로만 보는 것을 정당화하는 인습적인 성적 매력, 암시와 신호 따위를 확인하는 데에만 맞춰져 있다. 특히 배우자 선택에서 섹시함이 갖는 대단한 의미를 그림처럼 그려준다. 동시에 상대방의 섹시함을 평가하는 기준이 얼마나 정교하게 개발되었는지도 확인해준다.

"짝의 신체매력은 학벌이나 지능 혹은 여러 다른 인격적 특징과는 비교될 수 없을 정도로 사랑받느냐의 가장 중요한 지표가 되었다."[68] 배우자 선택에서 신체매력의 비중이 커졌음을 보여주는 방증은 이런 것이다. 배우자 선택의 최신 연구결과에 따르면 "남성이든 여성이든" 신체매력을 아주 중요하게 여긴다는 게 확인되었다.[69] 이는 다름 아니라 여성 역시 남성을 신체매력을 중심으로 선택한다는 뜻이다. 배우자 선택의 기준에서 나타나는 경향을 장기적으로 연구해온 부스Buss와 공동 연구자들은 배우자 선택의 기준으로서 성적 매력이 미국에서 50년이라는 세월에 걸쳐 남성에게든 여성에게든 꾸준히 증가해왔다는 지극히 설득력 높은 결과를 내놓았다.[70] 바꿔 말해 신체매력의 중요성은 미디어와 화장 그리고 유행 산업의 확장과 더불어 확실히 증가했다.*

많은 연구자가 제1차 세계대전 이후, 특히 제2차 세계대전 이후 성 문제에서 일어난 변화에서 일종의 "오락성 섹스"recreational sex**라는 행태가 생겨났다고 본다. 반대로 나는 섹스가 아름다움과 마찬가지로 "산만한 신분적 특징"의 일종이 되었다는 해석이 훨씬 더 유용한 관점을 제공해준다고 본다.*** 섹시함이 신분의 상징이 되었다는 것이다. '섹시함'이 배우자 선택에서 그토록 중요하고 결정적 요소가 되었다는 정황이 낳은 다양한 결과를 두고 우리는 많은 생각을 할 수 있다. 아름다움과 도덕성격의 결합은 두 명의 잠재적 배우자가 같은 계급 출신일

* 현대 심리학 연구의 상당 부분이 이런 진단과 일치하는 의견을 보이는 데, 이는 흔히 심리학이 역사를 자연과 혼동하고 자연으로 치장하는 탓이다.

확률이 크다는 뜻이었다('도덕'이 계급에 기초한 행동방식과 역시 계급에 기초한 멋 감각의 과시였다는 점에서).[71] 미디어·유행·화장 산업이 앞다퉈 섹시함을 여성들에게 무차별적으로 퍼뜨린 탓에 섹시함은 도덕규범이나 계급소속감과 비교적 무관한 것이 되었다. 안젤리나 졸리나 줄리아 로버츠는 계급이 사라진 섹시함의 코드다. 코드라는 말은 원칙적으로 모든 여성이 섹시함을 흉내 내고 따를 수 있음을 뜻한다. 여기에 담긴 첫 번째 함의는 섹시함은 동질혼homogamy, 곧 같은 계급 사이의 결혼이라는 전통적 모델을 위협할 잠재력을 가졌다는 점이다. 미모와 섹시함이 사회계층과 반드시 일치하는 것은 아니며, 그다지 부유하지 못하고 교육도 못 받은 여인이라 할지라도 강력한 권력을 자랑하는 남자와 결혼할 수 있는 길을 열어놓았기 때문이다. 이 같은 섹시함의 정당화는 결혼이 다양한

▪▪ 소비문화와 심리학과 성의 정치화라는 세 문화권력이 함께 작용하면서 사회학자들이 부르는 이른바 '오락성 섹스'가 생겨났다. "거칠게 정의하자면, 오락성 섹스라는 개념은 근대 후반 성생활에 새로운 형태를 제공한 풍습과 태도로, 쾌락과 향락에 초점을 맞춘 것이다. [⋯⋯] '종족번식에 방향을 맞춘 섹스'procreational sex라는 고정관념 대신 이 '유연한 섹스'에서는 [⋯⋯] 성적 기호의 다양함 혹은 '욕구의 흐름'이 그 중심에 있다." 데이나 캐플런Dana Kaplan, "섹스와 에로스 권력의 이론"Theories of Sexual and Erotic Power(아직 출간되지 않은 원고), 3쪽 이하. 다음 자료도 볼 것. 같은 저자, "성의 자유화와 이스라엘의 창조적 계급"Sexual Liberation and the Creative Class in Israel, 출전: 스티븐 사이드먼Steven Seidman/낸시 피셔Nancy Fisher/쳇 미크스Chet Meeks(공동편집), 『새로운 성문제 연구 입문』Introducing the New Sexuality Studies(제2판), Abington & New York, 2011, 357~363쪽.

▪▪▪ 머레이 웹스터Murray Webster와 제임스 드리스켈James Driskell이 자신들의 논문에서 쓴 표현이다. "신분으로서의 아름다움"Beauty as Status, 『미국 사회학 저널』American Journal of Sociology, 제1호(1983), 140~165쪽. 아름다움을 신분의 특징으로 보는 이런 구상을 나는 섹시함으로도 확장할 것을 제안한다. 이는 한스 체터버그Hans Zetterberg(1927년 스웨덴에서 태어나 미국에서 활동하고 있는 사회학자—옮긴이)가 다음 논문에서 한 관찰을 대체하기 위함이다. "비밀의 등급"The Secret Ranking, 출전: 『결혼과 가족 저널』Journal of Marriage and the Family, 제2호(1966), 134~142쪽.

1. 사랑의 일대 전환: 결혼시장의 형성 97

방식으로 가능하도록 만들었다. 재산규모에 방향을 맞춘 전통적 위계 질서의 뿌리를 잠식할 길이 열린 셈이다. "이런 (성애에 맞춘) 위계질서가 그 어느 곳보다도 두드러지는 지점은 사회의 최하위층이다. 가난한 자 와 실권자 그리고 못 배운 자가 그 끝자락을 차지하고 있는 최하위층 은 에로틱한 위계질서가 제공하는 보상에 그 누구보다도 강력하게 끌 리기 때문이다."[72] 이는 결국 결혼시장이 사회의 섹스 아레나sex arena, 곧 섹스 자체를 위해 섹스를 하는 사회의 경연장에 의해 침해당하며 겹쳐지다가 심지어는 완전히 이것으로 대체될 수 있음을 보여주기도 한다. 또한 훨씬 더 많은 후보가 이 섹스 아레나에 뛰어들어 더욱 치열 한 경쟁을 벌일 수 있음을 암시하기도 한다. 부유한 자, 많이 배운 이, 섹시함의 매력을 자랑하는 사람 등이 말이다.

두 번째 함의는 선택기준의 다양화가 배우자 선택에 수많은 모순이 빚어질 가능성도 동반한다는 점이다. 그러니까 동질혼, 곧 서로 비슷 한 교육수준과 사회경제적 지위를 갖는 배우자와의 결합이 사회적으 로 가장 강력한 흡입력을 갖는 결혼이었다면, 이제 섹시함은 사회재생 산의 '정상적' 논리와 갈등을 빚을 차원을 열어놓았다. 그리고 실제로 이런 갈등은 자주 빚어졌다.* 물론 과거에도 이질적인 배우자에게 끌 리는 경우가 없지 않았지만 그만큼 더 사회적 인정을 받기는 어려웠 다. 이는 곧 서로 충돌하지 않는 것들로 적당한 조건과 기준을 조합해 내려는 시도가 짝찾기를 더욱 복잡하게 만들면서 선택에 직면한 사람 이 결코 합의될 수 없는 특성들 가운데 어느 하나의 길을 찾아야만 함

* 이것이 바로 로렌스D. H. Lawrence의 『채털리 부인의 사랑』*Lady Chatterley's Lover*과 윌리엄 스Tennessee Williams의 『욕망이라는 이름의 전차』*A Streetcar Named Desire*가 다루는 주제다.

을 뜻한다(그래서 많은 경우 극단적 결정이 빚어진다). 사회학 입장에서 말하자면 현대의 습관, 곧 사회화 과정에서 습득한 신체와 언어와 문화 성향의 다발에 기초한 배우자 선택은 몹시 복잡하며 그만큼 덜 자연스러워지고 말았다. 때로는 사회계급 재생산에, 또 때로는 미디어 문화가 언뜻 계급이 없어 보이게끔 그려낸 수많은 이미지에 끌리는 다양한 평가기준을 함께 소화하려다 보니 그런 결과를 불러왔다.

다양한 결정기준이 얽히며 빚어낸 세 번째 효과, 그리고 아마도 가장 분명하게 드러난 효과는 섹스를 결혼이라는 틀로부터 떼어내 그 자체가 목적인 양 정당화해버린 것이다. 이런 떼어냄은 감정생활과 분리되어, 갈수록 오로지 그 자체를 중심으로 이뤄지는 성생활로 체험되는 '성경험'이라는 범주의 출현에서 분명하게 드러난다. 그 같은 떼어냄은 감정에 따른 의도와 성행위 사이의, 현재의 감정과 도덕규범, 곧 장래의 의무로 번역될 수 있는 도덕적 책임감 사이의 간격이 더 멀어졌음을 암시한다. 아니, 그 이상이다. '섹시함'이라는 범주는 섹스와 감정이 전혀 별개의 것이 되어버렸음을 뜻한다. 감정은 대개 도덕의 틀 안에서 생겨나고 조직되는 것인 반면, 섹시함은 도덕과는 상관 없는 행태를 의미하기 때문이다. 이는 포르노를 제공하는 웹사이트 방문객의 75퍼센트가 남성이며, 돈을 내야만 하는 포르노 상품 구매자의 95퍼센트 이상이 남성이라는 사실에서 읽을 수 있듯, 여성보다는 남성에게 적용되는 이야기다. 감정과 섹스의 분리는 의심의 여지 없이 사회 일반을 사로잡은 경향이다. 물론 이런 문화의 흐름이 여성보다 남성에게 더 강하게 영향을 끼칠지라도 말이다. 여성이 예나 지금이나 감정과 섹스를 결합하고 있기는 하지만, 감정을 탈색해버린 섹스가 지배적이 된 상황에서는 남성이든 여성이든 당사자 모두가 실제 감정과 의도를 해석하는 데 무척 애를 먹기 때문이다.

선택기준의 다양화가 낳은 네 번째 결과는 사랑에 빠진다는 사건이 모조리 주관화해버렸다는 점이다. 성적 매력이나 기질이 서로 잘 맞는다는 화학적 일치는 익히 알려졌다시피 객관적 기준으로 따질 수 없다(물론 미인을 판단하는 기준이 표준화하기는 했다). 오스틴의 세계에서 배우자 선택의 기준은 서로 익히 알고 있으며 공유하고 객관적이었던 반면, 이제 그것은 주관에 따른 문제가 되어버렸다. 크게 볼 때 누구를 사랑해야 하는지 혹은 누구와 결혼해야 좋은지 하는 물음의 답을 얻기 위해 이제 개인은 자기 자신만 믿을 수 있을 따름이다. 그 정황은 이런 결과를 낳을 수 있다. 즉 배우자 선택은 감정의 평가와 인지적認知的 평가라는 복잡한 과정을 거쳐야만 하는 개인적 결단의 문제가 되어버린다.

다섯 번째 결과는 섹시함이 갈수록 매력을 시각적 상징[73]으로 만들어버리면서 그동안 배우자 선택과정을 주도하던 합리적 기준, 사람들의 공통언어로 규정되던 기준과 모순을 일으키고 있다는 사실이다. 누군가에게 끌린다는 감정을 갖는 것은 합리적이거나 의식적으로 설명될 수 없는 근거와 동기를 갖게 마련이다. 매력은 짧은 만남 끝에 타인을 평가하는 급속히 빠른 형태의 감정이며 신속한 짝짓기를 이끌어낸다. 저 유명한 '원 나이트 스탠드' one night stand 혹은 최근의 '작업걸기' 또는 '낚아채기' hooking up가 그 좋은 예다. 평가방식으로서의 '섹시함'은 이로써 오로지 그 자체로 즐길 뿐 가정과 같은 장기 관계의 패러다임과는 아무런 상관이 없는 성경험을 출현시켰다.

선택기준의 다중화와 맞물려 생각할 수 있는 마지막 결과는 아름다움과 섹스어필이라는 이미지가 널리 퍼지고 표준화하면서 우리의 외모와 차림새가 갈수록 획일화한다는 점이다. 말하자면 섹스에 초점을 맞춘 낭만적 만남은 어떠한 신체특징과 얼굴윤곽을 멋있는 전형으로 여기는 표준화를 이끌고 온 셈이다. 이 과정에서 패션과 문화 산업이 내세운 모델이 특히 중요한 역할을 했다. 미와 섹시함의 표준화는 다 시금 섹시한 매력의 등급화를 초래했다. 섹시함의 기준이 일종의 코드 형태로 자리잡으면서 잠재적 배우자 평가와 순위 매기기의 도구가 된 탓에 '섹시한 매력'에도 등급이 생겨 어떤 이들이 다른 이들보다 높은 점수를 받는 일이 벌어졌다. 결과적으로 자아를 판단의 유일한 주체로 삼았던 선택기준의 주관화는 섹시한 외모와 이를 가꾸는 능력의 표준화와 나란히 손잡고 가는 기이한 현상이 빚어지고 말았다.

이런 변화는 경제학자들이 말하는 '결혼시장'의 탄생조건을 만들어냈으며 그 배경을 형성했다. 마치 개인적 선택과 취향에 따르는 것만 같은 만남의 장이 이루어졌다. 그 테두리 안에서 개인은 원하는 특성을 가진 다른 사람을 자유로이 고르고 특성과 특성을 맞교환한다. 여기서 보통 여성은 매력을, 남성은 지위를 자랑해야 한다. 결혼시장이라는 개념을 개척한 경제학자 게리 베커*는 경제행위의 다른 분야와 마찬가지로 결혼시장에서도 선호이론이 적용된다고 주장한다. 물론 결혼이 '자발적 행사인 한에서'라는 조건을 붙여서 말이다. 배우자를 찾기 위해 남성도 여성도 경쟁을 벌이기 때문에 결혼은 시장의 성격을 부여받는다는 지적이다.[74] 이 시장에서는 가장 매력적인 조건을 갖춘 사람이 나머지 사람들을 압도하는 위력을 자랑한다. 베커의 개념은 결혼이 다양한 선택기준을 가지고 자유롭게 고르는 행위의 결과라는 일

• Gary Becker(1930~): 미국의 경제학자로 1992년에 노벨 경제학상을 받았으며 미시경제학 이론을 인간의 행태와 협력에 적용해 많은 성과를 일궈냈다는 게 수상 이유다.

반적 견해를 적확하게 정리했다. 그러나 베커는 여기서 몇 가지 위중한 실수를 저질렀다. 그는 선택결정을 선호의 결과로 보면서 이때 선호란 당연히 천편일률적인 것이라 여기고 말았다. 다시 말해 부모에 의한 배우자 선택과 본인 자신의 선택 사이의 차이를 전혀 고려하지 않았다.

사회학 관점에서 볼 때 두 가지 선택 사이의 차이는 엄청나다. 내가 나 자신을 위해 내리는 '개인적 선택'만 놓고 봐도 상당히 복잡한 과정일 수 있다. 어느 쪽이 유리할지 고민할 사항이 한둘이 아닐 테니까 말이다. 선호도라는 것은 그 여러 가지 고려사항을 일목요연하게 정리할 수 없을 정도로 다양하다. 베커는 또 결혼시장, 곧 짝찾기와 선택의 조건들이 아주 다양하며 경우에 따라 상당한 차이를 보일 수 있다는 점도 간과했다. 결혼이 어떤 조건을 따르며 무슨 규제를 받는지, 곧 내가 앞서 선택의 생태라고 말한 것에 따라 달라질 수 있음을 고려하지 않았다. 경제학자들은 선호도가 선택결정을 유발한다고 하지만, 그 선호도라는 게 어떤 조건 아래서 형성되는지는 묻지 않는다. 그리고 무엇보다도 경제학자들은 결혼시장이 자연스럽거나 보편적이지 않다는 사실을 놓치고 있다. 결혼시장은 낭만적 관계의 탈규제화라는 역사적 과정의 산물일 뿐이다. 다시 말해 예전에 배우자 선택과정을 규제하던 전통적 도덕규범으로부터 낭만적 관계를 분리시키면서 탄생한 게 결혼시장이다. 낭만적 관계에서 일어난 '거대한 전환'은 사회가 배우자를 찾는 일에 더는 간섭하지 않으며, 치열한 경쟁 아래서 만남의 과정이 이뤄지도록 한 발달의 결과물이다. 경제학이 결혼시장을 자연과 같은 것으로 이해하는 잘못은 역사적 발전과정을 살피지 않아 벌어졌다. 이런 역사적 발전과정은 동질혼과 같은 사회적 규제의 소멸과 결정의 개인주의화 그리고 경쟁상황의 일반화와 맞물려 있다. 결혼시장의 형성은 곧 현대에 들어와 빚어진 일이며, 현대에서만 볼 수 있는 특수상황이다. 이런 관점에서 볼 때 결혼시장을 운운하기보다는 '섹스 경연장들'이라고 말하는 게 더 적절하다. 물론 경연장이라는 개념은 짝을 찾아 나선 남성과 여성이 어느 주어진 사회적 장소에서 함께 경쟁할 때 똑같은 능력을 자랑하지는 않는다는 점을 전제한다.

결혼시장과 섹스 경연장

낭만적 관계의 섹스 중심화는 동질혼이라는 형식적 규제의 소멸과 개인주의화를 표방하는 가운데 이뤄진 낭만적 관계의 탈규제화와 떼려야 뗄 수 없이 맞물려 있다. 나는 개인주의화라는 말을, 가족 대신 개인이 인격적이고 신체적이며 감정적이고 성적인 특성의 주인이 되었다는 뜻으로 썼다. 개인은 자신의 특수함과 유일함을 자랑하면서 평가와 선택의 과정을 직접 주도하게 되었다. 결혼은 이로써 유일하고 개인적으로 구성된 자아가 또 다른 유일한 특성을 가진 것처럼 보이는 어떤 유일한 사람과 결합하는 형국으로 변모했다. 이제 배우자 선택은 서로 다른 취향이 얽혀 빚어내는 역동적 과정으로 정의되며, 이로써 차이가 아주 많은 두 개인이 합의한 결과가 된다. 물론 이 과정에서 두 개인은 저마다 자유롭게, 아무런 강제도 받지 않으면서 자신이 원하는 특성을 찾는다. 이처럼 주관화가 이뤄졌기에 짝을 찾는 일은 개인들을 공개적 경쟁의 장으로 몰아넣는다. 이런 사정은 잠재적 배우자와의 만남이 열린 시장 안에서 그리고 열린 시장을 통해서 이뤄지게 만드는 결과를 낳았다. 이 시장에서 사람들은 저마다의 취향에 따라 상대방을 고르며, 가장 탐나는 후보에게 접근하기 위해 누가 더 능력이 뛰어난

지 치열한 경쟁을 벌인다. 이로써 남성과 여성 사이에 이뤄지는 거래 조건도 변했다. 오스틴의 세계에서 남자와 여자는 부유함과 신분과 교양 그리고 일반이 수긍할 수 있는 인격 등 비견될 만한 특성들로 상대방을 선택했다. 여기서 낭만적 선택결정은 대개 사회계층과 그 계급에 결부된 도덕을 반영하며 재생산한다. 그러나 현대에서 남녀 사이의 거래는 원칙적으로 얼마든지 비대칭적일 수 있다. 여기서 남성과 여성은 전혀 다른 특성을 '거래'할 수 있다. 예를 들어 미모나 섹시함으로 사회경제적 권력을 구매하는 식이다.

사회학적으로 관찰할 때 결혼시장은 일련의 특성을 자랑한다. 첫 번째로 지적할 수 있는 것은 이런 점이다. 현대 이전의 짝찾기는 수평적이었다. 다시 말해 같은 그룹 안에서 주로 이루어졌다(물론 약간씩 정도 차이가 있기는 했다). 반대로 현대에는 혈통이나 사회경제적 지위 혹은 종교는 배우자 선택에 형식적 장애가 되지 않는다. 경쟁은 수평적으로도 수직적으로도 이뤄진다. 같은 그룹 내부의 경쟁이기도 하고, 그룹 바깥에서 이뤄지기도 한다. 경쟁은 원칙적으로 누구에게나 열려 있다. 어떤 배우자를 차지하기 위한 경쟁은 일반화했다. 사회계급과 소속집단이 배우자 선택에 적어도 형식상으로는 아무런 장애가 되지 않기 때문에 짝찾기(그리고 경쟁)는 누구에게나 열려 있다. 이로써 배우자 후보의 규모가 상당히 커져 누구든 탐나는 배우자를 두고 주어진 사회환경 안에서 치열한 경쟁이 빚어진다. 이때 호감은 개인화("왜 저런 여자에게 끌리는지 통 알 수가 없네")와 동시에 표준화("저 남자는 여자가 원하는 걸 모두 가졌어. 외모, 재산, 똑똑함 등")에 의해 평가된다.

둘째, 어떤 사람을 만나느냐는 개인적 취향의 문제가 되었다(이 취향에는 사회경제적 요소는 물론이고 그게 정확히 무엇인지 아리송한 것, 곧 '멋'과 '섹시함'도 속한다). 알맞은 배우자 선택의 기준은 신체매력부터 성적 기호와 인격, 나아가 사회신분까지 모두 주관화했다. 사정이 이러하므로 개인들은 지극히 사적인 취향이 반영된 역동적 과정에 따라 서로 조건들을 '거래'한다. 섹시함이나 매력 같은 특성이 경제적 지위와 '맞교환'되는 셈이다. 이 모든 게 결혼시장이 개인의 판단기준과 선호도를 존중하는 듯 보이게 다양성을 열어놓은 탓이다. 여성의 매력과 남성의 경제적 지위가 맞바꿔지는 거래는 결혼시장이라는 역사적 변화가 낳은 산물이다.

짝짓기에 더는 아무런 형식적 공식도 없기 때문에 세 번째로 지적할 수 있는 점은 개인들이 선택을 내리는 데 도움이 되는 경제적 성향이 내면화했다는 사실이다. 선택결정은 경제적인 동시에 감정적이며, 합리적인 동시에 비합리적이어야만 하게 되었다. 낭만이라는 습벽은 경제적이면서도 감정적으로 작용하는 특징을 가진다. 많은 경우 이런 습벽은 경제적 계산이 감정의 차원과 조화롭게 화해되는 결정을 내리게 한다(이를테면 브래드 피트와 안젤리나 졸리의 경우가 이에 해당하리라). 그러나 이런 습벽은 왕왕 내면의 갈등을 일으키기도 한다. '사회적으로 맞는 상대'와 '섹시한 매력을 자랑하는 상대'를 놓고 어느 쪽을 택할까 고민할 때가 그렇다. 습벽은 그 안에 많은 성향을 포함한다는 바로 그 이유에서, 성적이고 낭만적인 습벽은 대단히 복잡해지고 말았다.

넷째, 현대에 들어와 배우자 선택이 주관화했다는 사실은 동시에 배우자를 선택할 때, (짐작건대) 자아에 내재하면서 그 '본질'을 반영하는 품질에 기초한다는 것을 뜻한다. 다시 말해 신체매력과 톡톡 튀는 개성이 그 개인의 내적 가치를 나타내는 지표가 되었다. 근대에 결혼이 객관적 신분과 그 사람의 객관적 가치로 성사되었다면, 이제 정반대의 일이 벌어지고 있는 셈이다. 결혼시장이 경쟁을 부추기고, 거기서 많은 특성이 거래되며, 이 시장에서 얼마나 좋은 성과를 이끌어내느냐는 바로 자신의 가치에 달린 문제이기 때문에, 결혼시장에서 매겨지는 개인의 지위는 거꾸로 사회의 일반적 가치를 알아볼 기회를 제공한다. 이른바 '섹스 경연장'에서 자신의 실력을 과시하는 방법은 얼마나 많은 후보와 그들의 희망을 자기 자신에게 묶어내느냐에 달렸기 때문이다. 짝짓기 게임은 그때그때 기분에 따라서가 아니라 근본적으로 사회가 중요하게 여기는 가치에 따라 승패가 갈린다(이 과정을 분석한 3장 참조). 그러니까 결혼시장에서 사회가 인정해주는 가치를 부여받는 새로운 기준으로 섹시한 매력이 등장한 셈이다. 사회의 가치관은 이로써 섹스라는 문제와 아주 밀접하게 맞물리고 말았다.

요컨대 사회적 신분이 배우자 선택의 가장 중요한 기준이라면 남성과 여성의 경쟁은 같은 계급 출신으로만 제한된다. 그럼에도 현대에 들어와 경쟁이 현격하게 치열해진 것은 사회적 신분에 따른 짝짓기라는 형식이 더는 존재하지 않기 때문이다. 동시에 배우자 선택기준이 다양해지고 상당히 섬세하게 다듬어진 데다, 특히 개인의 취향이 중시되기 때문이기도 하다. 그러니까 현대는 배우자 선택기준에서 일어난 중요한 전환을 보여준다. 이 기준은 신체와 성격의 매력을 더욱 중시하고 좀더 디테일하게 다루면서 무엇보다 주관화했기 때문이다. 결과적으로 배우자 선택의 개인주의화와 결혼시장의 '탈규제화' 그리고 이 두 과정이 배우자 탐색에 시장 형태의 구조를 부여했다는 사실 사이에는 밀접한 연관성이 있다. 결혼시장에서 현대의 남성과 여성은 누구나 자신의 자아가 갖는 특성을 자유롭게 교환하는 것처럼 보인다. 그리고 이 자아는 사회성과 감성과 섹스라는 특징들로 이뤄진 것으로 이해될 뿐이다.

페미니즘 여성 이론가들은 여성의 정체성을 이처럼 섹스 중심화한 것이 가져온 파괴적 측면을 날카롭게 비판한다[75] (그리고 이 비판은 정당하다). 이 비판의 핵심은 어떻게 섹스 중심화의 결과로 여성이 남성뿐 아니라 미용산업이라는 거대한 경제기계에도 종속되어버렸는지 주목하게 만드는 데 있다. 우리의 몸을 섹스 중심으로만 바라보는 강력한 상업화는 많은 이로 하여금 우리가 지금 '포르노화한 문화'에서 살고 있다는 주장을 하게끔 만들었다. 이런 문화에서는 공공의 섹스 관념과 사적인 섹스 사이, 상업화한 섹스와 감정에 따른 섹스 사이의 경계가 무너져 버렸다.[76] 그러나 이런 비판은 좀더 복잡한 물음, 곧 아름다움과 성적 매력과 섹스가 어떻게 계급구조와 맞물려 돌아가며, 또 어떻게 새로운 종류의 사회계층을 이끌어내느냐 하는 물음에는 답을 내놓지 못한다. 페미니즘의 비판은 특히 아름다움과 섹시함이 신분의 전통적 위계질서를 전복했으며 새로운 사회집단(젊음과 아름다움을 자랑하는 그룹)에 더 많은 사회경제적 자본을 자랑하는 집단과 경쟁할 가능성을 열어주었다는 사실을 간과하고 말았다. 남성과 여성의 정체성을 섹스 중심화한 것은 결혼시장 입장의 조건을 근본부터 뒤바꿔놓았다. 아름다움과 성적 매력은 어느 계급 소속인지와는 별 관계가 없기 때문에 예전 같으면 중산층과 중상위층의 결혼시장에는 입장할 수 없었던 사람도 그들과 어깨를 나란히 하고 경쟁할 수 있게 해주었다. 물론 나는 우리의 몸이 계급에 기초한 코드에 따라 가꾸어진다는 사실을 부정하지는 않겠다. 그러나 아름다움과 섹시함이 언어와 문화코드보다 계급의 차원으로부터 좀더 자율적이라는 것만큼은 분명하다. 결과적으로 아름다움과 섹시함은 짝짓기 과정이 적어도 예전보다는 계급구조와 훨씬 덜 결합되게 만드는 효과를 발휘했다.

짝짓기 과정의 탈규제화와 섹시함의 대두는 우리가 부르디외에 빗대 '섹스 경연장'이라고 부를 수 있는 어떤 것을 생겨나게 만들었다. 이것은 성적 욕구를 자율적으로 다루면서 섹스 경쟁을 일반화한 일종의 사회무대를 뜻한다. 이 무대에서 섹스어필은 배우자 선택의 자율적 기준이 되었으며, 성적 매력이 독립적 기준으로 자리잡게끔 변화시켰다. 이 기준을 가지고 사람들은 서로 분류하며 위계질서를 부여한다. 성적 매력은 다른 특성과 맞물려서든 아니면 그 하나로든 짝짓기의 자율적 차원이 되었다. 본래 짝짓기는 우리가 함께 살 수 있는 매력적인 상대방을 찾게 해주는 전통적인 계급관습에 의해 이루어졌다. 그러나 갈수록 섹스가 자율적 사회영역의 중요한 요소로 자리잡아가자, 성적 매력은 계급관습을 무너뜨리면서 다른 형태의 평가를 요구할 수 있게 된 것이다(평민 출신의 이혼녀 월리스 심슨과 결혼하기 위해 왕좌를 기꺼이 버린 에드워드 8세의 경우를 생각해보라).•

사회학자 한스 체터버그가 "에로스의 위계질서"라고 부른 것, 곧 어떤 사람이 다른 사람에게서 '폭발적 감정'을 불러일으킬 능력을 가질 가능성이 이런 역사과정의 핵심에 서 있다.[77] 체터버그에 따르면 사람들은 이런 폭발적 감정을 불러일으킬 잠재적 능력에서 서로 차이를 드러낼 뿐만 아니라 더 나아가 그런 능력에 맞는 은밀한 순위를 서로에게 부여하기도 한다. 체터버그가 이 논문을 쓴 해, 곧 1966년을 생각한다면, 그가 이런 순위를 두고 은밀하다고 표현한 게 놀라운 이야기는 아니다. 40년 뒤 이런 순위는 상당히 공개적인 게 되어버린 탓에 오늘

• Edward VIII(1894~1972): 영국의 왕(1936. 1. 20.~12. 11. 재위)이었으나 미국인 이혼녀 윌리스 심슨Wallis Simpson과 결혼하기 위해 왕위를 동생에게 물려주고 윈저 공이 되었다.

날 우리는 성적 매력을 널리 퍼진 신분적 특성이라 부를 수 있다.[78] 이런 근본적인 역사 흐름이 몇몇 사회학자로 하여금 '에로틱 경연장' 혹은 '섹스 경연장'이라는 말을 입에 올리게 만들었다.

성적 욕구의 자율화는 낭만적 만남과 섹스 목적의 만남에 알맞은 장소를 마련해주기 위해 일종의 '사회적 공간'을 창조해냈다. 이를테면 바, 나이트클럽, 사우나, 인터넷 만남 주선 사이트, 애인 구함 광고 혹은 전문적 중매업체 등이 그것이다. 이런 공간들은 낭만적 혹은 성적 만남을 주선하기 위해 기획된 것으로, 소비자의 취향과 욕구에 맞춰 틈새시장을 형성한다(이를테면 『뉴욕 북 리뷰』에 실린 애인 구함 광고에서 맨해튼 중심부의 'S&M 클럽'*까지 아주 다양한 형태를 자랑한다).[79] 그사이 섹스를 위한 만남이 아예 하나의 분야로 자리잡았기 때문에, 이는 곧 누가 다른 사람들보다 뛰어난 경쟁력을 갖는지 분야분석을 해봄으로써 더욱 매력적이고 더욱 탐나는 상대가 어떤 사람인지 판단할 수 있다는 뜻이 된다. 또한 상대적으로 적은 수의 사람들이 게임을 통제하며 섹스 피라미드의 정점에 서 있다는 의미를 갖기도 하는 정황이다. 그러나 나는 무엇보다도 시장에서 섹스를 담당하는 분야가 형성되었다는 게 남성이 여성을 지배하는 새로운 형태를 이끌었다는 점에 주목하고자 한다. 현대 이전의 경제에서 남성과 여성은 서로 비슷한 가치를 갖는 경제적 자산을 주고받았다. 그리고 남성과 여성은 결혼해야 한다는 규범의 강제를 받았다(교회의 명령이나 순결서약에 반하지만 않는다면 말이다). 이런 관점에서 볼 때 현대 이전의 남성과 여성은 적어도 감정적으로는 어깨를 나란히 했다. 반면

• S&M Club : 'S&M'은 사디즘과 마조히즘sadism and masochism의 약자이며, 가학성·피학성 변태성욕자들을 상대로 하는 클럽이다.

자본주의 경제에서 재산과 자본 흐름의 대부분을 통제하는 쪽은 남성이다. 이로써 결혼과 사랑은 여성의 사회적이고 경제적인 생존과 직결되었다. 이어지는 두 장(章)에서 논증하겠지만, 결혼시장이 불러온 이런 탈규제화는 섹스 분야를 통제한다는 새로운 형태의 지배권을 남성이 잡도록 방조했다.

동질혼을 보장해주던 사회규범의 몰락에서 비롯된 섹스 풍습의 전환과 개인주의화 그리고 미디어가 조장하는 섹스와 미의 일반적 과대평가로 20세기에는 새로운 자본, 곧 섹스 분야에서 순환되는 자본이 생겨났다. 나는 이를 '에로스 자본'이라 부르고자 한다. "에로스 자본은 다른 사람에게서 에로틱한 반응을 불러일으키는 어떤 개인의 특성들이 갖는 양과 질을 총괄한다."[80] 내가 보기에, 물론 에로스 자본은 두 가지의 형식 혹은 경로를 거쳐 나타난다. 즉 남성이냐 여성이냐에 따라 서로 다른 자본축적 전략이 구사된다.

가장 단순하며 최고로 남성적인 형식은 에로스 자본을 축적된 성경험의 횟수로 나타내는 것이다. 파리에 사는 67세 저널리스트 샤를의 말을 들어보자. "서른에서 마흔 사이에 나에게 가장 중요했던 문제는 얼마나 많은 애인을 갖느냐였다. 말 그대로 양이 곧 질이었던 셈이다. 많은 애인을 거느렸을 때, 나는 질적으로 완전히 다른 남자, 매우 성공적인 타입의 남자라는 뿌듯함을 누렸다." 그리고 조시 킬머퍼슬●은 자서전에서 자신이 어떻게 활발한 동성애 생활을 해왔는지 이렇게 묘사했다. "늘 더 많은 섹스를 해야 한다고 생각했다. 게이인 나에게 세상

● Josh Kilmer-Purcell(1969~): 미국의 작가이자 방송인으로 텔레비전 리얼리티 쇼의 사회자로 명성을 떨치고 있다.

은 남색의 놀이터였다. 내가 뭘 잘못했는가? 오로지 어떻게 해야 좋은 게이가 될까 하는 생각뿐이었다. (……) 바로 그래서 나는 1994년 8월 28일, 곧 내 스물다섯 번째 생일의 자정이 되자마자 내 나이만큼 많은 일면식 없는 남자들과 그 짓을 하기로 결심했다."[81]

동성애 남자는 성경험 횟수가 적다는 데 불만을 느낀 나머지 자신감의 원천이 되는 그 횟수를 늘리기로 결심한 모양이다. 이처럼 횟수에 집착하는 축적의 섹스전략은 여성에게도 받아들여졌다. 물론 문화적으로나 역사적으로나 남성의 태도를 흉내 낸 것에 지나지 않지만, 여성 작가 그레타 크리스티나*는 자신의 성경험을 이렇게 묘사한다. "처음으로 섹스를 했을 때부터 그 횟수를 헤아리기 시작했다. 얼마나 많은 상대와 잤는지 꿰어두고 싶었다. 그것은 자부심 혹은 정체성의 원천이었다. 평생 얼마나 많은 사람과 섹스를 했는지 안다는 것은 곧 내 정체성이나 다름없으니 말이다."[82]

샤를, 킬머퍼슬, 그레타 크리스티나는 섹스 파트너의 숫자로 헤아린 성경험 횟수를 자신감의 원천으로 여긴다. 말하자면 이들은 에로스 자본주의자들로 행세하는 셈이다. 이들은 높은 섹스정복 횟수에 자부심을 가지고 자신의 에로스 자본을 거침없이 과시한다. 이들의 성적 욕구는 과도한 섹스를 통해 자존감을 과시하는 행위로 표현되며, 이렇게 쌓은 에로스 자본을 대단히 자랑스럽게 여긴다. 이는 곧 다른 사람들을 압도했다는 느낌을 불러일으키는 자본이다.

에로스 자본은 여성만이 독점하는 섹스전략이라는 또 다른 의미를

• Greta Christina(1961~): 미국의 여성 작가로 무신론자 블로그를 운영하면서 유명해졌으며, 동성과 결혼한 레즈비언이다.

자랑한다. 몇몇 사회학자는 이런 맥락에서 다른 자본의 형태와 마찬가지로 다양한 분야로 옮겨질 수 있는 에로스 자본의 형성을 이야기한다. 더 나은 직업을 노린다거나 신분의 수직상승을 위해 에로스 자본을 활용하는 여성의 행태가 그 좋은 예다. 데이나 캐플런*은 이 주제를 연구하는 학자들의 말을 빌려 주장한다. "섹스 중심의 인물이 된다는 것은 노동시장에서 직접 팔아먹을 수 있는 아주 많은 능력을 축적했다는 암시이기도 하다. 〔……〕 이를테면 능수능란함이나 유연성, 창의성 등 자기과시의 능력이자 자신을 알리는 광고의 감각이 그것이다."[83]

의심의 여지 없이 에로스 자본이 가장 확실한 성과와 강점을 자랑하는 영역은 배우자 선택이다. 캐서린 헤이킴**이 논증하듯, 고등학교에서 특히 매력적으로 여겨졌던 소녀들은 결혼할 확률, 그것도 젊어서 결혼할 확률이 매우 높게 나타났으며, 더욱 놀랍게도 훨씬 높은 경제 수준을 자랑했다(결혼 초기와 15년 뒤를 나란히 비교한 결과다). 헤이킴은 모험이라도 하듯 이런 과감한 주장을 내놓기도 했다. 즉 여성은 노동시장에서 사회적 신분 상승을 시도하는 대신 자신의 에로스 자본을 그 밑천으로 아낌없이 쏟아붓는다(또는 노동시장에서 에로스 자본을 보충수단으로 활용하기도 한다). 헤이킴이 에로스 자본의 이런 '투자'를 노동시장을 통한 것과 마찬가지로 사회적 신분 상승을 위한 추천할 만한 수단으로 여기는지는 분명하지 않다. 어쨌거나 그렇게 여기지 않기를 바란다. 그러나 여기서 내가 핵심을 포착하도록 그녀가 도움을 주는 관점이 있다. 즉 헤이킴은 섹스

● Dana Kaplan(1960~): 유대인 랍비로 미국의 유대인 사회 개혁에 힘쓰는 인물이다.
●● Catherine Hakim(1948~): 영국의 여성 사회학자로 여성고용과 여권신장 문제 전문가로 명성을 떨치는 인물이다.

시장이 여성에게 결혼시장에서 신분 상승을 꾀할 기회를 허용하는 한에서 노동시장과 같다고 본다. 이렇게 해서 현대사회의 여성은 자신의 사회적 지위와 부를 획득할 기회를 부여받는다는 주장이다.[84] 이로써 21세기에 여성의 에로스 자본은 여성에게 경제자본의 일부가 되었다.

이런 변화야말로 1990년대 말부터 텔레비전 화면을 장식하기 시작한 새로운 문화의 모티브를 설명해줄 수 있다. 다시 말해 눈으로 볼 수는 없지만, 치열한 경쟁이 벌어지는 거대한 시장에서 짝을 찾는 모험은 드라마의 단골소재가 되었다. 이런 모티브가 바로 세계적 성공을 거둔 드라마 시리즈 〈섹스 앤 더 시티〉Sex and the City와 리얼리티 짝짓기 쇼 〈배철러〉The Bachelor의 밑천이었다. 실제로 이 두 방송은 우리가 이 장에서 논의한 주제들을 고스란히 연출하고 선보인다. 낭만적 관계의 섹스 중심화, 짝찾기의 개인주의화, 짝짓기 과정에서 당연시된 경쟁, 갈수록 복잡해지는 짝찾기, 성경험을 통한 섹시함의 자본화 등이 어우러져 배우자 **탐색**과 **선택**이 우리 인생의 본질적 측면이 되어버렸다. 그만큼 우리는 인생을 살며 복잡한 형식과 규칙에 시달리며 전략을 짜느라 골몰해야만 한다. 자기계발서와 드라마 시리즈의 상당 부분은 낭만적이어야 할 **짝찾기**가 고도로 복잡한 사회적 모험인 동시에 엄연한 객관적 현실임을 고스란히 반영한다. 더욱이 이런 모험은 자율적으로 움직이는 고유한 경제영역과 그 활동가들 그리고 사회규칙들에 따라야만 한다. 아니, 그 이상이다. 짝찾기는 이제 섹시함과 욕구와 사랑이 사회계층과 밀접하게 맞물려 있다는 사실과, 배우자 선택이 삶의 기쁨과 섹스를 공유하는 무계급적 경험에 기초한다는, 아니 기초해야만 한다는 사실 사이에서 완전히 분열되고 말았다. 자신이 속한 계급에서 빠져나와 상대에 걸맞은 신분을 부여받아야만 격이 맞는 동질혼과 궁극적으로 일치하는 모습을 보일 수 있다는 역설적 상황이 연출되고 만 꼴이다.

신분 상승의 새로운 기준, '성적 매력'

근대에서 현대로 배우자 선택이 변모해온 경로를 기록하면서 역사학자들은 흔히 감정 개인주의로의 이행을 강조하곤 한다. 그 같은 성격 규정이 잘못된 것은 아니지만 훨씬 더 중요한 과정, 곧 선택의 양식이 바뀌었다는 점은 제대로 읽어내지 못한다. 감정과 이성 사이의 관계는 물론이고 지원자들 사이에서 경쟁이 벌어지는 방식도 바뀌었다. 이제 배우자 선택은 대단히 치열한 경쟁을 벌이는 시장을 통해 이루어진다. 이 시장에서 낭만적 감정으로나 섹스로나 성공을 거두는 일은, 성장과정에서 어떤 사회계층에 속했는지 그 형식의 결과인 동시에, 다시금 새롭게 계층화하는 효과를 내기도 한다. 그 같은 낭만적 계층화는 매우 다양한 요소로 이루어진다. 사회계층이 성적 욕구에 결정적 영향을 주는 방식이 그 하나의 요소다. 사회적 신분이 성적 욕구를 불러일으키고 형성하는 방식 말이다. 리비도가 사회의 번식을 이끄는 작용원리로 기능하는 것을 보라(이를테면 여자들은 어떤 공간에 모인 남자들 가운데 가장 강한 힘을 자랑하는 사내를 '섹시'하다고 여긴다). 욕구라는 것이 사회경제적 지위와 밀접하게 얽힌 결과다. 또 다른 측면으로는 성적 매력 그 자체가 독자적 가치를 갖는 차원으로 격상했다는 점을 꼽을 수 있다. 이렇게 해서 성적 매력은 그 나름대로 정당성을 자랑하는 신분 상승의 기준이 되었다. 이 기준은 기존의 사회계급과 갈등을 빚을 수 있지만, 반드시 그렇지는 않다. 몸의 매력은 이제 배우자 선택의 독자적 기준이 되었으며,

이와 관련한 다른 기준들을 약화하거나 보충하기도 한다.

사랑과 섹스의 자유는 승리했고, 이는 경제가 욕망의 기관차 한가운데로 돌진해 들어온 결과로 압축되는 사건이다. 현대의 섹스관계에 일어난 가장 중요한 변화들 가운데 하나는 욕구가 경제와 몸값이라는 문제, 해당 인물의 자기 가치까지 포함하는 문제와 밀접하게 맞물려버렸다는 점이다. 경제원리가 자꾸 욕구의 발목을 잡는 통에 이제 경제는 개인의 욕구를 말살할 지경까지 이르렀다. 이 표현으로 내가 지적하고 싶은 것은 당연한 일상처럼 되어버린 섹스 경쟁이 우리의 의지와 욕구 자체의 구조를 뒤바꿔놓았다는 사실이다. 욕구가 경제의 거래행위 형태를 취하면서 수요와 공급의 원칙, 희귀함과 과잉의 원리에 의해 규제되는 것으로 전락하고 말았다. 경제의 작동원리가 인간의 의지를 어떻게 바꿔놓았으며 무슨 구조를 갖게 했는지, 이어지는 장에서 좀더 분명하게 살펴보자.

2

낭만적 선택의 새로운 아키텍처

동물이 '약속할 줄 아는 능력'을 갖추도록 사육한다는 것은
인간의 본성에 비추어볼 때 정말 역설적인 과제가 아닐까?
그거야말로 인간에게만 해당되는 문제가 아닐까?
— 프리드리히 니체

"여자들은 갈수록 불행해지지."
친구 칼에게 말했다.
"그래? 넌 그걸 어떻게 알았어?"
그가 무미건조한 표정으로 농담을 했다.
"하긴 언제 불평 안 한 적 있어?"
"왜 우리는 갈수록 서글퍼질까?"
나는 집요하게 물고 늘어졌다.
"그거야 여자들은 모든 걸 가슴으로 받아들이니까."
칼은 짐짓 조롱하듯 말했다.
"너희도 감정은 가졌잖아."
"오, 또 그 하나마나한 소리."
— 모린 다우드[1]

자유는 현대성의 본질적 상표다. 압제받는 집단의 구호, 민주주의의 명예, 권위주의 정권의 치욕, 자본주의 시장의 자부심이 곧 자유다. 자유는 현대에 들어와 정치가 이룩한 위대한 업적이자 성과였으며, 앞으로도 그렇게 남으리라.

그럼에도 자유라는 잣대로 정치공동체를 평가할 때 두 가지 중요한 난제를 놓쳐서는 안 된다. 우선 서로 경쟁적으로 실현을 요구하면서도 다른 것으로 대체될 수 없는 가치(이를테면 연대감)는 자유가 정말 우리의 궁극적 목표여야만 할까 하는 물음을 낳는다.[2] 또 다른 한편으로 자유는 다양한 형태의 걱정과 불안을 불러일으킬 수 있다. 이를테면 과연 이렇게 사는 게 옳은가 하는 존재의 회의나 무의미함의 감정 등이다.[3] 물론 이 책은 자유를 찬성하는 입장에서 결정적으로 현대적이지만, 나는 자유가 빚어놓을 수 있는 결말을 캐물어 들어가는 일에 한 치도 소홀함을 보이지 않을 작정이다. 이후 분석에서 분명히 드러나겠지만, 섹스의 자유와 감정의 자유가 그에 고유한 형태의 아픔을 어떻게 이끌어 오는지 살필 것이기 때문이다.

▪ 이 장은 나(에바 일루즈)의 조교를 지낸 마탄 샤하크Mattan Shachak(현재 이스라엘 히브리 대학교의 사회학 교수)와 더불어 집필한 내용이다.

2. 낭만적 선택의 새로운 아키텍처　119

물론 '자유'는 여러 다양한 제도의 맥락에서 서로 다른 의미와 효과와 맞물리는 한에서 아주 포괄적인 개념일 수 있다. 자본주의 시장의 자유는 '사적 이득의 극대화'와 '공정경쟁'을 함께 담고 있다. 인간 상호관계의 영역에서 자유는 '표현하는 개인주의'를 가리키며, 소비의 영역에서는 '고를 수 있는 권리'를 뜻한다. 헌법이 상정한 자유는 다른 영역에서 고려되지 않은 '존엄성'이라는 개념에 기초한다. 이처럼 현실의 자유는 아주 다양한 영역에서 서로 다른 실천방식과 도덕적 판단으로 제도화했다.

섹스의 자유가 역사적으로 일종의 정치적 권리처럼 자리잡았다 할지라도, 정치에서 말하는 자유와 섹스영역의 자유는 전혀 다른 것이다.[4] 정치의 자유는 비교적 계획적이고 예측 가능하도록 그 실현을 보장해주는 거대하고 정교한 헌법기관의 보호를 받는다. 그러나 인간관계, 특히 섹스관계에서 '자유'는 그 어떤 제도적 장치로도 제한을 받지 않는다. '동의'라는 전제를 단 법적 규제(이를테면 성년이 되었느냐 혹은 동의 아래 이뤄진 성행위냐 따위)를 빼놓고 이야기한다면, 섹스의 자유는 법적이고 도덕적인 금지로부터 해방을 누리려는 길을 줄기차게 걸어왔다. 여기서 목표는 터부로부터의 완전한 해방이다. 섹스관계의 영역에서는 금기를 넘어서려는 더 과감한 시도와 제도에 반하는 형식으로 개성을 발현하려는 노력이 이어졌다. 이로써 이 영역은 정치의 영역보다도 훨씬 오롯한 개성과 선택의 자유와 표현력을 마음껏 발휘하는 경연장이 되었다. '문화의 포르노화'는 상업화한, 다시 말해 도덕의 족쇄로부터 풀려난 성적 욕구와 판타지의 해방이라는 배경을 깔고 이루어졌다.[*] 현대의 성도덕은 이제 일부일처라는 규범이나 단지 배우자와의 섹스만 존중해주는 대신에 서로 자유를 보장해주고 완전한 대칭을 이루며 자율권을 존중하는 것이 되었다. 성적 관계 영역의 자유는 결혼과 섹스의 의미 변화에서 가장 분명하게 드러난다. 20세기 초반만 하더라도 결혼은 대다수 사람들에게 평생에 걸쳐 지켜야 할 의무였다. 통계를 살펴보면 1960년대까지 미국은 이혼율이 낮았지만 이후 20년 동안 두 배 이상 급증했다.[5] 그리고 지금도 높다. 알렌드 손턴의 연구결과는 1960년대를 거치며 이혼을 바라보는 태도가 근본적으로 바뀌었음을 알려준다.[6] 1981년 대니얼 얀켈로비치●는 결혼과 이성애 관계의 규범에서 중요한 변화가 일어났음을 확인했다.[7] 조사기간을 장기적으로 잡은 연구에서 얀켈로비치는 1950년대와 1980년대 사람들의 답변을 비교했다. 1950년대에 미혼의 젊은 여성과 기혼 여성은 결혼과 가정을 왜 소중히 여기느냐는 물음에 결혼은 필수적인 동시에 피할 수 없는 것이라고 굳은 신념으로 대답했다. 사회의 당당한 구성원이 되기 위해 결혼은 반드시 지켜야 할 규범이라는 느낌을 준다고 했다. 25년쯤 뒤, 그러니까 1970년대 후반에 들어서자 이 태도는 돌변했다. 젊은 처녀는 결혼을 여러 선택지 가운데 하나로만 보았다. 독신이나 동성애 혹은 혼외

▪ 파스칼 브루크너가 기억을 환기하듯 섹스와 감정 영역에서 자유는 복잡한 방식으로 서로 연관되는 다양한 의미의 파노라마를 자랑한다. 외부 권위(부모, 공동체 혹은 남성)로부터 해방되는 자유이거나 다양한 라이프스타일과 섹스의 모델을 공개적으로 누리려는 자유가 있는가 하면, 판타지와 정욕을 남김없이 체험하고자 하는 욕구도 자유다. Pascal Bruckner, 『연인의 역설』*Le Paradoxe Amoureux*, Paris, 2009 {Pascal Bruckner(1948~): 프랑스의 소설가이자 에세이스트로 이른바 '누보 철학'을 대표하는 인물이다—옮긴이}. 페퍼 슈워츠는 그런 섹스관계의 현실을 이른바 '동성애 커플'을 예로 들며 그림처럼 묘사한다. Pepper Schwartz, 『동성애 배우자: 동성 결혼은 실제로 어떻게 이루어질까』*Love Between Equals: How peer marriage really works*, The Free Press, 1994 (Pepper Schwartz: 미국의 여성 사회학자로 동성애 문제 전문가다—옮긴이).

● Daniel Yankelovich(1924~): 미국의 여론조사 전문가이자 사회학자다.

임신 같은 이른바 '일탈행동'으로 보는 거부감이 확연히 줄어들었다.[8] 혼인신고를 하지 않고 동거하는 경우가 부쩍 늘어났으며,[*] 기껏해야 그중 절반 정도만 실제 결혼으로 이어졌다.[9] 1970년대 말부터 결혼을 포함해 안정적 관계라는 것은 가능한 선택지 가운데 하나가 되었으며, 종종 지칠 정도로 비용을 많이 들여가며 짝찾기를 하고 상담과 치료(혹은 상담이나 치료)를 받은 끝에야 결혼을 결심하는 일이 벌어졌다.[10] 1980년대에 행해진 선구적 연구에서 앤 스위들러[•]는 이 시기 동안 결혼 이전과 결혼생활에서 문화적이고 감정적인 결합구조에 상당한 변화가 일어났음을 밝혀냈다.[11] 피임법 발달과 도덕표준의 변화는 결혼과 섹스의 분리를 첨예화하면서 아무렇지 않은 것으로 받아들이게끔 만들었다. 1960년대 이후 혼전섹스를 이전과는 완전히 다른 태도로 바라보게 된 배경이다.[12] 이런 변화는 애정관계에서 자유가 그만큼 커졌다는 확실한 반증이다. 섹스영역에서 자유의 인정은 20세기에 일어난 가장 중요한 사회학적 변화다. 이 장에서 나는 이성애 관계 내부에서 이런 자유가 감정소통의 변화를 이끌었음을 보여줄 생각이다. 그리고 이런 변화는 일반적으로 '약속의 공포'로 익히 알려진 현상에서 가장 두드러진다.[**]

1장에서 살폈듯, 자유는 항상 개인이 속한 사회라는 맥락에서 행사

- 미국에서 동거 커플의 수는 1977년 110만 쌍이던 것이 1997년에는 490만 쌍으로 폭증했다. 1977년 모든 가구의 1.5퍼센트를 차지하던 동거 커플은 1977년에는 그 비중이 4.8퍼센트로 늘어났다. 다음 자료를 참조할 것. 린 캐스퍼Lynne Casper/필립 코헨Philip Cohen, "단순 동거인 지수는 어떻게 증가했나? 동거의 역사적 평가"How Does POSSLQ Measure up? Historical Estimates of Cohabitation, 『인구통계』Demography, 제2호(2000), 237~245쪽.
- Ann Swidler: 캘리포니아 버클리 대학교의 사회학 교수다.

된다. 그리고 우리는 바로 이 맥락을 연구해야만 한다. 그래야 애정관계의 영역에서 자유가 불러일으킨 아포리아를 이해할 수 있기 때문이다. 아포리아라는 증거와 반증이 동시에 존재하는 난제는 새로운 관점에서 출발해야만 해결의 실마리를 찾을 수 있다. 섹스의 자유와 낭만적 자유는 결코 추상적 관념이 아니다. 논란이 되고는 있지만 오늘날 우리를 둘러싼 사회적 맥락은 여전히 강력한 가부장이라는 제도화의 틀이다. 이런 맥락은 새로운 불평등이라는 형태로 고통의 새로운 형식을 낳으면서, 남성과 여성이 경쟁 위주의 섹스영역에서 섹스의 자유를 어떻게 감정적으로 경험하고 통제해야만 하는지 다양한 방식으로 고민하게 만들었다. 시장원리에 따른 섹스의 자유는 성적 불평등이라는 새로운 문화코드를 끌어들이면서도 겉으로는 드러나지 않게 잘 감추었다. 여기에서도 비즈니스라는 논리가 주도하기 때문이다. 이 논리에 따르면 애정관계의 각 당사자가 자신의 자유에 우선권을 두지만, 자신이 겪는 어려움은 '자아'의 부족함 탓으로 돌려야만 한다. 다시 말해 시장원리에 사로잡힌 현대의 남성과 여성은 자유를 누리고 있는 것 같지만, 사실 이는 또 다른 불평등에 지나지 않는다. 그래서 나는 섹스자유

▪▪ 이런 변화가 몰아온 결말과 그 의미를 둘러싼 논의는 1980년대부터 이뤄졌다. 그래서 벨라를 위시한 사회학자들은 『미국인의 사고와 관습』에서 자기계발이라는 이상과 자아실현이라는 언어를 치료에 활용한 것이 결속과 의무를 차츰 약화했다는 논리를 펼친다. 그러나 프란체스카 M. 캔시언은 개인의 독립성이라는 모델을 너무 강조하는 바람에 상호의존이라는 모델을 소홀히 다루었다며 이 사회학자들을 비판한다. 그녀가 보기에 결속은 여전히 결혼의 핵심특징이라는 주장이다. 그러나 이 장에서 나는 우리가 살아가는 현 시점의 애정관계와 결혼에서 결속이라는 문제를 다른 관점으로 다룰 생각이다. 무엇보다도 어떻게 그리고 무슨 이유로 결속구조가 변했는지에 집중하고자 한다. Francesca M. Cancian, 『미국의 사랑—성과 자기계발』*Love in America, Gender and Self-Development*, Cambridge & New York, 1987.

가 암묵적으로 불평등을 낳고 심지어 정당화한다는 점에서 경제자유와 같다는 점을 보여주고자 한다.

여성의 신중함에서 남성의 거리두기까지

오늘날의 표준에 비추어볼 때 18세기와 19세기의 연애는 섹스에서 여성이 자유로이 행동할 수 있는 여지를 거의 남겨두지 않았다. 물론 조금 덜하기는 해도 남성 역시 사정은 마찬가지였다. 중산층과 중상위층 출신 여인들은 자신의 낭만적 감정과 성적 갈망을 보통은 남자보다 훨씬 조심스럽게 표현해야만 했다. 여성의 이런 신중함에는 두 가지 근본적 원인이 있다. 우선 여성은 성적으로 매우 조신한 태도를 보여야만 했으며, 다른 한편으로 특히 연애의 초기 단계에서는 먼저 적극적으로 나서기보다는 남성의 행동에 반응하는 태도를 취해야 했다. 남성의 구애를 받아들이거나 거절하는 것만이 여성에게 주어진 유일한 선택지였다. 여성이 보여야만 하는 이런 신중함은 18세기에 여성을 바라보는 성적 관념이 달라지면서 생겨난 결과다. 본래 기독교 문화권은 남성과 여성에게 같은 정도의 금욕적 태도를 요구했다. 그러면서도 여성이 더 강한 성적 충동을 느낀다고 여겼다. "일반적으로 이브의 딸들이 (남자들에 비해) 훨씬 강한 열정에 사로잡힐 수 있다. 여성은 이성적 자기통제력이 약하기 때문이다."[13] 그러나 18세기를 지나는 동안 여성은 타고난 본성상 성적 유혹에 잘 저항할 수 있다는 확신이 자리를 잡아갔다. 이를테면 새뮤얼 리처드슨˙의 소설 『파멜라』가 잘 묘사하듯이 말이다.[14] 작가는 이 작품에서 주인의 공격적인, 거의 강간에 가까운 추행에 맞서는 젊은 하녀의 이야기를 들려준다. 거듭되는 추행에도 몸을 허락하지 않는 하녀를 보며 비로소 주인은 그녀에게 애틋한 감정을 품게 된다. 결국 공격에 맞서는 저항에서 드높은 덕성을 읽어낸 주인은 존경의 마음으로 그녀에게 청혼한다. 하녀는 기쁨으로 청혼을 받아들인다.˙ 이 소설은 여성의 본성을 새롭게 이해하면서 금욕 실천을 기준으로 한 남성과 여성의 성정체성 사이에 일어나는 균열과 분리를 깨닫게 한다. 여기서 여성의 정절은 일종의 상징이자 덕성의 시험기준이었다. 이로써 정절은 여성이 결혼시장에서 자신의 평판을 쌓는 중요한 수단이 되었다. 정절이 남성으로 하여금 처음에는 계속 거절당하다가 마침내 이를 극복함으로써 남성성을 과시할 기회를 허락해주었기 때문이다.

여성의 정절을 일종의 덕목으로 추켜세우는 것은 미국문화에서도 널리 퍼진 현상이다. 정절을 이상으로 삼고 지키는 여인이 도덕적으로 더 우월한 위상을 차지한다는 이미지를 자연스레 갖게 된 것이다. "성적 욕구의 자기통제능력을 인간이 지켜야 할 최고의 덕목으로 삼으면서, 중산층의 도덕주의자들은 여성의 순결을 인간 도덕성의 전형으로 떠받들었다."[15] 낸시 코트에 따르면 성직자가 정절을 최고의 덕목으로 높이는 바람에 여인들의 성정체성이 오히려 위축되는 결과가 초래되고 말았다. 물론 이런 새 이데올로기는 정절과 순결이 '도덕적 평등성', '권력과 자존'을 얻어내는 대가라는 점에서 여인들에게 많은 도움을

- Samuel Richardson(1689~1761): 영국의 소설가로 종교와 도덕을 중시하던 종래의 소설들과 달리 가정문제, 특히 연애와 결혼을 주제로 다루어 근대소설의 본격 출현을 알린 인물이다.
- 몽테스키외의 소설 『페르시아인의 편지』Lettres persanes(1721)는 정절을 지키려는 저항이라는 주제를 먼저 다루었다. 여기서도 록산느는 남자의 치근거림에 저항하면서 정절을 증명한 덕에 우스베크의 총애를 받는 여인이 된다.

주기는 했다.[16] 코트가 보여주듯, 19세기의 남성은 여성의 성적 자유를 갈취하는 대신, 여인에게 부과한 정절의 대가로 이전보다 조금 더 권력을 나눠주고 조금이나마 평등을 맛볼 수 있게 해준 셈이다. "여성이 욕정을 갖지 않는다는 믿음은 여성이 도덕적으로 우월하다는 논리를 떠받드는 주춧돌이었다. 19세기에 이 논리는 여성의 지위를 높이고 더 많은 기회를 얻게 해주는 수단으로 이용되었다."[17] 그러니까 섹스와 감정에서 되도록 자신을 드러내지 않고 수동적 자세를 보이는 것은 예의 바름과 자제력을 중시하는 통념의 일부가 되었으며, 이는 다시금 여성의 도덕적이고 사회적인 위상을 높여주었다.

섹스문제에서 조신한 태도를 보여야 한다는 점은 여인이 자신에게 구애하는 남성을 거절할 명분을 주었다. 그렇다고 해서 여인이 직접 구애할 수 있도록 허락해주는 것은 아니었다.[18] 다시 말해 구애에서 적극적 공세를 펼치며 연애를 주도해야 하는 쪽은 여전히 남자라는 의미다. 엘렌 로트먼에 따르면 구애를 받기 전에 자신의 감정을 솔직히 드러내는 여인은 너무 큰 위험부담을 자초하는 것이나 다름없다. 1장에서 이미 인용했던 엘리자 사우스게이트, 곧 19세기 여인의 말을 빌려 로트먼은 이렇게 확인한다. "자신에게 누군가 호의를 가졌음을 확인하기 전에는 그 어떤 여인도 상대를 사랑할 수 있으리라는 헛된 믿음을 품지 않는다."[19] 여성 역사학자인 로트먼은 강조한다. 여인이 먼저 자신의 감정을 드러내는 일은 반드시 피해야만 한다고! "딱지 맞을 각오를 하고 먼저 감정을 드러내는 여인은 지극히 드물다."[20] 그러니까 여성은 남성의 의도와 호의를 확인할 수 있을 때까지 기다린다. 남자의 호의, 자신의 사랑을 드러내고 입증할 능력은 결혼결정에 지극히 중요한 의미를 가진다. "어떤 남자가 청혼을 했는데, 그가 사랑까지 한다면 금상첨화다. 청혼을 받아들이는 여인이 가장 먼저 떠올리는 것은 사랑이다."[21] 로트먼은 남자 또한 자신의 청혼이 받아들여질지 불안해한다고 확인한다. "남자들은 너무 늦게 혹은 지나치게 피상적으로 답장을 받는다며 여인들보다 더 불평을 일삼는다."[22] 결혼을 주도하는 입장인 남성은 이 과정에서 여성보다 훨씬 더 상처받기 쉽다. 남성은 한편으로 자신의 열정과 순도 높은 감정을 증명해야 하면서도 동시에 거절을 당할 경우 너무 속수무책으로 내몰리지 않도록 어느 정도 자신의 감정을 통제하기도 해야 한다.[23] 여성은 사회생활 거의 전반에 걸쳐 권리를 누리지 못하는 반면, 연애하는 동안만큼은 우위를 차지하는 듯 보인다. 적어도 감정의 권력이라는 차원에서는 말이다. 여기서 감정의 권력이란 자신의 감정은 한사코 숨기면서 남성에게 그의 감정을 드러내도록 강제하는 힘을 의미한다. 이런 감정의 밀고 당기기 끝에 남자의 반응을 보아가며 여인은 결혼을 결정한다.

로트먼은 일단 결정을 내린 남자는 거의 흔들림이 없다는 사실도 확인해준다. "목표를 추구하는 데 남성은 애매한 태도를 보이는 일이 거의 없다. 반대로 여성은 제단의 마지막 계단에 오르는 순간까지도 망설이며 변덕을 일삼는다."[24] 로트먼은 공화국 미국의 초창기 시절 연애의 기본 틀을 다음과 같이 묘사한다.

청년은 그 어떤 장애도 극복하리라 각오를 굳힌다. 처녀는 마지막 순간까지 망설인다. 남자는 결혼이 자신의 일상을 좀더 풍요롭게 하며 그 어떤 제한도 주지 않으리라 보는 탓에 여자보다 훨씬 초조하게 결혼을 기다린다. [……] 남자는 약혼녀의 망설임과 변덕을 미리부터 고려해두어야만 하기 때문이다.[25]

여기서 묘사되는 세계는 자신의 가슴을 열어 보이고 농후한 감정을 토로하며 여인을 '쟁취'하는 게 남자의 당연한 도리인 세상이다. 바꿔 말해 결합이라는 게 남자의 당연한 의무로 여겨지는 세상이다. 결혼을 했느냐에 따라 남자의 사회적 지위는 현저히 달라지기 때문이다. 시어도어 세지윅 주니어(연방주의자 시어도어 세지윅 시니어의 아들)* 가 수전 리들리에게 구애한 이야기는 남성에게 요구되는 의젓함이 무엇을 뜻하는지 모범사례처럼 들려준다. 세지윅 주니어는 1805년 수전에게 청혼했으나, 그녀의 양아버지가 반대하자 군말 없이 프러포즈를 거두었다. 세지윅 주니어는 이듬해 다시 시도했으나, 이번에는 형제들로부터 우유부단하다는 비난에 시달려야 했다. "사람들이 그러던데 너는 계집애 하나 낚아챌 패기도 없다더라."[26] 단호함과 일관되게 목표를 추구하는 자세는 여러 분야에서 높이 평가되는 남성의 특징이다. 결혼이야말로 이런 특성이 아주 강조되는 장이다. 이런 사정은 너대니얼 호손이 소피아 피바디에게 구애한 이야기에서도 분명하게 드러난다. 그녀를 알게 된 지 채 넉 달도 지나지 않아 호손은 다음과 같은 편지를 썼다. 물론 그 전에는 결혼하고 싶다는 의사를 표시한 적이 없었다.

(내) 영혼은 신이 선물해준 여인을 갈망합니다. 하느님은 그녀의 영혼을 제 것과 맺어주셨습니다. 오, 내 소중한 사랑이여, 우리가 맺어졌다는 생각만으로도 이토록 황홀합니다! 우리는 결혼했습니다! 이미 오래전부터 느껴왔습니다. 가장 다정한 말을 찾으려 할 때마다 내 입술은 당신을 불렀습니

• Theodore Sedgwick: 숱한 정치가를 낳은 미국의 명문가로 시니어(1746~1813)는 변호사이자 의원을 지낸 인물이고 주니어(1780~1839)는 변호사로 활동했다.

다. "아내여!" (……) 당신을 내 품에 안을 때마다 저는 차분한 마음으로 당신에게 몰입합니다. 당신을 인간으로서 누려야 할 내 몫의 사랑과 행복으로 받아들입니다. 그리고 주님께 기도를 올립니다, 우리의 결합을 바치오니 은총을 베푸소서······.[27]

적어도 시민계급과 상류층에서 감정의 속도와 밀도 그리고 서로 맺어지고 싶다는 욕구는 남성과 여성의 차이를 뛰어넘는 모두의 문제였다(물론 여자보다는 남자가 더 적극적이어야 했다). 19세기 시민계급에서 정의된 남자다움은 강렬한 감정을 느끼고 표현하며, 약속해주고, 일관되고도 단호하게 상대방과 맺어지고 싶다는 의지를 과시하는 능력이었다. 1장에서 살펴보았듯, 의젓함과 성실함 그리고 신뢰감은 그야말로 남성다움의 상징이었다. 19세기 짝찾기 풍습에 정통한 전문가인 캐런 라이스트라*는 이렇게 확인해준다. "시민계급과 상류층 출신의 남자들은 여인의 감정표현과 똑같은 형식의 스펙트럼을 허락받았다. 물론 그게 완전히 일치하는 복사판은 아닐지라도 말이다."[28] 남자다움을 그처럼 감정에 비춰 정의하는 일은 확실히 빅토리아 시대의 도덕규범과 경제의 전환이라는 특징이 결합해 빚어낸 산물이기는 하다. 그럼에도 결혼은 "항상 신부 가족의 동산動産과 부동산 재산의 상당 부분이 신랑의 가족에게로 넘어감을 뜻했으며, 그 반대급부로 장래 수입의 상당 부분은 여인의 몫으로 확보되었다."[29] 지참금은 남자를 여자에게 더욱 강하게 붙들어 매는 수단으로 작용했으며, 새롭게 맺어진 쌍이 서로 상대의 가족을 돌보며 경제적이고 사회적인 책무를 포괄하는 체계 안에서 상

• Karen Lystra: 캘리포니아 주립대학교 역사학과 교수로 미국 풍습사가 전문 분야다.

호결속의 닻을 내리도록 만들었다. 지참금은 시부모와 며느리 사이의 가족관계를 강화했으며, 애정과 이해에 얽힌 친척 내부의 관계를 돈독히 키웠다.[30] 한마디로 남편과 아내는 지참금에 기초한 도덕과 경제라는 생태에 묶인 게 된 셈이다. 그렇다고 해서 이것이 남자가 여자와의 관계를 비열하게 무시한다거나, 임신한 여자 혹은 아내를 홀로 버려두지 말아야 한다는 강제적 의무를 뜻하지는 않는다.[31] 그러나 적어도 서유럽과 미국의 부유층 남자들 사이에서 그런 태도는 탈선이자 불명예로 여겨졌다.■ 예를 들어 1841년 쇠렌 키르케고르가 레기네 올센과의 약혼을 깼을 때 그녀는 물론이고 그녀 가족에게도 파렴치한 행동이라는 분노의 비난과 모멸에 시달려야만 했다.[32]

남자다움을 이렇게 이해하는 것은 21세기 초반에 남성이 여성과의 결속문제를 지배하는 이미지와는 현격한 차이를 보인다. 크리스티안 카터라는 익명으로 인터넷에서 활동하면서 이성관계를 다룬 일련의 전자책들을 펴내고 매주 전자우편 뉴스레터도 올리는 사람의 글을, 나는 1년이 넘게 주시해왔다. 그가 자신의 책 『구속 없는 만남에서 확실한 관계에 이르기까지』*From Casual to Committed*를 홍보하는 글은 어느 모로 보나 여성 독자를 겨눈 게 분명하다. 그의 글을 읽어보자.

어떤 남자를 알게 되었다. '다르게' 보이는 남자를.

그냥 또 다른 한 남자라는 뜻이 아니라…… 정말 '진지'하게 생각하고픈 남자를 말이다.

■ 19세기 영국에서 파혼이 빚어진 책임은 대개 여자 쪽에 있었다. L. Stone, *Broken Lives* 참조.

그는 재치 있고 똑똑하며 멋지고 성공적일 뿐만 아니라…… 지극히 **평범하기도 하다.**

더욱 훌륭한 것은 사람들이 그를 두고 좋은 말만 한다는 점이다.

당신이 그와 더욱 가까워질수록 당신은 '정말이지' 그와 연결된 끈이 있는 게 아닐까 하는 감정을 느낀다. 그리고…… 그도 마찬가지인 것 같다. 마침내 둘만의 자리를 만들었다…… **이 무슨 마법에 홀린 분위기일까…….**

직관적으로 당신은 '깨닫는다.' 둘 사이에는 아주 특별한 끈이 있으며, 여기에서 정말 특별한 무엇인가가 생겨날 수 있다고.

갈수록 함께 있는 시간이 늘어나면서, '데이트'는 점차 틈새를 찾아볼 수 없이 이어진다. 벌써 몇 년째 알고 지내왔으며 아주 가까운 사이인 것만 같은 주체할 수 없는 감정을 느낀다.

같은 방 안에 있어도 서로 손을 놓을 수가 없으며……, 심지어 거리에서 만나는 사람들조차 정말 **완벽한** 한 쌍이라고 말해준다.

그야말로 원더풀한 인생이다……. 서로 알게 된 지 얼마 지나지 않았다는 것을 알면서도 정말 '뭔가' 일어날 것 같은 기분이 들기 시작한다.

있어야 할 모든 게 부족하지 않다. 재미, 열정, 낭만, 풍부한 상상력을 자랑하는 대화, 웃음, 둘만 아는 은밀한 농담…….

느낌이 정말 좋다. 두 사람이 남은 인생을 함께 보내며 깊은 친밀감과 사랑을 누린다고 할지라도 전혀 놀라운 이야기가 아니다.

물론 이런 방향으로 생각하기에는 약간 이른 감이 없지 않다. 그럼에도 분명한 당신의 속내는 그와 약속의 관계를 이루고 싶다는 것이다……. 당신은 다른 누구도 아닌 그를 원한다. 그리고 **오로지** 그가 당신과 함께 살기를 원한다.

하지만 느낌만 그럴 뿐 **현실의** 당신은 정확히 어떻게 감정을 전달해주어야 할지 몰라 전전긍긍할 따름이다. 또 그가 **정말** 당신과 똑같은 감정을 갖는지도 아리송하기만 하다.

그럼에도 지금껏 그가 해준 이야기, 함께했던 일들로 미루어볼 때, 함께 나눈 모든 시간을 돌이켜볼 때, 그도 당신과 같은 느낌을 가질 것이라고 당신은 확신한다.

당신은 '침착하게 지켜보며', 어디로 어떻게 흘러갈지 기다려보기로 결심한다.

날이 갈수록 당신은 초조한 마음으로 그가 뭔가 특별한 말을 해주기를 기대한다. ……마침내 그가 입을 열어, 자신의 솔직한 감정을 털어놓으며, 당신에게 묻기를. '내 여자'가 되어주겠소……

알 수 없는 답답함으로…… 몇 주가 흐른다. ……아무 일도 일어나지 않는다…….

벌써 몇 달이 **흘렀다**. ……지금 대체 이게 뭐 하자는 거지. ……슬그머니 의문이 고개를 든다…….

분명…… 여전히 멋지기는 해. ……그러나 대체 우리 관계는 어떻게 흘러가는 걸까?

머릿속은 풀리지 않는 의문들로 터질 것만 같다.

우리 두 사람은 대체 뭘 어쩌자는 걸까?

그도 그렇게 느낄까?

왜 그는 나에게 여자친구가 되어달라고 묻지 않을까?

혹시 다른 여자들과도 만나는 게 아닐까?

이 모든 게 그에게는 장난에 지나지 않는 것 아닐까?

아마도 그는 나처럼 진지하게 생각하지 않는 모양이다!?

빌어먹을, 대체 지금 여기서 무슨 일이 벌어지고 있는 거야?

꾹 참고 기다렸지만, 이제는 미칠 것만 같다. ……**알아내야겠어**.

마침내 지나가는 말처럼 물어보기로 결심한다. 될 수 있는 한 아무렇지도 않게…….

그러나 아무 말도 못 알아들은 것처럼 굴면 어떻게 하나?

아마도 그는 그냥 얄팍한 몇 마디로 상황을 모면하려 들지 않을까. 이를테면 "무슨 말이야? 우리는 이제 만난 지 고작 몇 달밖에 안 됐어." 또는…… "지금 이대로 충분히 좋잖아!"

아니, 더 심각할 수도 있다……. 대화를 완전히 피하면서 속내를 조금도 드러내지 않고 마치 당신이 까탈을 부린다는 듯 행동하지 않을까.

그러다가…… 며칠이 흐르면서, 그는 갈수록 거리를 둔다. ……모든 게 분명 예전 같지 않다.

이젠 전화도 자주 오지 않고 ……대화는 마지못해 한다는 듯 어색하기만 하다…….

그러다가 어느 날…… 모든 게 끝장이다. …… '전혀 생각지도 못한 일'이 벌어진다. ……그가 사라졌다. 한때는 꿈의 남자였으나 이제 완전히 사라졌다. 그리고 당신에게 남은 것은 가슴을 얼어붙게 만드는 것만 같은 차갑고도 공허한 느낌이다.[33]

위의 책광고 문안은 오늘날 남성과 여성이 맺는 관계의 이미지와 실제 풍경이 담고 있는 몇 가지 '원초적 동기'를 잘 포착해놓았다. 우선, 오늘날 여인들은 지속적이고 안정적인 애정관계를 맺기가 상당히 어렵다. 남자들이 될 수 있는 한 감정을 피하려 하며 장기적인 관계를 맺고자 하는 여성의 유혹을 판에 박은 듯 거부하기 때문이다. 한 남자와 맺어지고자 하는 여인의 요구는 그 반대쪽의 거부만큼이나 당연한 게 되었다. 배려와 사랑을 보여줘도 남자는 끌리기는커녕 한사코 "멀리 달아나려고만 한다." '정상적'인 남자가 자신을 관계 안에 가두어두는 일은 지극히 예외적으로 일어날 따름이다. 이 광고문과 그 마케팅 전략은 여인들이 결합을 두려워하는 남자를 알아보고 그를 피하며, 망설이는 남자를 결혼으로 이끌기 위해서는 심리학의 충고를 받아들여야만 한다는 노골적 암시다. 2장에서 다룰 내용의 맥락에서 볼 때 이 광고문이 갖는 가장 흥미로운 측면은 '결합'을 남자의 문제로, 그것도 아주 널리 퍼진 문제로 전제한다는 점이다. 낭만적 관계를 두려워하는 이른바 '약속공포증'은 미국에서, 특히 남자들 사이에서, 도덕적 공황 정도의 심각성을 보이면서 드라마, 영화, 자기계발서 등 끝없이 쏟아져 나오는 문화상품의 주제가 되었다. 결합을 두려워하는 게 남자들의 문제라는 인식은 워낙 널리 퍼져 있어, 위의 웹사이트는 아예 이런 '결혼의 정의'를 내걸어놓았다. "현재 '결혼'이라는 단어는 남자라는 종자에게 절대 아무런 의미를 갖지 못한다(마찬가지로 '사랑' L-O-V-E이라는 단어 역시 많은 남자가 그저 섹스를 원한다는 뜻을 표현하기 위해 잠시 진짜 속내를 숨겨놓고 써먹는 말에 지나지 않는다)."[34]

관련 데이터들을 살펴보면 남자와 여자가 서로 결합을 이루려는 자세에 변화가 일어났다는 아주 많은 암시를(비록 간접적인 것도 적지는 않지만) 얼마든지 찾아볼 수 있다. 1980년대 초반 이후 결혼 평균연령(남자 27세, 여자 25세)[35]이 높아진 것이야말로 미국에서 결혼관이 변했다는 핵심증거다. 이는 사람들이 갈수록 결혼결정을 미루고 있다는 뜻이다.[36] 끝내 미혼으로 남는 남자와 여자의 비중도 증가했다. 실제로 독신자 가구의 수는 특히 미국에서, 그러나 유럽에서도 역시 1970년대 이후 현격하게 증가했다. 그 원인으로는 늦어진 결혼연령과 매우 높아진 이혼율이 꼽힌다. 결혼의 평균 지속기간도 줄어들었다. 1955년과 1959년 사이에 결혼한 남자들의 76퍼센트는 아내와 최소한 20년의 결혼생활을 유지한 반면, 1975년과 1979년 사이에 결혼한 남자들은 단지 58퍼센트만 20년 결혼생활을 유지한 것으로 나타났다. 결혼생활을 단지 5년이나 10년 혹은 15년 동안 유지한 남자들의 비율도 이 시기에 감소했다. 게다가 재혼 횟수도 줄었다.** 그리고 함께 사는 '정상적 생활'은 이른바 'LAT'(Living Apart Together: 미혼 남녀가 같이 살지는 않지만 친밀한 관계를 유지하는 형태)로 변모해버렸다.[37] 여러 가지 이유로 공동의 주거지를 마련할 수 없거나 그러기 싫어서 함께 살지는 않지만 애정관계는 유지하는 새로운 카테고리가 곧 'LAT'다. 그래서 결국 일부일처의 전통모델을 부정하는 태도가 인기를 끌거나, 심지어 상대적으로 정당화하는 결과를 낳았다. 이를테면 앞서 살펴본 '낚아채기' 같은 게 당연하게 여겨졌다. 또는 일부일처를 부정하는 태도로서 애인 여럿을 동시에 거느리는 일이 아무런 윤리적 문제도 없다는 듯 암묵적 합의하에 일어나곤 했다. 이런 정황은 전통적 부부관계의 특징인 독점성이 흔들리기 시작했으며 더 느슨하거나 마구잡이식 관계로 대체되었음을 암시한다. 전통적 부부관계 모델에 심대한 변화가 일어났다는 데이터가 비록 충분하지는

- 독신자 가구 비중은 1970년 9퍼센트에서 2007년 26퍼센트로 17퍼센트포인트 늘었다. 가족 단위로 이뤄지지 않은 다른 주거형태와 합쳐 이 카테고리는 미국 전체 가구의 3분의 1을 차지한다. 다음 자료를 참조할 것. 미국 인구조사국 리포트, 『2007년 미국의 가정과 생활 현황』*America's Families and Living Arrangements : 2007*, 2009년 9월 발간.
-- 미국 인구조사국 리포트, 『결혼과 이혼의 횟수와 타이밍과 지속기간』에 따르면 1935년과 1939년 사이에 태어난 남자와 여자의 15퍼센트는 40년 동안 두 번 이상 결혼했다. 이 비율은 1945년과 1949년 사이에 태어난 첫 베이비붐 세대에서는 22퍼센트로 높아졌다. 이후 10년 동안 여성의 경우 이 비율이 별다른 변화를 보이지 않았지만, 1955년과 1959년 사이에 태어난 남자들의 경우 17퍼센트로 줄었다.

않지만, 결혼을 반드시 해야 하는 의무로 바라보는 태도는 예전에 비해 눈에 띄게 줄었다. 이제 관계는 이전보다 훨씬 유연하며, 단기간에 걸친 계약관계로 이뤄진다. 문제가 생기면 바로 계약을 파기하고 갈라서는 식이다.* 의심할 바 없이 결속의 몰락은 관계를 맺거나 끝낼 개인의 자유가 증대된 것과 밀접한 연관을 가진다. 관계공포증이 물론 남자와 여자 모두에게 해당되기는 하지만, 역사적으로나 문화적으로나 관계맺음의 결정권은 여전히 남자의 특권인 것으로 보인다.**

그럼 이제 우리는 이런 현상을 어떻게 설명할 수 있을까? 남자의 결혼기피증을 곧이곧대로 받아들인다 할지라도, 이는 문학에서 찾아볼 수 있는 일련의 정황과는 모순되는 것처럼 보인다. 예를 들어 남자가 여자보다 결혼으로 더 많은 이득을 본다는 연구결과가 있다.[38] 결혼생활에서 대개 여자가 남자에게 봉사하는 듯 보이는 점으로 미루어볼 때 그리 놀라운 이야기는 아니다.[39] 특히 아내는 남편에게 봉사할 뿐만 아니라 친족관계를 돌보는 일kin-keeping도 지원한다. 이를테면 아이들이나 다른 가족성원이 남편과 원만한 관계를 맺도록 보살핀다. 마지막으로 결혼은 남자에게 더 많은 돈을 벌고 건강을 돌보도록 자극을 주기도 한다.[40] 결혼이 주는 이런 강점으로 미루어본다면, 남자는 여자보다

- 세를린은 이런 추세를 두고 친구처럼 어울려 사는 결혼모델이 개인주의 결혼모델로 바뀌어가는 것으로 파악한다. 다음 자료를 볼 것. Andrew J. Cherlin, "미국 결혼의 탈제도화"The einstitutionalization of American Marriage, 출전: *Journal of Marriage and Family*, 제4호(2004), 848~861쪽.
- ** 관계맺음을 두려워하는 태도는 중상위층 남자들 사이에 가장 널리 퍼져 있다. 이들은 사회와 문화와 경제 전반에 걸쳐 결정적 힘을 행사한다. 또 교육수준이 높고 경제적 독립을 이룩한 중산층 출신 여성들이 이성애에 기초한 결혼모델로부터 빠져나간다. 그러니까 본문의 분석은 이런 카테고리에 속하지 않는 남성과 여성에게는 잘 들어맞지 않을 수 있다.

더 기꺼이 결혼하려 들어야 마땅하다. 그리고 실제로 카우프만과 골드 샤이더는 남자와 여자의 결혼관을 묻는 연구조사에서 이 점을 확인했다. 즉 결혼하지 않아도 만족스러운 인생을 살 수 있다고 대답한 남성은 37퍼센트였던 반면, 여성의 경우는 59퍼센트가 그렇다고 답했다. 적어도 생각의 차원에서 남자는 결혼을 매력적 선택지로 바라볼 확률이 높다(그리고 총각으로 사는 것은 확실히 매력이 떨어진다).[41] 반대로 여성은 처녀로 사는 게 매력적이고 만족스럽다고 답했다.

그럼에도 놀라운 사실은 이 같은 경제학과 사회학의 연구결과에 반대되는 현상이 나타나고 있다는 점이다. 이론의 연구결과가 예측했던 것과는 정반대로 여성들은 관계를 맺고자 하는 내밀한 열망을 감추고 있다. 결혼하는 쌍의 수가 줄어든 것을 설명하는 지배적 의견 가운데 하나는 경제학자 게리 베커의 주장을 꼽을 수 있다. 그가 보기에 결혼은 서로 조건의 균형을 맞추는 노력을 통해 이뤄지는 것이며, 여성들이 경제활동을 할 기회가 늘어나면서 결혼을 달갑지 않게 생각하는 경향이 늘어났다고 한다. 실제로 경제활동을 하는 여성의 수와 결혼한 여성의 수를 비교해보면 그 감소 추세를 확인할 수 있다.[42] 이 견해에 따르면 여성은 '남성보다 선택적'이며, 남성의 불충분한 조건을 얼마든지 거부할 수 있는 능력을 자랑한다. 더 나은 상대를 찾을 수 있으리라는 기대를 버리지 못하기 때문이다. 그러니까 이 모든 것을 종합적으로 고려해 말하자면, 결혼시장이 안정적 추세를 보이는 것은 경제적 생존이라는 문제와 관련해 여성이 여전히 결혼에 의존하는 경향이 짙기 때문이다. 이렇게 본다면 결혼하는 쌍의 수가 줄어드는 책임은 남자가 아니라 여자에게 있어야 한다. 결국 관계공포증을 드러낸 쪽은 여성이기도 하다는 말이다.[*] 그렇지만 여성의 더 나아진 경제적 형편이 결혼 감소에 결정적 영향을 주었다는 점을 인정한다 하더라도, 여성은 본래 관계맺기를 그리 두려워하지 않는다. 반대로 남자는 관계맺음에 우유부단한 태도를 보이며 장기적이고 안정적인 관계를 원하면서도 다른 한편으로는 구속받기 싫다는 이중적 반응을 보이는 경우가 잦다.

이런 사정을 풀어주는 통설에는 몇 가지가 있다. 가장 두드러지는 것은 남자가 감성이 떨어져 일부일처식 결속을 이어갈 근본적 능력이 부족하다는 일반대중의 문화적 확신이다. 이런 부족한 감성은 심리학이나 진화론을 끌어다가 설명하기 일쑤다. 심리학이나 생물학 혹은 진화론이 볼 때 남자는 다양한 섹스 파트너에 빠지기 쉬운 성향을 자랑한다. 남성이라는 동물은 본래 문란함을 즐기며 진화는 자녀를 돌보기보다는 될 수 있는 한 씨앗을 널리 퍼뜨리도록 요구했기 때문이라는 게 흔히 들먹이는 이유다.[43] 그러나 사회학이 이런 유의 설명을 할 수는 없는 노릇이다. 우선 그런 주장은 같은 말을 되풀이하는 동어반복에 지나지 않으며, 더 나아가 주어진 정황을 두고 그게 남성이나 여성의 성정체성이라는 유전자에 반드시 새겨졌으리라는 단순한 가정을 기정사실화하는 하나마나한 소리이기 때문이다. 이런 사정을 설명할 다른 실마리는 여성의 새로운 권력이 남성의 전통적 역할을 위협하는 탓에 남자들이 혼란을 겪는다는 데서 찾게 된다. 이런 독법에 따른다면 남성은 자신들의 정체성을 위협하는 힘이 커지기 때문에 여성과 그 권력을 두려워해 확실한 관계맺음을 거부한다. 정신분석이 내놓는 또

▪ 이와 반대되는 이론은 남자 쪽의 수입 정도가 결혼과 이혼에 결정적 영향을 준다고 전제한다. 다시 말해 결혼을 앞당기고 결혼생활의 일반적 통념을 지켜주는 역할을 하는 게 남편의 수입 정도라는 지적이다.

다른 실마리는 남자와 여자의 성정체성이 서로를 반대하는 쪽으로 심긴 탓에 관계맺음을 두려워한다는 주장이다. "남성의 정체성은 여성을 부정함으로써 생겨난다. 그러니까 자신의 정체성을 직접적으로 긍정하는 대신 여성을 부정하는 성향을 보이는 것은 그만큼 남성의 정체성이 허약하고 깨지기 쉽기 때문이다."[44] 남성 심리를 움직이는 동기에 주목하는 모델에서 영감을 받은 이런 관찰방식은 남자가 어머니로부터 떨어져 나와야만 한다는 강박관념을 가지는 탓에 여성을 거부하는 것은 물론이고 서로 의지하며 공통의 관계를 이뤄야 할 필연성에도 반항한다고 강변한다. 남성의 이런 심리가 장기적 관계를 가꾸거나 갈망할 남성의 능력을 갉아먹었다는 주장이다. 18세기에서 19세기 중반에 이르기까지 예민한 감성은 남녀 모두가 누리는 특권이었다. 그러다가 19세기 중반 이후 감성은 주로 여성의 특성으로 여겨지게 되었다.[45] 여성은 가족을 돌보며 감정을 느끼고 표현해 친밀한 관계를 형성하면서 도맡아 관리해야 한다는 책임을 떠안았다. 낸시 초도로˙는 이와 관련해 남성과 여성의 서로 다른 감정 구성은 미국의 핵가족 문화에서 비롯된 것이며, 여기서 여성은 자녀를 돌보는 일을 전담하도록 강제되었다는 뛰어난 논리를 선보였다. 이는 곧 여자아이는 어머니와의 정체성 단절을 겪지 않고 성장해 성인으로 살아가는 내내 다른 사람들과 '융화 관계'fusional relationship를 재생산하는 반면, 사내아이는 홀로 떨어져 있어도 강해야 한다는 의식을 훈련받으며 철저히 자율을 추구한다. 말하자면 소년은 따로 떨어져 사는 법을, 소녀는 관계 맺는 법을 각각 배우

• Nancy Chodorow(1944~): 페미니스트 사회학자이자 정신분석학자로 버클리 대학교에서 오랫동안 교수생활을 하다가 은퇴했다.

는 셈이다.[46] 이런 설명방식의, 좀더 정치적인 변종에 따르면 남성과 여성은 애정관계에서 그 사회적 관계 전체를 특징짓는 불평등을 끝까지 감당해내야만 한다. 이런 식으로 슐라미스 파이어스톤은 남자들이 다양한 전략으로 관계를 주도하려 든다고 주장한다. 이를테면 그 전략 가운데에는 관계를 맺지 않으려고 머뭇거린다거나 의도를 짐작할 수 없는 행동을 하는 게 있다(애매하게 장래를 약속함으로써 여인이 이맛살을 찌푸리며 고민하게 만드는 식이거나, 어디까지나 일이 우선이라는 식의 행동 따위가 그 좋은 예다). 파이어스톤은 이렇게 썼다. "(남성) 문화는 여성의 강한 감정으로부터 힘을 얻으면서도 그 대가를 줄 생각은 조금도 하지 않는다는 점에서 기생적이다."[47] 이런 견해에 따르면 소년/남자는 사랑을 받기만 할 뿐 여성이 필요로 하는 감정의 배려를 스스로 베풀거나 화답할 수 없는 "감정의 기생충"이다. 이 생각의 흐름을 계속 따라가다 보면 결국 관계맺음을 두려워하는 태도는 "강요된 이성애"가 낳은 한 측면으로 이해될 수 있다. 철저한 제도화를 통해 남성은 여성을 체계적으로 무시하고 거부하며 굴욕감을 안겨온 셈이다.[48]

이런 설명들은 사랑이 비대칭적 권력관계라는 맥락에 끼어든 정황을 알아볼 결정적 단서를 제공한다. 물론 그럼에도 이런 설명들은 한 가지 결함을 공통적으로 보여준다. 한마디로 이 모든 설명방식은 남성의 태도를 병리적으로 취급한다. 그러면서 동시에 여성의 심리와 (추정컨대 여성의) 애정모델을 긍정적으로 찬양한다. 그러나 사회학은 행동방식을 '아프리오리', 곧 선천적으로 타고난 병리적 현상으로 취급하는 설명을 의심하지 않을 수 없다. 특히 심리학의 설명이 미심쩍을 수밖에 없는 것은 암묵적으로 건강한 심리라는 모델을 상정하기 때문이다. 이 모델은 애정이 우리가 추구해 마땅한 '정상적이고 건강한 상태'로 전제하고 들어간다. 이는 곧 개인이나 집단이 그 어떤 심리적 결함 없이도 애정을 거부할 수 있다는 경험적 가능성을 부정한다. 애정을 받아들여 마땅한 규범으로 규정해야 할 이유가 뭘까? 물론 나는 페미니스트로서 현재의 이성애 관계를 억압적이라고 바라보기는 한다. 그러나 그렇다고 해서 인간관계를 여성적으로 다루는 게 곧 규범 혹은 표준이 되어 거기에 남자의 태도를 맞춰야 한다면 곤란하지 않을까? 남녀 사이에서 남자가 권력을 비대칭적으로 행사하는 이성애 관계는 비판받아 마땅하지만, 남자가 여자에게 모든 것을 맞춰야 한다는 주장 역시 정확한 분석을 필요로 한다. 그래서 나는 여기서 이 분석을 시도하고자 한다. 남성이 여성적 모델에 맞춰 행동해야 한다는 전제는 문화사회학자인 내가 좀더 흥미로워할 만한 물음을 가려버릴 수 있다. 남성이 결합을 거부한다면 남자는 어떤 사회조건에 불평하고 무슨 조건을 이뤄내려는 것일까? '애정'을 규범적 표준으로 못 박아버리는 것은 (남자의) 태도가 새로운 사회조건을 이루고자 전략적이며 합리적으로 접근하는 게 아닐까 하는 물음을 갖지 못하게 방해한다. 더 정확히 말하자면, 이성 간의 만남을 좌우하는 새로운 생태와 낭만적 선택 아키텍처에 불만이 있어서 남자가 주저하는 것은 아닐까? 페미니스트와 여성 사회학자가 공유하는 견해, 곧 심리는 만들어질 수 있는 것이고 애정이 성숙한 심리의 표준이라기보다는 일종의 제도에 가깝다는 견해를 진지하게 받아들인다면, 우리는 결합을 꺼리는 남성의 주저함을 심리에 바탕을 둔 모델로 설명하려 해서는 안 된다. 심리를 움직이는 동기의 분석으로는 남성의 결혼기피증이 설명될 수 없기 때문이다.

이런 언급은 사회학이나 인류학이 어떤 학문적 논쟁을 연구하는 데 관련된 모든 측면을 대칭적으로 다뤄야 옳다는 확신으로 연구해온 브뤼노 라투르*에게 영감을 받은 것이다.[49] 19세기 후반 프랑스에서 벌어졌던 세균병원균 가설을 둘러싼 논쟁을 추적하면서 라투르는 파스퇴르가 논쟁에서 '이겼다'는 지식을 미리부터 깔고 들어가서는 곤란하다고 주장했다.[50] 반대되는 입장들을 두루 균형 있게 살피는 대칭성의 원리는 어떤 입장을 다른 입장보다 낭만화하거나 혹은 다른 입장에 책임을 전가할 때 생겨나는 함정을 피할 수 있게 도와준다. 남자의 태도를 병적인 것으로 치부하는 대신, 우리는 어떤 사회적 관계가 남자로 하여금 '결혼기피증'이나 평생 독신을 가능한 것이거나 심지어 더 바람직한 것으로 희망하게 만들었는지 물어야 한다. 대체 문화의 어떤 틀이 그런 태도를 바람직하며 정당하고 편안한 것으로 만들었을까? 선택과 결합을 이루는 감정의 작용방식을 분명히 살피자면 우리는 결혼을 기피하는 '남성의 망설임과 여성의 결혼 기대감'을 두 개의 대칭적 현상으로 다루어야만 한다. 두 현상 모두 수상쩍은 부분들이 있으며 설명을 필요로 하기 때문이다. 사회학은 무엇보다도 사회의 틀이 만들어낸 조건들에 주목한다. 그 어떤 것보다도 이 조건들이 자아의 모델을 더욱 분명하게 풀어줄 수 있다. 더 나아가 사회학은 사회라는 틀이 빚어낸 문화모델이 전략적으로 반응해야만 하는 딜레마로 어떤 게 있는지 관심을 가진다. 사회라는 틀이 강제하는 조건은 대체 무엇일까?

결합을 꺼리는 태도는 남자가 여자보다 더 많은 선택을 할 수 있다는 사정에서 비롯되는 결혼의 부정적 시각 때문에 생겨나는 게 아니다. 그렇다면 남자와 여자가 어떻게 관계맺기를 시도하고 실행하는지

● Bruno Latour(1947~): 프랑스의 인류학자이자 철학자로 이른바 '행위자 연결망'이라는 관점을 제시한 학자로 유명하다.

에 주목해야만 설득력 있는 답을 얻는다. 바꿔 말해 우리는 자유가 어떻게 제도화했는지 꼼꼼히 관찰하는 자세를 가져야 한다. 결합이라는 것은 여러 가지 가능성으로 이뤄진 구조에 반응하는 선택적 행위다. 이 구조는 다시금 관계맺음의 과정, 곧 그 속도와 밀도 그리고 자기 자신을 미래에 투영하는 능력에 영향을 미친다. 그러므로 우리의 물음은 이렇게 바뀔 수도 있다. '결혼기피증'은 대체 어떤 구조가 빚어낸 반응일까? 내가 주장했듯, 결합이 여러 가능성 가운데 어느 것을 고르느냐 하는 전략적 선택이라면 결혼기피증을 이루는 감정조직은 생태와 선택 아키텍처의 변화에 결정적 영향을 받았으리라는 논제가 그만큼 설득력을 얻는다. 다시 말해 사람들은 사회조건과 거기서 비롯된 인지태도로 다른 사람과의 결합 여부를 결정한다.

남성성 그리고 신의의 종말

역사학자 존 토시●는 서구 사회에서 남성성은 세 개의 경기장에서 경연을 벌인다고 주장했다. "세 개의 경기장이란 집과 일터와 남자들만의 모임이다."[51] 가정에서 권위를 자랑하며, 굽실거리지 않고 자력으로 수입을 늘리는 능력, 그리고 남자들끼리만 자발적으로 모임을 가지면서, 이를테면 술집이나 클럽 같은 곳에서 서로 결속을 다지며 우정에 과도한 의미를 부여하는 형식 등이 남성성을 떠받드는 세 개의 전통적 기둥이다. 자본주의와 민주주의 공동체는 이 세 개 선로線路의 남성성구조에서 대단히 중요한 변화를 불러왔다. 20세기가 진행되는 동

● John Tosh: 영국의 역사학자이며 로햄프턴 대학교 교수다.

안 페미니즘 운동은 정치와 경제 그리고 성 문제 등의 영역에 많은 영향을 주면서 가정에서 남성이 자랑하는 권위를 철저히 효과적으로 문제 삼으며 상당 부분 약화했다. 더욱이 관료조직과 봉급생활의 부상으로 남성이 누리던 독립성은 상당한 제약을 받기에 이르렀다. 남자들은 대개 다른 남자 혹은 여자의 감독을 받으며 일해야 했고, 남자들만 모여 친교를 나누던 장소나 기회는 대부분 사라지고 말았다. 이제는 대다수 오락시설에서 이성이 한자리에 모여 여가활동을 즐긴다(여전히 성별을 중시하는, 스포츠라는 두드러진 예외가 있지만 말이다). 그렇다면 존 토시가 주장했듯 남성성이라는 게 "사회적 지위를 특별한 사회맥락 안에서 과시하는 일"[52]이라면, 현대의 출발과 더불어 이런 지위와 맥락을 이루는 많은 요소가 상당 부분 쇠퇴하고 말았다고 봐야 한다.

남성이 자랑하던 독립성과 가정에서의 권위 그리고 남자들끼리 나누는 끈끈한 연대감은 남김없이 모조리 약해졌다. 심지어 이 과정에서 전통적인 남성성은 정반대되는 신분의 상징으로 변모했으며, 이제 문화는 그런 남성성을 노동자계급의 남성성으로 여기며 천박하다고 낙인까지 찍었다. 정확히 이런 배경이 섹시함을 남자다움의 가장 중요한 '신분적 특징'으로 만들어버렸다. 1장에서 살폈듯, 섹시함은 '사회적 지위'를 제공한다. 섹스어필과 섹시함은 성정체성의 주요 특징으로 발전하면서 그 안에서 어떤 게 지위의 형태를 취하는지 보여준다.*

■ 이런 맥락에서 나는 남성이 지닌 일종의 신분으로서 섹시함을 말할 때 전통적인 남성 우월주의 모델을 대신해 사회적 평등화 과정이 일어났다고 생각하는 것은 아니라는 점을 분명히 해두고 싶다. 오히려 나는 두 개의 과정이 나란히 진행되면서 하나의 매트릭스를 함께 빚어냈다고 주장한다. 하나는 전통적인 남성 우월주의가 약해지는 과정이며, 다른 하나는 섹시함이 신분의 새로운 중심으로 떠오르는 과정이다.

확실히 섹시함은 늘 어느 정도는 남자다움과 연계되는 것이 사실이다. 그러나 대다수 사회에서 남성의 사회적 권력이 여성에게 접근하기 위한 전제조건이었던 것도 부인할 수 없는 사실이다. 남자는 자신이 얼마나 많은 여자와 성적 관계를 맺는지 과시함으로써 여성은 물론이고 다른 남자들까지 다스리는 사회적 권력을 갖는다고 믿었다. 바꿔 말해 섹스라는 게 일종의 경연장이라면, 전통사회에서 강력한 힘을 자랑하던 남자는 명백히 이 경연장을 지배하는 남자였다. 남자의 힘이란 통상 많은 여자와 쉽게 섹스할 수 있는 능력으로 번역되었기 때문이다. 프랜시스 후쿠야마*의 말을 들어보자. "플레이보이의 라이프스타일은 1950년대에 휴 헤프너**에 의해 처음 만들어진 게 아니다. 오히려 부유하고 출신성분이 좋은 강력한 남자들은 역사 속에서 언제나 이런 라이프스타일(기회가 있을 때마다 갖는 혼외정사)을 누려왔다."[53] 달리 표현하자면, 섹스는 사회경제적 지위와 직접적으로 맞물려 각축을 벌이는 경연장이었으며, 지금도 그렇다. 물론 이처럼 다수의 여성과 관계 맺는 일은 종종 의무를 이끌곤 했다. 결국 결혼을 한다거나 경제적 지위를 누리도록 돕는 등 여러 형태로 상대 여인을 지원해야만 했기 때문이다.

1장에서 우리는 20세기 들어 섹스영역을 도덕규제와 형식적인 동일 계급 출신 결혼으로부터 해방시켜 따로 '섹스 분야들'이 생겨나게 만든 추동력이 소비문화와 임상심리학에서 비롯되었음을 알아보았다. 이런 과정은 중요한 변화를 몰고 왔다. 오늘날 남성은 여성에게 성적으로 접근하기 위해 더는 권력을 자랑하며 지배적일 필요가 없다. 그사이

• Francis Fukuyama(1952~): 일본계 미국인 정치학자이자 정치경제학자다.
•• Hugh Hefner(1926~): 『플레이보이』라는 남성 포르노 잡지를 창간한 인물이다.

남자는 자신의 사회경제적 힘과는 비교적 무관하게 섹스 목적으로 여성에게 자유로이 접근할 수 있게 되었다. 지극히 다양한 사회경제적 배경을 갖는 남자들이 매우 다양한 여성과 자유롭게 섹스를 한다. 그 대가를 꼭 지불해야 하는 건 아니며, 주변으로부터 도덕적 비난을 듣지도, 결혼을 강요당하지도 않는다.* 후쿠야마의 이 말에도 귀를 기울여보자. "1950년대 이후 일어난 변화는 이제 정말 평범한 남자도 쾌락주의로 물든 인생과 연속적인 폴리가미라는 판타지를 실제로 만끽할 수 있게 되었다. 예전 같으면 사회의 최상위층 극소수 남자만 그걸 누릴 수 있었다."[54] 이처럼 연속적 혹은 누적적 성생활은 섹스 분야에서 강한 남자의 힘과 여전히 맞물려 있기 때문에, 풍요로운 성경험은 마치 신분의 상징처럼 기능한다.

왜 섹스가 남성의 지위와 그처럼 밀접하게 맞물렸는지 풀어봐야 할 이유는 세 가지다. 본래부터 강한 남자의 사회경제적 지위와 결합했던 탓에 섹스는 권력과 신분이라는 연관이 이미 상당히 약해졌음에도 여전히 권력과 신분의 냄새를 풍긴다. 여러 명의 여성과 연속적으로 섹스를 하는 것은 모든 계층의 남자에게 무척 매력적인 일로 여겨진다. 특히 접근할 수 있는 여성의 수가 많지 않은 경우 그런 섹스는 남자의 지위를 상징처럼 보여주는 것이나 다름없기 때문이다. 다시 말해 왕성한 혼외정사는 다른 남자들을 물리치고 승리를 구가하는 짜릿한 기쁨을 누리게 해준다. 경쟁을 통해 자신의 실력을 입증한다는 생각이 섹스의 왕국이라는 하수구로 배출되는 셈이다. 남자에게 섹스는 여성의

* 같은 이유로 카사노바Casanova라는 역사적 인물 역시 현대적이라 할 수 있다. 그는 별다른 재산이 없으면서도 사회경제적으로 각기 다른 계층의 여러 여인과 섹스를 나누었다.

주목을 끌기 위해 다른 남자들과 치열한 경쟁을 벌이며 자기 능력을 과시할 수 있는 신분의 상징이나 다름없다. "여성은 이성애 남성에게 성적 자신감을 선물해주며, 이를 두고 남자들은 치열한 경쟁을 벌인다."[55] 또한 남자들은 이전에 가정에서 누리던 권위를 성과 섹스의 문제로까지 확장했다. 결국 섹스는 남자가 권위와 자율권을 만끽하고 표현하는 영역으로 변했다. 게다가 남자들은 섹스에 감정을 섞지 않으려 든다. 감정적으로 거리를 두는 것은 결국 남성이 자신의 뜻대로 섹스를 즐기겠다는 자율권의 비유적 표현이다. 그러니까 감정을 배제하는 거리두기는 섹스와 결혼을 분리함으로써만 실현될 수 있는 남성자율권의 비유로 이해될 수 있다. 그래서 결국 남자들은 서로 경쟁하면서도 여성의 몸을 남성연대감의 대상으로 전락시키면서 자기네끼리 우의를 다지는 수단으로 섹스를 활용한다.[56] 요컨대 섹스해방이란 직장과 가정과 남성 모임에서 잠식당한 지위를 회복하고 과시하는 수단으로 섹스를 선택한 것에 지나지 않는다. 한마디로 섹스해방은 섹스를 지위로 바꾸었다. 섹스가 남자들이 자신의 지위를 과시하고 서로 성접대를 선물하면서 다른 남자들과 관계를 맺는 수단이 되어버린 탓에, 가정에서 남성권위의 추락과 직장에서 남성자율권의 몰락은 일종의 '비대화한 섹스'hypertrophied sexuality를 낳았다. 이처럼 섹스를 비대하게 만든 것은 바로 섹스 안에 남자다움의 세 가지 측면, 곧 권위와 자율권과 연대감이 지위라는 것으로 녹아들었기 때문이다.

남성성의 이런 새로운 정의에서 섹스는 20세기가 지나는 동안 내내 지속적으로 이뤄진 여성과 남성의 섹스 중심화로 상당히 쉽고도 빠르게 핵심역할을 떠맡았다. 섹스관계가 더는 도덕적 틀로 규제받지 않았으며 성적 매력, 곧 섹시함은 자아의 도덕적 행동과 완전히 분리된 성정체성의 특징이 되었다.[57] 1장에서 암시했듯, 섹스가 일종의 경연장으로 변모하고 말았다면 이제 우리는 그 원인을 더 정확히 적시해야 한다. 한마디로 섹스는 남성이 사회적 지위를 획득하고 주장하는 수단이 되었다. 섹스는 남자들이 자신의 성적 지위를 높이기 위해 서로 치열하게 각축을 벌이며 경쟁하는 경기장이다.

누군가 1960년대 이후 섹스와 성적 취향은 여성이 자유를 행사할 수 있는 가장 중요한 무대가 되었다는 가설을 주장한다면, 이는 아마도 섹스가 그만큼 남성의 권력과 밀접하게 맞물려 있다는 반증에 지나지 않으리라. 섹스 만남을 위한 조건이 남성에게든 여성에게든 지속적으로 섹스 중심으로 변해왔을지라도, 또 섹시함이 남성과 여성 모두에게 신분의 상징이 되었다 할지라도, 그 섹스 중심화가 같은 경로로 이루어진 것은 아니다. 여성 인류학자 에블린 블랙우드는 "남자와 여자가 섹스관계에서 서로 다른 위치를 가져야 했다"고 암시한다. 여기서 "다르다"라는 것은 "행위를 통제하거나 요구할 그 능력의 차이이며, 어떤 관습을 요구할지 그 권리의 다름이며, 어떤 관행은 허락된 것으로 다른 무엇은 금지된 것으로 딱지를 붙일지 그 능력의 차이다."[58] 그리고 사회학자 랜들 콜린스*는 '섹스를 통한 계층 형성이라는 체계'가 이뤄졌다고 언급한다.[59]

섹스의 배타적 독점전략

여자가 더 적극적으로 결혼을 수용하는 자세를 보이는 건 의심의 여

• Randall Collins(1941~): 펜실베이니아 대학교의 사회학 교수다.

지 없이 배타적 독점에 방향을 맞춘 짝짓기 전략의 직접적 결과다. 물론 '배타적 독점'이란 사회학이 쓰는 명칭이다. 수전 브라운밀러[•]가 이런 전략이 생겨났다고 보는 한 가지 이유는 아내를 남편이 독점한다는 게 남녀 사이에 이뤄지는 계약의 일부이기 때문이다. 이런 계약에 따르면 남편은 아내로부터 정절과 종속을 약속받는 대가로 강간을 당하지 않도록 지켜주어야 한다.[60] 여기서 여성의 배타적 독점전략은 종속성과 성관계와 권력관계의 불평등이 낳은 결과로 이해되어야 한다. 이에 반해 앨리스 로시[••]는 여성이 본래 이중적인 성적 취향을 타고났다고 본다. "남편에게는 섹시하며 자녀에게는 헌신적이다"라는 게 로시가 설명한 배타적 독점전략이다.[61]

반대로 나는 섹스의 배타적 독점전략을 따르는 여인은 남편을 향한 성적 취향보다는 번식 성향에 더 강한 동기를 가진다는 논증을 하고자 한다. 배타적 독점에 기초한 섹스는 일부일처의 가정생활이라는 제도화의 틀 안에서 엄마 노릇을 하고자 노력하는 여인들에게서 주로 찾아볼 수 있다. 이런 여인들은 아이 낳는 역할을 구성하고 감당할 수 있느냐 하는 기준에 따라 짝을 찾는다.[•] 전통적 가부장제 사회에서는 남자

- Susan Brownmiller(1935~): 미국의 페미니스트 이론가이자 저널리스트다.
-- Alice Rossi(1922~2009): 미국의 페미니즘을 개척한 사회학자다.
- 로산나 헤르츠Rosanna Hertz는 이 문제를 다루는 또 하나의 전략을 소개한다. 중산층의 교양과 경제적 독립성을 갖춘 여인은 엄마 노릇과 결혼(또는 다른 형태의 관계)을 분리하고, "오로지 자기 자신의 뜻으로" 엄마가 되고자 한다. 이는 똑같은 선택의 생태와 그 제한에 반응하는 또 다른 형식이다. 다음 자료를 볼 것. Rosanna Hertz, 『싱글로 살아가기, 선택에 따라 엄마 되기―어떻게 여인들은 결혼하지 않고 엄마가 되며 새로운 미국 가정을 만들었는가』*Single by Chance, Mothers by Choice. How Women Are Choosing Parenthood Without Marriage and Creating the New American Family*, Oxford, 2008 (Rosanna Hertz: 미국의 사회학자이자 여성문제 전문가로 웰슬리 칼리지 교수를 지냈다―옮긴이).

도 여자 못지않게 아이를 가져야 한다는 규범적이고 문화적인 압박감에 시달린다. 자녀가 있어야만 가장이 되어 이름을 물려줄 수 있기 때문이다. 결국 가부장제의 남성은 자기 자신을 주장하기 위해 가족을 필요로 한다. 이런 가부장제가 흔들리는 사회에서 남자는 종족번식의 압박에서 한결 자유롭다. 문화의 가장 중요한 명령은 심리적 자율성을 자랑하며 경제적 성공을 거둔 남자가 되라는 것이기 때문이다. 그러므로 아이를 갖고 '또' 아이를 갖기 원하는 역할은 사회적으로 여성의 몫이 된다. 이런 과정을 거치며, 여성이 그 틀 안에서 움직이는 선택의 생태와 아키텍처는 현저한 변화를 보였다. 특히 생리시계는 여성이 자신의 몸과 짝짓기 전략을 바라보는 문화적 지각을 형성하는 데 결정적 기여를 했다. 자녀와 결혼(또는 이성애에 기초한 가정생활)을 선택하고 그것을 그 자녀가 성장하는 틀로 선택한 여인은 자신의 몸을 시간 안에서, 그리고 시간을 통해 조직된 생리적 단위로 제한했다. 몸을 생리시계로 바라보는 데는 두 가지 요소가 결정적이다. 풍부한 경험 데이터로 확인한 바 노동시장 진입과 더 높은 교육수준은 여성들로 하여금 결혼과 임신을 미루도록 만들었다(교육수준이 낮은 여성들은 결혼을 늦추기는 했지만 임신을 미루지는 않았다).[62] 오늘날 여성은 20세기의 선조에 비해 훨씬 더 늦게 결혼시장을 찾고, 또 이성애 여인은 압도적 다수가 아이를 갖기로 결심하기 때문에 1960년대 이전의 여성에 비해 한층 무거운 시간의 압박에 시달린다. 하이데거를 패러디해서 말하자면, 결혼시장에서 현대 중산층 여인의 시간은 죽음을 향해 나아가는 게 아니라 '임신 가능성'의 시한으로 똑딱인다. 사랑의 왕국에서 여성의 끝장은 임신이라는 지평이 끝나는 곳인 셈이다. 그래서 『인디펜던트』Independent의 섹스 칼럼니스트 캐서린 타운센드는 다음과 같은 글을 썼으리라.

이제 막 30대 초반이 된 나는 내 거칠고 화려했던 침실 모험을 단 한 명의 (대단히 운 좋은) 남자에게만 국한하기로 다짐하며, 내 섹스탐구 모험이 침실 안에서나 밖에서나 나를 월등히 좋은 파트너로 만들어줄 것으로 확신한다. 나는 그 어느 때보다 안정적이며 자신감이 넘치고 행복하다. 다만 남자들과 데이트를 하는 게 더 어려워졌을 뿐이다. 걸리는 게 너무 많기 때문이다. 여전히 아이를 어떻게 할지 결정하지 못했다. 그러나 생리시계의 현실은 엉뚱한 상대에게 낭비할 시간이 갈수록 줄어들고 있음을 웅변한다. 특히 아이를 갖기로 결심한다면 말이다.[63]

여성의 시간감각이 날카로워진 두 번째 이유는 미용산업 그리고 여성이 아이를 가질 수 있는 시간의 좁은 테두리를 알려주는 데이터를 쉽게 활용할 수 있게 된 정보환경이 과도할 정도로 여성의 몸을 시간에 의해 정의되는 것으로 꾸며내면서 쉽게 늙을 수 있다고(남성의 몸보다 훨씬 더) 강조해온 사정과 관련된다. '섹시함'과 갈수록 엄격해지는 미의 기준이 지배하면서 젊음에 주관적 의미를 부여하는 비중이 엄청나게 커졌으며, 그 결과 특히 여자들 사이에서 나이 먹는 것을 두려워하는 의식이 높아졌다. 19세기까지만 하더라도 '노처녀'(20대 후반)는 축적해둔 재산이 많다고 해서 인기 있는 신붓감이었다. 그러나 젊음과 외모를 강조하는 현대 섹시함의 기준은 여자들로 하여금 나이 먹는 과정을 극도로 예민하게 받아들이도록 만들었으며, 이로써 여성성을 시간 혹은 나이라는 문화적 기준으로만 보도록 내몰았다(근대 유럽만 하더라도 전체 부부의 25퍼센트에 해당하는 쌍에서 남자가 여자보다 젊었다). 현재 상황은 여자들을 구조적 불리함으로 내몰고 있다. 아이를 가져야 한다는 규범의 압력(대개 이성애 부부의 틀이 여기 해당한다)과 생물적 한계의 압박에 시달리면서 여인은 한

정된 시간 틀 안에서만 짝짓기를 해야 한다. 이런 시간감각은 특히 30대와 40대에 들어서면 선택의 여지가 거의 사라진다는 강박관념을 심어주어, 어떻게든 어려서 그리고 좀더 빨리 한 남자에게 자신을 묶어야만 한다는 초조감을 여성에게 강요한다. 헬렌 필딩*의 소설 『브리짓 존스의 일기』의 30대 초반 여주인공 브리짓 존스가 무어라 말하던가?

20대에서 30대로 넘어가는 여인은 힘의 균형이 미묘하게 흔들리는 것을 느낀다. 대단히 냉정한 깍쟁이일지라도 초조해하기 시작하며, 실존적 공포의 첫 번째 통증과 씨름한다. 이를테면 홀로 외로이 죽어 석 주 뒤에 셰퍼드가 반쯤 먹어치운 채 발견되는 것은 아닐까 하는 두려움이다.[64]

최근의 연구는 흥미로운 결과를 보여준다. 가임능력이 줄어들면서 여인은 섹스 생각을 더 많이 하며, 격할 정도의 섹스 판타지를 자주 떠올린다. 기꺼이 성교를 하고 싶어하며, 다른 연령대 여성보다 더욱 잦은 성경험을 자랑하기도 한다.[65] 이로 미루어볼 때 섹스상대를 찾는 것과 가임여성이라는 창이 닫히고 있다는 지각 사이에는 틀림없이 상관관계가 성립한다.

그 좋은 예로, 서로 다른 시간감각으로 감정 사이에 불균형이 벌어지는 경우 남자가 결혼시장에서 어떻게 행동해야 할지 권고하는 인터넷 포럼의 글을 한 편 읽어보자.

만약 그녀가 확실히 나이도 많고 아이들도 있다면, 그녀의 성장한 자녀들

* Helen Fielding(1958~): 영국의 여성 작가이며 그녀의 이 소설은 영화로도 만들어졌다.

이 당신 골치를 아프게 만들기에는 이미 너무 컸다고 확신해도 좋다. 만약 그녀가 당신보다 다섯 살 연상이라면, 그녀의 머릿속에서 울리는 똑딱거림을 주의해 들어야 한다. 그녀의 '고자질쟁이 심장'이 들려주는 이야기를 귀담아 들어라. 만일 그녀가 30대이고 약간이라도 당신에게 시간을 투자했다면, 은밀하게 장착된 어뢰로 발사될 청혼 요구를 주의하라. 확실한 대책을 마련해두는 게 좋다. 청혼 요구에 잇따라 아이를 갖고 싶다는 주장이 발사되리라. 그러나 아뿔싸, 아이를 갖고 싶다는 주장은 가톨릭 신자들에게 내리는 교황의 교령 같은 위력을 발휘하리니, 무슨 대책이 필요할까. 만약 당신이 중년여성을 애인으로 두었고, 그녀의 자녀들 모두가 이미 대학을 다닌다면, 그저 편안한 마음으로 즐겨라. 그렇지 않다면, 할 수 있을 때 빨리 끝내라.[66]

아이들에게 끌려다니며 책임져야만 하는 결혼의 함정을 피하라는 이 요구에는 이런 게 자명한 전제처럼 깔려 있다. 곧 여자는 남자보다 시간의 테두리가 훨씬 좁은 탓에 여성이 남성보다 결혼과 약속에 더 강한 관심을 가진다고 말이다.*

생리시계, 곧 개인의 선택을 가름하는 문화적으로 가장 두드러진 카테고리인 생리시계는 여성이 선택을 받는 생태와 아키텍처의 기초가 되는 차원이다. 생리시계는 남녀가 서로 인지하고 마땅한 감정을 갖게 만드는 기본 메커니즘이기 때문이다. 이를 토대로 결정을 내리는 탓에 여자는 남자에 비해 턱없이 부족한 협상력을 감수해야만 한다. 남자는 시간의 차원을 여자보다 훨씬 쉽게 무시해버릴 수 있기 때문에 자신이 결정을 내릴 시간의 폭을 그만큼 더 넓게 누린다.

* 낭만적 파트너 혹은 낭만적 관계만이 아니라 자녀들과의 관계에도 적용되는 이야기다.

중산층과 중상위층 여성이 감당해야만 하는 선택의 생태와 아키텍처가, 갈수록 줄어드는 생식능력 같은 조건을 받아들이는 감정을 어떻게 처리하게 했는지, 그 방식을 두 번째로는 인구통계학적 측면에서 살펴볼 필요가 있다. 역사적으로 볼 때 여성들은 자본주의의 첫 200년 동안 이중의 부담에 시달려야 했다. 우선 성차별에 따라 고정된 일자리에 만족할 수밖에 없었으며, 성희롱의 대상이 되는 직종도 받아들일 수밖에 없었다. 어느 쪽이든 임금이나 보수는 보잘것없었다.[67] 이런 사정이 결혼을 여성의 경제적이고 사회적인 생존과 지위 확보의 결정적 무대가 되게끔 만들었다. 결혼에 이르는 길은 한 남자에게 묶인다는 것(사랑이라는 이름으로 치장됨)을 뜻했다. 바로 그래서 섹스가 여성의 경제적이고 사회적인 생존을 좌우하는 결정적 요소가 되었으며, 여성으로 하여금 감정영역으로서의 결혼에 지나칠 정도로 많은 것을 투자하게 만들었다. 그러니까 역사적으로 결혼은 여성의 사회적 지위 획득과 유지에 결정적이었다. 한 남성에게 배타적으로 독점되는 관계라는 게 여성이 선호하는 사회적 신분이었던 셈이다. 또한 여성의 짝짓기 전략 역시 전체적으로 같은 신분계층이나 상위 신분계층을 고르는 쪽을 택했다. 곧 비슷하거나 더 높은 교육수준(곧 사회경제적 수준)을 자랑하는 남자를 선택했다.■ 남성과 여성의 교육수준이 비슷해진 시기는 1980년대 이후다.[68] 남성의 돈벌이 능력이 평균적으로 여성과 비교해 줄어드는 추세라는 사실로 미루어볼 때 여성과 교육수준이 같거나 더 높은 남자는

■ 결혼이나 그 비슷한 생활공동체에서 남성이 상위층을 택하는 경향도 곧잘 나타난다는 것을 보여주는 연구결과는 많다. 여기에는 남녀가 함께 사는 데 여성의 교육수준도 남성의 교육수준과 똑같이 취급된다는 확신이 중요한 역할을 한다. 다음 자료를 볼 것. Schoen/Weinick, "Partner Choice in Marriages."

현저히 줄어들고 있음을 알 수 있다.▪ 이는 또 중산층과 중상위층 출신의 교양 있는 여성 대다수가 같은 교육수준과 재산 정도를 가진 남자를 두고 치열한 경쟁을 벌인다는 의미다. 교육수준이 높거나 비슷한 남자들이 턱없이 부족해지는 이유다.▪▪ 갈수록 더 많은 여인이 자신과 교양수준이 같은 남자를 놓고 경쟁을 벌이기는 하지만, 늙은이를 경시하는 풍조, 곧 나이를 기준으로 상대를 평가하는 풍조의 지배는 아무래도 여자보다는 남자에게 파트너 선택의 폭을 넓혀주었다.▪▪▪ 이는 곧 부부관계에서 아내가 남편보다 젊다(심지어 젊어야만 한다)는 관념이 일종

- 루이스Lewis와 오펜하이머Oppenheimer는 이렇다 할 강점을 자랑할 수 없는 여성은 결혼시장에서 자신보다 교육수준이 떨어지는 남자와 결혼할 확률이 높음을 확인했다. 그리고 이 확률은 나이가 들어갈수록 높아졌다. 다음 자료를 볼 것. Susan K. Lewis/Valerie K. Oppenheimer, "미국의 비非라틴아메리카 혈통 백인의 결혼시장에 나타난 교육수준의 분포"Educational Assortative Mating across Marriage Markets Non-Hispanic Whites in the United States, 출전: 『인구통계학』*Demography*, 제1호(2000), 29~40쪽; Oppenheimer, "Women's Rising Employment and the Future of the Family in Industrial Societies."
- ▪▪ 굴드Gould와 페이저맨Paserman이 입증했듯 한 도시에서 남성 시민들 간에 수입 격차가 높게 나타날 때 여성의 결혼비율은 턱없이 낮아졌다. 그만큼 더 오래 첫 번째 혹은 두 번째 남편을 찾아 헤매야만 했던 것이다. 다음 자료를 볼 것. Eric D. Gould/M. Daniele Paserman, "내 올바른 짝 기다리기—불균형의 상승과 결혼비율의 감소" Waiting for Mr. Right. Rising Inequality and Declining Marriage Rates, 『도시경제 저널』*Journal of Urban Economics*, 제2호(2003), 257~281쪽.
- ▪▪▪ 이는 아마도 1980년대 이후 왜 여자가 자신보다 교육수준이 낮은 남자와 결혼하는 일이 증가했는지를 설명해주리라. 그러니까 전통과는 정반대 현상이 일어나고 있는 셈이다. 다음 자료를 볼 것. 첸전차오Zhenchao Qian, "결혼상대 찾기에서 일어난 변화—나이와 교육의 영향, 1970~1990"Changes in Assortative Mating. The Impact of Age and Education, 1970~1990, 출전: *Demography*, 제3호(1998), 279~292쪽. 첸이 관찰했듯 여성의 짝짓기 전략은 나이에 따라 달라진다는 특징이 있다. 비교적 젊은 나이에 결혼하는 여성은 자신보다 높은 수준의 남성을 택하는 전통을 따르는 반면, 늦게(30대 지나서) 결혼하는 여성은 자신과 같은 교육수준의 남성을 어울리는 짝으로 고르는 경향을 보여준다(291쪽).

의 규범처럼 자리잡은 탓에 생겨난 현상이다. 1970년대와 1990년대 사이에 실제로 남자가 자신보다 젊은 여자와 결혼한 비율은 높아진 반면, 여자가 연하의 남자와 결혼한 비율은 줄어들었다.* 남자가 자신보다 덜 배우고 재산이 더 적더라도 될 수 있는 한 젊은 여성을 고른다는 것은 단적으로 그만큼 고를 수 있는 여성의 폭이 훨씬 넓다는 뜻이다. 이런 사실을 종합해보면 남자와 여자의 선택 폭에 확실히 차이가 있음이 드러난다. 그 결과 교육수준이 높은 여성일수록 고를 수 있는 상대 남성은 줄어든다.[69]

이는 결혼을 기피하는 두려움이 선택의 생태에서 일어난 근본적 변화와 맞물려 있음을 다시금 암시해주는 대목이다. 이 변화는 남자들에게 성관계의 조건을 자기 입맛에 맞게 강제할 수 있도록 허락해주었다. 좀더 쉽게 더 많은 여성에게 성적으로 접근할 수 있다는 것, 자신의 본래 신분을 가리기 위한 수단으로 성행위 횟수에 초점을 맞추는 일, 같은 계급끼리 결혼하려는 전략에서 빚어지는 어긋남으로 말미암아 남자와 여자가 고를 수 있는 상대의 폭에 커다란 편차가 빚어진다는 사실, 그리고 시간이라는 카테고리로 남성과 여성이 상대를 서로 다르게 평가하는 방식 등 이 모든 점으로 미루어, 남자가 여자와는 비교도 할 수 없을 정도로 많은 선택의 기회를 누린다는 사실이 설득력 있게 설명된다. 그리고 오늘날 남성은 배우자를 선택하고 결정하는 데 여성과는 비교도 할 수 없을 정도로 좋은 조건을 누린다.

■ 첸은 또한 이런 사실을 확인했다. 즉 남자가 여자보다 더 나이가 많은 결합으로 결혼과 유사한 형태의 공동체가 이뤄질 확률은 결혼의 경우보다 훨씬 적었다. 반대로 여자가 연상일 때는 그런 공동체를 이룬 경우가 결혼의 경우보다 1990년에는 두 배 더 많았다. 위의 자료, 283쪽.

이제 나는 선택할 수 있는 배우자의 폭과 결혼기피증 사이의 연관을 더욱 자세히 추적해볼 생각이다. 이를 위해 1장에서 소개한 선택 아키텍처를 좀더 철저히 분석할 계획이다. 우리는 선택을 하기 전에 대체 어떤 생각을 할까 하는 물음에 답하는 게 이 분석의 출발점이다.

쾌락에 물든 관계공포증

관계맺음, 곧 결혼이나 약속을 두려워하는 태도에는 문화적으로 볼 때 두 가지 서로 다른 방식이 있다. 그 하나는 "쾌락에 물든" 태도이며, 다른 하나는 아예 관계를 맺을 "의지가 없는" 태도다. 첫 번째 경우는 오로지 즐기는 만남만 이어가느라 관계맺음을 미루고 망설이는 태도에 해당한다. 두 번째는 아예 관계를 맺을 생각조차 하지 않는 것을 말한다. 관계를 맺고야 말겠다는 의지가 조금도 없다. 이런 구별은 다르게 설명해볼 수도 있다. 하나는 무수한 관계를 갖되 단 한 명의 배우자에게 자신을 묶어두지 않으려는 태도이며,* 다른 하나는 도대체 관계를 맺을 생각이 없는 경우다. 첫 번째 경우는 욕구가 넘쳐나는 게 특성인 반면, 두 번째 것은 욕구가 불충분하다. 또 첫 번째 것은 넘쳐나는 선택 가능성들로 누구를 택해야 좋을지 난감함을 갖는 게 특성이며, 두 번째 것은 도대체 아무도 원하지 않는다는 문제를 가진다.

■ 쾌락에만 치중하는 이 카테고리는 다시 두 가지 가능성을 포함한다. 현재 아무런 관계를 갖지 않거나 적어도 하나의 관계를 유지하는 경우가 그것이다. 두 가지 경우 모두 결합능력의 분열을 암시하는 반면, 현재 적어도 하나의 관계를 유지하는 경우는 상황에 따라서는 단기적이고 아무런 미래를 정하지 않은 관계나 특별하고 명확한 관계 모두를 포괄한다. 어쨌거나 그 '진지함'은 의무감을 갖는 정도에 따라 측정될 수 있으리라.

선택할 섹스상대가 넘쳐나는 탓에 어떤 일이 빚어지는지 보여주는 좋은 사례는 『뉴욕타임스』가 개최한 '대학생 러브스토리 콘테스트'에서 우승한 마거릿 필즈의 글이다. 이 글에서 그녀는 자신의 남자친구들 가운데 한 명을 두고 이렇게 썼다. "스티븐은 나에게 여기서 문제가 되는 건 신의(여자친구에게 보여주는)가 아니라 기대라고 설명했다. 자신이 다른 여자와 자지 않으리라는 기대는 품지 말아야 한다고 했다. 자신도 내가 다르게 생각하리라는 기대를 품지 않겠다나. 우리 둘은 젊고 뉴욕에 산다. 그리고 뉴욕에 사는 사람은 누구나 알고 있듯, 언제나 어디서나 누군가 만날 가능성은 차고 넘친다."[70] 이 인용문에서 분명히 드러나듯, 사랑의 상대를 선택하는 일의 어려움은 너무 많은 가능성이 있다는 생각, 그것도 언제나 마음만 먹으면 고를 수 있다는 생각에서 비롯된다.

하이테크닉 기업에 근무하는 36세의 한 직원은 '원 나이트 스탠드'부터 몇 달에서 몇 년에 이르는 장기 관계에 이르기까지 숱한 관계를 가져봤다며 자랑이 대단했다. 그의 주장에 따르면 인터넷만 열심히 뒤져도 상대여성은 얼마든지 찾을 수 있다고 한다.

나 프로필을 봤는데 아무리 멋진 외모를 자랑하는 여자라 할지라도 안 되겠다는 생각이 드는 경우가 있었나요?

사이먼 진지한 관계를 원한다고 쓴 걸 보면 그게 진심이라 할지라도 섬뜩하기만 하죠. 저는 그런 여자들이 멍청하다고 생각합니다. 그런 여자들은 조작하기가 쉽다는 걸 누구나 알죠. '진지함'을 원한다는 여자는 기본적으로 이미 호주머니에 넣은 것이나 다름없어요. 그리고 이런 경우는 벌써 재미가 없죠.

나 　그런 유의 여자들을 많이 만나보셨나요?

사이먼 　그럼요, 헤아릴 수도 없이 많죠.

18세기와 19세기 남녀 간의 관계라는 역사적 배경 앞에서 사이먼의 말은 놀랍기 그지없는 충격적인 대답이다. 이 시기와 20세기 전반만 하더라도 '진지함'은 결혼하려면 반드시 갖추야 할 전제조건이었다. 섹스문제에서 여성이 보이는 '진지함'(이는 곧 남성의 요구를 거부할 수 있는 능력을 뜻함)은 결혼시장에서 평판을 드높이는 동시에 '결혼의사'와 더불어 '결혼능력'을 과시하는 필수 수단이었다. 이와 반대로 현재 우리는 이런 상황이 완전히 역전되었음을 목도한다. 관계를 "진지하게 생각하고" 안정되고 구속적인 관계를 가지고 싶다는 타고난 관심을 보이는 여성은 "재미없다", 심지어 "멍청하다"는 소리까지 듣는다. 사이먼의 대답은 관계를 가지려는 의지를 보이는 여성은 일종의 의존성을 드러내는 것이며 그렇다면 관계를 갖고 싶다는 원초적 희망 때문에 남성이 쉽사리 감정을 조작해 차지할 수 있는 먹잇감에 지나지 않는다고 여기는 그의 의식을 고스란히 반영한 것이다. 달리 말해 그의 대답을 받아들인다면, 남자는 결합의 의지를 보이는 여성을 확실하게 장악하고 좌우할 수 있다는 것이 된다. 바로 여성이 관계를 맺고 싶어하기 때문이다. 물론 이를 남성이 여성을 장악하려는 권력의 표현으로 해석할 수도 있다. 그러나 여기서 우리는 그 남자가 여자에게 '과도한 권력'을 행사하는 것을 탐탁찮게 여기고 있음을 간과해서는 안 된다. 재미없다잖는가?! 이런 지나친 권력은 사이먼이 사랑에 빠지는 것을 방해한다. 이는 놀랍게도 슐라미스 파이어스톤의 언급(다른 이들도 포함해)과 맞아떨어진다. 그녀는 "균형이 깨진 권력관계야말로 사랑을 기본적으로 보아

[……] 그토록 복잡하고 부패하거나 일종의 장애를 일으키는 것으로 만든다"고 하지 않던가.[71] 파이어스톤의 견해에 따르면, 남성은 여성이 하위계급에 속한다는 사실을 잊어버리고 최소한 동등한 계급이라고 여길 수 있을 때 비로소 그 여인과 사랑에 빠진다. 그러니까 여자가 보이는 '진지함'은 이미 "나는 하위계급 소속입니다" 하는 자백에 지나지 않는다. 이런 진지함은 남성이 상대여성에게 매력을 느끼거나 그녀와 사랑에 빠지는 일을 방해한다. 진지함은 남자가 여자에게 어떤 가치를 부여할 수 없게 만들기 때문이다. '진지한 여인'은 차지하고픈 갈망을 자극할 가치가 없는 여성인 것이다. 어떻게든 관계를 맺고 싶다는 진지함은 남자에게 당신의 신분을 적극 활용해 어디 한번 당신의 능력을 증명해보라는 요구를 하지 않는다. 이런 의미에서 진지한 여인은 가치 없는 여인이다. 그런 여인은 섹스라는 경연장에서 다른 남자들과 겨루어 승리를 만끽하고자 하는 열망을 불러일으키지 않기 때문이다. 이는 곧 섹스라는 게 일종의 경기장이어서 남자가 다른 남자들을 눌렀다는 승리감을 맛보며 자신감에 뿌듯해할 때만 비로소 신분과 특권을 획득할 수 있다는 뜻이다. 그러나 '진지한 여인'은 다른 남자들을 제쳤다는 승리감을 선물하지 못한다. 더욱이 당신의 남자다움을 뽐내고 과시하라고 요구하는 일도 없다. 이 점을 분명히 해주는 인터넷 포럼의 다른 글도 많다.

　　나는 남성이든 여성이든 자신에게 매력을 느끼지 않는 사람들에게 끌린다고 믿는다. 나를 원하지 않는다는 사람은 거부하기 힘든 매력을 자랑한다. 어떤 여자가 나에게 빠졌다는 것을 아는 순간, 나에게는 완전한 끝장이다.

　　— 톰, 26세, 뉴욕

나는 사랑에 굶주렸다. 내가 그녀에게 빠지기 위해 많은 게 필요한 건 아니다. 그녀가 나를 죽음까지 불사할 정도로 사랑하지만 않는다면.

— 야시, 25세, 컬럼비아 특별구[72]

이 남자들은 마치 사랑이 수요보다 공급이 훨씬 많은 시장에 있는 양 행동한다. 애초부터 불균형이 초래된 탓에 느긋한 태도로 거리를 두고 지켜보는 셈이다. 입맛에 맞는 그럴싸한 물건이 나올 때까지…….
대니얼은 50세다. 그는 이스라엘의 어느 대학교를 위해 일하고 있지만, 이미 오래전부터 미국에서 살았다. 많은 정치문제에서 극좌적 성향을 보이며, 자신을 페미니스트라 부르곤 한다. 경제적으로 풍요로운 생활을 하며, 직업상 대단한 성공을 거두었고, 이혼했으며 두 자녀를 두었다. 대니얼 스스로 인정하듯, 한 여인과 좋은 결혼생활을 했으며, 여전히 그녀와 밀접하게 연결되어 있다고 느낀다. 그러나 마흔 번째 생일을 맞은 직후 다른 여인과 사랑에 빠져 아내와 아이들을 떠나야만 한다는 강박감을 느꼈다고 한다. 곧이어 또 다른 여인을 만나 이 여인도 떠났으며, 새로 만난 그 여인과의 관계도 오래가지 못했다.
내가 그에게 던진 첫 질문은 다음과 같았다.

나   당신 인생에서 사랑, 그러니까 제가 말하는 건 낭만적 사랑인데요, 아무튼 사랑은 무슨 역할을 했나요?
대니얼 평생 모든 게 사랑을 중심으로 움직였죠. 일평생 오로지 사랑만 생각했어요. 그게 전부였죠. 사랑은 내 인생의 절대적 중심이었습니다. 이 주제를 중심으로 다른 모든 걸 판단했습니다. 심지어 최근 몇 년 동안 제가 하는 일에는 언제나 그 배후에 요정이, 여인이 서 있다고 굳게 믿게 되었습니다. 하루에 단 1초도 사랑을 생각하지 않은 순간이 없었어요. 저는 정말이지 구제불능의 로맨티스트입니다. ······ 늘 사랑이라는 주제와 씨름해왔으니까요.

그러나 그가 이해하는 '로맨티스트'란 많은 여성의 생각과는 상당한 차이를 보였다. 그래서 나는 대니얼에게 물었다.

나 늘 사랑과 씨름해왔다는 건 무슨 뜻인가요?
대니얼 제 말은 늘 여자 생각을 한다는 거죠. 물론 그게 한 명은 아니에요. 여자를 생각할 때마다 저는 그 여자가 내 인생의 여인이라고 여깁니다. 이 관계가 현실이든 상상이든 상관없이 말이죠. 저는 정말 뛰어난 상상력을 가진 거 같아요.
나 그러니까 여자가 많았다는 이야기군요.
대니얼 그렇습니다. 저는 여자가 좋아요. 그러나 그때마다 저는 단 한 명의 여인에게만 집중합니다. 몇 달 전 어떤 여자와 외출을 했죠. 영화를 보러 갔어요. 그녀의 승용차로 돌아오면서 우리는 즐거운 대화를 나누었죠. 그랬는데 갑자기 그녀가 저를 '대니시[•]'라고 부르더군요. 제 이름을 가지고 애칭을 만든 거예요. 저는 순간 그녀가 나를 강간하려는 것 아닐까 하는 느낌을 가졌어요. 육체적으로 말이죠. 제 존재가 상처를 받는 느낌이었죠. 혐오감과 거부감이라는 육체적 감정을 참기 힘들었어요. 마치 누군가 제 안으로 밀고 들어오는 느낌이었습니다. 이 여인과 함께 있는 게 아

• 대니시Danish는 대니얼Daniel을 부르는 애칭이지만 덴마크 출신이라는 뜻도 가진다. 경우에 따라서는 모욕으로 받아들여질 소지가 있는 말이다.

무런 의미가 없음을 곧 깨달았죠. 저는 예나 지금이나 여인의 이런 사랑을 원하지 않아요.

나 그래서 그녀와는 헤어졌나요?

대니얼 바로 그다음 날, 나를 그렇게 부르는 걸 참을 수 없다고 말해줬죠. 또 당신과는 함께할 수 없다고도.

이 남자는 처음에는 사랑이 중심 역할을 하는 일련의 즐거운 인생경험을 묘사한다. 자신이 관계를 맺거나 사랑하는 일에 무능하다고 생각하지 않는다. 오히려 그 반대다. 대니얼은 압도적으로 많은 경험과 느낌을 통해 자신에게 '사랑'할 의무가 있다면서, 사랑 없이 사는 일은 '시드는 꽃' 같을 거라 주장하기도 했다. 그러나 그가 누리는 사랑 그리고 이와 결부된 환희의 감정은 한 사람과의 지속적 결합에서 비롯되는 게 아니다. 그것은 소비 연구에서 말하는 것과 같은 "끊임없이 새것으로 바꾸기 욕구"(버라이어티 드라이브Variety drive)[73]의 일종에 가깝다. 조금만 있으면 이내 시들해지는 통에 자꾸 새로운 상대로 갈아치우는 것이다. 그러니까 대니얼의 태도 역시 시장에서 공급과잉이 벌어진 덕택에 새로운 관계를 맺을 때 느끼는 설렘과 흥분의 결과다. 이 남자는 사이먼과 마찬가지로 경제적 의미에서 거대한 선택 가능성들이 열린 시장에서 그때마다 섹스 파트너를 고르는 행태를 보인다. 여기서 나는 두 남자가 거리를 두고 싶은 욕구를 표현하고 있다고 가정해보고자 한다. 사이먼은 여인의 타고난 관계맺음 욕구를 참을 수가 없으며, 대니얼은 친밀해지고자 하는 여인의 바람을 경계선을 넘은 것으로 간주한다. 물론 여기서 경계가 무엇인지는 그 자신만이 안다. 이때 대중적 심리학 혹은 심지어 그다지 대중적이지 않은 심리학이 즐겨 내세우듯 연애감정을 둘러싼 두려움이 문제가 되는 것은 아니다.[74] 두 남자는 그때그때 상대 여성에게 일정 정도 거리를 두려는 전략적 시도를 하고 있을 따름이다. 감정의 경계를 분명히 해둠으로써 여자가 관계를 고착시키려 들지 않도록 하는 행위다. 여자가 서두르는 것도, 배타적 독점의 형태를 원하는 것도, 두 남자는 원치 않는다. 여자가 성적으로나 감정적으로 남자보다 더 쉽게 자신을 노출시키는 바람에 이는 다시금 남자, 특히 동등하거나 우월한 사회경제적 지위의 남자가 만남의 감정적 조건들을 더 쉽게 통제할 수 있도록 하는 결과를 낳는다. 이런 사정을 경제적으로 표현해보자. 경제자원을 주로 통제하는 덕에 남자들이 지배하는 시장에서 누군가와 결합하려는 본능을 지닌 여성은 자신이 지닌 유일한 무기인 섹스를 교환수단으로 활용할 수밖에 없다. 그리고 그런 여성은 차고도 넘친다. 그러니까 여성의 감정세계는 수요와 공급, 과잉과 부족이라는 관계를 활용하는 남자의 감정세계에 지배당할 수밖에 없다. 필요 이상으로 차고 넘쳐나는 재화는 과잉선택 가능성을 제공함으로써 재화들 사이에 좋고 나쁨의 위계질서를 빚어내며 선호도를 형성하고 가치를 매기게 하는 문제를 도출한다. 과잉이 되다 보니 가치를 재기가 어렵다. 반대로 희소 현상은 터무니없을 정도로 빠른 가치쏠림을 낳는다. 대니얼에게 다양함을 경험하게 한 과잉은 그로 하여금, 달리 보면 완벽하기만 한 결혼생활을 포기하게 만들었으며, 더 많은 여인을 상대로 판타지의 나래를 펴게 허락해주었다. 그러나 정작 문제는 대니얼이 욕구하는 여러 대상이 그 쉬운 접근성과 과잉으로 가치를 잃고 만다는 데 있다. 가치라는 것은 좋음과 나쁨이라는 질서를 분명히 하고 그 선후관계를 명확히 알아볼 수 있는 능력에 따른 개념이다. 그러나 선택할 수 있는 대상이 차고 넘쳐나며, 그 사이에서 아무런 본질적 차이를 확인할 수 없기 때문에 문제는 심각해지고 만다. 희귀함이란 이로 말미암아 어떤 사람이나 물건이 가치를 얻게 되는 사회적 과정이다. "희소함은 사람들이 주어진 것 이상으로 원한다는 것을 뜻한다."[75] 거꾸로 보면 이는 또한 공급이 수요를 능가하면 그 대상을 갖고픈 욕구도 줄어든다는 뜻이다.

앞의 인용문은 남자들이 욕구와 거리두기 사이에서 암묵적으로 균형을 맞춘다는 사실을 당연한 듯 전제한다. 내가 제기하려는 논점은 에로틱한 흥분과 경계설정과 거리두기가 뒤섞인 문화적 현상은 과잉과 희소함 사이에서 타협점을 찾는 일종의 기계적 과정을 나타낸다는 점이다. 과잉과 희귀라는 대립을 너무 부풀리는 위험을 피하기 위해 우리는 이렇게도 말할 수 있다. 근대에 남자와 여자에게 서로 맞는 짝을 찾는 일은 비교적 객관적이었다. 이를테면 어떤 가문 출신인지, 얼마나 부유한지, 신분이 무엇인지 등등 정도의 차이는 좀 있을지라도 비교적 객관적 비교를 토대로 짝을 골랐다. 반면 현대에 들어서서 어떤 사람을 원할 것인가 하는 주관적 욕구는, 차고 넘치는 선택의 가능성에 직면해 경제와 감정의 문제와 마구 뒤섞이며 몸살을 앓았다. 그 나름대로 가치가 있다고 생각하는 상대에게 자신을 고정하려 들기는 하지만, 그런 가치를 창출하고 통제하는 데서 생겨나는 주관적 문제와 씨름하지 않을 수 없다. 이로써 어떤 욕구를 가져야 할지 구성하는 데 희소함이 중요한 역할을 하기에 이르렀다. 그런 한에서 욕구는 경제적이다. 다시 말해 욕구는 가치라는 경제적 문제의 흔적을 담는 동시에 짐짓 경제의 탈을 쓰고 가치를 만들어내는 시장의 각종 노림수와 씨름해야만 한다. 이로써 낭만적 욕구의 본성은 가치 측정의 방식이랄 수 있는 희소함이 드러내는 역동성과 밀접하게 맞물린다는 의미에서 경제적이 되었다. 예를 하나 더 살펴보자. 다음은 아주 높은 교양을 자랑하는 55세 남자를 인터뷰한 것이다. 그는 이혼했으며 아들을 하나 두었다. 대화가 진행되는 동안 그는 자신이 맺었던 복잡하고 다양한 관계를 털어놓았다.

나 예전에 관계를 맺을 때, 이젠 헤어져야겠다고 생각되는 순간이 찾아오던가요?

스티븐 그럼요, 항상 그랬죠. 〔……〕 그런 순간은 붉은 실타래처럼 내 인생에 이어져 있죠. 혼자 있고 싶은 시간이 대부분이었습니다.

나 그렇다면 왜 그녀들과 함께하셨나요?

스티븐 그거야 일정 부분 대세를 따른 측면이 있죠.

나 제가 정확히 이해했다면, 여자친구를 사귀되 언제나 "다음 여자친구가 생길 때까지"라고 말씀하셨죠?

스티븐 예, 정확합니다. 멋들어지게 말했군요. 지금까지 저는 항상 파트너를 가질 수는 있지만, 단지 한때일 뿐이라고, 매우 제한되어 있다고 생각했죠. 일주일에 두 번 만나고 전화 통화 몇 번 하고 그게 다입니다. 그걸로 충분해요. 더 필요한 게 없어요. 그래서 고정된 관계를 필요로 하지 않아요. 관계는 짐일 뿐이죠. 함께 외출하고 싶은 여자는 많아요. 하지만 그럴 시간이 없습니다. 이것도 재밌고 저것도 재밌습니다. 그렇다고 모든 걸 할 수는 없죠. 왜 제가 지금 관계로 짐을 걸머져야 하죠?

나 그건 여자도 마찬가지라고 생각하지는 않으시나요?

스티븐 아뇨. 적어도 여자들이 하는 말을 들어보면 그렇지 않아요. 지금 제가 함께했던 여자들 이야기를 하고 있지만, 만남이 서로 균형을 이루고 대칭적이었을 때는 단 한 번도 없었습니다. 여자들은 항상 갈수록 더 많은 걸 원해요. 왜 늘 더 많은 것을 원하는지 그 이유를 모르겠습니다.

나 뭘 더 원한다는 말이죠?

스티븐 더 많은 약속을 얻어내려 하고, 더 자주 만나야 하며, 더 많은 이 야기를 원하죠. 같이 있으면 내내 한다는 이야기가 저와 잘 수 없는데 그 건 저와 자기 위해서라고 좋알거립니다. 그 모든 게 저를 사랑하기 때문 이라나요. 도대체 무슨 말을 하는 건지 모르겠어요. 그냥 이야기하기 위해 이야기를 하나 봐요. 그런데 여자는 대화에서든 현실에서든 항상 제가 줄 수 있는 것 이상을 원하는 건 맞아요. 그리고 그게 관계가 끝나도록 하는 진짜 원인이죠. 제가 그녀들에게 더 많은 걸 줄 수 없는 건 사실이니까요.

나 항상 그렇게 끝났나요?

스티븐 예, 언제나.

나 단 한 번도 예외는 없었습니까?

스티븐 예? 아, 그게 그러니까 한 번 있었죠. 아주 유명한 여기자가 제게 전화를 걸어왔어요. 그래서 만났는데 그녀가 절 따먹었죠. 보통 남자가 여자를 따먹듯 바로 그렇게 말이죠. 기회가 되는 대로 즐기고 싶었나봅니 다. 그러고는 가버렸어요. 제게 전화를 하지도, 제 전화를 받지도 않았습니 다. 충격이었죠. 제 인생에서 그런 일은 한 번도 없었으니까요. 그건 보통 남자가 여자를 대하는 태도지 그 반대는 아니잖아요.

나 아까 말씀하셨던 것으로 돌아가볼까요. 관계에서 더 많은 걸 원 하는 쪽은 당신이 아니라 여자들이라고 하셨죠? 예를 들어 여자들은 당 신과 함께 살고 싶어하는데 당신은 그걸 원치 않았다고 말이죠.

스티븐 그건 그냥 제가 할 수 없었다고 말하는 게 낫겠군요. 제 모든 관계 는, 아마도 한 번쯤은 제가 혼동하는 건지 모르지만, 아무튼 제 모든 관계 는 그런 식으로 끝장이 났어요. 제가 그녀들에게 항상 끝내도록 몰아갔다고 생각합니다. 어쨌거나 이건 제 스스로 자신에게 해주는 이야기입니다. 제가 끝내도록 몰아갔는지 정확히는 몰라요. 하지만 그게 맞을 겁니다. 아무튼 언제나 그렇게 끝났죠. 제가 더 많은 걸 줄 수 없기 때문에 (……) 그녀들은 항상 저와 모든 걸 나누고 싶어했죠. 은행계좌, 침대, 책들을 함께 쓰고 싶어했어요. 그러나 저는 그럴 수 없었습니다.

나 그러니까 당신 말씀은 여자들이 당신을, 당신이 그녀들을 원하는 이상으로 더 열렬히 원했다는 건가요?

스티븐 당연하죠. 그녀들은 제가 줄 수 있는 것 이상을 원했으니까요.

나 당신 자신이 좋아한 것보다 그녀들이 당신을 더 원한 게 마음에 드세요?

스티븐 그렇기도 하고 아니기도 해요. 모든 요구를 다 들어줄 수는 없는 노릇이니까요. 그렇지만 그게 권력의 느낌을 주는 건 맞아요. 욕구를 느끼기보다 욕구의 대상이 되는 쪽이 더 많은 권력을 가지니까요.

나 그게 바로 당신이 여자들에게 많은 것을 원하지 않는 이유인가요? 권력을 가지려고?

스티븐 아마도. 하지만 모르겠어요. 그게 의도되거나 의식된 행동인지.

이 대화는 지금까지 다룬 측면들 가운데 몇 가지를 분명히 드러낸다. 이 남자가 들려주는 이야기는 꼬리를 물고 이어지는 관계들의 전형이며, 이중의 의미에서 과잉을 보여준다. 그에게 관심과 사랑을 베푸는 여인들은 차고 넘쳐난다. 말하자면 공급과잉이 빚어지고 있는 셈이다. 이 공급이 그의 수요를 압도할 지경이다. 그러니까 선택의 과잉인 동시에 감정의 과잉이 아닐 수 없다. 그 자신이 털어놓고 있듯, 여인들은 그가 줄 수 있는 것 이상을 "원한다." 스티븐은 애정과 욕구를 갖는 여성의 공급과잉과 끊임없이 씨름해야만 했다. 여기서 욕구는 감정의 경제적 이해 가운데 하나로 자리잡았다. 이에 따라 감정의 공급과잉은 감정의 가치를 떨어뜨린다. 희귀했다면 올라갔을 가치다. 이 맥락에서 중요한 것은 프리섹스가 과잉을 낳고, 이 과잉으로 어떻게 해야 욕구의 대상에게 그에 합당한 가치를 부여할 수 있는지 하는 문제가 생겨난다는 점이다. 드높은 가치를 자랑하는 대상을 정복할 수 있어야만 다른 남자들과의 경쟁에서 승리를 과시할 수 있다. 그러니까 모든 남자의 거리두기 전략은 병든 심리상태의 반영이 아니라 섹스로나 감정으로나 여성들이 차고 넘쳐나는 시장에서 상대에게 마땅한 가치를 부여할 수 없는 탓에 궁여지책으로 시도되는 것일 따름이다. "희소함을 만들어내라!" 그래야 가치가 올라갈지니. 앞서 살펴본 『브리짓 존스의 일기』는 일상에서 빚어지는 이 끝없는 공급과잉이 현대의 짝찾기 세계와 어떻게 맞물렸는지 잘 묘사해준다.

남자들은 (톰이 주장하듯) 자신이 언제나 일종의 섹스 사다리를 타고 있는 것으로 본다. 이 사다리에서 여자들은 남자의 위나 아래에 서 있다. 만약 여자가 '그 아래' 서 있는 경우(남자와 잘 각오가 되었다거나 남자를 몹시 탐낼 경우), 남자는 그루초 막스*가 했던 방식대로 그녀 '클럽'의 회원이 되지 않을 수 있다. 〔……〕 한 남자의 심장을 차지하는 방법은 오늘날 아름다움이나 음식 혹은 어떤 매력적 본성을 자랑하는 게 아니다. 단 하나뿐인 유일한 방법은 그에게 별 관심이 없는 것처럼 구는 일이다.[76]

• Groucho Marx(1890~1977): 미국의 코미디언이자 영화배우로 형제와 함께 〈막스 브라더스〉라는 이름의 영화를 찍어 유명해졌다. 저자의 인용문에서 그의 이름이 언급되는 건 "나와 같은 인물을 받아들이는 클럽에는 가입을 거부한다"라는 그의 익살 때문이다.

소비문화를 생각하는 연구에서 러셀 벨크와 그의 동료들은 우리의 욕구가 "그 가능한 대상의 희소함이나 접근 불가능성"으로 형성된다는 논제를 펼친다.[77] 이들은 게오르크 지멜을 끌어대며 이렇게 논증한다. "우리가 가장 열렬하게 욕구하는 것은 우리를 사로잡기는 하지만 우리가 쉽사리 접근할 수 없는 대상이다. 갈구하는 대상이 멀리 있다거나 우리를 거부할 때 우리의 욕구는 더욱더 치솟는다."[78] 물론 인간의 욕구가 일정 부분 희소성 원칙에 지배받는다는 것은 보편적 사실이리라. 그럼에도 희소성이 욕망의 두드러진 특징으로 자리잡는 것은 욕구하는 대상의 과잉으로 말미암아 가치를 부여할 수 없다는 문제가 생겨날 때와 욕구의 대상을 차지하기 위해 치열한 경쟁을 벌여야 할 때다. 이름이 제럴드인 남자와 나눈 다음 인터뷰를 주목해보기 바란다. 46세의 제럴드는 작가이자 저널리스트이며 시인이다. 그는 내게 어떤 여인과 격정적 관계를 가졌다고 털어놓았다. 그런데 그 여인은 동시에 여러 명의 남자와 섹스 스캔들을 일으켰으며, 제럴드 역시 그 사실을 명확히 알고 있었다.

제럴드 그녀가 그 모든 스캔들의 주인공이었다는 사실을 알고는 무척 큰 상처를 받았습니다. 그러나 동시에 그만큼 더 강렬하게 그녀를 갖고 싶더군요. 한시도 소홀함 없이 그녀에게 내 사랑을 증명해야 한다고 생각했으니까요. 그녀와 저 사이에 당연한 거라고는 없었지만, 저야말로 그녀가 가장 사랑하는 남자라고 믿고 싶었으니까요. 아니, 정말 그렇게 믿었습니다. 그녀가 가장 강한 결속감을 느끼는 남자는 바로 저라고 말이죠.
나 그러니까 그녀가 만나는 다른 남자들과 경쟁하고 있다는 느낌인가요?

제럴드 당연하죠. 항상 그런 느낌이었습니다. 쉽지 않은 일이었지만, 동시에 흥분되는 느낌이었고, 이로써 그녀를 차지하기가 더욱 어려워졌죠. 어떤 식으로든 그녀가 더 소중하게 여겨졌습니다. 그녀가 절대 내 차지가 될 수 없다는 느낌 때문이죠.

로널드의 이야기도 들어보자. 큐레이터이자 예술가인 로널드는 내게, 동시에 여러 명의 여인과 나란히 관계를 갖는 이른바 '폴리아모리' poly-amory를 실천에 옮기고 있다고 털어놓았다.

나   혹시 일부일처식 사랑을 하는 쪽으로 설득하고 싶은 여인이 단 한 사람이라도 있나요? 이렇게 묻는 이유는 조금 전에 당신은 이 문제와 관련해 아무것도 확신할 수 없다고 말씀하셨기 때문입니다.

로널드 그건 정말 어려운 물음입니다. 만약 저와 비슷한 여인을 알게 된다면, 그러니까 하나의 관계에 만족하지 않고 제가 여자를 쌓아두듯 남자를 쌓아두는 여인을 만난다면, 음 그녀는 나로 하여금 오로지 그녀하고만 있고 싶다는 생각이 들 정도로 강한 호기심을 불러일으킬 거라고 믿습니다.

위의 증언들은 1995년에 출간된 책 『규칙』The Rules 이 매도와 조롱의 대상이 되었음에도 왜 200만 부 넘는 판매고를 올리며 일종의 문화적

- The Rules: Time-Tested Secrets for Capturing the Heart of Mr. Right: 미국에서 1995년에 출간된 자기계발서. 엘렌 페인Ellen Fein과 셰리 슈나이더Sherrie Schneider 두 사람이 쓴 책으로 미국에서 선풍적 인기를 끌었다. 심지어 이 책을 성경처럼 떠받드는 여성들이 생겨났을 정도다. 이 여성들을 가리켜 '룰즈 걸'Rules Girl이라 부른다.

현상으로 자리잡았는지 알 수 있게 해준다. 이 책이 가르쳐주겠다며 부르짖는 것은 남자들이 이성애 만남을 통제하는 구조적 상황에 분명한 경계선을 긋고 적절히 대처하는 기술이다. 이 실용서가 힘주어 설파하는 것은 이젠 여성들이 거리를 둠으로써 희소성과 거기서 비롯되는 가치를 창출하는 데 전문가가 되어야만 한다는 주장이다. 그 대표적 규칙 몇 가지만 뽑아보면 다음과 같다.

02 남자와의 대화를 먼저 시작하지 말라(그리고 먼저 춤추자고 요구하지 말라).
03 남자를 당신의 시선으로 사로잡지 말고, 너무 많은 이야기를 하지 말라.
05 먼저 전화를 걸지 말고, 되도록 회신하지 말라.
06 전화통화와 약속잡기는 항상 당신이 먼저 끝내라.
07 수요일 이후에는 토요일 저녁 약속을 잡지 말라.
12 당신의 생일을 기억하지 못하거나 밸런타인데이에 낭만적인 선물을 하지 않는 남자라면 더는 만나지 말라.
15 그와 섹스를 하겠다고 너무 성급히 달려들지 말라. 이는 애정의 다른 규칙에도 적용되는 이야기다.[79]

평등과 존엄을 중시하는 페미니즘 정치라는 배경에서 볼 때 이런 규칙은 어리석을 뿐만 아니라 굴욕적이다. 그래도 이 책의 성공은 우리의 주목을 끌어 마땅하다. 성공의 이유는 이 규칙이 희소성을 만들어냄으로써 여성이 시장에서 차지하는 감정의 가치를 올리려는 문화전략을 나타낸다는 점으로 설명할 수 있다. 어떻게든 결혼하겠다는 각오를 지닌 여성의 감정을 이용해 결혼시장에서 우위를 차지한 남자들에게 일종의 반작용이 일어난 셈이다.『규칙』은 남성과 여성 사이의 구조적 감정불균형을 조장한다는 점에서 애초부터 잘못된 시도이기는 하지만, 이성애의 관계에서 빚어지는 불균형을 본다면 핵심을 건드린 것이나 다름없다.

이로써 과잉은 가치의 높낮이 체계와 경쟁이라는 구조를 갖춘 섹스 분야에서 욕구의 본성을 바꿔버리는 경제적이고 감정적인 효과를 낳았다. 욕구라는 게 희소함으로 촉발되며, 이 희소성 원칙이 다시금 어떤 한 개인의 가치와 위상을 반영하는 게 되어버린 셈이다. 결과적으로 섹스의 과잉이 욕구를 유발하고 욕구되고 싶다는 욕구도 조절하게 되었다. 이 점은 심지어 관계기피증의 두 번째 카테고리에서 더욱 분명하게 드러난다. 이 카테고리에는 한 명의 낭만적 대상만 고집하지 않으려는 남자들이 속해 있다(비중이 작기는 해도 현실적으로 봐서 여기 속하는 여성도 없지 않다).■

관계맺음의 의지를 잃은 사람들

무의지 혹은 의지상실은 관계맺기를 원하고 상대를 욕구하는 능력이 과잉 촉발되는 문화에서 상태가 한층 더 진행된 단계로 묘사될 수 있다. 다음은 인터넷에서 찾아본 몇 가지 사례다.

친애하는 제프,

■ 관습을 거스르는 성적 쾌락을 모색하는 것과 '동성 배우자'와의 관계 속에서 욕구가 새롭게 달라진 모습에 관해서는 다음 자료를 볼 것. Schwartz, *Peer-Partner*, 3장.

저는 1년 반째 이 여자와 함께 살고 있습니다. 그러나 최근 이대로 계속 가도 좋은지 회의가 듭니다. 그리고 겉으로 드러나는 모습에서 알 수 있듯, 이 생각을 더는 떨쳐버릴 수 없습니다. 저는 관계가 망가진 부모 아래서 자랐습니다. 아무래도 너무 많은 문제와 씨름하는 게 아닐까 싶어 아주 힘들고 괴롭습니다.

제 문제는 회의와 두려움을 가지고 있다는 것, 많은 경우 더는 이렇게 살 수 없다고 믿는 것입니다. 그러나 그녀와 함께 있으면 다시 기분이 좋아지며 이런 문제에 그다지 매달리지 않습니다. 이 모든 것으로 미루어 저는 여전히 그녀가 중요한 존재라고 느낍니다. 지금 마침 어떤 기분이든 상관없이, 좋든 나쁘든, 저는 그녀가 여전히 중요하다는 것, 그리고 예나 지금이나 그녀를 사랑하고 있음을 깨닫습니다.

미래에도 그녀는 제 옆자리를 지키고 있겠지요. 그러나 지금 이 순간 어떤 생각이 계속 떠올라 긍정적인 기분을 유지하기가 어렵습니다. 당신도 그런 경험이 있는지요? 또는 제게 도움이 될 충고를 해주실 수 있나요? 저는 정말이지 그녀와 헤어지고 싶지 않습니다.

제프의 답장

저는 이 '질의와 응답' 부문에서 사람들에게 이러저러해야 한다고 말하는 경우가 극히 드뭅니다. 그러나 이 경우는 달리 어쩔 도리가 없군요. **그녀와 함께하세요!** 왜 이 말을 하느냐고요? 관계를 깨야겠다고 제시한 당신의 근거가 과거의 문제와 그로 말미암은 두려움과 관련되기 때문입니다. [……] 장기적인 일 대 일 관계, 약혼이든 결혼이든, 이런 관계를 갖는 모든 사람은 상대가 정말 내가 만날 수 있는 최상의 인물인지 아닌지 묻지 않을 수 없습니다. 언젠가 사귀게 될 사람이 지금의 상대보다 낫지 않을지 묻는 것은 지극히 당연한 일입니다.[80]

다음은 인터넷 게시판에서 어떤 사람이 상담을 해달라며 올린 글 한 편이다.

최근까지만 해도 저는 비교적 부족한 자신감에 시달렸습니다. 저 자신은 사람들이 저에게 관심을 갖지 않는 것 같아 밖에서 구경만 하는 아웃사이더라고 묘사하는 편이 맞을 겁니다. 그건 자신감(말 그대로!)을 앗아가 사람들이 나를 매력적으로 여기지 않는다고 믿게 만듭니다. 벌써 오래전부터 싱글이었다는 이야기는 구태여 할 필요가 없겠죠. 그런 탓에 외로움을 느끼며, 누군가 사귀고 싶다는 생각에 사로잡혀 지냅니다. 그래야 모든 문제가 풀릴 것만 같아요. 그렇다고 온갖 이론으로 시간을 허비하고 싶지는 않습니다. 무엇보다도 저는 누군가와 관계를 갖거나, 깨끗이 갈라서거나 둘 중 하나라고 믿습니다. 이도저도 아닌 '어정쩡한 관계'를 저는 도무지 이해할 수 없으니까요. 그렇다고 무언가에 쉽게 빠지는 성격은 아니며, 결혼이나 그 비슷한 것에 지나치게 높은 기대를 가지고 있지도 않습니다(제 가족사에서 결혼이라는 문제는 불안정하기만 합니다!). 차라리 저는 함께 가는 길이 아무리 불안하다 할지라도 일종의 구속 같은 게 반드시 있어야만 한다고 믿는 편입니다. 물론 자신의 길을 다시금 홀로 가야만 한다면 이런 구속은 흔히 말하듯 끊어놓아야 하겠죠. 어쨌거나 이런 '단계'를 시도한다는 생각만으로도 저는 굳어집니다. 아마도 이게 제 두려움의 뿌리인 듯합니다. 누군가의 감정을 다치게 할 수 있다는 두려움에 저도 모르게 굳어집니다. 어떤 형태로든 관계를 시작하는 순간에는 상대방의 감정을 배려해줘야겠지만 그 책임감에 압도당하는 느낌입니다.

다음은 이 글에 달린 두 편의 댓글에서 일부를 뽑은 것이다.

댓글 1

[……] 혹 사람들이 당신에게 여유를 허락해준다고 해서 **그들에게 이 세상을 다 준다고 약속할 필요는 없다는 법**을 배우도록 해보세요. 그리고 일들이 계획대로 진행되지 않는다 하더라도(계획대로 되는 경우는 드뭅니다) 그게 당신이 실패자라거나 나쁜 사람이라는 뜻은 아닙니다. 사람들이 당신에게 무언가 부탁하는 상황에서는 어떻게 대처하십니까? 아니라고 말하는 게 어려운가요?

[……] 구속과 약속의 문제는 제가 보기에 **다시금 너무 많은 것을 약속해주는 태도**, 그것도 엉뚱한 이유로 그렇게 해주고는 새로운 상대가 그 상황을 꿰뚫어보는 것은 아닐까 걱정하는 데서 비롯되지 않을까요. 아무래도 당신은 출발단계에서부터 될 수 있는 한 압박감을 덜어내는 법을 배워야 할 것 같습니다. 행운을 빕니다!

댓글 2

글을 보고 저도 관계공포증을 가졌다는 게 분명해지는군요. 이런 유형이 제 거의 모든 관계를 관통하고 있음이 명확히 다가옵니다. 많은 게 제 부모님의 결혼생활과 이혼에서 비롯되었으며, 그런 탓에 지속적인 관계를, 피할 수 없는 아픔과 고통에 연관 짓는 저 자신을 발견합니다.

저는 지금 함께하는 남자의 모든 것을 사랑합니다. 그러나 다른 사람들이 저를 두고 말하듯, 저는 **공허하고 감정이 메말라버린 느낌입니다.** 그를 생각하고 그에게 느끼는 제 감정을 떠올리면, 모든 게 **부족하기만 합니다.**

항상 문제가 무엇인지 자신에게 솔직하게 털어놓고 상대방과 함께 그 문제를 이야기해보는 게 첫걸음이라고 말하곤 하죠. 그러나 대체 무얼 어떻게? 이처럼 천천히 공포가 제 인생을 사로잡습니다. 극단적 공황까지 느끼는 바람에 실제로 무력해지기도 합니다. 저는 이런 상황이 되풀이되는 게 너무도 두렵습니다. 누군가 공황으로 실신했다는 이야기는 전혀 들어보지 못했거든요(소프라노들에게 그런 경우를 당했다는 토니를 제외하고는, 헤). 저는 정말이지 절실하게 도움이 필요합니다. 어떤 말씀이든 환영합니다.[81]

이 글들은 세 가지 핵심주제의 주위를 맴돌며 변죽을 울리고 있다. 첫 번째 것은 사랑의 상대를 바라보며 느끼는 감정과 그 선호도를 더 발전시키는 어려움이다. 두 번째 주제는 어떤 사람을 자신의 배우자로 결정하는 어려움이다. 이 문제는 내가 상대의 가치를 측정해 부여하는 어려움으로 묘사한 바 있는 바로 그것이다. 그럼에도 향락적인 구석이라고는 전혀 없는 이 글들은 일종의 열악한 자존감을 드러낸다. 말하자면 자기 자신의 가치를 의심하며, 원하는 상대를 실제로 차지할 그 어떤 내면의 자원을 과시할 수 없는 자아가 그 괴로움을 토로하는 식이다. 세 번째 주제는 다시금 미래의 자기 자신을 떠올리는 어려움이다. 약속이 두려운 나머지 상대를 욕구하는 자기 자신을 억압하는 행태를 말한다. 우리는 여기서 저 깊은 곳에서 자기 자신과 갈등을 일으키는 정체성이 문제를 빚고 있음을 목도한다. 당사자는 자신이 누군가 원할 수 있기를 희망하면서도, 그 상대를 욕구하는 일을 관철시킬 수가 없다. 또는 원하는 상대와 관계를 맺을 경우 이런저런 후회가 생겨날 것이라고 지레 엄살을 피운다. 이로써 관계맺음을 둘러싼 두려움은 의지의 '결함'인 동시에, 누군가와 결합하겠다는 의지를 감정과 일치시킬 수 없는 무능함이라는 게 드러난다. 위에 인용한 글들에서 감정은 참신함과 흥분의 순환을 이루며 그때그때 솔직한 모습을 드러내는 것 같지만, 사실 이 감정은 비틀리고 상처받아 결함을 가진 것에 지나지 않는다. 이 남자들(그리고 여자들)을 짓누르는 걱정과 두려움은 지속적인 고정관계라는 문화적 이상과, 이 이상을 실현시키기에는 턱없이 부족한 내면의 자원 사이에 벌어진 틈새에서 비롯된다. 다시 말해 우리에게 주어진 과제는 결합에 요구되는 자원을 감소시키는 시장의 원리가 무엇이며 그것이 어떻게 작용하는지 이해하는 일이다. 물론 도대체 우리는 왜 해가 되는 것을 더 갈구하는지, 그 원인을 규명하려 노력한 철학자는 많다. 그러나 정작 문제는 우리에게 좋은 것이라고 해서 그걸 갖고 싶다는 의지를 불태우도록 강요할 수는 없다는 점이다(이런 문제를 '아크라시아akrasia'라고 부른다). 어느 모로 보나 사랑과 욕구는 그 핵심을 이루는 자아를 이해해야만 문제해결의 실마리를 잡을 수 있는 것으로 보인다. 해리 프랑크푸르트는 사랑과 관심이야말로 본질적으로 결합에 방향을 맞춘 것이라고 주장한다. 결합에 방향을 맞추는 것은 의지의 차원이다. 결합을 갈망하는 것은 선택의 가능성을 극대화하는 것을 포기하고 하나의 미래에 자신을 붙들어 매는 게 최선임을 깨닫게 하는 도덕과 정서의 구조다. 사랑은 결합이다. 그 이유는 다음과 같다.

사랑의 중요한 특징인 필연성, 곧 반드시 이루고야 말겠다는 마음가짐은 어떤 강렬한, 의지를 제압하고 억누르는, 폭발적인 격정이나 충동으로 의지의 활동이 제약받지 않게 한다. 오히려 반대로, **제약과 통제는 바로 우리 자신의 의지 한복판에서 우러나온다**. 우리는 우리 자신의 의지로 강요될 뿐 외부나 타인의 힘으로 제약받는 게 아니다.[82]

• 의지박약 혹은 자제력 빈약을 뜻하는 말로 더 나은 선택지가 있는데도 기존의 행동을 고집하는 태도를 이른다.

이것이 바로 앞서 인용한 인터넷 글들에서 문제를 일으킨 종류의 의지다. 이런 의지가 빈약해진 탓에 오늘날 관계를 기피하는 태도는 제멋대로 거리낌이 없다. 이 사실이 나를, 논증의 마지막 단계, 곧 관계맺음의 공포는 다름 아니라 선택의 문제와 맞물린 문화현상에 지나지 않는다는 주장을 입증하는 데로 나아가게 만든다. 해리 프랑크푸르트가 끌어들인 의지 개념은 사회제도와 선택방식과 조화를 이루는 한에서만 유용하다. 제도와 선택방식이 변한다면, 강요하는 힘으로서 의지라는 '내적 능력'도 변한다. 1장에서 나는 의지의 구조를 이루며 제한을 가하는 선택방식을 선택의 생태이자 아키텍처라 불렀다. 이어서 나는 낭만적 결정을 이루는 데 필요하며, 다시금 낭만적 선택의 새로운 아키텍처를 형성하는 문화적 선택지와 기술로 어떤 게 있는지 소개할 생각이다.

낭만적 선택의 새로운 아키텍처 또는 의지의 해체

현대 이전의 결혼시장에서 자아의 선택은 가족이라는 배경과 직업환경과 밀접하게 영향을 주고받는 상호작용에 의해 이뤄진 탓에 아마도 구속적이었으리라. 반면 현대의 결혼시장은 겉보기로는 아무런 강제가 없는, 자유롭고도 무제한적인 두 사람 사이의 만남으로 이뤄진다. 현대인은 선택의 능력을 활용할 뿐만 아니라 활용할 것이라는 '확고한 기대'를 벗어날 수 없다. 그러나 크게 볼 때 오로지 감정에만 기초하지 않는 이 능력은 현실에서 잠재적 배우자를 평가하는 고도로 복잡한 인지와 정서 작용을 포괄한다. 상대방을 대하는 자신의 감정을 분명히 해야 하는 동시에 이 감정을 유지하는 자신의 능력도 정확히 평가할 줄 알아야 한다. 현대의 애정과 짝짓기는 순전히 의지로만 이뤄지는 행위가 아니라 복잡한 평가의 다발에 기초하는 결정의 결과이기도 하다." 물론 이렇게 묘사된 선택에 무슨 특별히 현대적인 점이 있느냐 하는 물음은 얼마든지 가능하다. 그 같은 묘사는 16세기 잉글랜드의 소작농에게도 얼마든지 적용할 수 있기 때문이다. 역사학자 앨런 맥팔레인에 따르면 16세기의 농부와 종복은 사춘기에서 결혼에 이르는 10년 동안 "끊임없이 중매와 초대를 받아들여야 했으며 어떤 감정을 갖는지 끝없는 물음에 시달렸다. 가벼운 연애걸기로부터 시작해 숱한 연애를 거친 끝에 특정 배우자를 고르는 결단을 내렸다."[83]

그럼에도 현대의 선택은 큰 격차만을 보여준다. 그 특별한 현대성을 만드는 것으로는 세 가지 요소가 특징적이다. 우선 선택은 현실 또는 상상의 수많은 선택조건을 놓고 이루어진다. 혹은 현실과 상상이 아예 뒤섞이는 경우도 드물지 않다. 선택은 욕구와 감정과 라이프스타일 선호도를 서로 가늠해보는 자기성찰의 과정이 낳는 결과다. 그리고 선택은 지극히 개인주의적인 의지와 감정생활로부터 비롯된다. 다시 말해 상대방의 의지와 감정에 일정 정도 반응하면서도 자신에게 맞출 것을 요구한다. 이는 원칙적으로 쌍방이 끊임없이 새로워지기를 요구하는 과정이다. 바꿔 말해 사랑의 선택은 완전히 구속적일 수 없기 때문에, 현대의 연인들은 서로 부단히 상대의 감정변화를 읽어가며 늘 새롭게 대처하려 노력하지 않을 수 없다. 현대의 낭만적 선택을 괴롭히는 문제는 자발적 결정을 끝없이 감시하고 감독하면서, 다른 한편으로 툭툭

* 배우자 선택은 동일한 평가대상을 두고 여러 가지 서로 다른 기준, 심지어 모순되는 기준들이 얽혀 복잡하게 이루어진다. 이를테면 잠재적 배우자를 놓고 매력, 소비습관, 성격, 감정이나 심리의 일치 정도, 신분 등이 그 평가기준으로 등장한다.

불거지는 감정의 비자발적 역동성 사이에서 균형 잡을 길을 열어나가야만 한다는 점이다. 현대의 선택은 결정방식의 탈규제화가 특징이다. 바로 그래서 결혼시장은 갈수록 소비시장과 비슷해지는 선택의 형식을 만들어낸다. 소비자 선택은 계산적 고려와 취향 개발 그리고 이득과 만족감 극대화의 요구가 서로 맞물려 행사되는 선택이라는 문화의 특수 카테고리다. 바로 이 새로운 선택 아키텍처가 선택의 생태(이 장과 1장에서 묘사한 바 있는)와 맞물려 작용하며 결정과 결합을 차단한다. 다음 단계에서 나는 낭만적 선택이라는 새로운 아키텍처를 이루는 개별 성분들을 다뤄볼 생각이다. 이 새 아키텍처는 남성은 물론이고, 그 정도가 확실히 남성보다는 적지만 틀림없이 여성에게도 해당한다.

앞서 언급했듯, 현실과 상상에서 섹스 파트너의 지나친 증가와 과잉이야말로 선택의 생태에 변화를 불러온 주된 원인이다. 이 변화는 종교, 윤리, 인종, 계급 등과 관련한 동족결혼endogamy이라는 규범이 무너지면서 빚어진 것으로, 원칙적으로는 누구나 결혼시장에 진입할 수 있게 허락해주었다.■ 이런 전환은 인터넷이라는 형식, 곧 누구에게나 엄청난 수의 섹스 파트너나 연애상대에게 어렵지 않게 접근할 길을 열어준 기술적이고 문화적인 형식 때문에 더욱 첨예하게 이뤄졌다. 이제 선택 가능한 파트너의 수는 괴이할 정도로 증가했다. 현실이든 상상이든 선택 가능성의 과잉은 물론이고 선택의 자유와도 맞물린 이런 변화 가운데 하나는 개인이 끊임없이 자신의 선호와 원하는 조건은 무엇인지, 또 자신의 느낌이 확실한지 확인하기 위해 자문해야만 한다는 것이다. 이는 합리적 형식의 자기성찰을 요구한다. 물론 여기에는 본질

■ 물론 결혼이 아닌 짝관계에서도 마찬가지다.

적인(진정성 있는) 감정의 결정짓기 체계가 보충되어야 한다. 이 체계에서는 상대방과 함께하겠다는 결정이, 자신의 고유한 감정을 알아보고 그 감정을 미래에 투사하는 능력을 기반으로 해서 내려져야만 한다. 최고의 배우자를 찾아내는 일은 자기 자신의 본질에 상응하는 인물의 선택이자 결정이다. 이 본질은 자아가 정의하는 선호도와 욕구의 다발로 이뤄진다. 이런 식의 선택에서 결정적인 점은 철저한 자기성찰의 과정을 통해 당사자와 상대방이 서로 어울리는 성격을 지녔다고 합의할 수 있는 치열한 인지과정이 수반되어야만 한다는 생각이다. 다시 말해 자기성찰은 감정에 걸맞은 명료함을 이끌어내야 한다. 이런 뜻에서 자기성찰은 배우자 선택의 핵심요소다. 남성이든 여성이든 자기감정의 강도와 깊이를 명확히 알아내고 관계가 성공하거나 실패할 확률과 그 미래를 냉정하게 그려볼 수 있어야만 하기 때문이다. 아래에서 나는 심리학에 물든 대중문화의 여러 채널을 통해 자기성찰을 강조함으로써 배우자 선택과 결정의 기술을 개발하려는 시도를 하자고 제안한다. 그러나 그런 결정을 내릴 능력을 의심할 수밖에 없고 또 의심해야만 하는 이유 역시 너무도 많다.

① 인지심리학은 인간이 인지적 편견을 타고났다는 증거를 많이 제시한다. 이런 편견은 우리가 원하는 게 무엇인지 자신을 성찰해 찾아내고 인식하며 적절한 평가를 내리는 일을 방해한다. 마찬가지로 편견은 미래에 갖게 될 감정을 예견하는 일도 가로막는다. 인지심리학자 티머시 윌슨과 대니얼 길버트는 독자적 연구를 통해 인간이 '정서 예측'에 아주 서툴다는 것을 입증했다(같은 결과를 보이는 연구들도 많다).[84] 다시 말해 우리는 장차 어떤 느낌을 갖게 될지 아는 능력이 부족하다. 인지적 편견은 이를테면 공감(공감편견empathy bias)이나 미래에 빚어질 부정적 사

건을 둘러싼 자신의 감정반응 과장(충격편견impact bias)으로 말미암아 체계적 사고의 오류를 빚어내기 때문이다.

유진의 사례를 살펴보자. 54세의 이 이혼남은 38세의 수잔나와 2년 동안 동거했다.

유진   그녀를 몹시 사랑했지만, 어려운 시간이었습니다.
나   뭐가 그토록 어려웠는지 말씀해주실 수 있나요?
유진   그게 그러니까 그녀는 아이를 원했어요. 가족을 말이죠. 그리고 제 감정은 그녀에게 원하는 것을 줄 수 없다고 제게 속삭이더군요. 저는 가족을 가져봤고, 그게 뭔지 압니다. 오랫동안 망설였고 끝없이 고민했습니다. 할 수 있는 데까지 제 안의 소리를 들으려 노력했죠. 그런데 놀랍게도 제가 뭘 원하는지 명확하지가 않았습니다. 그녀를 무척 사랑했지만, 새로운 가족을 원하지는 않았어요. 결국 결정을 내릴 수가 없었습니다. 제가 뭘 원하는지 그냥 결정을 내릴 수가 없었다고요. 마침내 우리는 갈라섰습니다. 제가 그녀에게 헤어지자고 했습니다. 아마도 그냥 그대로 한동안 관계가 유지될 수도 있었겠죠. 그렇지만 그녀를 잡아두는 게 옳지 않다고 느꼈습니다. 그녀가 필요로 하는 것은 가족이니까요. 그러나 제가 올바르게 행동했는지는 지금도 잘 모르겠습니다. 제가 정말 뭘 원하는지 모르겠다고요.

이 남자는 오랜 자기성찰의 과정을 거쳤음에도 결정을 내리지 못했다. 말하자면 이 오랜 자기성찰은 상황을 합리적으로 판단할 능력을 발휘할 의지를 마비시켰다. 여기서 우리는 티머시 윌슨이 인용한 시어도어 로스케*의 시구를 자연스레 떠올린다. "자기성찰은 저주로다/해묵은 혼란을 더욱 나쁘게 만드나니"self-contemplation is a curse/That makes an old confusion worse.[85] 유진은 감정의 자기계시를 기다렸다. 그러나 이런 계시는 합리적 자기성찰로는 이루어질 수 없다. 이유는 분명하다. 오늘날 우리의 자아는 명확한 테두리와 주어진 내용을 지닌, '단단하고' 확실하게 알아볼 수 있는 독립체가 아니기 때문이다. 오히려 우리의 자아는 사회로부터 끊임없이 영향을 받는 독립체다. 부단히 환경과 다른 사람의 행동에 영향을 받아 형성된다는 점에서 사실 매우 실용적인 독립체다. 우리는 자기성찰을 할 때 확실한 욕구나 희망을 발견하려 시도한다. 그러나 현실적으로 이런 욕구와 희망은 상황에 대한 반응으로 형성되는 것에 지나지 않는다. 이런 이유로 성찰은 걸러지지 않은 강한 감정을 느끼는 능력을 방해한다. 합리적으로 설명할 수 없는 인지작용으로 야기된 감정을 합리적으로 성찰하려는 탓에 벌어지는 일이다.

② 낭만적 선택과 소비적 선택의 영역에서 활용 가능한 많은 조건은 필연적으로 정보수집이라는 포괄적 과정을 치르도록 유발한다. 그래야 다양한 조건에서 어느 하나를 골라 선택하고 결정할 수 있기 때문이다. 사람들은 흔히 이런 형태의 생각을 이른바 '합리성'으로 이해하며 남성성과 연관 짓는다. 그러나 정보수집의 이런 인지적이고 합리적인 기술은 결정과정을 간단하게 만들기는커녕 오히려 훨씬 복잡하게 한다. 이렇게 될 수밖에 없는 이유는 인지심리학자들이 말하는 '정보 과잉' 때문이다. 인지심리학자 게리 클라인**은 선택조건의 과잉은 사람들로 하여금 서로 비교하게 만들며, 이런 비교가 빠르고 직관적인

• Theodore Roethke(1908~1963): 미국의 시인으로 운율과 자연적 이미지를 강조하는 시풍으로 1954년 퓰리처상을 받았다.

결정을 내릴 능력을 약화시킨다는 점을 입증했다. 직관에 기초한 결정은 빠르게 내려지며, 감정 없이는 이뤄지지 않는다. 그리고 살아오면서 축적한 지식을 자연스레 활용한다. 물론 직관적 결정은 어느 정도 위험부담을 떠안는 것이기는 하다.[86] 이와 반대로 조건들을 가늠해보고 비교한다는 것은 대상이나 인물 혹은 상황을, 이를 구성하는 몇 개의 부분으로 잘게 나눈 다음, 이 속성들을 이른바 '합리적 비교'라 알려진 과정을 통해 평가하고 저울질한다. 비교대상에는 현실의 조건은 물론이고 가상의 조건도 포함된다. 이런 형식의 평가는 전체를 통틀어 보는 판단에 기초하지 않고, 분석을 통해 계속 더 잘게 나뉠 수 있는 정보에 바탕을 둘 따름이다. 이로써 평가대상은 해체되어 서로 연관을 잃은 부분들로 격하될 뿐이다. 이런 분석과정은 직관적 평가를 흐리며, 감정의 강한 결속력을 위축한다. 여기서 직관적 평가란 어떤 공식으로 표현하거나 명제로 정리할 수 없는 형태의 의사결정을 뜻한다. 그러나 직관은 평가와 결정에 이르기 위해 반드시 필요하다. 계산에 의존하는 합리성으로는 직관에 도달할 수 없다. 조건들을 형식에만 의존해 가늠하는 일은 해당 개인이 가지는 감정의 강도나 밀도를 밝혀내는 데 조금도 도움이 되지 않기 때문이다. '근거를 대가며' 어떤 대상을 부분들로 잘게 나누는 일은 결정을 낳는 감정의 힘을 약화할 따름이다. 의사결정의 과정에 근거를 끌어들이는 일은 감정과 직관에 따라 행동하는 능력을 잃게 만든다. 성찰을 하면서 우리는 어떤 자극을 여러 가지 다른 속성으로 나누어놓기 때문이다. "어떤 자극을 평가하는

•• Gary Klein(1944~): 미국의 심리학자로 이른바 '자연적 결정 형성' 연구를 이끈 선구적 인물이다.

것은 여러 가지 다른 차원을 거치며 **인간이 적당히 타협하게끔 평가능력을 약화한다**는 증거들이 너무도 많다."■

③ 이런 통찰과 맞물려 우리는 아주 흥미로운 연구결과와 마주친다. 곧 어떤 주어진 대상에 대한 합리적 평가(경우에 따라서는 인물에 대한 합리적 평가)는 그 긍정적 감상을 중화하거나 약화하는 경향을 보여준다는 점이다. 달리 말해 인물이나 물건의 속성을 인식하는 행위는 그 감정적 매력을 갉아먹는다. 윌슨과 스쿨러는 인지가 아닌 정신활동에 기초하는 취향과 가치판단은 말로 하는 성찰적 평가(말로 하는 경우 사람들은 평가기준을 자신에 알맞게 표현한다)에 영향받는다는 점을 실험으로 보여줬다. 더 나아가 두 심리학자는 말로 하는 성찰적 평가가 어떤 자극에 대한 긍정적 평가를 전반적으로 어렵게 한다는 의견을 개진한다. 여기에는 두 과정이 중요한 역할을 한다. 그 하나는 말로 하는 것과 말로 하지 않는 평가방식이

■ 티머시 윌슨Timothy D. Wilson/조너선 스쿨러Jonathan W. Schooler, "너무 많은 생각은 좋지 않다. 성찰은 선호도와 결정의 품질을 낮출 수 있다"Thinking Too Much. Introspection Can Reduce the Quality of Preferences and Decisions, *Journal of Personality and Social Psychology*, 제2호(1991), 181~192쪽. 여기서는 182쪽. 비슷한 방식으로 오피르Ofir와 시몬슨Simonson은 어떤 상품이나 서비스를 평가하려는 기대가 불리한 품질 혹은 만족도 평가를 낳을 수 있으며 평가된 서비스를 취득하거나 추천하려는 고객의 각오를 누그러뜨릴 수 있음을 증명했다. 기대된 평가로 말미암은 이런 부정적 선입견은 사실상 높은 품질은 물론이고 사실상 낮은 품질에서도 얼마든지 관찰할 수 있다. 심지어 미리 품은 평가는, 그 고객에게 분명하게 긍정적인 것은 물론이고 부정적 측면도 고려해야 한다고 말해줘도 여전히 흔들리지 않는다. 이런 연구결과는 저자들이 '부정성 강화'라고 부르는 것과 일치하며, 이는 고객이 아주 낮은 기대로 평가과제에 접근하지 않는 한 그 소비에서 특히 상품이나 서비스의 부정적 측면에만 집중한다는 사실을 암시한다. Chezy Ofir/Itamar Simonson, "소비자의 부정적 피드백을 찾아서—만족도 평가에서 기대감이 낳는 효과"In Search of Negative Customer Feedback. The Effect of Expecting to Evaluate on Satisfaction Evaluations, 『마케팅 연구 저널』*Journal of Marketing Research*, 제2호(2001), 170~182쪽.

서로 방해를 일으키는 것과 관련된 과정이다. 말로 하는 평가가 말로 하지 않는 평가 자리에 들어서면, 겉으로 말은 하지 않지만 어떤 것을 '좋아한다'거나 '싫어한다'고 생각하는 능력이 약해진다. 그래서 사람들은 맛난 음식이나 아름다운 광경 같은 취향을 평가할 때 말로 하지 않는 편을 더 편하게 생각한다. 여기서 작용하는 두 번째 과정은 여러 가지 가능한 조건을 비교하는 행위가 특정 조건을 바라보는 우리의 감정을 약하게 만드는 경향을 갖게 한다는 점이다. ■ 윌슨과 스쿨러는 근거를 찾는 과정, 곧 특정 선택의 근거를 말로 표현하는 과정이 직관적 결정을 내리는 능력을 쇠퇴시킨다고 본다. 이런 관점에서 본다면 선택을 정당화하는 화술이 고도로 발전한 문화는 **아무런 근거 없이** 직관에 기초해 감정적으로 결합해 있다고 느끼는 능력을 현저히 약화한다. 그러니까 이런 경우 직관을 중시하는 문화는 파묻혀버리고 만다.

이런 진단은 결혼의 사회학이 내린 다른 진단과 여러모로 맞물린다. 혼전동거를 하는 비율이 급격히 상승하기는 했지만, 이런 관계의 40퍼센트는 5년을 넘기지 못한다. 그들 대부분은 2년 남짓 함께 산다. 55퍼센트가 실제 결혼에 이르기는 했지만, 평범하게 결혼한 부부보다 훨씬

■ 비슷한 방식으로 라비 다르Ravi Dhar는 주어진 선택지들 가운데 각기 다른 매력이 경쟁을 벌이는 데 그 어떤 것도 최고의 것으로 별다른 번거로움 없이 판명나지 않는다면 아예 어떤 것도 선택하지 않으려는 경향이 더 많이 존재한다고 주장한다(아예 선택하기를 포기한다). 다음 자료를 볼 것. Ravi Dhar, "아무런 선택을 하지 않는 소비자 선호도"Consumer Preference for a No-Choice Option, 출전: *The Journal of Consumer Research*, 제2호(1997), 215~231쪽. 다른 연구들은 선택할 게 너무 많거나 턱없이 부족할 경우에 소비자는 일체의 결정을 피한다는 결과를 내놓았다. 다음 자료를 볼 것. 드미트리 쿡크소프Dmitri Kuksov/미구엘 빌라스보아스Miguel Villas-Boas, "더 많은 선택지가 적은 선택을 이끈다"When More Alternatives Lead to Less Choice, 출전: 『마케팅과학』*Marketing Science*, 제3호(2010), 507~524쪽.

높은 확률로 이혼했다.[86] 남자든 여자든 동거를 하는 동기는 결혼이나 어떤 장기적 결합의 결정을 내리려는 기대감이다. 그러나 서로 생각을 해가며 결혼결정의 근거를 만들어내는 것은 오히려 결합을 저해하는 일이다. 어쨌거나 반드시 결합으로 이루어지지는 않는다. 두 사람이 맺는 결합은 직관과 감정으로 이루어져야 하는데, 성찰과 반성을 통해 근거를 찾으려 하다 보면 오히려 감정이 식어버리는 결과를 낳기 때문이다. 약혼이나 결혼 이전에 함께 사는 것은 남자가 여자에게 묶이는 일을 비대칭적으로 약화한다는 사실을 보여주는 연구들도 적지 않다.[87] 이는 결혼생활의 만족도를 떨어뜨리고 그 바람에 이혼 위험을 높인다.[88]

④ 선택의 과잉이 낳는 가장 중요한 효과는 아무래도 선택 가능한 대상자가 너무나 많아지다 보니 **만족한 선택**satisficing에서 **선택의 극대화** maximizing로 태도의 전환이 일어난다는 점이다. 이런 구별은 경제학자 허버트 사이먼*에게서 따왔다.[89] '만족한 선택'은 첫 번째로 주어지는 '충분히 좋은' 선택지로 만족한다. 반면 '선택의 극대화'는 최고로 좋은 대상을 찾는다. 이런 이유로 과잉 선택지는 결정을 쉽게 만드는 게 아니라 더 어렵게 만든다는 결과를 보여주는 실험은 여러 가지가 있다.

■ 래리 범패스Larry Bumpass/후시엔헨 루Hsien-Hen Lu, "동거의 경향과 동거가 미국 가정에서 자녀에게 미치는 영향"Trends in Cohabitation and Implications for Children's Family Contexts in the United States, 출전: 『인구 연구―인구통계학 저널』Population Studies. A Journal of Demography, 제1호(2000), 29~41쪽. 이들의 연구에 따르면 혼전동거를 한 부부의 비율이 1965년과 1974년 사이에는 10퍼센트였지만 1990년과 1994년 사이에는 50퍼센트로 급증했다.

● Herbert Simon(1916~2001): 20세기가 낳은 가장 영향력 있는 사회학자로 1978년 경제조직에서 결정과정이 이뤄지는 과정을 연구해 노벨 경제학상을 받았다.

배리 슈워츠*는 '극대화하는 정신태도'의 핵심적 방식 가운데 하나는 **미리 앞당긴 후회**anticipation of regret이자, 경제학자들이 부르짖듯, 증가하는 '기회비용'opportunity costs을 안타까워하는 감정이라고 설명한다. 더 커진 선택의 기회는 자신의 선택을 극대화하려는 욕망과 잃어버린 기회를 겨냥한 '미리 앞당긴 후회'가 의지의 힘을 약화하고 선택능력을 저해하는 통에 무관심을 불러일으킨다.[90]

48세의 수학자로 25년째 뉴욕에서 살고 있는 필리프는 그 좋은 예를 보여준다.

나   당신 인생에서 잊지 못할 러브스토리는 어떤 것입니까?

필리프   그거야 당신이 러브스토리를 어떻게 이해하느냐에 달린 문제죠. 지금껏 같이 살아봤던 여인은 다섯 명이에요. 그러나 모두 아니었다고 말할 수 있죠. 다섯 명 모두와 똑같은 문제로 씨름했습니다. 이 여자가 바로 그 사람이다 하는, 저의 유일한 진리라는 느낌을 단 한 번도 갖지 못했습니다. 아시겠어요?

나   아뇨, 무슨 말씀이시죠?

필리프   그게 그러니까, 예를 들어 한 여인과는 2년을 같이 살았죠. 멋진 관계였습니다. 대화도 즐거웠고 자주 웃었으며 여행도 곧잘 다녔죠. 함께 요리도 하고, 아주 편안한 관계였어요. 그런데 그녀가 아이를 갖고 싶다고 하면서, 저는 자문하지 않을 수 없었습니다. 나는 그녀에게 정말 어떤 감정을 가졌을까? 한마디로 저 '와우!' 하는 느낌이 떠오르지 않았어요. 제 생각에는 그런 결정을 내리려면 '와우!' 하는 감정을 가져야 하죠.

• Barry Schwartz(1946~): 미국의 심리학자로 『뉴욕타임스』에 심리학 칼럼을 기고한다.

나 　무슨 뜻으로 하는 말씀이신지?

필리프 음, 말하자면 '아, 저 여자가 내 인생의 여인이다' 하는 느낌을 가져야만 하잖아요. 그녀와 함께 있어야만 하고, 그렇지 않으면 비참할 거 같은. 내가 가질 수 있는 최고로 매력적인 여인! 간단히 말해 그런 느낌을 가질 수 없었어요. 언제나 그녀가 없다면 다른 여자가 대신하겠지 하는 느낌을 가졌죠.(웃음) 아마도 제 착각일 수 있지만, 나를 원하는 아름답고 똑똑한 여자들은 저 바깥에 차고 넘쳐납니다. 그러나 다른 한편으로 이 모든 것의 서글픈 측면은 내 눈길을 잡아끄는 독특한 매력을 자랑하는 여인이 저 바깥에 있다고 믿을 수는 없다는 점이에요.

이 남자의 말은 너무 많은 선택지가 어떤 한 여인을 상대로 강한 감정을 느끼는 능력을 떨어뜨린다는 점을 분명히 보여준다. 그러니까 좋은 상품이 넘쳐나는 시장에서는 선뜻 어느 하나를 선택하기가 어려워진다. 어떤 게 다른 모든 것을 압도하는지 알아내기가 쉽지 않기 때문이다. 이렇듯 강한 감정에 이끌리는 선택은 단지 선택지가 제한되었거나 가장 좋은 거래라는 확인을 할 수 있을 때에만 이루어진다.

선택 가능성의 실질적 증가와 이로부터 평생의 배우자를 구하는 데 자신의 이득을 극대화하려는 요구가 어떻게 작용하는지 보여주는 또 다른 예가 있는데, 사회학적으로 보자면 매우 흥미로운 에세이 한 편이다. 『뉴욕타임스』의 주간 칼럼란 「모던 러브」Modern Love에 글을 실은 다이애나 스페클러*는 자신에게 글쓰기를 배우는 대학생들 가운데 한

---

* Diana Spechler: 미국의 여성작가로 칼럼니스트로도 활발히 활동하며 뉴욕에서 글쓰기 강좌를 열고 있다.

명(동시에 그는 다이애나의 애인이다)이 텔레비전의 짝짓기 프로그램에 출연한 이야기를 들려준다. "프로그램 감독은 내 학생이 미리 답해놓은 설문지를 분석하는 것으로 시작해, 수백 명 가까운 여자 지원자들 가운데 남자의 요구에 알맞은 인물들을 추려낸 다음, 후보들의 사진을 그에게 메일로 보내줬다."[91] 이 대학생 제자는 스승인 다이애나와 매우 만족스러운 관계를 누리면서도 프로그램에 참여해 수많은 후보의 프로필을 보고 외모(몇몇은 "그다지 매력적이지 않았다")와 심리적 조화의 정도를 근거로 마음에 드는 여자를 골라냈다. 이 방송은 실제 첫 만남 이전에 상대의 정보를 이미 확보한 상태에서 선택하는 상황을 고스란히 반영했다. 결국 남자는 프로그램에서 탈락하고 말았다. "너무 고른다"는 게 탈락의 이유였다. 이런 성격은 선택의 배경으로 더욱 강해졌다. 까다롭게 고른다는 것은 낭만적 선택의 모든 영역을 물들이는 듯 보이는 태도로, 심리적 특성이 아니라 선택의 생태와 아키텍처가 빚어낸 결과일 뿐이다. 달리 말해 까다롭게 고르는 태도는 주어진 조건 아래서 자신의 선택 가능성을 극대화하려는 요구로 빚어진다. 선택의 폭이 얼마나 넓은지 전혀 장악하지 못하면서도 말이다.

낭만적 결합은 도구적인 동시에 정서적인 측면을 함께 가진다.[92] 결혼시장에서 선택을 하는 사람은 어느 모로 보나 분명 의사결정의 합리적 차원과 감정적 차원을 결합하려 시도한다. 그럼에도 현재 수준의 연구결과는 결국 정서적 차원이 결합에 가장 강렬한 것임을 확인해준다. 결합이 오로지 합리적 선택일 수만은 없기 때문이다. 낭만적 선택의 아키텍처가 갈수록 후보자들이 많아지는 사정에 직면하는 과정은 강한 정서적 결합을 이룰 능력을 약화한다. 선택의 과잉이 빚어지다 보니 감정과 직관과 갈등을 일으키며 이런 것들을 묻어버리는 합리적

인지가 득세하기 때문이다.

⑤ 위에서 묘사한 선택의 특징은 사회의 합리적 인지조건을 형성하면서 **양면적 애매함**이라는 심리적 상태를 유발한다. 다의성이라는 게 일종의 인지적 특징을 나타내는 반면(말하자면 어떤 대상이 이도저도 될 수 있다는 불확실함), 양면적 애매함은 감정과 관련한다. 프로이트에게 양면성은 사랑과 증오가 뒤섞인 것으로 인간심리의 보편적 특징이다. 철학자 데이비드 퍼그마이어*는 좀더 일반적으로, 양면성을 하나의 동일한 대상을 두고 서로 모순된 두 정서가 동시에 일어나는 것으로 정의한다.[93] 그러나 내가 보기에 현대의 동시대적 양면성은 약간 다르다. 현대의 양면성은 일종의 김빠진 감정이다. 아마도 '쿨한cool 양면성'이라는 게 이런 상태를 더 잘 표현하리라. 이 표현이 위에서 다룬 감정의 그늘이라는 핵심측면을 함축하는 한에서 말이다. 감정의 그늘이란 곧 '의지력 상실'을 뜻한다. 현대의 양면성이 나타나는 형식은 여러 가지다. 이를테면 어떤 사람을 두고 무슨 감정을 느끼는지 잘 모른다(이게 진짜 사랑일까? 내가 정말 저 사람과 평생을 같이하기 원할까?). 또는 모순된 감정을 갖기도 한다(현재의 관계를 유지하고 싶어하면서도 새로운 사람을 만났으면 하는 은밀한 희망을 품는다). 혹은 자신이 하는 말에 마땅히 따라붙어야 하는 감정이 없는 경우도 있다(나는 정말이지 너와 함께하고 싶어. 그러나 나를 너에게 완전히 붙들어 매고 싶지는 않아). 양면성은 우리 심리의 본질적 특성인 동시에 우리 인생의 테두리를 정해주는 제도가 강제하는 것이기도 하다. 종종 제도의 규제는 사람들이 정반대 것을 욕구하는 상황을 낳는 주범이다. 이를테면 가정이나 시장 같은 서로

---

* David Pugmire: 영국 사우샘프턴 대학교의 철학과 교수로 감정문제를 집중적으로 연구한다.

다른 제도에서 나타나듯, 사랑을 원하면서도 홀로 있고 싶어하고, 돌봐주기를 바라면서도 독립을 요구하는 식이다. 또한 문화 역시 서로 경쟁하는 개념들 사이에서 어떤 게 우선이고 무엇이 나중인지 명확한 의식을 중개해주지 못하기도 한다. 앤드루 웨이거트[*]의 이 말을 주목해보자. "개념에 붙은 상표, 이를 통해 감정의 기본 경험을 해석하는 상표들이 서로 모순될 때 일어나는 결과가 무뎌진 감정이다. 그 어떤 것도 이보다 더 경험을 지배하지는 못한다."[94] 그러니까 양면성은 감정에 직접 작용한다. "우리 자신이 누구인지 결정적으로 말해주는 경험이 없으면 우리의 행동은 망설이고 비약을 일삼으며 불완전하다."[95] 양면성의 사회학적 분석을 최초로 시도한 인물 가운데 한 명인 로버트 머튼[**]은 양면성이야말로 우리에게 주어진 역할이 규범적인 것이어야 한다는 기대가 서로 모순을 일으키는 결과라고 주장한다. 물론 그렇다고 해서 이런 모순이 역할을 반드시 취약하게 만드는 것은 아니라고 덧붙인다. 머튼이 보기에 거꾸로 양면성은 사회질서를 유지하는 기능을 발휘하기도 한다. 내가 보기에 양면성이 그런 순기능을 가지는 것은 아무런 시간제한 없이 마음껏 선택의 과잉을 누릴 수 있을 때뿐이리라. 그러나 아쉽게도 우리가 낭만적 선택을 할 수 있는 시간의 범위는 지극히 제한적이다. 물론 양면성이 문제가 되지 않을 수는 있다. 그러나 머튼이 내린 이런 결론이 내게는 훨씬 설득력 있게 다가온다. "양면성은 망설임을 낳으며 우리의 행동을 억누른다. 다시 말해 정확히

---

[*] Andrew Weigert: 미국의 사회심리학자로 미네소타 대학교 교수다.
[**] Robert Merton(1910~2003). 미국의 유명한 사회학자로 컬럼비아 대학교에서 오랫동안 교수로 있었다. 이른바 '롤모델' Role Model 개념을 만들어낸 학자다.

문제가 되는 것은 의지력 상실이다. 우리를 아프게 만드는 것이 양면성이라 할지라도 말이다."[96] 욕구가 특정한 대상에 집중할 수 없으며 본래 욕구하는 대상을 욕구할 수 없는 탓에 우리는 자기분열을 일으키는 셈이다. 그 결과가 '의지력 상실'이다.

약속 지키기와 현대의 선택 아키텍처

방금 설명한 특징들로 미루어 결합과 약속 지키기가 왜 인격의 문제적 측면이 되었는지 알 수 있다. 그렇다고 해서 이런 측면이 옛날에는 문제가 되지 않았다는 말은 아니다. 또 그게 사회생활의 모든 영역에 적용되는 것도 아니다. 이를테면 약속을 지킨다는 건 현대가 제도를 통해 이뤄낸 중대한 심리적 성과다. 특히 경제적 거래에서 그 중요성은 두말할 나위가 없다. 그럼에도 나는 낭만적 의지의 본성이 변화했으며, 이 변화의 가장 중요한 특징은 의무와 맞물려 있던 낭만적 관계나 섹스의 경험을 해체한 것이라는 의견을 강력히 대변하고자 한다. 경제학자 아마르티아 센은 이렇게 썼다. "의무감이라는 성격의 핵심은 개인의 이런저런 선택 사이에 쐐기를 박아 넣는다는 점이다."[97] 바꿔 말해 자신을 무엇인가에 붙들어 매는 의무감은 장차 자신의 안녕을 키워줄 모든 가능성을 포기하고 하나의 분명한 선택을 내린다는 뜻이다. 이처럼 약속이라는 구속拘束은 지금 이 순간 결정한 선택을 미래로 투사하는 특별한 능력이다. 이는 곧 더 나은 기회를 찾기 위해 탐색과 결정을 거듭하는 과정에 종지부를 찍는 능력이다. 약속을 하고 결합을 이루는 일은 현재 선택한 것이 가장 좋은 것으로 보일 때 일어난다. 동시에(또는) '충분히 좋은 것'을 택함으로써 더 나은 기회를 포기하는 행위가 곧 약속이다. 이런 관점에서 볼 때 확실히 의무와 사랑은 서로 밀접하게 맞물린다. 적어도 주관적으로는. 철학자 장 뤽 마리옹*은 그 사정을 이렇게 정리한다. "'이 순간, 잠시나마 너를 사랑해'라는 말은 '너를 전혀 사랑하지 않아'라는 말과 똑같다. 그런 말은 자기모순의 과시에 지나지 않는다."[98] 사랑한다는 것은 언제나 사랑하기 원한다는 뜻이라고, 마리옹은 힘주어 강조한다. 여기서 이런 물음이 자연스레 고개를 든다. 언제 그리고 왜, 선택은 미래를 함께 묶어내는 감정의 힘을 잃게 되는 것일까?

부부로 맺어지자는 약속은 미래를 향한 것이다. 그럼에도 이 미래에서, 흔히 우리가 가정하듯, 쌍방은 지금과 같은 그 사람이며, 지금 원하는 것을 그때에도 원하게 되리라고 본다. 이것이 약속의 시간구조다.

이와 관련해서 보자면 말로 하는 약속이라고 해서 다른 형태의 표현보다 덜 불안정한 것은 아니다. 실제로 약속은 상당히 불안하다. 약속에는 시간적 괴리가 따라붙기 때문이다. 약속을 입 밖으로 내는 것은 현재라는 순간이지만, 그 발설이 갖는 힘은 미래를 향하고 있으며, 앞을 내다본다는 점에서 전망의 성격을 띤다. (……) 모든 약속은 날짜를, 곧 약속이 만들어진 날짜를 전제하며, 이 날짜가 없이는 효력을 잃는다.[99]

결과적으로 "약속을 하는 현재는 (……) 그 지켜짐에 비추어볼 때 언제나 과거다."[100] 외견상 정확히 드러나는 이 시간의 괴리가 현대인

* Jean-Luc Marion(1946~): 자크 데리다의 제자로 포스트모더니즘을 대표하는 프랑스 철학자 가운데 한 사람이다.

2. 낭만적 선택의 새로운 아키텍처　**195**

의 자아를 꾸미는 문화적 구조에서 문제가 되었다. 이것은 바로 심리학 문화에 물든 자아의 화법이 감정을 만들어 내보이며 그에 알맞은 예를 갖춰 소중하게 떠받드는 의식ritual을 제거하거나 최소한 약하게 만들었기 때문이다.

감정을 섬기는 의식이란 다음과 같이 정의된다.

감정을 섬기는 예배와도 같은 의식은 마치 그런 감정이 실재하는 것처럼 가정한다. 이런 가정법은 그게 정확히 어떤 감정인지 이해하는 일도, 애매모호함의 풀이도 요구하지 않는다. 의식의 집행과 과시는 이해라는 문제를 간단하고도 우아하게 제쳐버리며, 이로써 이해를 요구함 없이 의식의 절차와 질서가 존재하도록 허락한다. 이런 식으로 감정의 의식화는 어떤 구체적 대책을 세우고 행동하기 위해 우리가 가질 수 있는 만큼의 지식을 갖추었다고, 비록 불충분할지라도 (달리 어쩔 수 없이) 인정하고 내려야만 하는 결정과 같다. 이런 사정은 수술을 해야겠다는 의사의 결단, 자본투자, 결혼약속, 선전포고, 고속도로 건설 등 인간이 시도하는 모든 형태의 노력에 똑같이 적용된다.[101]

바꿔 말해 의식화한 선택과 진정성, 성찰, 감정에 뿌리를 둔 선택 사이에는 대립이 존재한다. 의식화한 선택에서 약속과 결합은 의지의 행위인 동시에, 사회관습으로 굳어진 일련의 의식을 통해 과시되는 행동이다. 반면 진정성과 성찰과 감정에 기반을 둔 약속과 결합은 '진정한 감정'을 자기검증한 결과다. 두 번째 경우 약속을 지키는 일은 자아에 부담이 된다. 진정성의 영역에서 결단은 자아의 '심오하고도 근본적인 본질'을 그대로 반영하며 자아실현의 운동에 순응해야만 하기 때문이다. 자아실현이란 자기계발의 운동과 변화를 통해 이뤄지는 것이기 때문에 미래의 자아가 어떤 모습일지 그려보기는 어렵다. 이런 의미에서 자아실현은 자아의 비연속성을 전제한다. 내일 나는 오늘의 내가 아닌 어떤 사람일 수 있다. 자아실현이라는 문화적 이상은, 따라서 어떤 선택을 할지 항상 열어두라고 요구한다. 자아실현이라는 이상은 원칙적으로 자아의 불안정한 통제를 수반하며, 이는 곧 우리의 자아가 발달하고 성장하면서 내일은 오늘과 달라짐을 뜻한다. 자아실현이라는 이상에 따르면 내일 내가 뭘 원하게 될지 알 수가 없다. 자아실현의 정의 그대로 우리는 어떤 다원적이고 더 소중한 정체성을 가지게 될지 알지 못하기 때문이다. 벨라를 비롯한 학자들의 다음 표현은 주목할 만하다. "우리가 함께 지켜내야만 하는 사랑은 우리 주관성의 상호작용에 뿌리를 내리고 있다."[102] 자아실현의 이상은 상당히 강한 힘을 자랑하는 제도이자 문화의 추진력인 탓에 사람들로 하여금 만족스럽지 못한 직장이나 사랑 없는 결혼생활을 포기하고 명상세미나를 찾게 만들며, 비싼 돈을 들여 오랫동안 여행을 떠나는가 하면 심리학자에게 조언을 구하는 따위의 일을 하게 만든다. 이 이상은 근본적으로 자아를 끊임없이 움직이는 타깃처럼 상정함으로써 부단히 무언가 발견하고 성취하도록 요구한다.[103] 독신자로 살아가는 한 남자는 결혼과 가정생활에 반대하는 자신의 입장을 두고 『뉴욕타임스』에 쓴 칼럼에서 이렇게 주장한다. "이 인생에서 가장 큰 도전들 가운데 하나는 아직 살아보지 못한 인생을 주목하며, 가보지 않은 길을 가보는 것이자 아직 활용하지 못한 잠재력을 발휘하는 일이다."[104] 자아실현이라는 이상은 꾸준한 것이고 확실한 것으로서 자아와 의지의 이념을 뒤흔들며 파괴한다. 그러나 변함없고 확실한 것이야말로 칭찬받아 마땅한 자아의 특성 아닐까.

어쨌거나 자아를 실현한다는 일은 어떤 식으로든 고정된 정체성을 고집하지 않는 것이며, 무엇보다도 자아의 어떤 단 하나의 프로젝트에만 매달리지 않는다는 뜻이다. 바꿔 말해 자아실현이라는 이상은 자아를 일직선상의 연속적 기획으로 투사하는 능력과 요구를 직접적으로 방해한다.■
자크 데리다의 다음과 같은 말은 이런 문제의식의 반영이 아닐까.

> 약속은 언제나 과도하다. 이런 본질적 과잉이 없다면 약속은 미래가 어떤 모습이어야 할지 설명하거나 알아내는 방향으로 가야 마땅하리라. 약속의 행위는 확정(꾸준함)의 구조를 가져야지, 보여주기 위한 과시가 되어서는 안 되기 때문이다. 〔……〕 정확히 이 **약속**의 구조 안에 과잉은 일종의 구제불능한 혼란 혹은 앞뒤를 가리지 못하는 도착을 심어놓는다. 〔……〕 그래서 모든 약속은 **믿을 수 없는** 것이자 우스운 것으로 전락하며, 법과 계약을 끌어대며, 충절을 지키겠노라 맹세하고 선포하는 따위의 과장되고 격앙된 일이 벌어지게 만든다.[105]

나는 약속 지키기를 둘러싼 데리다의 논평을, 현대에 들어와 약속과 결합의 구조에서 일어난 심대한 변화의 전형적 증상으로 이해한다. 이런 변화는 배우자 선택의 현대적 생태와 아키텍처와 밀접하게 맞물려 있다. 제인 오스틴의 세계가 등장인물의 도덕을 약속과 그 준수에서 드러내는 반면, 위에서 인용한 논평에서 약속은 상당한 퇴행성을 보여

■ 자아는 시간상으로 그리고 존재적으로 세포분열을 일으키는 탓에 어떤 하나의 모습만 고집하기보다는 상황에 따라 다른 행동, 임기응변식 행동을 의무로 여길 수밖에 없다.

준다. 약속은 현대에 들어와 자아에 지워진 짐이 되어버렸다. 약속 지키기가 미래를 현재에, 그리고 현재를 미래에 가두어버리는 반면, 오늘날 미래는 열려 있으며 철두철미 불확실하다. 앤서니 기든스가 민주주의를 장려하는 특징[106]이라고 추켜세우는 현대 애정관계의 가장 중요한 특징은 언제라도 관계를 끝낼 수 있다는 점이다. 현대의 애정관계에서는 감정과 취향과 의지가 더는 조화를 이루지 않는다.■ 이런 문화적 맥락이 약속을 비로소 '우스운 일'로 만들어버린다. 약속과 결합은 이제 자아가 자신을 스스로 한껏 꾸며내는 비유로 선택을 활용하는 틀 안에 자리잡았다. 부단히 선택의 자유를 행사하면서도 선택이 본질적 감정영역에 기초해야 한다는 확신, 다시 말해 관계는 올곧은 감정에 바탕을 두어야 하며 이런 감정이 관계에 선행하면서 이 감정을 계속 빚어낼 줄 알아야 한다는 확신이 관계를 지탱하는 게 마땅하다고 한다면, 이런 낭만적 맥락에서 약속은 우스운 일이 되고 만다. 일반적으로 감정은 자발적으로 우러나오며, 자기도 모르게 갖게 되는 것, 의지로 다스려지지 않는 상태로 간주된다. 자아가 다스릴 수 없는 것을 약속한다니, 이 얼마나 우스운 일인가.

의지와 결합의 구조에서 빚어진 이런 변화로 '낚아채기'나 'BTP' Boyfriendy Type Person(부부관계로 발전할 가능성이 있는 남자친구) 같은 새로운 관계형식이 생겨났다. 이런 새로운 관계형식은 선택결정을 내리는 데 결부된

■ 사랑의 실용적인 모델, 곧 단기적 관계를 두고 벨라는 『미국인의 사고와 관습』에서 이렇게 썼다. "그렇다면 사랑은 서로 구속적 규칙 없이 주고받는 교류에 지나지 않는다. 현대의 사랑에서 기대할 수 있는 것이라고는 오로지 완전히 열린 소통일 뿐이다. 관계는 그것이 지속하는 한 배우자에게 그가 필요로 하는 것을 주기는 하지만, 관계가 끝나면 쌍방은 적어도 그 투자에 상당하는 대가를 얻을 수 있어야 한다."(108쪽)

양면적 애매함과 어려움을 아예 제도화한 것에 지나지 않는다.

'BTP'는 함께 살 수 있는 진정한 친구는 아직 아니지만 단순히 즐기는 대상 이상이다. 이 표현은 '공식' 친구 사이로 발전하기 전까지 모든 중간단계에 적용된다. 'BTP'는 확실한 남자친구라고 부르기에는 아직 감정이 본격적으로 무르익지 않았지만 상당히 자주 만나며 전화통화도 빈번히 하면서, 본격적 관계를 맺는 행보는 하지 않았어도 느낌으로는 서로 결합해 있다고 믿기 시작하는 상대다. 반드시 같이 자야만 하는 것은 아니며, 다른 사람과도 얼마든지 만날 수 있다(이것을 두고 '바람피운다'고 느끼지 않는다). 물론 약간 죄책감이 들거나 경우에 따라서는 남자가 다른 여자를 만난다고 해서 머리 꼭대기까지 화가 치밀 수 있다. 이는 관계가 점차 진지해지고 있다는 징조다. 'BTP'라는 말은 관계기피증을 가진 사람들에게 흔히 쓰는 표현이다. 여성에게 해당하는 단어는 'GTP'다.[107]

재미 삼아 써놓은 것일지라도 위의 글은 남성과 여성 사이의 결속구조에서 어떤 심오한 변화가 일어났는지 명료하게 보여준다. 의지와 결속능력의 핵심에서 벌어지는 이런 변화는 자아가 너무 많은 선택 가능성에 직면한 탓에 현재를 미래와 결합하는 꾸준한 노선을 고집할 수 없게 만드는 선택의 상황을 고스란히 드러낸다.

현대의 관계기피증이 갖는 문화적 특성을 파악하려면, 그 특성이 키르케고르가 레기네 올젠과의 약혼을 깬 것과 어떤 차이를 갖는지 비교해보는 게 도움이 된다. 키르케고르가 이런 행보를 보인 동기를 두고 아직도 논란은 끊이지 않는다. 대개는 그의 깊은 신앙이 문제였다고 하고, 혹자는 그의 만성적 우울증이나 레기네를 행복하게 해줄 수 없다는 걱정 탓으로 돌린다. 어쨌거나 종교에 뿌리를 두고 키르케고르는 어떤 타협도 하지 않는 진정성을 의무감으로 지녔던 듯하다. 그의 걱정은 혹시 결혼이 거짓말에 바탕을 두는 것은 아닐까 하는 데 있었기 때문이다. 그만큼 키르케고르는 자기 내면의 많은 부분을 여인과 나눌 수 없었다.[108] 선택의 동기, 이를테면 그녀가 그가 취할 수 있는 최고의 선택인지, 그녀가 정말 자신에게 맞는 짝인지, 가정을 이루고 안주하기에는 "너무 이른 게" 아닌지, 이런 물음들이 그가 결정을 내리는 데 전혀 문제가 되지 않았다. 키르케고르의 경우에 그가 약혼을 깨기로 한 것은 의지가 강함을 드러내기 위함이었지 허약함을 보여주려는 게 아니었다. 이 사례는 '관계기피증'의 문화적 특성이 어떤 동기를 갖느냐에 따라 얼마든지 달라질 수 있음을 여실히 보여준다. 키르케고르가 약혼을 깬 것은 어디까지나 여인을 지켜주고 싶다는 의지의 반영이니 말이다. 그의 약속은 초지일관 꾸준했다.

섹스 과잉과 감정불평등

물론 남성이든 여성이든 자유를 가장 기본적 가치로 여기며, 현대의 애정관계라는 제도 안에서 주관을 실현하는 최고의 활동으로서 자유를 선택한다. 그렇지만 이때 남성과 여성이 자유에 이르는 길은 서로 다르다. 섹스 선택의 새로운 생태와 아키텍처가 두 성 사이의 균형관계에 영향을 준 것도 사실이다. 기회 있을 때마다 섹스하는 횟수가, 남자가 여자보다 훨씬 많다는 점은 숱한 연구가 보여주는 일치된 결과다. 그 결과 섹스를 바라보는 태도는 남성이 훨씬 긍정적이다.[109] 남자가 여자보다 더 신체매력을 중시한다는 결론을 내리는 연구도 적지 않다.[110] 그리고 많은 연구는 섹스를 하는 데 여성은 남성과 비교도 안 될 정도로 더욱 농도 짙은 감정을 필요로 한다고 확인해준다.[111] 남자는 본래 섹스에 더 강하게 끌리는 반면, "여자는 친근함과 사랑과 관심에 더 높은 가치를 두는 경향을 보인다."[112]

이런 연구결과들은 흔히 남성과 여성이 갖는 생물학적 본능의 차이로 해석되곤 한다. 그러나 나는 현재의 사회조직을 정당화할 모종의 구실을 자연에서 찾기 위해 진화생물학자들이 흘깃거리고 있는 건 아닌가 하는 혐의를 지우기 힘들다. 이 장에서 행한 내 분석이 맞는다면, 남자와 여자는 각기 자신이 원하는 신분을 획득하기 위해 서로 다른 전략을 쓰면서 그 수단으로 섹스를 활용할 따름이다. 다시 말해 남자에게 섹스는 자신의 남성성을 과시할 신분(권위, 자율성, 그리고 남자들끼리의 연대감)을 행사할 가장 중요한 무기가 되었다. 반면 여자에게 섹스는 주로 결혼과 번식에 종사하는 수단이다. 남성이든 여성이든 섹스는 사회적 권력에 줄을 대는 결정적 창구지만, 저마다 추구하는 전략이 다를 뿐이다. 끊임없이 논란의 대상이 되면서 상당 부분 무너졌지만 그래도 여전히 존재하는 가부장이라는 가족과 경제조직을 배경으로 놓고 볼 때, 규제의 올가미를 벗어난 섹스는 저마다 다른 목적을 추구하는 섹스 만남에 이르는 길을 열어놓았다. 여기서 남자는 될 수 있는 한 많은 상대와 섹스하고 싶어하며, 여자는 상대가 오로지 자신만 생각해주기를, 곧 감정독점을 누리기 원한다. 이런 전략은 단순히 다르기만 한 것에 그치지 않는다. 우선 섹스영역을 지배하는 남자(직업과 경제권력과 성적 능력 등으로)에게 다수의 섹스 파트너는 그가 상당한 강점을 누리도록 돕는다. 탈규제화한 섹스환경에서 일련의 상대들을 누린다는 것은 감정독점을 요구하는 여자의 전략에 비해 감정영역에서 전략적 우위를 점할 수 있게 해주는 동시에 더 많은 권력을 맛볼 수 있게 도와준다.

독점권을 내세우는 여성의 섹스는 상대에게 감정적으로 묶이고 싶다는 소망을 바탕에 깔고 있다. 나만 사랑해주기 원하는 여성의 희망은 남성보다 일찍 그리고 더 밀도 높게 감정을 느끼며 표현할 확률을 높여준다. 여성이 상대를 선택할 때 그 결정은 자신이 임신할 경우 단 한 명의 남자에게 사회경제적 지위를 의존할 수밖에 없다는 정황으로부터 자유로울 수가 없다. 그런 탓에 여성은 섹스든 감정이든 독점을 추구할 확률이 높아진다.[113]

다른 측면에서 볼 때 여러 명의 상대를 거느리는 섹스는 감정적으로 거리를 두려는 일련의 원인과 맞물린다. 여러 명과 섹스관계를 맺는 경우에는 감정적으로 거리를 두는 게 좀더 적응하기 쉬운 태도이기 때문이다(상대가 바뀔 때마다 감정의 결속을 다지기란 대단한 노력과 수고를 요구한다). 순차적으로든 동시에 나란히 거느리든 다수의 섹스 파트너를 갖는다는 일은 그들 각자에게 느끼는 감정의 약화를 피할 수 없게 만든다. 결국 감정적 거리두기는 다른 남자들에게 자신의 섹스자본을 과시하는 수단일 따름이다. 달리 말해 파트너 여러 명을 거느리는 섹스는 자신이 가진 남성성을 과시하는 지표에 지나지 않으며, 필연적으로 감정적 거리두기를 낳을 수밖에 없다. 이런 거리두기는 관계기피증을 불러오는 데 중요한 역할을 했으며, 다시금 선택의 생태와 아키텍처에 고스란히 반영되어 어떤 면에서는 남성이 이성애 관계를 통제할 수 있도록 도왔다. 그러니까 여러 명을 거느리는 섹스는 하나 이상의 여러 가지 방식으로 감정적 거리두기를 불러온 셈이다.

이런 사정을 분명하게 말해주는 사례는 앞서 인용한 마거릿 필즈의 글에서 찾을 수 있다. "많은 경우 그들에게 전혀 호감을 가질 수 없었다. 심지어 무섭게 느껴지는 경우도 있었고 그저 지루하기 짝이 없기만 했다. 그럼에도 나의 비호감이나 두려움 혹은 지루함은 남자가 정말 오랫동안 내 옆을 지켜주거나 적어도 그러고 싶다고 말해주기를 바라는 내 안의 깊은 소망을 결코 약하게 만들지 못했다."[114] 『뉴욕타임스』가 개최한 '대학생 러브스토리 콘테스트'에서 우승한 이 글은 남성과 여성 사이에 빚어지는 비대칭성, 곧 불균형을 아주 인상적으로 보여준다. 그리고 그 원인을 정확히 이런 점에서 확정한다. 즉 여자는 결합을 희망하며, 더 나아가 남자가 그녀에게 묶여주기를 열망한다.

남성과 여성이 각기 구사하는 섹스전략의 이런 특이점이 내가 **감정불평등**이라고 부르고자 하는 것이 생겨날 조건을 만들어냈다. 여러 명을 상대하는 섹스는 남자가 여자에 비해 단 하나의 유일한 관계에 자신을 묶어 매려는 각오가 부족한 한, 남자로 하여금 구조적 강점을 누리도록 도왔다. 여성이 벗어날 수 없는 시간적 제약(가임 가능기간이나 쉬 시드는 젊음)이나 인구구조적 문제로 말미암아 남자는 더 넓은 선택의 여지를 누린다. 여기서 감정불평등의 한 사례를 살펴보자. 다음 글은 인터넷 칼럼을 쓰는 어떤 여성 필자가 다른 여인을 상대로 충고한 내용이다.

제가 보기에 '관계맺기를 두려워하는 남자'에게 관계를 강제하는 일은 당신이 망설여 마땅한 일로 여겨집니다. 제 남편은 거의 공황에 가까울 정도로 결합을 두려워했죠. 구속의 새로운 차원이 등장할 때마다(제가 좀더 견고한 관계를 원한다고 했을 때나 함께 살자고 말했을 때, 결혼하자고 했을 때, 심지어 결혼 후 아이를 갖고 싶다며 보챘을 때) 그는 헤어지거나 저를 떠나려 했죠. 아들이 태어나고 나서야 그는 결국 우리 관계에 적응했습니다. 그러나 이도 잠시, 계속 문제를 떠안는 쪽은 저였죠. 관계를 주도하는 쪽은 언제나 저였기 때문에, 결국 저는 그가 저를 정말 사랑하는지 의심할 수밖에 없었죠. 그건 남편이 치료를 통해 풀어야만 하는 문제였습니다. 그가 원한다면 말이죠. 물론 그가 그런 치료를 원할 리 없지만. 지금 치료를 받는 쪽은 접니다. 제가 가진 문제가 정말 무엇인지 추적하려고 말이죠. 이런 남자와 관계를 구축한다는 것은 아주 많은 고통을 감내해야만 한다는 뜻입니다(제 경우는 자기회의로 더욱 열악하죠). 어쨌거나 이게 제 경험입니다. —불행한 결합[115]

'불행한 결합'이라는 익명 아래 이 여인은 감정불평등과, 남녀 사이의 감정불평등 그리고 자신의 문제를 치료로 해결하려는 노력을 묘사한다. 감정의 이런 불평등은 고삐 풀린 이성애 관계라는 맥락에서 빚어졌다고 봐야 한다. 즉 남성과 여성의 선택조건이 변한 결과다. 남성이 더 많은 선택의 기회를 누리며 섹스 분야에서 훨씬 우월한 위치, 이를테면 신체매력이나 젊음, 교양, 연봉수준, 혹은 이런 요소들의 자의적 조합에 바탕을 두는 우월한 위치를 자랑하는 탓에 불평등은 피할 수 없는 귀결이다.

남자와 여자가 교류하는 조건은 낭만적 거래에서 각자 어떤 감정적 지위를 갖느냐에 따라 결정된다. 19세기의 남성이 감정의 든든함과 거의 과시에 가까울 정도로 약속을 하고 지키는 능력을 뽐내야 했다면, 현대의 남성은 자신의 감정을 증명하기보다 거리 두는 쪽을 택해야만 한다. 거꾸로 19세기의 여성은 남성에 비해 감정을 좀체 드러내지 않아야 했다면, 반대로 20세기의 여성은 더 적극적으로 자신의 감정을 표현해야만 한다. 심리상담사 교육을 담당하는 레베카는 내게 이런 이야기를 들려줬다. "제가 지난 20년 동안 환자들을 상담하고 제가 가르치는 상담사들을 다루며 체험한 주된 문제는 더 많은 사랑, 더 많은 감정, 더 빈번한 섹스, 좀더 확실한 결속을 원하는 쪽은 언제나 여성이었다는 점입니다. 그리고 남자는 이 모든 걸 피하기만 했죠. 심지어 남자들은 섹스도 좀 덜 했으면 하고 바랐습니다. 제 말은 남자들이 여자 쪽에서 원하는 게 적은 형식의 섹스를 바랐다는 뜻입니다."

피에르 부르디외는 사회 대다수 그룹이 가치와 현실을 새롭게 정의해야만 하는 상황으로 내몰리는 과정을 '상징권력'symbolic domination이라는 개념으로 나타냈다. 여기 발맞추어 나는 '감정권력'emotional domination이라는 표현을 쓰고자 한다. 감정권력은 감정의 상호작용을 통제할 능력이 어느 한쪽으로 쏠릴 때 행사된다. 권력을 행사하는 쪽이 오히려 거리를 두면서 마음껏 고르되 상대방의 선택은 제한하는 더 큰 힘을 가지고 있기 때문이다. 짝짓기에 시장경제의 조건이 생겨나면서 동시에 남성이 여성을 다스리는 새로운 형태의 **감정권력**이 형성되었다는 사실은 가려지고 말았다. 감정권력은 선택조건이 변화한 결과로 남성이 자신을 여성에게 묶어 매는 일을 망설이는 반면, 여성은 결합을 원한다는 점에서 그 실체를 드러낸다. 경제영역과 마찬가지로 사회적 규제 부족으로 빚어지는 비대칭적 관계는 자발성과 개성이라는 겉보기 뒤에 숨어버렸다. 그래서 나는 관계맺기를 두려워하는 남자의 태도를 두 사람이 결합하는 감정관계의 특별한 모델로 볼 것을 제안하고자 한다. 각자 선택의 생태와 아키텍처에서 선택의 자유를 행사해 마땅한 개인들이 감정불평등 때문에 그 자유를 제한당하는 상황, 이것이 곧 관계기피증이다.

틀림없이 많은 사람이 다음의 이유를 들어가며 내 분석에 반론하리라. 1970년대 이후 여성의 섹스는 갈수록 여러 명의 상대를 갖는 행태로 변모했다고 말이다. 이로써 크게 볼 때 여성의 섹스와 감정은 내가 여기에 묘사한 것처럼 획일적이지 않은 것만은 분명하다. 행복과 평등을 가장 우선시하는 사회의 새로운 분위기에 따라 해방된 라이프스타일로 여러 명의 섹스 파트너를 사귀는 여성이 많아진 것은 틀림없는 사실이다. 그렇지만 나는 이런 사정이 아마도 남성의 권력에 반응하고 대항하기 위한 수단으로서 연쇄적 섹스를 선택한 것 아닐까 하는 반론을 제기하고자 한다. 이런 식으로 남성의 권력을 모방하려는 경향이 있는 것도 부정할 수 없는 사실이다. '상징권력'과 '감정권력'이라는 이론에 비추어볼 때 이는 놀라운 이야기가 아니다. 연쇄적 섹스가 남성의 권력이 지닌 속성이라면, 여자 쪽에서 연쇄적 섹스를 모방이자 전략적 대응방식으로 채택할 가능성도 적지 않다(거리를 두는 것에 유일하게 적절히 반응하는 방식은 더욱더 거리를 두는 것이다). 여성에게 연쇄적 섹스는 언제나 독점하고 싶다는 욕망과 나란히 가는 것이며, 이런 사정에 맞게 그런 섹스는 온갖 모순으로 가득하다. 여성은 연쇄성과 독점성을 결합하고 혼합한 섹스전략을 구사하는 경향을 보인다. 좀더 정확히 말하자면, 여성에게 연쇄성은 독점성을 이루기 위한 수단이지 그 자체가 목적은 아니다. 그래서 여성은 연쇄적인 것과 독점적 전략을 양면으로 구사하기는 하지만, 결국 연쇄성은 독점성 뒤에 오는 부차적인 것일 따름이다. 미국에서 베스트셀러로 각광받은 책 『벗겨지다』*Unhooked*에서 저자 로라 스텝은 새로운 섹스 풍조를 자랑하는 여대생들 이야기를 다루면서 '낚아채기'의 실상을 고발한다. 여기 묘사된 여대생들의 행동은 이렇다. "이 젊은 여인들은 자신들의 넘버〔그녀들을 낚아챘던 청년〕를 두고 수다를 떨면서, 마치 증권회사가 데이터를 정리해두듯 남자들에게 번호를 매겨 관리했다. 침대 옆 작은 탁자서랍에 숨겨둔 수첩에 이름을 꼼꼼히 적어두었으며, 엑셀로 짠 표에 이름과 섹스 특성 그리고 평점을 입력해두기도 했다."[116]

젊은이들은 만남을 위해 약속하는 일을 사실상 포기했다. 이런 풍습은 사랑과 결속이 없는 집단의 만남과 섹스 행태로 대체되었다. 심지어 많은 경우 호감도 찾아볼 수 없다. 관계는 스쳐지나가는 섹스 만남으로 바뀌고 말았으며, 이를 두고 '원 나이트 스탠드'라고 자랑까지 한다. 사랑은 (……) 유예되거나 불가능한 것으로 여겨질 따름이다. 섹스는 이제 사회적 상호관계를 주도하는 화폐가 되고 말았다.[117]

그러나 스텝의 취재와 실화 위주의 사례가 짐작하게 하듯, 처녀들에게 섹스관계는 그 상대방인 남성에 비해 사랑의 감정과 더 밀접하게 맞물려 있다. 스텝은 이런 사정이 젊은 여성을 극도의 혼란에 빠뜨린다고 지적한다. 애정에 따른 결합을 원하면서도 동시에 그런 결합 욕구를 부정하려는 모순이 빚어지기 때문이다. 스텝이 관측한 가장 빈번한 유형은 내심 사랑받고 싶다는 욕구와 싸우면서도 남자들을 상대로 무심한 척 거리를 두는 처녀들의 행태였다. 영국 『인디펜던트』의 섹스 칼럼니스트 캐서린 타운센드는 자신의 베스트셀러에서 다양한 섹스모험 사례를 들려준다. 그녀가 전면에 내세우는 것은 성차별로부터 해방된 여성이 다양하면서도 적극적으로 추구하는 섹스다. 그럼에도 타운센드가 묘사한 에로스의 모험은 어디까지나 단 한 명의 유일한 배우자를 찾겠다는 열망에 사로잡힌 것일 뿐이다. 다만 그녀가 찾아낸 상대는 그녀에게 묶이기를 원하지 않는다. 그러니까 타운센드의 섹스모험

• Laura Sessions Stepp: 미국의 청소년 문제 전문가이자 저널리스트다.

은 한 명의 평생 배우자를 탐색하는 과정을 배경으로 깔고 체험된 것일 따름이다. 이런 사정을 보여주는 또 다른 사례는 드라마 시리즈 〈섹스 앤 더 시티〉다. 이 드라마는 프리섹스를 추구하는 여성들을 그리고 있지만, 많은 사람이 논평(혹은 비판)하듯, 어디까지나 유일한 배우자를 찾으려는 노력이 전제되어 있다. 마거릿 필즈는 자신의 경험담 말미에 다음과 같은 고민을 털어놓았다.

> 스티븐과 나눈 이야기(일부일처에 반대하는 그의 저항감)를 곱씹어보려 시도했다. 명상이나 선 같은 형태의 비非결합을 실천하려는 적극적인 내 노력을 기억해보려 했다. 그리고 누구도 내 사적 소유물일 수 없으며, 나 역시 누군가의 사적 소유물이 되어서는 안 된다는 점을 새겨보려 애썼다.[118]

이 사례는 여성의 연쇄적 섹스라는 게 결국 독점에 초점을 맞춘 섹스를 추구하려는 열망에 지배받는다는 점을 분명하게 보여준다. 여성의 감정과 그 결합의 희망은 애초부터 짝짓기 전략의 바탕에 깔려 있다. 이로 미루어볼 때 여성은 서로 갈등을 일으키는 욕구들 탓에 혼란스러운 감정전략을 따를 수밖에 없으며, 연쇄적 섹스를 통해 관계를 회피하는 능력이 더 뛰어난 남자들에게 지배당하는 일을 피할 수 없게 된다.

즉흥적 섹스와 자유의 아포리아

자유는 추상적 가치가 아니라 제도로 자리잡은 문화의 현실이다. 자유는 의지와 선택, 욕구 그리고 감정을 빚어내는 구체적 가치다. 의지는 주관과 객관의 강제라는 구조로 형성된다. 이 가운데 현대에서 가장 중요한 강제는 바로 선택의 자유다. 현대의 선택 아키텍처에서 남성과 여성 모두 배우자 후보는 얼마든지 찾아볼 수 있을 정도로 넘쳐난다. 자신의 의지와 감정을 기초로 아무런 방해도 받지 않고 배우자를 고를 자유까지 보장하는 게 현대의 선택 아키텍처다. 그러나 선택 아키텍처는 서로 다른 전략으로 짝짓기를 하도록 유도한다. 결합과 의무감을 거부하면서 거리두기를 통해 관계를 통제하려 드는 쪽은 남성이다. 섹스라는 경연장이 신분과 에로스 자본을 획득하고자 경쟁 위주로 짜인 탓에, 또 이 에로스 자본에 이르는 길이 남자와 여자에게 각기 다른 탓에, 남자가 결합을 두려워하고 꺼리는 태도는 문화의 심각한 문제가 되고 말았다. 관계기피증이 선택 아키텍처가 갖는 문화의 특수성을 표현한다는 점은, 마찬가지로 결합을 거부하는 또 다른 문화 판타지와 비교함으로써 선명하게 알아볼 수 있다. 에리카 종의 소설 『날기가 두렵다』Fear of Flying의 여주인공 이사도라 윙은 **즉흥적 섹스**zipless fuck를 이야기한다. 이것은 문화적으로 매우 다양한 의미를 갖는 말이다.

바지 앞섶에 단추(유럽 남자들이 선호하는 것)가 달렸든 지퍼가 있든 아무 상관이 없다. 상대가 대단한 매력을 자랑하든 아니든, 이것도 문제가 되지 않는다. 빠르게 진행되는 사건은 한 편의 꿈을 압축해놓은 것만 같으며, 그 어떤 후회나 죄책감을 불러일으키지 않는다. 〔······〕 서로 말을 주고받을 필요도 전혀 없다. 즉흥적 섹스는 완전히 순수하다. 그 어떤 숨은 의도로부터도 자유롭다. 권력게임은 일어나지 않는다. 남자는 '받아들이지' 않으며, 여자는 '주지' 않는다. 〔······〕 누구도 무엇인가 '증명'하려 시도하지 않으며, 상대로부터 무언가 얻어내려 하지도 않는다. 즉흥적 섹스는 세상에 존재하는 가장

깨끗한 것이다.[119]

이런 판타지에는 앞서 살펴본 관계기피증과는 다른 선택 아키텍처가 바탕에 깔려 있다. 이 장면이 연출한 것은 순전한 쾌락과 자주권 그리고 양쪽의 평등이다. 이 판타지를 그토록 순수하게 만드는 것은 선택을 문제 삼지 않는 정황, 누군가를 버린다거나 누구에게 버림받는 일을 두고 양면적 감정이나 두려움을 갖지 않는다는 정황이다. 말 그대로 양쪽이 똑같이 누리는 쾌락이며, 여기서 감정의 거리두기는 아무런 고통을 불러일으키지 않는다. 양쪽이 원래부터 똑같이 나누기에 거리를 둘 필요가 없기 때문이다. 이런 순수한 쾌락주의를 가능하게 만들어주는 것은 당사자들 가운데 누구도 선택을 강요받지 않는다는 점이다. 그러니까 여기에 묘사된 밀도 높은 쾌락이야말로 관계기피증이라는 현상 주변을 맴도는 남성과 여성에게서는 찾아볼 수 없는 것이다. 이들은 선택해야만 한다는 사실 그리고 선택의 과잉, 결합의 감정적 조건을 만들어내야만 하는 어려움, 감정불평등으로 야기되는 양면성과 두려움에 끊임없이 시달릴 따름이다.

감정불평등은 (낭만적) 의지의 변화로 생겨난다. 다시 말해 어떻게 누군가를 사랑하고 그에게 자신의 인생을 결합시켜야 좋을까 하는 물음을 놓고 그 결정방식이 달라졌다. 그러니까 이 변화는 선택의 생태와 아키텍처가 바뀐 데 따른 결과다. 시장의 경우와 마찬가지로 선택의 자유는 모든 것을 불투명하게 만드는 효과를 낸다. 자유라는 이념을 떠받드는 문화의 두 개 주요 축, 곧 자율과 과잉이 갈수록 밀접하게 맞물려 돌아가면서 쾌락을 추구하기가 더욱 힘들어지는 결과를 낳는다. 자율과 자유와 이성은 서로서로 상호작용하며 다른 것을 가능하게 만들어주는 조건이다. 그런 점에서 자율과 자유와 이성은 현대성을 떠받드는 대단히 중요한 자산이다. 그러나 나는 자유를 제도로 자리잡게 만든 조건이야말로 인격의 핵심개념인 의지를 뒤흔들어 변화시킨 주범이라는 사실에 주목하고자 한다. 자유로 말미암아 선택의 생태와 아키텍처가 바뀌어버림으로써 자율과 자유와 이성의 바탕인 의지가 실종되는 안타까운 결과가 빚어지고 말았다. 물론 치료나 상담, 자기계발, 코칭 등의 문화가 일련의 기술로 묶임으로써 갈수록 변덕스러워지는 시장에서 선택을 감독하며 바른 결정을 내리도록 유도해주리라는 주장에 설득력이 전혀 없는 것은 아니다. 그러나 이 과정에서 자유는 일종의 아포리아, 곧 이러지도 저러지도 못하는 딜레마가 되어 아예 선택을 할 수 없는 무능함을 이끌어낼 따름이다. 심지어 선택을 하고 싶다는 희망마저 사라지게 만들 수 있다. 자유의 역사를 이야기할 수 있다면, 그 역사는 곧 자유를 쟁취하기 위한 투쟁에서 선택의 어려움에 이른 역사, 심지어는 선택하지 않을 권리에 이른 역사라고 말할 수 있으리라.

인정받고 싶은 욕구:
자아의 사랑과 상처

내 가치가 나를 의심으로 채우며
그의 강점이 내 모든 두려움이라,
그의 것과 비교해보니, 내 재능은
보잘것없어 보이는구나.

내 부족함이 입증되지 않기만을
그의 사랑에 걸맞도록
가장 큰 걱정은
내 사랑의 믿음 안에서 풀리기를.

그래서 거룩하지 않은 집인 내가
그의 선택받은 정신이 머물러 쉴 곳이 되어,
내 영혼이 교회와 같아져
은총을 가득히 내릴 수 있기만을.
― 에밀리 디킨슨

비록 사랑의 힘으로 당신 사람이 되었고
또 영원히 이 끈을 이어갈 것이나
행운이라는 무기 덕에 당신은 내 차지라오.
우리가 싸움에서 만났을 때,
발 앞에 엎드린 쪽은 내가 아닌 당신이었기에, 소중한 이여.
― 하인리히 폰 클라이스트(아킬레우스가 펜테질레아에게)[1]

『성찰』에서 데카르트는 현대성을 결정적으로 풀어 볼 수 있는 역사적 순간을 선보인다. 인간의 의식이 자기 자신을 회의하는 의식으로 파악하고, 의심이라는 이 행위를 통해 자신이 대체 뭘 알고 있는지 그 확실성을 이룩하고자 시도한다. 세 번째 성찰에서 데카르트는 다음과 같이 썼다.

　　나는 생각하는(의식하는) 존재다. 곧 의심하고 긍정하고 부정하며, 약간은 아는 것 같은데, 모르는 게 너무 많은 존재다. (사랑하고 미워하며) 의지하거나 의지하지 않는 존재인 동시에 상상과 느낌도 갖는 존재다. 위에서도 언급했듯 비록 내가 느끼거나 상상하는 것이 나를 벗어난 바깥에서는 아무것도 아니라 할지라도, 그래도 내가 확신하는 것은 느낌이나 상상이라고 부른 의식의 방식이 확실히 의식의 방식인 한에서, 내 안에서는 틀림없이 존재한다는 사실이다.[2]

　　데카르트가 이런 지적 곡예를 벌이는 목적은 확실함에 도달하는 방법은 바로 의심이며, 지식을 의심하거나 공증하는 유일한 심판관은 바로 '의심하는 나'라는 주장을 내세우고자 함이다.
　　지식의 확실성을 의식의 담장 안에서 찾으려는 데카르트의 시도에 담긴 '통제하고자 하는 의지'는 많은 학자의 주목을 끌었고 숱한 논란의 대상이 되었다.[3] 다시 말해 확실성의 근원을 자아 안에서 찾으려는 시도가 자아라는 주체에게 모든 것을 통제하려는 의지를 안기는 게 과연 온당한 주장인가 하는 논란이다. 그러나 자아가 자신을 확실함의 원천으로 구성하면서 얻는 '즐거움'은 거의 주목을 받지 못했다.[4] 데카르트의 글에서 의심의 경험은, 라캉이 말한, 어린아이가 자기 몸을 다루는 법을 깨달으면서 느끼는 즐거움, 곧 (라캉이 말하는 맥락에서) 쾌락을 기뻐하는 성격을 가진다. 데카르트의 의심은 확실성을 미리 선취함으로써 의기양양해 기뻐 날뛰고 있다.

프랑스의 철학자 장 뤽 마리옹은 데카르트의 성찰에 잇대어 그 대상의 형이상학, 곧 대상의 확실성을 획득하려는 목표를 갖는 형이상학이 좀더 중요한 확실성, 즉 '나' 혹은 자아의 확실성에 이르지 못했다고 주장한다. 자아는 인식론이나 존재론의 확실성만 필요로 하는 게 아니다. 더군다나 그런 확실성을 우선시하지도 않는다. 자아가 원하는 것은 무엇보다도 에로스의 확실성이다. 아마도 이게 확실성이 왜 소중한가 하는 물음에 줄 수 있는 유일한 대답이 아닐까. 마리옹이 보기에 사랑하는 사람은 '레스 코기탄스'˙와 대립한다. '레스 코기탄스'는 확실성을 찾는 반면, 사랑하는 사람이 원하는 것은 확인(혹은 '인정')이다. 그러니까 데카르트의 "나는 존재하는가?" 하는 물음은 "나는 사랑받고 있는가?" 하는 물음으로 바뀌어야 한다.[5]

확실성을 구축하려는 데카르트의 시도를 마리옹이 재해석한 것은 전혀 자의적이지 않다. 오히려 오늘날 낭만적 관계와 에로스의 결합에

˙ res cogitans: '생각하는 존재'라는 뜻의 데카르트 용어다.

서 당사자들이 중요시하는 것은 나라는 존재의 확신이며 자존감이라는 징후를 고스란히 담아낸다. 섹스 만남이 그동안 사회의 여러 장에서 활발히 이루어지고 있다는 주장은 곧 섹스가 사회적 지위와 자존감을 세워줄 수 있다는 뜻이다. 현대의 섹스와 낭만적 관계를 그저 쓰윽 훑어보기만 해도 분명해지는 점은 섹스와 사랑이 개인의 자존감을 이루는 중요한 부분이 되었다는 사실이다. 나는 현대 후기의 조건 아래서 오늘날 에로스라는 문제가 상대에게 인정받고 싶어하는 개인의 열망을 가장 잘 드러내는 것임을 보여주고자 한다. 물론 인식론적 차원의 문제를 에로스의 문제로 바꿔서 볼 때 온갖 아포리아로 얽힌 현대의 자아를 풀어내는 일이 간단치는 않음을 명심해야 한다.

사랑은 왜 좋은 느낌을 줄까

사랑을 일종의 광기로 간주한 철학자들은 너무도 많다.■ 그러나 이때 광기란 다름 아니라 자아가 스스로 자신의 가치를 높임으로써 힘이 솟는 느낌으로 얻는 독특한 형태의 충만감이다. 낭만적 사랑은 남의 시선을 매개로 자신의 자화상을 멋지게 꾸며낸다. 남이 바라봐주는 내가 아름답기만 한 게 바로 사랑의 감정이다. 고전에서 이런 감정에 맞

■ 그 최초 사례는 플라톤의 『파이드로스』Phaidros다(플라톤의 대화편 가운데 하나인 『파이드로스』는 인간이 본래 암수 한 몸으로 달라붙은 상태였다고 한다. 그러다가 신의 노여움을 사서 반으로 갈라진 탓에 인간은 평생 반쪽을 찾아 헤매는 고통을 당해야만 한다. 사람의 영혼은 사랑을 찾아 자기 자신을 불태우는 미친 짓을 벌인다는 주장이다. 이런 광기로 인간의 영혼은 그 고향, 곧 아름다운 형상을 기억하게 된다. 결국 사랑은 거울에 비친 자기 자신을 사랑한다는 점에서 광기라고 플라톤은 정의한다. 그러니까 동성애의 경우는 같은 성끼리 붙어 있었던 탓에 빚어진다는 게 플라톤의 설명이다—옮긴이).

는 사례를 인용해보자. "나를 사랑한다! 이 얼마나 나 자신을 소중하게 만들어주는 일인가! 이 얼마나 내가, 나는 당신에게 이런 말을 할 수 있어, 당신은 그럴 만한 감각을 갖고도 남음이 있지, 그녀가 나를 사랑한다는 것을 알게 된 이래 얼마나 나는 나 자신을 숭배하는지!"[6] 바로 괴테의 『젊은 베르테르의 슬픔』에 나오는 구절이다. 사랑에 빠진 사람은 상대를 무비판적 시각으로 바라본다. 데이비드 흄은 이런 사정에 맞춤한 아이러니로 이렇게 묘사한다. "감각적 욕정으로 불타는 사람은 적어도 잠시나마 욕구의 대상에게 친근한 마음가짐을 갖는 동시에 상대를 평소보다 아름답다고 여긴다."[7] 사이먼 블랙번˚은 이렇게 촌평한다. "사랑에 빠진 사람이 정말 눈이 머는 것은 아니다. 다만 피부의 점 하나까지 놓치지 않고 피하지방까지 꿰뚫어볼 정도로 상대를 실눈 뜨고 바라본다. 기묘한 것은 조금도 어색해하지 않고 오히려 황홀하게 여긴다는 점이다."[8] 이 같은 융합은 사랑에 내재하는 것이며, 당사자가 자신을 (잠시나마) 훨씬 귀하게 여기는 결과를 낳는다. 프로이트 역시 에로스라는 현상이 가치평가의 독특한 방식을 불러온다는 사실에 깊은 인상을 받았다. "사랑에 빠짐이라는 테두리 안에서 우리는 애초부터 섹스의 과대평가라는 현상에 사로잡힌다. 이는 곧 사랑하는 상대를 일체의 비판으로부터 자유롭게 바라보며, 그의 모든 특성을, 그를 사랑하지 않는 사람보다 혹은 아직 사랑하지 않았을 때보다 훨씬 높게 평가한다는 사실을 뜻한다."[9] 니체가 보기에 자존감을 높여주는 것은 상대방의 무비판적 시선이 아니라 단순히 사랑을 한다는 행위 그 자체다. 사랑하는 행위가 당사자의 생명에너지를 분출시킨다. "사랑하는

● Simon Blackburn(1944~): 영국의 철학자로 케임브리지 대학교 교수다.

사람은 변모하는 것처럼 보인다. 더욱 강해지고, 훨씬 풍요로우며, 한층 완전해진다. 그렇다, 사랑에 빠진 사람은 더 완전해진 사람이다. [……] 사랑이 단순히 가치의 느낌을 바꿔주기 때문은 아니다. 사랑하는 사람은 가치 그 이상이다."[10] 다음은 사이먼 블랙번의 확인이다.

사랑에 빠진 사람은 그 욕구의 대상뿐 아니라 자기 자신도 상상을 통해 지어낸다. 이를테면 이리저리 흔들리는 지지대 기둥들을 바라보며 마치 자신이 바다 위에 있다고 상상하고는 꼭 잡아 하고 외치는 식이다. 사랑의 시나 공상에 사로잡힌 우리는 적어도 그 순간만큼은 우리가 상상한 바로 그 사람이다.[11]

강조점이 비판의 사라짐에 찍히든 사랑하는 행위의 생생한 활력에 찍히든 상관없이 이런 점에서는 의견의 일치가 이뤄지는 듯 보인다. 즉 사랑에 빠진다는 것은 평소 자신을 괴롭히던 열등감, 이를테면 내가 너무 보잘것없는 존재가 아닐까 하는 감정을 떨쳐버리고, 자신이 유일한 존재이며, 더 나아가 소중하기 이를 데 없는 존재라고 느낀다는 뜻이다.
사랑이 자존감의 고취를 이끈다는 점, 그러니까 무비판적으로 사랑을 하고 받음으로써 자신감을 높이는 일은 다양하고도 광범위한 사회 역사적 배경을 놓고 볼 때 사랑감정의 핵심인 것만큼은 분명해 보인다. 그럼에도 나는 사랑이 만들어주는 자존감이 현대의 관계에서 특히 중요하며 절박하다고까지 주장하려 한다. 현대의 개인주의야말로 자존감을 세우는 일로 고군분투하고 있기 때문이다. 자신을 차별화하고 나는 유일한 존재다 하는 자신감을 가져야 한다는 강박관념이 현대의 시작과 더불어 상당히 커졌다는 점을 주목할 필요가 있다. 바꿔 말해 과거에 사랑이 개인에게 어떤 자신감을 제공했든 사회적으로 아무런 의미를 갖지 않았으며, 사회적 인정을 대신해줄 수 있는 것도 아니었다(사회적 하향성의 경우는 제외하고 말이다. 여기서 말하는 하향성이란 높은 계급의 사람이 낮은 계급 출신을 결혼상대로 택하는 경우를 염두에 둔 표현이다). 사랑을 통한 낭만적 인정은 사회적으로 별 의미를 갖지 않았기 때문이다. 이후 내가 펼쳐 보이려는 논제는 이 인정의 구조가 현대의 낭만적 관계에서 변화했다는 것, 그리고 그 인정이 어느 때보다도 깊고 넓은 의미를 갖는다는 점이다.

계급 인정에서 자아 인정으로

1897년 구애의 예절을 다룬 두 권의 책이 출간된다. 험프리Humphry라는 이름의 부인이 쓴 이 책들은 각각 『남자를 위한 예절』*Manner for Men*과 『여자를 위한 예절』*Manner for Women*이라고 제목을 달았다. 이 책들은 중산층을 겨냥해 계급과 성에 맞는 연애예절이 어때야 하는지 충고한다. 우선, 남자는 어떤 몸가짐과 태도를 보여야 하는지 잘 묘사한다. 예를 들어 거리에서 여인과 함께 걸을 때는 어느 쪽에 어떻게 서야 하는지, 사람들과 만날 때면 남자를 소개하기에 앞서 여자부터 먼저 소개를 해야 한다거나, 모르는 여인에게 우산을 받쳐줄 때는 어떻게 해야 하는지, 숙녀들이 있는 곳에서는 담배를 피우지 말라든지, 마차나 열차에 오를 때 여인에게 어떤 손(오른손이나 왼손)을 내미는 것이 좋은지, 레스토랑에서 계산을 해야 하는데 돈이 부족한 난처한 상황은 어떻게 모면할 수 있는지, 아무튼 자잘한 예절들을 두루 망라했다. 다시금 여자 편에서는 어떤 상황에서도 침착함을 잃지 말며, 대화를 웃음으로 끊지 말고(물론 너무 큰 소리로 웃어서는 안 된다), 자전거를 어떻게 우아하게 타며, 손님들을 초대했을 경우 어떤 음식과 와인을 내놓아야 한다든지, 테이블 꽃장식은 무엇으로 하는 게 좋고, 다리는 언제 꼬아도 되고 언제 안 되는지 따위를 설명한다.

대부분은 아니라도 당시의 많은 실용서는 낭만적 영역 내에서 계급과 성정체성을 정의하는 일에 매달렸다. 성공적 짝짓기가 1차 목표였기 때문이다. 그리고 일반적으로 볼 때 짝짓기는 교육 잘 받은 시민 행세를 하는 능력에 달린 문제였다. 이 책들이 소개하는 인정받는 요령은 무엇보다도 "행동과 관련해" 해도 좋은 일과 해서는 안 될 일을 목록으로 정리한 것이다. 물론 그 목적은 자신의 소속계급과 성정체성을 드러내 보이며, 상대방의 소속계급과 성정체성도 확인하고자 함이었다. 상대방의 인격을 존중해준다는 것은 곧 자신과 상대방의 소속계급과 성정체성을 인정하고 확인하는 표시를 해준다는 뜻이다. 상대방을 모욕하는 것은 사회학자 뤽 볼탄스키˙가 위엄grandeur이라 부른 것, 곧 당사자의 상대적 중요성과 사회체제에서 그가 차지하는 지위를 모욕한다는 것을 뜻한다.

오늘날 짝짓기 요령을 알려주는 책들은 전혀 다른 문제를 다룬다. 『마네킹을 위한 데이트』의 첫 장 제목은 "나는 누구인가?"이며 "자신감을 가져라"와 "나를 움직이게 만드는 것은 무엇인가" 따위의 부제가 붙어 있다.[12] 『화성남자 금성여자의 사랑의 완성』은 '남성과 여성 욕구의 역동성', '남자는 인정을, 여자는 흠모를 원한다'와 '불확실성' 같은

● Luc Boltanski(1940~): 프랑스 사회학자로 피에르 부르디외의 제자였으나 1980년대를 지나면서 점점 그와 다른 입장을 취해왔다. 주로 도덕과 정치의 문제를 사회학 입장에서 다룬다.

주제들을 다룬다.[13] 반면 『데이트 혹은 소울메이트』는 '당신 자신을 사귀어보세요'와 '건강한 감정의 중요성' 등을 다룬다.[14] 이런 현대의 책들에서 짝찾기 문제는 초점을 다른 곳에 맞추었다. 더는 (시민)예절을 강조하지 않으며 성정체성도 문제시하지 않는다. 오로지 사회적 계층으로부터 떨어져 나와 내면과 감정을 통해 정의되는 자아가 가장 강조되는 중심이다. 좀더 정확히 말하자면, 연애를 둘러싼 현대의 논의에서 남성과 여성 모두에게 똑같이 중요하게 여겨지는 것은 상대방의 적절한 인정의례를 통해 자신의 가치를 가늠하는 일이다.

그 전형적 사례를 우리는 『화성남자 금성여자의 사랑의 완성』에서 읽을 수 있다.

'거절'의 위험을 감수하고 여인에게 전화번호를 묻는 남자의 자신감은 여인으로 하여금 내가 그렇게 '매력적인가' 하는 생각에 '회심의 미소'를 짓게 만든다. 여자가 남자의 부탁을 받아들여 자신의 전화번호를 준다면, 이는 다시금 남자의 자신감을 키운다. 남자의 적극적 관심이 여자에게 특별한 감정을 불러일으키듯, 그녀의 수동적 관심은 남자에게 자신감을 키워준다.[15]

여기서 계급과 성별 사이의 경계는 분명 사라졌다. 그 대신 당사자는 이제 '본질적인 것'이 된 자신의 자아, 곧 일체의 사회계층 따위는 전혀 문제시하지 않는 자아를 적절한 방식으로 배려해주는 게 중요하다. 이제 자존감은 오로지 자아 안에 내재한다. 대중의 인기를 끈 책 『데이트 혹은 소울메이트』의 저자가 펼치는 주장을 들어보자. "사실 우리는 누구나 좋은 기분을 누리려고 이 모든 수고를 한다. 만약 우리가 어떤 사람과 가까이 있을 때 특히 기분이 좋다면 우리는 이 사람이 얼마나 중요하며 매력적인지 깨닫고 깜짝 놀라게 된다. 반대 경우도 마찬가지다."[16] 여기서 인정의례는 자아라는 '본질'을 중시할 뿐 어떤 계급 소속이냐를 따지지 않는다. "좋은 기분을 느낀다"는 게 말하자면 사랑에 빠지기 위한 이유이자 목적이 되었다. 심리학자와 정신분석학자의 대다수는 이런 견해를 두고 자아는 상대를 인정할 뿐만 아니라 자신도 상대로부터 인정받아야만 한다는 반향을 나타낸다고 본다. 정신분석학자 에델 스펙터 퍼슨* 이 보기에 사랑에서 타인은 언제나 아주 높은 가치를 인정받는 반면, 정작 본인의 자아가 갖는 가치는 항상 갈등을 겪고 또 인정받기를 요구한다.[17] 퍼슨의 어휘선택과 분석은 현대에 들어와 사랑의 의미에 중요한 변화가 일어났음을 적시한다. 그녀의 육성을 들어보자.

대답된 사랑을 통해 연인들은 서로 각자의 유일함과 가치를 인정한다. 사랑은 우리에게 기회를 열어준다. 이 기회로 타인은 우리를 점차 속속들이 알아가며, 비판하지 않고 우리를 받아들이고, 우리의 모든 약점과 결함에도 서로 사랑한다. 〔……〕 사랑받는다는 사실 하나만으로 **우리는 불안함으로부터 구원받는다. 사랑은 우리 자신의 중요성을 보장한다**.[18]

'인정'과 '불안함'은 18세기나 19세기에는 낭만적 사랑을 이야기할 때 등장하지 않던 어휘다. 이런 새로운 용어는 사랑의 경험을 이해하는 데 결정적으로 새로운 길을 열어준다. 실제로 불안함이라는 개념은 현대의 사랑관념에서 아주 핵심적이 되었기에 우리는 그 정확한 의미

• Ethel S. Person(1934~2012): 미국 컬럼비아 대학교의 임상심리학 교수다.

를 캐묻지 않을 수 없다(사랑과 짝찾기를 주제로 하는 책들 상당수가 불안함을 아주 중요하게 다룬다).

앞서 인용한 것과 같은 심리학의 설명은 우리가 살아가는 사회라는 세상을 문제로 삼는다. 일반적인 심리학 언어에서 '불안함'이란 두 가지 사회학적 사실을 적시한다. 첫째, 우리의 자존감과 가치는 상호작용과 무관하지 않으며 타고난 것도 아니다. 오히려 끝없이 새롭게 확정하고 강화해야만 하는 것이다. 둘째, 이 가치를 확립해주는 것은 관계 안에서 우리가 자신을 적극적으로 드러내는 행위다. 불안하다는 것은 자신의 가치를 확신하지 못한다는 것, 스스로 이런 확신을 이끌어낼 수 없으며, 이를 얻기 위해서는 다른 사람에게 의존해야 한다는 것을 뜻한다. 현대에 들어와서 일어난 근본적 변화 가운데 하나는 사회적 자존감은 사회관계 안에서 자신을 드러내는 행위(퍼포먼스Performance)로 얻어진다는 **사실**이다. 달리 표현하자면 사회의 상호작용, 경우에 따라서는 자신을 사회관계 안에서 드러내는 행위방식이야말로 자아가 자존감과 가치를 얻는 주된 요인이 되었다. 이는 곧 자아가 다른 사람들 그리고 그들과의 상호작용에 의존하게 되는 결과를 낳았다. 19세기 중반이나 말엽까지만 하더라도 낭만적 관계가 이미 현존하며 비교적 객관적으로 정립된 사회계층 의식에 바탕을 둔 반면, 현대 후기에 들어와 우리가 자존감이라고 부르는 것의 상당 부분은 자아가 스스로 책임지고 이뤄내야 하는 일이 되었다. 결혼과 연애는 거의 언제나 사회적이고 경제적인 고려에 바탕을 두기 때문에, 낭만적 사랑은 당사자의 사회적 지위를 끌어올리는 데 거의 아무런 보탬도 되지 못한다. 그리고 사랑이 사회라는 테두리가 설정한 조건들로부터 떨어져 나왔기 때문에 낭만적 사랑은 자존감을 두고 협상을 벌이는 무대가 되었다.

현재의 상황이 어떤 특징을 갖는지 평가하려면 이 상황을 19세기 연애의례와 짧게나마 비교해보는 게 도움이 될 수 있다. 옛날 사람들의 감정생활이 어떤 내용을 가졌는지 오늘날의 시각으로 들여다보는 게 위험한 일일 수는 있다 하더라도, 19세기의 연애의례는 몇 가지 흥미로운 비교지점을 제공한다. 비슷한 상황에서 자아가 어떻게 꾸며졌고 또 연애를 위해 무슨 걱정을 했는지 살펴보면 달리 생각할 수 있는 측면이 드러나리라. 19세기의 연애 풍습에서 흔히 볼 수 있는 특징은 남자는 자신이 구애하는 여인을 부지런히 찬양하는 반면, 여인은 오히려 자신의 가치를 낮추는 반응을 드물지 않게 보였다.

1801년 4월 9일 프랜시스 세지윅 Frances Sedgwick● 은 에버니저 왓슨의 청혼을 처음에는 거절했다가 마음을 바꾸어, 이 남자가 근본적으로 볼 때 자신과 어울리는 짝이라 생각하고 결혼할 결심을 굳히고서 자기 아버지에게 이런 편지를 썼다. "제가 바라는 것은, 아니 믿고 싶은 것은, 저 자신의 가치가 그 어떤 적당한 잣대로든 그의 것에 어울렸으면 하는 겁니다. 〔……〕 저라는 하찮은 존재가 그 어디서 이런 작은 행복이나마 베풀어줄 수 있겠어요. 그저 기회가 닿을 때마다 아버지가 저를 돌봐주신 고마움에 보답하려 노력하겠습니다."[19] 구애하는 남자에게도 여인은 자신을 낮추어 표현하는 일이 잦았다. 프랜시스 세지윅의 감정은 특수 사례가 아니라 19세기 전반을 관통하는 현상이다. 그래서 엘렌 로트먼은 당시의 연애를 연구하며 이렇게 지적한다. "여성성을 이상으로 떠받드는 분위기에서 여인은 오히려 애인이 자신을 너무 고결하게 여기는 건 아닐까 두려워했다. 롱아일랜드의 어떤 여교사는 자신

● 프랜시스는 세지윅 시니어의 둘째 딸이다.

의 약혼자에게 애원했다. '당신이 저를 너무 높게 생각하시는 것 같아요. 저는 제 모습 그대로 당신이 알아주기만 바랄 뿐입니다. 약하고 상처받기 쉬우며 충동적이며 변덕스럽습니다.'"[20]
앨버트 블레드소● 와 약혼하고 난 다음 해리엇 콕스도 비슷한 감정을 가졌다. 물론 이런 감정을 그녀는 남자에게는 말하지 않았다. 다만 친구에게 '개인적'으로 보낸 편지에서는 이렇게 썼다. "그가 나에게 보여주는 애정의 깊이와 뜨거움이 내 허영심을 자극하지 않았으면 좋겠어. 나는 어느 모로 보나 그가 나를 완전히 과대평가하고 있다는 걸 잘 알아." 뉴욕 출신의 어떤 여인은 구혼자가 실수를 저지르지 않기를 바라는 마음으로 편지를 썼다. "저를 결점 없는 여자로 보지 말아주세요. 틀림없이 많은 결점을 발견하실 겁니다. 나무랄 데 없다고 여기셨다가 실망하지 않기만 바랍니다." 퍼시스 시블리●● 는 자신이 '결점이 없지 않다는 점'을 약혼자에게 설득시키는 데 실패했다고 믿었다. 그녀는 '어려운 시험'을 앞둔 심정이라고 토로하며, 결혼 이후 겪게 될 난처함을 털어놓았다. "눈먼 사람처럼 나를 완전함의 총화라 여기던 그의 눈에서 비늘이 떨어져 내릴까 두려워요. [……] 과대평가를 받는 일이 견딜 수 없습니다."[21] 메리 피어슨Mary Pearson의 경우도 주목할 만하다. "그녀는 에프라임이 보여주는 애정이 자신에게 걸맞지 않으며 그의 칭찬을 받을 만한 자격이 없다고 믿었다. [……] 에프라임의 상상이 그 자신에게 속삭여준 모든 게 (그를) 행복하게 해줄 수 있는 여인에게 속한

● Albert Bledsoe(1809~1877): 목사이자 변호사이며 수학 교수이던 인물로 미국 연방정부 결성을 옹호했으며 Harriett Coxe와 1836년에 결혼해 모두 일곱 명의 자녀를 두었다.
●● Persis Sibley: 미국 캘리포니아에서 광산업을 한 존 콜먼John Coleman(1823~1919)의 아내다.

다는 사실을 그가 깨닫는다면, '그녀'가 그저 걱정으로 가득 차 있으며 불안함에 시달리는 보통 여인에 지나지 않음을 알고 실망할까 두렵다고 했다."²² 그리고 시대적으로 나중 사례에서 마크 트웨인은 올리비아 랭던에게 청혼하며 다음과 같이 썼다.

내가 당신을 칭찬한다고 해서 제발 상처받았다고 느끼지 말아요, 리비. 나는 오로지 진실만을 이야기하고 있는 거라오. 결국 당신에게도 결점이 하나 있다고 인정하지요. 그것은 바로 자기를 낮추는 일이에요. 〔······〕 그런데 말이오, 당신의 자기낮춤은 덕목이자 장점이라오. 그것은 그 어떤 이기주의도 없기 때문에 빚어지는 태도라오. 이기주의야말로 가장 심각한 성격 결함 가운데 하나지요.²³

미국과 수많은 문화적 유사성을 갖는 영국에서도 우리는 비슷한 자기표현을 찾아볼 수 있다. 그 좋은 예가 엘리자베스 배럿과 로버트 브라우닝 사이에 오간 편지들이다. 현대 관찰자의 눈에 두드러지는 사실은 이 서신 교환의 적지 않은 부분이 로버트는 엘리자베스의 독특함과 탁월한 성격을 칭찬하며 엘리자베스는 이런 찬사들을 거절하는 데 할애하고 있다는 점이다. 1845년 9월의 어느 편지에서 엘리자베스는 이렇게 썼다. "어떻게든 당신이 제게 모든 관심을 쏟으리라는 점은 처음 만난 순간부터 지금까지 솔직히 저를 놀라게만 만들었습니다. 당신이 저를 절대 만나지 않는 쪽이 나았으리라는 생각을 하며 제가 자주 아픔을 느끼는 건 어쩔 도리가 없군요."²⁴ 1846년 2월, 그러니까 브라우닝의 구애가 상당히 진척되었을 무렵, 엘리자베스는 이렇게 썼다. "그 어떤 것도 당신의 사랑만큼 저를 이렇게 겸허하게 만들 수는 없을 겁니다."²⁵ 그리고 같은 해 3월에는 또 이렇게 썼다. "……만약 당신이 그 강한 사랑의 능력으로 저를 바닥으로부터 들어 올리는 일을 멈추지 않는다면, 저는 당신이 제 안에 심어놓은 희망을 충족시킬 수 없을 겁니다."²⁶ 그 같은 주장은 각각 로버트의 강력한 반발을 불러일으켰으며, 그의 사랑고백과 결혼의 희망을 더욱 응집시키는 결과를 낳았다. 다른 사례에서 짧은 기간 동안 바이런 경의 애인이었던 제인 클레어먼트는 자신이 마땅히 맡아야 했던 수동적 역할을 벗어던지려는 충동을 이기지 못하면서도 연애편지 교환의 관습은 여전히 존중해 이렇게 썼다. "당신이 저를 사랑해주리라는 기대는 품지 않습니다. 저는 당신의 사랑을 받을 자격이 없습니다. 당신은 저와는 비할 수 없이 고결하다고 느낍니다. 그러나 너무나 놀랍게도, 당신은 저를 더욱 행복하게 해주는 열정을 슬그머니 알려주셨더군요. 저는 당신의 가슴속에 이런 열정이 더는 생생하지 않은 줄로 착각했습니다."²⁷

이런 선포를 통해 여인은 자신을 낮추는 열등감을 연출한다. 그러나 이런 열등감은 자신이 사랑하는 특별한 남자에게서 실제로 느끼는 감정이 아니다. 이는 다만 당시 사회의 도덕이 이상으로 여기는 감정일 따름이다. 남자 역시 자주는 아니고 그리 두드러지지도 않지만, 자신이 열등한 건 아닐까 하는 걱정을 드러내곤 했다는 사실이 관찰되며, 이는 연출된 열등감이 사회도덕의 이상이었음을 확인시킨다. 보스턴 최상류층 가문 출신의 해리 세지윅은 제인 마이넛과 약혼했다. 서로 떨어져 지내야 했던 17개월 동안 두 사람은 숱한 편지를 주고받았다.

이들의 서신 교환에서 주된 주제는 제인의 배우자로서 자신이 지적으로나 직업적으로 혹은 정신적으로도 알맞지 않은 게 아닐까 하는 해리의 걱정이다. (……) 겨울이 끝나갈 무렵 해리는 잠깐 자신감이 흔들리며 위기감을 느낀다. "운명을 들여다볼 수 있다면 좋겠소." 그가 편지에 쓴 말이다. '내가 알고 싶은 것은 오직, 언젠가 내가 당신에게 걸맞지 않은 존재가 되는 건 아닐까 하는 것이오. 당신의 존경을 받지 못할까 두렵소."[28]

자신을 낮추는 형식으로부터 우리는 이런 추론을 할 수 있다. 자신을 낮추는 일은 본인이 자신을 '객관적 방식'으로 평가할 줄 알 때 비로소 가능하다. 그러니까 여기서 벌어진 일은 자신을 타인의 시선으로 바라보고 품위의 객관적 기준에 따라 평가할 줄 안다는 능력에서 빚어진다. 다시 말해 남성과 여성에게 똑같이 적용되며 또 함께 공유하는 기준에 따라 각자 자신을 판단한다. 더 나아가 두 가지 능력이 얼마든지 동시에 발휘되는 것으로도 볼 수 있다. 한편으로는 자기 자신을 스스로 비판하는 능력(이로써 자신의 성격이 강하고도 너그럽다고 과시함)이, 다른 한편으로는 자신의 결점과 단점을 솔직히 드러냄으로써 친근한 감정을 빚어내는 능력이 각각 발휘되는 셈이다. 이상으로 떠받들어지는 성격을 우러르며 자기 자신을 이상이라는 그 이름으로 비판할 줄 아는 능력을 드러냄으로써 근대의 남성과 여성은 우리가 오늘날 이야기하듯 '같은 편이라는 감정적 지지'나 '인정'이라는 것을 전혀 필요로 하지 않는 '자아'를 자랑한다. 이런 자아는 남의 도움 없이도 얼마든지 자신을 평가할 줄 알며, "남에게 인정받는다"고 해서 자신감을 얻는 게 아니라 자신을 도덕의 표준에 맞춰 바라보며 이에 합당하게 자신을 향상시킬 줄 아는 능력으로 자신감을 길러낸다. 더욱이 자기낮춤이라는 의례는 상대가 그에 상응하는 의례를 갖추도록 초대한다. 그러니까 근대 여성의 겸손은 자신을 '인정'해달라는 부탁이 아니라 남자가 얼마나 든든하며 약속을 지켜줄 능력이 있는지 살펴보는 '시험'이다. 여기서 문제가 되는 것은 여성의 '자아'나 인정받고 싶은 욕구가 아니라 자신의 견실함을 드러내고 입증하려는 남자의 능력 시험이다.

자기낮춤이라는 의례는 현대의 낭만적 관계와 완전히 다르다. 현대의 낭만적 관계에는 당사자들이 그 관계로부터 어떤 인정도 얻어내지 못할 위험이 도사리고 있다. 나는 이런 위험을 몇 가지 대중문화 사례와 몇 편의 인터뷰로 설명해보고자 한다. 『내 가슴을 찢어놓은 다섯 남자』라는 회상록을 쓴 수전 샤피로˙는 남편 애런과 나눈 대화를 우리가 엿들을 수 있게 해주었다. 그녀는 남편과의 대화에서 옛 애인들 가운데 한 명인 브래드 이야기를 스스럼없이 한다.

"브래드가 메일을 보냈더라. '나는 네 똑똑한 머리를 여전히 사랑해' 하고 썼더라고. 왜 당신은 그런 말을 하지 않지? 이건 정말 오랜만에 처음 들어보는 기분 좋은 칭찬이야."

"그치는 여전히 네 머리와 떡치고 싶은 모양이군." 애런은 자리에서 일어나 가방을 가지고 자기 방으로 갔다.

나는 그의 뒤를 따라가 빛바랜 회색 소파 위에 있던 시나리오 원고를 치우고 거기 앉았다. 나는 그가 토라졌다는 걸 잘 알고 있다. 이번 주에 서로 이야기를 거의 나누지 않았기 때문이다. 그는 읽던 책에 자신이 북마크를 하는 동안 내가 여전히 같은 자리에 앉아 기다려주기를 기대하리라.

"당신은 나한테 똑똑하다는 소리 단 한 번도 안 했잖아." 내가 말했다.

"난 당신을 끊임없이 칭찬해." 그가 짜증 섞인 소리로 대답했다. "방금 전

˙ Susan Shapiro: 미국의 여성 집필가로 연애를 다룬 책들을 주로 썼다.

에도 예쁘다고 말했잖아."

그는 말귀를 알아듣지 못한다. 항상 모든 걸 설명해줘야만 한다. "나는 삼남 일녀 집안의 외동딸이었어. 사람들은 우리 형제를 보고 모두 똑똑하다고 했지. 나는 귀엽거나 예쁘거나 사랑스러웠다고. 그런데 이게 뭐야. 그게 다 무슨 소용이냐고! 당신이 도대체 날 알기나 해?" 나는 애원하듯 말했다. "왜 내가 어디서나 1만여 권의 책과 신문 스크랩을 필요로 할까? 제발 보상 좀 받아봤으면 해서야. 내가 똑똑하다는 걸 아무도 말해주지 않으니까 사람들에게 납득시키려고……, 나 자신이 확신을 가지려고." 나는 이렇게 말하고는 잠깐 뜸을 들였다. "이러다가는 멍청해질 것 같아."

"이제야말로 똑똑한 소리를 하는군." 애런은 이렇게 말하고는 내 머리를 쓰다듬으며 웃었다. "당신은 정말 못 말리는 암퇘지야."[29]

이 여인의 불평과 요구는 개인적으로든 사회적으로든 자아를 인정받고 싶은 욕구에서 비롯되었다. 그녀는 남편에게 자신의 사회적 가치를 인정해달라고 요구한다. 다음 사례는 56세 여성이 결혼생활의 고민을 털어놓은 것이다.

크리스틴 아세요? 제 남편은 상당히 매력적이에요. 그는 저에게 언제나 충실하고 대단히 헌신적이죠. 그러나 상대가 어떨 때 기분이 좋아지는지 자잘한 건 도통 몰라요.

나   예를 들자면?

크리스틴 그러니까 저를 놀라게 만들 조그만 깜짝 선물을 준비한다든지, 저보고 멋지다고 말해주는 거죠. 남편이 저를 사랑한다는 건 알아요. 하지만 그는 어떻게 해야 제가 멋지고 근사한 기분이 되는지 몰라요.

나   그가 당신을 사랑하는데도 말이죠?

크리스틴 예. (잠깐 뜸을 들임) 아세요, 사랑한다는 사실이 중요한 게 아니에요. 문제는 어떻게 사랑하느냐죠. 그가 저를 사랑한다는 건 알아요. 하지만 내가 그에게 특별하고도 유일한 존재라고 느끼게 해주는 뭔가가 없어요. 그런 적이 단 한 번도 없었어요.

19세기에 사랑의 결정적 증명으로 여겨진 것은 충실한 헌신과 약속을 지킬 줄 아는 의무감이었다. 그러나 이제 그것만으로는 부족하다. 사랑이 끝없이 이어지는 '확인'과 '인정'의 과정으로 변했기 때문이다. 그러니까 현대의 사랑은 자아의 독특한 개성과 그 가치를 부단히 확인해주어야만 한다. 사르트르가 주장하듯, 사랑하는 사람이 사랑받기를 **요구한다면**,[30] 그 이유는 바로 이 요구 안에 인정받고 싶다는 욕구가 자리잡고 있어서다. 위에서 인용한 여성들이 남편에게 끊임없이 칭찬을 요구하는 것은 '자아도취'에 빠진 인격장애나 '자존감 결여' 때문이 아니다. 이는 낭만적 관계라면 모름지기 사회적 인정을 제공해야만 한다는 원칙적 요구일 따름이다. 현대에서 어떤 개인의 사회적 가치는 그 경제적이거나 사회적인 지위의 직접적 결과물이 아니며, 자신의 자아로부터 길어 올려야만 하는 것이다. 이 자아는 유일하며 사적이고 인격적이며, 제도로는 담기지 않는 어떤 것으로 정의된다. 에로틱한 관계 혹은 낭만적 관계는 자존감을 끌어올리도록 도와야만 한다.[*] 그리고 현대의 사회적 가치는 무엇보다도 과시적 행위(퍼포먼스)에 의존한다. 이 가치는 타인들과의 상호작용을 거치며, 또 이 상호작용을 통해 획득된다. **남자가 애인과 만나기 전에 옷차림과 머리모양과 몸에서 나는 냄새와 저녁 계획 그리고 '아무**

튼 자신이라는 인물 전체'를 놓고 걱정하는 것[31]은 현대에서 사랑이 한 개인의 가치를 구성하는 결정적인 것이 되었기 때문이다.

비록 자기 이론을 현대의 사회학으로 구상한 것은 아니지만, 어빙 고프먼*은 사회적 상호작용의 퍼포먼스적 차원을 집중적으로 다뤘다. 자존감이 어떻게 만들어지며 어떤 경우에 만들어지지 않는지 주목한 것이다(퍼포먼스가 상대방으로부터 그에 상응하는 주의를 이끌어내어 '체면을 지켜주는지' 여부에 따른 결과). 고프먼은 성공적인 상호작용이 자존감을 불러일으켜야 함을 당연한 전제로 깔고 있는 듯 보인다. 또한 보편적으로도 사회구조란 사회적 상호작용이 자존감을 만들어낼 수 있어야 했다. 그러나 이는 서유럽의 사회구조와 사회성에서 일어난 오랜 변화과정의 결과일 따름이다. 17세기 이후 귀족은 물론이고 시민계급 역시 살롱과 궁정 등에서 대화법과 예절을 가르치는 책들로 무장하고 새로운 행동방식을 꾸며내며 익히기 바빴다. 이는 얼굴표정과 몸짓 그리고 언어로 상대방의 경의를 이끌어냄으로써 인격체로 인정받는 것을 목표로 하는 행동

- 이는 자신의 가치를 인정받지 않아도 되는 다른 유형의 낭만적 관계와 확실히 대립하는 측면이다. 근대의 낭만적 관계에서는 어떤 사람의 사회적 가치와 지위가 널리 알려져 있어 협상의 대상일 수 없었다. 다시금 제인 오스틴의 세계를 끌어들이자면, 엠마의 매력적인 여자친구 해리엇은 자신보다 높은 사회적 지위를 자랑하는 남자와 결혼하려 노력한다. 그러나 오늘날 우리가 말하듯 '거절당했다'고 해서 해리엇의 자존감이 손상을 입지는 않는다. 더더구나 파괴되지도 않는다. 다만 자신과 다른 사람의 사회적 지위를 잘못 평가했기에 부끄러워할 따름이다. 그러니까 상처를 받는 것은 그녀의 자존감이 아니라, 온당함을 알아보는 그녀의 감각이다. 이와 달리 현대의 상호관계에서 사회적 가치 그 자체는 이에 선행하는 게 아니라 관계 안에서 그리고 관계를 통해, 비로소 형성되는 것일 뿐이다.
- Erving Goffman(1922~1982): 캐나다 태생의 미국 사회학자로 일상생활을 일종의 드라마라 보고 역할 개념을 분석도구로 삼아 인간관계를 연구한 사회학자다.

방식이다. 이런 태도는 상대방의 신분과 지위에 맞춰 표현하는 경의와는 다르다. 사회적 가치는 타고난 신분과 점점 더 거리가 멀어졌기 때문이다. 달리 말해 암묵적 명령으로서 인정은 상대방에게 **그의 지위와 무관하게** 오로지 사회적 상호작용이라는 **테두리 안**에서, 또 상호작용이라는 **매개를 통해서만**, 그를 **인격체**로 받아들인다는 의미를 가진다. 이렇게 볼 때 인정은 현대성이 형성된 역사에서 빼놓고 생각할 수 없는 본질적 요소다. 이론적 차원에서는 악셀 호네트*가 인정이 인간관계에서 가지는 의미를 상당 부분 밝혀내고 확립했다(호네트는 '인정'이라는 용어를 내가 여기서 언급하는 것보다 훨씬 폭넓은 의미로 쓴다). 그의 정의에 따르면 인정은 지속적으로 이루어지는 사회화 과정으로, "인격을 긍정적으로 이해해주어 강화하는 것"이다. "인간들이 각자 갖는 자화상은 (……) 다른 사람들이 끊임없이 뒤를 받쳐주는 것에 의존하기"[32] 때문에 인정은 동시에 다른 사람의 요구와 입장을 인지적으로든 감정적 차원에서든 수용하고 강화하는 일도 포함한다. 그러니까 인정받는다는 일은 타인들과의 관계 안에서 이 관계를 매개로 자신의 고유한 가치를 세워나가는 과정을 의미한다. 결과적으로 나는 낭만적 사랑의 힘을 개인주의라는 이념으로 설명하는 상당수의 연구서와 달리 더욱 근본적인 사실, 곧 사랑은 인정이라는 강력한 닻을 제공해준다는 사실로 풀어보고자 한다. 누군가의 가치를 지각하고 구성해주는 일이 곧 사랑이다. 그것도 사회적 가치라는 게 불확실하고 또 끊임없이 협상을 통해 확인받아야만 하는 시대에는 말이다. 도대체 왜 그런 것일까? 사랑은 왜 다른 감정은 제공할

* Axel Honneth(1949~): 독일의 사회철학자이며 위르겐 하버마스의 제자로 프랑크푸르트학파의 맥을 잇는 철학자다.

수 없는 어떤 힘을 불어넣는 것일까? 여기서 나는 그 가능한 설명 하나를 제시하려 한다.

에밀 뒤르켐과 어빙 고프먼의 통찰을 묶어내면서 랜들 콜린스는 사회적 상호작용이라는 것이 감정에너지를 만들어내는 의례로 기능한다고 주장한다. 이 감정에너지가 당사자들을 서로 결합해주거나 떼어놓는다.[33] 감정에너지는 감정의 협상(순전히 인지적인 협상 대신)을 주로 하는 시장을 통해 거래된다. 사회적 거래는 감정에너지를 극대화하는 게 목적이다. 성공적인 상호작용 의례의 축적이 만들어내는 감정에너지는 일종의 자원이 되어 다른 사람들을 지배하거나, 사회적 자본을 계속 쌓아가는 쪽으로 활용된다. 이로써 감정, 특히 감정에너지는 상호작용 의례의 긍정적 연쇄고리를 이루는 원천이다. 이 원천에서 길어 올린 자본은 감정의 영역에 국한하지 않고 다른 영역으로도 확장되어 투자된다. 순전히 '사회적 영역'(친구나 가족)에서 축적된 감정에너지가 다른 영역, 이를테면 경제영역으로 투자되는 셈이다. 랜들 콜린스가 감정에너지라고 부른 것은 본래 적절히 이뤄진 인정의 결과다. 콜린스는 어떤 상호작용 의례가 다른 것보다 더 중요한지를 묻지 않은 반면, 나는 그 의례 가운데 사랑이 무엇보다 중요하다는 주장을 하려 한다. 사랑은 길게 이어지는 상호작용의 연쇄고리 가운데 핵심적인 고리의 하나, 혹은 아마도 많은 이에게 가장 중요한 핵심고리이리라. 낭만적 사랑은 곧 인정질서의 핵심이며, 이 사랑으로 현대에서 개인의 사회적 가치는 일련의 상호작용을 거치며 성장한다. 사랑은 감정에너지를 생산하는 가장 집중적이며 총체적인 방식이기 때문이다. 이로써 생겨나는 결과가 자아의 가치 상승이다. 이런 사정을 구체적으로 보여주고자 두 가지 사례를 들어보자. 탈리아는 42세의 여성학자로 두 자녀의 엄마다.

그녀는 미국 서부 해안의 규모가 큰 대학교에서 활동한다. 어떤 남자와 불륜관계를 끝내게 된 이야기를 내게 들려주고는, 그녀는 다음과 같이 덧붙였다.

탈리아 아팠어요, 아시죠? 이런 결정을 내려야 하는 게 몹시 아프더라고요. 그러나 한편 이번 일로 중요한 몇 가지를 얻었다는 느낌도 들더군요.

나   어떤 것?

탈리아 그 남자는 아주 유명한 학자였어요. 물론 지금도 그렇지만. 온 세상이 그를 존경했죠. 그를 알기 전에 저는 누구도 주목하지 않는, 그야말로 무가치한 존재였죠. 사람들과 함께 있으면 언제나 제가 가장 어리석다는 느낌이 들었죠. 그러나 그가 나를 고른 순간, 우리가 관계를 가졌을 때, 제가 매우 특별한 사람이 되었다는 느낌이었어요. 말 그대로 더욱 멋져진 것 같고, 예전 같으면 절대 말을 걸지 못했을 사람들에게도 스스럼없이 다가갔죠. 그들과 이야기를 나누며 어깨를 나란히 할 수 있다는 게 벅차기만 했어요. 끝나버린 지금, 저는 저 자신에 관한 더욱 중요한 점을 배운 것 같아요. 그가 저를 특별하게 여겨줬기에 제가 특별하다는 느낌을 갖게 되었거든요. 이제는 다른 사람들이 두렵지 않아요.

나   그가 당신을 사랑했기 때문에?

탈리아 예, 그가 나를 사랑해줬기 때문에. 잠깐만요, 그가 저를 사랑했는지, 저는 잘 몰라요. 많은 경우 사랑받는다고 느끼기는 했지만, 확실하지 않을 때도 많았어요. 그러나 욕구받고 있다는 건 확실히 느꼈죠. 그는 저를 미칠 정도로 원했으니까요. 맞아요, 그가 나를 욕구했기 때문이에요.

2010년 『뉴욕타임스』의 「모던 러브」 칼럼에서 로라 프레이저˙는 남편이 자신을 버리고 떠난 후 이탈리아에서 어떤 남자와 가졌던 만남의 끝을 이렇게 묘사했다. "우리는 나흘째 되던 날 나폴리의 역에서 헤어졌죠. 저는 허탈하면서도 동시에 희망에 찬 느낌으로 그의 얼굴을 새겨두려 했죠. 이 남자를 다시는 볼 수 없으리라는 걸 확신했어요. 그러나 그가 베풀어준 느낌, 곧 그에게 **욕구받았다는 느낌**은 저를 행복하게 했답니다."[34] 여기서는 누군가 자신을 원한다는 느낌이 '실패한 결혼'으로 빚어진 아픈 상실감을 눌렀다. 이유는 달리 있는 게 아니다. 바로 사랑이 가치와 인정이라는 문제의 중심에 자리잡았기 때문이다.

여기서 사랑과 욕구는 사회라는 연결고리에서 감정에너지를 다른 형태의 에너지로 전환시키는 접점들이다. 사랑의 경험은 가치라는 물음에 대답을 주기 때문에 현대에서 사랑은 '사회적 가치'를 생산해주고 안정화하는 능력을 구사한다. 악셀 호네트가 보여줬듯, 사랑은 '인정', 곧 심리적인 동시에 사회적인 '인정의 과정'을 만들어주는 패러다임이다.[35] 사랑은 결코 사적이기만 한 게 아니다. 또 공적이라고만 할 수도 없다. 심리적인 동시에 사회적이며, 사적인 동시에 공적이고, 감정이자 곧 의례인 과정을 통해 현대인의 자아는 자신의 가치를 확인한다. 그러니까 분명한 점은 현대의 에로스 관계 혹은 낭만적 사랑에서 문제가 되는 것은 바로 자아, 곧 자아의 감정과 내면이며, 무엇보다도 이런 감정과 내면이 타인에게 인정받는(혹은 인정받지 못하는) 방식이다.

• Laura Fraser(1976~): 스코틀랜드 태생 여배우다.

사랑중독 혹은 인정 욕구 그리고 존재론적 불안

그럼에도 지적하지 않을 수 없는 점은 바로 이 인정받음이 존재론적 불안을 불러일으키기도 한다는 사실이다. 마리옹이 "확인"assurance[36]이라고 부른 것을 갈망하는 욕구는 인정받을 수 있게 해주는 전제조건이 불안하고 허약할수록 더 격렬하고 절박해진다. 실제로 현대문화에서 자신의 '자부심'에 집착하는 자아의 강박관념은 자아가 경험하는 어려움, 곧 존재론적 확실성과 인정의 닻을 발견하는 어려움의 다른 표현이다.

근대에서 현대로 넘어오면서 변화된 배우자 선택과정은 공적으로 공유하는 의미와 의례, 곧 남성과 여성이 공통된 한 사회의 구성원이게 해주는 의미와 의례로부터 사적인 상호작용으로 넘어온 과정이다. 이 사적인 상호작용에서 자아는 상대를 다양하고도 피상적인 기준, 이를테면 신체매력이라든지 감정의 화학반응emotional chemistry, 취향과 심리적 기질의 '합치' 따위를 기준으로 판단한다. 사랑이 현대에서 겪은 변화는 결과적으로 평가방법의 변화와 맞물려 있다. 상대를 평가할 수 있어야 인정이 이뤄질 수 있기 때문이다. 현대에 들어와 평가방법은 세밀하게 다듬어졌고(교묘해졌고) 동시에 개인주의화했다. 소속계급과 심지어 '성격'은 가치평가의 기준이 익히 알려져 있고 공개적으로 적용되며 누구나 똑같은 기준으로 판단하던 시절의 사회에서 중시하던 것이다. 사회적 신분과 가치, 성격은 공적이었다. 다시 말해 객관적인 공공의 자산이었다. 그러나 사회적 가치가 퍼포먼스 능력에 따른 것이 되었기 때문에, 가치라는 게 개인주의화한 취향을 매개로 협상되어야만 하기 때문에, 더 나아가 평가기준이 지극히 개인주의적이기 때문에,

자아는 새로운 불안에 직면하고 말았다. 개인주의화는 평가기준의 주관적 측면을 중시한 탓에 불안감의 원천이다. 사람들은 이제 공통의 사회코드를 가지고 평가하고 시험하지 않는다. 대신에 그 평가기준은 취향의 사적이고도 주관적인 역동성이 낳는 결과물일 따름이다.

이를테면 '섹스어필'과 '매력'은 비록 그게 공공의 미적 이상을 따른다 할지라도 개인주의화를 피할 수 없는, 그래서 상대적으로 예측하기 어려운 취향의 역동적 변화에 따라 그때그때 내용이 달라질 수밖에 없다. 배우자 선택의 주요 기준으로 '매력'을 꼽는 것은 그만큼 인정의 과정을 복잡하게 만들어버린다. 도대체 어떤 게 매력인지 가늠할 수 없는 새로운 불확실함이 우리를 사로잡아버리기 때문이다. 개인주의화한 매력은 바로 그 개인의 취향을 기준으로 판단하는 것이기에 배우자 후보를 두고 그가 정말 매력적인지 예측하는 걸 불가능하게 만든다. 물론 매력의 문화모델과 원형이 없는 것은 아니지만, 이는 어디까지나 '고도로 개인화한 취향의 역동성'에 따라 달라질 수밖에 없다. 상대를 두고 그가 정말 '욕구할 만한지' 서로 심리적 합의를 이뤄내야만 한다. 그때그때 달라지며 변덕을 부리는 취향으로 상대의 매력을 평가하기란 무척 어려운 일이다. 매력의 기준은 그게 더 섬세하게 다듬어질수록(특별해질수록) 그리고 더 주관적이 될수록 그만큼 애매해진다(선택을 하는 개인의 특유한 심리적 기질에 달린 문제다).

현대의 낭만적 관계에서 인정은 결정적이니만큼 복잡하다. 가치라는 게 퍼포먼스에 따라 결정되는 것인 동시에 인정의 과정이 고도로 개인주의화해서 배우자 선택기준이 너무나 다양해지고 예측할 수 없는 상태에 이르렀기 때문이다. 이런 사정은 다시금 사랑을, 한편으로는 인정을 경험하는 무대로, 동시에 존재론적 불안과 불확실함이 횡행하는 황야로 만들어버렸다.

그래서 예컨대 이미 2장에서 인용한 바 있는 50세 남자 대니얼은 터무니없는 자신감을 줄줄 흘려가며 다음과 같이 주장했다.

> 대니얼 사랑은 굉장한 거죠. 하지만 힘들어요. 어려움은 격정 때문에 생기는 게 아니라 어떻게 해야 마법을 부릴 수 있을까 하는 문제와 맞물려 있죠. 한마디로 확실하지가 않아서 어렵습니다. 절대 확신할 수 없죠. 관계를 무슨 계약과 비교할 수는 없잖아요. 일상에서 맛보는 힘듦(어려움)은 내가 필요로 하는 사랑을 얻을 수 있다는 확신을 잃어버리는 것이죠.
>
> 나   어떤 게 당신에게 그런 감정을 불러일으키나요?
>
> 대니얼 정확한 신호를 받지 못할 때죠. 내가 사랑받고 있다는 신호 말입니다. 예를 들어 그녀가 저에게 문자메시지를 보냈더군요. 제 생각을 하고 있다나요. 문자를 받고 무척 행복했어요. 그래서 답장을 보내 하루 동안 무슨 일이 있는지 그때마다 문자로 알려달라고 했죠. 좋다고 하더니 한밤중에 이런 문자를 보냈어요. "손님이 왔어. 내일 이야기해. 잘 자!" 이게 뭐지 싶어 환장하겠더군요. 단어를 일일이 분석해가며 거기에 무슨 숨은 뜻이 있나 찾아봤어요. (……) 그런 게 저를 미치게 만들어요. 도무지 냉정할 수가 없죠.

이 남자는 직업적으로 대단한 성공을 거두었지만, 그의 자신감은 애인에게 적절히 인정받지 못할 때마다 심각하게 위협받는다. 그 자신이 말하듯, 사랑이라는 게 자아의 가치를 확인해주는 신호와 증표의 끊임없는 흐름이기 때문이다. 사랑에서 중요한 것은 인정을 생산하고 재생하며 주기적으로 연출해주는 능력이다. 달리 말해 인정은 결코 영원히 주어진 게 아니라 고도로 복잡한 상징의 작업이다. 거듭 의례를 되풀이해가며 보장해줘야 하고, 이게 적절한 방식으로 이뤄지지 않으면 상처받은 자존감은 곧바로 자아를 위협하며 심지어 집어삼킨다.

수줍음을 타는 독신자들을 다룬 책에서 저자인 여성 심리학자는 현실적으로 사회학이 다뤄야 할 문제를 심리학 용어로 묘사한다.

뉴욕이라는 대도시에서 심리학자로서 얻은 경험으로 미루어볼 때 짝을 찾는 일은 전 연령층의 독신 남녀에게 수줍음과 쑥스러움을 불러일으키는 공통분모다. 내 의뢰인의 대다수는 인생을 함께 나눌 짝을 찾으며, 그들 자신의 말에 따르면 **두려움, 거부감, 무가치함 따위의 무거운 감정에 시달리고, 어떤 변명도 마다하지 않으면서 집에만 머무르려 든다.** 10년쯤 전부터 나는 의뢰인들이 차례로 자신이 사회적으로 무능하며 누구도 주목해주지 않아 온갖 두려움에 시달린다고 털어놓는 것을 확인해왔다. 특히 데이트와 모임 같은 사회적 상황에서 그렇다.[37]

가치라는 게 미리부터 알려져 있는 게 아니며, 퍼포먼스를 통해 만들어지는 것, 곧 낭만적 상호관계 안에서 그리고 그것을 매개로 주어지는 것이니만큼 서로 만나야 하는 상호작용은 극심한 두려움을 유발한다. 만나는 그 순간부터 자기 자신과 그 가치를 뽐내야 한다는 중압감이 짓누른다. 이 환자들이 경험하는 주목받지 못한다는 느낌, 혹은 좀더 일반적으로 통용되는 표현을 빌리자면, '거부당하는 게 아닐까 하는 두려움'은 무엇보다, 호네트가 "사회적 존재감 상실"이라 말한 그것이 바로 내 이야기 아닐까 하는 두려움이다. 자신이 사회적으로 무가치하다고 느끼는 상황을 한사코 피하려 드는 셈이다. 호네트가 자세히 논하듯, 사회적 존재감 상실은 미묘하고도 은폐된 형태의 굴욕감으로 빚어진다. 얼굴표정, 시선, 미소 따위로 감정을 표현하는 반응은 사회적 존재감을 만들어내는 기본 방식이며, 사회적 인정의 기본 형식이다.[38] 낭만적 관계에서 자아를 위협하는 것은 바로 이 사회적 존재감 상실이다. 인정해준다는 표시와 더불어 비로소 온전한 사회적 존재로 만들어주겠다는 약속이 이뤄지기 때문이다. "첫 번째 단계(배우자 찾기)에서 부끄러움을 타며 자신감을 잃은 독신자는 혹시 거부당하지 않을까 하는 두려움과 함께 불안이라는 감정에 압도당한다. 첫걸음조차 떼지 못하는 일이 벌어진다. 그냥 간단하게 '안녕하세요?' 하고 말하며 눈빛을 맞추고 음료를 권하며 친근감을 표시하는 일을 어려워한다."[39] 결과적으로 논란의 중심이 되는 '거부당함의 두려움'은 사회적 가치가 타인이 보증하는 인정을 통해서만 유일무이하게 얻어진다는 상황 탓에 촉발된다. 수줍어 어쩔 줄 모르는 독신자는 그 누구보다 자신의 존재가 사회적 정의를 통해 보장받아야 한다는 점을 위협으로 받아들인다. "수줍어하는 사람은 거의 강박에 가까울 정도로 혹독하게 자신을 비판한다. 실제로 저지른 실수든 상상으로 자기 탓이라 여기는 실수든 용납하는 일이 없다. 이런 형태의 처벌은 의도하지 않게 자아를 약하게 만들며 자존감에 깊은 상처를 낸다."[40] 이런 자기비판은 앞서 살펴본, 자신을 낮추는 19세기의 전략과는 근본부터 다르다. 자기비판은 자신의 가치와 추구하는 이상이 무엇인지 안다는 자신감을 드러내지 못한다. 오히려 자기비판에서는 우리가 '개념적으로 피할 수 없는 자기불안감'이라고 부르는 것이 표현될 따름이다. 그러니까 자신의 자화상이 어떤 모습일지 불안해하는 것인 동시에, 자화상을 어떤 기준에 따라 그려나가야 할지 모르는 불안감이다. 이런 자기불안감은 무엇보다도 어떤 인격과 성격이 이상적인지 가려볼 기준이 불투명해졌다는 사실과 맞물린다. 또한 사회관계가 불안함에 휘둘리는 나머지 자신의 사회적 가치가 무엇인지 혼란스러워하며 다른 사람들은 그런 가치를 얻어내고자 어떤 노력을 기울이는지 판단할 만한 기준이 없다는 사실과도 맞물려 있다. 자기불안감은 앞서 다룬 바 있는 19세기의 겸양과 정반대다. 스스로 자신을 낮추는 겸양은 은폐되지 않고 명확히 표현되었으며 의례로 표시되었다. 겸양은 자아의 이상을 위협하지 않으며, 오히려 구체적으로 육화한다. 겸양은 상대에게 마찬가지 의례를 갖춘 재확인을 요구하며, 이로써 결속의 끈을 맺어준다. 결과적으로 겸양은 양쪽이 익히 아는 도덕적 이상moral ideal을 굳이 말하지 않아도 지킨다고 전제한다.

'거부당함의 두려움'은 관계 위를 끊임없이 떠도는 위협의 먹구름이다. 이런 두려움이 자기가치라는 구조물 전체를 위협하기 때문이다. 다음은 이런 사정을 보여주는 몇 가지 사례다. 자신의 형제 테오에게 보낸 편지에서 빈센트 반 고흐는 사촌 여동생 케이가 자신의 사랑을 어떻게 거절했는지 묘사했다. "아주 즐겁게 인생을 살아갈 활력을 얻었어. 내가 사랑한다는 사실이 대단히 기뻐. 내게 인생과 사랑은 하나야. '그러나 안 돼, 절대, 결코 안 돼 하는 대답에 직면할 거야' 하고 너는 말했지. 내 대답은 이거야. '올드 보이, 현재로서 나는 이 안 돼, 절대, 결코 안 돼 하는 말을 한 덩어리 얼음으로 바라볼 거야. 이 얼음을 내 심장 위에 얹어 녹여버릴 거야.'"[41] 여기서 여자의 거부는 분명 남자에게 자신의 지위나 자존감을 겨눈 위협으로 여겨지지 않았다. 오히려 남자는 거부라는 얼음을 녹여낼 자신의 능력을 증명할 또 한 번의 기회를 얻었다며 투지를 불사른다. 이런 자세를 40세의 레즈비언과 비교해보자. 그녀는 애인과 관계가 아직 신선할 무렵, 나와의 인터뷰에서 다음과 같이 말했다.

우리는 아주 멋진 주말을 보냈죠. 그녀의 친구들과 가족을 알게 되었어요. 또 섹스도 짜릿했죠. 그런데 이 주말을 보내고 난 다음, 그녀가 말하더군요. "오늘 저녁에는 딱 두 시간만 같이 있자, 잠깐 아무래도 내일까지 기다렸다가 만나는 게 좋겠어." 저는 말할 수 없이 화가 치밀었고 그녀에게 분노를 느꼈죠. 그리고 아세요, 당신과 이야기하는 지금, 두려움이 저를 엄습합니다. 마치 마비된 느낌이에요. 어떻게 그녀가 저한테 이런 짓을 할 수 있죠?

이 여인은 격심한 두려움에 빠져버렸다. '고작' 두 시간만 만났으면 좋겠다는 애인의 청은 그녀로 하여금 '사회적으로 지워지는 게 아닐까 하는 감정'을 갖게끔 만들었기 때문이다. 영국 『인디펜던트』의 섹스 칼럼니스트 캐서린 타운센드는 자신의 인생을 돌아보면서 남자친구와 헤어진 기억을 묘사한다. 이 이별이 너무나 아팠던 나머지 그녀는 섹스와 사랑중독자들이 모이는 익명의 자기치유 단체에 참여하기까지 했다고 털어놓는다. 모임에서 그녀는 자신을 다음과 같이 소개했다.

저는 캐서린입니다. 사랑중독에 걸렸죠. 〔……〕 오늘날까지도 저는 왜 마지막 관계를 털어버리지 못하는지 알 수가 없어요. 아마도 남자친구에게 정말 부족함 없는 여자이기를 간절히 원했기 때문인 것 같아요. 제가 보기에는, 나 자신이 누군가 결혼하기에 충분히 좋은 여자라는 사실을 어떻게든 증명하기를 원하는 것 같아요. 그래서 그렇게 남자친구에게 만사 제쳐놓고 매달렸나 봐요.[42]

이 점을 간과할 수 없는데, 캐서린은 사랑으로 창조되거나 사랑으로 지워질 수 있는 자존감 때문에 괴로워한다. 고급문학에서 한 구절을 인용하자면, 조너선 프랜즌˙ 역시 그래 보인다. 다음 대목을 읽어보자.

여기서[사랑의 경우에서] 커다란 위험은 물론 거부다. 설혹 상대방의 관심을 끌지 못할지라도 기죽일 이유는 전혀 없다. 후보감은 지천으로 널렸기 때문이다. 그럼에도 나 자신을, 그저 그럴싸한 겉보기만이 아니라 온전히 드러냈음에도 거부를 당한다면, 이는 세상이 무너지는 아픔을 불러일으킨다. 상실이든 이별이든 죽음이든 일반적으로 아픔을 예견하는 일이야말로 사랑을 피해 그저 자족하는 안전한 영역에 머무르고 싶은 유혹을 그토록 키우는 것이리라.[43]

그리고 남자친구와 헤어진 어떤 여성은 『글래머』Glamour라는 잡지의 홈페이지 블로그에 "자신의 심장이 믹서 안에서 갈리는 것" 같다고 썼다. "그의 그림자를 완전히 벗어나는 데 족히 몇 달(몇 년은 아닐지라도)은 걸렸다"고 자신의 심경을 토로한다. 그녀가 아픔을 이겨낼 수 있게 도와준 쪽은 여자친구들이었다. 그녀에게 "넌 정말 대단해 하고 부추겨주며 산처럼 쌓인 초콜릿을 함께 먹어가며 끝없이 싸구려 영화들을 봐주었다"고 한다.[44] 이 친구들의 반응은 이별이 기본적 자존감과 존재론적 근원을 위협한다는 널리 퍼진 견해를 대변한다. 이런 사정은 『뉴욕타임스』의 「모던 러브」 칼럼에서 언급된 두 사회학자의 연구로도 확인된다. "'여자에게 중요한 것은 어떻게든 관계를 유지해야 한다는 점이다. 그게 얼마나 대단한 관계인지에는 신경 쓰지 않는다. 약간의 열정만

• Jonathan Franzen(1959~): 발표하는 작품마다 수백만 권씩 팔리는 미국의 인기 작가다.

있으면 된다.' 시몬(여성 사회학자)의 말이다. '비록 이 분야에서 비약적 사회발달이 일어나고는 있지만, 여성의 자존감은 여전히 남자친구가 있느냐와 아주 밀접하게 맞물린다. 유감스러운 일이 아닐 수 없다.'"[45]

여자의 자존감이 '여전히' 남자친구의 존재 여부에 달렸다는 이런 주장에 나는 동의하지 않는다. 여자가 과거의 꺼림칙한 잔재에서 자신을 해방하는 데 실패해서 자존감이 흔들리는 게 아니다. 여인이 자존감을 사랑에 얽어맨 것은 오히려 현대 들어서의 일이다. 배우자 찾기와 섹스와 사랑 등을 주제로 한 자기계발서가 시장에서 꾸준히 팔려나가는 건 자신의 사회적 가치와 자존감을 스스로 키워내려는 노력과 비례해 그만큼 정형화한 배우자 찾기와 섹스 그리고 사랑에 더 많은 노력을 기울이기 때문이다. 그러니까 낭만적 관계에 자신의 자존감을 거는 일은 옛날부터 그랬던 게 아니라 현대에 들어와 빚어진 일일 따름이다.

물론 반론을 제기할 수도 있다. 자아는 시대를 막론하고 언제나 사랑이 불확실하고 일방적인 관계에서 그 자존감에 상처를 입고 괴로워하지 않았느냐고 말이다. 세계문학이 가장 즐겨 다룬 오랜 주제가 사랑이라는 문제에서 빚어지는 슬픔과 아픔 아니던가? 물론 그런 반론은 의심의 여지 없이 잘 들어맞는다. 그러나 사회학의 관점에서 볼 때 진짜 중요한 문제는 대체 자아가 어떤 방식으로 그 자존감을 존중받거나 반대로 그것이 깎아내려졌느냐다. 내가 주장하고 싶은 바는 현대의 자아가 낭만적 관계로 이끌리는 방식이 다를 뿐 아니라 현대에서 마음의 고통을 겪는 일도 과거와는 방식이 다르다는 점이다. 아픔이 사랑의 가장 오래된 주제인 것은 틀림없으나, 근대의 아픔은 네 가지, 서로 다르거나 서로 중첩되는 문화체계들의 영향 아래 경험되었다. 오늘날 우리의 감각에는 낯설게만 느껴지는 체계들이다. 사랑의 아픔을 다루는 네 가지 근대적 문화체계란 곧 귀족주의 체계, 기독교 문화, 낭만주의 운동의 체계, 의료 체계다.

서유럽의 역사에서 기사도 사랑은 아마도 아픔을 사랑체험의 중심에 세운 첫 번째로 널리 퍼진 문화모델이었으리라." 프로방스의 트루바두르•를 다룬 문학에서 대답을 이끌어내지 못한 사랑이 불러일으키는 아픔은 사랑하는 사람의 영혼을 맑게 정화한다. 그렇다, 이 고통은 바로 트루바두르가 시적 영감을 긷는 샘이었다. 플라톤 철학의 영향을 받아 기사도 사랑은 지극히 이상주의적이었으며, 사랑과 그 아픔을 더욱 고결한 경험으로 승화할 수 있었다. 더욱이 사랑과 그 아픔은 사랑하는 사람은 물론이고 사랑받는 사람까지 기품을 자랑하게끔 만들었다. 이런 도식에서 결국 사랑은 "인간을 좀더 훌륭하고 품위 있으며 타고난 인간본성을 유감없이 실현하도록 만들곤 했다."[46] 그 분명한 사례를 보여주는 게 다음 글이다.

나는 사랑의 아픔을 기꺼운 마음으로 받아들인다. 아픔이 나를 죽이려 한다는 것을 알지라도, 나는 미동 Midons(내 여인) 없이 살고 싶지 않으며, 감히 그럴 엄두조차 낼 수 없다. 내 행복을 다른 곳에서 구한다는 건 말이 되지 않는 소리다. 단지 그녀의 충직한 연인으로 죽는 것을 택하는 게 내 명예를 높

• 이슬람 문화는 〈라일라와 마즈눈〉 Layla and Majnun이라는 유명한 이야기가 보여주듯 7세기 때부터 이런 주제를 소중히 여겨왔다(〈라일라와 마즈눈〉은 이슬람에서 즐겨 회자되는 전설의 사랑 이야기다. 카이스 Qais라는 남자가 꽃다운 처녀 라일라를 격정적으로 사랑했으나 그녀 아버지의 반대로 뜻을 이루지 못하자 광인이 되어 세상을 떠돌며 그녀를 흠모했다는 내용이다. 마즈눈이라는 이름은 광인 Madman을 뜻한다—옮긴이).

• Troubadour: 중세 프랑스 남부의 음유시인들을 통틀어 이르는 말로 이들은 무훈과 기사도를 소재로 서정성 강한 연애시를 많이 지었다.

여줄 정도로. 그녀는 고결한 여인이다. 아니, 더 나아가 그녀가 내 곁을 지켜주다면, 이는 몇백 배는 더한 명예다. 그러므로 그녀에게 봉사하는 데 게으름은 용납될 수 없으리라.[47]

고통은 자아를 파멸로 내모는 게 아니라 고양하며 위엄 있게 만든다. 여기서 사랑은 이른바 액자소설 형태를 취한다는 걸 간과할 수 없다. 그러니까 사랑이라는 틀 안에서 자아는 남자다운 용감함과 충직함과 강인함, 여인에게 보이는 헌신으로 자신을 완성한다. 이로써 아픔은 귀족적이며 고결한 가치의 표현이다.

아픔을 이상으로 삼는 귀족주의는 기독교 가치들과 맞물려 퍼져나갔다. 귀족주의는 주면 받아야 한다는 상호관계를 사랑의 조건으로 만들지 않았으며, 고통을 영혼의 정화로 이해했다. 기독교는 전체 이야기를 끌고 가는 화자를 당연한 존재로 전제하는 틀로 고통의 경험을 담아내면서, 심지어 이 경험이 신의 구원을 표징한다고 보았다. 이야기의 전말을 아는 화자, 곧 신이 구원을 위해 아픔의 과정을 겪게 만든다는 식이다. 문화체계로서 기독교는 고통을 의미로 충만한 것, 긍정적이며 심지어 반드시 거쳐야만 하는 필수적 경험으로 변화시켰다. 이 경험은 영혼을 고양해 신의 경지에 이르도록 허락한다. 결국 이런 문화 매트릭스에서 아픔은 자아를 약화하는 게 아니다. 오히려 아픔은 자아를 이루며 위엄을 더해주는 데 기여한다. 기독교의 영향력이 줄어들면서 낭만적 고통은 자존감을 예술적으로 표현하는 영감의 원천이 되었으며 낭만주의 운동에 불을 지폈다. 기독교와 마찬가지로 낭만주의는 고통을 존재의 피할 수 없는 차원, 필수적이며 더 높은 차원으로 바라보았다.* 이 운동을 대표하는 인물 가운데 한 명인 바이런 경은 사랑으로 이뤄지는 자기파괴와 상대방 파멸을 칭송한다. 그의 이런 확신은 다음과 같은 시구에 고스란히 녹아들었다. "내 사랑은 치명적 숙명이었네……/나는 그녀를 사랑함으로써 파멸시켰네."[48] 다른 낭만주의자와 마찬가지로 바이런 역시 고통을 좀더 의미로 풍만한 존재로 거듭나게 해주는 징후로 여긴 감각주의자였다. "인생의 위대한 목표는 우리로 하여금 존재한다고 느끼게 하는, 비록 고통 속에 살아갈지라도 존재한다고 확인하게 만드는 격정에 찬 감정이다."[49] 그러니까 낭만주의는 사랑을 주었는데 받지 못했다고 해서 자아가 파괴되었다고 보지 않는다. 낭만주의가 이해하는 인정과 자존감은 사랑의 경험에 기초를 두는 게 아니기 때문이다. 그리고 더 나아가 자아는 사랑함에서 고통을 감수함까지 다양한 경험으로 약동하는 힘을 표현할 따름이다. 문화의 틀 안에서 낭만주의가 표현하는 낭만적 고통은 멜랑콜리라는 구조를 가지는 경험으로 꾸며진다. 쓰디쓴 고통을 오히려 달갑게 받아들이며 우울함을 선호하는 멜랑콜리는 사랑의 감정을 **미화**하며, 사랑하는 상대방을 기사도 사랑과 마찬가지로 고결하게 추켜세운다는 특징을 자랑한다. 낭만주의의 멜랑콜리는 주로 남성의 몫이며, 고통이 아파하는 남자를 영웅으로 만드는 자아모델을 이룬다. 이 모델에서 남자는 슬픔을 감당하는 자신의 능력으로 영혼의 깊이를 증명한다. 멜랑콜리

- 프랑스에서 공쿠르 형제는 낭만주의 운동의 이런 분위기를 다음과 같이 표현해냈다. "아픔을 불러일으키는 것은 사물의 좋음이나 순수한 아름다움이 아니라 무엇보다도 타락이 풍기는 음산함이다. 우리가 여인을 사랑하며 느끼는 고통은 그녀의 창녀 같은 음탕함과 그 정신의 사악함이거나 머리, 심장, 감각의 천박함 때문이다. (……) 기본적으로 고통스러우면서도 사랑의 열정을 갖도록 자극하는 것은 존재와 사물을 더 높은 차원으로 끌어올리려는 고결한 취향이다." 다음 책에 인용된 것을 재인용함. Mario Praz, 『낭만적 고통』*The Romantic Agony*, Meridian Books, 1956.

에서 아픔은 자존감에 영향을 주거나 경우에 따라 약화하지도 않으며, 오히려 영혼의 섬세함과 세련됨을 드러내도록 돕는다. 심지어 더 나아가 멜랑콜리로 고통받는 남자로 하여금 일종의 상징/감정 자본을 축적하게 만든다. 사랑과 아픔을 이렇게 이해하는 태도는 종종 남성의 특권이었다. 자아의 생명력을 고취한다는 암시를 담았기 때문이다. 그렇다고 오로지 남성에게만 국한하지는 않았지만 말이다.

특히 드높은 지성을 자랑한 여인들에게 이런 예민함은 낯설지 않았다. 랠프 월도 에머슨과 동시대를 살았던 마거릿 풀러는 대단히 인상적인 성격과 지성을 자랑한 여인으로, 우리가 불행한 애정생활이라고 부를 수 있는 삶을 살았다. 그녀는 어찌된 일인지 자신의 열정적 감정에 응대하지 못하거나 응대할 수 없는 남자만 골라가며 사랑했다. 크리스티나 네링은 풀러가 자신의 불행한 사랑경험으로부터 어떻게 의미를 이끌어냈는지 다음과 같이 정리한다.•

풀러는 고통스러운 격정을 믿었다. 그녀는 아픔이 지닌 순화하는 힘과 이를 감당할 자기 능력을 믿었다. 때때로 고통을 두 눈으로 직시하기에 여성이라는 자신의 성이 특히 알맞은지 자문하곤 했다. 그녀가 강조하듯, 예수가 삶에서 어려움을 겪을 때마다 남자들은 도망가기 바빴다. 반대로 "여인들은 십자가 발치에서 떨어지려 하지 않았다. 그런 자세로 주님의 말씀을 지키려 했다." 그리스도를 사랑한 여인들은 '암울한 시간'으로부터 피하려 하지 않았다. 여인들은 그 암울한 시간으로부터 배우기를 갈망했다. 이로써 더욱

• Margaret Fuller(1810~1850): 미국의 작가이자 기자로 에머슨Ralph Waldo Emerson과 아주 친해 초월주의 운동을 함께했다. Cristina Nehring: 미국의 여성 에세이스트로 각종 일간지에 사랑문제를 다룬 글을 자주 쓰는 필자다.

깊어질 수 있기를 희망했다. 풀러가 자신의 비극으로 더욱 깊어졌듯이.[50]

이 모든 사례는 고통을 미화하는 귀족주의가 의미와 심지어 자아를 위한 위대함을 이끌어낼 경험의 단계로 올라서려는 종교적 열망과 맞물려 있음을 보여준다. 여기 인용된 사례들은 단순한 일화 그 이상이다. 여기서는 한결같이 사랑의 아픔을 이상적인 성격으로 해석하며, 이런 성격을 자신의 것으로 만들려는 문화모델이 분명하게 드러난다. 그러니까 이런 문화에서 사랑의 아픔은 자아의 자존감을 위협하지 않는다.

사랑의 아픔을 이상화하지 않고 이상적인 자아의 한 측면으로 바라보지도 않는 유일한 전통은 의학 담론이다. 16세기와 17세기에 사람들은 이른바 '상사병'이라 불리는 증상을, 영혼에 영향을 주기는 하지만 자존감은 건드리지 않는 몸의 혼란으로 이해했다. 17세기 초 로버트 버튼은 사랑의 희생자를 두고 "노예, 잠시 고용된 짐꾼, 미치광이, 바보, 어릿광대, 정신이 나가 아무것도 못 보면서도 반항을 일삼는 골통"이라고 불렀다.[51] 사랑의 아픔은 신체장애의 결과이며 그래서 기질성 질환과 같은 차원에서 다루어졌다. 16세기 후반 프랑스에서 태어난 의사 자크 페랑도 비슷한 견해를 담은 글을 썼다.

1604년 5월, 당시 내가 아쟁Agen(내가 태어난 곳이다)에서 전문의로 개업했을 때 어떤 젊은 학자를 진단했는데, 자신을 르마스다제내Le Mas-d'Agenais 출신이라고 밝힌 이 학자가 사랑의 광기라 불리는 증상 대부분을 보이고 있었다. 〔……〕 내 앞에 앉은 젊은 남자는 조금 전만 하더라도 쾌활했다가 아무 이유도 없이 돌연 서글퍼진 사람처럼 보였으며, 창백하면서도 레몬처럼 노

랗고 파리한 얼굴에 눈은 푹 꺼져 있었다. 내가 보기에 그는 평소에는 분명 몸상태가 좋았으리라.[52]

그러니까 상사병은 몸의 병으로 이해되었다. 어떤 경우는 심지어 정신이 일시적으로 겪는 질환으로 여겨지기도 했다. 하지만 분명한 사실은 자존감을 위협하지는 않았다는 점이다. 17세기 잉글랜드에서 네이피어라는 이름의 의사는 온갖 병을 다룬 것으로 알려져 있다. 역사학자 마이클 맥도널드는 네이피어가 남겨놓은 기록들을 분석하고 그 가운데 몇몇 아픔의 본성을 다음과 같이 묘사했다.

네이피어에게 자신이 느끼는 두려움과 딜레마를 털어놓은 남자와 여자의 거의 40퍼센트는 연애와 결혼생활의 불만을 토로했다. 〔……〕 애착으로 괴로워하는 이들이 주로 이 점성술사를 찾아왔다. 연인끼리의 다툼이나 부부싸움, 짝사랑, 배신 따위로 감정의 혼란을 겪는다는 사람들이 141명에 이르렀는데, 그 가운데 약 3분의 2가 젊은 여인이었다.[53]

의사이자 점성술사인 네이피어가 들은, 결혼생활을 둘러싼 불만은 대부분 이렇게 요약된다. "경제적 책임을 지며 원칙적으로 충실하고 진지하며 친절을 베풀 줄 아는 능력이 경악스러울 정도로 부족하다."[54] 물론 오늘날에도 가족부양의 의무를 무시하는 남자들이 없지 않지만, 현대 여성이 남편에게 갖는 불만은 주로 아내의 자아를 돌볼 줄 모르는 무능함을 겨냥한다. 어쨌거나 근대는 사랑의 아픔을 신체적 반응으로 이해했을 뿐 심적 장애로는 해석하지 않았다. 의술의 처방 역시 아픔을 그 자체로 다루지 않았으며, 몸의 질병처럼 환부를 없애면 되는 일로 여겼다.

현대의 상사병 역시 의술의 힘을 빌려 다스리기도 한다. 물론 여기에는 자아를 완전히 다르게 이해하는 배경, 곧 심리학 문화가 깔려 있다. 이를테면 심리적 건강을 실용적이고도 쾌락주의적인 관점에서 접근해 아픔의 원인을 근절하려는 시도가 그런 예다. 이 모델은 아픔을 심리발달의 장애로 보거나 사회적 가치와 자존감이 받는 근본적 위협으로 간주한다. 결국 현대문화가 강조하는 성숙한 인격이란 고통을 극복할 줄 알거나, 나아가 아예 회피하는 것일 따름이다. 낭만적 사랑을 하며 겪는 아픔은 더는 성격 형성의 필수 부분이 아니다. 아픔을 자초해가며 자기 인격을 성숙시키려던 근대의 심적이고 사회적인 경제학은 이제 그 자취를 찾을 길이 없다. 낭만적 아픔은 오히려 자아의 가치와 존재감을 위협할 따름이다.

아니, 그 이상이다. 낭만적 아픔에서 진정 현대적인 점은 사랑의 상대를 복잡한 방식으로 자아의 가치와 자존감과 얽어매면서 그 아픔을 회복할 수 없는 상처를 입은 자아의 특징으로 만들어버린 정황에 있다. 그 결과 상대의 변심은 자아를 속절없이 무너뜨린다. 자아의 존재적 불안감과 상호인정의 욕구는 이를 관리해줄 문화적·정신적 체계가 없다는 사정으로 말미암아 더욱 첨예해졌다. 말하자면 당사자의 아픔을 달래주고 극복시킴recycle으로써 더욱 성숙한 성격과 인격을 갖추게 하는 사회의 관리체계가 자취를 감추고 말았다. 사정이 이렇게 변해버린 원인은 어디 있을까? 지금부터 이 물음의 답을 추적해보자.

인정 대 자율

욕구의 역설을 탐구하면서 헤겔 철학을 가장 흥미롭게 해석한 알렉상드르 코제브는 욕구가 "개성의 발현"과 "상호인정의 보편화"[55]와 맞물려야만 지체 없이 충족될 수 있다는 견해를 피력했다. 여기서 말하는 상호인정의 보편화는 평등주의 사회질서에서 구현될 수 있는 성질의 것이다. 코제브가 생각한 것은 계급성과 관련한 인정의 보편화였지만, 우리는 별다른 어려움 없이 양성관계 영역에도 이 생각을 적용할 수 있다. 이 영역에서 사람들은 남성과 여성 사이의 평등이 더 잘 이뤄질수록 개성의 발현과 상호인정도 더 잘 성취되리라 기대했다. 헤겔이 말하는 인정을 둘러싼 투쟁을 해석하는 특정 노선은 실제로 자율권 향상이 더 나은 인정의 전제조건이라고 주장한다. 노예가 획득하는 자유의 크기가 커질수록 노예는 더 많은 인정을 요구하고 또 얻어낸다. 한마디로 서로 인정할 수 있으려면 개성과 자율의 존중이 선행되어야 한다는 주장이다.

이런 관점이 정치영역에서는 들어맞을 수 있겠지만 에로스와 관련된 영역으로 오면 사정은 상당히 복잡해진다. 위의 주장은 에로스 욕구가 지닌 자기 자신과도 합치하지 못하게 만드는 모순을 읽어내지 못하기 때문이다. 나는 개성의 발현과 자율권 진작이야말로 현대의 에로스 욕구를 아포리아로 산적한 문제로 만들어버린 게 아닐까 하는 의구심을 지울 수가 없다. 주디스 버틀러의 말을 들어보자.

- Alexandre Kojève(1902~1968): 러시아에서 태어나 주로 프랑스에서 활약한 철학자로 프랑스에서 헤겔 철학이 재발견되는 데 결정적 공헌을 했다.

욕구는 그것이 지닌 모순 때문에 좌절한다. 그래서 자신으로부터 분열된 열정이 되고 만다. 분열된 열정은 아픔일 수밖에 없다. 세상과 합치된 모습을 보이려는 노력 속에서 자율적 존재는 세계 도처에 자신과 같은 자율적 존재들이 넘쳐나는 것을 발견하면서 욕구하는 존재라는 자신의 정체성에 다른 사람으로부터 욕구받아야 한다는 필연성이 아로새겨졌음을 어쩔 수 없이 자각한다.[56]

내가 욕구하는 상대방 역시 나를 욕구해야만 한다는 상황은 모순으로 가득하다. 저마다 스스로 결정하는 자율권을 자랑하는 인간들이 그 결정을 서로 합치시킬 방법은 무엇일까? 결국 "우리는 상대에게 그저 열광하는 존재가 되거나, 스스로 결정하는 존재가 되거나, 이 둘 가운데 하나를 선택할 수밖에 없다."[57]

사랑을 하며 상대를 갈망할 때 우리는 화답을 얻지 못하고 자신의 사랑이 충족되지 않은 채 남을 위험을 언제나 함께 고려해야만 한다. 내 욕구가 좌절되지 않을까 하는 두려움은 사랑의 경험을 상당히 반성적인 것으로 바꾸어놓는다(아무튼 잠재적으로나마 끊임없이 자신을 되돌아보게 만든다). 이런 반성은 나와 상대방이 서로 인정을 받아내려 하는 과정에서 각종 갈등을 빚으며 상호작용할 수밖에 없는 방식으로 생겨난다. 여기서 결정적 역할을 하는 것은 자존감을 세워주고 인정하는 의례, 곧 자율성을 존중하는 의례다. 그리고 나는, 여기서 인정은 인격적 존재의 문화적 정의에 따라 강요된다는 주장을 하고자 한다. 다시 말해 문화는 양쪽의 자율성이 강제한다. 곧 한쪽에서는 상대를 인정한다는 의례를 행하고 다른 쪽은 이 의례를 받아들이며 서로 동시에 확인받아야만 한다고 강제하는 것이다. 바로 이 동시성이 문제를 상당히 복잡하게 만든다.

젊은이들의 연애를 분석하면서 오리 슈워츠는 당사자들이 언제 자신과 관련 있는 사람의 사진을 찍기로 결심하는지(또는 결심하지 않는지) 보여주는 예를 제시했다.

당시 애인이 없었던 20대 후반의 여성은 자신을 '사진광'으로 소개했다. "(어떤 사람에게) 감정을 갖기 시작할 때마다 저는 그 사람의 사진을 찍어두고 싶다는 열망을 갖습니다." 그러나 아직 "관계를 이룰 자신이 없다면 누구의 사진도 찍지 않아요. 그가 놀란 나머지 달아나지 않도록 말이죠." 그녀는 다시금 덧붙였다. "너무 지나치게 반한 것 같은 인상을 주어 압력을 행사하면 상대가 달아날 수 있잖아요. 그러고 싶지 않아요."[58]

여기서 우리가 살펴보고 있는 건 아주 널리 퍼진 사랑경험의 스케치다. 다시 말해 감정의 표현(상대방을 인정하는 감정)을 될 수 있으면 자제하는 태도가 일반적으로 볼 수 있는 사랑의 경험이다. 섣불리 상대를 인정해줬다가 관계에서 자기 입장이 약해지지는 않을까 두려워하는 탓에 생겨나는 태도다. 인정이란 언제나 자신의 자율성을 과시하는 퍼포먼스 같은 역동적 과정을 통해 이뤄진다. 그러니까 자율이란 매우 주의 깊은 감시와 감독을 통해, 경우에 따라서는 심지어 상대를 인정하는 것을 거부함으로써 성취된다. 그러나 낭만적 관계는 인정받고 싶다는 욕구와 떼려야 뗄 수 없이 맞물려 있다. 자신의 자율성을 위협받고 싶지 않다는 한편의 감정과 인정받고 싶다는 다른 편의 감정이 충돌한다. 아슬아슬한 줄타기를 하며 갈수록 교묘한 퍼포먼스를 연출해야 하는 사정은 이렇게 강제된다. 이는 인정을 해야 하는 사람이든 인정을 받는 쪽이든 양쪽에 똑같이 적용되는 갈등 상황이다. 슈워츠의 연구에서 하나의 사례를 더 살펴보자.

20대 후반이며 대도시에 거주하는 레즈비언 여성은 사진을 찍으려 할 때마다, "솔직히 좀 불안한 게 상대가 오해할 거 같아서요. 마치 내가 상대에게 대단한 관심이라도 가졌다고 여긴다거나, 이미 관계가 상당히 진전되었다고 착각하거나, 너무 다정하게 보인다거나 하는 따위의 오해 말이에요. 그런 걸 깨끗이 무시하고 사진을 찍기는 하지만, 그때마다 어떤 숨은 의도가 있는 게 아니라는 점을 아주 분명히 강조하죠. 그래야 불안하지 않으니까요."[59]

여기서 '걱정'(모순되게도)은 혹시 자신의 사랑과 감정이 파트너보다 더 큰 게 아닐까 하는 두려움에서 비롯된다. 자신이 상대보다 더 사랑하는 건 아닐까 두려워하는 마음이 워낙 커서 자기 행위가 갖는 잠재적 의미를 일일이 바로잡는 수고를 아끼지 않는다. 그래야 관계에서 자기 지위를 확보할 수 있기 때문이다. 거듭 자신의 자율성을 과시하는 까닭도 여기 있다. 서로 주고받는 무한한 과정을 이루어가는 대신, 여기서 인정은 마치 한정상품처럼 거래된다. 자율성을 먼저 확보하려는 욕구가 인정을 제한하기 때문이다. 자신의 자율성을 주장하면서도 내심 상대방의 자율성도 인정하고픈 마음은 이로써 왕왕 오해되기 일쑤다. 관계 초기에 겪는 많은 어려움은 자율과 인정이 협상되어야 한다는 사실로부터 비롯된다. 상대를 사랑하되 주도권은 잃고 싶지 않은 모순은 협상을 통해 해결될 수밖에 없다. 협상 테이블 위에 얼마나 많은 자율과 인정을 내놓아야 하느냐가 아직 신선한 관계에서는 종종 낭만적 감정을 송두리째 깨뜨리는 뇌관이 되곤 한다.

인정과 자율 사이의 긴장은 대개의 낭만적 관계에서 안정이 유동적이라는 점 때문에 더욱 첨예해진다. 사랑은 결혼과 더불어 제도적으로나 내용적으로 제한받기 때문에 서로 인정을 주고받는 과정의 내용적 목적은 사랑의 감정을 고스란히 결혼이라는 제도 안에 담아내는 일이다. 감정과 제도가 맞물려 든든한 관계, 구속력을 갖는 관계를 이루는 게 인정을 주고받는 과정의 내용이 추구하는 목적이다. 전부는 아닐지라도 많은 낭만적 관계는 갈라서거나 '결혼이라는 약속'에 이른다. 후자의 경우 구속력을 갖는 관계가 된다. 그러나 자율성을 강조하는 구조에서 구속력은 상대에게 요구할 수 있는 성격의 것이 아니다. 관계의 어려움에 시달리는 사람들을 위한 어떤 웹사이트는 우리에게 다음 예를 보여준다.

> 약간 검색을 해본 나는 불안해지고 말았다(이 글의 주인공 여자는 남자와 매치닷컴 Match.com이라는 짝짓기 사이트에서 만났다. 그런데 남자는 그녀와 사귀면서도 여전히 이 사이트에서 동일한 프로필로 활동하고 있었다). 그와 나는 아직 공식적 '관계 대화'를 나누지 않았다(솔직히 말해 문제가 어떻게 풀려가는지 좀더 기다리며 지켜보고 싶은 생각이다). 아무튼 나는 의문을 품을 수밖에 없다. 그는 다른 여자들과도 만나고 있는 걸까? 그에게 나는 심심풀이 상대에 지나지 않았나? 그래도 이런 문제를 내가 나서서 거론하고 싶지는 않다. 지금까지 모든 게 아무런 드라마 없이 산뜻하게 진행되지 않았던가.[60]

남자에게 충실성과 진정성을 묻는 게 '드라마'이고 '어려운 일'이 되어버리고 마는 것은 자존심을 앞세우는 자율성이 '인정받고 싶다는 욕구'를 억누르기 때문이다. 자율과 인정 사이의 긴장은 누가 첫걸음을 떼느냐를 정말 어려운 문제로 만들어버린 주범이다. "두려움에 사로잡힌, 혹은 자기보호를 염두에 두는 사람은 과감히 자신의 속내를 드러내기 전에 먼저 사랑하는 상대방이 자신을 사랑하도록 만들려 시도한다. 먼저 자신을 열어 보임으로써 혹시 상대에게 우위를 빼앗기거나 열등해지는 건 아닐까 두려워하는 감정이 그 원인이다."[61] 사랑에 빠진 사람이 두려움에 사로잡히는 것은 자율과 인정 사이의 긴장에 지배당하기 때문이다. 다음은 궁극적인 인정의 요구, 곧 결혼 요구가 왜 거부당하고 마는지 그 원인을 해독해볼 수 있는 또 다른 사례로, 광고회사 매니저인 38세 여성 아이린의 경우다.

> 아이린 앤디와는 5년 전에 만났죠. 그를 처음 만났을 무렵 전 다른 남자와 함께 살았어요. 그러나 관계는 그리 매끈하지 않았죠. 앤디는 저를 무척이나 차지하고 싶은 것처럼 보였어요. 그래서 그를 만나기 시작했는데, 물론 처음부터 그에게 홀딱 반했다고 말할 수는 없어요. 그러나 그는 참 열심이더군요. 연애편지를 쓰고, 저와 깜짝 소풍을 가고, 깜찍한 선물들을 했으며, 저를 위해 요리도 했죠. 1년 뒤 그는 지점의 책임자로 승진해 런던으로 가라는 명령을 받았죠. 저에게 함께 가자더군요. 잠시 고민해보고 재빨리 승낙했죠. 우리 회사 계약서는 사직할 때 석 달 전에 통보를 해야 한다고 못 박고 있어서 당장은 같이 갈 수 없었어요. 그래서 두 달 뒤에 따라갔죠. 도착해서, 그러니까 도착한 첫날부터 그의 열정이 식었다는 걸 느꼈습니다. 그냥, 어떻게 설명할 수 없이 식어버렸어요. 거듭 무슨 일이 있었느냐, 왜 예전처럼 다정하지 않느냐 캐물었죠. 그는 슬금슬금 피하면서, 자신이 결혼을 할 수 있을지 모르겠다는 거예요. 석 달 뒤에 저는 그와 헤어져 뉴욕으로 돌아왔습니다. 정말 참혹한 기분이었죠.

나 정말 참혹하다?!

아이린 그런데 그거 아세요? 저는 그를 여전히 사랑해요. 그는 나에게 끔찍하게 굴지 않았어요. 그 남자는 끔찍하지 않아요. 그저 미안하다더군요. 아세요, 그게 무슨 말인지? 그는 그냥 저를 사랑하는 걸 멈췄어요. 그리고 저한테 결혼약속을 해준 것도 아니에요. 그러지 않았어요. 그냥 뚝 멈추더라고요. 거기에 대고 뭐라고 하겠어요? 나는 정말 굉장한 여자니까 날 사랑해줘? 그렇게 말할 수는 없어요. 말도 안 되는 어리석은 소리죠. 그를 위해 직장도 임대아파트도 포기했고, 그동안 모아둔 돈도 다 찾아 썼어요. 기본적으로 인생을 포기한 거나 다름없죠. 그런데도 화가 나지 않아요. 그냥 상처를 받았을 뿐이죠. 그런 걸 보니 그를 여전히 사랑하나 봐요. 아마 내 어떤 부분이 더욱 그를 사랑하나 봐요.

나 방금 말씀하신 대로라면 결혼약속도 받지 않았는데 너무 빨리 생활을 정리하신 거로군요. 쉽게 그럴 수 있던가요?

아이린 그게 아무렇지도 않았다는 말은 아니에요. 분명 저는 피해를 입었죠. 그러나 저는 언제나 혹시 내가 압박을 행사하는 인상을 줄까 두려웠어요.

나 압박을 행사한다는 게 무슨 뜻이죠?

아이린 필사적인 듯 보이는 거요. 최후통첩을 하는 셈이랄까. 세상에서 가장 중요한 일이 결혼인 양 구는 거죠. 남자를 압박하는 건 관계에 도움이 되지 않아요. 자기 이미지를 위해서도 좋지 않죠. 그래서 저는 압박한 적이 없어요. 아마 그게 잘못일 수도 있죠. 좀더 단호하게 요구하는 편이 나았을 수도 있어요. 결혼약속 없이 제 보금자리를 깨지 말았어야 해요. 그러나 저는 젊었고, 남자가 질려버리는 건 아닐까 두려웠어요.

나 왜 그게 당신 자신의 이미지에 좋지 않죠?

아이린 음…… 압박을 가한다는 건 그만큼 절박하다는 거잖아요. 어쨌거나 자립적으로 보이지는 않죠. 없어 보이면서 절박하다는 인상을 주기는 싫었어요. 그 밖에도 여자 쪽에서 압력을 가하면 남자는 떠나게 마련이라더군요. 없어 보이니까.

나   남자에게 진지하고 든든한 관계를 원한다고 말하는 게 없어 보이는 건가요?

아이린 그럼요, 당연하죠. 물론 저도 자발적으로 "너를 사랑해"라거나 "너와 함께 인생을 즐기고 싶어"라고 말하고 싶죠. 하지만 그렇게 말하면 마치 남자에게 매달리며 애원하는 것 같잖아요. 쿨하게 보일 필요가 있어요.

나   왜 그런지 말씀해주실 수 있나요?

아이린 왜 그런지는 저도 몰라요. 다만 남자들은, 전부는 아닐지라도 많은 남자가 결혼과 구속을 별로 달가워하지 않죠. 남자는 자기 스스로 어떤 결정을 내릴 때는 세상의 모든 시간을 다 가진 것처럼 굴어야 직성이 풀리죠. 남자를 너무 간절히 원하면 그때부터 남자는 시들해지죠. 바로 이런 게 제가 아는 모든 여자가 확신하는 것 가운데 하나입니다. 천천히 접근해 들어갈 필요가 있어요. 영리하게. 너무 몰아세워선 안 돼요.

이 이야기에 담긴 많은 요소가 오늘날 남녀관계의 전형을 보여준다. 여기서 여자는 남자에게 영향을 받았다. 다시 말해 남자가 관계를 맺을 거라고 여자는 **확신**했다. 여자는 남자가 틀림없이 자신과 결혼해줄 거라 믿고 행동했다. 그리고 이렇게 확신하는 것을 무슨 비밀처럼 여기지 않았다. 자신에게 잘해주는 남자의 태도를 보며 여자는 특별히 인정받은 듯 느꼈다. 이런 감정은 다시금 이런 사실을 암시한다. 인정이 사랑보다 선행한다. 그리고 인정이 나중에 사랑을 불러일으킨다. 이런 패턴은 자신의 가치를 남자에 비해 공개적 채널로 확인받을 길이 별로 없는 여인들에게 특히 중요하다. 여성의 자존감은 바로 그래서 낭만적 인정과 매우 밀접하게 맞물려 있다. 이 여인이 명확하게 자신의 생각을 밝히지는 않았지만, 남자를 위해 모든 걸 '포기했다'는 사실을 두고 남자는 이 여자가 자신에게 모든 것을 걸겠다는 뜻이구나 하고 해석했으리라(또 이게 아마도 옳은 해석이리라). 그런데 결과적으로 여자는 자신의 뜻을 관철하지 못했다. 남자에게 구속력 있는 행동을 보이라고 요구하지 못했다. 이유는 간단하다. 그랬다가는 자존감이 상처를 입을까 봐. 결국 자신의 자존감을 앞세운 자율이, 인정받고 싶다는 욕구를 짓누르고 승리한다.

이를 19세기 잉글랜드의 중산층이나 중상위층 출신 처녀의 상황과 비교해보자. 당시 처녀는 공식적으로 '사교계에 데뷔함'으로써 배우자를 찾았다. 다시 말해 처녀를 위한 무도회가 열렸다. 이 무도회는 이제 결혼할 능력을 갖추었으니 적당한 남자를 사귀고 싶다는 선포와 다르지 않았다. 사회의 이런 문화질서에서 이 같은 선포는 사교의 구조에 본질적 역할을 했다. 처녀(혹은 총각)는 결혼하고 싶다는 의도를 숨기거나 가리지 말아야만 한다. 의도의 선포야말로 '사교계 데뷔'의 규정이자 '레종 데트르'raison-d'etre(존재 이유)이기 때문이다. 그 같은 공개성, 곧 장래 배우자를 찾는다는 의도의 선포는 처녀의 자기 이미지나 자율성에 전혀 위협을 주지 않았다. 실제 낭만적 관계에 얼마나 애교가 담겼든 간에 알맞은 배우자를 찾아 결혼하겠다는 의도는 가리거나 애매모호하게 하거나 미루거나 숨겨서는 안 되었다. 오히려 '진지함 부족'이 결혼시장에서 남자와 여자의 체면에 심각한 손상을 입혔으며 감정적 불이익을 안겼다. 반대로 현대의 낭만적 관계는 기괴한 역설에 사로잡혀 버렸다. 남자든 여자든 처음 사귀는 단계에서는 마치 결혼할 의도가 없는 것처럼 행동해야만 한다. 결혼 의사는 관계를 완성하는 정점일 뿐 그 전제조건은 아니다. 결과적으로 결혼이라는 문제는 애초부터 낭만적 관계에서 가려지며, 연애를 하는 동안 당사자들은 서로 상대에게 끊임없이 인정해주기를 요구한다. 그러니까 앞서 인용한 아이린의 인터뷰는 약속 지키는 것이 관계와 결혼이라는 도덕적 구조물의 핵심구조였던 19세기와 달리, 결혼하겠다는 약속을 요구하는 게 부적절한 일이 되고 말았음을 보여준다. 여인은 약속을 지키기 위해 개인적으로 엄청난 대가를 치렀음에도 말이다. 『순해진 여인들』[62]이라는 책에서 섹스관계를 보수적으로 비판하는 저자 웬디 샬릿 역시 남자에게 요구하는 것을 망설이는 여성들의 태도를 관찰했다. 하지만 현대를 주도하는 심리치료의 분위기에 발맞춰 여성의 부족한 자존감과 섹스 과잉화에서 그 원인을 찾아냈다. 대개의 보수적 사상가와 마찬가지로 샬릿은 문제로 산적한 분야는 정확히 찾아냈으나 많은 보수적 사상가와 다름없이 그 원인은 제대로 파악하지 못했다.

그 진짜 원인을 찾아가는 과정에서 우리를 도울 수 있는 개념은 내가 보기에 '혼란스러움'이다. 혼란스러움은 심리학 분위기를 풍기는 말이지만, 그 병인病因에서 우리가 만나는 것은 사회학의 문제다. 나는 혼란스러움이 두 가지 서로 합치될 수 없는 구조적 원리에서 촉발된다고 본다. 아이린의 이야기에는 자기 이미지를 지키고 싶다는 희망이 자기이해관계의 방어를 눌러버린다. 그 원인은 간단하다. 자신의 이미지가 관계보다 앞서는 게 아니라 결정적으로 바로 그 '낭만적 관계' 안에서 협상되어 이룩되어야만 하기 때문이다. 이미지는 서로 애정을 주고받는 관계가 어떤 가치를 만들었느냐에 따라 달라지는 것일 따름이다. 두 사람의 특별한 관계에서 협상되어야만 하는 대상이 바로 이미지다. 이런 상호관계에서 연인들은 끊임없이 자신의 자율성과 상대방의 자율성을 존중하는 능력을 과시해야 한다. 다시 말해 서로 '아무런 요구'도 내세우지 말아야 한다. '압박을 가한다'라는 것은 압박을 당하는 사람에게 위협인 동시에 압박을 행사하는 본인에게도 위협으로 이해됨을 주목해야 한다. 여기서 가치를 정하고 만들어내는 문화의 주축은 자율성이다. 이렇게 볼 때 약속을 지켜달라는 부탁이 왜 '압박의 행사'로 여겨지는지 이해된다(빅토리아 시대의 잉글랜드에서는 매우 이상하게 보였을 일이다). 이런 현상은 사람들이 자신의 자아를 어떻게 바라보는지 알아야만 설명된다. 오늘날 사람들은 약속을 자유의 제한으로 받아들인다. 자유, 곧 내일을 오늘과 다르게 느끼려는 자유 말이다. 자유를 제한하는 것을 부적절한 일로 여기기 시작한 이래, 결합을 요구하는 것은 자유를 빼앗는 짓으로 이해되었다. 다시금 자유는 관계를 순전히 감정의 개념으로 정의하는 것과 관련된다. 어떤 관계가 자유롭게 느끼고 자유를 지켜주는 감정의 결과라면, 이 관계는 의무감이라는 도덕의 구조로 강제될 수 없다. 감정은 변화하는 것으로 여겨지며, 좀더 원칙적으로는 감정의 원천이 각자의 유일한 자아이자 자유의지이기 때문에 감정을 미래와 묶어달라는 요구는 부적절한 것이 되었다. 이런 요구는 순전한 감정 안에 내재하는 자유를 위협하는 일로 받아들여지기 때문이다. 결과적으로 의무감이 따르는 결합은 순전한 느낌과 감정에서 우러나오지 않는 선택은 할 수 없게 만드는 위험을 포함한다. 결국 의무를 강조하는 결합은 상대방의 자유를 빼앗는 것과 다르지 않다.

내가 강조하고 싶은 논점은 현대의 남성들이 자율성을 마음속 깊숙이 새기고 이를 실현하려고 힘주어 싸우는 정도가 어떠냐에 따라 그 자율성은 상징적 폭력을 행사한다는 점이다. 여성해방 프로젝트의 중심에 자율성을 세우는 것(그리고 세워야만 함)에 비해 남성 자율성의 상징적 무력행사는 너무도 자연스러워서 그 정체를 알아보기가 무척 힘들다. 나와의 인터뷰에서 25세 여성 아만다는 다음과 같이 말한다.

아만다 저는 론과 2년을 함께 살았어요. 그리고 이 2년 동안 저는 그에게 단 한 번도 "사랑한다"고 말하지 않았죠. 그리고 그 역시 저에게 "사랑한다"고 결코 말하지 않았어요.
나 왜죠? 무엇 때문에 그랬다고 생각하세요?
아만다 그 말을 처음으로 하는 게 저이고 싶지 않았어요.
나 왜요?
아만다 그 말을 했는데 상대방은 나에게 그렇게 느끼지 않는다면, 두 사람 가운데 제가 약자가 되는 거죠. 혹은 분위기가 이상해지거나, 상대편에서 이런 상황을 자신에게 유리한 쪽으로 몰아가거나, 그런 말을 한 탓에 가까워질 수가 없으니까요.
나 그 남자도 같은 이유로 사랑한다는 말을 하지 않은 건가요?
아만다 모르겠어요. 아마 그럴 수 있겠죠. 어쨌거나 그거 아세요. 여러 모로 남자가 그런 말을 하기에 더욱 자유롭지 않나요? 제가 보기엔 남녀 모두 남자가 먼저 말해야 한다고 알고 있을 것 같거든요. 여자는 이런 자유를 누리지 못하죠. 남자가 사랑한다고 말하면 여자는 거부하기 힘들잖아요. 반면 남자는 과민반응을 보이며 저 여자가 반지와 하얀 드레스를 원하는구나 하고 생각하죠.

현대의 고장 난 관계에 바이블처럼 여겨지는 『섹스 앤 더 시티』에서 예를 하나 찾아볼 수도 있다. "한동안 아무도 입을 열지 않았다. 그러다가 캐리가 물었다. '어째서 사랑한다는 말을 절대 하지 않는 거야?' '두려워서.' 미스터 빅이 말했다. '사랑한다고 말하면 당신은 우리가 결혼하겠구나 하고 생각할까 봐 두려워.'"[63]

인정과 결속의 게임규칙을 정하는 쪽은 틀림없이 남자다. 남성은 자신이 지배하는 것을 자율성의 이상이라 여긴다. 여성은 공공영역에서는 평등을 놓고 투쟁하면서도 이 이상에 스스로 동의했다. 다시 말해 이 이상이 사적 영역에 적용되면서 자율성은 여성의 인정욕구의 숨통을 조인다. 이유는 간단하다. 비록 손해를 보더라도 현실에 맞설 수 없는 게 상징적 폭력의 특징이기 때문이다. 내 논점은 여성이 자율성을 원하지 않는다는 게 아니다. 오히려 문제는 여성이 긴장에 시달리는 입장으로 내몰릴 수밖에 없다는 점이다. 여자는 돌봄과 자율성이라는 이상을 동시에 걸머지기 때문이다. 더욱 결정적인 점은 여성은 흔히 자신과 남편의 자율성을 **똑같이** 돌봐야만 한다고 믿는다는 사실이다. 사회학 학사학위 소지자로 말솜씨가 뛰어나고 매력적인 27세 여성 시라의 이야기를 들어보자.

시라 〔우리가 함께 있으면〕 저는 예를 들어 함께 집에 가는 게 좋겠다고 말하는데, 그는 새미〔그의 남자친구〕에게 가고 싶다고 말하곤 하죠. 그럼 저는 울기 시작해요. 그냥 눈물이 나와요. 저는 제가 그를 어떻게 생각하는지 그에게 단 한 번도 솔직하게 말할 용기를 내지 못했어요. 아무튼 두려워요. 아마도 그를 잃을까 무서운가 봐요. 그래서 아무 말도 못 하는 거죠. 그러고는 울어요.

나   자주 울었어요?

시라   예, 아주 자주 울어요.

나   왜 그런지 말해줄 수 있어요?

시라   그게 그러니까, 저는 그와 함께 지내는 내내 제 솔직한 생각을 말하는 게 그냥 너무 두려웠어요.

나   말할 자신이 없게 만드는 예를 하나 들어줄래요?

시라   뭐, 여러 가지가 있죠. 예컨대 토요일에 저는 그냥 집에서 빈둥거리고 싶었어요. 오로지 그와 함께 있으면서 같이 식사도 하고. 그런데 그는 한사코 나가겠다는 거예요. 친구들을 만나고 싶다면서요.

나   그가 아직 집에 있을 때 울었어요, 아니면 나갔을 때?

시라   그가 아직 있을 때요.

나   그래 당신의 눈물이 그를 머물게 했나요?

시라   아뇨, 안타깝게도 아니었어요.

나   그런 일이 많아요?

시라   솔직히 말해 너무너무 많아요. 내가 어떤 걸 원하는데 대개는 그걸 무시하거나 허사가 되는 쪽으로 일이 풀려요. 예를 들어 저는 집에 있는 걸 좋아해요. 그를 위해 뭔가 맛난 요리도 하면서. 그리고 그가 그 요리를 칭찬해주기 바라죠. 그런데 그는 먹기만 할 뿐 아무 말도 하지 않아요. 그럼 저는 상처를 받아 울기 시작하죠.

이 여성은 딱히 무어라 부를 수 없는 모순에 사로잡혀 있는 탓에 아픔을 겪는다. 그녀의 눈물은 의존성과 동시에 인정받고 싶다는 욕구를 직접적으로 드러내는 표현이다. 그러나 여자는 무거운 감정을 느끼면서도 자신의 요구를 명확히 말하지 않는다. 자신과 남자의 자율성을 지켜주려 참는 편을 택한다(적어도 겉보기에는 그렇다). 이런 뜻에서 자율성의 명령이 인정의 명령을 눌러버리거나 심지어 알아볼 수 없게 만든다고 말할 수 있다. 자율성이 여성의 감정을 억누르는 작용방식의 예는 얼마든지 있다. 이를테면 이미 언급한 바 있는 『인디펜던트』의 섹스 칼럼니스트 캐서린 타운센드야말로 성적으로 해방된 여인의 가장 독특한 사례를 보여준다. 그럼에도 그녀가 "이 지극히 여성적인 상황"이라고 부른 것은 이렇게 들린다. "다시 나는 이 세상에서 아무런 배려도 받지 못하는 것처럼 꾸며내는 이 지극히 여성적인 상황에 처했다. 마음 같아서는 그의 목에 매달려 이렇게 소리 지르고 싶다. '제발 나를 사랑해 줘!'"[64] 그리고 여성 심리학자 리사 르네 레이놀즈는 인터넷의 만남 주선 사이트를 두고 생각을 거듭한 끝에 이런 결론에 이른다. "거기 프로필에 가정과 아이를 갖고 싶다고 써놓으면 아무도 반응하지 않을 것 같다. 그러니까 사람들은 정작 상대가 원하는 게 무엇인지 알아내려는 노력을 조금도 기울이지 않는다."[65] 다시 한번 분명히 강조해두지만 나는 여성이 자율의 절박함을 느끼지 않는다거나 자율을 포기해야 한다고 말하는 게 아니다. 오히려 그 반대다. 내 주장은 남자가 자율을 좀더 일관되게 그리고 인생에서 더 오랫동안 누림으로써 사랑받고 싶다는 여성의 욕구를 감정적으로 지배할 수 있게 되었다는 뜻이다. 남자는 여자에게 결합의 갈망을 침묵하도록 강요하고 남자의 거리두기와 자율성 열망을 흉내 내도록 요구함으로써 여성을 지배한다. 이성애의 부부관계와 자녀 그리고 남자의 의무감에 관심을 갖지 않는다면 아마 여자도 감정적으로는 분명 남자와 같은 눈높이에서 만날 수 있으리라.

연애과정이 명확하지 않고 의례를 충분히 갖추지 않는다면, 자아는 상대의 인정을 얻어내려 투쟁한다. 이런 인정을 요구할 수 있는 위치가 아니어도 말이다. 자율을 원하면서 자신과 상대의 감정적 자유를 바로 세울 수 있기를 열망한다. 다시 말해 자아의 가치는 처음부터 정해진 게 아니기 때문에 서로 주고받는 관계를 통해 협상되어야 한다. 이때 자신의 가치는 충분히 자율적으로 행동하지 못할 가능성에 끊임없이 위협받는다. 두 명령 사이의 긴장, 곧 한쪽에서는 자율성을 확보하라 하고 다른 쪽에서는 인정을 얻어내라고 하는 요구 사이에 빚어지는 긴장은 자아와 그 심리가 경제적 자세를 취하게 만든다. 다시 말해 인정은 항상 자율과 균형을 이뤄야 하기 때문에 인정의 과잉공급이 빚어지지 않게 만들려는 태도가 경제적 자세다. 자신의 가치를 확보하거나 상대에게 가치를 부여해주는 싸움에서 자아는 거래라는 모델에 의존한다. 이 거래에서는 덜 베푸는 것이 가치를 경제적으로 끌어올리는 행위다(그리고 귀할수록 아껴서 주어야 한다는 반대의 셈법도 성립한다). 이런 모델에서는 '사랑한다'라는 감정이 거래의 교묘한 부추김을 받아 '너무 지나치게 사랑하는 감정'으로 돌변할 수 있다. 이게 바로 여성을 위한 충고를 담은 심리학 책들이 바탕에 주로 깔고 있는 경제논리다. 예를 들어 여성 심리학자 로빈 노우드*는 기막히게 적절한 제목을 단 자신의 베스트셀러 『너무 지나치게 사랑하는 여인들』에서 몇몇 고객/환자의 이야기를 들려준다. 그 가운데 하나는 저자가 질Jill이라 부른 여성의 이야기로 랜디라는 남자와 만나자 "기묘할 정도로 당장 좋은 감정을 느꼈다"는 내용이었다.

• Robin Norwood: 가족과 아동 치료 전문가로 미국에서 활동한다. 본문에서 언급한 책은 미국에서 공전의 베스트셀러가 된 자기치유서다.

"정말 멋졌어요. 저는 그를 위해 요리했고, 제가 돌봐주는 걸 무척 흡족해하는 그의 모습을 보고 참 즐거웠어요. 〔……〕 함께 있는 게 정말 아름다웠죠." 이야기를 계속하는 동안, 질이 거의 즉각적으로 랜디에게 완전히 사로잡혔다는 게 분명해졌다.

랜디가 샌디에이고에 있는 자신의 집에 들어서기 무섭게 전화벨이 울렸다. 질은 따뜻한 목소리로, 오래 운전해야 하는 당신 걱정을 했다면서 안전하게 집에 도착해 안심이 된다고 말했다. 랜디는 전화를 예상하지 못한 게 분명했다. 적어도 약간 당황한 반응은 보였다. 그러자 질은 곧장 사과하고 전화를 끊었다. 그러나 이내 질은 가슴을 후벼 파는 것 같은 불안감에 시달렸다. 다시금 한 남자가 그녀에게 대단히 중요하게 여겨진다는 것, 반대로 남자는 자신을 그 정도로 생각하지 않는 모양이라는 의식이 그녀를 괴롭혔다.

"랜디는 저에게 너무 압박하지 말았으면 좋겠다고 하더군요. 그러지 않으면 사라지겠다면서요. 전 너무 두려웠죠. 모든 게 저한테 달렸다고 생각했습니다. **그를 사랑하되 동시에 홀로 편안하게 내버려둬야 한다.** 저는 그럴 수가 없었죠. 그래서 제 두려움은 갈수록 커지기만 했어요. 두려움에 사로잡힐수록 그의 뒤를 바짝 따라가는 제 모습을 발견했죠."[66]

어느 모로 보나 노우드는 질의 행태를 병리적 현상으로 인식한 게 분명하다. 건강한 정신의 소유자라면 자율성과 인정을 경제 개념으로, 곧 수요와 공급의 균형관계로 옮겨서 생각하기 때문이다. 그러나 질의 이야기에도 관계를 경제적으로 바라보는 자세가 함축적으로나마 포함되어 있다. 그녀의 이야기는 자기계발서의 기능 가운데 하나가 인정을 정확히 주고받는 과정에 포함된 감정의 수요와 공급을 감시하도록 독자를 돕는 데 있음을 의문의 여지 없이 보여준다. 자아의 가치란 관계의 상호작용을 통해 협상되는 것이기 때문에, 또 자율성이라는 지표가 곧장 가치의 징표로 기능하기 때문에, 자아는 경제적 계산의 무대가 된다. 이 계산방식은 얼마든지 자신의 가치를 낮춤으로써 상대방을, 말하자면 '너무 지나치게' 인정할 수 있다("사랑한다"). 2장에서 암시했듯, 인정은 감정을 경제적으로 바라보는 관점으로 이뤄지고 또 이 관점에 의해 제한된다. 간단히 말해 경제적 관점에 따르면 인정의 공급과잉은 인정의 수요를 줄어들게 만든다. 경제적 관점으로 바라보게 만드는 명령이 낭만적 관계의 상당 부분에서 불안함을 빚는다. 공급과 수요라는 경제적 사고방식은 다음의 자전적 사례에서 분명하게 드러난다. 이 이야기의 주인공은 46세의 이혼녀 앤이다.

앤 관계에서 저를 힘들게 하는 것은 바로 이 모든 권력게임이에요. 내가 먼저 그에게 전화를 해야 할까, 하지 않는 게 좋을까? 그가 너무 좋다는 걸 알려줄까, 아니면 무심한 척 연기할까? 남자는 쉽게 가질 수 없는 여자에게 매력을 느끼지 않나? 이런 물음들이 저를 미치게 해요.

나 그거야말로 당신이 제게 설명해야 할 대목이네요. 그게 정확히 무슨 뜻이죠?

앤 무슨 뜻으로 한 말이냐고요? 보세요, 대개의 경우, 아 그러니까 제 말은 인생을 살아가며 한두 번쯤 만나는 그런 위대한 사랑을 말하는 게 아니에요. 그저 대개의 경우 우리는 누군가를 알게 되고, 어찌어찌 그를 좋아하죠. 그렇지만 이런 경우 장차 관계가 어디로 나아가야 할지 몰라요. 상대가 굉장히 좋은 게 아니라면, 그건 나름 괜찮아요. 그의 품에 있지 않다는 느낌을 가져도 두렵지 않으니까요. 그러나 처음부터 무척 좋아한 남자가 그 템포를 따라와주지 않으면 정말 어려워지죠. 남자를 미치도록 갖고 싶어 그가 무슨 말을 하는지 또 어떻게 말하는지 하나도 놓치지 않고 주목하죠. 그리고 상대에게 너무 좋다는 표시를 하면, 대개 남자는 관계를 끝내버려요. 그렇다고 너무 몸을 사려도 남자는 뭐 그저 그런 모양이구나 하고 말죠.

나 왜 남자가 끝장을 내버리려 한다고 믿으시죠? 직접 그런 일을 겪었나요?

앤 예, 그럼요.

나 구체적인 예를 하나 들려주실 수 있어요?

앤 그런 이야기야 하나 이상 들려드릴 수 있어요. 한번은 어떤 남자를 만났는데, 처음에는 제가 별로 내키지 않았어요. 그와 함께할 수 있을지 자신이 없었어요. 남자가 상당히 차갑다고 느꼈거든요. 두 주가 지난 뒤 더는 만나고 싶지 않다고 말했죠. 그가 한 번만 더 기회를 달라고 사정하더군요. 그때부터 남자는 따뜻해졌고 저는 그를 정말 좋아하게 되었죠. 하지만 미래 이야기만 하면 남자가 멈칫거리더군요. 그가 애매한 태도를 보일수록 저는 더욱 압력을 가했죠. 그런데 끝까지 애매하게 굴기에 결국 헤어졌어요.

또 어떤 남자와 뜨겁고 격정적인 연애를 한 적이 있습니다. 남자가 저보다 15세나 많았는데도 말이죠. 그 남자는 저에게 아주 푹 빠졌어요. 매일 저에게 전화를 했죠. 주초에 벌써 주말 계획을 짜더군요. 우리가 함께할 수 있는 모든 가능한 휴가여행을 제안했어요. 그러던 어느 날 제가 남자에게 연락을 취했는데, 이틀 뒤에야 답을 하더군요. 저는 큰 상처를 받았다고 말했죠. 그러자 화를 내더니 정말 차갑게 돌아서더군요. 제가 왜 그렇게 야단을 떠는지 알 수가 없다면서요. 다른 남자와는 6개월을 사귀었어요. 그는 음악가였기 때문에 휴대전화를 꺼두는 일이 잦았죠. 제가 그걸 문제 삼아 항상 연락할 수 있게 휴대전화 좀 켜두면 안 되느냐고 물었어요. 그러자 그는 길길이 날뛰며 제가 그의 자유를 빼앗으려 한다고 난리를 피우더군요.

나 그래 뭐라고 대응하셨어요? 아직 기억나세요?

앤 관계를 유지하려면 자유는 어느 정도 제한되는 것 아니냐고 했어요. 두 가지를 동시에 가질 수는 없다고도 했죠. 이 대화를 나누고부터 관계는 식어갔어요.

나 왜 그랬는지 말씀해주실 수 있나요?

앤 그거야 항상 똑같은 이야기예요. 처음에는 남자들이 저를 무척 좋아하죠. 그러다가 어떤 이유로든 제가 불안해져요. 정말 나를 사랑하는지, 사랑한다면 얼마나 사랑하는지 알아야만 직성이 풀리는 거예요. 이런 물음을 떨쳐버릴 수가 없어요. 그래서 거듭 질문하고 요구를 내세우며, 심지어 남자들은 제가 끝없이 잔소리를 해댄다고 말하죠. 정말 모르겠어요 [웃음]. 항상 진행과정은 똑같아요. 관계에서 무언가가 저를 불안하게 만들죠. 저는 그걸 표현하고 안정과 함께 재확인을 받고 싶어요. 그럼 그때부터 남자들은 떠나갑니다.

나 대체 왜 그런지 생각은 해보셨어요?

앤 제가 보기에는 그게 바로 남자와 여자가 힘겨루기를 하는 권력게임이에요. 이 문제를 두고 많은 고민을 해봤죠. 제가 보기에 남녀 사이의 관계는 정말이지 완전히 끝장난 것 같아요. 남자들은 어느 정도 거리를 두고 봐준다거나, 요구하는 게 많지 않은, 혹은 뒤로 빼는 것 같은 태도를 보이는 여자에게 비로소 관심과 흥미를 가져요. 만일 여자가 절박함과 두려움 그리고 가까이 있고 싶다는 희망을 드러내면 남자는 그냥 사라져버려요. 깨끗이 잊어야 해요. 이런 사정은 마치 여자를 차지하기 위해 끊임없이 사랑을 증명해야 하는 건가 싶어서 남자가 부담을 갖는 측면도 포함하는 듯해요.

나 왜 그리고 언제 두려움을 느끼는지 말해주실 수 있어요?

앤 흠…… 제 생각에는 내면 깊은 곳 어딘가에 나 자신이 무가치하다는 느낌이 도사리고 있는 것 같아요. 그래서 다른 사람들에게 내가 소중하다는 걸 보여달라고 매달리죠. 아무튼 관계에서는 언제나 그런 게 두려움을 불러일으켜요. 그런 다음에야 남자가 사랑하지 않는구나, 혹은 충분히 사랑하지 않는구나 하고 눈치를 채죠. 그러면 저는 남자에게 제발 좀 안정시켜달라고 부탁하죠. 그런데 그런 부탁을 들어주는 남자는 거의 없어요.

심리학 통설은 틀림없이 이 여인이 '불안함'에 시달린다고 진단하며 그 두려움의 원인을 상처받은 어린 시절에서 찾으려 하리라. 심리학 이론은 두려움을 정신적 외상을 입은 사건의 흔적으로 보거나 자아의 기초가 완전히 무너져 내리기 직전의 신호로 이해한다. 자아가 초자아와 자아 사이의 모순된 요구들 사이에 사로잡혔다고 보기 때문이다. 프로이트와 이후의 심리학 이론들에 따르면 두려움은 산만하며 붕 떠 있고 분명한 대상을 갖지 않는다는 점에서 신경증으로 발전한다. 그러나 앤의 이야기를 그 말 그대로 받아들인다면, 그녀의 두려움은 아주 분명하고 명확한 대상을 가진다. 또 지극히 사회적인 관점에서 바라보아야만 하는 성질의 두려움이다. 앤은 인정을 요구하고 있으며, 자신과 남자의 자율성을 동시에 모두 만족시켜야 하는 상반된 명령과 씨름한다. 그러나 양쪽 모두 자율성을 보장받기란 쉬운 일이 아니다. 특히 앤은 관계에서 자신의 지위가 위협받지 않을까 걱정한다. 인정과 자율이 동시에 관계의 본질적 특징이 되어버린 반면, 이 두 가지는 당사자들을 상반된 방향으로 이끈다. 이런 구도를 염두에 둔다면, 여기 묘사된 두려움은 인정받으려는 욕구와 자율성의 위협 사이에 벌어지는 긴장의 결과로 이해된다. 자율성을 확보하려는 욕구는 자신이 관계의 전략적 승자로 우뚝 서야 한다는 자아의 경제적 자세로부터 비롯된다. 그러나 여자는 동시에 아가페의 사랑이라는 형태로 아무런 경제적 계산 없이 관계를 이뤄가려는 열망을 품는다. 긴장이 빚어질 수밖에 없는 구도다. "너무 많이 사랑하는" 여성이 관계를 이끌어야 하는 경제적 계산을 이해하지 못하는 근본적 잘못을 저지르는 셈이다. 그 결과 자율성이라는 욕구를 다스릴 수가 없다. 그래서 나는 인정과 자율 사이에 빚어지는 이 긴장이 자신은 무가치한 존재라는 회의감을 낳는 새로운 구조의 생성에 결정적 책임이 있다고 믿는다.

자기사랑에서 자책에 이르기까지

제인 오스틴의 『이성과 감성』에서 엘리너는 결정적 순간에 여동생 메리앤의 열렬한 구혼자 윌러비가 그녀와 결혼할 의도가 없음을 알아차린다. 나중에 엘리너는 윌러비가 자기 남자라고 여동생이 믿고 있을 때도 이미 다른 여자와 약혼한 상태였음을 알아낸다.

일종의 약속 같은 게 윌러비와 메리앤 사이에 여전히 성립한다는 점은 의심하지 않았다. 또 지금의 상황이 윌러비를 몹시 지치게 하리라는 점도 마찬가지로 분명했다. 메리앤이 여전히 헛된 희망을 키워가고 있다 해도, 그녀(엘리너)는 그것을 어떤 잘못이라고 하거나 오해로 돌릴 수 없었다. 오직 완전히 감각을 바꾸어야만 이런 사정은 받아들일 수 있으리라. 만약 용서받을 수 없는 자신의 행동을 의식하고 있다고 말해주는 그의 난처함을 함께 보지 않았더라면, 엘리너의 분노는 더욱 컸으리라. 그나마 그의 난처함을 본 게 처음부터 그 어떤 명예로운 의도도 없이 여동생의 애정을 가지고 놀았던 건 아닐까 싶어 그를 비양심적 인간이라 몰아세우는 것도 막아주었다.[67]

윌러비는 위중한 도덕적 실수를 인정했다. 이게 어떤 잘못인지는 너무도 분명했다. 그는 메리앤으로 하여금 그와 결혼할 것이라는 헛된 희망을 품게 만들었다. 비록 명확하게 약속해준 것은 아니지만, 윌러비는 자신이 메리앤과 결혼할 거라고 해석될 수밖에 없는 행동을 했다. 그의 주변 사람들은 물론이고 윌러비 자신도 적극적 구애는 실질적으로 결혼약속과 같은 뜻이며, 한번 약속한 것을 지키지 않으면 당사자의 명예심에 커다란 상처를 입히는 일임을 익히 알았다. 약속의 불이행은 감정적으로나 현실적으로나 상당한 손상을 입힌다. 버림받았다는 건 여인이 다른 남자를 찾을 전망을 어둡게 만들기 때문이다. 그런데 더욱 흥미로운 점은 윌러비가 그처럼 명예롭지 않게 행동하면서도 동시에 메리앤을 사랑한다는 사실이다. 그러니까 감정이 결혼을 결정하는 데 반드시 필요한 것은 아닌 게 분명하다. 사실 그처럼 감정이 없고 계산적인 결혼관이야말로 제인 오스틴의 필치가 정확히 겨냥하려던 과녁이다. 더욱이 윌러비는 메리앤과 대화를 나누고 그 낭만적 결합을 인정하라는 요구를 공개적으로 거부했다. 메리앤은 물론 윌러비의 변심 때문에 추락했지만, 동시에 그녀 자신을 추스르고 의젓하게 대처하는 능력이 부족하다는 것을 공개적으로 드러내는 실수도 저질렀다. 언제 어떤 상황에서라도 의연하고 점잖게 행동하는 것이야말로 엘리너가 기본 덕목으로 찬양하던 것 아닌가. 윌러비를 향한 메리앤의 이뤄지지 못한 사랑은 물론이고 적절한 행동규칙을 따르지 못한 태도 역시 그녀를 고통스러운 상황으로 내몰고 말았다. 아픔을 공개적으로 드러내지 말고 혼자 속으로 삭였더라면 이런 태도는 도덕규범의 고리가 되어 그 고통을 '걸어둘 수' 있었으리라. 그랬더라면 주변 사람들이 그녀의 괴로운 심정을 더욱 잘 헤아려주지 않았을까. 그러니까 그녀에게는 내적인 게 아니라 외적인 것이 부족했다. 잘못 취한 행동이 문제일 뿐 이런 사태는 그녀 자신의 참모습과 무관하다. 아무리 실망이 컸다 할지라도, 그 실망이 그녀의 자존감을 문제 삼아서는 안 되었다. 그럼 결국 주변은 윌러비를 도덕적으로 격렬히 비난함으로써 그녀의 아픔을 결코 개인적인 게 아니도록 만들어주었으리라. 홀로 삭이는 아픔이었다면 다른 사람들이 마음의 눈으로 봐주고 함께 나눌 것이기 때문이다. 남들이 그녀가 느끼는 아픔의 짐을 함께 나눌 때, 이들 모두는 명확한 사회도덕의 구조를 공유하게 된다. 이런 의미에서 메리앤의 아픔은 수전 니먼*이 "도덕적 명료함"이라 부른 특징을 가진다.[68]

『노생거 수도원』에서 이사벨라 소프는 제임스 모어랜드와의 약혼을 깬다. 경제적 전망이 더 풍요로운 프레더릭 틸니 대령을 선택했기 때문이다. 제임스 모어랜드는 여동생 캐서린에게 이 슬픈 소식을 편지로 알리면서, 좌절감이나 분노 대신 안도의 한숨을 몰아쉰다. "오, 주여 감사합니다. 적절한 때 제 눈을 뜨게 해주셨나이다!" 심지어 그는 이사벨라의 오빠 존 소프가 동생이 어떤 행동을 했는지 듣고 충격에 빠지지

• Susan Neiman(1955~): 미국의 여성 철학자로 하버드 대학교에서 존 롤스의 가르침 아래 철학박사 학위를 취득했다. 독일에 오래 머물렀으며, 예일 대학교와 이스라엘에서 교수로 일하다가 현재는 독일 포츠담의 '아인슈타인 포럼' 소장을 맡고 있다.

않을까 진심으로 걱정한다. "가엾은 소프는 런던에 있군. 그와 만날 걸 생각하니 소름이 돋네. 그의 정직한 심장이 얼마나 아파할까."[69] 제임스 모어랜드의 반응에서 깊은 상처와 아픔은 전혀 찾아볼 수 없다. 그가 분명하게 표현하는 것은 오로지 이사벨라의 오빠에게 갖는 동정과 공감이다. 그 같은 공감은 그 자신과 이사벨라의 오빠 그리고 그들이 속한 사회환경 전체가 공유하는 명예의 소중함을 이사벨라가 깼다는 확신에서 빚어진다. 돈이 더 많은 남자와 결혼하기 위해 결혼약속을 깬다는 것은 사회성원들이 소중하게 여기는 도덕규범을 짓밟는 행동, 곧 공공을 무시하는 처사다. 또 모어랜드의 공감은 그런 규범의 준수가 개인의 사회적 지위와 인격적 평가에 무척 중요함을 알기에 자발적으로 우러나온 것이기도 하다. 이사벨라의 행위는 그녀 자신의 이름과 오빠의 이름에 먹칠을 한 것이기 때문에, 제임스 모어랜드는 그 오빠가 느낄 아픔을 자기 것처럼 괴로워한다. 여동생이 그저 이미지만 손상한 게 아니라 실제로 피해를 입혔다고 보기 때문이다. 윌러비의 경우와 마찬가지로 여기서도 오명을 뒤집어쓰는 쪽은 분명 약속을 깬 사람이지 버림받은 사람이 아니다. 『이성과 감성』의 메리앤과 『노생거 수도원』의 제임스 모어랜드는 부끄러워할 이유가 전혀 없다. 오히려 반대로 제인 오스틴의 텍스트는, 제임스가 그 무결점의 도덕감정으로 더욱 힘을 얻고 지원을 받는 반면, 존 소프는 여동생이 약속을 깬 행위의 (기묘한) 희생자가 되고 말리라는 점을 추측케 한다. 알래스데어 매킨타이어가 '호메로스의 사회'를 관찰한 것을 인용하자면, "무엇을 해야 하고 어떻게 판단할까 하는 물음은 (……) 예외적 상황을 제외한다면 대답하기 어려운 게 아니다. 사람들에게 사회질서 안에서 그 위치를 정해주며 이로써 각자의 정체성을 부여하는 기존의 규칙은, 또한 무엇을 해서는 안 되며 어떤 잘못을 저질렀을 때 이를 어떻게 다루고 심판해야 하는지도 규정하기 때문이다. 사람들은 자신의 잘못을 심판받는 그대로 남의 잘못도 다뤄줘야 한다."[70] 이런 사회질서에서 기대를 저버리는 낭만적 관계는 영혼에 상처를 안길지라도 언제나 도덕적 분노와 함께 부적절한 행위라는 사회적 비난이 뒤섞인 반응에 직면한다. 이는 잘못과 책임이 명확히 나뉘어 있다는 것, 그리고 상처받은 자아는 건드리지 않는다는 것을 뜻한다.

발자크의 단편소설 『버림받은 여인』도 실연을 당한 경우 19세기에는 그 책임을 어떤 방식으로 물어나갔는지 흥미롭게 그려준다. 기혼녀인 비콩테스 드 부지옹은 우연히 알게 된 남자와 열애에 빠지지만, 남자는 그녀를 떠나간다. 아내가 바람을 피운 사실을 알게 된 남편은 그녀를 내쫓는다. 그러나 이혼은 해주지 않아, 그녀는 프랑스의 시골로 내려간다. 발자크의 소설은 아마도 19세기 프랑스에서 중상위층 여인이 버림받는다는 게 무엇을 의미하는지 가장 풍부하고도 세밀하게 묘사한 작품들 가운데 하나이리라. 우리의 논의에 특히 흥미로운 점은 이 작품의 중심 스토리가 여인이 겪는 치욕을 감정의 언어가 아니라 사회의 개념으로 풀어준다는 사실이다. 이 여인이 겪은 감정과는 반대로, 소설은 이 여인이 사회의 추방을 무릅쓰고 자신의 흠결 없고 고결한 성격을 입증해 보인다는 사실에 방점을 찍는다. 이런 곤경을 낳은

- Alasdair MacIntyre(1929~): 스코틀랜드 출신의 철학자로 도덕철학과 정치철학에 탁월한 업적이 있는 학자다. 런던 메트로폴리탄 대학교와 미국 인디애나 주 노트르담 대학교의 명예교수다. 본문에서 말하는 '호메로스의 사회'란 기원전 8세기에 시인 호메로스가 살았던 사회를 가리키는 말로, 엄격한 사회체계와 더불어 공정한 경쟁을 중시하는 게 특징이다.

주된 원인은 어디까지나 사회환경이 내세우는 규범이다. 그리고 이 규범은 확실히 사회적이다. 그러니까 문제를 낳은 것은 사회의 규범이지 그녀의 자존감이 아니다. 18세기와 19세기 소설의 남녀 주인공들이 버림받아 괴로워하는 정도가 아무리 클지라도, 이 아픔은 그 책임소재를 명확히 규정하는 도덕체계 안에서 다뤄진다. 그래서 발자크는 '버림받음'이라는 상황에서 비콩테스 드 부지옹이 갖는 뜨겁지 짝이 없는 갈망을 이렇게 묘사한다. "사회의 무죄판결, 심금을 울리는 공감, 사회적 배려 등 이 모든 것을 간절히 갈망했으나 무자비하게 거부되었다. 요컨대 그녀의 가장 내밀한 갈망은 그녀의 진심을 헤아려주는 외침으로 채워질 수 있었다(……)."[71] 그녀가 간절히 추구한 것은 주변 사람들이 지켜보는 가운데 복권되는 일이었다. 여기서 이 여인을 곤경에 빠뜨린 것은 의심의 여지 없이 그 주변 사람들, 곧 사회의 자의적이고 질식시킬 것 같은 규범이다.

알렉상드르 뒤마 주니어*의 『동백 아가씨』에서 프랑스 고급 사교계의 창녀 마르게리트는 그녀의 애인 아르망의 곁을 떠나라는 강요를 그의 아버지에게서 받고 참을 수 없는 고통에 시달린다. 그러나 이 작품에서도 여자로 하여금 남자의 곁을 떠나게 만든 주범은 사회규범이다. 도덕규범이 마르게리트와 아르망을 희생제물로 삼았다. 비록 마르게리트가 사회 고위층을 상대로 몸을 파는 '정부'이기는 했지만, 소설은 아르망을 향한 그녀의 사랑을 방해한 게 잔혹한 사회규범이었음을 암

* Alexandre Dumas fils(1824~1895). 프랑스의 소설가이자 극작가. 아버지 역시 당대를 주름잡은 작가여서 흔히 '작은(小) 뒤마'라고 불린다. 본문에서 언급한 작품 La Dame aux Camelias(1848)는 우리나라에서는 '춘희'라는 제목으로 흔히 알려졌으나, 정확한 제목은 '동백 아가씨'다.

시한다. 반대로 여인의 내면은 고결하고 우아한 것으로 묘사된다. 소설은 내내 마르게리트를 훌륭한 인품을 지닌 여인으로 그려낸다. 애인을 포기하는 고통을 눈물로 참아내는 그녀의 능력은, 소설의 등장인물들과 독자들에게 그 인품의 깊이와 강함을 고스란히 맛보게 한다. 이루지 못한 혹은 이룰 수 없는 사랑의 아픔을 견뎌내는 남녀 주인공의 능력은 자신의 입장과 지위를 바꿀 수 없다는 사회적 숙명에 아픔의 뿌리가 있다는 엄연한 사실 때문에 그 인품의 깊이와 강인함을 드러낸다.

그러나 오늘날의 버림받는 사람들 이야기에서는 놀라운 반전이 일어났음을 확인할 수 있다. 실제로 현대의 배신이나 버림받음의 이야기에는 "도덕적 명료함"(니먼)의 차원이 완전히 자취를 감추었다. 그 대신 우리가 확인할 수 있는 것은 이런 도덕구조에서 비롯되던 책임과 감정에 괄목할 만한 변화가 일어났다는 사실이다.

헤어짐이라는 주제를 다루는 인터넷사이트는 이런 사실을 직접 확인해주는 수많은 사례로 넘쳐난다. 고객을 상대로 심리치료를 제공한다는 웹사이트에는 다음과 같은 글이 올라와 있다.

> 최근 3년 동안 사귀던 남자친구와 헤어졌습니다. 알고 보니 그는 거짓말과 심지어 도둑질을 서슴지 않았더군요. 제 어머니 남자친구의 약혼반지를 훔쳤습니다. 제가 반지를 발견하자 그는 그걸 저에게 주며 청혼하더군요. 반지가 훔친 것이라는 사실을 알고 참을 수 없이 화가 났습니다. 그 정도로 저와 제 가족을 기만하다니, 너무 깊은 상처를 받았어요. 〔……〕 만약 그가 필요한 상담을 받는다면 관계를 다시 회복할 수 있을까요? 홀로 있고 싶지 않습니다만, 새로운 관계를 맺기에는 너무 힘든 상태인 듯합니다.[72]

어느 모로 보나 이 이야기를 쓴 사람은 절도와 거짓말과 사기가 도덕적 정당성을 가질 수 없다는 의식을 명확히 지녔다. 그럼에도 이 묘사에서 그 못지않게 분명한 점은 배우자를 선택하는 문제에서 도덕의 물음이 어떤 비중을 갖는지, 글을 쓴 여자가 잘 모르고 있다는 사실이다. 남자친구의 취약한 도덕성을 두 눈으로 목격하고도 분명한 대처방안을 세우지 않았으며, 아무런 명료한 판단도 내리지 않았기 때문이다. 이 점은 남자친구의 도덕적 잘못에 의료처방을 들이대려는 정황에서도 확인된다. 이로써 그녀 자신은 다시금 어떻게 하는 게 적절한 대응인지 몰라 헤매는 모습을 연출한다. 그러니까 그녀는 자신을 속인 사람을 도덕적으로 전혀 심판하지 않았을 뿐만 아니라 더 나아가 인터넷을 이용해 사람들에게 자신이 어떤 방향으로 대응해야 하는지 충고를 구하기까지 한다. 그녀 자신이 이 사건을 도덕적으로 어떻게 가늠해야 좋을지 전혀 모르겠기 때문이다.

이런 애매모호하고 막연한 태도는 인터넷이라는 익명의 이용자들에게 충고를 얻으려는 자신감 상실에서 정점을 찍는다. 이 같은 자신 없음은 현대의 관계가 갖는 구조에서 비롯된다. 더 정확히 말하자면 그 구조 안에서 자아가 차지하는 위치 탓이다. 현대인은 관계를 맺으면서 상대방의 행동을 도덕적으로 판단하기 어려운 위치에 놓이곤 한다. 더욱 결정적인 점은 이 관계 안에서 자아는 상대방의 약점에 어떤 식으로든 연루되었다고 느끼도록 요구받는다는 사실이다.

갈라서는 연인들을 두고 어느 쪽이 잘못인지 명확한 도덕적 관점을 가질 수 없게 만드는 어려움은 절도처럼 확실한 법규정을 들이댈 수 없기 때문에 더욱 가중된다. 실제로 다음 사례는 외려 버림을 받은 쪽에 도덕적 책임부담을 떠넘기는 어처구니없는 경우를 보여준다. 앞서 우리가 이미 만난 바 있는 시라가 들려준 이야기다.

시라   예전 남자친구가 저를 버리고 떠났을 때 견딜 수가 없었어요. 내가 뭔가 잘못된 건 아닐까 하는 느낌을 가졌죠. 오늘날에도 그 느낌은 여전해요. 물론 당시에는 훨씬 강했죠. 그때 저는 제가 아주 무서운 사람이라고 느꼈어요. 저 자신을 더는 믿을 수가 없었습니다. 하지만 지난해에는 집중적으로 저 자신을 돌보았어요. 이제는 제가 자랑스러워요. 그건 정말이지 일종의 성장과정이었던 것 같아요.

나   더는 자신을 믿을 수 없었다는 말이 무슨 뜻인지 설명해줄 수 있어요?

시라   그건 참 끔찍한 경험이었어요. 그 일이 벌어졌을 때 저는 제 세상이 끝났다는, 제 인생이 끝장이라는 느낌을 받았어요. 자살을 생각했다고는 믿지 않지만, 도대체 뭘 위해 살아야 할지 모르겠다고 느꼈죠. 제가 살아야만 하는 유일한 이유가 사라졌다고 믿었으니까요.

나   그런 느낌이 얼마나 오래 지속되었나요?

시라   대략 7개월. 인도로 여행 갈 때까지 계속되었던 것 같아요. 에고, 그 끔찍한 악몽이 7개월이나 이어졌네요.

나   끔찍한 악몽.

시라   정말 끔찍한 악몽이었죠. 마치 내가 아무것도 아닌 것 같았어요. 그리고 단 한순간이라도 그의 목소리를 들을 수만 있다면 다시 행복해질 수 있다고 믿었죠. 그가 저를 영원히 사랑한다고, 나는 무서운 사람이 아니라고, 그가 하는 말을 들어야겠다고 느꼈죠. 이 시간 동안 저는 천 번도 넘게 물었을 거예요. 대체 무슨 일이 일어난 거지? 미친 듯 그런 물음에 매달렸어요. 무슨 일이 일어난 거야, 왜 이런 일이 일어난 거지? 그런데 상황을 이해해야만 하는 사람은 다른 누구도 아닌 바로 저 자신이더라고요. 다만, 그냥 그렇게 간단히 끝날 수 있다는 걸 제가 받아들일 수 없었던 거죠.

자전적 경험에 기초해 싱글로 살아가는 여성의 인생을 그린 소설의 저자는 헤어짐의 아픔을 절절히 털어놓으며 그 책임을 자신에게 돌린다. 『싱글 테이블의 저주』라는 이 소설에서 작가 수전 슐로스버그*는 어떤 남자와 3년 동안 맺은 관계를 이야기한다. 이 남자가 결혼할 생각이 없으며 같이 살거나 아이를 낳을 의도도 전혀 없음이 분명해지자, 그녀는 남자와 헤어진다.

곧장 나는 가벼운 형태의 자기 채찍질에 빠져들었다. 〔……〕 물론 그가 약한 구석이 있는 것은 사실이다. 그러나 내가 완벽하다고 주장할 수 있을까? 아마도 우리는 좀더 시간이 필요했던 건 아닐까. 그랬다면 아마도 해결할 길을 찾아내지 않았을까. 내가 그렇게 까다롭게 굴지 않았더라면, 그렇게 조급하게 몰아세우지 않았더라면, 왜 그리 속 좁게 굴었을까? 아마도…… 아마도 모든 게 내 잘못 아닐까?[73]

이런 식의 자책감을 보여주는, 아마도 최고의 사례 가운데 하나는 『뉴욕타임스』에 실리는 「모던 러브」 칼럼이리라. 이 가운데 한 편을 쓴 여성 필자는 샌프란시스코로 이사 가는 일을 두고 이런 고민을 한다. "항상 같은 물음으로 되돌아온다. 이런 물음을 품는 걸 그토록 싫어하면서도 말이다. 내가 사랑받을 가치가 있다면 왜 지금 내 옆에 남자가

• Suzanne Schlosberg: 미국의 여성 작가이며 주로 자기계발서를 쓴다.

서 있지 않을까?' 이런 생각의 핵심을 가장 잘 대변하는 작품은 세계적 베스트셀러 『브리짓 존스의 일기』다. 30대 초반의 싱글 브리짓은 다음과 같이 불평한다.

> 누군가에게 버림받는다는 것은 잔인한 일이다. 상대가 없어 허전하다거나, 함께 쌓아온 세상이 와르르 무너져 내렸기 때문만은 아니다. 무엇보다 끔찍한 것은 보거나 듣거나 하는 모든 게 상대를 기억하게 만든다는 점이다. 그러나 최악의 상황은 그 작자가 혹시, 결국 '딱지놓음'이라는 스탬프를 찍으려고 날 가지고 논 건 아닐까 하는 생각이다.[74]

현대의 이런 이야기들을 제인 오스틴의 작품들과 비교해보면 그 차이는 숨길 수 없이 분명하게 드러난다. 오늘날 애인에게 버림받은 사람은 자신이 부족하다고, 심지어 그게 자기 잘못이라고 느낀다. 기본적 자존감이 심각한 위협을 받는다. 도덕적 심판을 하는 대신, 현대 여성들은 애인이나 배우자의 사라짐을 자신의 가치와 자존감과 직접 결부 짓는다. 헤어짐과 버림받음이라는 드라마의 중심무대가 된 시라의 자존감 역시 다르지 않았다. 시라는 버림받는다는 것을 비록 오해된 것일지라도 자신의 자아가 지닌 본질적 결함으로 경험했다. 하지만 그런 경험은 개인이 심리적으로 겪는 것이라 할지라도 지극히 사회적인 경험이다. 자신이 무가치하다고 믿는 시라의 감정은 남자친구의 떠나감을 설명하려고 그녀 자신이 들먹이는 근거들의 레퍼토리와 연관되기 때문이다.[75] 다시 말해 현대사회는 남자의 태도를 이해하거나 심판하는 도덕언어를 필요로 하지 않는 레퍼토리를 강제한다.

얼핏 보면 도덕언어가 이처럼 사라진 데는 깜빡 속아 넘어갈 정도로 명확한 이유가 있는 것만 같다. 현대 애정관계의 바탕은 계약의 자유다. 이런 자유는 상대방에게 관계를 깼다고 비난할 소지를 남겨두지 않는다. 그러나 과연 그럴까? 자유를 내세운 논증은 시라나 브리짓의 이야기를 만족스럽게 설명할 수 없다. 여기서 두드러지는 특징은 버림받은 책임을 자신에게 돌리는 여인의 감정이며, 그 결과 자신이 무가치하다고 느끼기까지 한다는 점이다. 이런 느낌을 떠받드는 원인과 결과의 연쇄고리를 바라보며 우리는 정말 그런지 해명을 요구하지 않을 수 없다. 원인과 결과의 그 같은 연쇄고리는 마르크스와 엥겔스가 "허위의식"이라고 부른 것의 훌륭한 예다. 우리는 그 허위의식의 특징을 이렇게 정리할 수 있다. 인간은 자신이 겪는 (사회적) 어려움의 본성과 원인이 무엇인지 알아내 적시할 수 없음에도 이 어려움이 어떻게 생겨났는지 알아내려 하면서 다른 사람(우리의 경우에는 남자)의 관점을 자기 것인양 받아들인다. 다시 말해 원인을 모르면서도 결과는 자신의 책임이라며 괴로워한다. 이런 꾸며댐이야말로 허위의식이다. 우리의 경우 여자는 버림받은 잘못이 자신에게 있다며 자책한다. 왜 손해를 감수하면서까지 자책하고 자학할까? 자신의 관점을 그처럼 손쉽게 남자의 관점으로 밀어낸다는 사실 역시 설명을 필요로 한다. 남성과 여성의 성역할 관념이 그렇게 만드니까 하고 단순하게 바라보는 것은 동어반복에 지나지 않는다. 허위의식은 설명되어야 할 대상이 설명으로 둔갑한다는 점에서 전혀 설명일 수 없다. 여성이 자신에게 주어진 역할이라는 고정관념 때문에 남자의 관점을 자기 것으로 받아들인다? 왜 여성은 남성의 관점을 자기 것으로 받아들이느냐고 물었는데 그건 고정관념 때문이다? 같은 말만 되풀이될 뿐 아무것도 설명되지 않았다. 그럼 대체 남의 관점을 자기 것으로 받아들이며 남의 이해관계를 변호해주는 정확한 이유는 무엇일까? 허위의식이 왜 그토록 효율적으로 힘을 발휘하는지 이해하려면 우리는 그 허위의식의 실질적 토대, 곧 허위의식이 인간의 심리를 사회와 묶어 매는 방식을 밝혀내야 한다. 나는 버림받은 책임이 자신에게 있다고 여기는 허위의식을 설명할 실마리를, 우리의 도덕이 지닌 여러 특성이 남자의 권력과 교묘하게 맞물린 것을 주의 깊게 살펴보면 얻을 수 있다고 주장하련다. 다시 말해 현대의 낭만적 관계 안에서 인정이 이뤄지는 구조가 허위의식을 빚어낸다(아마도 이는 현대성 일반에도 적용할 수 있는 진단이겠다). 자유와 자율이라는 이상이 인정과 엇갈리며 충돌하는 탓에 낭만적 관계 안에서 자율의 구조적 불평등이 나타나는 게 사실이다. 또한 자아와 책임감을 둘러싼 생각을 심리학으로 설명하고자 하는 탓에 문제의 정확한 진단이 이뤄지지 않는다. 나는 직관과는 반대되는 주장을 하겠다. 즉 어떻게 그리고 왜 도덕적 책임의 구조가 극단적으로 변화했느냐 하는 물음에, 현대의 낭만적 관계에는 도덕이 부족해서 그렇다고는 답할 수 없다. 오히려 자율과 인정 사이의 긴장을 통해 현대인의 사랑이 지니는 도덕의 특성이 바로 그런 변화를 낳은 것이다.

자책감의 도덕구조

책임이라는 도덕구조에 변화를 몰아온 주된 원인은, 인정과 자율 사이의 긴장이 크게 보면 자기통제를 내세우는 심리학 치료모델로 갈수록 자율이 강조됨으로써 빚어진 정황이라는 점과 관련이 있다. 심리학 치료의 문화는 우리가 현재 겪는 상황이 과거 탓이라면서 자아의 자율성에 커다란 무게를 실었다. 이는 다시금 실패나 좌절을 과거에 겪은 트라우마나 미해결 사건이 불거져 나오거나 폭발한 것으로 보는 설명 모델까지 나아갔다. 그래서 심리학은 자아가 과거의 충격적 체험을 의식하고 극복하려 노력해야 한다고 강조한다. 심리상담의 상당 부분은 버림받음이나 무시됨 또는 거리를 두는 애인의 태도로 그토록 아플 수 있는 것은, 트라우마로 얼룩진 어린 시절 경험 탓이라고 아주 간단히 정리해버린다. 그래서 어린 시절의 체험(실제로 겪었든 공상의 결과든)을 치료해야만 아픔이 극복될 수 있다는 주장을 천연덕스럽게 내놓는다. 실패의 책임을 당사자 개인에게 직접 돌리지는 않더라도 현장의 심리학 치료는 인생의 위기가 빚어진 원인을 개인의 인생사에서 찾아야 한다고 강조한다. 심지어 자신의 문제를 자기성찰과 관찰을 통해 해결하지 않은 탓에 위기가 빚어졌다며 핏대를 세운다. 인간은 항상 자기 운명의 공범인 동시에 맹목적 추종자라고 주장하면서 심리학 치료는 자아가 실패와 추락의 공동책임을 져야 한다며 흘겨본다. 특히 심리학은 일체의 의존성을 피해 마땅하다며 자아의 독립성과 자율성을 강조한다. 그러나 사회학자가 볼 때 의존성은 우리가 사회적 존재라는 사실의 피할 수 없는 결과일 따름이다. 의존성을 굳이 무슨 병리적 현상으로 봐야 할 이유가 무엇인가? 그럼에도 심리학자는 의존성을 박멸해야 하는 병으로 간주한다. 그래서 심리학은 '감정적 소통이 이뤄지지 않는 배우자'를 고른 여성에게 그런 선택을 하게 만든 결함은 바로 '그 여성'에게 있다며 몰아세운다. 감정불통을 남자의 성격적 결함으로 보지 않고 거꾸로 의존하려는 여자의 자세에 문제가 있다는 엉뚱한 결론이다. 예를 하나 살펴보자.

2년 반 전 눈이 번쩍 뜨이는 경험을 했습니다. 왜 항상 미스터 절벽(감정불통의 남자)하고만 사랑에 빠지는지 무척 괴로웠거든요. 그런데 알고 보니 제가 '관계공포증'을 앓고 있다는 거예요. **이게 지금껏 모든 관계를 가로막아왔다는 것을** 저는 전혀 몰랐어요. 문제가 남자한테 있는 게 아니라 제 탓이라는 깨달음을 이 사이트에〔다른 웹사이트들에도〕 올리기 시작했죠. 그런데 저와 같은 문제로 힘들어하는 여자들이 무척 많다는 걸 알고 깜짝 놀랐어요.[76]

또 다음과 같은 예도 눈에 띈다.

남자를 비난하는 일을 멈추고 **내 열등감은 스스로 책임져야 한다는 사실**을 깨달으려면 저는 족히 몇백 년은 걸릴 거예요. 이런 책임을 질 줄 알아야 남자를 제대로 고를 수 있을 텐데.[77]

앞서 인용한 바 있는 아이린, 그러니까 남자친구를 따라가려고 그때껏 저축해둔 돈까지 찾았다가 결국 남자의 열정이 식어버린 것만 확인했던 아이린은, 도대체 왜 헤어지고 난 뒤에도 여전히 남자를 사랑하느냐는 물음에 비슷한 답을 내놓았다.

나　왜 여전히 사랑하는지 설명해주실 수 있어요?
아이린　〔오랜 침묵 끝에〕 합리적이지 않다는 건 알아요. 그러나 제 내면의 깊은 곳 어디선가 내 잘못이라는 감정이 도사리고 있어요. 그가 도망갈 수밖에 없게끔 제가 뭔가를 한 게 틀림없어요.
나　예를 들자면?
아이린　예를 들어 그를 너무 사랑했어요. 그에게 너무 매달렸나 봐요. 아, 모르겠어요. 전 그냥 망가진 어린 시절이 제 인생을 뒤죽박죽으로 만드는 걸 지켜보기만 했어요〔웃음〕.

이 여인들은 감정적으로 소통되지 않는 남자와 관계를 맺은 잘못(그럴싸하게 에둘러 말하면 '책임')이 자신에게 있다고 여긴다. 그러나 이는 기실 문화가 강요하는 태도 아닐까? 이것만으로도 부족하다는 듯, 심지어 자신이 "너무 사랑하는" 잘못을 저질렀다며 괴로워한다. 여기서 그 바탕에 암묵적으로 깔린 강요는 심리학의 견해다. 잘못된 결정을 내린 책임은 어디까지나 자아에 있으며, 사회의 인정과 가치에 그토록 의존하지 말라고 다그친다. 여기 그런 예가 또 하나 있다.

나   남자와의 관계에서 어려운 점이 뭔지 말해줄 수 있나요?
올가   예, 그거야 아주 쉽게 말할 수 있죠. 도대체 어떻게 행동하는 게 좋을지 전혀 모르겠어요. 너무 상냥하게 굴면 지나치게 매달리는 것 같은 인상을 줄까 봐 두려워요. 차갑게 굴면 남자를 너무 기죽이는 것 아닐까 걱정되고요. 그런데 제 타고난 본성은 상냥한 쪽을 택해요. 남자에게 당신을 원한다는 걸 보여주고 싶죠. 그렇지만 어딘지 모르게 남자들이 저를 멀리하려 한다는 느낌을 늘 지울 수 없어요.

대다수의 심리분석 이론은 자율과 결합을 조화롭게 이끌 수 있는 자아를 이상적으로 바라본다. 그러나 대중을 겨냥한 치료는, 특히 '너무 지나치게 사랑하는 여인'에게 좀 덜 사랑하고 더 나아가 '자존감'과 '자기주장'의 힘을 찬양하라고 가르치는 심리학 대중서는 자율을 자아와 인간관계의 핵심으로 가져다놓는다. 여기 깔린 확신은 현대의 가장 어려운 문제, 곧 합리적 자존감을 이끌어내는 것과 연관된다. 그래서 치료상담은 당사자, 특히 여성들에게 자기사랑을 키우라고 요구한다. 더 심각한 것은 충분한 사랑을 받지 못한다고 느낄 때 다정한 배려를 공개적으로 과시하라고 여성에게 권고하는 식이다. 가치의 문제는 본질적으로 자아가 스스로 해결해야 하는 것으로 이해된다. 인정받음이란 그 정의만 보더라도 결코 홀로 이룰 수 없는 것인데도 말이다. 자기사랑이라는 주제를 강조하다 보니 자율만 중요한 것으로 추켜세우며 실패한 사랑의 부담을 고스란히 떠안은 자아는 더 깊은 절망에 빠지고 만다. 바로 이런 도덕과 문화의 구조가 현대의 관계에서 허물과 책임과 해명blame, responsibility and accountability을 근본적으로 변화시켰다. 그럼 배우자를 찾는 과정에서 피할 수 없는 두려움과 불안함은 어떻게 다뤄야 좋을까? 이 물음을 두고 대중심리학 책들은 기이하게도 대개 『규칙』에 담긴 충고를 닮아간다. 대중에게서 폭발적 인기를 끈 이 자기계발서의 충고를 읽어보자. "너 자신을 돌보라, 거품목욕을 하고 '나는 아름다운 여자야, 나는 부족한 게 없어'와 같은 긍정적 구호로 당신의 영혼을 북돋워라."[78] 또는 인터넷 칼럼에 나온 다음 글은 어떤가.

이 모든 강박적 사랑 혹은 사랑중독의 공통분모는 우리가 처음에 확인했던 것, 바로 자존감의 결여다. 홀로 있든 관계를 맺고 있든, **인정받기 위해 타인을 필요로 하지 않는다는 점**을 깨닫는다면, 우리는 언제나 '안전'하다. 우리는 스스로 자신을 칭찬하고 사랑하며, 가치를 높여줌으로써, 함께 살아가며, 우리가 소중히 여기는 모든 이에게 인간의 완전한 본질을 선물할 수 있다. 감정의 굶주림은 다른 사람이 풀어줄 수 없는 법이다. 낭만적 환상이란 완벽한 사람을 꿈꾸는 것이다. 깨끗이 잊어라. 그런 완벽한 사람은 동화에만 있다. 사랑은 정확히 말해 우리 자아의 바깥에 있는 그 무엇으로도 얻을 수 없

는 것이다.[79]

그 같은 충고, 곧 사랑을 자기사랑으로 대처하라는 충고(!)는 자존감의 본질적 바탕인 사회성을 부정한다. 이 충고는 당사자들에게 그들 자신의 힘으로는 길러낼 수 없는 어떤 것을 만들어내라고 요구한다. "자기 자신을 사랑하라!" 하는 명령에 현대인이 느끼는 강박은 인정을 갈망하는 현실적 욕구를 자율성으로 만족시키려 시도하게끔 만든다. 그러나 인정받음은 자신이 다른 사람에게 의존한다는 사실을 자인하고 자백함으로써만 성취될 수 있다. 이런 사정 때문에 심리학은 결국 자책을 부추긴다.

사람들은 대개 "왜?"라고 묻고 그 답을 얻으려 한다. 왜 그들은 자기 자신을 의심할까? 왜 스스로 자부심을 파묻을까? 버림받는 게 왜 그렇게 아픈가? 인정을 못 받아서? 남자친구에게 업신여김을 받아서? 상처받았다는 아픔은 어디서 비롯될까? 무엇이 그런 감정을 불러일으키는가? 어떤 게 그런 감정을 지속시키나?

간단한 대답은 '해명되지 않은 버림받음' unresolved abandonment이다. 그러나 왜 그런지, 어째서 그랬는지를 정말로 이해하려면 우리는 거슬러 올라가야만 한다. 버림받음을 둘러싼 원초적 두려움에 이르기까지.

성인으로서 우리는 누군가의 사랑과 관심을 잃어버릴 경우 가장 근원적인 자기회의에 사로잡힌다. 내면 깊숙한 곳에 숨어 있던 두려움이 폭발하며 얼굴에 불거진다. 상대방은 우리를 떠났으며 다시는 돌아오지 않으리라. 그리고 이런 두려움은 자존감과 맞물린 탓에 더욱 복잡해진다. 상대가 우리를 버리고 떠난 것을 우리는 능력의 상실로 여긴다. 그 혹은 그녀에게 함께 있자고 호소할 능력 말이다.

우리는 아주 끔찍한 악몽을 꾸는 것만 같은 느낌이다. 내가 무가치한 존재라 버림을 받았구나. 바로 그래서 친구에게 놀림을 받는다든지, 선생님에게 무시를 당할 때 혹은 사장의 무관심 앞에서, 특히 애인이 떠나가면 우리는 자부심을 묻어버리고 자신을 의심하는 씨앗을 뿌린다.

어린 시절부터 지겹도록 씨름해온 모든 버림받음의 상처로부터 손상당한 자존감을 치유하는 일은 "일어난 일들이 왜 그렇게 진행되었는지 그 역동성을 이해하는 작업에서 시작해야 한다. 그러나 그건 말 그대로 시작에 지나지 않는다. 절대 지는 법이 없으며 누구도 앗아갈 수 없는 새로운 자존감을 세우기 위해서는 도구들이 필요하다(내 책은 바로 이 도구들을 다룬다)."[80]

이 여성 심리학자가 지적한 대로 자존감은 이별경험에 결정적 타격을 입는다. 그러나 타인에게 가치를 인정받으려는 욕구와 이를 얻어내지 못하는 무능함의 주범으로 잘못 성장한 자아를 꼽는 건 너무 성급한 설명이다. 이런 방식의 설명은 언제나 우리의 욕구를 자부심 결여로 몰아가면서 꼭 필요한 인정받음의 욕구를 가려버린다. 그리고 자율과 인정 사이에 빚어지는 긴장을 다스리지 못하는 무능의 책임이 자아에 있다고 비난한다. 상대방에게 책임을 묻는 일에서 자기 자신을 자책하도록 몰아세운 돌변은 심지어 관계를 맺지 않고 사는 사람을 두고 미숙하거나 근본적으로 망가진 심리 때문이라고 비난하는 일까지 서슴지 않는다. 이스라엘의 웹사이트에 어떤 독신 여성이 올려놓은 글을 읽어보자.

심장 깊숙한 곳에서 그건 내 실수라고 속삭이는 소리가 들려온다. 문제는 아직도 내가 뭘 잘못했는지 모르겠다는 점이다. 내가 충분한 노력을 기울이지 않아 그런 것 같다는 기분이 자주 든다. 또 다른 때는 내가 너무 매달려서 그런 건 아닐까 두렵다. 어찌됐든 내 안의 무언가가 잘못된 게 분명하다. 그게 뭔지는 모르지만, 아무튼 잘못된 것만큼은 틀림없다. 적어도 세상은 그렇게 보고 있으며, 이리저리 에둘러가며 네가 뭔가 잘못한 거라며 지적해댄다. 물론 큰 소리로 그러는 게 아니고, 교묘히 돌려가면서 말이다. 그러나 이제 31세인데도 여전히 싱글이라면 틀림없이 본인 잘못이라는 암묵적 동의가 주변에서 형성된다. 그런데 희한한 일은 정말 그런 게 아닐까 하고 나 스스로도 슬그머니 믿기 시작했다는 점이다.

좋다, 내 잘못이라고 해두고 출발해보자. 그 말에 동의한다. 고개를 빳빳이 세우고 나를 바꿀 의지와 각오가 있다고 외치노라. 다만 빌어먹을, 누군가 대체 정확히 무얼 그리고 어떻게 내가 바뀌야 하는지 말해줬으면 좋겠다. 누군가 물어본다면, 현대인이 아는 모든 방법을 시험해봤다고 말해주리라. 나도 알고 있다. 데이트를 하면서 나쁜 케이크를 너무 많이 먹었고, 바에선 거침없이 위스키 잔을 비워댔으며, 인터넷에선 재밌는 채팅을 하느라 시간 가는 줄 몰랐다. 신세대 서클이라면 손에 땀이 날 정도로 검색해보았으며, 여전히 이런 난리법석에서 헤어나지 못하고 있다. 부디 부탁이다. 진심으로 초대하니 여러분의 의견을 마음껏 들려달라. 지금 내 머릿속은 텅 비어버린 게 사실이니까.

그래, 화가 난다. 화를 낼 이유는 차고도 넘친다. 이 외로움을 상당히 오랫동안 용감하게 견디며 너그럽게 참아왔다. 될 수 있는 한 낙관적으로 생각하려 애쓰면서 인내와 존엄으로 머리를 꼿꼿이 세워왔다. 내가 나를 사랑할 능력도 충분함을 보여줬다. 물론 세상을 사랑하고, 일반적으로 말하는 사랑의 능력도 충분하다. 최근 들어서야 비로소 좀더 열린 자세를 가져야

함을 배웠다. 그러나 지금은 아무것도 모르겠다. 나는 사랑을 원한다, 아니 요구한다. 마침내 남자와 손을 잡고 귀가하고 싶다. 내 자부심에 조금도 상처를 주지 않으며 내 심장에 위안을 줄 남자를. 오랜 세월 동안 까맣게 잊힌 채 냉동실 안에서 잠자던 내 심장에 위로를 안길 남자를. 하느님, 제발 이 사랑을 제게 내려주소서. 저는 긴 줄에 서서 정말 오랫동안 기다렸습니다. 이제 드디어 그 순간이 왔습니다. 오해의 소지가 없게 말씀드리죠. 지금은 제 차례입니다![81]

이런 자책감의 구조는 자율성이라는 특권이 남성과 여성에게 어떻게 분배되었는지를 드러내준다. 여성의 자존감은 사랑과 가장 밀접하게 맞물리기 때문에, 또 심리학 상담은 여성을 주요 타깃으로 삼아 여성이 자기 자신과 애정관계를 꾸준히 감독하도록 부추기기 때문에, 자기도 모르는 사이에 여인은 이 상담의 구조를 자신의 것으로 새긴다. 이는 곧 버림받는다거나 그저 단순히 싱글로 살아가는 것을 자아의 무능 탓으로 돌리고, 그 쓰라린 아픔을 감당하느라 온갖 말도 안 되는 허튼 생각을 하게끔 내몬다는 뜻이다. 나는 자책의 정도에서 남성과 여성의 차이가 확연하다는 주장을 펴고자 한다. 또는 달리 말해 인정과 자율 사이의 긴장을 치료의 언어로 다스리게 하는 문화 탓에 남성과 여성은 각기 다른 방식으로 관계를 바라보고 이해하도록 강제받는다.

좌절하고 근심하는 가운데에서도 자신감을 일궈내는 것은 자기 자신을 다스릴 줄 아는 남자의 전형적 사고방식으로 간주된다. 그러니까 지금까지 내가 묘사한 자학과 자책은 어디까지나 여성적 사고방식이라는 편견이 고정관념으로 뿌리내려 있다. 이는 여성의 주관이 자율과 인정 사이의 긴장에 사로잡힌 포로이며, 자신의 가치를 향상시키는 데 필요한 명확하고도 강력한 사회장치는 찾아볼 수 없음을 암시한다. 이는 아연실색하지 않을 수 없는 내 연구결과들 가운데 하나에서 분명히 드러난다. 도대체 왜 여성은 낭만적 관계의 어려움과 실패를 자기 책임으로 돌리는 반면, 남성이 그러는 경우는 거의 찾아볼 수 없을까? 이유는 간단하다. 남성은 인정받음의 과정을 이끌고 그 흐름을 통제하며 확실하게 장악하기 때문에 관계의 성공이나 실패에 거의 책임을 느끼지 않는다. 인정의 주고받음에 주도권을 쥐고 자유와 자율을 만끽하는 탓에 기고만장하달까. 다시 예를 하나 들어보자. 직업적으로 대단한 성공을 거둔 52세 이혼남 시이는 과거의 숱한 연애경험을 되돌아보며 다음과 같이 말한다.

나　질문이 있어요. 지금까지 우리가 다룬 주제에서는 조금 비켜나는 물음이죠. 혹시 당신 자신이 무능하다고 의심해본 적이 있나요? 특히 사랑과 관련된 모든 일에서 말이죠. 나는 충분히 매력적일까? 나는 여자가 좋아하기에 손색이 없을까? 이런 따위의 의혹요. 이런 종류의 의심으로 괴로웠던 적이 있나요?

시이　아뇨, 전혀.

나　단 한 번도?

시이　결코.

나　그러니까 당신은 항상 성공적이라고 느꼈나요?

시이　그래요.

나　제 말은 여자문제에서요.

시이　바로 그래요.

나　그러니까 당신이 여자를 원하기보다는 항상 여자 쪽에서 당신을 원했다는 말인가요?

시이   예, 틀림없죠. 아마 두 번 정도 부정적 경험은 했어요. 내가 여자를 원하는데, 여자 쪽에서는 나를 원하지 않는. 그런 경험이 두 번 정도 기억이 나요. 하지만 결정적 경험은 아니었죠.

나   바꿔 말해 당신에게 결정적 경험은 당신이 주도한 연애였군요?

시이   적어도 지난 22년 동안은.

나   당신이 원하는 여자는 대개 당신 차지가 되었다는 말인가요?

시이   아뇨, 그렇게 말할 수는 없죠. 그렇게 말하고 싶지도 않고. 그렇지만 내가 원하는 경우보다 더 많이 항상 여자 쪽에서 원했죠. 제 말은 여자들이 저보다 더 적극적으로 관계를 원했다는 뜻입니다. 관계를 처음 시작할 때만 좀 까다롭지, 일단 맺어지면 여자들이 훨씬 강렬하게 그 관계가 지속되기를 원했어요. 제가 원한 특별한 여인은 저를 더 원하더군요. 아, 한번은 이런 일이 있었죠. 어떤 여자가 제게 인터뷰를 청하더군요. 당시 이미 전 그녀를 알고 있었고 그녀 생각을 했어요. 인터뷰 내내 주목해서 봤죠. 지적 능력이 상당히 뛰어난 여성이더군요. 인터뷰가 끝나고 나서 그녀에게 전화를 했어요. 그리고 지금 매인 몸이 아니라면 저와 사귈 수 있느냐고 물었죠. "정말 당신이 좋으니까요" 하고 솔직히 말해줬죠. 그랬더니 여자는 자신도 원하기는 하는데 지금은 매인 몸이라더군요. 저에게도 그런 일이 있었지 뭐예요. 하지만 거부당했다고 느끼지는 않았어요.

물론 나는 이 인터뷰가 모든 남자의 경험을 반영한다고는 생각하지 않는다. 그렇지만 섹스영역을 장악하고 통제한다는 게 어떤 뜻인지는 분명히 보여준다. 그러니까 오늘날의 남성과 여성 대다수가 처한 상황의 전형이랄까. 인정의 과정은 남성이냐 여성이냐에 따라 분열되었을 뿐 아니라 실제로 남자와 여자 사이에 근본적 사회분할이 이뤄져 있음을 드러낸다. 엄밀히 말해 주인은 자율권을 갖는 노예에게만 인정받을 수 있다는 헤겔의 주인과 노예 변증법과 달리, 남자들은 여자의 인정에 별로 의존하지 않는다. 그러나 반대로 여자는 남자의 인정에 목을 맨다. 사정이 이렇게 된 원인은 간단하다. 남자가 원하며 필요로 하는 인정은 다른 남자가 해주는 것이기 때문이다. 남자든 여자든 필요로 하는 것은 남성의 인정이기 때문이다.

잃어버린 확실성

데카르트의 방법적 회의가 현대성에 어떤 의미를 갖는지 생각해보며 한나 아렌트는 이렇게 썼다. "현대에 들어와 우리가 잃어버리고 만 것은 물론 현실을 알고 진실을 헤아리거나 믿고 따를 능력이 아니다. 감각과 이성의 증거들을 의심 없이 인정하는 일도 여전하다. 그런 것마저 없다면 아무도 살아갈 수 없으리라. 우리가 잃어버린 것은 한때 지식이든 믿음이든 뒤를 받쳐주며 따라다니던 **확실성**이다."[82] 우리 역시 마찬가지로 말할 수 있으리라. 낭만적 아픔을 겪는 일에서 우리가 잃어버린 것은 존재의 확실성이라고! 배우자를 찾는 일에서 선택의 생태를 의무감과 의례라는 도덕적 장치가 떠받들었던 확실성, 또 자존감은 공동체라는 사회조직 안에서 비로소 얻어지는 것이라던 확실성은 이제 거의 찾아볼 수 없을 정도로 흔적을 감추었다. 낭만적 아픔을 따라다니는 존재의 불확실성은 불평등하게 분배되었다. 자율성 요구가 인정 욕구를 짓누르고 승리했기 때문에 현대성의 여러 징후가 더욱 심화한 하이퍼모던hyper-modern, 곧 초현대 사회를 살아가는 여성들은 헛된 '데카르트의 방법적 회의'에 사로잡히고 말았다. 확실성을 성취한 데카르트와 달리 현대 여성에게는 확실성에 도달할 그 어떤 도덕적 조건도 거의 없거나 전무하다시피 하기 때문이다.

결국 (남성의) 데카르트적 회의는 자신의 입지를 확보하고 각자 나름대로 자유롭게 지식을 쌓아가며 감정을 발산하기에 이른 반면, 자율성과 자기사랑을 내세우는 치료의 문화로 물든 (여성의) 자기회의는 자아의 존재기반을 허물어뜨리고 말았다.

4

사랑, 이성, 아이러니

"그러나 내 경험으로 미루어보건대 한 편의 시는
처음 보는 순간 확 다가와야지 안 그러면 별 감동을 주지 못하더라고.
번뜩 하는 깨달음과 자발적 반응이랄까. 마치 번개가 치듯. 돌연 사랑에 빠지듯."
돌연 사랑에 빠지듯. 젊은이들은 여전히 사랑에 빠지지만, 이제 이런 방식은 철 지난
이야기다. 불필요하고 기묘하며, 증기기관차를 탄 것처럼 낡아 보이지 않을까?
아무튼 최신은 아니다. 잘못된 정보랄까. 사랑에 빠진다는 것은 완전히 구식이 되었다.
뭐 그의 말대로라면 이따금씩 등장하기는 한다지만.
—J. M. 쿳시

스튜어트는 자기 지갑에서 50달러를 꺼내 가라고 나에게 말했다.
지갑에서 사진이 한 장 떨어져 내렸다.
사진을 보고 내가 물었다. "스튜어트, 이게 누구야?"
그가 말했다. "아, 그거 질리언이야." 그의 첫 번째 아내였다.
(……) 지갑에, 그것도 우리 결혼생활이 3년째 접어드는데…….
"스튜어트, 나한테 뭐라고 할 말이 있을 것 같은데?" 내가 물었다.
"아니, 없어." 그가 말했다.
"확실해?" 다시금 캐물었다.
"없다니까." 그가 대답했다.
"그건 그냥 질리언의 사진일 뿐이라고." 그는 사진을 집어 다시 지갑에 넣었다.
부부문제 상담 예약을 해야겠다. 당연히 그래야겠지.
우리는 약 18분 동안 서로 아무 말도 하지 않고 버텼다.
나는 입을 열어 기본적으로 내가 스튜어트에게서 느끼는 문제는
어찌해야 당신이 우리 문제를 이야기하게 만들지 잘 모르겠다는 점이야
하고 말해주었다. 그러자 스튜어트가 말했다.
"그 문제야말로 우리가 아무런 문제가 없다는 증거잖아."
"여보세요, 문제가 보이기는 하세요?" 내가 쏘아붙였다.
—J. 반스[1]

프랑스혁명이 사회풍습에 미친 영향을 생각하면서 에드먼드 버크는 다음과 같이 썼다.

상상만으로도 기분이 좋아지는 환상의 우산 아래 권력이 부드럽게 여겨지며 순종이 고결한 미덕이 되고 사회의 다양한 그늘이 소리, 소문 없이 서로 엉켜 사라지지만, 그런 기분 좋은 환상은 진리와 이성을 앞세운 이 새로운 제국이 치켜든 정복의 횃불 앞에서 덧없는 안개처럼 무상하게 사라지리라. 시민의 삶을 감고 있던 그럴싸한 휘장은 거침없이 벗겨져버린다. 호들갑스럽게 치장된 모든 관념, 지금껏 심장이 소중히 여기며, 심지어 지성조차 우리의 헐벗고 보잘것없는 본성의 부족함을 가리고 우리 인간을 품위 있게 보이려 인정하고 받아들인 모든 관념은 낡고 어리석으며 우스꽝스러운 유행으로 여겨져 깨끗이 폭파되고 말리라.[2]

여기서 버크는 다름 아니라 현대성을 빚어낸 역동성의 주요 원천 가운데 하나를 읽어낸다. 이로써 현대성이 내포한 불편함을 고스란히 폭로한 것이 버크의 선구적 통찰이다. 쉽게 말해 현대성의 시발점을 이뤘던 것은 이런 사실이다. 초월적 존재를 향한 것이든 권위 아래 엎드린 것이든 아무튼 일체의 믿음은 이성理性 앞에서 자신을 정당화해야만 한다. 그러나 버크가 바라보는 이 "진리와 이성을 앞세운 제국"은 우리 인간의 상태가 발전하리라는 전조와는 거리가 먼 것이었다. 그 말에 담긴 버크의 진의는 오히려 그 진리와 이성의 제국이 우리를 벌거벗겨 감당하기 벅찬 진리 앞에 세울 것이라는 염려다. 버크 자신이 말하듯, 권력이 스러지고 또 우리의 모든 환상도 빛이 바래고 만다면, 이 새로운 헐벗음은 우리 자신은 물론이고 다른 모든 것이 처한 상황의 진정한 흉측함을 속절없이 드러냄으로써 우리를 엄청나게 취약하게 만들 것이기 때문이다. 이성이 흔들림 없는 눈빛으로 사회상황을 가차 없이 비판하고 시험한다면, 권력과 순종과 충성서약이 전통적으로 섬겨오던 의미들의 조직은 피할 도리 없이 산산조각으로 찢길 게 틀림없다. 그럭저럭 견딜 수 있으려면 인간이라는 존재는 최소한의 신화와 환상과 거짓에 의존해야 한다. 사회관계를 장악하는 권력을 견딜 수 있게 만들어주는 것은 거짓과 환상일 따름이다. 달리 말해 우리의 확신을 떠받드는 기만을 감지하고 폭로하려는 이성의 지칠 줄 모르는 노력은 우리가 헐벗은 채 추위 속에 떨다 얼어 죽게 내몰리라. 우리를 위로해 줄 수 있는 것은 단지 그럴싸하게 지어낸 아름다운 이야기일 뿐 진리는 아무런 위안을 주지 못한다. 버크가 옳았다. 우리 인생에 이성이 어느 정도로 어디까지 의미를 부여할 수 있는가 하는 물음이야말로 현대성이 품은 가장 근본적인 문제다.

계몽의 가장 중요한 상속자이자 옹호자인 마르크스는 그 유명한 선언에서 기이하게도 버크의 초보수적 견해와 일치하는 관점을 드러낸다. "계급적인 것과 정체된 것은 모두 허공으로 사라지고, 모든 신성한 것은 그 성스러움을 잃어버리며, 인간은 마침내 자신의 사회적 지위와 상호관계를 냉철한 눈으로 바라보도록 강제되리라."[3] 버크와 마찬가지로 마르크스 역시 프랑스혁명으로 새롭게 열리는 시대를, 이 시대가 잉태한 현대성을 정신이 번쩍 든 '각성의 눈빛'으로 바라보았다. 편안하기는 하지만 몽롱한 잠에 빠진 사람을 강제로 깨워 헐벗고 아무 꾸밈이 없으며 황폐한 사회상황과 직면하게 한 셈이랄까. 이런 냉철한 깨달음은 우리로 하여금 더더욱 경계심을 갖게 만들며, 교회와 귀족의 혼란스럽고 아무 내용 없는 약속이 불러주는 자장가에 더는 쉽사리 잠들어버리지 않게끔 한다. 그러나 동시에 냉철한 깨달음은 우리 인생이 지닌 모든 마법을, 그 신비로움과 성스러움의 감각을 빼앗는다. 지식과 이성은 그에 알맞은 대가를 요구한다. 그 대가란 곧 우리가 예전에 숭배하던 것의 신비함과 성스러움을 걷어내는 일이다. 이로써 마르크스는 버크와 마찬가지로 우리 인생을 다른 사람들과 의미로 충만하게 엮어주며 우리로 하여금 좀더 드높은 선을 추구하게 만드는 것은 진리가 아니라 문화의 판타지라고 보는 듯하다. 비록 마르크스가 진리의 새로운 제국을 거부하지 않았으며, 이미 지워진 과거의 의례들로 돌아가기를 갈망하지도 않았지만, 우리는 버크에게서 그랬듯 그에게서도 인류가 앞으로 맞게 될 것, 곧 전혀 신성하지 않으며 일체 세속적인 것에 놀라 흠칫 떠는 모습을 목격할 수 있다.

마르크스를 진정으로 또 속속들이 현대적으로 만드는 것은 그가 현대성(발달, 기술, 이성, 과학에 바탕을 둔 풍요로움)을 찬성했다는 점이 아니다. 오히려 현대를 바라보며 그가 느끼는 뒤섞인 감정이 마르크스를 특히 현대적으로 만든다. 처음부터 현대성은 두 가지를 동시에 품었다. 하나는 이성이 발휘할 엄청난 에너지를 불편해하면서도 인정한 것이며, 다른 하나는 이성 발휘에 따른 건조함의 위험성을 감수하는 자세였다. 이성은 세계를 좀더 예측 가능하고 더욱 안전하게 만든다. 하지만 동시에 세계는 그만큼 공허해진다. 근대에서 현대로 넘어오면서 정신과 의식은 그것을 묶어 매던 족쇄들로부터 풀려났지만, 거꾸로 정신과 의식은 자유라고 선포된 것을 아쉬워하며 지금껏 자신을 묶어 매던 바로 그것을 거꾸로 갈망했다. 그것은 곧 신성함과 초월적인 것을 바라보는 감각이며 믿음의 능력이다. 신화와 굳건한 신앙을 해부하면서 이성이 구가한 승리의 외침은, 믿을 수 있고 또 지배해줬으면 하는 초월자를 향한 애절한 갈망과 결합하면서 비로소 본격적으로 현대의 색채를 띠었다. 현대성이라는 것은 문화를 정당화하는 핵심을 바라보는 애매한 태도, 곧 권력을 향한 두려움의 감정을 통해 정의된다. 그러니까 현대는 자유롭게 풀어주었더니 갈팡질팡 헤매다가 다시 주인을 그리워하는 노예의 애잔한 특징을 가진다. 이 애매함에 가장 적확한 사회학 개념을 부여한 사람은 주지하듯 막스 베버다. 그는 현대성의 특징을 '탈마법화'의 힘으로 규정한다. 탈마법화는 그저 간단히 세계가 더는 천사, 악마, 마녀, 요정으로 채워져 있지 않음을 뜻하는 게 아니다. 한 걸음 더 나아가 '신비로움'이라는 카테고리 전체에 신용불량이라는 낙인을 찍고 아무 의미가 없는 것으로 내모는 게 탈마법화다. 자연과 사회를 지배하려는 충동으로 학문과 기술과 시장이라는 현대의 다양한 제도는 인간의 문제를 해결하고 아픔을 줄여주며, 부의 상승을 노리는 데 걸림돌이 되는 것, 곧 자연을 바라보는 우리의 경외심과, 신비에 의미를 부여하며 믿고자 하는 능력을 철저히 짓밟았다. 과학은 신비를 풀어내고 해부함으로써 그 마법에 사로잡히지 않도록 하라는 소명을 받았다. 마찬가지로 이윤 극대화가 최우선 목표인 자본주의자들은 종교와 미학의 영역이 경제활동에 거치적거린다는 이유로 무시하고 그 기반을 허물어버렸다. 돈에만 매달리는 인생이 추악하다며 시비를 거는 종교와 미학이 혹 전복의 의도를 품지 않도록 선수를 친 셈이다. 과학과 경제가 우리 물질세계의 경계를 상당히 넓게 확장했으며 빈곤문제를 해결하는 데 도움을 줬다는 바로 그 이유로, 신들은 차례로 우리 곁을 떠나갔다. 옛날에는 믿음과 개인적 신앙고백 그리고 카리스마를 자랑하는 영웅으로 해결되던 것이 이제는 지식과 통제와 계산 가능성의 문제가 되었다.

이런 합리화 과정이 그렇다고 모든 형태의 열정을 세상에서 제거한 것은 아니다. 베버가 보기에 합리화 과정은 열정과 격정이 지배하는 경험의 질서를 복구하려 노력하기는 했다. 그러나 이성이 감성을 대신해서 표현하는 열정은 옹색하게만 보였다.[4] 20세기의 감정숭배는 이런 배경에서 이해되어야 한다. 그러나 베버와 다른 이들이 합리화와 감정을 적대적 힘의 대립으로 이해했다면, 나는 이성과 합리화를 감정생활에 대립하는 문화의 논리로 바라보지 말고 함께 어울려 작용하는 것으로 보는 게 사회학적 분석에 주어진 시급한 도전과제라고 생각한다.[5] 합리성은 그 자체를 따로 떼어놓고 보면 하나의 제도화한 문화권력이며, 감정생활을 안으로부터 새롭게 구조화한다. 그러니까 합리성은 감정을 이해하고 협상하게 하는 근본적 문화의 '시나리오'를 새롭게 고쳐 쓴다. 낭만적 사랑이 예나 지금이나 우리의 희망과 판타지에서 경쟁상대를 찾아볼 수 없을 정도로 강력한 영향력을 누리는 반면, 우리가 낭만적 사랑을 꾸며내는 데 활용할 수 있는 문화적 시나리오와 도구는 갈수록 에로스 영역과 갈등을 일으킨다. 그렇다, 심지어 에로스 영역이 낭만적 사랑을 약화한다. 사랑의 감정에는 최소한 두 가지 문화구조가 함께 작용한다. 하나는 에로스의 충동에 따른 방종과 감정의 결합이라는 강력한 판타지에 기초하는 구조이며, 다른 하나는 감정을 자제하고 최상의 선택에 집중하는 합리적 모델을 바탕으로 하는 구조다. 이 합리적 행동모델은 낭만적 욕구의 구조를 근본적으로 바꿔놓았다. 합리적 행동모델은 열정과 에로스를 함께 경험하게 해주던 옛 문화자원을 깨뜨려버렸다.

마법에 걸린 사랑

베버는 자신이 말한 "마법에 걸린다"라는 것이 정확히 어떤 경험인지 분명하게 그려 보여주지는 않았다. 그러나 우리는 그가 풀어낸 탈마법화 개념을 거꾸로 추적해 들어감으로써 분명한 정의를 이끌어낼 수 있다. 마법에 걸리는 경험은 집단의 강력한 상징을 통해 매개되는 것으로, 그 구성원으로 하여금 거룩하고 신비하다는 느낌을 갖게 만든다. 마법에 걸리는 경험은 자아를 통째로 끌어들이며 움직이는 믿음과 감정을 기초로 삼는다. 이 믿음과 감정은 그 어떤 부차적 인지체계를 통해 일어나는 게 아니다. 감각과 지식을 다루는 인지체계 외에 또 다른 인지체계, 곧 부차적 인지체계라는 건 존재하지 않는다. 곧 믿음과 감정은 합리적으로 풀어볼 수 있는 게 아니다. 믿음과 감정에 어울리는 집단의 상징은 믿는 사람으로 하여금 마치 실재하는 것을 경험하는 듯한 상태에 빠지게 만들며, 동시에 당사자를 압도한다. 마법에 걸린 황홀함의 경험은 주관과 대상을 엄밀히 구분하지 못한다. 그래서 믿음의 대상과 믿음 그 자체는 믿는 이로부터 실제 존재의 차원을 얻는다. 다시 말해 믿는 사람은 자신이 믿는 것의 존재를 의심하지 않는다. 문화적 원형의 일종이자 현상적 경험으로서의 '마법에 걸린 사랑'이 가지는 기본 형식을 우리는 다음과 같이 정리할 수 있다.

- **사랑하는 대상의 거룩함** 프랑스의 학자이자 시인인 기욤 드 로리스는 중세 프랑스의 연애시 형태 소설 『장미 이야기』의 1부를 썼다. 사랑의 기술을 가르치겠노라며 그는 사랑받는 여인을 마치 제단 위 여신처럼 묘사한다. 성스러운 대상을 향한 이 거룩한 감정이라는 수사는 12세기의 궁정연애에 자주 등장하는 것으로, 19세기까지 그 영향력을 잃지 않았다. 1833년 10월 발자크는 애인 에벨리나 한스카에게 보낸 편지에서 현대의 감각으로는 이상야릇하기만 한 방식으로 그녀를 섬기겠노라 다짐한다. "오, 반나절이라도 당신의 발치 아래서 보낼 수만 있다면 좋으련만. 머리를 당신의 무릎 위에 얹고 아름다운 꿈을 꾸고 싶어라. 당신에게 내 생각을 들려주거나 침묵하면서, 당신의 옷자락에 입을 맞추며(……)."[6]

- **사랑의 이유를 대거나 설명할 수 없다** 큐피드의 화살은 제멋대로이며 이유를 댈 수 없는 감정인 사랑의 가장 오래된 상징이다. 그래서 기욤 드 로리스는 일단 몸과 살을 파고들어온 화살이라면, 여인 사랑하기를 멈출 수 없듯 그것 역시 뽑아낼 수 없다고 강조한다. 사랑하지 않을 수 없다는 마당에 무슨 이유를 들먹일까. 사랑은 그 자체로 볼 때 누군가를 사랑하도록 강제하는 힘이다. 험버트 험버트가 롤리타를 처음 봤을 때의 묘사는 그런 힘을 고스란히 느끼게 해준다. "이 번쩍이는 천둥·번개의 강렬함을, 마치 첫사랑을 재회한 것만 같은 감정이 불

- Guillaume de Lorris(1205~1240): 중세 프랑스의 작가로 사랑에 빠진 사람의 심리를 탁월하게 묘사했다고 인정받는 작가다. 『장미 이야기』*Roman de la Rose*는 13세기에 쓰인 작품으로 기욤 드 로리스가 1부를, 장 드 묑Jean de Meung(1240~1305)이 나중에 후반부를 완성했다.

러일으키는 열정의 충격을 표현하기란 극도로 어려운 일이다."[7] 여기서 사랑은 직접적이며, 거역할 수 없는 것이다. 사랑이 의지를 넘어서는 몸의 깨우침으로 이해되기 때문이다.

- **사랑의 경험은 사랑하는 사람이 경험하는 현실을 압도한다**
이탈리아로 진격한 프랑스군 최고사령관 나폴레옹은 1796년 3월 30일 아내에게 이런 편지를 썼다. "당신을 사랑하지 않고 지낸 날은 단 하루도 없었소. 당신을 품지 않고 보낸 밤도 없었소. 내 인생의 영혼, 곧 당신으로부터 나를 멀리 떨어뜨려놓는 명예와 야심을 저주하지 않고는 차 한 잔도 마시지 못했소."[8] 멀리 떨어져서, 전쟁터의 한복판에서 이런 글을 쓰다니. 여기서 사랑은 사랑하는 사람의 실존적 현실 전체를 통째로 장악하는 감정이다.

- **마법에 걸린 사랑은 사랑의 주체와 대상 사이에 구분이 없다**
사랑받는 대상은 사랑하는 주체와 떨어질 수 없다. 사랑의 경험은 자아를 총체적으로 끌어들여 움직이기 때문이다. 1812년 7월 6일 애인(정체는 알려지지 않았음)에게 보낸 편지에서 베토벤은 자기 심경을 이렇게 간결하게 정리했다. "내 영원한 연인이여. 내 천사이자 내 모든 것이며, 나 자신의 자아여!"[9]

- **사랑의 대상은 유일하며 비교 불가능하다** 줄리엣을 처음 본 순간 로미오는 이렇게 외친다. "오늘 이전에 내 심장이 사랑을 한 적이 있던가?"[10] 이 말은 줄리엣이 그가 사랑하고 있으며 앞으로도 사랑하게 될 유일한 여인이라는 뜻이다. 이런 비길 데 없음은 사랑받는 사람

이 그 누구로도 대체될 수 없다는 사실을 함축한다. 또한 그녀 혹은 그의 덕성이나 약점을 다른 누구와도 비교할 수 없음을 뜻하기도 한다.

- 사랑하는 사람은 자신의 이해득실을 상대를 사랑하는 기준으로 의식하지 않는다 사실 고통이란 완전무결함을 추구하고 자꾸 자신을 높이려 하기 때문에 빚어지는 경험의 본질적 요소다. 발자크의 작품 『골짜기에 핀 백합』에서 주인공 펠릭스가 무어라고 하던가. "자신을 포기하고 사랑하는 것이야말로 언제나 행복이다."[11] 그러니까 적어도 '마법에 걸린 사랑'은 고통을 모른다.

첫눈에 반하는 사랑이라는 모델은 이 '마법에 걸린 사랑'이라는 원형의 가벼운 변형이다. '첫눈에 반하는 사랑'은 전혀 예상치 못한 가운데 불쑥 찾아드는 독특한 사건으로 경험된다. 그만큼 설명이 불가능하며 비합리적이다. 처음 만난 순간부터 시작되는 통에 상대를 인지하고 그의 정보를 축적해서 사랑하는 것이 아니다. 오히려 이 사랑은 턱 보는 순간 전체를 통째로 받아들이는 직관적 형태의 경험이다. 주인공의 일상은 툭 끊어지며, 영혼의 깊은 곳에서 일대 혼란이 일어난다. 정신의 이런 상태를 묘사하는 비유로는 흔히 압도적이며 장엄한 힘(열기, 자력, 번개, 전기 등과 같은 것)이 등장하곤 한다. 사랑의 대상은 사랑을 하는 사람이 통제할 수 없는 엄청나게 강한 감정을 불러일으킨다. 사랑의 대상이 지닌 가치는 워낙 높아서 다른 것과는 비교가 불가능하며, 다른 누구와도 맞바꿀 수 없다. 이런 몰입의 절대성과 무조건성은 우리에게 자신을 완전히 희생하고 포기할 것을 요구한다. 이런 버전의 '마법에 걸린 사랑'은 자발적인 동시에 무조건적이며, 압도적이고 영원하며, 유일하고 총체적이다. 낭만적 사랑의 이런 이상은 대상의 유일함을 철저히

4. 사랑, 이성, 아이러니 311

강조하며 다른 누구와도 맞바꿀 수 없다고 못 박는다. 대상의 이런 대체 불가능성은 계산이나 합리적 고려에 감정을 굴복시키기를 철저히 거부한다(아예 불가능한 일로 여긴다). 사랑하는 사람을 위해서라면 자기 자신도 얼마든지 포기할 수 있다. 심지어 상대를 위해 자신을 파괴하고 희생할 가능성(적어도 잠재적인 가능성)마저 흔쾌히 감수한다. 이처럼 종교를 닮은 사랑관은 속세에 다양한 변형체를 이끌어냈으며, 그래서 아마도 역사 전체를 관통하는 흐름을 낳았으리라.■■ 물론 '마법에 걸린 사랑'이라는 이 원형은 다양하게 변형되었지만 그 근본요소, 곧 신성함과 유일무이함과 압도되는 경험, 비합리성, 자신의 이해관계 포기, 자율성 희생 등은 문학전통을 통해 지금껏 흔들림 없이 지켜졌다. 일반대중의 읽고 쓰는 능력이 역사와 함께 널리 발전하면서 연애소설은 사랑의 원형을 꾸준히 그려냈기 때문이다.

- 그 좋은 예가 슈테판 츠바이크Stefan Zweig의 『낯선 여인의 편지』Brief einer Unbekannten (1922), Frankfurt/m, 1996이다(자신의 집에 세 들어 살던 작가를 흠모하던 소녀는 나중에 처녀가 되어 그를 찾아가 세 번의 밤을 보낸다. 그러나 여행을 다녀온 작가는 처녀의 존재를 까맣게 잊는다. 아들까지 낳은 처녀는 빈의 상류층 남자들에게 몸을 팔아가며 연명한다. 신산한 삶에도 여인은 작가를 잊지 못하고 홀로 애타는 사랑을 불태운다. 나중에 우연히 재회하지만 여인을 전혀 기억하지 못하는 작가는 창녀인 줄 알고 돈을 주고 하룻밤 사려 든다. 자신을 몰라보는 작가에게 실망한 여인은 쓸쓸히 죽음을 맞는데, 죽기 직전 작가에게 장문의 편지를 쓴다는 게 소설의 내용이다. 완전히 자신을 포기하고 사랑에 매달리는 여인의 심리를 그려낸 수작이다—옮긴이).
- ■ 중세 때 종교는 신을 연인으로 표현하는 사랑의 수사학으로 선교에 힘썼다. 사랑의 이런 이미지는 총체적 경험이라는 측면으로 더욱 강화했다. 이 총체적 경험에서 사랑의 주체는 사랑의 대상과 하나로 녹아들어 그 대상 안에서 승화하기를 추구한다. 19세기의 시민소설에서 사랑은 가정과 사회생활(특히 여성)을 서술하는 중심 역할을 톡톡히 해냈다. 이런 모델은 어느 정도 현대의 영화문화에도 그대로 살아남았다. 사랑과 섹스와 낭만적 사건이 주요 소재로 다뤄지면서 등장인물들의 심리적 갈등을 그려내는 게 영화스토리의 골격을 이룬다.

그럼에도 현대는 마법에 걸린 사랑의 역사에 엄청난 변화를 불러왔다. 그런 사랑을 경험하는 것은 의혹의 눈초리를 받았으며, 그런 게 어디 있느냐며 간단히 무시되었다. 명성을 떨치는 칼럼니스트로서 드라마 〈섹스 앤 더 시티〉에도 영감을 준 캔디스 부시넬은 재기 넘치는 농담으로 이런 사정을 그림처럼 선명하게 보여준다. 말이 나온 김에 그런 사례는 얼마든지 찾아볼 수 있다는 것도 지적해둔다. "누군가 '나는 너를 사랑해!'라고 말하는 것을 언제 마지막으로 들어봤나요? 그 말에는 피할 수 없이 (겉으로 말하지 않는다 할지라도) 꼬리가 따라붙죠. '좋은 친구로!' 언제 마지막으로 얼빠진 표정으로 서로의 눈만 정신없이 바라보는 두 사람을 봤나요? 만약 봤다 하더라도 당신은 틀림없이 '그래, 그래, 됐어' 하고 생각하지 않았나요? 언제 마지막으로 누군가 '나는 정말 미칠 듯 사랑에 빠졌어!'라고 외치는 걸 들어봤나요? 분명히 당신은 속으로 '그래, 월요일 아침까지 기다려봐' 하고 생각하죠?"[12] 여기서 부시넬이 표현한 것은 사랑을 바라보는 지극히 반성적이며 아주 아이러니하고 환멸에 가득 찬 태도다. 사랑을 둘러싼 정황이 이 지경에 이른 것을 두고 불평하면서, 『뉴욕타임스』의 저명한 논객 가운데 한 사람인 모린 다우드는 이렇게 썼다. "문화적으로나 감성적으로나 로맨스라는 이상은 완전히 죽었다, 죽었다, 죽었다."[13] 내가 보기에 다우드의 이 표현이 염두에 둔 것은 '마법에 걸린 사랑'의 경험이 현대에 들어와 몰입하기 어려운 것으로 변모해버렸다는 점이다. 비록 사랑이 여전히 사람들 대다수에게 아주 중요한 경험이기는 하지만, 더는 자아 전체를 사로잡으며 움직이지는 못한다. 이로써 자연스레 고개를 드는 물음이 있다. 도대체 왜 사랑은 '마법에 걸린 황홀함'으로 체험될 능력을 잃었는가 하는 것이다. 어째서 사랑은 이성과 자아의 포기를 더는 이끌어내지 못할까? 이제 나는 사랑이 낭만적 믿음 또는 낭만적 확신을 불러일으킬 힘을 상실했음을 보여줄 생각이다. 이처럼 힘을 잃은 이유는 분명하다. 낭만의 힘을 믿는 확신은 과학과 기술과 정치라는 세 가지 영역에서 합리화에 철저히 희생되었기 때문이다.

탈마법화는 현대적 문화와 인지의 제도화 과정의 근본바탕이다. 이 과정은 믿음의 내용을 지식체계로 정리했으며, 사람들로 하여금 체계적이고 추상적인 규칙에 따라 행동하도록 강제했다. 베버가 상정하듯, 이 과정의 결과로 우리는 믿음을 가지기 어려워졌다. 베버에 따르면 현대문화의 가장 강력한 힘은 탈마법화를 추진하며 인생 전반에 걸쳐 합리화를 이루어냈다. 그 합리화가 갈수록 '방법적'이 되고 더욱 '체계적'이 되었다는 점은 틀림없는 사실이다. 될 수 있는 한 모든 것을 지성의 통제 아래 두려는 노력이 합리화이기 때문이다.[14] 합리적 행동은 의식적으로 조종된다. 다시 말해 자의적이거나 습관적이거나 충동적이지 않다. 그 같은 자기의식의 규제를 낳는 문화의 요소는 종교, 과학, 정치, 경제 등을 아우른다. 합리적 태도는 마법이나 신비 따위를 무시한다. 합리적 태도는 어떤 대상에 접근해 인식할 때 체계적 규칙을 따르기 때문이다. 그리고 이 체계적 규칙은 인식의 주관과 대상에 조금도 얽매이지 않는 독립성을 자랑한다. 이로써 합리적 태도는 지식과 믿음을 엄격하게 구별한다. 계시나 전통 혹은 직관 따위에 기초하는 믿음은 정당한 지식의 지위에 서지 못하는 것으로 배척된다. 이로써 합리적 태도는 모든 믿음의 기초를 허물어뜨린다(예외가 있다면 아마도 '이성을 향한 믿음'이리라). 또한 합리적 태도는 초월성, 곧 신의 문제를 텅 빈 껍질만 남도록 후벼 판다. 합리성에 치중하는 행동은 오로지 수단과 목적의 관계만 중시하기 때문이다. 이 수단과 목적의 관계를 벗어나는 것,

곧 초월성은 어떤 의미도 가지지 못할 따름이다. 이처럼 믿음의 내용을 합리화하는 것 또한 사랑이라는 감정의 밀도를 약하게 만든다. 사랑을 향한 믿음이 무너지고 마는 이유다. 이런 식으로 합리화를 정의한 것에 따른다면, 일련의 문화권력은 막강한 힘을 자랑하며 사랑의 감정과 경험을 이전과는 다르게 꾸며냄으로써 합리화에 기여하게 만들었음을 확인할 수 있다. 이로써 주관이 사랑을 경험하는 방식에는 엄청난 변화가 일어났다. 이 문화권력이란 다름 아니라 과학이며 선택의 기술이자 정치의 계약사상이다. 지금부터 나는 이 세 권력이 함께 맞물려 작용하면서 낭만적 사랑을 향한 믿음을 몰락시켰음을 보여주려 한다. 더 나아가 이 문화권력들은 불안함과 아이러니라는 두 가지 감정구조를 불러왔다. 불안함과 아이러니는 자신을 포기하고 황홀감을 경험할 자아의 능력을 상당히 약화했다.

과학이 되어버린 사랑

문화과정의 탈마법화에 기여한 첫 번째 요소는 사랑을 과학적으로 설명하는 방식이 사회 전반을 지배하게 되었다는 점이다. 이런 설명방식은 대학이라는 제도와 대중매체를 통해 상당히 급속도로 널리 전파되었다. 20세기를 지나는 동안 처음에는 정신분석과 심리학이, 나중에는 생물학, 진화심리학, 신경과학 등이 앞 다투어 '사랑'을 각각의 관점 아래 잡아두고 다루면서 일종의 천편일률적 과학 인프라를 구축해냈다. 이 관점들에는 '무의식', '성적 충동', '호르몬', '종의 생존' 혹은 '두뇌화학' 따위가 있다. 과학적 설명이라는 기치 아래 이들 학문의 인프라는 사랑이 말로 표현할 수 없으며 유일하고 신비스러우며 몰아의 경지를 불러오는 감정이라는 관점을 철저히 무장 해제시켰다.

정확히 말해 '정신분석'과 '정신역학'은 자아를 구성하는 중심에 사랑을 가져다놓고 사랑이 자랑하는 신비적 힘이 '정신적 외상', 곧 '트라우마'나 '오이디푸스 콤플렉스' 혹은 '반복강박' 같은 심리과정의 결과라고 풀이함으로써 '신비한 힘으로서의 사랑'이 누리던 문화적 위상을 사정없이 허물어뜨렸다. 프로이트식 대중문화는 현대사회의 대부분을 장악하면서 사랑은 유아기 때 겪은 갈등의 후유증이며 어려서 경험한 드라마의 반복에 지나지 않는다는 그럴싸한 주장을 펼쳐댔다. 그러니까 성인이 되어 지금 사랑하는 대상의 진짜 기원과 원인은 어린 시절의 드라마에 출연한 주인공들에 있다는 식이다. 정신분석은 우리가 어려서 본 부모의 모습과 피치 못하게 결부되어 사랑이라는 감정이 생겨난다고 주장한다. 이를테면 우리의 심리가 오이디푸스 콤플렉스를 어떻게 경험하고 소화했는지에 따라 사랑도 다른 모습을 보여준다. 이로써 사랑은 일반적 심리구조의 표현으로 둔갑했으며, 우리가 사랑하는 대상은 어린 시절에 겪은 드라마의 연장선상에 있는 것에 지나지 않는다. 정신분석은 유아기와 성인의 낭만적 체험 사이에 직접적 연결고리를 이야기 형태로 그려내면서, 사랑의 경험을 그 자체로는 사랑과 아무 관련이 없는 감정의 시퀀스, 곧 항상 같은 형태가 되풀이되는 연속적 사건으로 새롭게 연출해냈다. 이런 식의 설명방식은 사랑이 가진 형언하기 힘든 신비함을 애써 무시했다. 그래도 결국 미진한 구석이 남자 사랑은 끝없는 연구의 대상이 되었다. 사람들은 저마다 자신이 아는 것과 견주어가며 끊임없이 성찰했으나 만족스럽지 않기는 마찬가지다.

자아는 자기이해라는 현재진행형 과정의 대상이 되었다. 사람들은 저마다 자신의 심리를 주의 깊게 모니터링해야만 하는 희한한 상황에 직면했다. 이 과정은 감정들에 체계적으로 이름표를 붙여가며 자기경험과 자아의 변화를 살필 수 있는 기술들을 동원한 모니터링으로 낭만적 관계를 과학지식으로 설명하게 만드는 결과를 불러왔다. 인간이라는 자아가 과학 연구의 대상이자 목표가 되면서 심리학은 '성격'이라는 결정적 개념을 개발해냈다. '성격'이란 한 사람의 인격체가 세월의 흐름과 더불어 그때그때 가지게 되는 안정적 특징들의 다발이라고 심리학은 강조한다. 불안정하지 않고 꾸준히 드러나는 특성의 다발이 인격체이기에, 성공한 사랑은 두 사람의 심리적 기질과 특성이 서로 합의를 이룬 결과로 이해된다. 여기서 나오는 결론은 두 사람의 낭만적 합치성은 적절한 심리학 도구들로 측정되어 예견될 수 있다는 주장이다. 이렇게 해서 사랑은 (심리학) 계량법의 대상이 되었다. 이 계량법의 목적은 자율과 결합이라는 서로 밀접하게 연관되는 이상의 효과적인 관리이자 감독이다.

심리학이 옹호하는 이상적 자아의 중심으로 자율성이 점차 자리를 잡아가면서, 감정의 융화는 이런 자율성을 위협한다는 비난과 누명에 시달리기 시작했다. 자신과 다른 사람의 자아를 하나로 녹아들게 만든다는 것, 또는 다른 사람의 자아에 굴복시킨다는 것은 자율성이라는 근원적 요구의 부정이자 병적 감정의 발로로 여겨졌다. 애정이란 무릇 협상과 소통과 상호관계에 기초해야 하는 것이라 강조하면서 심리학은 이상적 애정관계를, 두 개의 자율적 의지가 서로 감시하고 감독하면서 개인의 심리적 기질과 욕구에 맞춤한 관계라고 정리했다. 이로써 심리학은 사랑을 초월성과 연관 짓던 해묵은 관점, 곧 개인의 특별한 욕구와 의지를 초월하는 힘이 사랑이라는 익숙한 생각을 깨끗이 청소해버렸다. 사랑은 '애정관계'가 되었다. 여기서 '애정관계'란 개인의 자율성을 최대한 보장하고 낭만적 결합 안에 새겨 넣으려는 목적으로 감정생활이 행동의 규칙을 따르도록 강제하는 관계를 뜻한다.

심리학이 사랑의 체험을 합리화한 세 번째 방식도 살펴야 한다. 다시 말해 심리학은 사랑의 아픔을 받아들일 수 없으며 정당화할 수 없는 증상으로 바꾸었다. 한마디로 미숙한 심리가 불거져 나온 결과가 사랑의 아픔이라는 주장이다. "아픔이 (……) 19세기에 자신의 정체성을 다른 사람과 나누는 데서 일어나는 지극히 정상적인 감정반응의 일부였다면",[15] 심리학 문화는 이 아픔을 더는 자아의 경계를 넘어가는 감정경험으로 여기지 않는다. 달리 말하자면 사랑의 아픔은 몰아적 헌신이나 영혼의 승화 같은 게 아니다. 자신을 희생하고 융화하면서 절대적인 것을 갈구하는 사랑은 이제 미숙한 감정의 증상에 지나지 않는다. 사랑과 아픔을 동일시하는 문화는 사랑을 초월자의 경험과 동일시하는 것을 닮았다. 이런 경험에서 자아는 자신을 잃어버리는 무아의 지경을 과시적으로 드러냄으로써 자신의 사랑을 증명하려 드는 자아소진과 자아충족을 동시에 겪는다.■ 공동체의 실리를 강조하는 공리주의 모델을 심리에 적용해서 생겨난 새로운 감정과 심리의 공리주의는 포기와 자기희생이라는 옛 이상을, 인정할 수 없는 건강하지 않은 심

■ 윌리엄 워즈워스는 자신의 시 「자연의 영향」Influence of Natural Objects(1799)에서 그 경험을 이렇게 묘사한다. "환한 햇살이나 별빛 아래서, 내가 맞은 첫 새벽 이래/어린 시절부터 당신은 나와 엮여/우리의 인간 영혼을 키우는 열정으로/인간의 일상과 천박한 행위와는 전혀 상관하지 않고/오로지 드높은 대상, 영속하는 것만 보았죠/생명과 자연으로 정화했다오/느낌과 생각의 요소들을/그리고 그런 단련으로 성스러워지면서/아픔과 두려움을 참고 견디며, 마침내 깨달았지요/우리의 심장박동이 울리는 장엄함을." William Wordsworth, 『시집』 Poems, Ginn, 1897, 70쪽.

리의 표징으로 바꿔버렸다(또는 어떤 이득을 취하려는 은밀한 의도를 가지고 '앓는 시늉'을 한다고 받아들이기도 했다). 공동체의 성원으로서 주어진 역할만 감당하면 그만이지, 감정의 사치는 용서받을 수 없다는 관점이다. 이런 새로운 치료문화는 자기희생과 포기를 지극히 의심스러운 눈초리로 바라보았다. 자신의 이득을 지키려는 능력이 건강한 정신과 동의어가 되었기 때문이다.

애정관계 전반에 파고든 정신건강이라는 이 모델은 사랑을 기분 좋은 행복에 맞춰 정의하며, 아픔은 깨끗이 잊으라고 강권하면서, 개개인에게 오로지 자신의 이득만 극대화하라고 부추겼다. 이 모델은 자기이해라는 개념을 성숙한 자아의 중심에 세웠다. 무엇이 자신의 이득인지 알아내고 방어하는 것이야말로 성숙한 감정과 갈수록 똑같이 여겨졌다. 결과적으로 사랑은 자기이해라는 개념과 현실에 계속해서 적응하지 않을 수 없었다. 사랑을 잘한다는 건 자기이해에 맞게 사랑한다는 걸 뜻했다. 사랑의 감정을 체험하는 것은 이제 오로지 자아의 실용적 프로젝트에만 매달렸다. 이 프로젝트의 목적은 향락과 기분 좋음을 최대한 확보하는 것이다. 이런 새로운 사랑의 문화에서 아픔이라든지 자신을 불사르는 열정이라는 말은 갈수록 낯선 언어가 되었다. 이로써 다시금 아픔의 원천인 사랑은 '착각'이며, 두 인격체 사이의 합의 가능성을 오판한 결과이며, 자신을 헤아리는 일에 더욱더 열중해 아픔을 지워버리고 좀더 성숙한 선택을 해야 한다는 징후로 여겨지게 되었다. 주는 게 있으면 받아야 한다는 자기 이득 위주의 상호관계가 알게 모르게 사랑의 일상적 경험 안에 비집고 들어와버렸다. 이런 사정은 상반되는 상황을 보여주는 몇 가지 예로 아주 잘 살펴볼 수 있다.

셰익스피어의 『한여름 밤의 꿈』에서 요정 퍽의 주문에 걸리지 않은 헬레나는 퍽의 주문에 걸려 자신의 사랑을 거부하는 데메트리우스와 다음과 같은 대화를 나눈다.

데메트리우스
내가 너를 유혹했다고? 솔직하게 말해줄까?
아냐, 솔직하게 말해줄 수는 없어,
나는 너를 사랑하지 않아, 사랑할 수도 없고. 이런 말을 해주면 좋겠어?

헬레나
바로 그래서 당신을 더욱 사랑해요.
나는 당신의 스패니얼이야, 그리고 데메트리우스,
당신이 나를 때릴수록, 나는 더욱 아양을 떨 거야.
나를 당신의 스패니얼처럼 다뤄줘요, 밀어내고 때려줘요.
나를 무시하고 잃어버려요. 나를 놓아주기만 해요.
보잘것없더라도 지금 내 모습 그대로 당신을 따라갈게요.
당신의 사랑 안에서 이보다 더 나쁜 자리라도 구걸할게요.
하지만 나한테 이처럼 고귀함을 누리는 자리가 또 있을까,
당신이 나를 당신의 강아지처럼 다뤄주는 것보다?[16]

자신의 사랑을 거침없이 고백하는 헬레나의 방식은 오늘날에는 자기비하일 뿐 아니라 병적 증상으로 해석될 게 틀림없다. 그러나 셰익스피어의 세계에서 헬레나의 고백은 더할 나위 없는 호감의 표현일 따름이다. 흔히 "사랑으로 미칠 것 같소!"라는 말보다 훨씬 환영받는 고백이었다.

18세기 프랑스에서 높은 인기를 누린 살롱을 운영해 명성을 얻은 쥘리 드 레스피나스*는 귀베르 백작을 두고 사랑에 빠진다. 그러나 변덕스러운 바람둥이였던 백작은 그녀의 감정을 받아들이지 않고 다른 여인과 결혼한다. 그럼에도 쥘리는 백작을 향한 사랑을 포기하지 않는다. 귀베르는 그녀의 애정에 전혀 답하지 않았지만, 쥘리는 자신의 지극한 열정을 조금도 누그러뜨리지 않았다. 그녀가 보여주는 사랑은 서로 주고받는 상호관계여야 한다는 통념에 영향을 받지 않는다. 다음은 그녀가 백작에게 쓴 편지다.

저는 저 자신에게 자제하라고 타이를 정도로 당신을 너무나 사랑합니다. 그 어떤 실수도 저지르지 않으려고 움츠려 있느니, 차라리 당신에게 용서를 구하는 편을 택하렵니다. 당신을 사랑함에서 저는 **저 자신을 사랑하는 마음을 완전히 버렸습니다.** 늘 자기 자신에게 만족하며 사랑하는 사람을 보고도 아무런 느낌을 갖지 않게 만드는 차가움을 가져야 한다는 행동규칙을 저는 조금도 이해하지 못합니다. 저는 그런 사리분별을 증오합니다. 아니, 심지어 혐오합니다. 진심을 보여주기보다 움츠리고 자제하는 게 '우정의 의무'라는 따위의 말은 공감 대신 신중함만 요구하는 전략에 지나지 않습니다. 아, 제가 지금 무슨 말을 하고 있는 걸까요? 저는 자연스러운 게 좋습니다. 오로지 **내면의 충동**에 따라 행동하고 싶습니다. 사람들이 저를 보고 무어라 하든 저는 제 심장의 소리를 듣겠습니다.[17]

• Julie de Lespinasse(1732~1776): 계몽주의 시대에 유명한 살롱을 열었던 여인으로 뛰어난 미모는 아니었으나 대단한 매력을 자랑하면서 당대의 철학자, 문인과 불꽃 튀는 사랑을 나누었다고 전해진다. 그녀의 연애편지들은 지금도 유럽에서 서간문학의 모범으로 읽힌다.

쥘리 드 레스피나스가 여기서 보여주는 것은 이해득실을 따지지 않는 자발적 감정에서 우러나오는 자기희생의 윤리다. 주고받음 없이 일방적으로 이처럼 뜨겁게 사랑할 수 있는 능력은 어느 모로 보나 미숙함이나 열등감을 보여주기보다는 원숙하고 너그러운 성격으로 해석되어 마땅하다(또 아마도 이게 사실이리라).

또 다른 예는 우리가 이미 1장에서 살펴본 것이다. 오해로 헤어졌음에도 웬트워스 대령에게 충실하려는 앤 엘리엇의 단호함은 현대의 감각으로는 도무지 이해할 수 없는 노릇이다. 사랑을 절대적이며 대체 불가능한 것으로 여기며 자신의 이해관계는 일체 무시하는 앤의 태도에 납득이 가지 않기 때문이다. 그래도 앤이 다른 남자와 맺어질 수 있는 것은 자신의 평안함 따위는 깨끗이 무시하고 오로지 자아를 완성하려는 그녀의 온전한 추진력 덕분이다. 일단 사랑을 베풀었다는 사실이 앤으로 하여금 더 나은 기회를 포기하도록 강제한다. 현대사회가 말하는 성숙한 심리의 특징, 곧 자신의 이해관계로 바라보는 것을 포기한 셈이다. 만약 앤 엘리엇이 현대에 살았더라면 정신과 의사를 찾아가 소파에 앉아 왜 그토록 고집스러운 태도를 보이는지, 어째서 평생을 자신의 이득 따위는 고려하지 않고 반대급부를 바라는 일도 없이 희생하는지, 구구절절 설명했어야 하리라. 이디스 워튼은 1908년 6월 8일 그녀의 애인 모턴 풀러턴에게 편지를 쓰면서 명백히 반실용주의적인, 그러니까 자신의 실리는 전혀 고려하지 않는 말을 한다. "사람들은 나를 보고 아주 노련한 바람둥이라고 할 거야. 내 명석한 두뇌는 게임의 모든 수를 읽고 있음에도, 무시당했다고 해서 게임판 위의 모든 말을 쓸어버리고 이렇게 외치니 말이야. '다 가져, 난 이기고 싶지 않아, 너에게 전부 잃고 싶다고!'"[18]

헬레나와 쥘리 드 레스피나스, 앤 엘리엇, 이디스 워튼은 우리가 주고받음의 호혜성이라고 부르는 규범을 깨끗이 묵살하며 현대인의 건강한 상식을 비웃는다. 사랑의 상대를 선택하는 일이 일신의 평안보다 우선시될 수 없으며, 사랑이란 서로 주고받는 형태의 감정이어야 한다는 이성적 전제가 무시되는 셈이다. 그동안 낭만적 사랑의 모델은 물론이고 사회관계 일반을 지배하게 된 감정의 상호성이라는 도덕과 심리학의 규범은 건강한 정신과 자신의 평안을 우선시하는 실용주의에 기초하는 것으로, 사랑의 합리화를 낳은 문화적 원천 가운데 하나다. 감정의 호혜성과 공리주의의 이 모델은 궁극적으로 이성의 강력한 프로그램에 기초한다. 이 프로그램에 따르면 사랑의 상대를 선택하는 일은 무의식의 변덕과 횡포로부터 벗어나야만 가능하다. 이런 선택이 건강하게 이뤄진다는 것은 이성적 판단에 따라 자기 자신의 요구를 명확히 깨닫는 것을 전제한다. 건강한 선택은 무엇보다 쾌락과 부유한 삶을 겨냥한다. 여기서는 자신에게 이득이 되는 것을 지키고 강조하는 일이 가장 중요하다.

'생물학'은 사랑을 이해하는 문화의 틀에 약간 다른 영향을 미쳤다. 생물학자는 흔히 사랑을 화학반응으로 설명한다. 그러니까 심리학의 설명보다 훨씬 강하게, 사랑의 감정에 정말 낯설게만 여겨지는 요소들로 사랑을 풀이한다. 신경과학의 연구는 실험대상자가 사랑의 감정을 느낀다고 할 때 뇌에서 어떤 화학물질이 활발히 분비되는지 주목했다.[19] 이런 화학물질에는 테스토스테론, 에스트로겐, 도파민, 노르아드레날린, 세로토닌, 옥시토신, 바소프레신 등이 있다. 예를 들어 어떤 사람을 보고 매력을 느끼면 엄청난 양의 도파민과 노르아드레날린이 뇌에서 분비된다는 식이다. 관계가 서로 탐닉하는 단계에 이르면 테스토스테론과 에스트로겐이 샘솟듯 나온다. 서로 매력을 느끼는 초기 관계에서는 도파민, 노르아드레날린, 세로토닌이 활발히 분비되는 게 여러 차례 관찰되었다.[20] 세로토닌이 사랑에 빠진 사람에게서 일으키는 효과는 이른바 강박장애를 앓는 사람의 경우와 같았다.[21] 이런 사정으로 미루어볼 때 사랑에 빠지면 왜 우리는 누군가 다른 사람을 생각할 수 없는지 분명하게 설명이 된다. 갓 사랑에 빠진 사람의 세로토닌 분비도 그렇지 않은 평범한 사람에 비해 높게 나타났다.[22] 옥시토신과 바소프레신은 결속감이 높은 장기간에 걸친 결합과 관계에서 중요한 역할을 하는 것으로 보인다.[23] 2006년 2월에 발간된 『내셔널 지오그래픽』 *National Geographic*의 표제기사 '사랑, 그 화학적 반응'에서 로렌 슬레이터●는 사랑을 순전히 화학반응으로만 다루었다. 그녀는 매력과 애정이 다양한 화학성분으로 촉발되는 것을 관찰했다. 사랑에 빠져 느끼는 희열과 엄청난 행복감은 뇌에서 일어나는 화학반응에 지나지 않는다. 그것도 자신의 의지와는 무관하게 일어나는 화학반응이다. 연구는 또한 이런 증상은 일반적으로 최대 2년 동안만 지속되고는 식어버린다고 강조한다.[24] 사랑을 뇌에서 일어나는 화학반응으로 환원한 결과는 사랑을 정신의 신비로운 활동으로 보는 관점을 걷어버리고 그 자리에 대신 들어선 새로운 형태의 생물학적 물질주의다. 그래서 이를테면 칼럼니스트 캐서린 타운센드는 사랑받는 느낌을 누렸으면 하는 자신의 욕구를 두고 아이러니한 감상을 펼친다. "『심리학의 오늘』*Psychology Today*에 실린 기사를 보면, 뇌 안에 화학물질 페닐에틸아민, 곧 사랑의 희열감

● Lauren Slater(1963~): 미국의 여성 심리학자로 왕성한 집필활동을 하며 대중에게 심리학을 좀더 쉽게 알리고자 노력하고 있다.

과 관련된 화학물질은 사랑에 빠진 감정, 최고조의 기분, 흥분을 일으
킨다고 한다. 어쩨 내 얘기를 하고 있는 것만 같다. 또 내가 아는 많은
여자에게 해당하는 이야기 같다. 그렇다면 우리는 모두 이런 물질이
과도하게 분비되는 고장 난 사랑중독자들일까?[25] 어느 모로 보나 심
리학과 생물학의 용어를 뒤섞어놓은 것은 우리가 익히 아는 사랑에 찬
물을 끼얹는 것 같은 효과를 불러온다. 감정을 단순히 자신의 의지와
상관없이 일어나는 화학반응으로 돌리면서, 사랑의 체험을 별다른 숭
고한 의미가 없는 생리경험으로 깎아내리기 때문이다. 이를테면 우리
가 집중적인 사랑의 감정을 기껏해야 2년 동안 느끼도록 생리적으로
프로그램되었으며 이 시기가 지나면 열정과 밀도는 차갑게 식어버린
다고 주장하는 사회생물학자 헬렌 피셔의 말을 들어보라.

조금 다른 관점을 택하기는 하지만, '진화생물학' 역시 사랑의 감정
을 그 본질과는 관계없는 외적 요소로 취급한다. 이를테면 인간이라는
생물종이 생존을 위해 택하는 수단에 지나지 않는다는 식이다. 딜런
에반스*에 따르면 사랑의 감정(혹은 죄책감이나 질투)은 '의무의 문제'를 해결
하려는 방편에 지나지 않는다.[26] 그가 말하는 '의무의 문제'는 이런 물
음이다. 서로 협력해야만 하는 사람들은 어떻게 상대에게 의무감을 가
지며, 또 상대가 의무감을 갖는다는 것은 어떻게 확인하는가? 진화심
리학자들의 대답은 간단하다. "감정을 통해!" 특히 낭만적 사랑은 인
간들로 하여금 번식의 의지를 갖게 만들고, 남자와 여자가 단순히 변
덕을 부리며 서로 곤경에 빠뜨리는 일이 없도록 하는 목적에 이바지하
는 감정이다. 진화심리학이 이끌어낸 해석의 패러다임 전환 역시 사랑

• Dylan Evans(1966~): 영국의 진화생물학자로 '플라세보 효과' 연구로 유명하다.

의 감정이 느끼는 유일함과 초월성을 공허하게 만드는 결과를 낳았다. 그러니까 사랑은 협력할 준비가 되었는지 확인하기 위한 기능적 필요만 갖는 감정이며, 이는 종의 차원에서 번식의 목적에 이바지하기 위한 협상의 대상일 따름이다. 여기서 결국 사랑은 자연의 맹목적 필연성에 불과하며, 사회집단이 그 존립을 유지하려고 개인들의 이야기로 특별히 꾸며 표현하는 것일 뿐이다.

과학, 그러니까 심리학이든 생물학이든 진화론이든, 과학의 설명모델은 그 본성상 인생을 살면서 겪는 감정체험을 추상적이고 피상적으로 다루는 경향을 보인다. 그리고 바로 이런 점에서 근대 종교가 쓰는 설명모델과 현격한 차이를 보인다. 이를테면 종교는 사랑을 정령에 사로잡힌 상태라거나 일시적이나마 정신을 잃는 혼미함으로 풀이하면서 개인의 주관이 언제나 실제 자신의 경험과 일치한다는 기분을 맛보게 만들었다. 그러나 과학의 설명은 사랑을 일종의 부수 현상, 곧 선행하는 원인들이 일으킨 효과에 지나지 않는 것으로 간주한다. 주관은 이런 선행 원인을 볼 수도 느낄 수도 없다. 신비롭지도 유일하지도 않으며, 거의 기계적인 심리적·화학적·생리적 반응만 불러일으킬 따름이다. 과학적 설명방식의 지배는 사랑을 유일하며 신비롭고 형언키 어려운 감정으로 포착하는 것을 불가능한 일로 치부해버렸다. 이렇게 볼 때 사랑은 자연과 마찬가지로 탈마법화의 과정 아래 짓눌리고 말았다. 이제 사랑은 영혼의 신비롭고 강력한 힘이 아니며, 설명과 통제를 필요로 하는 현상, 곧 심리학과 진화론과 생물학의 법칙들로 규정되어야 하는 반응작용에 지나지 않는다.

과학지식은 주기적 간격을 두고 현실을 해석해야 하는 미디어를 통해 널리 알려진다. 과학의 이런 해석 틀은 낭만적 사랑의 전통 관념을 간단히 대체했을 뿐만 아니라 그런 관념과 경쟁을 벌이며 그 기반을 허물어버리는 결과를 낳았다. 과학은 개인의 특별한 경험을 추상적이고 일반적인 카테고리로 싸잡아 그 특수성을 숨어버리곤 한다. 과학의 체계는 그 정의에 알맞게 원인을 감지하고 설명하려는 작업이기 때문에, 유일하고 형언할 수 없으며 비합리적 감정에 기초하는 경험을 바숴놓는다. 전체적으로 과학의 해석체계는 사랑의 경험을 이중적으로 파괴하는 결과를 낳았다. 한편으로는 '반성적'으로, 또 다른 한편으로는 '디플레이션'으로 말이다. 다시 말해 사랑의 당사자들은 거듭 자신이 사랑을 하는 원인이 무엇일까 되돌아보며 깊숙이 깔린 메커니즘을 의식하지 않을 수 없었다는 점에서 '반성적'이며, 또 동시에 사랑을 심리나 화학의 보편적 작용의 결과로 돌려버림으로써 특정 개인의 특수한 욕구와는 전혀 상관없는 것으로 깎아내려 결국 감정이 위축되고 수축되는 결과를 낳았다는 점에서 '디플레이션'이다. 개인의 욕구는 그만의 맞춤한 것인데도 과학은 욕구를 그 구체적 인격으로부터 떼어내서 이해한다. 이처럼 의지가 개입할 여지 없이 기계적으로 일어나는 감정으로서의 사랑은 결국 그 대상을 언제든지 완전히 다른 것으로 바꿔버릴 수 있는 맹목적인 힘이다. 그렇다면 우리는 낭만적 욕구가 그 신비로운 내용을 빼앗겼다고 말할 수 있다. 과학이 사랑을 훔쳐 가버린 셈이다.

베버가 문화를 비판적으로 바라본 것은 과학지식의 증가가 우리 삶

■ 이 말은 아무래도 뉘앙스를 새겨 읽어야 한다. 심리학은 과학의 형태를 취하면서도 언제나 사랑의 경험을 개인의 특수한 것으로 다루면서 그 개인의 사적 역사를 통해 규명하려 시도한다(저자의 이 지적은 심리학이 대중을 고객으로 생각한다는 함의를 담은 것으로 읽힌다. 말하자면 고객의 입맛에 맞추려는 심리학의 마케팅 전략이랄까—옮긴이).

의 구체적 조건들을 더 잘 이해하게 만들어주지는 못하리라 믿었기 때문이다. 그의 글을 읽어보자.

오늘날 우리가 돈 쓰는 일과 관련해서 내기를 해도 좋다. 지금 여기 강의실에 모인 정치경제학 전문가 동료들께서는 이런 물음에 저마다 다른 대답을 내놓을 거라고! 도대체 어째서 우리는 같은 액수의 돈으로 어떤 때는 많은 물건을, 또 어떤 때는 훨씬 적은 물건을 살 수밖에 없을까? 야만인도 어떻게 해야 매일 먹을 것을 구할 수 있을지, 또 그때 무슨 수단을 쓸 수 있는지, 환히 안다. 그래서 말이지만 갈수록 모든 것을 지성 중심으로 만들고 합리화한다고 해서 우리가 살아가는 삶의 조건을 더욱 잘 알 수 있게 되는 것은 아니다.[27]

니콜라스 게인*이 베버 해석에서 제안했듯, 비과학적 설명이 과학적 설명보다 더 뛰어날 수 있다. 비과학적 설명이란 우리가 살며 겪는 경험을 총체적으로 파악하는 것이기 때문이다. 게다가 그 총체성과 좀더 유기적으로 결합되기 때문이다. 과학적 설명은 우리를 인지적으로든 감정적으로든 이 경험에서 떼어놓는다. 베버는 더욱이 과학은 어떤 특별한 관점에서는 우리의 경험을 더욱 이해하기 어렵게 만든다고 지적한다. 실존적 의미와 추상적이며 체계적인 의미연관은 서로 합치될 수 없기 때문이다. 결과적으로 과학의 설명은 낭만적 경험과 신비적이며 불합리하다고 여겨지는 사랑 사이의 의미 충만한 결합을 끊어놓는다. 사랑을, 선행하는 무의식의 메커니즘, 곧 화학과 진화의 메커니즘 결

* Nicholas Gane(1971~): 영국의 사회학자이며 브루넬 대학교 교수다.

과로 만들어버리는 탓에 과학은 사랑을 신비이자 초월적이며 독자적인 힘으로 변화시키는 능력을 뒤흔들어 무너뜨린다.

정치적 해방으로서의 합리화

앞서 살펴본 예들이 드러내듯, 자기희생과 포기 그리고 반대급부를 요구하지 않고 사랑할 줄 아는 능력은 주로 여성의 특징이다(물론 오로지 여성의 것은 아닐지라도). 자기희생이라는 동기와 관련해 일어난 주요 변화들 가운데 하나는 페미니즘으로 촉발되었다. 여기서 우리는 페미니즘을 인권이 여성에게도 확장되어야 한다는 문화의 일반적 확신으로 이해한다. 동시에 페미니즘은, 여성의 권리를 제한하도록 강제하면서 겉으로 드러내지는 않아도 사회의 많은 구성원이 원하는 형태로 억압구조를 빚어온 사회 이데올로기가 어떻게 작동해왔는지, 그 방식을 폭로하려 노력해왔다. 페미니즘은 여성에게 희생과 묵종을 강요하는 사회에 반기를 든 운동이다. 사랑의 합리화를 이뤄낸 또 다른 문화적 원천은 평등과 합의와 호혜라는 규범이다. 한마디로 정리하면 계약사상의 출현이다. 이런 계약사상은 그동안 우리 공동체의 도덕적 어휘를 지배하면서 이성애 관계를 이루는 조건들을 협상의 대상으로 바라보게 만들었다. 마셜 버먼*은 자신의 책 『진정성의 정치』에서 "남자들[글자 그대로!]은 현대에 들어와서야 비로소 자신이야말로 정치적 문젯거리였구나 하고 생각하기 시작했다"고 적시한다.[28] 버먼이 짚어주는 성의 문제를

---

* Marshall Berman(1940~): 미국의 철학자이자 뉴욕 시티 칼리지의 정치철학 교수로 마르크스 인문주의자를 자처하며 활발히 글을 쓰고 있다.

보며 정말 아이러니한 것은 이 문장이야말로 20세기 여성에게 딱 맞춤하게 적용할 수 있다는 점이다. 실제로 여성의 주체성과 양성관계에 페미니즘만큼 주요한 영향을 미친 운동은 아마 찾아보기 힘들 것이다. 이른바 '세컨드웨이브 페미니즘'●은 사랑의 감정을 둘러싼 우리의 이해를 철저히 바꿔놓았다.■ 그 어떤 정치 혹은 문화의 대오隊伍도 페미니즘만큼 사랑의 문화사에 지속적 영향을 주지 못했다. 무엇보다도 페미니즘은 남성의 기사도 정신과 여성의 신비로운 광채라는 허위의 베일을 가차 없이 찢어버렸기 때문이다. 이처럼 강력한 영향력을 행사했으니 나는 여성운동이 낭만적 관계에 가져온 결과들을 결산해보고, 크게 볼 때 여전히 남성에 의해 지배되는 사회에서 페미니즘의 사고방식이 미친 문화적 영향은 무엇인가 묻고자 한다. 이 작업을 하면서 나는 페미니즘을 일종의 문화적 세계관, 곧 자아와 타인과의 관계를 파악하는 새로운 방식으로 관찰하려고 한다. 이는 잠정적으로 내가 가진 페미니즘의 확신을 접어두고 문화적 세계관으로서 페미니즘이 정확히 어떤 영향을 주었는지 관찰하겠다는 뜻이다. 페미니즘은 무엇보다도 전통적인 성의 역할과 규범을 비판하며 남성과 여성이 권리와 의무에서 평등해야 한다고 주장함으로써 이 역할과 규범을 송두리째 흔들어놓았다. 따라서 이 운동의 족적과 궤적은 반드시 분석되고 정리되어야

● Second-wave Feminism: 1960년대 미국에서 시작되어 1990년대까지 지속된 제2의 페미니즘 운동을 일컫는 표현. 19세기 후반에서 20세기 초반 제1의 페미니즘 운동이 주로 여성의 참정권, 곧 투표권 획득에 치중했다면, 제2의 페미니즘 운동은 평등문제를 좀 더 포괄적으로 다루었다. 1980년대 이후에 이루어진 운동을 제3의 페미니즘이라 부르며, 주로 다양성과 변화의 문제를 다루어왔다.
■ 이 장은 이성 간의 사랑을 다룬다. 별다른 설명이 없다면, 내가 쓰는 '사랑'이라는 표현은 이런 의미로 이해되어야 한다.

만 한다. 남성과 여성의 관계에 페미니즘 운동만큼 결정적 영향을 미친 것은 따로 없기 때문이다. 물론 임상심리학과 소비문화도 여기에 한몫을 톡톡히 했다. 그러므로 우리의 분석대상은 페미니즘 운동과 임상심리학과 소비문화가 될 것이다.

『섹스의 변증법』에서 슐라미스 파이어스톤은 낭만적 사랑이 계급과 성별에 따른 차별을 겉으로 드러나지 않게 가려줬을 뿐만 아니라 더 결정적이게도 그 차별을 비로소 만들어냈으며 계속 이어지도록 부추겼고 강화해왔다고 강조한다. "사랑은, 아마도 아이를 낳는 일 그 이상인 사랑은 오늘날 여성을 억압하는 열쇠이기 때문이다."[29] 그녀의 진단이다. 그동안 낭만적 사랑은 성의 불평등을 재생산하는 문화의 현실일 뿐만 아니라 여성이 남성의 지배를 인정하도록 만든 주된 메커니즘 가운데 하나다("사랑하니까"). 페미니즘이 섹스와 사랑을 해체할 수 있게 해준 중심 개념은 권력이다. 페미니즘 세계관에서 권력은 눈으로 볼 수는 없지만 동시에 양성관계를 구조화하는 가장 실재적인 차원이다. 그러니까 권력이 어떻게 암약하는지 추적해서 애정관계로부터 권력을 몰아내는 일이 중요하다고 페미니즘은 역설한다. '권력'은 남녀 사이의 관계에서 잘못되어가는 것의 상당 부분을 풀어줄 수 있는 자리를 차지한다. '권력'은 사회관계를 구상하고 조직함으로써 그 힘을 발휘하는 문화의 틀이다. 권력을 일종의 문화적 시나리오, 이를테면 '카스트'나 '귀족혈통'과 마찬가지로 기존의 사회 틀을 가지고 사회관계와 섹스관계를 조직하고 통제하는 시나리오에 미리부터 심긴 힘이라 본다면, 그런 권력이 균형을 이루는 상태, 곧 '권력대칭성'은 다양한 관점에서 그 권력을 합리화해야만 성취될 수 있다. 다시 말해 남자와 여자를 초대해서, 당연한 듯 굳어진 규칙들, 곧 성적 매력이라는 것을 바라보는 관점을 구조화해온 규칙들을 함께 고민해보며 합리적 해결책을 찾아내야만 권력의 대칭성이 이뤄질 수 있다(굳어진 규칙의 좋은 예는 몇 세기에 걸쳐 권력을 행사해온 가부장제의 지배다). 이제 남성과 여성은 서로 무릎을 맞대고 감정과 언어와 태도를 반성하며 서로 통제하면서 권력대칭성을 성취하자는 게 페미니즘의 기본 주장이다. 이런 대칭성을 창출하려면 여성과 남성이 각각 자신이 관계에 기여하는 바가 무엇인지 평가하며 측정해야 한다고 페미니즘은 주장한다. 그러나 페미니즘은 일자리와 공동체의 가치를 에로스 관계보다 우선시했다(잠재적 애인의 직업신분이 개인으로서 지닌 사적 욕망보다 훨씬 중요한 것이어야 한다고 강조했다). 마지막으로 페미니즘의 세계관은 중립적 절차를 강조하는 언어와 행동규칙 아래에 에로스 관계를 둘 것을 요구했다. 이런 요구는 개인이 저마다 갖는 관계의 특별함과 구체성을 뒷전으로 밀어내고 말았다.

권력의 고정 틀 깨기

아마도 대칭성의 원칙들이 지켜지는 가장 두드러지는 영역은 배우자 찾기와 섹스 주도권의 영역이리라. 대칭성이라는 축을 따라 애정관계를 조직하는 새로운 원칙을 가장 잘 보여주는 예는 이른바 '성희롱'이라는 카테고리에서 찾게 된다. 성희롱은 권력이 작용하지 않고 감정이 대칭을 이루는 관계를 강조하는 동등함의 원리가 어떤 것이어야 하는지를 아주 잘 보여주는 예다. 데이브 캐스와 클라우디아 스타셜의 경우를 살펴보자. 당시 캐스는 펜실베이니아 대학교의 경제학 교수였으며, 스타셜은 거기서 석사과정을 마쳤다. 이들의 관계는 1994년까지 이어지다가 5년 만에 깨졌다. 바로 그해에 불거진 문제 때문이었다. 캐스가 학사과정 학장 후보에 올랐으나 여학생과 관계를 가져서 이 지위에 부적절하다는 이유로 거부당한 일이 벌어졌다. 배리 당크는 대학 당국의 이런 결정을 다음과 같이 설명했다.

> 그들(캐스와 스타셀)은 비대칭적 관계를 비판하는 페미니즘의 규범을 여러모로 침해했다. 이 규범에 따르면 서로 애정을 나누는 사람들이 이루는 관계의 쌍방 사이에 현저한 권력 차이가 성립하는 것은 부적절한 일이다. 이런 틀에서 본다면 비대칭적 관계는 일종의 추행과 다르지 않다. 서로 합의했다는 게 의심스러울 뿐만 아니라 심지어 불가능해 보인다. 대칭적 관계란 평등과 선택의 자유를 나타내는 것이어야만 하기 때문이다. 데이브와 클라우디아는 연령대에서 큰 차이가 난다. 데이브는 클라우디아보다 25세나 많다. 또 대학교에서 권력지위가 서로 달랐다. 즉 데이브는 교수고 클라우디아는 제자였다는 점에서 여러모로 비대칭적 관계였다.[30]

평등과 대칭성이라는 문화와 정치의 카테고리, 특히 여기서는 감정의 자유와 사적 영역이라는 또 다른 원리들과 갈등을 빚는 카테고리는, 양성관계를 권력의 대칭성과 균형이라는 규범으로 규제하는 새로운 방식을 보여준다. 이 방식은 동시에, 섹스관계는 일차적으로 두 사람 사이의 합의에 기초하는 것이라는 관점을 새로운 관점으로 다시 이해할 것을 요구한다. 두 사람의 구체적 행위를 당사자들이 사회구조에서 차지하는 추상적 지위와 비교해서 판단해야 하기 때문이다. 쿳시가 『추락』에서 들려주는 이야기 역시 같은 맥을 짚고 있다. 이 이야기는 자신의 제자인 여대생과 격정적 연애를 한 교수 루리가 겪는 난처한 지경을 그린다. 이 스캔들로 대학교는 윤리위원회를 열어 교수 지위에서 스스로 물러날 것을 강요한다. 여기서 루리는 남녀 사이의 관계를 규제하는 새로운 규범을 이해하지 못하는 남성 캐릭터로 그려진다. 다음은 루리와 그의 동료들 사이에 오간 대화다.

"학자로 살아가는 일은 그 본성상 어떤 방식으로든 희생을 요구하지." 스워츠가 말했다. "어때, 그렇게 생각하지 않나? 우리는 전체의 안녕을 위해 자신의 만족을 포기할 줄 알아야 하는 게 아닐까?"
"그럼 세대 사이에 애정을 주고받는 일은 금지해야 한다는 말인가?"
"아니, 반드시 그런 건 아냐. 그러나 선생으로서 우리는 권력을 누리는 지위에 있지. 권력관계를 섹스관계로 뒤섞지 말아야 한다는 건 아마도 일종의 금기가 아닐까. 내 느낌으로는 자네 경우가 여기 해당해."
프로디아 라솔이 끼어들었다. "그래요, 말하잖아요, 자기 잘못이라고. 그러나 세세한 것까지 정확하게 보자면, 돌연 그의 고백은 젊은 여자를 추행했다는 쪽으로 나아가는 게 아니라 자신의 거부할 수 없는 열망을 강조하는 것처럼 들리네요. 또 그가 초래한 아픔은 전혀 언급하지 않고, 이 사건이 성을 착취한 오랜 역사의 일부에 불과하다는 점도 모르는 것 같군요."[31]

이 장면은 의미의 중심을 '거부할 수 없는 열망'에서 정치적(그리고 심리학적) 개념인 '추행'으로, 나이 어린 사람을 선호하는 것에서 '세대 사이에 애정을 주고받는 일'로, 사회적 권위를 자랑하는 남성성에서 '권력관계를 섹스관계로 뒤섞는 일'로, 그리고 '개인적 쾌락'의 경험에서 이 경험이 '성을 착취한 오랜 역사'를 숨기고 있다는 의심으로 각각 옮겨 놓았다. 욕구를 갖는 개인이 추상적 권력구조의 구성원으로만 이해되고 있는 셈이다. 이런 이해는 다시금 제도의 간섭을 정당화한다. 심리학 언어와 함께 페미니즘은 공정함과 평등과 감정의 가치가 이루는 대칭성을 제도적으로나 감정적으로 확보하기 위해 필요한 규범과 절차를 관철하는 데 기여했다. 다시 말해 페미니즘은 감정의 합리화를 일정 부분 거든 게 분명하다.

일자리가 감정을 짓누른 경우

성희롱을 방지하려는 정책의 목표는 남성이 제도권력을 악용하는 것으로부터 여인을 보호하는 일이다. 사회학이 볼 때 이런 목표는 직장에서 공정성을 강조하는 규칙이 개인의 사적 욕구를 억누르게 되는 결과를 낳는다. 성희롱 방지와 관련해 하버드 교육대학원HGSE, Harvard Graduate School of Education의 규정은 다음과 같다.

HGSE는 HGSE 공동체의 구성원들 사이에 이뤄지는 밀접하면서도 배려하는 관계를 소중히 할 것을 천명한다. 그러나 동시에 특별한 문제가 제기될 수 있음을 주목한다. 어떤 사람이 다른 이에게 교육의 직접적 책임을 맡는 경우, 그러니까 학과의 교수나 조교 혹은 행정직원이 가르치거나 지도하거나 감독해야 하는 학생과 왕래가 오가는 경우에서 문제가 발생할 수 있다. 이런 상황에서는 그 어떤 낭만적 관계도 본질적으로 비대칭적이다. 낭만적 관계는 HGSE 공동체 내에서 각자 맡는 역할이나 강점을 빌미로 다른 사람을 상대로 공식적 권력행사가 이뤄질 가능성을 포함하기 때문이다. 권력의 이런 불균형 탓에 그런 관계는 착취가 이뤄질 잠재력을 내포한다. 또한 그런 관계는 누군가 권력지위를 이용해 불공정한 영향 또는 불이익을 준다거나, 낭만적 관계로 제3자가 학문적으로나 직업적으로 불리한 지경에 처할 수 있다고 믿는 공동체의 다른 구성원에게도 영향을 미친다. 그런 의혹은 설령 사실이 아닐지라도 해로운 결과를 낳을 수 있다.[32]

보통의 직장인 공동체에서 권력관계를 공정하게 행사해야 한다는
이런 태도는 개인의 감정보다 무조건 앞선다. 이는 일자리가 에로스
관계의 자율성을 훼손할 가능성이 있음을 함축한다. 여기서는 명백히
일자리가 개인의 사적 감정에 우선한다.

동의절차의 중시와 중립적 언어
그 같은 공정성 규칙을 도입하려면 먼저 중립적 언어를 쓸 수 있어
야만 한다. 그러니까 자신이 쓰는 말에 담긴 성적 편견을 깨끗이 정화
하는 중립성이 요구되는 셈이다. 그러나 남성과 여성이 전통적으로 자
신의 정체성과 포부를 만들어내고 재생할 때 겉으로 드러나지 않아도
은연중 깔리는 잘못된 통념으로 어떤 게 있는지 밝혀내고 다스릴 줄
아는 자세가 무엇보다 중요하다. 이를테면 펜실베이니아 대학교는 남
성과 여성이 서로 다른 권력지위로 인해, 또는 동등한 권력지위의 학
생들 사이에서도, 어떤 유의 성희롱이 빚어질 수 있는지 다음과 같이
확인해놓았다.

| 성희롱이란 무엇인가?: 일반적 질의와 응답
문 학생이나 동료에게 칭찬을 해도 좋은가?
답 할 수 있다. 당신의 칭찬에 성적 암시가 들어가지 않는다면. "다리가
예쁘다"거나 "그거 입으니까 정말 섹시한데!" 하는 따위의 칭찬은 동
료나 학생에게 불편한 감정을 주거나 심지어 위협을 느끼게 할 수도
있다. 당신이 칭찬해준 사람이 희롱이라고 느끼지 않는다 하더라도,
다른 사람은 그렇게 받아들일 수 있다.
문 데이트를 신청하는 것은 어떤가? 처음에는 싫다고 해도 나중에는 받

아들일 수 있지 않은가?
답 작업이나 수업을 하다가 알게 된 사람이 매력적이라 개인적으로 만나고 싶을 수는 있다. 그런 희망이나 매력이 쌍방의 것이라면 그걸 두고 뭐라 할 수는 없다. 거절을 당할 경우, 나중에 다시 데이트 신청을 해도 좋은지 묻는 것도 가능한 일이다. 그러나 명심해야 할 점은 사람들은 대개 이런 상황에서 몹시 불편해한다는 사실이다. 당신의 물음에 거부감을 드러내는 반응을 보여 혹시 당신에게 상처를 주는 것은 아닌지, 또는 어떤 형태로든 보복을 당하는 것은 아닌지 두려워하기 때문이다. 신중하게 판단할 노릇이다. 상대방이 한 번 이상 아니라고 하거나 당신의 물음에 불편한 느낌이나 피하는 반응을 보인다면, 압력을 행사해서는 안 된다. 상대의 대답을 받아들이고 포기하라.[33]

이 지침은 상대방에게 불편함을 주는 일이 없도록 감정을 스스로 조절할 것을 강조한다. 감정의 이런 자기조절은 만남의 상호작용이 중립적이도록 안전지대를 세울 것을 권장한다. 이 안전지대에서는 감정적으로 밋밋한 언어, 일체의 성적 농담과 차별을 걷어낸 언어가 구사된다. '정치적 깔끔함을 자랑하는 언어', 겉으로는 정당성을 내세우지만, 사실 어느 쪽으로도 기울지 않도록 곡예를 권장하는 결벽증에 가까운 이런 언어는 일차적으로 '맥락을 걷어내는 기술'dis-embedding technique이다. 이 기술은 곧 양성관계와 은밀한 감정을 포함하는 잠재의식이 혹시라도 불거지지 않도록 무력화하려고 언어에 특히 신경 쓰며 의례적 절차를 중시하게 만드는 수단이다. 이로써 어느 쪽도 상처받는 일이 없게끔 의례적 절차를 중시하는 규칙, 곧 맥락이 사라지게 만드는 규칙이 들어선다. 이제 남녀관계는 승인과 대칭성과 상호성에 따라서만 이뤄져야 함을 보여주는 유명한 미국적 사례는 이른바 '안티오크 규칙'이다. 미국 오하이오 주 안티오크 칼리지에서는 1990년 어떤 페미니즘 그룹이 학교 당국에 모든 학생이 '합의된 섹스'를 할 때 지켜야 할 규칙을 제정하도록 요구했다. 시사주간지 『뉴스위크』는 조롱기를 듬뿍 담아 이 규칙을 다음과 같이 요약했다.

이 성희롱 방지 규칙의 목적은 여대생들이 남성과 관계를 가질 때 서로 어깨를 나란히 할 수 있도록 독려하는 것이다. 목표는 100퍼센트 합의를 이룬 섹스이며, 이렇게 이뤄진다. 누군가 여대생에게 혹시 섹스를 하고픈 마음이 있느냐고 묻는 것만으로는 충분치 않다. 이는 안티오크 여성센터의 대변인이 일군의 신입생들을 상대로 한 말이다. 매 단계마다 동의를 받아야만 한다. "그녀의 블라우스를 벗기고 싶다면, 먼저 물어보아야 한다. 가슴을 만지고 싶다면, 물어보라. 손이 그녀의 사타구니로 가고 싶어하거든, 물어보라. 손가락을 그녀 안에 집어넣고 싶거든, 물어봐야만 한다."[34]

기사는 이 규칙이 파트너 사이의 절차적 평등을 달성하고 있음을 겨냥하면서 그 결과 에로스 관계를 명시적으로 '정치적 의지의 행위'로 꾸미려 한다며 조롱한다. 에로스라는 관점에서 볼 때 이 규칙은 겉으로 언급되지는 않지만 일반적으로 성관계에 따라다니는 감정의 밀고 당기기와 자발성을 지워버리려는 의도를 가진 듯 보인다. 사실 섹스는 서로 감정의 곡예를 부리며 이뤄지는 것 아니던가. 규칙이 노리는 절차적 정당성은 자발적으로 오가는 이런 감정의 유희를 이해하지 못한다는 점에서 우스꽝스럽다. 물론 이런 규칙이 새로운 방식으로 정치적 의지를 각성시키고 일궈내기는 했다. 마치 프랑스혁명기 동안 시민들이 새로운 사회계약의 필연성을 깨닫고 이를 위해 끌어다 쓴 규칙같이 보이는 게 '안티오크 규칙'이다.[35] 다만 이 규칙이 표방하는 명시적 정치의지는 사랑의 전통적 관습을 비롯해 그 상징과는 대립한다. 전통적 사랑은 서로 의지를 분명히 표현하지 않기 때문에 더욱 자발적이고 좀 더 자연스러워 보인다. 사실상 자발성이란 겉으로 드러나지 않는 사회적 시나리오가 발휘하는 힘이 일으키는 효과에 지나지 않는다.

등가성이라는 새로운 원리

정치의지를 강조하는 것으로 이해된 애정은 관계를 평가하는 새 형식을 끌어들이며 등가성이라는 새로운 원리를 세웠다. 이 원리는 감정을 평가하고 측정하며 비교 가능한 값으로 새롭게 바라볼 것을 요구한다. 사회학자 뤽 볼탄스키와 로랑 테베노*는 이런 측정과 평가의 원리를 '등가성 원리'라고 부른다. 이 원리는 대상들을 특정 기준에 따라 그룹으로 묶은 다음, 그 차이를 일종의 값으로 매긴 방식에 따라 행동하도록 요구한다. 다시 말해 등급을 매기는 것이다.[36] 부부든 연인이든 함께 사는 커플에게 이 등가성 원리는 공정함을 뜻한다. 이로써 공동생활에 기여하는 정도와 느낌을 평가하고 비교할 수 있게 해주는 새로운 평가단위가 도입된다. 이 등가성 원리는 두 평가대상을 중심으로 이루어진다. 이런 등가성 원리를 가장 분명히 적용할 수 있는 분야는 '가사노동을 서로 나누어 맡는 책임'이다. 공정함이라는 원리는 집안 살림에서 노동과 자녀교육, 곧 청소와 장보기 등이 동등하게 분배되는

• Laurent Thévenot(1949~): 프랑스의 경제학자이자 사회학자다. 로랑과 뤽 두 사람은 이른바 '비판사회학' 발달에 결정적으로 공헌했다.

지 묻는다. 어떤 웹사이트를 보면 '가사노동 분담'이라는 주제로 다음과 같은 글이 올라와 있다.

> 살림에 필요한 일들을 누가 어떻게 맡을지 결정한다면, 그리고 집 밖에서 각자 얼마나 오랜 시간 일하는지도 주목하고, 누가 아이를 돌보며, 각종 공과금 고지서는 누가 챙기고, 장은 어떻게 볼지 등등의 총결산을 내리는 게 무척 중요한 일이다. 〔……〕
> '현대가족문제상담소'의 선임연구원 조슈아 콜먼 박사는 합산을 해서 누가 무엇을 하는지 한눈에 알아볼 수 있게 체크리스트나 표를 만들어두면 좋다고 권한다.[37]

분명 공정함이라는 규범은 커플의 일상생활에서 벌어지는 일들을 측정하고 비교하는 새로운 방식을 끌어들였다.

등가성 원리를 도입한 것이 어떤 결과를 불러오는지 가장 인상적으로 보여주는 곳은 감정영역이다. 손에 잡히지 않는 뜬구름 같은 감정을 측정하고 비교하려다 보니 온갖 희한한 일이 벌어진다. 살림을 나눠 맡는 것은 물질적 측정단위로 옮겨놓을 수 있다. 하지만 감정은 그렇게 쉽사리 계량화할 수가 없다. 그럼에도 감정은 등가성 원리의 측정대상이 되고 말았다. 이렇게 해서 이른바 '감정활용성'과 '감정작업' emotional expressiveness이라는 표현이 등장했다. '감정활용성'과 '감정작업', 심지어 '감정투자'라는 것은 누가 관계를 생생하게 유지하도록 더 많은 노력을 투자하는지, 양쪽의 감정 필요성이 적절히 표현되고 소화되도록 하겠다는 야심을 품은 발상이다. 그래서 『실패자를 버리고 제대로 된 녀석을 찾아라』라는 책을 쓴 저자는 이렇게 충고한다. "완벽한 남자는 자기 자신을 돌보는 바로 그 정성으로 당신을 돌본다는 것을 잊지 마세요."[38] 인간이 자기 자신을 돌보는 만큼 똑같이 상대에게 신경을 쓰는지 비교해보려면 의심의 여지 없이 이를 알아볼 인지수단이 요구된다. 그래야 '돌봄'의 정도를 측정하고 평가할 수 있을 것 아닌가. 또 다른 예는 얼마 전 이혼한 40세의 로라로, 두 아이를 홀로 키운다. 그녀는 자신이 이혼한 이유를 다음과 같이 설명했다.

> 제 남편은 여러모로 이상적입니다. 책임감이란 게 뭔지 알고 매력적이며 멋진 아빠죠. 그러나 저한테는 제가 원하는 만큼 다정하지가 않아요. 단 한 번도 저를 만족시킨 적이 없어요. 함께 사는 내내 저의 따뜻함과 그의 따뜻함을, 제 사랑과 그의 사랑을 비교하지 말자고 다짐해야 했죠. 결국 견딜 수가 없더군요. 저는 모든 것을 다 주었는데, 그는 제가 원하는 것보다 훨씬 적게 주었죠. 그래서 마침내 그를 떠날 수밖에 없었습니다.

감정이 대칭과 균형을 이뤄야 한다는 암묵적 규범이 그녀로 하여금 이혼을 강제한 셈이다.

평등과 공정이라는 정치적 이상으로, 또 과학과 기술로 사랑의 신비함을 벗겨놓음으로써 이제 애정관계는 공식으로 계산하는 시험과 통제의 자기반성적 대상으로 변해버렸다. 중립적 언어를 쓰고 성과 관련한 비하를 하지 말아야 한다는 요구, 애정관계를 권력의 암울한 그늘로부터 해방해야 한다는 요구, 양측의 합의와 상호성이 모든 애정관계의 중심이어야 한다는 요구, 그리고 마지막으로 될 수 있는 한 사람다운 냄새를 빼버린 절차가 서로의 합의를 보장해줘야 한다는 확신은 에로스 관계와 낭만적 사랑이 갈수록 체계적이고 추상적인 행동규칙을 따르게끔 하는 결과를 낳았다. 기든스는 이런 추세를 "순수한 관계"라는, 별로 설득력 없는 개념으로 표현했다. 그가 말하는 "순수한 관계"는 계약에 기초한 것으로, 임의로 맺고 끊는 게 특징이다. 그러나 기든스는 순수관계가 애정결속의 합리화를 의미한다는 것, 그리고 욕구의 본성을 무시한 데 따른 변화라는 점을 놓치고 말았다.

선택의 기술

사랑의 합리화에 문화가 미친 세 번째 영향은 인터넷으로 대변되는 선택기술의 극대화에서 찾아볼 수 있다. 이 기술은 심리학 지식(인위적이지 않은 선택기술)과 중첩되어 나타난다. 다시 말해 배우자 선택기술은 그 자체로는 기술이라 보기 어려운 심리학 지식들을 끌어다가 다양하게 조합해서 인터넷이라는 최신 기술과 결합해내는 방식을 취한다. 이런 형태를 띤 선택기술은 주로 시장을 관찰하고 그 수요에 맞춘다.[39] 배우자 선택이 그 본질에서 더욱 합리적이 되었다는 사실을 사람들은 종종 의식하지 못한다. 흔히 사람들은 사랑으로 배우자를 선택하면 계산을 중시하던 합리적 기준이 줄어든다고 믿기 때문이다. 그러나 나는 사람들이 직관했다고 믿는 것, 곧 사랑에 따른 배우자 선택이 계산적 요소를 줄여준다는 추정과 반대로 이렇게 주장하려다. 현대의 관계에서 사랑과 합리성은 함께 맞물려 작용한다! 그리고 '사랑과 합리성'이 맞물린 선택은 예전보다도 더욱 계산적이 되었다.

현대의 배우자 선택에서 무엇이 합리적인지 알아내기 위해 나는 먼저 이 영역에서 근대의 합리성은 어땠는지 살펴보려 한다. 근대에서 배우자 후보를 둘러보던 사람 역시 주지하듯 계산적 고려를 했다. 이를테면 상대 집안의 재산이 얼마나 되는지, 평판은 어떤지, 교육수준과 가풍, 지참금 정도를 꼼꼼히 따졌다(물론 18세기 이후 유럽 대다수의 나라에서 감정을 중시하는 태도가 갈수록 결정적 비중을 차지하기는 했지만 말이다).[40] 그러나 이 문제를 둘러싼 역사학자들의 토론은 이 정도에서 그치는 게 계산의 전부였음을 놓치고 말았다. 선택할 수 있는 조건이 제한되었던 탓에 근대의 총각과 처녀는 성격과 외모라는 일반적이고 기본적인 요구 외에는 장래 배우자로부터 원하는 게 아주 적었다. 그리고 대부분 **그만하면 됐다 싶은 첫 번째 결혼전망으로** 만족하려 들었다. 그러니까 계산적 합리성을 따르기는 했지만 이 합리성을 나는 **현실적 합리성**이라 부르고 싶다.[41] 따라서 결혼을 중개해주는 문제에서 근대 전문가들의 눈에 선택은 반성적인 태도로 여러 가지를 꼼꼼히 따져보는 계산이 아니었다. 사람들은 그저 감정과 교육수준 그리고 생활습관 같은 기본적 요구만 내세웠을 따름이다. 르네상스 시대 이탈리아 상류층에 속했던 조반니 디 파골로 모렐리라는 사람은 젊은이들에게 자신의 욕심에 너무 휘둘리지 말고, 그냥 "너희 마음에 드는 처녀를 골라라!" 하고 충고한다.[42] 배우자 후보의 신분과 평판과 성격과 외모를, 눈을 낮춰 실질적 관점에서 평가하는 일은 피할 수 없었다. 무엇보다도 후보자의 범위가 제한되어 있었으며, 각 계층의 풍습을 고려하지 않을 수 없었기 때문이다. 결정은 배우자 후보의 취향과 인간성 그리고 생활풍습 등을 자세히 알아보는 대신에 대략적 평가에 따라 이루어졌다. 당사자가 함께 시간을 보내며 점차 애정과 관심을 키워가기 바라는 풍조가 지배적이었다. 이탈리아의 또 다른 자료를 보면 1547년 로도비코 돌체라는 사람은 마땅한 사윗감을 찾는 아버지에게 이렇게 충고한다. "딸의 입장에서 생각해보라."[43] 돌체의 눈에는 딸이 어떤 유형의 남자에게 매력을 느끼며 감정적으로 알맞은지 아버지가 합리적으로 알아내기는 분명 불가능에 가까워 보였던 모양이다. 요모조모 계산적으로 따지는 대신, '본능적 직감'을 믿고 딸이 어떤 것을 소중히 여길지 실질적으로 결정해주기를 기대하는 수밖에 없다는 게 돌체의 결론이다.

더 나아가 후보자가 어떤 사람인지 수집한 정보는 상당 부분 풍설이며 다른 사람들이 그를 보고 갖는 일반적 인상이었을 따름이다. 15세기 후반 어떤 과부는 아들에게 편지를 써서 신붓감과 만날 수 있는 파티를 계획해두었음을 알린다. "사람들이 입을 모아 누가 그녀와 결혼하든 행복할 거라고 말하더구나. 좋은 아내가 될 게 틀림없대. 외모를 두고는 누구나 내가 본 그대로 말하더라. 그 처녀는 비율이 아주 좋은 몸매를 지녔어. (……) 혹시 조금 촌스럽지 않느냐고 사람들에게 물었더니 그렇지 않다고들 하더라."[44]

현대의 관점에서 볼 때 놀라운 사실은 어떤 배우자를 선택하기로 결정 내리기 전 근대인이 수집하고 활용할 수 있는 정보가 "무척 적었다"는 점이다.■ 외모 요구도 최소한에 그치는 경우가 잦았다. "뭐, 남자가 바론치 델 세르탈데세를 닮지만 않았다면야 자네 딸도 그를 매력적으로 여길 거야."■■ 앞서 인용한 자료에서 돌체가 신부의 아버지를 훈계하는 말이다.[45] 물론 배우자 선택에서 매력이 중요한 비중을 차지하기는 하지만, 당시 섹스어필이라는 문화의 카테고리는 오늘날의 표준과 견주어 그다지 세세하게 발전하지 못했으며, 그 기준의 애매함 탓으로

■ 의심의 여지 없이 근대에는 수많은 지역모임이 있었다. 처녀와 총각이 오랫동안 교류를 나눠가며 상대가 배우자로 적당한지 알아볼 수 있는 모임 말이다. 그렇지만 지금의 예에서 분명하게 드러나듯, 오늘날 인터넷 만남 주선 사이트에서 보는 것과 같은 풍부하고도 폭넓은 정보수집의 예는 찾아보기 힘들다.

최소한에 그쳤다. 배우자 후보의 성격도 중요한 측면이기는 했지만 이 개념 역시 오늘날 현대인들이 서로 요구하는 섬세하게 다듬어진 심리학적 성격 개념과는 거리가 멀었으며, 자세한 규정 없이 그저 일반적 수준이었다.

르네상스 시대의 부모는 아들과 딸의 배우자를 고르는 일에서 경제적 형편과 정치적 지위 같은 사회적 요소에 큰 비중을 두었지만 성격 문제에서는 그저 간단히 '좋은 사위 혹은 며느리'를 원했을 뿐이다. 막연하게 '좋다'라니 성격과 신분이라는 근본요구에 비추어볼 때 정말 애매한 기준이 아닐 수 없다. 이런 풍조는 중세 이후 근대에 이르기까지 두루 확인할 수 있다. 15세기와 16세기의 잉글랜드 귀족은 배우자 후보의 경제형편과 사회적 지위를 고려한 다음 아들이나 딸과 맺어질 일반적으로 '좋은 인물'을 찾았을 뿐 '완벽한 상대'를 원하지는 않았다. 여성 역사학자 바버라 J. 해리스˙는 잉글랜드 르네상스 시절의 귀족 출신 여인들을 연구하면서 두 가지 예를 들어준다.

[윌리엄] 홀스 경은 자신의 손녀가 "좋은 이름과 평판을 지닌 정직한 남자"와 결혼했으면 좋겠다는 희망을 분명하게 표현하면서 "재산도 있으면 금상첨화"라고 덧붙인다. [앤서니] 데니 경은 딸들이 자기가 후견을 맡고 있는 청년들과 결혼했으면 좋겠다는 희망을 피력하며 이렇게 말한다. "그 청년들은 내 친구들의 상속인으로 부모의 좋은 품성과 덕성을 물려받았다. [······] 그

■■ 보카치오의 『데카메론』을 보면 바론치Baronci 가문 사람들은 극도로 추하다는 묘사가 나온다. Boccaccio, *Dekameron*, 제6편, 제6화.
● Barbara J. Harris: 미국 노스캐롤라이나 대학교의 역사학 교수로 영국사가 전문이며 특히 여성문제를 집중적으로 연구해온 학자다.

래서 나는 그들의 후견인 노릇을 맡았다. 혼인의 형태로 그 청년들을 내 딸들과 맺어주기 위해서다." 그리고 그는 자신의 간절한 소망이라며 덧붙인다. "내 후손들, 그리고 이들과 결혼으로 맺어질 배우자들은 올바른 방식으로 사랑과 신을 경외하는 마음을, 최고의 주님 예수를 향한 순종의 마음가짐과 조국에 지켜야 할 의무를 배웠으면 한다."[46]

프랜시스와 조지프 기스 부부●에 따르면, 잉글랜드의 농민 계급 역시 자녀들에게 적절한 배우자를 찾으라는 충고를 마찬가지로 했다. 물론 많은 경우 문제는 그저 "누구든 찾아낼 수만 있다면야" 하는 것이었지만 말이다. 15세기에 쓰인 교훈시 한 편은 "좋은 아내는 딸을 어떻게 가르치나"라는 제목을 달고 이렇게 충고한다. "단 한 명의 남자만 처녀에게 구혼한다면, '그가 누구든 간에 경멸해서는 안 된다.'"[47] 그러니까 당시 미혼 남녀는 완벽한 배우자를 찾는 대신 주어진 선택에 만족해야 했다. 결혼에 거는 감정적 기대는 지나친 아픔을 피하는 것이었으며, 이상적인 경우 판에 박은 듯 똑같은 결혼생활이기는 했지만 지속적 애정을 누릴 수는 있었다.

정리하면 근대의 합리성은 '전문지식'을 거의, 심지어 전혀 필요로 하지 않았다(아마도 사랑의 묘약을 만드는 법을 제외한다면 말이다). 결혼문제에서 근대의 합리성은 고작해야 상대방의 재산 정도를 대략적으로나마 알아보는 데 그쳤다. 적당한 인물이라는 그저 일반적인 특징만 있으면 되었지, 어떤 특정한 성격을 요구하는 일은 없었다. 배우자를 찾는 일조

● 프랜시스 기스Frances Gies(1915~)/조지프 기스Joseph Gies(1916~2006): 중세사에 정통한 역사학자 부부로 이들이 함께 쓴 책들은 학계에서 바이블로 평가받을 정도로 명성이 높다.

차 체계적이지 않았다. 배우자를 가까운 이웃이 아닌 곳에서 찾을 경우에도 후보를 체계적으로 알아보는 일은 없었다. 더구나 개인적 차원에서 배우자를 찾는 일은 없었으며, 언제나 가문끼리 혹은 어떤 집단을 통해 이루어졌다. 결과적으로 근대의 결혼전략은 그저 어떤 게 이득일지 따져보는 금전적인 것이었을 뿐 감정의 고려는 거의 이뤄지지 않았다. 감정과 이해관계는 확연히 다른 카테고리였을 따름이다.

  배우자를 찾는 일에서 근대인들은, 청소년기부터 성인으로 성장하는 동안 배우자 선택의 정교한 기준들을 개발하며 그 목표를 이루기 위해 아주 세련된 수단들을 덧붙여 개발하는 현대인에 비하면, 말 그대로 숙맥이나 다를 바 없이 행동했다. 현대인의 기준은 사회성이나 교육 정도는 물론이고 신체적이고 성적인 특징, 더욱이 감정의 특징까지 아우른다. 그러나 이런 기준이 없는 근대인의 선택은 자못 저돌적 측면을 보여준다. 다시 말해 근대인의 선택은 도덕을 거의 고려하지 않았던 게 분명하다. 로렌스 스톤이 지적하듯, 17세기 말엽에서 18세기 초 잉글랜드에는 연애와 결혼의 영역에서 일종의 새로운 '비도덕' 혹은 심지어 '반도덕' 상태가 나타나는 것을 볼 수 있다. "결혼이 이뤄지거나 깨지는 경우를 다룬 많은 이야기를 들어보면, 인간관계를 두고 기이할 정도로 냉소적이며, 이득에만 눈이 멀어 있고, 맹수적 무자비함을 보여주는 사례가 많다. 현대의 감각으로 보면 상당히 불쾌할 정도다."[48] 그러나 내 관점은 조금 다르다. 근대인들은 오늘날 흔히 볼 수 있는 아주 정교하며 심지어 고도로 지식의 형태를 갖춘 체계적 선택기술을 구사하지 못한 탓에 노골적으로 보이는 것일 따름이다. 현대에는 심리학과 인터넷과 자본주의 시장의 논리를 아우르면서 자신이 무엇을 선호하고 또 그것을 어떻게 판단하며 선택하는지 그 능력을 상당히 세련되게 구사하는 유형의 인간이 생겨났다. 특히 심리학은 인간을 심리학이 중시하는 감정의 다발로 정의하고, 애정을 각자의 특징과 선호를 서로 섬세하게 맞추어야만 비로소 가능한 감정의 교류로 이해되도록 만드는 데 결정적으로 기여했다. 배우자 선택에서 고도로 지식의 형태를 갖춘 합리적 방법은 진정한 사랑이란 즉각적 감정의 교류이자 섹스경험을 제공해야 한다는 문화적 기대와 손잡고 나란히 나아간다. 배우자를 찾는 일에서 그 같은 인지과잉은 특히 온라인 데이트에서 쉽게 찾아볼 수 있다.[49]

인터넷 만남 주선 사이트는 두말할 나위 없이 수익성 좋은 사업이다. 그만큼 대중의 반응이 폭발적이다. 온라인 데이트는 현대의 배우자 찾기에서 가장 두드러지는 경향이다.[50] 인터넷의 만남 주선 서비스는 단 하나의 목표를 추구한다. 한 차례 짜릿한 사랑의 모험을 위한 것이든, 아니면 진정한 사랑을 찾는 것이든, 신체매력과 감정의 합치 가능성이라는 이중의 이상을 더 간편하게 실현하는 게 곧 그 목표다. 평

■ 디지털 기술의 연구와 개발을 전담하는 '콤스코어 네트웍스' ComScore Networks라는 기업이 2006년 12월에 벌인 조사에 따르면, 미국에서 인터넷 만남 주선 사이트로 1위를 차지한 포털사이트는 450만을 웃도는 방문자 수를 자랑하는 '야후!' Yahoo!였다. 이런 서비스를 이용하는 미국의 인터넷 이용자들은 매달 모두 합해 2,000만 번의 방문 횟수를 기록했다. 여기 들이는 비용은 한 달에 10~50달러였다(www.onlinedatingtips.org, 마지막으로 열어본 날짜는 2011년 2월 28일). 이렇게 본다면 온라인 만남 주선은 그야말로 황금알을 낳는 사업이다. 이 서비스는 2006년에만 10억 달러가 넘는 수입을 올려 인터넷 사업들 가운데 2위를 차지했다(다음 자료를 참조했음. 알렉산드라 와튼Alexandra Wharton, "데이트 게임 평가", www.revenuetoday.org, 2006년 5/6월). 시장의 성장세가 주춤하는 듯 보이기는 하지만, 주피터 리서치Jupiter Research 사의 진단에 따르면, 2011년 인터넷 만남 주선 사이트의 수입은 9억 3,200만 달러에 이른다고 한다(http://findarticles.com/p/articles/mi_m0EIN/is_2007_Feb_12/ai_n17218532/, 마지막으로 열어본 날짜는 2011년 2월 28일).

생의 배우자를 구하는 일은 이제 더는 '마음에 드는 사람'을 찾는 게 아닙니다. 현대인이 이상으로 생각하는 배우자는 고도로 세분화하고 어마어마하게 큰 요구를 채워줄 수 있는 사람이다. 이는 곧 무엇을 어떻게 서로 좋아해야 하는지 그 취향이 역동적으로 변해오면서 그려낸 풍부한 뉘앙스의 결과다. 대중에게서 커다란 인기를 누리는 인터넷 만남 주선 사이트가 보장해주는 내용을 보라. "매치닷컴Match.com과 함께하면 사랑이 실제로 일어납니다!"[51] 이 사이트는 이런 성공사례들로 광고한다. "그를 만나 저의 세계는 물구나무섰어요. 모든 게 완전히 달라졌죠!" "마침내 우리는 만났고 영원히 함께할 겁니다!" "너무도 행복한 나머지 무슨 말을 해야 좋을지 모르겠어요!" 포털사이트 '야후!'의 해당 서비스는 이런 문구로 고객을 희롱한다. "만남을 원하시나요? 사랑에 빠진 나비가 되고 싶나요? ……모든 게 여기 있습니다."[52] 또 '이하모니'eHarmony라는 이름의 사이트는 싱글들에게 이렇게 호소한다. "진정한 합일의 기쁨을 누려보세요. '이하모니'는 오늘 영혼의 친구를 찾아 나선 당신을 도와줍니다."[53] 그러나 내가 『낭만적 유토피아의 소비』에 썼듯, 현실에서 배우자를 선택하는 합리적 방법이 더욱 확장되어 쓰이도록 부추긴 것은 문화의 다양한 메커니즘이다. 이런 메커니즘은 현대인의 감정적 요구를 위축하고 왜곡해 더욱더 그 합리적 방법[54]에 매달리게 만든다. 지금부터 그 메커니즘을 차례로 살펴보자.

- 지식화 인터넷 데이트 시장에 올려놓은 이용자의 프로필은 특성들을 목록화해서 검색이 가능하게 만들어져 있다. 이 특성들은 이미 아는 것이거나 자기관찰을 통해 알아내 정리해놓은 것이다. 이렇게 해서 내 특성이 다른 사람의 특성과 일치할 때 만남이 이뤄진다. 이런 것

을 두고 우리는 '심리학 프로필'이라 부른다. 그러니까 우리의 경험에 녹아 있는 특성을 분명히 의식하고 이에 이름을 붙여 반성적 추론을 하게 만드는 방식의 합리화에서 핵심을 이루는 게 '지식화'다.[55] 결국 '지식화'는 인간의 심리와 감정을 데이터베이스로 만들어냈다.

- 만남의 흐름을 합리적으로 관리하기 인터넷으로 데이트 상대를 고르는 일은 보통 현실에서보다 훨씬 많은 교류가 이뤄지게 한다. 이처럼 더 많은 기회는 당사자에게 끝없이 흘러드는 관심을 좀더 효과적으로 관리하기 위해 표준기술을 만들어내도록 강제한다. 닐 스멜서*의 표현에 따르자면, 컴퓨터는 두말할 나위 없이 '탁월한 합리화의 도구'로 기능하는 셈이다.[56]

- 시각화 낭만적 관계의 합리화에 결정적으로 기여한 요인들 가운데 하나는 이제 이용자가 후보들을 한눈에 볼 수 있게 되었다는 점이다. 다시 말해 어떤 사람이 자신에게 관심을 보이는지 실제 두 눈으로 확인할 수 있다. 현실에서 본다면 인터넷 데이트 시장은 물론 가상이지만, 곧 잠재적이고 겉으로 드러나지는 않는다는 점을 전제하지만, 네트워크상의 시장은 가상적이지 않으며, 말 그대로 실재하는 것으로 받아들여야만 한다. 인터넷 이용자는 후보들을 '시각화한 데이터'로 확인할 수 있으며, 실제 만남 이전에 여러 후보를 비교해볼 수 있기 때문이다. 인터넷은 마치 뷔페처럼 이용자들을 초대해 마음에 드는 상대를 선택하게 한다. 이런 형태의 선택은 경제영역에서 끌어들인 것이다.

---

* Neil Smelser(1930~): 미국의 사회학자이며 '미국 사회학회'의 88대 회장을 역임했다.

직관이나 깨달음 같은 형태의 지식은 이로써 상당히 위축되고 말았다. 합리화는 표준에 따른 비교와 선택을 가능하게 만들기 때문이다. 주어진 목적에 이르는 여러 대체수단 가운데 어느 하나를 고를 수 있게 만든 게 바로 합리화다. 합리적 비교를 통해 최종 선택을 하는 이런 형식적 과정은 목표 달성에 도움이 될 다양한 접근방식을 고려할 수 있게 해준다.[57]

• 계량화 심리학과 시장의 이데올로기와 맞물려 인터넷은 '계량화 과정'을 제도화한다. 웬디 에스펠랜드와 미첼 스티븐스는 계량화를 이렇게 정의한다. "계량화는 사안들을 서로 비교하기 위해 수를 사용한다. 계량화는 질의 차이를 양의 차이로 바꿔놓는다. 이때 차이는 공통의 측량체계 안의 일정한 값으로 표현된다."[58] 심리학과 인터넷 그리고 자본주의 시장이 결합해 빚어내는 영향은 새로운 기술과 '인지'를 평가하는 특정 수단으로 잠재적 배우자를 계량화해 측정하고 비교하는 것을 가능하게 만드는 문화적 효과를 불러일으켰다.

• 경쟁주의 시각화의 가장 두드러지는 효과는 후보들을 서열화하는 새로운 형식의 도입이다. 인터넷이 등장하기 전만 해도 이런 서열화는 은밀했을 뿐 노골적이지 않았다. 인터넷 이전 시대에 배우자를 찾는 일은 인지심리학자 게리 클라인이 '직관'이라고 이해한 것에 주로 바탕을 두었다. "직관은 우리가 인생을 살며 예전에 겪은 사건들 덕에 갖추게 된 짐작이나 충동, 통찰, 직감, 예견, 판단 등을 가지고 어떻게 행동해야 한다고 말해주는 능력이다."[59] 직관은 판단과 평가의 의식되지 않는 형식이다. 어떤 대상이 우리에게 무슨 의미를 갖는지 감정에

따라 가늠하는 게 직관이다. 이와는 반대로 인터넷의 짝찾기는 형식적이고 의식적이며 체계적인 형태의 합리성을 제도화했다. 이 합리성을 가지고 우리는 상대방을 특성들의 다발로 규정하고 여러 등급을 매겨 평가하면서 다른 상대와 비교한다. 그러니까 인터넷은 비교함이라는 정신적 태도를 이끌어낸 셈이다. 가능한 후보의 상대적 우위를 측정할 수 있는 보조수단(이를테면 평가기준 목록)을 제공함으로써 선택의 가능성을 다양화하는 기술이 등장한 탓이다. 정해진 기준으로 평가하는 덕에 언제든지 교체 가능하기 때문에 후보자는 늘 넘쳐난다. 바로 그래서 '그만하면 충분한 후보'를 선택하고 결정하기가 더 어려워진다.

• 유용성 극대화 결과적으로 인터넷이라는 기술은 소비문화의 논리에 발맞추어 개인적 선호도를 갈수록 정밀하고 섬세하게 다듬는 것을 가능하게 했으며, 심지어 조장하기도 했다. 온라인 데이트의 가이드를 자처하는 책에는 이런 말이 나온다. "경험이 많을수록 좋다. 그래야 자신의 선호도가 더 섬세하게 다듬어지며, 그만큼 소수의 정확한 후보를 관찰할 수 있게 된다."[60] 근대의 배우자 선택이 보여준 실용적 합리주의, 곧 그만하면 충분한 상대로 만족하려는 합리적 선택은, 자신에게 유리한 점을 키우고 극대화하려는 요구를 내세운 계산적 합리성에 자리를 내주고 말았다. 지극히 계산적이며 시장원리에 따르고 고도로 세분화한 이런 합리성은 오늘날 도처에서 볼 수 있는 현상이다. 경제의 정신을 두고 부르디외가 한 논평은 이런 합리화 과정의 핵심이 무엇인지 깔끔하게 정리해낸다. "계산 정신은 [……] 계산을 자제하게 하거나 심지어 거부하는 가족경제의 논리를 상대로 승승장구하며 점차 거의 모든 현실영역을 장악했다."[61] 인터넷 만남 주선 사이트는 실

제로 소비에 방향을 맞춘 논리를 고스란히 드러낸다. 그런 사이트의 이용자들은 자기 취향을 갈수록 강하게 좁히고, 더 정확히 정의하고 계속 세밀하게 다듬으면서 대안이 될 만한 것들을 끊임없이 비교한다.

인터넷은 엄청나게 많은 조건을 검토할 수 있게 해주면서, 지금까지는 결코 볼 수 없었던 방식으로 선택을 극대화하도록 부추겼다. 이는 근대의 방식과 완전한 대비를 이룬다. 근대에는 처음으로 만난, 충분히 좋은 상대로 결정을 내리는 데 만족했을 따름이다. 이처럼 일찌감치 결정을 내린 것은 물론 후보의 수가 제한된 탓이었다. 그러나 오늘날, 되도록 최상의 선택을 하는 일은 아예 그 자체가 목적이 되어버렸을 정도다.[62] 설문조사에 응한 사람들 상당수는 선택의 범위가 넓을수록 좋다고 대답한다. 그래야 다양한 기대, 이를테면 외모와 섹시함과 심리와 감정의 기질 등이 아주 정확히 맞아떨어지는 사람과 만날 가능성이 높아진다는 주장이다. 조사대상자 대다수는 자신의 선호도가 배우자를 찾는 과정에서 바뀌었으며, '완벽한 상대'를 찾으려는 경향이 처음보다 훨씬 강해졌다고 답했다.

심리학 프로필과 소비논리를 동원한 문화적 처방에 바탕을 둔 인터넷 데이트는 당사자들이 낭만적 욕구를 채우기 위해 정교하기 짝이 없는 합리적 전략을 구사한다는 점을 명확히 보여준다. 다음은 제프리 알렉산더의 확인이다. "컴퓨터가 현대인의 생활에 땀구멍까지 점령할 정도로 점진적으로 치고 들어온 것은 막스 베버가 세계의 합리화라고 부른 것을 심화했다."[63] 자아를 '선택하는 자'로 바라보게 만들고, 낭만적 만남은 최선의 선택이 낳은 결과여야 한다는 생각을 극단적으로 밀고 나가게 만든 기술은 그야말로 인터넷으로 집약된다. 가상의 만남은 일종의 고급정보 같은 것이 되었으며, 이는 배우자를 찾으려는 목적으로 정보를 수집하는 방법을 합리화한 결과다.

　인터넷은 사람을 '가치'로 비교해 '최고의 상품'을 결정하는 시장으로 발전했다. 인간에게 매겨진 '가치'에는 그 당사자의 사회경제적 성취와 교육수준, 외모, 심리적 기질이나 선호하는 라이프스타일 등이 포함된다. 네트워크는 짝을 찾아 나선 모든 이를 열린 시장에 내놓고 서로 공개적으로 치열한 경쟁을 벌이게 만든다. 이로써 자신의 낭만적 상황을 개선할 수 있으며 또 그래야만 한다는 생각, 그리고 (잠재적 혹은 현재의) 짝을 얼마든지 갈아치울 수 있다는 자신감이 극도로 부풀려졌다. 다음 문구가 좋은 사례다. "순전히 마케팅 개념으로 이야기한다면, 온라인 데이트에서 여성들은 감당하기 어려울 정도의 구매기회와 직면했다. 이것은 말 그대로 수요와 공급의 법칙이다." 또는 이 같은 예도 있다. "온라인 데이트는 일종의 숫자놀음이다. 〔……〕 자신을 이 여자들에게 성공적으로 판다는 건 다른 남자들과 차별성을 드러내는 방법을 찾는 것을 뜻한다."[64]

　마케팅 용어와 기술이 두 사람 사이의 애정관계 영역으로 치고 들어왔다는 것은 이제 관계맺음에 교환을 가능케 하는 기술이 등장했다는 뜻이다. 선택 가능성의 규모를 키우고, 지금 맺고 있는 관계의 짝으로부터 다른 상대로의 빠른 전환을 가능하게 만들어주는 기술이 등장한 것이다. 이는 (잠재적) 배우자들을 서로 비교하고 또 자기 자신을 다른 사람과 비교할 수 있는 기준이 마련되었다는 의미이기도 하다. 이런 평가 현실은 사랑을 합리적 방법으로는 파악하거나 알 수 없는 것으로 바라보는 견해와 정면으로 충돌한다. 이런 '알 수 없음'은 관계의 패러다임 아니었던가. 데리다의 다음과 같은 말을 주목해보자.

내가 타인과 맺는 관계의 구조는 '관계없음의 관계'라는 구조다. 이 관계없음의 관계에서 타인, 곧 상대방은 완전히 초월해 있다. 다시 말해 나는 상대방을 알 수 없다. 내가 상대방의 속을 어찌 알랴. 그러나 이 알 수 없음은 사랑의 장애물이 아니라 기본조건이다. 상대방을 알 수 없기 때문에 우정도 전쟁도 있을 수 있다. 곧 알 수 없음은 타인과 맺는 모든 관계의 기본조건이다.[65]

사랑하는 상대방을 초월적이어서 비교 불가능한 존재로 바라보는 관점은 선택기술의 합리화라는 이데올로기의 급습 아래 갈수록 속절없이 무너지고 말았다.

이는 다시금 사랑과 합리성이 **똑같이** 합리화했음을 암시한다. 합리성이 합리화했다는 말은 근대인들이 사랑과 결혼의 결정에 적용하던 합리성이 오늘날 우리의 합리성에 비해 상당히 미숙한 것이었다는 뜻이다. 근대에는 그저 막연하던 계산적 합리성이 오늘에 이르러서는 철저히 극단화한 합리성이 되었다. 선택기술은 배우자를 고르는 데 원초적으로 몸만 바라보던 비합리적 방법을 완전히 내몰고 말았다. 상대를 원초적으로 육체의 매력만으로 판단하던 근대의 선택은 그 상대를 거의 알지 못하기 때문에 감정을 함께 고려했으며, 바로 그래서 낭만적 파트너를 유일하고 독특한 존재로 섬겼지, 고도의 반성적 기준을 가지고 측정하고 비교할 수 있는 단위로 바라보지는 않았다.

물론 현대의 합리화라고 해서 다 똑같지는 않다. 합리화가 낭만적 관계에 미치는 영향을 살피면서, 우리는 합리화를 이끌어낸 요구도 다양하다는 점에 주목해야 한다. 이를테면 페미니즘과 학문 언어는 관계를 통제하고, 관계를 절차와 규칙의 대상으로 만들려는 목표를 공통으로 가진다. 말하자면 페미니즘과 학문은 법과 경제의 영역에서 비롯된 추상적 원칙과 절차 아래 낭만적 관계를 묶어놓고자 노력을 기울여온 셈이다. 이렇게 추진한 합리화로 남녀 사이의 평등관계를 이뤄내려는 게 그 목적이다. 그러나 페미니즘의 이런 노력은 감정을 놓고 남성과 여성 사이에서 벌어지는 정치대결에 원래 의도와는 다른 흐름이 빚어지게 만들고 말았다. 페미니즘은 권력의 차이를 주목함으로써 대화를 통해 평등한 관계를 이뤄내려는 통제의 기술을 학문의 도움을 받아 이끌어냈다. 그러나 자본주의 학문을 통한 사랑의 합리화는 다른 사람들에게 등급을 매기고, 자신의 욕구와 선호를 일종의 값으로 정해버림(이를테면 가격표로 고정화함)으로써 거꾸로 불평등을 재생산하고 정당화하는 기술을 당연한 것처럼 퍼뜨렸다. 현실의 페미니즘 운동은 몸과 인격을 도구화하는 데 격렬히 저항했다. 반대로 자본주의의 선택기술은 시장의 논리와 문법을 그대로 따르면서 도구화에 저항하기는커녕 심지어 조장했다. 남녀 사이의 평등을 쟁취하기 위해 학문으로부터 도움을 받아 도구화에 저항하려던 노력이 문화적 현실에서는 엉뚱하게도 오히려 도구화에 일조하는 결과를 낳고 말았다. 어쩌다 사정이 이 지경까지 이르렀을까? 이유를 진단하기는 어렵지 않다. 페미니즘과 학문 언어와 인터넷 기술은 학문의 지식체계와 기술 그리고 계약절차주의라는 형식적 규칙들로 낭만적 관계의 본질을 심각하게 훼손하는 일을 거들고 말았기 때문이다. 나는 이어지는 글에서 지식체계와 기술과 계약절차주의라는 삼중의 합리화 과정이 낭만적 욕구와 믿음의 본질을 그 뿌리까지 뒤바꿔놓았음을 입증하고자 한다.

에로스, 아이러니

언뜻 보기에 이런 분석은 격정의 상실을 고발하며 평등성의 새로운 정립이라는 요구로 되돌아가고자 하는 크리스티나 네링의 논의와 직접 맞닿아 있는 것 같다. 다른 많은 평자와 마찬가지로 네링 역시 현대에는 사랑감정의 온도가 달라졌다고 정확히 지적한다. 그래서 현대의 사랑은 평등성과 동등함이라는 새로운 형식을 가져야 한다는 것이다. 네링은 말한다. "아마도 낭만적 사랑에서 가장 어려운 상황은 우리가 공개적으로 시끄럽게 평등을 외치는 순간이리라."[66] 내가 앞서 행한 분석이 네링의 진단과 일치하는 듯 보일지라도, 최소한 두 가지 관점에서는 두드러진 차이가 있다. 우선 지적할 수 있는 것은 사랑의 역사에 에밀리 디킨슨 같은 예만 있는 것은 아니라는 사실이다. 물론 에밀리는 저 유명한 연애편지에서 신비의 베일에 감싸인 자기 애인을 "선생님"Master이라 부르기는 했다. 그러나 역사는 엘리자베스 배럿과 로버트 브라우닝, 디드로와 소피 볼랑, 해리엇 테일러와 존 스튜어트 밀, 사르트르와 드 보부아르처럼 평등을 자랑하는 관계가 사랑의 강력한 화학작용이 된 짜릿한 사례도 많이 알고 있다.* 현실만 놓고 봐도 관계를 무너뜨리는 것은 주로 불평등 문제였다. 그러므로 사랑에서 평등이 새롭게 요구된다는 네링의 진단은 설득력을 잃는다. 또 평등이 에로틱한

---

* Denis Diderot(1713~1784): 계몽주의를 대표하는 프랑스의 철학자로 Sophie Volland(1716~1784)과 오랜 세월 동안 사랑을 나누었다. Harriet Taylor(1807~1858): 공리주의 철학자 John Stuart Mill(1806~1873)의 아내로 남편의 사상에 지대한 영향을 미쳤다. Jean Paul Sartre(1905~1980): 실존주의를 대표하는 프랑스 철학자로 작가인 Simon de Beauvoir(1908~1986)와 계약결혼을 한 것으로 유명하다.

분위기를 깬다는 주장은 간단히 무시해도 좋다. 불평등은 굴욕과 수치 그리고 저속함을 다양한 방식으로 조장하는 탓에 그런 상황이 오히려 에로틱한 분위기를 기대할 수 없게 만든다. 과연 어떤 여자가 자신을 무시하는 남자에게 기꺼이 몸을 열까. 내가 네링과 의견이 다른 주된 까닭은 그녀는 평등의 측면을 더욱 근본적인 사랑의 합리화 과정과 혼동하고 있어서다. 다시 말해 현대의 애정생활이 과학적 지식, 선택기술, 절차를 중시하는 규칙 등 감정의 미묘한 맥락을 걷어내는 장치dis-embedding device로 대칭과 상호성과 합의를 지켜내도록 강제되는 정황이라고 생각하며, 이것이 더 정확한 진단이라고 본다. 평등이라는 구호에만 집착하다가 현대의 사랑은 감정을 잃어버리고 만 것이다. 낭만적 사랑을 차갑게 굳히는 것은 평등 그 자체가 아니다. 오히려 절차주의, 돌이켜보며 곱씹는 학문의 반성적 태도, 계약주의와 소비문화가 이성애 관계에서 전통적으로 에로틱한 분위기를 빚어내던 방식들을 가로막았을 뿐이다. 역사적으로 볼 때 합리화는 남성과 여성이 자신의 성적 욕구를 표현하고 경험하던 의미들과 모순을 일으킨다. 이런 의미질서Bedeutungsordnung가 무엇인지를 지금부터 밝히고자 한다. 과거에는 성적 욕구가 남성과 여성에게 애초 불평등하다는 코드에 물들어 있었던 탓에, 21세기에 들어서며 우리는 섹스교섭의 전통적 의례와 성적 욕구가 빚어내는 역동성이 마비되는 상황에 처하고 말았다. 이후 나는 에로틱 욕구의 전통적 역동성이 어땠는지 분석하고자 한다.

농밀한 정체성, 농후한 차별성

왜 성별에 따른 낭만적 풍습, 이를테면 "여인에게 문을 열어준다"든지, 무릎을 꿇고 사랑을 고백하며 화려한 꽃다발을 선물한다든지 하는 익숙한 관례가, 가슴을 만져도 좋은지 허락을 구하는 물음보다 훨씬 에로틱하게 느껴질까? 이유는 간단하다. 이런 풍습은 여러 가지 사안을 단번에 처리할 수 있게 만들어주기 때문이다. 우선 남자가 여자에게 행사하는 권력을 미화한다. 여자를 지배하려는 욕구를 짐짓 무릎을 꿇는 경의로 포장한다. 다시 말해 권력욕을 은밀하게 가려놓는다. 이렇게 해서 이성관계를 일종의 의식이자 제례로 만든다. 지금 하는 행동이 어떤 의미를 갖는지 명확히 드러나게 한다. 말하자면 의미를 가지고 놀 수 있게 해주는 셈이랄까. 문을 열어주고 무릎을 꿇으며 꽃다발을 바치는 행위로 당신을 차지하고 싶다는 의미의 비유와 향연이 벌어진다. 다만 여기서 주목할 점은 이처럼 경의를 표하는 행동(예를 들어 문을 열어주는 일)은 그 안에 담긴 경의가 가짜여야만 에로틱한 유혹의 힘을 발휘한다는 사실이다. 권력을 가진 강한 쪽에서 이런 연기를 해야만 황홀하고 짜릿한 감정이 유도된다(노예가 표하는 경의에는 에로틱한 자극이 없지만, 강력한 힘을 자랑하는 주인이 무릎을 꿇는다면 이야기가 달라진다). 페미니즘은 이런 풍습에 담긴 에로틱한 매력을 무력하게 만들어버렸다. 페미니즘은 무엇보다도 권력관계를 명확히 밝히는 일에 매진했기 때문이다. 이로써 권력을 숨기고 에로틱하게 만들던 의미의 조직은 페미니즘의 손에 한 올 한 올 풀려 흔적도 없이 해체되고 말았다. 현대성을 지극히 섬세한 감각으로 분석한 사람들 가운데 하나인 루이 뒤몽은 권력의 이런 역학관계를 분명하게 드러냈다. 농밀한 혹은 아름답게 꾸민 의미의 너울 뒤에 권력이 숨어 있음을 간파했기 때문이다. 그의 말을 직접 들어보자. "우리의 가치에 이르는 열쇠는 쉽게 찾을 수 있다. 우리가 중요하게 여기는 이상은 평등과 자유라는 두 가지다."[67] 그리고 이런 가치들은 사회관계를 바라보는 우리의 태도를 수박 겉핥기 식으로 만들어버렸다고 뒤몽은 주장한다. "평등을 추구하는 과정에서 첫 번째로 지적하지 않을 수 없는 특징은 인간은 평등하다는 이념이 인간은 서로 비슷하다는 이념을 끌어왔다는 점이다. (……) 그러나 평등이 인간의 타고난 본성이라면, 그래서 나쁜 사회가 평등을 거부한 것이라면, 인간은 누구나 비슷하고, 심지어 똑같지 않을 수 없다(……)." 여기서 토크빌*을 의식한 뒤몽은 이렇게 덧붙인다. "평등한 사회와 달리 불평등이 지배하는 곳에서는 사회의 카테고리들만큼이나 다양한 '인간성'들이 있으리라."[68] 뒤몽은 인도의 서로 다른 사회집단과 문화그룹 사이에서 나타나는 농후한 차별성을 변호한다. 뒤몽이 보기에 오른손과 왼손은 그저 단순하게 대척점을 이루는 대칭성의 대립쌍이 아니다. 오른손과 왼손은 그 자체로 전혀 별개의 것이다. 두 손이 몸과 맺는 관계가 서로 다르기 때문이다. 그러니까 뒤몽이 암시하는 바는 평등이 질적 차이의 상실을 이끌어왔다는 점이다. 뒤몽의 오른손과 왼손 비유에서 두 손은 몸에 꼭 필요한 것이지만 서로 철저히 다르다. 비현대적 시각, 그러니까 불평등의 관점에서 본다면, 각각의 손이 갖는 가치는 몸과의 관계에 그 뿌리를 둔다. 몸이 오른손과 왼손보다 지위가 높다. "이런 종속 관계, 아니 그 진짜 이름으로 부른다면 초월적 신의 존재를 인정하는 관계를 부정하는 것은 깊이 보는 대신 얕게 보는 것에 만족하는 태도를 낳는다. 심오함을 버리고 그저 겉핥기 식으로 바라보는 일, 바로 여기에 '원자화'와 파편화의 뿌리가 있다. 낭만을 그리워하며 과거의 향수에 젖어 현대를 비판하는 사람들은 바로 이 파편화를 고발한다. 일

• Alexis de Tocqueville(1805~1859): 프랑스의 정치철학자로 평등을 중시하되 개성과 다양성 존중도 잊지 말아야 한다고 강조했다. 본문에서 토크빌을 의식했다는 표현은 다양성 존중을 염두에 둔 것이다.

반적으로 보자면 현대라는 이데올로기는 위계질서를 가지는 우주를 상속받기는 했으되 이를 앞서 말한 종류의 얕은 생각들의 집합으로 해체해버렸다."[69] 뒤몽이 지적하는 의미의 왕국에서 초월적 존재는 위계질서화한 도덕과 사회라는 우주에서 살아가고자 하는 열망으로 창조된 것이다. 서구의 가부장 문화에서 발달한 에로티시즘은 '오른손/왼손'의 관계와 비교될 수 있는 남성과 여성의 이분법에 뿌리를 둔다. 여기서 남성과 여성은 철저하게 다르며, 저마다 자신의 농밀한 정체성을 연기한다. 농밀한 정체성, 바꿔 말해 농후한 차별성이야말로 전통적으로 남성과 여성의 관계를 에로틱하게 만들어온 핵심이다. 적어도 이런 정체성이 남성과 여성의 본질로 강조된 이후부터는 말이다. 더 나아가 의미의 풍요로움을 낳은 것이야말로 권력이 아닐까 하는 추정도 해볼 수 있다. 거의 언제나 권력은 위장되어야만 하기 때문이다. 노골적으로 자신을 드러내는 권력은 이미 위태로운 권력이다. 바로 그래서 권력은 복잡한 의미를 창조하지 않을 수 없다. 권력이 그 강제력을 효과적으로 구사하기 위해서는 아껴 써야만 한다. 무차별로 남용되는 실력행사는 이내 그 권력에 염증을 불러일으키기 때문이다. 이처럼 아껴 쓰려는 노력의 결과가 권력관계의 치장이자 미화다. 그러니까 전통적인 연애에서 지켜오던 '여성을 향한 정중한 예의'는 남성이 자신의 권력을 그럴싸하게 꾸며낸 것에 지나지 않는다.

보여주는 것 같으면서 감추는 에로틱

롤랑 바르트는 에로틱의 또 다른 흥미로운 정의를 선보인다.

'실오라기 하나 걸치지 않은 알몸'에서는 가장 짜릿한 에로틱을 맛볼 수 없지 않은가? 변태(말하자면 원문만 탐닉하는 성욕)에는 짜릿한 '성적 흥분을 일으키는 곳'이 없다. 〔······〕 정신분석이 올바르게 표현했듯, 보일 듯 보이지 않는 게 에로틱하다. 옷들 사이(바지와 블라우스 사이)에서 빛나는 피부, 틈새(반쯤 풀어헤친 셔츠, 장갑과 소맷자락 사이)로 살포시 내민 살갗, 이게 바로 유혹의 섬광이다. 아니, 이렇게 말하는 게 더 낫다. 보여주는 것 같으면서 감추는 감질남의 연출![70]

에로틱의 역동성은 드러내는 동시에 가리는 일이다. 드러냄과 가림 사이에서 벌이는 교묘한 줄타기는 (에로틱한) 욕구가 실망과 충족을 번갈아 기대하게 만들며 그 흥분을 최고조로 끌어올리기 때문이다. 그러나 섹스해방 운동은 물론이고 '정치적으로 깔끔한 중립성'을 표방하는 복장풍습과 몸을 다루는 습관 역시 에로틱의 이런 역동성을 주목하지 못하고 몸의 표면을 '얕게' 다루는, 다시 말해 누구나 다 똑같은 모습을 보이도록 강제하는 경향을 보여준다(이를테면 휴가철에 누드캠프에서 서로 별다를 게 없는 몸을 보여주게 하는 섹스해방 정책이 그 좋은 예다). 심지어 몸을 무조건 가리라고 윽박지르기도 한다(벌거벗은 몸을 드러내는 일은 섹스를 상품처럼 만들어 전시하는, 정치적으로 용납될 수 없는 행위로 간주된다). 또 단추를 풀어헤친 셔츠 역시 경계와 관련해 불안감을 야기한다. 뭐가 에로틱한지, 언제 어디서 그런 에로틱이 허용되거나 그렇지 않은지 하는 경계의 물음과 관련해서 말이다. 감질나게 만드는 행동은 흐릿하며 애매한 일종의 증후를 만들어낸다. 여기서도 역시 정치적으로 깔끔한 중립성이 강제하는 언어와 복장 질서는 이런 짜릿한 애매함을 지워버린다. 허락된 접촉과 허락되지 않은 접촉의 경계를 명확히 정의함으로써 말과 몸이 보여주는 은밀한 암시를 애써 외면하려는 게 그런 정치적 중립성이다. 요컨대 우리의 새로운 규칙은 허락할까 혹은 허락하지 말까 하는 그 사이를 오가는 감정의 유희를 제거하려는 경향을 보여준다.

에로틱 체험의 미학

철학자 리처드 슈스터만•은 아주 흥미로운 분석을 내놓으며 에로틱 체험의 핵심을 일종의 미학으로 보자고 제안한다. 그 어떤 이해관계에 매달리지 않고 거리를 두고 바라보는 게 진정한 미학이라는 칸트에 정면으로 맞서 슈스터만은 에로틱한 체험이 미학적인 것은 바로 그 체험이 불러일으키는 깊은 몰입 덕분이라고 주장한다.

섹스는 아리스토텔레스가 말하는 의미에서 충족이자 몰입의 행위, 주변의 그 어떤 방해로부터도 벗어나 자유롭게 집중하는 행위로 향유되는 동시에 이와 맞물려 일어나는 좋은 기분이다. 섹스는 자신의 주관을 온전히 만끽하는 동시에 하나의 대상(이 대상은 대개 또 다른 한 사람의 주관이다)으로 지향하는 현상학의 차원을 강력히 과시한다. 나를 인지하며 상대에 몰입하는 이런 경험은 다른 무엇으로도 맛볼 수 없는 품격을 형성하며, 의미라는 중요한 차원을 열어준다. 〔……〕 섹스행위는 자신의 몸과 마음을 깨우치며 섹스 파트너의 몸과 마음을 헤아리는 일을 매개해주는 인지경험을 나타낸다. 서로 하나로 전체가 되는 응집력과 완전함도 이 경험을 이루는 부분이다. 이로써 섹스는 더할 수 없이 만족스러운 충족을 향해 발전한다. 섹스경험은 일상의 따분한 흐름으로부터 확연히 벗어나는 일탈이다. 섹스경험은 아주 폭넓은

• Richard Shusterman(1949~): 미국의 실용주의 철학자로 애틀랜틱 대학교 교수다. 미학이론, 이른바 '몸의 미학' 연구로 세계적 명성을 얻었다.

정서들을 포괄하며, 이 가운데 어떤 정서들은 그 무엇도 능가할 수 없는 밀도를 자랑한다. 그래서 섹스는 적극적으로 자신에게 힘을 불어넣어주는 순간인 동시에 자신을 포기하고 몰입하는 순간을 열어주기도 한다.[71]

섹스 혹은 에로스 경험은 분석적이고 합리적인 사고와 대립을 이룬다. 분석하는 생각은 경험을 파편화하고 갈래갈래 찢어놓으며 그 흐름을 끊고 직접성을 파괴한다. 그러나 자아는 에로스 경험에 완전히 빠져든다. 베버에 빗대 슈스터만은 "냉정하고도 합리적으로 형식만 따지는 일에는 주관을 압도하는 경험의 더욱 격정적인 기쁨이 대립한다"고 표현한다.[72] 슈스터만은 아무래도 베버의 다음과 같은 입장을 단호히 따르리라.

그 어떤 수단으로도 남에게 알려주기 어려운, 바로 그래서 신비적인, '상대방을 가진다는 체험'의 바탕이 무엇인지 밝히는 일은 불가능하다. 또 그런 체험은 바닥이 드러나지 않는 감정의 우물과도 같다. 그 체험의 밀도만이 아니라 그렇게 소유한 현실의 직접성으로 사랑하는 사람은 자기 자신 안에 진정한 생명력이라는 씨를 심는다. 이 생생한 힘은 합리적 노력으로는 영원히 알아낼 수 없는 것이다. 합리적 질서라는 뼈만 앙상한 차가운 손에는 잡히지 않기 때문이다. 지루한 일상의 둔감함도 그런 생명력은 포착할 수 없다.[73]

에로틱은 경험을 전체로 파악한다. 따라서 지식의 카테고리로 풀어볼 수 없는 게 에로틱 체험이다. 이는 또한 에로스 영역을 설명하는 방식은 어쩔 수 없이 비합리적이라는 뜻이기도 하다. "완전한 에로스를 누리는 커플은 신비롭게 정해진 것이라고밖에는 달리 설명할 도리가 없다. 이는 말 그대로 최고의 의미에서 운명이다."[74] 운명은 사랑을 설명할 수 있는 유일한 가능성이다. 굳이 설명하지 않아도 운명은 사랑의 감정을 인정할 수 있게 만들어주기 때문이다. 또 운명은 이런 감정을 피할 수 없게 해준다. 그러니까 에로틱은 그 경험 바깥에서 어떤 다른 요소를 끌어들이는 것을 허용하지 않는다. 에로틱은 구체적인 것, 특수한 것이 지배하는 특별한 의미질서다. 여기서는 전체를 싸안는 판단만 가능하다. 다시 말해 이 경험은 합리적 요소로 환원될 수 없다. 합리화한 의미는 에로스 경험을 짓누르는 역효과를 낸다. 경험에 거리를 둔 채 그것을 미리 재단해둔 지식의 틀 안에 가둬버리려 하기 때문이다. 합리화가 깊은 몰입을 설명할 수 없는 까닭이 여기에 있다.

낭비로서의 에로틱

현대인이 이해하는 사랑의 특징을 살펴보면, 낭만적 사랑이 결혼이라는 제도가 전통적으로 중시해오던 가치(가족의 이해관계를 최우선시하고 자손을 낳아 대를 잇는 것)와는 정반대 방향으로 나아가고 있다는 사실이 두드러진다. 오늘날 낭만적 사랑은 결혼이라는 제도 바깥에서 일어나기 때문이다. 결혼의 동기가 가족 결성과 경제적 이해관계라고 볼 가능성은 충분하다. 그러나 사랑은 오로지 그 자체가 목적일 뿐이다. 사랑의 경험은 자기완성을 목적으로 삼고 나아간다. 바로 그래서 사랑은 그 자체로 경제와 사회질서의 위협이다. 이득과 유용성이라는 주제를 바라보는 조르주 바타유의 견해는 이런 맥락에서 아주 흥미로운 논점을 제공한다. 바타유는 경제와 섹스와 미학이라는, 겉보기에 아무 연관이 없어 보이는 무수히 많은 현상을 분석하기 위해 이런 가설을 세웠다. 곧 생산성과 자기보존과 사리사욕은 사회질서의 근본바탕이 아니라는 가설이다. 반대로 바타유는 비생산적 낭비와 자기파괴적이며 욕심을 버리는 태도야말로 사회질서의 근본바탕이라고 역설한다. 이를테면 전쟁, 의례를 위한 의례, 사치, 게임, 탐닉의 순간은 모두 바타유가 **데팡스** dépense라고 부른 것들의 예다. 데팡스는 '지출하다'와 '낭비하다'라는 이중의 뜻을 가진다. 실제로 전쟁이나 사치나 게임 따위에 의미를 부여하는 건 낭비다. 그런데 사회는 이런 낭비라는 제물을 바치고 나서야 거룩함을 얻는다. 다시 말해 자신을 포기하고 몰입하는 사랑은 일견 낭비처럼 보이며 사회를 위협하지만, 사실 이 사랑으로 사회는 신성함을 얻어 지탱된다는 게 바타유의 논리다.[75]

에로틱은 이득에는 관심이 없는 행동영역에 속한다. 사랑을 나누며 자아는 자기 자신을 버릴 뿐 아니라 스스로를 소진하고 낭비하며 심지어 상처 입을 위험까지 감수한다. 이와는 반대로 심리학 치료와 페미니즘은 심리, 특히 여성의 심리를 무언가 이득이 되는 쪽으로 방향을 잡도록 만들며 일체의 낭비를 피하려는 시도를 공통적으로 한다. 말하자면 감정의 낭비를 일종의 의존성으로 이해했기 때문이다. 심리학과 페미니즘은 상대에게 의존하려는 심리가 자율적이며 스스로 자신을 실현하려는 자아의 건강함을 도모하는 프로젝트에 조금도 도움이 되지 않는다고 여긴 셈이다. 필립 리프*가 말한 '심리학적 인간'은 꼼꼼하고 세심하게 '자신의 만족과 실망'을 장부에 기록하며 '조금이라도 이득이 되지 않는 관계는 무조건 피해야 할 죄악'으로 간주한다.[76] 이로써 남성(혹은 여성)은 자신을 희생해야 하는 형태의 사랑을 회피한다. 그

• Philip Rieff(1922~2006): 미국의 사회학자이자 문화비평가로 펜실베이니아 대학교 교수를 지냈다.

러나 자신을 희생하는 형태의 사랑은 에로틱한 경험과 낭만적 사랑의 핵심을 이루는 부분이다. 자기희생 없이 낭만적 사랑을 가질 수는 없다. 장 뤽 마리옹의 말을 빌려보자.

사랑의 마당을 여는 걸 가로막는 장애물, 곧 에로스를 마땅치 않게 여기는 방해는 실제로 존재하는 게 아니며, 생각을 거듭한다고 해서 그 원인을 알아낼 수 있는 것도 아니다. 에로스를 어렵게 만드는 장애는 바로 주고받음이라는 상호성이다. 에로스는 어느 일방의 노력만으로 이뤄지지 않는다. 그래서 이 상호성은 장애물로 작용할 힘을 얻는다. 오로지 이 상호성만이 나라는 자아가 '행복한 사랑'으로 이해하는 것을 이뤄줄 조건을 형성하기 때문이다. 그러므로 사람들은 어떤 증거나 논의도 없이 이 상호성을 당연한 것으로 전제한다.[77]

그러나 마리옹이 덧붙이듯 서로 주고받는 호혜라는 목표는 실현 불가능한 것이다. 서로 주고받는 관계는 사랑의 왕국에서 빠져나와 사랑과는 합치될 수 없는 상업의 왕국으로 우리를 이끌기 때문이다. 마리옹이 이해하는 것과 같은 사랑은 갈수록 그 정당성을 잃는다. 자기희생과 헌신, 그러니까 낭비는 일방적인 듯 보이기 때문이다. 더구나 남성 위주의 이데올로기는 자기희생과 헌신을 그럴싸하게 포장해 여성이 가진 감정의 가치를 농락하는 무기로 쓰기도 한다.

상징의 확실함

농축된 정체성과 의례에 따르는 행동방식은 상징의 확실함을 만들어낸다. 성별에 따른 역할 고정, 이에 자동으로 따라오는 의례는 일종의 상징으로 작용하면서 관계의 확실함을 보장하기 때문이다. 그런데 역설적이게도 이런 상징의 확실성은 다양한 의미가 어우러져야 더욱 짜릿한 쾌락을 맛볼 수 있다는 상황을 빚어낸다. 이게 무슨 말인지 차근차근 짚어보자. 우선 권력관계는 보통 안정적이고 분명한 의미의 틀을 자랑한다. 권력은 의미를 재생산하고 고정하며 굳히는 경향이 있기 때문이다. 그러나 고정된 의미들을 비틀어가며 갖고 노는 동안 애매함이 생겨날 수 있다. 이를테면 중성적인 남자(혹은 중성적인 여자)가 출현할 수 있는 이유(또 그 자체로 매력적으로 보일 이유)는 간단하다. 남성성과 여성성의 상징과 기호가 명확하고 안정적으로 정해졌기 때문에, 중성이 출현할 여지를 만드는 셈이다. 만약 남성과 여성의 기호와 상징이 확실하게 정해지지 않았다면 중성은 나타날 수가 없다. 그러니까 확실히 정해진 기호와 상징이 다의적 애매함을 빚어내면서 즐거운 유희를 벌이는 듯한 감정을 이끌어낸다. 이와는 반대로 낭만적 관계를 권력으로부터 깨끗이 떼어내면, 성별에 따른 특징은 그리 두드러지지 않는다. 이렇게 되면 다의적으로 해석할 수 있는 상황을 빚어낼 능력이 약해진다. 그러나 애매모호한 태도야말로 유혹의 핵심 아니던가. 그래서 캐서린 타운센드는 상징적 기호가 그 확실한 의미를 잃어 생겨난 새로운 '예민한 남자'의 열정 부족을 다음과 같이 불평한다.

섹스를 바라보는 혼란스러운 분위기는 도처에 만연해 있다. 토크쇼 진행자들은 우리더러 모든 감정을 솔직히 드러내 토론해보라고 부추긴다. 반면 미국의 몇몇 대학교에서는 '새로운 차원의 신체접촉 혹은 더 나아가 섹스관계'에 이르기 전에 일종의 구두계약을 맺으라는 규율까지 등장했다.
알고 있다, 이런 규율이 최선의 의도를 담고 있다는 것을! 또 여성이 보호

되어야 한다는 점에는 절대적으로 찬성이다. 사내들은 멈칫거리며 대화를 시도한다. 그러나 "가슴 좀 만져도 돼?" 하고 묻는 남자를 보며 감정이 불타오를 수 있을까? 그런 물음은 결단코 전희일 수 없다.

예민한 남자와 만나며 당황스러운 점은 내가 그의 무릎 위에 앉는 걸 그가 좋아할지, 아니면 스타벅스 카페에 나란히 앉아 우주의 현황을 두고 토론을 벌이는 걸 더 좋아할지, 도무지 알 수가 없다는 사실이다. 솔직한 감정을 두고 이야기하려면 차라리 여자친구에게 전화를 거는 편이 낫다. 이제 막 시작된 신선한 연애에서 내가 원하는 것은 뜨거운 섹스지 뜨거운 커피가 아니다!

서로 존중한다는 것이야 좋은 일이다. 그러나 침실로 향한다면 평등이 언제나 에로틱과 같은 의미를 갖지는 않는다. 말런 브랜도가 〈파리에서의 마지막 탱고〉에서 버터를 움켜쥐었을 때,* 나는 그가 '정치적 올바름'을 생각했으리라고는 믿지 않는다.

예전 세대의 남자들은 섹스를 일종의 정복으로 여겼다. 야하고 추잡하며 재밌고 지저분하게!

로이피**는 요즘 젊은 작가들은 '정복 혹은 완성'을 다루는 대신, '포스트 페미니즘의 비비 꼬인 주장'에 사로잡혀 헤어나지 못한다고 썼다.

내 말을 오해하지 말기 바란다. 나는 나 자신을 존중하며, 내 욕구와 생각과 감정을 세심하게 헤아려줄 남자를 원한다.[78]

- 〈파리에서의 마지막 탱고〉Last Tango in Paris : 배우 Marlon Brando(1924~2004)가 주연을 맡은 작품으로 1996년에 발표되었다. 인용문에서 "버터를 움켜쥐다"라는 표현은 여자의 가슴을 움켜쥐는 것을 뜻한다.
- Katie Roiphe(1968~) : 미국의 여성 작가로 페미니즘과 섹스를 작품의 주제로 즐겨 다룬다.

의도하지 않았음에도 여기서 타운센드는 네링의 주장과는 반대되는 논리를 펼친다. 평등성은 에로티시즘으로부터 강렬하게 집약된 성정체성을 앗아갈 뿐 아니라 섹스의 밀고 당기는 유희마저 지워버렸다는 게 이 글의 함의이니 말이다. 그러니까 여기서 타운센드의 불평은 '유혹'이라는 문화의 예술과 떼어놓고 생각할 수 없는 유희성과 애매모호한 다의성의 결여를 겨눈다. 자신의 몸과 언어로 은근하게 장난을 걸면서 상대방의 욕구에 불을 지르려는, 때로는 의도적으로 또 때로는 전혀 의도하지 않은 것처럼 꾸며대는 줄다리기야말로 유혹의 백미이지 않은가. 완벽한 유혹의 특징을 살피며 로버트 그린*은 낭만적 상호행위에서 서로가 자신을 완전히 드러내지 않는 게 얼마나 중요한 일인지 슬쩍 암시한다. 여기에는 애매함을 끌어올리고, 모순된 신호들을 보내며, 빗대어 표현하면서, 희망과 현실을 뒤죽박죽으로 만들며, 쾌락과 아픔을 섞어놓으며, 욕구와 함께 혼란을 느끼도록 자극하고, 되도록 섹스의 표현은 삼가되 완전히 사라지지는 않게 만드는 기술들이 속한다. 식상함을 느낄 수 없게 표준을 거부하며, 될 수 있는 한 만족을 오래 유예하며, 절대 완전한 만족을 주지 않아야 한다.[79]

다의적 애매함은 본질적으로 화자의 의도를 불분명한 채로 놓아두는 방법이다. 이런 의미에서 애매함은 자유를 가능케 한다. 애매함은 마치 의도하지 않은 것처럼 말을 흘리며, 어떤 정체성을 가지면서 다른 정체성으로 그걸 꾸미도록 허락해주기 때문이다. 바치와 바쳐러는 "(······) 양면성은 에로스 현상을 떠받치는 기둥이다" (여기서 두 사람은 '애매

• Robert Greene(1959~): 미국의 저술가로 전략과 유혹과 권력이라는 주제로 많은 책을 썼다.

함 대신에 '양면성'이라는 말을 쓴다)라고 썼다.[80] 유혹은 종종 애매한 코드를 활용한다. 서구문화에서 유혹의 원형을 보여주는 대표적 실력자는 특정 형태의 자유, 곧 도덕으로부터의 자유를 뽐냈다. 유혹은 진지함과 대칭성이라는 규범에 매였다고 느끼지 않기 때문에 애매한 말을 쓴다. 반대로 '정치적 올바름'을 자랑하는 풍습은 투명함을 요구한다. 될 수 있는 한 계약의 자유와 평등을 보장받기 위해 애매함을 포기하는 셈이다. 그래야 유혹에 전통적으로 붙는 수사적이며 감정적인 악평을 떨쳐버릴 수 있다고 보기 때문이다.

사랑의 합리화는 에로틱과 사랑을 떠받드는 의미질서들을 무너뜨렸다. 이런 의미질서에는 애매함, 보여줄 듯 보여주지 않는 약 올림, 알쏭달쏭한 언어 구사, 유희성, 현실을 벗어난 초월성 등이 속한다. 전통적으로 유혹과 에로틱은 거칠 것 없이 굴면서 애매모호한 말과 행동으로 상대를 지극히 부분적으로만 아는 형태의 사랑이었다. 사회학자 제프리 알렉산더는 칸트의 미학을 요약하며 이렇게 확인해준다. "합리적인 생각 혹은 도덕적 통찰을 통한 규정으로 포착할 수 없으면서도, 합리적 생각과 도덕적 통찰을 완전히 버리지는 못하는 품격을 갖는 차원은 분명히 있다. 바로 이런 차원이 우리로 하여금 미학적 경험을 하게 만든다. 마치 선천적으로 타고난 자유 같은 것이랄까. 바로 이런 미학적 경험에 이어 개념과 도덕이 확장될 가능성이 열린다."[81] 여기서 제프리 알렉산더가 말하는 미학적 경험이 곧 유혹의 차원 아닐까.

중립적 언어, 대칭적 권력관계, 절차의 공정성, 분명한 합의라는 합리화의 네 가지 요구는 리비도라는 문화의 심장 안에 살아 숨 쉬는, 형언할 수 없음과 애매함이라는 규칙들을 마구 흔들어 무너뜨렸다. 그러니까 합리화는 이런 규칙이 불변의 보편적 힘을 갖는다는 사실을 애써 외면했다. 그래서 (형언할 수 없음과 애매함이라는 규칙을) 섹스의 욕구를 일으키는 그저 역사적으로 특별한 방식에 지나지 않는다고 폄하하고 부정한 것이다. 전체적으로 여성은 자신이 어쩔 수 없이 남성에게 의존해야 한다는 점을 과시해야만 한다고 여기는 탓에 권력의 불평등은 여성과 남성의 욕구와 에로틱을 그 뿌리에서 떠받드는 기초다(이 점만큼은 네링이 전적으로 옳았다). 다시 말해 대칭적 권력의 평등관계를 빚어내는 제도를 세우려는 절차주의는 아주 오래된 문화전통을 공격한다. 그러나 바로 이 문화전통이야말로 남성의 권력과 여성의 권력 없음을 에로틱하게 만들어주던 것 아닌가? 이로써 권력과 권력 없음이 서로 맞물리며 촘촘히 짜인 의미의 조직들마저 찢겼다. 그래서 나는 이런 가설을 제안하고자 한다. '정치적으로 올바른 언어'가 조롱과 불쾌함과 문화적 불편함을 불러일으키는 건 특정 이데올로기의 장단에 맞추어 곡예를 부리고 있기 때문이다. 그러니까 성정체성과 권력의 불균형은 그대로 유지하면서 에로스의 쾌락은 또 그것대로 즐기려는 이데올로기 말이다. 권력의 위계질서는 그대로 두고 여성에게 자발적으로, 곧 아무 생각 없이 에로스에 봉사하라는 여전히 가부장적인 이데올로기를 한사코 외면하는 탓에 '정치적으로 올바른 언어'는 불편할 수밖에 없다. 그러면서도 다른 한편으로 '정치적 올바름을 자랑하는 언어'는 전통적인 이성관계의 기초였던 감정 판타지와 충동을 애써 부정한다. 남성과 여성 사이의 불평등구조는 조금도 건드리지 않으면서 말이다. 그러니까 이도저도 아닌 이중의 위선이 '정치적으로 올바른 언어'인 셈이다. 불평등이야말로 관계의 핵을 이루는 감정을 갉아먹는다. 한편으로는 아이들을 돌보며 파트타임 아르바이트로 돈을 벌고, 다른 한편으로는 관계를 가꾸는 데 필요한 감정작업 전체를 감당해야 하는 여성의 처지를 생각해보라. 감정이 온전히 남아나겠는가? 달리 말해 평등은 에로틱과 여전히 채워지지 않고 남아 있는 낭만적 갈망을 새롭게 정의할 것을 요구한다.

평등이 낳은 불안함, 아이러니 혹은 불편함

열정과 에로티시즘의 상실은 평등 탓에 빚어지는 두 가지 문화적 감수성과 맞물려 있다. 그것은 곧 불안함과 아이러니다. 윌리엄 제임스가 주장하듯, 감정이 "미래를 향한 불확실함을 쓸어버리는 데" 봉사하는 것이라면, 합리화 과정은 안전함을 이뤄낼 능력을 약화했다.[82] 그 결과 낭만적 관계를 둘러싼 문화의 분위기는 불안함과 아이러니로 뒤덮이고 말았다.

감정을 계약으로 통제할 수 있다는 생각, 곧 관계를 자유의지와 평등 그리고 대칭성으로 꾸미려는 생각은 역설적이게도 의미의 기호와 상징을 불확실하고 불안하게 만들어버렸다. 다시 말해 현대인은 자기 행동이 적절한가 하는 물음과 끊임없이 씨름하지 않을 수 없게 되었다. 사람들과 만나 대화를 나눌 때마다 어떤 게 올바른 행동규칙인지 끝도 없이 고민해야 하는 난처한 상황에 빠지고 만 것이다.

동성애를 즐기는 내 남자친구들은 현대의 데이트 예절에 무척 혼란스러워한다. 그들 가운데 한 친구는 내게 이런 말을 했다. "내가 지금 하는 행동은 앞으로 네가 하게 될 행동의 바로미터가 될 거야. 그러니까 말이야, 그토록 갈망해온 성평등성이 실제로 현실이 된다면 무슨 일이 벌어질까? 알아? 그건 지옥이야, 지옥. 한번 생각해봐. 레스토랑이나 카페에서 내가 서둘러 계산을 한다면, 그건 나 자신에게 지배적이고 공격적인 아버지라는 낙인을 찍어버리는 거와 같아. 그러나 얌전하게 앉아만 있다면 이런 메시지를 보내는 거와 다를 바 없어. 저를 보살펴주세요, 그리고 흠 저를 가져요!"[83]

이런 형태의 불안함은 의미의 기호인 애매함과 대립한다. 애매함은 유쾌하며 짜릿하다. 서로 공유하는 의미를 뒤섞어가며 벌이는 유희가 곧 애매함이니까 말이다. 그러나 불안함은 고통스러우며, 서로 행위를 주고받는 일에 어떤 규칙이 있는지 알아내야만 하는 어려움으로 얼룩진다. 애매함은 에로틱한 놀이의 특징이다. 무언가 말해줄 것 같으면서 아무 말도 하지 않거나 한번에 여러 가지를 싸잡아 말한다. 그러면서도 언제나 말해지지는 않지만 서로 공유하는 의미에 바탕을 둔다. 애매함은 말 그대로 유쾌하고 즐거운 놀이다. 사회규칙을 가지고 노련하게 유희를 즐기기 때문이다. 반대로 불안함은 섹스의 욕구를 억제하며 지레 움츠러들게 만든다. 사람들이 상호행위의 규칙에 집중하며 늘 자신의 행동이 적절한지 물어야만 하기 때문이다. 이런 사정은 서로 행위를 주고받으며 일어나는 감정을 느끼는 능력을 약하게 만든다. 특히 평등이라는 규범은 쾌락의 감정과 갈등을 일으킨다. 사랑의 행위를 하면서도 성정체성이 명확하게 연출되는지 신경 써야만 한다. 바로 그래서 유럽에서 태어나고 자란 여성 화가인 37세 테사는 나와의 인터뷰에서 다음과 같은 이야기를 들려줬다.

    테사   저는 이스라엘 남자들을 상대하는 게 쉽지 않아요. 그들은 자신들도 마초면서 유럽의 마초 남성이 기분 좋아지라고 하는 행동들을, 웃기게도 하지 않으려 들거든요.
    나   예를 들자면?

테사 아실 거예요. 예를 들자면 여자 앞에서 무릎을 꿇는다든지 문을 열어주거나 꽃다발을 안기는 거 말이에요. 물론 그런 일을 두고 멋지다고 생각하는 게 멍청해 보인다는 건 알아요. 그럼에도 저는 그런 행동이 매력적이고 짜릿하거든요. 그렇게 받아들여서는 안 된다는 걸 알면서도 말이죠.

나 그렇게 받아들여서는 안 된다고요? 왜 안 되죠?

테사 그거야, 아시면서. 그런 건 정치적으로 올바르지 않잖아요.

나 그거 흥미롭네요. 그러니까 지금 말씀은 특정한 종류의 즐거움을 느끼는 걸 스스로 막고 있다는 뜻이네요?

테사 오, 그래요. 제 작업(회화·조각)의 주제는 여성이거든요. 그러니까 여성이 처한 불평등한 상황을 작품으로 그려내고 싶어요. 제 안의 어떤 부분은 이런 작업을 매우 흥미로워하죠. 아니, 그 이상이에요. 다른 누군가도 이런 작업을 해주기를 기대해요. 그래서 말이지만, 이 부분이 제 안의 다른 부분을 자꾸 밀어내는 것 같아요. 여자답게 굴지 말라고 명령을 내린다고나 할까(웃음). 저는 마치 두 개의 정체성, 곧 전통적인 여성 정체성과 현대적인 여성 정체성을 가진 것 같아요, 아시겠어요?

나 그러니까 두 정체성이 서로 다툰다는 말인가요?

테사 (오랜 침묵 끝에) 그렇게 말할 수 있겠군요. 아니, 더 정확히는 제가 상당한 혼란에 빠졌다고 말해야겠군요. 남자에게 뭔가를 기대해도 좋은지 모르겠어요. 만약 제가 남자에게 왜 꽃다발을 선물하지 않느냐고 묻거나, 왜 당신은 나에게 연애시를 써주지 않지 하고 불평한다면, 저는 페미니스트로서 제 정체성을 스스로 배신하는 느낌일 거예요. 그래서 그런 요구를 할 수가 없어요. 저처럼 오늘날의 해방된 여성이라면 그런 허튼 게 필요하지 않으니까요. 그러니까 이런 부탁은 하지 말아야죠. 하지만 현실의 저는 그런 부탁을 할 권리가 있다고 믿어요. 저의 어떤 부분은 선물을 원하는데 다른 부분은 그런 느낌을 가져서는 안 된다고 윽박지르죠. 제가 뭘 원하는지, 혹은 뭘 원해야만 하는지, 아니 심지어 어떤 느낌을 가져야 좋을지 잘 모르겠어요.

두 가지 문화구조가 중첩되면서 자신이 뭘 원하는지 불확실해하며, 실제로 즐거움을 주는 것과 이 즐거움을 평가하는 규범 사이에선 긴장관계가 나타나고 말았다. 이런 중첩은 여성이 어떤 규칙에 따라 만남을 이어가야 좋을지 알아내는 걸 어렵게 한다. 철학자 로버트 피핀*의 말을 들어보자. "기독교 문화나 자유와 평등을 표방하는 휴머니즘으로는 쉽게 포섭되지 않는 무엇인가가 에로스에 있다."[84] 사회학의 언어를 빌려 말하자면 이렇다. 평등은 사회적으로 두려움을 야기한다. 평등은 남녀관계의 만남에서 불확실함을 불러일으키기 때문이다. 역사적으로 다져온 정체성과 의례화한 규칙 덕분에 자연스레 자발적으로 행하던 애정표현이 이런 불확실함으로 말미암아 힘들어진다.

또 불확실함은 사랑을 이야기할 때 단골로 등장하는 아이러니를 불러들인다. 서구문화에서 아이러니의 형태로, 그러니까 일체의 마법을 걷어버리고 환상을 떨쳐버린 형태의 사랑이 처음으로 나타나는 곳은 세르반테스의 『돈키호테』다. 이 소설은 말 위에 올라탄 기사 돈키호테의 사랑경험을 간절히 믿으려던 독자의 기대를 산산이 깨뜨린다.** 사

* Robert Pippin(1948~): 미국의 철학자로 헤겔 철학 연구에 독보적 공헌을 한 인물이다.
** 돈키호테는 돌시네 공주를 간절히 흠모하지만, 돌시네 공주는 천하에 둘도 없는 여장부였다. 돈키호테가 써준 연애편지를 전달하던 산초는 혼비백산한다. 이처럼 이상과 현실의 괴리를 절묘한 아이러니로 그려낸 작품이 바로 『돈키호테』라는 것이 저자의 지적이다.

랑을 믿는 일의 어려움은 현대의 출현과 함께 더욱 커졌다. 현대의 낭만적 상황은 흔히 마르크스가 '각성'이라 표현한 것에 비교되곤 한다. 여기서 각성이란 사랑에 빠진 근대인이 열정에 취했던 상태에서 깨어나는 것을 뜻한다. 현대는 사랑을 아이러니로 가득한 논평의 대상으로 만들어버렸다. 진짜 사랑이라는 게 어디 있느냐고 입술을 비죽이면서……. 그러니까 현대의 사랑은 아이러니의 비유가 판을 치는 무대가 되었다. 사랑의 합리화는 낭만적 감정을 새로운 아이러니 구조로 바꿔낸 핵심이다. '마술처럼 매혹적인 사랑'은 이제 '마법의 힘을 깨끗이 잃어버린 사랑'으로 정체를 드러냈다. 이 변신을 가능하게 만든 게 곧 아이러니다. 레이먼드 윌리엄스˙가 아주 절묘하게 조합해낸 표현을 빌리자면, 현대의 사랑감정이 갖는 특징은 감정을 사회적 측면으로 구조화하고 이 사회구조를 감정이라고 강변하는 데 있다. 현대의 감정은 **해법이라는 형태의 사회경험**이다.[85] 모순을 첨예하게 드러내는 냉소적 아이러니로부터 빠져나갈 해법 말이다. 그러니까 낭만적 감정의 아이러니 구조는 열정이라는 이상에 빠지는 걸 어렵게 만들었을 뿐 아니라 사랑하는 사람에게 열정적으로 희생하는 것조차 힘들게 한다. 그러나 이런 열정과 희생이야말로 지난 몇 세기 동안 서구문화가 사랑의 이상으로 떠받들던 것 아닌가.

아이러니는 무지한 것처럼 꾸미려는 문학적 기교다. 아이러니는 무지를 꾸며 보이면서도 독자는 이미 알고 있으리라는 점을 노린다(마치 생각한 그대로를 말할 때처럼 글자 그대로 이해되면 곤란하다. 사실은 그 정반대를 뜻하기 때문이다).

- Raymond Williams(1921~1988): 영국의 철학자로 대단한 영향력을 자랑하던 마르크스주의자다. 사회주의자임을 공언하며 언어와 문학과 사회 사이의 관계에 특별한 관심을 쏟았다.

그러니까 아이러니는 어떤 상황에 합당하다고 여겨지는 확신의 공유를 거부하는 사람이 쓰는 수사적 비유다. 현대의 낭만적 의식은 아이러니의 낭만적 구조를 그대로 받아들였다. 현대인의 머리는 환상을 깨끗이 걷어낸 지식으로 가득 차 있기 때문이다. 현대인은 환상을 일체 거부하는 탓에 사랑을 완전히 확신하면서 순수한 의무감을 갖지 못한다. 그래서 내밀한 희망(사랑을 믿고 싶다는 갈망)을 애써 숨기고 영원한 사랑 같은 게 어디 있느냐고 반문한다. 이게 바로 아이러니다. 그러니까 아이러니는 사랑의 핵심을 이루는 믿음, 곧 스스로 갈망하는 영원함과 총체성이라는 요구를 진지하게 받아들이지 않는다. 다음은 사랑의 영원함을 믿고자 하는 욕구(떠나는 여자를 붙잡기 위해 남자가 뭔가 극적인 행동을 해주기 바라는 욕구)를 가지면서도 동시에 그 영원함을 믿을 수 없어 괴로워하는 아이러니의 예다.

어떻게 내가 그런 상상을 할 수 있겠어? 늘 말했지만 〈프리티 우먼〉Pretty Woman의 속편이 나온다면, 내기를 해도 좋아, 속편에서는 줄리아 로버츠가 거리로 나앉을 거야. 리처드 기어가 지루함을 느끼고는 곧장 그녀를 차버릴 테니까. 그러나 사람들은 알고 있어, 어떻게 하면 너를 되찾을 수 있는지. 우리 모두 영화에서 봤잖아. 그런데 말이야, 그게 다 쇼에 지나지 않아.[86]

이런 종류의 문화적 반성, 시네마를 곧이곧대로 믿지 않고 오히려 판에 박은 진부한 스토리라 여기며, 이런저런 신화가 우리에게 미치는 영향력을 의심하는 반성은 남자친구 곁에 머무르고 싶다는 여인의 갈망을 자조적 아이러니로 꺾어놓는다. 실제로 낭만주의자 프리드리히 슐레겔*은 사랑의 유한함을 아는 의식이야말로 아이러니의 핵심이라고 간주한다. "진정한 아이러니는 (……) 사랑의 아이러니다. 언젠가는 끝날 수밖에 없다는 감정, 그리고 이 감정이 모든 진정한 사랑 안에 담긴 무한함이라는 이상과 모순을 일으킬 때 아이러니가 생겨난다."[87] 이런 정의는 다음과 같은 사실을 배경에 둘 때 비로소 의미를 얻는다. 곧 슐레겔은 사랑의 본질을 사랑에 고유한 영원함이라는 감정에서 찾았다. 이런 관점을 키르케고르 역시 확인해준다. "모든 사랑이 육욕과 다른 점은 사랑에는 영원함이라는 각인이 선명하기 때문이다."[88] 이와 달리 사랑의 합리화는 유한한 사랑이라는 문화를 이끌어냈다고 우리는 말할 수 있다. 이 문화는 사랑에 심리학·생물학·진화론, 정치·경제 등의 한계가 있다고 강조한다. 다양한 합리화 과정을 통한 사랑의 이런 상대화는 새로운 낭만적 감성의 중심에 아이러니를 밀어다 놓았다. 사랑이 영원한 게 아니라 유한하다는 의식을 더욱 첨예하게 만들었다고 볼 수 있는 것은 더 확장된 선택기술이다. 배우자를 선택하는 데 같은 단위로 계산할 수 있기 때문에 교환도 얼마든지 가능하다는 의식, 과학전문가 시스템 등장은 영원함의 갈망에서 바람을 빼버렸다. 아이러니는 영원하다고 믿을 수도 있지 않을까 하는 마음에 스스로 거는 제동이다. 데이비드 핼퍼린**은 다음과 같이 썼다.

경험은 (……) 대개 아이러니와 공존할 수 없다. 도대체 경험이라는 것을 할 수 있으려면 그 어떤 아이러니의 낌새도 없애야 한다. 거꾸로 아이러니

• Friedrich Schlegel(1772~1829): 독일의 철학자이자 문명비평가로 초기 낭만주의를 대표하는 인물이다.
•• David Halperin(1952~): 미국 미시건 대학교 영문학 교수로 현대의 동성애를 역사적으로 재구성하는 연구를 주로 하고 있다.

의 출현은 경험의 끝이나 약화를 나타내는 신호다. 밀도 높은 압도적 감정의 순간이라면 우리는 거의 맥락을 의식하지 못한다. 우리가 주목하는 것은 의미의 다발 그 이상이 아니다. 이런 상황에서 우리는 맥락을 헤아리지 못하는 직역자일 뿐이다. 그러니까 우리는 무어라 말로 표현할 수 없는 단지 한 종류의 체험만 할 수 있다. 하지만 아이러니는 말의 향연이지 않은가. 아이러니 제거를 요구하거나 경우에 따라서는 아이러니를 감당할 수 없는 세 가지 주된 경험은 벌거벗은 슬픔이나 아픔, 종교의 무아경 그리고 열정의 환희를 누리는 섹스일 따름이다.[89]

핼퍼린의 말이 옳다면, 아이러니는 열정과 밀도 높은 집중이라는 몸과 마음의 경험과 공존할 수 없다. 아이러니가 우리 시대의 문화경험을 주도하게 된 것은 이 장에서 살펴본 삼중의 합리화 과정 덕분이다. 이 합리화 과정은 마법에 걸린 환상적 사랑이라는 감정구조를 허물어버렸다.

사라진 사랑

플라톤은 대화편 『향연』에서, 잘 알려졌듯 사랑은 앎과 지혜에 이르는 길이라고 논증한다. 그러니까 사랑은 이성과 완전히 합치될 수 있다는 게 플라톤의 주장이다. '사랑의 사다리'라는 비유로 플라톤은[90] 단 하나의 아름다운 몸을 사랑한다는 것은 아름다움과 완전함이라는 형상 자체를 사랑한다는 뜻이라고 풀어준다. 이런 의미에서 이성과 사랑은 완전한 하나가 될 수 있다는 말이다. 이 장에서 우리가 살펴본 삼중의 합리화 과정은 플라톤의 견해를 새롭게 해석하도록 요구한다. 곧 사랑과 이성이 서로 합치될 수 있는 것은 이성, 더 정확히 말하자면 합리화한 이성이, 낭만적이고 에로틱한 욕구가 역사적으로 구성되고 경험되도록 만들어준 방법들을 허물어버렸기 때문이다. 합리화 이전의 낭만적 욕구는 드러냄과 숨김 사이를 오가며 때로는 그것을 낭비에 가까울 정도로 과시하면서 남성과 여성이 진정한 역할을 수행하도록 만들어주는 농도 짙고 애매모호한 의미들을 그 기반으로 삼았다.

그러나 오늘날 사랑은 연민을 자아내는 문화적 힘을 잃고 말았다. 그리고 정신과 몸의 고삐 풀린 운동으로 이해되는 열정은 절차주의와 합리화라는 강력한 변화과정에 다시 붙들려 얌전히 있도록 훈육되었다. 이렇게 볼 때 낭만적 아픔 역시 그 치열함을 잃었으며 연민을 자아내는 힘을 상실했다. 미리엄 마코위츠*는 미국의 시사주간지 『네이션』에 다음과 같이 썼다.

사랑을 주제로 하는 최근 소설과 고전 사이의 차이는 결혼을 몇 번 했느냐 혹은 결혼하고 나서 끝까지 행복했느냐 하는 게 아니다. 분명 안나 카레니나와 엠마 보바리의 끝은 좋지 않았다. 그러나 이 주인공들의 삶에서 사회적으로나 육체적으로 그리고 정신적으로 더욱 중요한 것은 사랑의 힘이었다. [여기서 여성 비평가 비비언 고어닉**의 말을 인용하고 난 다음 글이 계속된다.] 엠마 보바리는 그녀의 코르셋을 남편이 아닌 다른 남자에게 열어주었다. 안나 카레니나는 남편에게서 도망쳤으며, 뉴랜드 아처는 엘렌 올렌스카와 함께 뉴욕을 떠나야 할지를 두고 번민한다. 이 주인공들은 실제로 사랑을 위해 모든 위험을 감수한다. 그러나 이른바 '시민사회의 명예'는 이 주인

* Miriam Markowitz: 『네이션』의 문학 담당 편집장이다.
** Vivian Gornick(1935~): 미국의 여성 평론가다.

공들을 사회로부터 버림받은 사람으로 만드는 권력을 행사한다. 도망가서 산다는 것은 그만큼 확고부동함을 요구한다. 그런 위험을 감수하는 것으로부터 고통을 감당할 힘은 자라나며, 그것이 명확한 통찰을 돕는다. 오늘날에는 그 어떤 처벌도 받지 않으며, 추방되어야만 하는 명예로운 세상도 없다. 시민사회는 말 그대로 지나버린 옛날이야기다.[91]

마코위츠와 고어니크가 보기에 사랑의 아픔은 그 문화적 힘을 상실해 그 아픔의 주인공이 더는 명확한 실존적 결단을 내릴 수 없게 만들었다. 낭만적 고통이 연민을 자아내는 그 뚜렷한 힘을 잃고 만 것은 개인과 사회 사이의 갈등이 불거지지 않기 때문이며, 그 아픔이 경제적 계산에 따른 행동에 거역하지 못하기 때문이다. 현대인은 통상적 자기 통제 방식을 포기하거나 자아를 희생하라는 요구도 하지 않는다. 오로지 어느 쪽이 이득인가 하는 계산에만 골몰할 따름이다. 나는 프롤로그와 1장에서 낭만적 의지의 탈구조화를, 2장과 3장과 4장에서는 낭만적 욕구의 구조 상실을 각각 다루었다. 자신을 믿지 못하는 회의와 아이러니 그리고 섹스 과잉의 문화 사이에서 갈팡질팡하며 낭만적 욕구의 구조가 해체되어버린 탓에 감정과 섹스의 열정과 아픔에 깔려 있던 전통적 전제조건들도 사라지고 말았다.

5

낭만적 상상에서 실망으로

사랑에 원본이란 없다.
— 롤랑 바르트

귀에 들리는 멜로디는 달콤하나
들리지 않는 게 더욱 달콤하네…….
— 존 키츠[1]

현대인의 의식이 출현하는 데는 이성이라는 개념 못지않게 상상력을 쓴 게 중요한 역할을 했다. 앞으로 보여줄 생각이지만, 현대인의 감정생활 발달에서도 상상력이 어떻게 활용되었는가 하는 문제는 반드시 함께 고려해야 할 요소다.[2] 베버의 탈마법화 논제를 흥미롭게 변형시키면서 테오도어 아도르노는 생산을 이끄는 힘인 동시에 소비를 부추기는 힘으로 작용하는 한 상상력은 시민사회에 핵심적 의미를 가진다고 주장한다. 그러니까 상상력은 자본주의 문화미학의 중심이라는 말이다. 『독일 사회학 실증주의 논쟁』 서문에서 아도르노는 시민으로 대표되는 현대성이 그 문화기술Kulturtechnik을 퍼뜨리며 규제받지 않는 자유로운 연상이라는 형태의 생각을 합리화라는 틀 안에 가둬버렸다는 논리를 펼친다. 상상력은 18세기에 미학 논의의 핵심 개념으로 발전했지만 이 영역에만 국한되어 있었다. 그러다가 18세기 후반 이후에는 상상력을 미학의 영역에서 일정 제도라는 틀 안에 가두어 놓고 다루기 시작했으며, 나중에는 대중문화가 보여주는 소비행태로 발전하게 되었다는 게 아도르노의 주장이다. 그러니까 아도르노의 견해에 따르자면, 합리화라는 제도의 틀로 규제되는 상품 형태의 상상력을 활용하는 것이야말로 현대 시민사회에 만연한 소비문화의 핵심이다. 현대인의 특성이 욕구의 다양화와 다변화에 있다는 포스트모더니즘의 그럴싸한 주장은 아도르노의 관점에서 보면 다음과 같은 생각으로 보충되어 마땅하다. 곧 욕구의 과도한 증식은 상상력이 제도화한 결과라고 말이다. 그렇다면 도대체 우리는 상상력이 제도화했다는 말을 무슨 뜻으로 받아들여야 좋을까? 우선 생각해볼 수 있는 점은 보편적으로 크게 볼 때 상상력의 제도화는 욕구 일반의 본질을, 특수하게는 낭만적 욕구의 본질을 특정 방향으로 변화시켰다는 사실이다. 다시 말해 제도화는 사람들이 사랑을 스토리로, 사건으로, 감정으로 그려보는 상상력을 그 어느 때보다 분명하게 고정된 체계 안에 가둬버렸다. 이 체계의 다른 이름은 상품화, 곧 상업화다. 그러니까 현실과는 다르게 추상적으로 그려진 사랑을 갈망하게끔 만든 게 상상력의 제도화다. 감정인 동시에 대중문화의 영향을 받는 사랑은 가면 갈수록 더 강하게 갈망의 추상적 대상, 곧 오로지 상상력 덕분에 떠올릴 수 있는 대상에 매달렸다. 그리고 이 상상으로 그려진 허상만을 사랑으로 착각했다. 바로 그래서 아도르노는 소비의 순환에 빠진 상상은 미학영역 바깥에서는 경멸의 대상으로 전락하고 말았다고 지적한다. "상상력이 명예를 훼손당한 일, 그러니까 실험실의 특수분과가 맡은 영역으로 상상력이 전락해버린 일이야말로 시민정신의 퇴행을 나타내는 근본현상이다."[3] 이로써 낭만적 사랑과 상상은 문화가 수상쩍게 바라보는 대상이 되고 말았다. "상상은 현실과 대비해 추상적으로만 사랑을 상품화하는 것으로만 여겨지기 때문이다."[4] 바로 이렇게 사랑의 경험에서 상상된 것과 현실을 갈라서 보기 어렵거나 심지어 불가능해졌기 때문에, 사랑의 문제에서 상상력은 달갑지 않은 것으로 치부되었으며, 계속해서 이런 모욕을 당하는 중이다. 나는 이 장에서 대중이라는 집단의 상상이 낭만적 경험을 짓누르고 있음을 연구하고자 한다. 더 정확히 말하자면, 사랑의 감정과 대중적으로 미리 찍어놓은 그 상상의 각본 사이 관계를 이해하려는 시도를 해볼 생각이다. 여기에는 물론 미리 꾸며놓은 '각본' 혹은 스크립트가 낭만적 욕구의 본성에 어떤 영향을 끼쳤는가 하는 물음도 포함된다.

상상력, 사랑

상상력이란 무엇일까? 널리 퍼진 생각에 따르자면 상상은 정신의 평범한 활동이다. 제프리 알렉산더는 상상력을 이렇게 정의한다. "대표성을 찾아가는 과정의 핵심이 상상이다. 상상은 아직 여물지 않은 인생경험을 포착해 연상과 압축 그리고 미학적 창의성으로 그 경험에 특별한 형식을 부여한다."[5] 여기서 상상력은 아무런 매임이 없는 정신의 자유로운 활동으로 이해되는 게 아니다. 오히려 상상은 우리가 생각과 경험을 꾸미는 바로 그 재료이거나 생각을 통해 세상을 미리 예상해보는 일이다. 알렉산더의 정의에서는 상상력의 활동이 무언가 지어내는 일에 있다기보다 기존의 문화 시나리오와 구조물을 처리하는 방식이라는 점이 강조된다. 또한 상상은 결코 현실과 따로 떼어 생각할 수 있는 게 아니다. 오히려 감각 혹은 '현실' 경험과 아주 밀접한 관계를 가지면서 종종 이를 대신해 나타나기도 한다. 홉스는 상상을 '위축된 감각' 같은 것으로 여기면서, 원본 지각의 희미한 복사에 지나지 않는다고 보았다. 『상상의 심리학』에서 장 폴 사르트르는 홉스의 견해를 따르며 이렇게 확인해준다. 상상력은 종종 평범한 지각보다 훨씬 강력한 능력으로 여겨지지만 실제로는 감각의 흐릿한 반향에 지나지 않는다는 것이다.[6] 눈을 감고 사랑하는 사람의 얼굴을 떠올려보면, 어떤 그림이 그려지든 간에 '희박'하고 '건조'하며 '평면적'이고 '활기 없이' 보일 뿐이라고 사르트르는 말한다.[7] 상상한 대상에는 일레인 스캐리*가 감각으로 지각된 대상의 구체성과 생생함이라고 부른 것이 없다.[8] 이런 견해에 따르면 상상력은 실제 대상의 '실제 경험'을 현실의 인생에서 일어날 것만 같은 비슷한 감각지각의 대용물로 대체하는 능력이다. 이로써 상상력은 현실을 부정하는 게 아니라 거꾸로 없는 것을 있는 것처럼 착각하는 감각과 느낌과 감정에 의존해 현실을 흉내 내려는 시도다.

그럼에도 가장 널리 퍼져 있는 철학적 관점에 따르면 상상력은 일반 감각지각보다는 정신을 활용해 우리를 훨씬 강력하게 현실과 분리시키는 그야말로 환상적인 창조력이다. 이런 관점을 보여주는 유명한 예는 셰익스피어의 묘사다.

> 그리고 상상력이 알지 못하는
> 사물의 그림을 출산하듯
> 시인의 펜은 알지 못하는 것에 형태를 부여하며
> 허공과 같은 아무것도 아닌 것에 살 집과 이름을 주노라.[9]

여기서 상상력은 이전에는 없던 무엇을 지어내 우리의 현실경험에서 형태 없는 것을 '꾸며내는' 창조적 행위로 확장하고 강화하는 능력이다. 상상력을 이렇게 이해하는 것은 특히 사랑의 왕국에서 중요한 의미를 가진다. 이 왕국에서는 사랑의 대상이 상상력 덕분에 활력과

---

* Elaine Scarry(1946~): 영미문학 교수로 하버드 대학교에서 미학 그리고 가치의 일반이론을 강의한다.

생동감을 자랑하기 때문이다. 우리가 익히 아는 경험은 물론이고 철학과 문학에서도 사랑하는 사이에서 서로 그리워하는 상상은 현실 못지않게 강력하다는 사실의 증언을 얼마든지 찾아볼 수 있다. 또한 우리가 사랑하는 상대를 두고 너무도 많은 것을 지어낸다는 사실도 얼마든지 찾을 수 있다. 상상력이 이처럼 구성력, 곧 만들어낸 허상으로 현실의 상대를 대체하는 능력을 발휘하는 경우를 아마도 사랑 이외에서는 찾아볼 수 없으리라. 사랑은 상상력을 동원해 그 대상을 지어낼 수 있다는 바로 그 이유에서 서구문화는 상상력이 촉발하는 감정의 진정성을 끊임없이 물어왔다. 20세기 들어 사랑체험과 사랑감정의 진정성은 주관의 분석과 더불어 흥미로운 연구주제였다. 사랑감정의 원천을 비판적으로 캐묻는 줄기찬 전통도 이를 거들었다. 하이데거에서 아도르노와 호르크하이머를 거쳐 보드리야르에 이르기까지 현대는 경험과 상상이 계속 분열하는 시기로 파악되었다. 이때 경험은 심지어 상상의 특수사례로 여겨지기까지 했다.

상상력이 우리의 인식능력에서 어떤 위치를 차지하는지를 다룬 문학의 고전은 셰익스피어가 쓴 『한여름 밤의 꿈』이다. 유쾌한 캐릭터들이 한바탕 축제를 벌이는 것 같은 분위기, 요정과 신화적 인물들이 풍성하게 등장함에도 연극배우들은 간단히 『꿈』이라고 부르는 이 연극은 인간의 심장과 그 변화무쌍한 변덕스러움 그리고 간계를 그린 어두운 코미디다. 이 어두움은 셰익스피어가 상상력이라는 개념으로 이성과 사랑 사이의 대립을 드러내는 특별한 방식에서 비롯된다. 예를 들어 보텀은 티타니아에게 말한다. "이성과 사랑은 요즘 함께 사는 날이 거의 없다지." 이게 바로 작품구조의 바탕에 깔려 있는 유서 깊은 대립이다. 이 대립을 그저 피상적으로만 읽는다면 『꿈』은 사랑이 위험하고도 웃기는 감정이라는 문학의 전통적 주제를 연출하는 것처럼 보인다. 이성이 주로 사는 곳은 정신이며, 사랑은 감각에 의해 일어나고 또 감각을 근거로 삼는 감정이라는 점에서 사랑은 합리적으로 선택할 줄 모르는 무능함이기 때문에 위험하고도 웃기는 감정으로 보인다. 이런 독법을 곧이곧대로 받아들인다면, 여기서 상상력은 감각에 뿌리를 두는 비합리적 정신활동이다. 그러나 정작 셰익스피어가 이 작품에 담은 진의는 이런 관점과는 정반대의 견해(지극히 현대적인 견해)다. 한 편의 독백에서 헬레나는 헤르미아처럼 아름다웠으면 하는 소망을 피력한다. 그러나 헤르미아는 사랑의 상대로 마땅치 않다는 놀림과 함께 남자들이 한사코 피하던 대상 아닌가.

> 아테네를 통틀어 사람들은 나도 그녀 못지않게 예쁘다고 하잖아.
> 그러나 이게 뭐야? 데메트리우스는 그렇게 생각하지 않잖아.
> 어째서 모두 다 아는 걸 그만 모르는 거야?
> 마치 미치기라도 한 듯 헤르미아의 눈길에만 매달리네.
> 나도 왜 이렇게 미칠 듯 그가 좋은 거지?
> 천하고 지극히 불쾌한 것일지라도
> 사랑은 위엄과 품위를 얹어주는 법.
> **사랑은 눈으로 보는 게 아니라 마음으로 보니까.**
> **바로 그래서 사랑의 신 큐피드는 눈이 먼 모습으로 그려질까.**
> 사랑의 마음이 그 어떤 판단도 맛보지 못하도록,
> 눈이 없고 날개 달린 형상은 쉴 새 없이 날아다니네.
> 그래서 사랑을 어린아이 같다고 하는 걸까.
> 이 놀이에서 저 놀이로 서둘러 쫓아다니다 보니

꼬임을 당하는 경우도 많은 모양이야.
장난을 좋아하는 사내들은 맹세를 쉽게도 하지.
그래서 사내의 사랑은 어디서나 거짓맹세를 하나 봐.
헤르미아가 내 소중한 사랑 데메트리우스를 납치하기 전에
그는 내 심장에 수천의 맹세를 쏟아부었어.
그러나 그의 맹세는 헤르미아로부터 새로운 열기를 받자마자,
녹아버려, 벌써 맹세의 소나기는 메말라버렸네.[10●]

셰익스피어의 『꿈』은, 사랑은 불합리하다는 우리가 익히 아는 비유를 흥미롭게 반전시킨다. 이 불합리성이 비롯되는 원인을 사랑은 **감각이 아닌 정신에 뿌리를 두었기** 때문이라고 풀어주지 않는가. "사랑은 눈으로 보는 게 아니라 마음으로 보니까." 마음의 영역에 자리잡은 탓에 사랑은 눈의 문제였을 때보다 합리적 토론이라는 기준으로 접근하기가 더 어려워졌다. 여기서 우리의 마음은 주관이 만들어내 이리저리 얽어맨 많은 연상, 그러니까 외부에서는 들여다볼 수 없는 연상들의 다발이다. 이와 반대로 눈은 자아와 외부세계를 중개해준다. 시력으로 보는 대상은 말하자면 객관적으로 주어진 것이다. 이런 의미에서 눈은 우리 바깥의 현실을 믿는다. 헬레나는 사랑이 그 뿌리를 감각(눈)에 두어야지 마음에 두어서는 안 된다고 주장한다. 마음으로 보는 사랑은 주관의 판단으로 상대가 객관적 세계에서 갖는 가치로부터 그 상대방을 떼어낸다. 그러니까 마음은 상상력이 구사되는 곳일 뿐만 아니라

● 여기 등장하는 인물들의 이름은 영어 발음이 아니라 그리스어 발음을 따랐음을 밝힌다. 작품의 무대가 아테네이며, 셰익스피어가 그리스 신화에 빗댄 이름을 쓰고 있기 때문이다.

그 상상력의 원천이기도 하다. 이처럼 현실과의 결합을 잃어버린 탓에 사랑은 일종의 광기, 곧 미친 짓이 된다.

16세기의 의학 연구로 미루어볼 때 『꿈』이 낭만적 상상력을 광기로 여기는 이유는 간단하다. 당시 의학이 보기에 낭만적 상상력은 몸에서든 마음에서든 그 원인을 설명할 수 없었기 때문이다. 프로이트가 보는 낭만적 상상력은 유아기에 아로새겨진 부모의 모습 혹은 어린 시절의 트라우마를 극복하려는 필요나 욕구에 바탕을 둔 것이다. 물론 그럼에도 프로이트가 보는 낭만적 상상력은 여전히 비합리적이지만 말이다. 그러나 셰익스피어의 작품이 그리는 사랑의 비합리성은 비교를 허락하지 않을 정도로 극단적이다. 상상력 때문에 사랑은 어떤 방식으로도 설명할 수 없는 제멋대로의 감정이 되기 때문이다. 심지어 정신분석이 흥미롭게 지켜볼 수 있는 이벤트에 가까운 게 『꿈』에 그려진 사랑이다. 합리적으로도 비합리적으로도 다스릴 수 없는 경험이 곧 사랑이기 때문이다. 사랑이 잠재의식의 논리에 따른다는 주장은, 그러나 사랑 자체가 논리에 따른다는 주장만큼이나 어처구니없는 말이다. 셰익스피어 작품을 이해할 열쇠는 이성적 사랑과 미친 사랑을 구분하지 않아야 얻어진다. '이성적 사랑'은 광란에 가까울 정도로 폭발적인 감정의 사랑과 근본적으로 아무런 차이가 없다. 여기서 광기를 뜻하는 낭만적 상상력은 사랑을 비합리적인 것으로 바꿔놓으며, 심지어 사랑하는 상대방의 정체성조차 의식하지 못하는 감정을 자발적으로 길어낸다. 사랑의 이 같은 이해는 사랑과 상상력을 바라보는 후대의 태도가 어떻게 다른지 알아볼 실마리를 제공한다. 셰익스피어는 상상력이 그려내는 사랑이 광기를 드러낼 수도 있음을 고스란히 보여주지만, 후대는 그렇게 빚어진 감정 자체를 불신하고 상상력을 의심하기만 했다.

그러니까 셰익스피어의 작품은 상상력이 어떤 감정을 촉발하는지 앞당겨 보여주고 있는 셈이다. 그러면서도 18세기부터 철학자와 작가가 다른 문제들은 건드리지 않았다. 이를테면 문화기술과 허구의 소설이 상상 형성에 어떤 영향을 주었는가, 상상에 따른 감정은 어떻게 해서 예견하고 선취하는 성격을 갖는가, 무엇보다 어떻게 상상한 대상으로부터 일상의 현실로 넘어가는가 하는 물음을 직접 다루지는 않았지만, 셰익스피어는 상상으로 촉발된 감정의 광기를 정확히 짚었던 셈이다.

현대에 일어난 상상력의 제도화는 일상에서 우리가 꾸는 꿈을 맞춤한 형식으로 자극하고 지원한다. 특히 인쇄와 시각 매체는 어떤 게 멋진 인생인지 보여주며 강력한 호소력을 갖는 이미지를 전례 없이 만들어내 우리 눈을 현혹한다. 이처럼 상상도 표준화함으로써 현대성이 사회적이고 정치적인 결합의 형식을 선보이는 새로운 능력으로 정의되는 셈이다.[11] 이런 새로운 상상의 결합은 정치상황만이 아니라 개인적 행복이라는 유토피아에도 적용된다. 그리고 이 개인적 행복이라는 게 아마도 상상력의 더욱 결정적인 의미 변화이리라. 있지도 않은 것을 꿈꾸는 유토피아적 상상력은 특히 개인의 사적 영역에서 활발히 작용한다. 그러니까 주관을 사적인 생각과 감정과 갈망을 갖는 그야말로 사적인 존재로 정의하는 것을 전제하는 게 유토피아적 상상력이다. 이렇게 해서 무엇보다 개인의 가정생활은 상상력의 대상이자 무대가 되었다. 상상력은 민주주의화와 이상적 행복의 일반화와 손잡고 나아간다. 여기서 이상적 행복이란 물질로 충족되는 감정의 상태를 뜻한다. 소비문화, 곧 개인적 충족이라는 감정의 프로젝트를 힘주어 강조하는 소비문화는 자신의 감정과 꿈을 중시하는 현대의 사적인 감정주관 emotional subject을 빚어낸다. 그리고 이런 감정과 꿈을 '상상하고 성취하는' 개성에 초점을 맞춰 자유를 행사하라고 부추긴다. 물론 이런 개성이 판박이 개성이라는 우스꽝스러운 결과를 낳는데도 말이다. 어쨌거나 소비문화는 욕구와 상상의 카테고리를 정당화하며, 이 카테고리를 의지와 행위의 정당한 토대로 만든다. 이렇게 해서 소비와 상품은 그런 욕구를 만족시키거나 그저 경험하게만 만드는 제도적 도움으로 변모한다. 흔히 말하는 '인생 프로젝트'란 상상력을 이용해 자신의 개인적 인생을 미래로 투사하라는, 그러니까 미래에 초점을 맞추라는 제도화한 요구다. 현대성은 문화가 제공하는 상상력을 이용해 인생의 기회를 그려보는 주관의 기대와 능력을 제도화한다. 감정은 인생 프로젝트가 문화적 상상일 뿐 아니라 섬세하게 다듬어진 감정 프로젝트를 포괄한다는 의미에서 상상력의 대상이 된다. 이렇게 해서 상상력은 사랑과 환멸이 계속 이어지는 상황을 미리 앞당겨 그려보게 함으로써 주관이 자신의 갈망을 스스로 포기하게 만들어버렸다. 이로써 주관의 욕구하는 능력은 직접적으로 위협받는다.

　개인이 자기 자신으로부터 길어낸 낭만적 상상에 먹이를 줘서 키우는 게 바로 문화와 기술의 기능이다. 17세기 이후 서유럽의 도덕주의자와 철학자는 상상력이라는 문제를 이런 관점에서 집중적으로 다뤄왔다. 서유럽에서 사랑과 상상력 사이의 이 자글자글하고도 까다로운 관계는 인쇄된 책의 유포와 더불어 갈수록 첨예해졌다. 낭만적 러브스토리라는 장르가 출현하면서 사람들이 앞 다투어 연애소설을 탐독한 결과다. 소설을 읽음으로써 마치 은밀한 연애감정을 사적으로 누릴 수 있을 것만 같은 장이 생겨난 탓이기도 하다. 사랑의 감정은 상상력의 활동을 자유롭게 해주면서 이야기 형태로 다듬어주는 기술 덕택에 갈수록 더 큰 힘을 얻은 셈이다.

독자가 상상력을 발동해 주인공을 자신과 동일시하도록 이끄는 소설의 잠재력은 낭만적 상상력을 공공의 이해와 맞물린 대상으로 만들었다. 사랑과 결혼 그리고 사회적 이동성(신분관계의 변화)을 소설이 즐겨 다뤘기 때문이다. 상상력이 사회와 감정을 불안정하게 만드는 효과를 낸다는 비난의 목소리가 갈수록 커졌다. 18세기를 거치며 급속히 성장한 여성 독서인구는 소설이 도덕을 위협한다는 걱정의 목소리에 힘을 실어주었다. 수많은 비난은 소설 읽기가 여성이라면 마땅히 가져야 하는 감정과 사회성에 해악을 불러일으킨다는 두려움을 거칠 것 없이 드러냈다.•• 독서인구의 태반이 여성인 동시에 여성 작가들이 출현한 상황과 맞물린 이 장르의 여성화는 소설이 비현실적인 것이며 의구심을 자아내는 감정을 일으킨다는 더 낯선 걱정을 불러일으켰다.•••

19세기의 소설 생산은 장르의 독자적 흐름을 점점 더 반영한 탓에 소설이 지닌 사회파괴적 성격을 비판하는 책들이 숱하게 쏟아져 나왔

- 예를 들어 세르반테스의 『돈키호테』는 연애감정을 과장하는 표현으로 독자의 정신상태를 뒤틀어놓는 기사소설의 패러디다. 이 소설은 당시 유럽의 책시장에 넘쳐나던 기사소설을 통렬히 풍자하고, 이에 영향을 받아 연심을 키우는 귀족들을 마음껏 비웃으려는 시도였다. 그러니까 『돈키호테』가 문제 삼은 것은 상상력이 불러일으키는 혼란이 아니라 그런 상상을 강제하는 제도의 기초와 체계였을 따름이다.
- •• 이를테면 토머스 제퍼슨은 이렇게 주장했다. "이 독물이 정신을 물들이면 정신의 기력은 파괴되고 만다. 제멋대로 지어낸 이야기가 정신을 혼미하게 만들기 때문이다. 〔……〕 그 결과는 터무니없이 부풀려진 상상력이며, 병든 판단력이고, 인생이 감당해야 할 현실의 과제를 거부하는 타락이다." 다음 자료에 인용된 것을 재인용함. 허버트 로스 브라운 Herbert Ross Brown, 『미국의 감상적 소설, 1789~1860』 *The Sentimental Novel in America, 1789~1860*, Durham, 1940, 4쪽.
- ••• 어떤 비평가는 연애소설의 고삐 풀린 탐닉을 이렇게 비난했다. "소설의 전반적 경향은 낭만적 상상을 불러일으키는 동시에 머리를 텅 비게 만들며 심장을 무감각하게 만든다." 위의 책에서 인용함. 5쪽.

다. 소설에는 독자가 감상적이며 반사회적인 기대를 품게 할 잠재력이 있다는 게 비난의 골자였다. 요컨대 소설은 사회를 앞질러 가는 감정을 촉발한다는 주장이다. 인생과 예술의 관계를 다룬 것으로 유명한 푸슈킨의『예브게니 오네긴』에서 시골 출신의 평범한 처녀 타탸나는 도시 출신의 세련된 한량 오네긴을 보고는 걷잡을 수 없는 사랑에 빠진다. 소설의 화자는 오네긴의 쌀쌀맞음을 흉내 내며, 여자가 너무 일찍 소설에 빠진 모양이라고 다음과 같이 이죽거린다.

일찌감치 소설을 좋아한 탓에
소설이 그녀의 모든 것을 대신했네.
그래서 리처드슨과 루소의 허구에 빠졌지.
그녀의 아버지는 지난 세기가 남겨놓은
가슴이 따뜻한 사람이기는 하지만
책(소설책)에서 그 어떤 나쁜 것도 찾아내지 못했네.[12]
[……]
마침내 때가 찾아와 그녀(타탸나)는 사랑에 빠졌네.
땅에 떨어진 씨앗처럼
봄의 온기를 받아 생명력을 얻었네.
이미 오래전부터 그녀의 상상력은
감성과 갈망을 먹고 자라며
이 숙명과 같은 먹을거리를 게걸스럽게 집어삼켰지.
이미 오래전부터 그녀는 애타는 연모로
젊은 가슴을 옥죄었어.
그녀의 영혼은 간절히 기다렸지─누군가 나타나기만을[……].[13]

의심할 바 없이 타탸나의 사랑은 이미 준비된 그릇과 같은 것으로, 임의의 어떤 대상이 나타나기만 하면 채워지기를 기다리는 형식이다. 겉보기에 여기서는 낭만적인 오네긴이 그 대상이 된 셈이다. 조지 엘리엇은 소설 『아담 비드』에서 여주인공 헤티 소렐을 이렇게 묘사한다. "헤티는 아직 소설 한 권 읽은 적이 없었다. 그런 그녀가 자신의 기대에 맞는 상대를 어떻게 그려볼 수 있을까?"[14] 제인 오스틴도 『노생거 수도원』에서 비슷한 방식으로 캐서린 모어랜드라는 캐릭터를 묘사하며 이른바 '고딕소설'•이라는 장르를 조롱한다. 캐서린의 터무니없이 부풀려진 상상은 그런 말도 안 되는 소설을 읽은 탓이라는 게 오스틴의 지적이다. 이 밖에도 감정을 미리 앞당겨 사랑의 그림을 그리는 소설작풍을 두고 아이러니한 풍자를 한 작가는 너무도 많다. 여기서 감정을 미리 앞당겨 꾸민다는 말은 상상의 세계를 탐구하는 게 불러일으키는 감정 그대로, 곧 허구로 세상을 이해한다는 뜻이다.

상상력 그리고 상상력과 소설과 사랑과 사회의 요구 사이의 복잡한 관계를 둘러싼 당대의 걱정을 가장 포괄적으로 다룬 작품은 『보바리 부인』이다. 플로베르의 이 작품은 상상의 시나리오에 흠뻑 빠진 비할 바 없이 진정한 현대적 의식이 겪는 빈곤을 그 무엇도 능가할 수 없을 정도로 탁월하게 묘사한다. 여기서 플로베르가 연구하는 것은 상상의 시나리오가 현실과 직면할 때 어떤 일이 벌어질까 하는 물음이다. 소녀 시절 엠마 보바리는 사랑의 상상과 사치의 꿈을 키워주는 소설들을 남몰래 읽는다.

• Gothic romance: 18세기 말과 19세기 초에 걸쳐 유행한 소설양식으로 허구적 서사에 공포와 미스터리 분위기를 담아내는 게 특징이다. 이른바 '스릴러소설'의 원형이 된 장르다.

거기에는(소설들에는) 매 쪽마다 연애, 연인, 시골의 외로운 오두막집에서 의기소침하게 살아가는 버림받은 여인, 모퉁이와 막다른 골목에서 살해당하는 우편마차 마부들, 탈진할 정도로 달려 숨이 끊어지는 준마들, 음침한 숲, 두근두근 뛰는 심장, 맹세와 흐느낌, 눈물과 키스, 달빛 아래 타고 즐기는 곤돌라, 덤불에서 지저귀는 나이팅게일, 사자처럼 용맹하고 양처럼 온순하며 도무지 현실적으로 보이지 않을 정도로 뛰어난 덕성과 경우에 따라서는 눈물을 강처럼 흘릴 각오가 된 고결한 신사들로 넘쳐난다. 15세의 엠마는 6개월 가까이 손가락들을 고서점에서 빌려온 낡은 책들의 먼지로 묻혔다. 그러다가 우연히 엠마의 손에 월터 스콧 경의 소설들이 잡혔다. 이제 그녀는 역사적인 일, 이를테면 뾰족 솟은 성탑이나 왕궁의 기사들과 방랑하는 음유시인들을 꿈꾸기 시작했다. 그녀는 고풍스러운 대리석 저택에서 살고 싶은 마음이 굴뚝같았다. 거기서 엠마는 허리가 잘록 들어간 늘씬한 가운을 입고 고딕풍 창틀에 팔을 굽히고 손으로 턱을 괸 귀부인처럼 눈 아래 펼쳐진 클로버 풀밭을 보며 이런저런 꿈들로 하루를 소일하다가, 하얀 깃털로 장식된 투구를 쓴 늠름한 기사가 흑마를 타고 지평선 너머에서 나타나 자신에게 달려오지는 않는지 살피고 싶었다.[15]

여기서 플로베르가 묘사하는 상상은 지극히 현대적이다. 명료하고 생생하며 거듭 되풀이되는 장면들로 이뤄진 일상의 꿈이라는 형태로, 말 그대로 구조화한 상상력이다. 윤곽이 분명한 묘사들은 타탸나와 헤티 소렐 그리고 캐서린 모어랜드가 느끼는 산만한 갈망을 고스란히 불러일으킨다. 이런 갈망은 그것을 이야기하는 사람이 등장하는 형식이라는 점에서 물론 언어적이며 달빛, 목가적 전원풍경, 격정적 포옹 등을 연상한다는 측면에서 시각적 구조도 함께 가진다. 확실히 사랑을 현대적 감정으로 만드는 것은 실제로 사랑이 어느 정도 감정을 앞당기느냐다. 다시 말해 충분히 잘 상상해서 그려낸 감정과 문화의 시나리오로 어떤 감정을 바라는 갈망은 물론이고 거기 속하는 멋진 인생을 더불어 동경하게 될 때 사랑은 현대적 감정이 된다(이에 대비되는 근대의 감정은 공포나 희망을 앞당기는 것이리라. 죽음 이후 지옥이나 낙원의 형태로 미리 맛보는 감정 말이다). 엠마 보바리는 처음으로 불륜을 저지르면서 이 체험을 오로지 자신의 상상력을 채우고 있던 문학장르의 형태로 꾸며낸다.

거듭 그녀는 자신에게 다짐했다. "드디어 애인이 생긴 거야, 애인이!"
〔……〕 그녀는 모든 게 열정이며 절정이자 황홀함인 기적의 세계로 들어섰다. 주변에서 끝을 알 수 없는 신선한 푸른빛이 그녀를 감쌌다. 상상의 눈앞으로 밀도 높은 감정의 산꼭대기가 웅장한 모습을 뽐냈으며, 저 멀리 산봉우리가 만든 어두운 그늘 아래에서 일상은 희미하게만 보였다.
그녀는 지금껏 읽었던 소설들의 여주인공을 떠올렸다. 감상적인 이 불륜녀들 무리는 그녀의 기억 속에서 수녀들의 목소리로 합창을 불렀다. 오, 그 황홀한 울림이여! 그녀는 마치 자기 상상세계의 일부가 된 것처럼 느꼈다. 저 상상의 피조물들이 그녀 안에서 생명력을 얻었다. 소녀 시절의 오랜 꿈이 드디어 실현되었다. 그토록 선망해온 매혹적인 여인이 곧 자기 자신이 된 것이다. 〔……〕 이제 승리감을 만끽했다. 오랫동안 억눌러온 감성이 터져 나오며 이루 말할 수 없는 삶의 환희가 끓어올랐다. 그녀는 그 어떤 죄책감이나 불안 혹은 혼란 없이 사랑을 즐겼다.[16]

이런 상상의 세계는 현재 있지도 않은 감정을 미리 앞당김으로써 엠마가 스스로 자신을 불행한 아내라고 여기게 만들면서 레오와 로돌프와 바람피우는 걸 부추긴다.『보바리 부인』은 상상 그리고 일상의 가정생활이 요구하는 과제와 의무 사이에서 빚어지는 갈등의 원인을 추적해 들어간 소설들 가운데 첫 번째다. 물론 엠마보다는 돈키호테가 훨씬 더 상상을 즐기며 헛된 꿈을 키우기는 한다. 그러나 돈키호테의 낭만적 상상은 남편이나 아버지로서의 의무를 위협하지 않는다. 말하자면 가정이라는 영역을 침범하지는 않는 게 돈키호테의 상상이다. 이와 달리 엠마는 일차적으로는 착하지만 평범한 시골 의사의 아내라는 점이 부각된다. 그리고 그녀가 평소 절대적으로 소중하게 여기는 꿈에는 어떻게든 비루한 일상을 떨쳐버리고 싶다는 감정이 숨어 있다. 또한 부유한 귀족 신분으로 올라가기를 간절히 원한다. "집안의 속물근성은 화려함과 장엄함이라는 유토피아를 꿈꾸도록 유혹했다. 이로써 부부생활의 즐거움과 기쁨은 불륜을 저질러서라도 맛보고 싶은 정욕에 자리를 내줬다."[17] 여기서 상상은 사적이고 감정적인 동시에 사회적이고 경제적이다. 단적으로 말해 상상은 미래를 자신의 식민지로 삼으려는 추진력 그 자체다. 현재 내려야 하는 결정의 근거로 내세워지는 것은 미래를 두고 그리는 그림이다. 그리고 상상은 다시금 이 그림을 가지고 미래를 꾸며낸다. 대중문화에서 상상력의 제도화가 보여준 가장 흥미로운 전환 가운데 하나는 대중문화가 갈수록 기술과 문화의 장르에 지배당한다는 점이다. 여기서 문화장르란 욕구와 갈망 그리고 앞당긴 감정(미래의 감정을 두고 느끼는 감정)을 촉발하며, 이런 감정을 어떻게 느껴야만 하는지 또 어떻게 표현되는 게 마땅한지, 그 인지적 시나리오를 쓰는 각종 창작행위를 뜻한다.

상상력이 현재에 영향을 주고 꾸며나갈 수 있는 힘은 바로 다음과 같은 점에서 얻어진다. 곧 상상력은 현재의 가능성, 그러니까 현재는 앞으로 무엇일 수 있으며 또 무엇이어야 하는지 그 가능성을 항상 두

드러지게 드러내는 것이다. 『보바리 부인』의 화자가 분명히 강조하듯, 낭만적 상상력은 두 가지 효과를 가진다. 우선 낭만적 상상력은 사랑을 예견하는 감정, 즉 현실에서 드러나기 전에 느끼고 꿈꾸게 되는 감정으로 바꿔놓는다. 이 앞당겨진 감정이 다시금 현재를 달리 평가한다. 현실의 감정과 허구의 감정이 중첩되며 엇갈리기 때문에 빚어지는 일이다.

편지를 쓰는 동안 그녀의 상상 앞에는 전혀 다른 남자가 서 있었다. 그러니까 레오가 아니라 꿈이 빚은 형상이었다. 그녀의 가장 열정적인 기억, 최고로 그럴싸했던 소설 주인공의 회상, 그녀의 가장 뜨거운 정욕이 구체화한 우상이 그녀에게 미소 지었다. 점차 상상의 애인이 너무나 친숙해진 나머지 그녀는 남자가 마치 실제로 존재하는 것 같은 착각을 일으켰다. 그러자 그녀는 마치 남자의 품에 녹아드는 것만 같아 기묘한 전율을 느꼈다. 남자를 전혀 구체적으로 떠올릴 수 없었는데도 말이다.[18]

엠마의 상상은 레오를 현실과 허구 사이를 떠도는 형상으로 바꿔놓는다. 그리고 그녀의 느낌은 이미지를 동원하는 문화의 전형과 스크립트라는 현실로 구체화한다.

엠마는 사랑과, 사랑을 두고 자신이 그린 그림을 구별하지 못한다. 홉스와 사르트르의 주장과는 반대로 엠마의 상상은 그녀의 일상생활보다 생동감이 훨씬 넘쳐나며 좀더 현실적이다. 포스트모더니즘의 불평을 미리 앞당겨놓고 본다면, 엠마의 사랑은 오로지 공허한 기호의 반복에 지나지 않는다. 그리고 이 공허한 기호는 당시 막 출현하기 시작한 문화산업이 반복해서 써먹었다. 그러나 이로써 엠마의 일상생활은 상상이라는 원본의 빛바랜 복사물, 거의 알아보기 힘든 모조품으로 전락하고 만다. 보드리야르의 걱정을 미리 끌어다 정리해본다면, 엠마의 현실은 그녀의 상상 탓에 가상으로 졸아들고 말았다. 현대에서 상상력의 활동은 주관이 현실과 맺는 관계에 영향을 미친다. 상상은 현실을 비워내 그것을 오로지, 머릿속으로만 그려보는 시나리오의 창백하게 빛바랜 반사로 만들어버리기 때문이다.

상상력이 일으키는 문제의 핵심은 우리의 욕구가 갖는 본성을 왜곡한다는 점이다. 상상력으로 무장한 문화는 인간이 무엇을 어떻게 욕구해야 하는지 일종의 원본을 제시하며 우리로 하여금 이를 따르라고 강제하기 때문이다. 문화가 산출한 이런 욕구는 일상에서 우리가 흔히 보는 형태의 고통을 불러온다. 이를테면 만성적 불만, 풀리지 않는 실망, 끝없이 되풀이되는 갈망 등이 그것이다. 상상으로 경험을 앞당기는 일은 두 가지 문제를 낳는다. 그 하나는 인식론의 문제다(내가 지금 겪고 있는 것은 사실 그 자체일까, 아니면 그 묘사에 지나지 않을까?). 다른 하나는 윤리의 문제다(상상으로 미래를 앞당겨 살아가는 일은 훌륭한 인생을 못 만들지 않을까?). 상상력의 기술화가 감정적으로 어떤 결과를 불러왔는가 하는 물음은 20세기의 특징이 그런 기술화의 엄청난 가속화인 만큼 아주 절박하게 다가온다. 영화는 소설이 시작한 것을 완벽하게 만들었다. 곧 영화는 관객이 등장인물을 자신과 동일시하게 만드는 기술인 동시에, 머릿속으로만 그리던 그림을 실제 시각영상으로 만들어냈고, 일상의 비루함과 따분함을 미학적 장면으로 포장했다. 한마디로 영화는 갈망을 상상하고 그려내는 기술의 폭을 엄청나게 확장시켰다. 소비문화는 인류역사의 그 어떤 다른 문화보다 더 강력하게 인간이 상상력을 활용해 헛된 꿈에 빠져 지내도록 강제했다. 소비문화의 이런 강제는 때로는 매우 공격적이었다. 사실 엠마가 엄청난 빚을 지게 만든 것은 바로 그녀의 상상력 아니던가. 교활한 상인 뢰르가 엠마의 상상력을 살금살금 부추겨 옷감과 자잘한 유행 장신구들을 사들이게 했던 것을 주목해보라. 그러나 상상력과 소비문화 사이의 이런 연관은 매우 드물게 주목받을 따름이다. 실제로 엠마의 상상력은 19세기 프랑스의 초기 소비문화와 직접적으로 맞닿아 있다. 이때 매개 역할을 하는 게 바로 낭만적 욕구다.

이 장의 서두에서 인용했던 아도르노의 주장에 따르면, 상상의 능력은 소비화한 시민사회의 문화를 통해 훈련받은 동시에 가혹할 정도로 자극되었다. 콜린 캠벨*을 비롯한 사회학자들은 소비가 꿈과 판타지에 의해 추동되며, 이는 개인들로 하여금 심각한 정체성 혼란에 빠지도록 한다는 점에 의견이 일치한다. 『낭만주의 윤리와 근대 소비주의 정신』에서 캠벨은 소비문화가 모든 일의 중심에 '낭만적 자아'를 가져다놓았다고 논증한다. 풍부한 감정을 자랑하는 이 낭만적 자아는 감정과 상상과 몽상을 불러일으키는 진정성을 간절히 갈망한다는 게 그의 논지다.[19] 소비경험의 발전 양상을 예견하는 논의에서 캠벨은 이렇게 지적한다. "중심적 소비활동은 〔……〕 상품을 실제로 선택하고 구매하며 이용하는 게 아니라 이미지를 즐기려는 탐닉과 중독을 낳을 게 틀림없다. 상품의 이미지가 그렇게 하도록 이끈다."[20] 이로써 소비주의의 자아와 낭만적 자아는 역사적으로 공동체를 이루었다.

이런 종류의 은근하면서도 꾸준한 몽상이 어떻게 일어나는지 캠벨이 정확히 짚어주지는 않았다. 그러나 우리는 그 몽상의 원천으로 네 가지를 꼽아볼 수 있을 듯하다. 흔히 우리가 '몽상' 혹은 '갈망'이라 부

* Colin Campbell(1940~): 영국의 사회학자로 요크 대학교 명예교수다.

르는 강력한 인지 작동방식은 이 네 가지 원천이 어우러져 빚어내는 게 틀림없어 보인다. 우선 복잡하고도 끝없이 이어지는 의미창출 과정에 방점을 찍어주는 것은 다름 아닌 '상품'이다. 이 의미창출 과정은 상품을 사회계급이 지닌 정체성과 연관 짓는다. 광고와 브랜드 이미지 관리 그리고 다른 미디어 채널들을 총동원하는 의미창출 과정은 저 브랜드 상품을 쓰면 멋진 인생을 살 것만 같은 연상을 불러일으킨다. 달리 말하자면 소비문화에서 어떤 상품에 대해 품는 판타지(이를테면 멋진 스포츠카)를 특정 대상에서 끊임없이 연상되는 판타지(미녀와의 섹스)와 분리하는 일은 갈수록 어려워진다. 물질 판타지와 감정 판타지가 맞물리며 서로를 강화해주는 셈이다. 몽상의 두 번째 원천은 두 가지를 포괄한다. 인쇄매체와 시각매체는 잘난 사람들의 '스토리'와 '이미지'를 앞 다투어 퍼뜨린다. 대개 성공한 사람들이며 감정의 행복을 성취했다고 여겨지게끔 연출된다. 이런 캐릭터는 스토리보드가 명확한 시나리오와 시각적 이미지로 사랑의 감정을 뿜낸다. 마지막으로 생각해볼 수 있는 원천은 1990년대 이후 등장한 '인터넷'이다. 이 가상의 세계는 상상력을 자극하고 움직이게 만드는 기술의 총화다. 네트워크는 특히 자아로 하여금 상상을 통해 무수한 형식으로 자신의 이미지를 꾸며보며, 상상으로 진짜 체험을 흉내 낼 수 있게 해주었다. 이 네 가지 매체, 곧 상품과 스토리보드와 이미지와 웹사이트는 저마다 고유한 방식으로 현대의 자아를 욕구하는 자아로 자리매김하는 데 기여한다. 여기서 자아는 경험을 갈망하며 특정 대상이나 생활방식을 꿈꾸고 이미지를 가상으로 경험하는 주체다. 현대의 주체는 갈수록 자신의 희망과 감정을 상품, 이미지, 스토리, 기술 등을 통한 가상의 방식으로 지각한다. 이런 다양한 중개는 다시금 욕구의 구조화를 이끌어낸다. 다시 말해 무엇이 어떻게 욕구되어야 하는지 아예 일정한 틀을 제시함으로써 욕구라는 것의 심리적 역할에 영향을 미친다. 판타지는 소비재 시장과 대중문화로 제도화한 탐욕과 감정을 경험하는 무시하지 못할 형식이 되었다.

사회학의 입장에서 나는 조직화하고 제도화한 생활방식으로 상상력을 정의하고자 한다. 상상력은 사회가 조직해낸 것이다. 예를 들어 남자와 여자의 상상은 각기 다른 방식으로 자극된다. 더 나아가 서로 다른 대상을 가진다(이를테면 여자에게 중요한 것은 사랑이며, 남자에게는 사회적 성공이 중요하다). 상상력은 사회가 제도화한 것이다. 다시 말해 상상력은 인쇄와 시각영상이라는 형식으로 특별한 문화장르와 기술의 자극을 거쳐 유포된다. 특히 사랑과 가정생활과 섹스라는 사회적 영역에 일정한 틀을 강요하는 게 상상의 제도화다. 상상이 갖는 문화적 내용은 아주 체계적이며 명료한 인지형식을 자랑한다. 상상은 우리가 익히 아는 스토리와 시각이미지로 연출되는 것이다. 이로써 상상은 사회적 문제를 낳았다. 이를테면 자신의 남편을 소외했거나, 자기 인생은 황폐하고 지루할 뿐이라는 감정을 촉발했다. 상상은 감정의 습관으로 구체화했다. 있지도 않은 감정을 미리 앞당겨 꾸며낸 허구의 감정이 우리의 감정생활을 지배하며 현실의 인생을 장악한다. 이로써 상상력은 우리가 주관, 곧 의지와 욕구의 주체라고 부르는 것의 상당 부분을 형성하는 사회와 문화의 관행으로 자리잡았다. 상상력은 감정생활을 형성하며 일상을 지각하는 데 영향을 준다.

허구적 감정의 의미와 특징

상상력으로 촉발되는 감정과 인지의 과정을 생각해보면서 우리는 허구가 사회화에 얼마나 엄청난 의미를 갖는지에 초점을 맞추지 않을 수 없다. 상상력은 사랑의 문화사회학에 특히 중요하다. 상상력이 그만큼 허구 그리고 허구성과 뿌리 깊게 얽혀 있기 때문이다. 또 제도화한 허구(방송, 만화, 영화, 아동서)가 사회화에 핵심적인 것이 되었기 때문이기도 하다. 허구성은 자아를 형성하는 데 결정적 역할을 한다. 다시 말해 자아는 꾸며진 이야기를 들으며 앞으로 이런저런 인간이 되겠다는 감정을 얻게 되고 그런 식의 이야기에 나오는 주인공을 자기 자신으로 받아들인다. 이때 문화사회학이, 아주 중요한데도 미처 다루지 못한 문제는 감정이 어떻게 관념에 침투해 들어오며 거꾸로 감정은 어떻게 관념적이고 서사적이며 허구적인 내용을 흡수하느냐다. 이런 과정은 내가 허구적 감정상상fictional emotional imagination이라 부르는 것 안에 포함되어 있다.

정확히 말해 '허구적 상상'은 지어낸 이야기를 담은 책을 읽거나 다루면서 그 나름대로 자기 감정을 불러일으키는 종류의 생각이다. 허구의 텍스트 독서와 연관해 비조이 보루아*는 상상력을 이렇게 정의한다. "일종의 주장되지 않은 생각, 곧 참조 차원의 진리와는 전혀 무관한 진리이며, 오로지 즐기기 위한 생각일 따름이다."[21] 그리고 주장되지 않은 믿음이란 우리가 존재하지 않는 것으로 아는 캐릭터와 그 행동을 바라보는 믿음이다. 그럼에도 보루아의 정의는 계속된다. "주장되지 않은 믿음", 곧 상상은 현실적 감정을 불러일으킨다. 보루아가 제시하는 논제는 허구적 상상이 그가 '허구적 감정'이라 부른 감정의 특정한 부분집합을 가지고 행동을 촉발한다는 것이다. 허구적 감정이

* Bijoy H. Boruah: 인도 공과대학교의 철학과 교수다.

'현실적 삶'의 감정과 이웃하는 것은 의심할 여지가 없는 사실이다. 말하자면 허구적 감정은 현실의 감정을 흉내 낸다. 그러나 이 두 감정을 동일시할 수는 없다. 허구적 감정은 우리가 그게 실재하지 않는다거나 불가능함을 아는 바로 그것에 의해 촉발되기 때문이다("『안나 카레니나』의 결말에 이르면 나는 언제나 눈물을 흘렸어. 그녀가 현실에 존재한 적이 없다는 걸 알면서도 말이야." "영화의 주인공들이 결국 화해해서 정말 좋은 기분으로 영화관을 나섰어."). 허구적 감정은 진짜 감정과 똑같은 인지적 내용을 가진다. 영화를 보며 거기 그려진 역병을 보고 구토를 일으키거나, 절친한 친구가 주인공을 배신하는 것에 분노하곤 한다. 그러나 허구적 감정은 우리가 그 미학적 형식에 빠졌기 때문에 일어나는 것일 따름이다. 다시 말해 허구적 감정은 우리 자아가 스스로 거는 최면과 같다. 허구적 감정은 언제나 나 자신의 자아로부터 비롯되는 것일 뿐 다른 사람과 주고받는 역동적 상호관계의 일부는 아니다. 이런 의미에서 허구적 감정은 진짜 감정보다 다루기가 더 까다롭다. 아마 그래서 허구적 감정은 그 자체로 완결되는 독자적 생명력을 갖게 되는 모양이다. 이런 허구적 감정이 다시금 문화적 상상력에 기초가 되는 것이다. 사람들은 감정을 지어내며, 미디어의 내용과 직면하면서 감정을 미리 앞당겨 일으킨다.

사랑의 이미지와 스토리는 불과 몇 개 안 되는 핵심 스토리와 이미지로 압축된다. 사랑은 흔히 당사자의 행동에 의미를 부여할 뿐 아니라, 그 행위의 동기가 내면에서 우러나오는 강렬한 감정으로 연출된다. 사랑은 다양한 관점에서 어떤 행동을 이끄는 궁극적 동기부여다. 사랑은 내적이거나 외적인 장애를 극복하는 힘으로, 더없이 행복한 상태로 그려진다. 등장인물들은 첫눈에 사랑에 빠지며, 관객과 연인을 서로 묶어주는 것은 그 등장인물들의 아름다운 외모다. 사랑은 분명하게 인지되는 의례로 표현된다. 남자는 여인의 왕국을 사랑하며, 아주 빨리 그 앞에 굴복한다. 사람들은 연인의 감정을 자기 것처럼 느끼며 그에 따라 행동한다. 바로 그래서 사랑은 흔히 아름답게 세팅된 무대 위의 완벽한 육체적 사랑으로 그려진다.

지어낸 스토리와 인물에 우리 자신을 동일시하면서 허구적 감정이 생겨나고, 그로부터 미리 앞당긴 감정을 고정화하는 인지모형이 생겨난다. 이처럼 지어낸 스크립트로 감정이 형성될 수 있으려면 일련의 조건이 충족되어야만 한다.

생생함

현대적 상상력의 가장 두드러진 특징은 아마도 그 높은 '해상도' 혹은 생생함이리라. 캔들 월턴*에 따르면 생생함이야말로 허구적 내용이 감정을 불러일으키는 가장 중요한 원인이다.[22] 여기서 생생함이란 마치 두 눈으로 직접 보는 느낌이 들도록 대상을 다루며 서로 관계 지음으로써 우리의 정신이 활동하게 만드는 표현능력으로 이해된다. 시각적 이미지가 생생한 내용을 창출하는 것은 미리 앞당긴 경험의 시각화를 가능하게 만들기 때문이다. 이로써 경험은 감정에 알맞은 의미를 부여받는다. 연구자들 대다수는 시각적 이미지가 언어적 내용보다 더 많은 감정을 불러일으킨다고 주장한다. 이로 미루어 우리는 대중매체에서 다뤄지는 스토리는 그 언어적 내용보다 사진과 같은 시각효과로 더 풍부한 감정을 촉발한다고 추정해볼 수 있다.[23] 더욱이 생생함은 리얼리즘으로 강조된다. 사람들은 리얼리즘을 흔히 시각화와 연관 짓기

• Kendall Walton(1939~): 미시건 대학교 교수로 미학과 언어철학을 주로 연구한다.

때문이다. 리얼리즘이 현대의 시각문화를 주도하는 스타일로 자리잡은 이유가 달리 있는 게 아니다. 그래서 결국 허구적 감정은 커다란 반향을 불러일으키는 화면으로 연출될 때 특히 생생해지는 모양이다. 상상을 통해 사랑에 입힌 마음의 그림은 명확하게 이해할 수 있으며 쉽사리 반복된다. 이런 사정은 문화가 활용하는 사랑의 그림이 두말할 나위 없이 두드러지고 선명한 데서 그 원인을 찾을 수 있다. 그리고 이런 그림은 숱한 문화 경연장에 등장한다(광고, 영화, 오락문학, 고급문학, 방송, 음악, 인터넷, 자기계발서, 여성잡지, 종교적 설교, 아동서, 오페라 등등). 러브스토리와 러브신은 사랑을 행복하며 더는 바랄 나위 없는 상태를 이끌어내는 감정으로 묘사한다. 사랑은 우리 문화가 가장 떠받드는 사회적 특성, 곧 젊음과 아름다움으로 치장된다. 사랑은 규범적으로 가장 강력하게 권해지는 제도(결혼)의 핵심이다. 세속의 문화에서 사랑은 존재의 의미와 목적 그 자체다. 특히 사랑은 에로틱한 성격을 암시하는 상황과 몸짓과 말을 연상케 하면서 감정과 심리의 특별한 흥분상태를 불러일으킨다. 이는 다시금 소비자가 보는 그림에 생동감을 더해준다. 요컨대 이런 다양한 조건, 곧 문화적 확장성, 문화의 반향, 문화가 부여하는 정당성, 문화적 의미, 리얼리즘, 몸의 흥분 등이 왜 사랑에 입힌 마음의 그림이 그토록 생생하게 우리의 인지세계에 아로새겨지는지 그 이유를 설명해준다. 『뉴욕타임스』의 「모던 러브」 칼럼에서 애너 브레슬로˙가 무어라 썼던가?

우리 집에는 유난히 남자가 없어서 숙모가 수집한 비디오들에서 보는 남자들이 오랫동안 내가 아는 유일한 남자들이었다. 이들은 모두 격정적 연애

• Anna Breslaw(1987~): 뉴욕에서 활동하는 여성 작가다.

를 했으며 갖은 어려움 끝에 간신히 얻어낸 구원의 해피엔드를 자랑했다. 그러니까 내가 본 남녀관계의 전형은 바로 그런 것이었다. (……) (내가) 착하고 상냥한 남자는 거부하고, 내 등 뒤에서 도시가 불타고 있을 때에만 열렬히 키스할 수 있을 거라고 상상할 수밖에 없는 이유였다.[24]

내레이션을 통한 동일시

머릿속으로 그린 그림은 선취, 곧 우리가 이른바 미리 앞당긴 감정이라 부른 것을 통해 현실의 감정을 빚어낸다. 이는 곧 스토리가 생생해서 빚어지는 일이다. 스토리의 생생함이란 등장인물들이 이야기의 진행과 더불어 일으키는 동일시라는 강렬한 작용방식이다. 현대의 감정은 갈망을 만들어내고 조작하는 이미지와 가상기술의 지배를 받는 탓에 허구적이다. 이런 의미에서 우리는 모두 엠마 보바리다. 우리의 감정은 허구의 스토리에 깊게 뿌리내리고 있기 때문이다. 감정은 스토리 안에서 발전하며 그 자체가 스토리로 변모한다. "우리는 모두 인생을 살면서 스토리를 경험하며, 이렇게 겪은 스토리의 도움을 받아 우리 인생을 이해한다."[25] 그렇다면 우리는 감정의 내레이션 형식, 특히 낭만적 종류의 감정을 다룬 스토리가 대중매체와 소비문화에 의해 만들어져 유통된다고 말할 수 있다. 감정은 허구와 떼려야 뗄 수 없이 맞물린 탓에 스토리를 담고 있으며, 또 스토리 형식의 인생 프로젝트로 경험될 수밖에 없다. 이런 감정들이 스토리로 발전할 수 있게 만들어주는 요인은 감정이 스토리 안에서 강력한 동일시 과정을 불러일으킨다는 사실이다.

허구적 동일시가 무엇을 뜻하는지 자세히 들여다보기 위해 키스 오틀리[•]는 동일시의 두 가지 정의를 제안한다.

의미 1은 (재)인식, 의미 2는 모사다. 프로이트가 생각하는 동일시에 따르면, 사람은 어떤 행위를 경험하고 자신 안에서 그 행위의 근거 혹은 그런 행위의 욕구를 동일시한다(의미 1). 그런 다음 해당 인물은 자신의 욕구로부터 그 같은 행위나 태도를 무의식으로 추론해 들어가며, 그런 행동을 흉내 낸다(의미 2). 그래서 모사의 모범이 되는 인물을 닮아간다.[26]

오틀리에게 동일시란 자신이 '시뮬레이션'이라고 부르는 것의 핵심이다. 오틀리는 '시뮬레이션'을, 소설 주인공이 지닌 감정을 독자가 흉내 내는 것으로 이해한다. 그러니까 컴퓨터에서 이뤄지는 시뮬레이션과 다를 바 없다. 동일시와 시뮬레이션은 네 가지 기본과정을 통해 일어난다. 우선 독자는 주인공의 목적을 독자 자신의 것처럼 여긴다("구성은 이야기를 통해 주어진 세계에서 그런 계획을 처리해나가는 과정이다." 혹은 어떤 구성을 받아들인다는 것은 의도를 목적과 결합해주는 특별한 길을 고안해낸다는 의미다). 그다음으로 독자는 세계, 또는 경우에 따라서 독자가 상상하는 세계를 생생하게 묘사한다. 화자는 독자를 겨눈 언어행위를 통해 이야기가 그럴싸하다는 믿음을 불어넣어주어야 한다. 마지막으로 독자는 이야기가 담고 있는 다양한 요소를 하나의 '전체'로 종합한다. 오틀리에 따르면 독자는 동일시와 시뮬레이션의 이런 네 가지 과정을 통해 감정을 느낀다. 달리 말하면 상상력은 문화가 써놓은 대본을 읽으며 감정을 불러일으키는 셈이다. 이런 감정은 등장인물, 이야기 전개, 등장인물의 의도 등을 자기 것으로 동일시함으로써 빚어지는 감정을 시뮬레이션한다. 여기에 생생한 시각효과가 보충되면, 이야기로 그려진 많은 장면은 독자의 정신적

● Keith Oatley: 영국에서 태어나 캐나다로 이주해 활동하는 심리학자이자 소설가다.

틀 안에 아로새겨져 개인이 감정을 예견하고 상상하는 방식의 일부로 자리잡는다. 우리는 자신의 고유한 감정을 미디어 문화 안에서 그리고 미디어 문화를 통해서 숱하게 만나기 때문에 우리의 감정적 사회화의 일부는 허구라고 말할 수 있다. 결국 우리는 도처에서 반복적으로 만나는 문화의 시나리오와 스토리를 통해 감정을 개발하고 선취한다. 다시 말해 우리는 어떤 규칙을 지켜가며 감정을 표현해야 하는지, 어떤 감정이 우리 인생에서 얼마나 중요한지, 그리고 어떤 어휘와 수사로 이런 감정이 표현되어야 하는지를 몸소 겪어보기 전에 미리 앞당겨 받아들인다.

허구적 감정은 캐릭터와 행동에 자신을 동일시하는 작용과정을 통해 일어난다. 그리고 이런 작용과정은 일종의 틀 혹은 판처럼 상황을 평가하거나, 인생을 살며 겪는 사건들을 두고 의미를 곱씹어보면서 감정을 미리 앞당겨보게 만든다. 이런 의미에서 상상의 앞당기기는 우리의 인생설계에 바탕을 이루는 허구적 감정의 기본 틀을 제공한다. '시나리오'에 따르는 앞당기기는 스토리를 일종의 모델로 정형화한다. 이런 모델의 도움을 받아 우리는 새롭게 겪는 사건과 그에 따른 감정 그리고 예상되는 목표를 정리한다. 바로 그래서 우리의 인생설계는 허구적 감정으로 포장된다. 거꾸로 허구적 감정이 인생설계로 꾸며지기도 한다.

37세의 여성 번역가 베티나는 인터뷰에서 자조적 아이러니를 약간 섞어 다음과 같이 털어놓았다.

> 베티나 어떤 남자와 사귀게 되면 두 번째나 세 번째 만남 이후, 심지어 그보다도 훨씬 빨리, 정말 믿기 힘든 노릇인데, 결혼을 상상해요. 웨딩드레스와 청첩장 등이 떠오른다고요. 심지어 처음 만난 지 몇 분 지나지 않아

그럴 때도 많답니다.

나　그건 멋지고 아름다운 감정인가요?

베티나 그렇기도 하고 아니기도 해요. 내가 사랑을 한다는 상상을 하고 그런 장면을 그려보는 거야 본래 멋진 일이겠죠. 그러나 반드시 원하는 게 아닌데도 그런 상상에 완전히 빠진다는 건 이상해요. 좀더 신중하고, 모든 걸 더 잘 장악하고 싶지만, 내 상상, 이 감상적인 너절한 상상은 언제나 나를, 그다지 원치 않는 곳으로 데려가곤 해요.

나　"감상적이며 너절하다"는 게 뭔가요?

베티나 어디선가 아주 굉장한 사랑이 저를 기다릴 것 같은 기분 말이에요. 눈앞에 시나리오가 보여요. 저녁이면 서로 손을 잡고 한 잔의 샴페인을 마신다거나, 멋진 곳으로 함께 여행을 가거나, 미친 듯 서로 탐닉하며 한마디로 끝내주게 사는 거죠. 상상만으로도 짜릿한 섹스를 즐기면서. 그런데 이 모든 게 영화에서 본 그대로예요.

이 여성은 스스로 실토하듯, 어떤 남자에게 끌리는 마음을 자기 생각대로 가다듬은 스토리로 꾸려갈 능력이 부족하다. 마치 미리 짜 맞춘 듯한 감정을 따라가느라 급급할 뿐이다. 그러나 이런 상상과 그에 속하는 감정을 촉발시키는 것은 사회가 은연중 심어놓은 틀에 따른 스토리를 갖는 시나리오다.

캐서린 타운센드도 관계를 회복하려는 희망으로 옛 남자친구를 만난 경험을 비슷한 방식으로 털어놓는다. 그녀는 그를 만나기 전 자신이 미리 앞당겨본 이미지가 머릿속에 가득했으며 이런 마음가짐이 현실을 실망스러운 경험으로 바꿔놓았다고 고백한다.

내가 영국 남자들에게 사로잡힌 건 〈네 번의 결혼식과 한 번의 장례식〉에서 휴 그랜트가 보여준 연기 때문이다. 이 영화를 보며 나는 영국 남자들은 갈팡질팡하며 스트레스를 받는 듯 보여도 결국 끝까지 돌파해서 사랑을, 그것도 쏟아지는 장대비 속에서 사랑을 고백하는구나 하고 감동받았다.

하기야 이곳은 셰익스피어의 나라 아닌가. 물론 여기서 내가 만나본 남자의 대다수는 '코틀리 러브'courtly love라는 게 커트 코베인과 관련 있는 건가 하고 생각할 뿐이었지만 말이다.•

또 다른 흔한 판타지는 지하철 객차의 문이 스르륵 열리고 콜린 퍼스처럼 생긴 남자의 눈이 나를 똑바로 바라보는 것이다.

지하철에서 나에게 말을 거는 남자들이 대개는 잔돈 따위에 관한 것이라 할지라도, 나는 땀냄새를 풍기는 무리 어딘가에 무슨 명상이라도 하듯 폼 잡지 않고 자기 자리를 지팡이 든 노인에게 양보하는 남자를 만날 수 있으리라는 희망을 버리지 못한다(설혹 진짜 그렇게 하는 남자가 있다면 그 즉시 관심이 식어버릴 테지만 말이다).

내 옛날 남자친구는 언제나 자신의 감정을 내보이기 어려워했다. 그가 나를 라스베이거스로 초대했을 때 어떤 이유인지 몰라도 이런 생각이 들었다. 엉뚱하고 미친 것 같은 환경에서 우리는 무언가 함께하도록 강제되었다고 말이다. 이렇게 해서 결국 우리는 더욱 가까워질 수 있지 않을까.

우리의 주말이 〈라스베이거스에서만 생길 수 있는 일〉 같은 손발 오그라드는 낭만적 코미디였다면 우리는 슬롯머신에서 잭팟을 터뜨려 만취한 채 결혼식을 올렸을 테고, 우리가 함께 겪은 기괴하고도 웃기는 모험은 아마도

• 본문의 이 표현은 미국의 록 가수 커트 코베인Kurt Cobain(1967~1994)의 아내 '코트니 러브'Courtney Love(1964~)에 빗댄 말로, 영국 남자들은 '코틀리 러브'(기사도적 사랑)를 '코트니 러브'로 착각한다는 비아냥거림이다.

그로 하여금 나를 얼마나 사랑하는지 깨닫게 해주었으리라. 그랬다면 아마도 훗날 언젠가 손자들에게 들려줄 끝내주는 스토리가 되었을 텐데. 〈프렌즈〉에서 로스와 레이첼 역시 만취한 채 결혼식을 올렸지만 결국 최고의 해피엔드를 맛보지 않았던가.

공항에 도착하자 초짜 항공사 직원은 헷갈린 나머지 아주 친절하게도 더 높은 클래스로 좌석을 지정해주는 게 아닌가. 출발부터 조짐이 좋구나 싶어 흐뭇했다. 비행하는 내내 샴페인을 홀짝거리며 내가 입을 드레스를 상상했다. 〈카지노〉에서 샤론 스톤이 주사위를 던질 때 입었던 그 드레스였다.

로맨틱 영화가 떠받드는 가장 위대한 신화는 아무래도 '진리의 순간'이리라. 서로 전혀 맞을 것 같지 않던 두 사람이 온갖 우여곡절을 겪은 끝에 운명이 점지해준 짝임을 깨닫는 저 동화 같은 순간 말이다. 그럴 때 보통 두 사람 가운데 어느 한쪽이 다른 쪽의 결혼식을 중단시킨다거나, 공항에서 비행기에 탑승하는 마지막 순간에 덜미를 낚아챈다.

라스베이거스의 현실은 지극히 일상적이었다. 옛 남자친구와 나는 주말에 멋진 시간을 보내기는 했지만 잭팟을 터뜨리지는 못했다. 런던에서 벌이던 말싸움이 똑같이 이어졌으며 미니바의 내용물을 남김없이 마셔버렸는데도 우리의 관계는 전혀 해결되지 않았다.[27]

감정을 미리 앞당겨보는 이 텍스트의 서사구조는 말 그대로 '스크루볼 코미디'* 라는 장르의 전형이다. 이 장르가 다루는 진정한 사랑은 거부와 다툼을 겪은 끝에야 비로소 생겨난다. 타운센드는 특정한 스토리 형식, 여기서는 로맨틱 코미디가 어떻게 기대감을 빚어내는지 묘사한

• screwball comedy: 등장인물들이 바보스럽고 우스꽝스럽게 행동하는 영화.

다. 기대감, 곧 현실의 '문제'는 결정적 순간이 오면 극복될 수 있다는 믿음 말이다. 내레이션 구조의 스크립트에 관객이 자신의 자아를 투사하기 때문에 그런 기대감 혹은 감정의 앞당김 또는 몽상이나 상상이 일어난다. 영화의 세계가 평범한 관계를 사실적으로 묘사하기보다 부풀려진 기대감을 조장하는 탓에 이런 일이 벌어진다. 스토리 형식으로 그려지는 사랑은 모든 어려움을 무릅쓰고 결국 승리를 구가한다. 궁극적으로 바로 이게 실망을 낳는 근원이다. 라인하르트 코젤렉이 주장하듯, 현대성의 특징은 현실과 기대 사이의 괴리가 더욱더 커지고 있다는 점이다.■ 이런 괴리는 실망을 불러일으킬 뿐 아니라 실망을 현대인의 삶이 지닌 만성질환으로까지 만든다. 이렇게 볼 때 현대의 상상력은 '부풀려진 기대'와 실망을 나타내는 코드가 되었다. 상상력은 남성과 여성이 각각 원하는 배우자의 특성과 함께 사는 인생을 바라보는 관점을 바꿔놓으며 그것을 터무니없이 위쪽으로 끌어올렸다. 이렇게 해서 상상으로 야기된 실망은 상상의 악명 높은 하녀이자, 특히 사랑의 왕국에서 아픔을 자아내는 주요한 원천이다.

■ 코젤렉의 말을 직접 들어보자. "본인의 논제는 현대에 들어와 경험과 기대 사이의 편차가 갈수록 커지고 있다는 확인이다. 좀더 정확히 말하자면, 현대는 기대가 지금껏 겪어온 모든 경험으로부터 갈수록 멀어지고 있다는 바로 그 점에서 새로운 시대로 파악된다" {Reinhart Koselleck(1923~2006): 독일이 낳은 20세기의 가장 유명한 역사학자로 어떤 학파에도 속하지 않고 독창적 연구를 한 학자다—옮긴이}. 다음 자료에 인용된 것을 재인용함. 위르겐 하버마스Jürgen Habermas, 『현대성의 철학적 논의—열두 편의 강의』*Der philosophische Diskurs der Moderne. Zwölf Vorlesungen*, Frankfurt/M., 1985, 22쪽.

우리는 왜 실망하게 되었는가

우리 시대의 터무니없는 낙관주의자라 할 수 있는 사회생물학자는 상상과 실망의 이런 연관을 화학물질이 강제로 불러일으키는 결과로 설명하리라. 더 높은 차원의 진화적 목표를 이루려고 그런다는 첨언도 잊지 않는다. 사랑에 빠진 사람은 뇌에서 여러 가지 화학물질을 분비해 희열감을 느끼는 동시에 상대방을 두고 상상하는 경향을 띠게 된다고 한다.˙ 이런 물질은 단지 제한된 시간 동안(최장 2년)만 체내에 남기 때문에 낭만적 사랑과 기쁨에 찬 기분은 이내 심드렁한 권태감으로 변하면서 많은 이를 실망에 빠뜨린다. 더 널리 퍼진 견해에 따르면 사랑이 그나마 다른 감정보다는 훨씬 강력하게 상대방의 현재를 감당하는 이유는 제도화와 숙련됨에서 온다. 이런 제도화와 숙련됨이 밀도 높은 감정에서 항상성으로, 신선함에서 익숙함으로 넘어가는 과도기를 극복할 수 있게 해준다는 설명이다. 이로써 '실망'은 사랑경험이 지니는 깨뜨릴 수 없는 실존적 부분이 되었다.

배우자나 자신의 인생과 열정 결여를 둘러싼 실망이 심리학에서 말하는 사적 경험 탓이거나 호르몬으로 이미 결정된 탓이라는 점을 나도 부인하지는 않지만, 그보다는 감정생활을 지배하는 문화모델 때문이라고 생각한다. 마셜 버먼은 근대와 현대의 정체성이 갖는 차이를 이렇게 이해한다. "태어날 때부터 앞으로의 인생 전체가 확정된 인간, 오로지 주어진 틈새만 잘 메우면 되는 인간은 우리의 체계에서 살아가는

˙ 정확히 말하자면 배우자를 이상화하는 밀도 높은 낭만적 사랑은 도파민과 노르아드레날린이 분비된 결과다.

인간에 비해 실망할 확률이 아주 낮다. (……) 오늘날 우리가 어떤 것을 추구하든 사회가 미리 선을 긋는 일은 없기 때문이다." 그럼에도 "엄격한 위계질서를 갖는 사회는 개인에게 그 특별한 재능을 시험할 기회는 주지 않더라도 그런 사회에 속한다는 소속감이 개인에게 **감정적 안정감**을 주기는 한다. 이런 안정감은 오늘날의 우리로서는 전혀 알 수가 없는 것이다."[28] 현대의 관계에서 감정적 안정감이 사라지고 말았다는 생각은 이렇게 변형해서 표현할 수도 있으리라. 현대의 관계는 언제나 실망의 언저리를 맴돌 따름이라고.

그러나 실망만이 아니라 실망을 미리 앞당기며 예상하는 것 역시 현대적 사랑의 특징이다. 〈섹스 앤 더 시티〉의 여주인공이 무어라 하던가. "어떤 남자가 나한테 자신이 낭만적 기질이 있다고 말할 때마다 나는 늘 소리 지르고 싶어. (……) 어떤 남자가 너를 보고 낭만적 상상을 한다는 건 말이야, 네가 현실적이 되어버려 그의 판타지를 더 키워주지 않으면 그는 곧바로 흥미를 잃고 만다는 걸 뜻할 뿐이야. 그래서 로맨티스트는 위험하다고. 그런 작자들은 상대도 하지 마."[29] 이 소설 주인공은 남자의 실망을 미리 앞당겨 예상함으로써 자신의 실망까지 지레 설정하며 현대성을 고스란히 드러낸다. 현대의 인간이 엠마 보바리와 차이를 빚는 지점은 자신과 상대방의 실망을 미리 앞당긴다는 바로 그 점이다.

내 논점은 꿈과 상상이 실망을 불러일으키려면 어떤 식으로든 그 꿈과 상상이 현실과 결합해야 한다는 사실을 부각하려는 것이다. 그러니까 그 결합에는 특정한 방식이 있는 게 틀림없다. 상상의 이미지에서 현실로 넘어가는 특별한 방식은 무엇일까? 또 상상에 빠져 현실을 있는 그대로 받아들이지 못하게 되는 그 난점은 어디서 비롯될까?

유명한 책 『상상의 공동체』에서 베네딕트 앤더슨은 공동체 혹은 민족이라는 게 어떻게 날조되는지 풀어준다.[30] 여기서 그는 공동체의 차이는 그 공동체가 참이냐 거짓이냐가 아닌, 오로지 그 공동체의 스타일에 따라 생겨난다고 주장한다. 상상력, 혹은 문화와 제도가 조직적으로 배치한 판타지는 인간정신의 추상적이거나 보편적인 활동이 아니다. 상상력은 오히려 그것을 현실과 특정 형태로 묶어주는 문화형식을 가진다. 다시 말해 상상력 활용이 원래부터 실망과 엮여 있지는 않았다. 이는 중세에 상상의 능력이 어떻게 기능했는지 그 방식을 역추적해보면 분명하게 드러난다. 중세의 판타지는 지옥과 천당이 주도하고 지배했다. 파라다이스는 젖과 꿀이 강물처럼 흐르는 현실의 지리적 공간이었지, 깔끔하게 다듬어진 내레이션 윤곽을 자랑하는 스토리로 정의되고 논의되지 않았다. 낙원을 둘러싼 생각의 상당 부분은 그게 어디 있으며, 누가 거기 살고, 어떻게 하면 그곳을 찾을 수 있는지를 다루었다. 이를 위해 등장한 상상의 그림은 그 전설의 장소들을 이리저리 배치했다. 장 들뤼모*에 따르면 이런 상상은 17세기까지 이어졌을 뿐 아니라 더욱이 그 시기에 절정을 이루었다. 사람들은 "황금시대를, 축복의 섬을, 회춘의 샘을, 양떼의 목가적 풍경과 향락의 땅을 꿈꾸었다. 〔……〕 우리 서양에서 정원에 이토록 넓은 장소를 허용하고 호의를 베푼 적은 일찍이 없었다"[31] l'age d'or, des iles Fortunees, de la fontaine de Jouvence, de pastorales idylliques et de pays de Cocagne que durant ces deux siecles. 〔……〕 Et jamais auparavant, dans notre Occident, on n'avait accorde autant de place et de

---

*Jean Delumeau(1923~): 프랑스 역사학자로 1975년부터 1994년까지 콜레주 드 프랑스의 교수를 역임했다.

faveur aux jardins. 이처럼 파라다이스는 풍부한 물과 무성한 숲을 자랑하는 구체적 지리공간으로 상상되었다. 15세기에 낙원은 영원한 젊음과 사랑의 무대, 곧 시간과 공간을 뛰어넘는 장소로 각광받았다. 파라다이스의 이런 이미지 구성은 두 가지 특징이 있다. 그 중심에 선이 분명한 캐릭터가 등장하지 않으며 이야기를 끌고 가는 줄거리도 없다. 다시 말해 중세의 파라다이스는 실망이라는 것 자체를 아예 몰랐다. 중세가 상상하는 파라다이스는 어디까지나 현실이었다. 유럽의 수평선 너머 어딘가에 존재하는 실제 땅인 낙원은 실시간이라는 문제와 전혀 충돌하지 않았다. 중세 사람들은 상상된 내용이 어떻게 해서 현실로 이행하느냐 하는 물음을 품은 적이 없다.[32] 그러다가 16세기 언제부터인가 파라다이스는 자취를 잃어갔다. 그러니까 사람들은 낙원이 이 세상 어딘가에 실재한다고 더는 믿지 않게 되었으며, 그래서 파라다이스는 향수적 갈망의 대상이 되었다. 이제 파라다이스는 위로의 분위기를 풍기며 언급되었고 일상의 현실에 빛을 더해주는 소재로만 등장했다. 15세기와 16세기에 낙원은 향수의 땅이었고, 이젠 되찾을 수 없는 잃어버린 파라다이스였다. 그러나 현실의 삶에서 문화적으로 감정을 앞당기는 일은 없었으며, 이로써 실망이라는 문화적 문제와 결부되는 일도 없었다. 소설을 통해 상상력 활용을 자극받으면서야 비로소 낙원은 실망의 원천이 되었을 따름이다. 더 정확히 이야기하자면 상상력이 현실적이 되면서, 곧 일상의 실제 물건들에 겨누어지면서, 실망의 문제가 수면 위로 떠올랐다. 상상력이 민주적이 되면서, 곧 원칙적으로 누구나 접할 수 있는 대상과 경험에 상상력이 접목되면서, 상상된 기대와 일상생활의 제한 사이를 불안하게 오가는 상황이 연출된 셈이다. 실망은 정확히, 사랑경험을 따라다니는 부수적 현상이 된 바로 그 순간부터 우쭐우쭐 부풀려지기 시작했다. 다시 말해 사랑을 하면서 점점 더 강력하게 상상력을 동원하고 일상생활에서 상상력의 비중이 커지면서부터 실망이라는 문제가 본격적으로 등장했다.

실망의 본질을 이해하고자 나는 우선 일회적 사건으로서의 실망, 이를테면 기대에 조금도 미치지 못하는 사람을 만난 경우와, 오랜 시간에 걸쳐 이뤄진 탓에 희미한 감정이 되어버린 실망을 구분하고자 한다. 일회적인 경우의 실망은 첫 만남에서 볼 수 있는 것처럼 분명하고도 명확하다. 그리고 이런 실망은 갈수록 늘어나는 인터넷 짝찾기 사이트 이용과 더불어 빈번하게 찾아볼 수 있다. 두 번째 경우는 일상생활의 경험이 쌓여 이뤄지는 실망이다. 실망이 이 두 가지 형식으로 다르게 나타나는 것은, 이를 알아보는 인지 스타일에 차이가 나기 때문이다. 첫 번째 경우 우리는 만나기 이전에 그 사람을 두고 마음속으로 명확한 그림을 그린 탓에 실망한다. 두 번째 경우 실망은 인생이란 무릇 이러저러해야 한다는 일반적이고 애매한 내레이션 형태의 기대를 자신의 일상생활과 암묵적으로 비교해보는 탓에 빚어진다.

실망하는 인생

우리 일상에서 실망의 감정을 일으키는 요소들은 무엇인가? 우리 일상을 통해 집적되는 주도적 경험이 실망이 되도록 만드는 요소에는 어떤 게 있는가? 우선 앞서 스케치해본 실망의 두 가지 형식 사이의 차이를 달리 접근해보자. 대니얼 카너먼*과 그의 동료들은 의식의 두 가지

• Daniel Kahneman(1934~): 주로 미국에서 활동하는 이스라엘의 심리학자로 2002년 준합리적 경제이론이라는 분야를 개척한 공로로 노벨 경제학상을 받았다.

형식을 구분했다. 그 하나의 의식형식에서 인생은 순간들이 끝없이 이어지는 흐름으로 체험된다. 다른 의식형식은 체험을 기억하고 형태에 따라 분류한다. 카너먼과 동료들은 이 두 가지 의식형식의 차이를 묘사한다.[33] 예를 들어 고통스러운 수술을 갑자기 그리고 순식간에 받은 환자 A는 마찬가지로 고통스럽기는 하지만 오랜 시간에 걸쳐 아픔이 단계적으로 줄어들도록 수술을 받은 환자 B에 비해 수술을 훨씬 더 부담스러운 것으로 기억한다.[34] 이는 곧 어떤 경험이 편안한지 아닌지를 결정하기 위해 인간은 경험 그 자체보다는 이를 인지하는 구조에 훨씬 더 주목한다는 뜻이다. 카너먼과 동료들은 이 연구결과가 함축한 의미를 더 자세히 추적하지는 않았지만, 경험의 내용을 기존의 문화형식과 인지형식으로 분류하고 정리하는 의식은 어느 모로 보나 경험들의 무형식적 흐름을 그저 따라가는 의식과 확실히 구별된다. 경험을 형식적으로 분류하는 능력, 다시 말해 특별한 장면의 연속으로 이뤄진 스토리나 시각의 스냅숏 형태로 경험을 정리하는 능력은 이 경험에 새로운 밀도와 의미를 부여한다. 어떤 체험을 편안하게 기억하려면 이 체험을 문화와 인지의 형식으로 정리해야만 하는 듯하다.

상상력 문제도 어느 모로 보나 비슷한 성격을 가진다. 다만 차이는 상상력은 경험을 예견할 뿐 되돌아보며 꾸미지는 않는다는 점이다. 기억이 어떤 체험의 많은 측면을 지워버리고 어떤 특정한 것만 고집하기 때문에 우리는 '시나리오에 맞는 요소'만 기억한다. 반면 상상력은 경험의 특정 형식과 형태만 미리 앞당긴다. 이로써 상상력은 우리가 실제로 하는 경험의 다른 측면은 주목하지 못하게 만드는 효과를 낸다. 특히 부정적 경험은 한사코 외면한다. 그러니까 실망은 앞당긴 형식(미학적으로 아름답게 꾸며진 형식)을 현실의 경험에서 재발견하지 못하는 무능함이거나, 그 형식을 실생활에서 계속 이끌고 가지 못하는 어려움이다. 이 어려움은 의식의 두 가지 형식을 서로 결합할 수 있는지, 또 결합에 성공한다면 그 방법은 무엇인지와 관련된다. 물론 성공하지 못할 경우 어려움은 더욱 가중된다. 내가 보기에 이 문제는 상상력의 본성 **그리고 동시에** 일상경험의 본성을 상당 부분 풀어줄 열쇠다. 이렇게 격차를 좁혀갈 때 우리의 정신적 선취는 실망을 낳는 일을 피할 수 있으리라. 물론 오랜 전통은 상상력을 불신하도록 우리에게 가르쳐왔다. 그래서 우리는 일상에 적응해야만 한다는 전제를 암묵적으로 당연하게 여긴다. 그러나 이와 반대로 나는 일상생활의 구조에도 똑같은 정도로 주의를 기울여야 한다고 본다. 일상생활의 구조 역시 의식의 두 형식 사이에 커다란 괴리가 생기도록 거들었기 때문이다.

일상의 실패

미디어 문화가 그 상상력의 세계로 과도한 기대를 부추겼다는 주장은 상상력을 여전히 부당하게 여기는 것이다. '현실'이라는 말을 마지막에 들이대며 상상력을 거기에 맞춰 측량해서 쓰라고 윽박지르는 게 과연 온당한 처사일까? 이를테면 정신분석은 이른바 '현실성 원리'라는 것을 제안하고 우리 인간의 심리는 무조건 여기 굴복해야 한다고 강조한다. 예를 하나만 들어도 이게 무슨 소리인지 분명하게 다가오리라. "낭만적 사랑은 언제나 상대방을 과대평가하며 우상화하는 통에 현실의 시험과 더불어 철퇴를 맞을 수밖에 없다. 그래서 낭만적 사랑은 언제나 미성숙하며 위험하다."[35] 상상된 것을 부정하고 현실을 긍정하는 이런 태도는 그러나 상상력이 올바르게 감당해야만 하는 '현실'의 구조가 무엇인지는 문제 삼지 않는다. 실망은 언제나 '비현실적 기대'

의 결과일 뿐이며, 이 기대를 실현 불가능한 것으로 만드는 현실의 구조는 단 한 번도 의문의 대상이 되지 않았다. 이에 반해 나는 현실이 원래부터 달리 어쩔 도리 없이 우리의 상상을 만족시킬 수단을 가지고 있지 않다는 전제의 배경을 캐묻고자 한다. 원래 그런 것이라면, 적어도 그 이유라도 알아야겠다.

『사랑은 영원할 수 있을까?』라는 책에서 정신분석학자 스티븐 미첼[*]은 자신이 현장에서 상담한 경험으로 미루어보건대 대다수의 결혼생활이 열정을 잃어버린 탓에 위험한 지경에 처하고 말았다고 주장한다.[36] 미첼은 이런 사정의 원인을 대다수 사람이 안정을 바라면서도 동시에 모험의 욕구를 만족시키려 한다는 정황에서 찾는다. 안정 욕구에만 충실한 탓에 열정이 사라진 부부가 생긴다. 안정은 흔히 열정과 합치될 수 없다거나 열정의 끝을 알리는 신호로 여겨진다. 나는 바로 이 점을 놓고 반론을 제기하고자 한다. '안정' 그리고/또는 '모험'을 찾는 것은 심리의 불변하는 차원이 아니다. 경우에 따라 둘이 양립할 수는 없다고 하더라도, 안정과 모험은 서로 다른 문화구조에서 각기 다른 형식을 취할 따름이다. 요컨대 안정과 모험은 사회가 구성원의 심리를 조직화한 결과다. 안정의 차원은 자신의 주변을 통제하고 미리 예견하는 능력으로부터 비롯되는 반면, 모험은 자신의 사회적 정체성 혹은 어떤 일을 처리할 줄 아는 지식에서 새로운 도전을 감행하고픈 감정이다. 미첼이 안정이라고 부르는 것은 일상과 가사를 뿌리 깊게 합리화한 결과다. 다시 말해 일상에서 치러야 하는 과제와 노동을 숙련된 과

● Stephen A. Mitchell(1946~2000): 미국의 임상심리학자이자 정신분석학자로 정신건강을 이해하는 미국 사회의 시각을 바꾸었다는 평가를 받을 만큼 활발히 활동했다. 본문에 언급된 책은 그가 죽고 난 다음 유고로 출간되었다.

정으로 처리하게 함으로써 개인으로 하여금 매일 치러야 하는 가사를 익숙하게 감당하도록 만드는 게 안정이다. 살림이 합리화했다는 사실은 시간을 나누어 쓰는 일에서 확인된다. 우리는 정해진 시간에 잠자리에서 일어나고, 정해진 시간에 귀가하며, 시간을 정해놓고 아이들을 놀게 하고, 정해진 시간에 식사하며, 정해진 시간에 뉴스나 드라마를 보고, 정해진 날에 장을 보며, 사회활동을 계획하고, 정해진 계획대로 휴식을 취한다. 공간의 합리화는 다시금 우리가 일용품을 구입하는 시장이나 슈퍼마켓이 고도로 통제되는 환경이라는 점에서 잘 드러난다. 집 안에서 우리는 공간을 균일하고 합리적으로 배분하며, 물품을 사용하는 기준도 마련해놓는다. 또 우리가 사는 지역을 감시하고 그 어떤 혼란이나 사고가 생기지 않도록 통제한다. 아무튼 현대의 가정생활은 앞으로 어떤 일이 벌어질지 예견할 가능성이 아주 높으며, 일련의 제도들이 맞물리면서 이를 더욱 보장해준다. 택배(식료품, 신문, 주문상품), 정기 프로그램을 보여주는 방송, 대개 미리 앞서 계획된 사교활동, 표준화한 여가와 휴가기간 등이 모두 제도화의 결과다. 이로써 미첼이 안정이라고 부르는 것은 실제로는 일상을 처리하는 합리화한 방식임이 드러난다. 달리 말해 '안정'은 심리적으로나 사회적으로나 일상의 합리화가 낳은 부수적 산물일 따름이다.

이러한 일상생활의 합리화는 종종 실망을 낳는다. 합리화는 계속해서 그리고 부단히 감정을 자극하고 표현하는 다른 모델과 이상에 맞추어 자신을 비교하게 만들기 때문이다. 이런 비교는 개인으로 하여금 자기 자신과 인생을 부정적으로 평가하도록 내몬다. 실제로 사람들이 자신의 합리화한 일상경험을 미디어가 보여주는 이미지와 비교한 탓에 부정적으로 평가한다는 점을 확인해주는 연구결과도 적지 않다. 이런 일을 불러일으키는 사회의 작동방식은 매우 복잡하다. 미디어가 보여주는 이미지가 개인이 자기 몸을 지각하는 데 어떤 영향을 미치는지 조사한 연구는 완벽한 몸의 이미지가 그것을 보는 사람들로 하여금 자신도 쉽사리 저런 몸을 만들 수 있다(경쟁의 측면)고 생각하게 만드는 한편, 저런 몸이 중요하구나 하는 생각(표준의 정당화라는 측면)을 동시에 갖게 만듦으로써 오히려 자기 자신을 폄하하고 자존감에 상처를 입는 부정적 효과를 불러일으킨다고 지적한다. 이렇게 해서 미디어의 이미지는 다른 사람들이 우리에게 어떤 기대를 갖는지, 다른 사람들이 우리와 비교해 어떤 성공을 거두고 싶어하는지 은연중 말해줌으로써 희망의 원천이 된다. 널리 퍼진 사랑의 이미지는 다른 사람은 우리가 실패한 사랑에 성공하는구나 하는 생각을 갖게 만들어 행복한 사랑이야말로 성공적인 인생의 표준으로 여기도록 유도한다. 이렇게 촉발된 불만은 만성적 실망을 키운다. 이런 식으로 일상생활의 합리화는 미디어가 우리 눈앞에 흔들어대는 감정적 흥분과 밀도와 충족의 모델에 우리 자신을 끊임없이 비교하게 만들어 지루함을 낳는다.

흥분

안정과 합리화와 더불어 누군가와 함께하는 일상은 혼란스러움도 가져온다. 프랑스의 사회학자 장클로드 카우프만*은 『흥분-부부의 작은 전쟁들』에서 부부가 일상에서 겪는 자잘한 짜증을 연구한다.[37] 카우프만은 이런 짜증을 자글자글한 흥분으로 묘사한다. 이를테면 인간

---

* Jean-Claude Kaufmann(1948~): 프랑스의 사회학자로 소르본 대학교에서 부부관계와 일상생활을 둘러싼 주제를 주로 연구해왔다.

의 성격("왜 당신은 내가 청소할 때 그저 신문만 읽지?", "어째서 당신은 항상 내가 당신을 충분히 돌보지 않는다고 비난하는 거야?")이나 사안을 다루는 방식("왜 뚜껑을 제대로 닫는 일이 단 한 번도 없어?", "왜 그렇게 늘 음식을 앞에 두고 쿵쿵거려?")과 관련해 서로 자극한다는 식이다. 이런 흥분 또는 그 계기, 곧 비교적 사소하거나 별로 중요하지 않은 몸짓이나 말은 관계를 다시금 바라보고 새롭게 바꾸어야 하는 현대의 전형적 경험으로 보인다. 카우프만의 분석이 왜 현대의 일상생활이 그런 '자극받음'이라는 형태를 키우는 비옥한 토양인지 그 근거를 살필 수 있는 통찰을 제시하지는 않는다. 그러나 내가 보기에 그런 흥분은, 우리가 지금껏 이야기해왔듯, 제도화한 밀접함과 애정으로 가정을 조직한 탓에 빚어지는 게 아닐까 싶다.

친밀함은 여러 가지 언어전략을 구사하면서 두 사람 사이의 거리감을 허물 때 생겨난다. 이런 전략에는 이를테면 각자 더 심층적인 자신의 정체성을 드러내고, 가장 내밀한 비밀을 주고받으며 내면을 솔직하게 밝히고, 한방의 같은 침대에서 잠을 자며, 여가시간을 함께 꾸미는 일이 속한다. 20세기 들어 여가시간이 놀라울 정도로 증가한 탓에 남성과 여성은 함께 나눌 추억을 쌓으며 친숙해지고자 여가시간을 활용한다. 친숙함과 밀접함이 커플관계와 애정의 주된 목표인 건 틀림없는 이야기다. 일상의 합리화와 더불어 친숙함은 자아로 하여금 타인에게서 볼 수 있는 거리감, 부자연스러움 혹은 예측할 수 없는 것을 모조리 제거하도록 강요한다. 그러나 이런 강요는, 얼핏 보기에는 분명하지 않을지 몰라도, 내 눈에는 그 친숙함과 밀접함이야말로 실제로 부부 사이에 더 큰 혼란을 불러일으키며, 서로 '흥분하고 짜증나게 만드는 원인'인 것으로 여겨진다.

거꾸로 헤아려보면 이런 사정은 더욱 분명해진다. 어떤 연구결과에 따르면 서로 떨어져서 생활하는 부부, 이를테면 주말부부의 관계는 늘 붙어 지내는 부부보다 훨씬 안정적이라고 한다. 연구자들은 그 원인을 멀리 떨어져 있으면 배우자를 이상화하기가 좀더 쉽다는 점에서 찾는다.[38] 가까이서 갖은 일로 얽히다 보면 당연히 서로를 이상화하기가 어렵다. 상대방이 곁에 없으면 오히려 그를 두고 긍정적으로 생각하게 마련이다. 거꾸로, 함께 사는 쌍은 그 관계를 다양한 친숙함으로 제도화한다. 이를테면 공간과 방과 침대를 함께 쓰고 여가와 취미활동도 함께하면서 각자 자신의 진정한 자아를 꾸밈없이 드러내기보다는 진정성이라는 제도화한 표현으로 연출하기 쉽다. 19세기 중반까지만 하더라도 상류층의 부부관계는 오늘날과 판이하게 달랐다. 남편과 아내라고 해서 반드시 같은 침실을 쓰지는 않았으며, 각자 따로 자신의 여가를 즐겼고, 감정과 내면생활을 끊임없이 공유하는 일도 없었다. 19세기 사람들이 '문제'라고 여겼던 것의 문화적 모범을 살피기 위해 나는 해리엇 비처 스토가 남편에게 결혼생활의 문제를 적어 보낸 편지를 인용해보려 한다.

장차 맺어질 우리의 결합, 곧 우리의 결혼 그리고 우리의 행복에 이르는 길을 가로막았던 과거의 장애를 생각해보니, 제가 보기에는 그게 두 종류 혹은 세 종류인 것 같아요. 첫째, 당신이나 저나 몸과 관련된 종류의 어려움을 가지고 있죠. 당신은 지나칠 정도로 건강을 걱정하는 게 문제예요. 이를 치유할 유일한 처방은 몸을 깨끗이 돌보고 건강의 법칙을 지키는 것입니다. 제 경우는 너무 예민하고 방향감각이 턱없이 부족한 게 문제죠. 게다가 마음과 기억을 다스리기가 어려워요. 누가 나를 비난하거나 헐뜯으면 이런 증상은 더욱 심해져요. 건강이 좋아지면 좀 나아질까 기대하고 있답니다. 우리 두 사람 모두 매우 기쁜 마음으로 건강의 법칙을 지혜롭고도 꾸준하게 지킬 수 있기만 바랍니다.

둘째로 언급하고 싶은 것은 서로 주의 깊게 지켜주고자 하는 그 어떤 구체적 계획도 서 있지 않다는 점이에요. 서로 상대를 개선하고 향상하는 일은 정해진 시간과 장소에서 단호히 추진되어야 한다고 생각합니다. 그래야 우리는 서로 잘못된 점을 바로잡아주고 더욱 나아질 수 있겠지요. 잘못이 있으면 서로 솔직히 고백하고, 다시 건강해질 수 있도록 서로 상대를 위해 기도하기로 해요……. [39]

오늘날의 표준에 비추어볼 때 이 묘사는 관계의 문제를 다루면서도 냉철할 정도로 거리를 두고 있다. 다시 말해 스토는 이 편지에서 두 사람이 각자 상대방을 독특하게 꾸며주면서 최대한 융합을 추구해야 한다고 주장하지 않는다. 오히려 스토는 두 사람이 서로 상대방의 자아를 '개선'해줘야 한다고 강조한다. 이는 현대의 친숙함과 애정의 모델과 확연히 대비를 이룬다.

오늘날 대다수 부부의 일상생활은 다음과 같이 묘사된다.

일상의 대화를 통해 "배우자들은 서로 상대의 욕망과 욕구와 태도를 검증한다. 각자 자신의 가치를 주장하며, 어떤 일을 염려하는지 그 관심의 구조를 드러낸다. 자신이 어떤 스타일을 좋아하는지를 슬쩍슬쩍 암시하며, 상대가 선호하는 스타일을 캐묻는다. 여러 가지 주제를 놓고 자유롭게 토론하면서 자기 생각을 공개적으로나 암시적으로 분명히 한다. 그리고 상대방은 무슨 생각을 하는지 읽어내려 안간힘을 쓴다." 이처럼 일상적 대화의 중요성을 입증하는 경험적 증거는 얼마든지 있다.[40]

이런 종류의 대화, 속마음과 자신이 선호하는 것을 거침없이 밝히는 대화는 밀도 높은 친숙함을 빚어내는 효과를 자랑한다. 그러니까 일정 정도 거리를 두는 능력과 대치하는 게 이런 대화다. 인지적으로 볼 때 친숙함은 감정에, 밀접함은 지각에 각각 관계한다. 어떤 대상에 확실한 거리를 두면 그와 관련된 정보와 자료를 문화적 형식으로 분류하고 이로써 상대방을 객관적으로 존중하기가 훨씬 쉬워진다. 반대로 어떤 대상에 거리를 두지 않는 밀접함은 그 경험의 몇몇 부분에만 집중하게 만든다. 이런 사정을 일상과 낭만적 관계에 적용하자면 밀접함은 개별적이고 따로 노는 일상생활의 각 부분을 훨씬 주목하게 만든다는 게 내 의견이다. 반면 그 경험의 인지적 형식, 곧 이 부분들을 전체로 파악하며 생생한 감정을 불러일으키는 문화적 형태를 주목하는 능력은 약해진다. 바꿔 말해 밀접함과 애정의 제도화가 혼란과 실망과 짜증을 불러일으킬 수밖에 없는 원인은 배우자가 일상의 자잘한 부분에만 너무 집착할 뿐 그 감정의 문화적 형태는 거의 신경 쓰지 않는다는 데 있다.

일정 정도 거리를 유지하는 게 어째서 배우자를 이상화할 수 있는지 그 근거 가운데 하나는 거리두기가 의식의 '다른 형식'을 활성화한다는 것이다. 다른 형식을 가지는 의식이란 좋은 추억을 떠올리는 기억을 뜻한다. 이에 바탕을 두는 상상은 기억을 되살려 아름다운 장면들로 정리하는 능력이다. 거리를 두게 되면 일상의 삶을 아름답게 꾸며주는 기억의 스크립트와 인지형식에 따라 만남을 미리 앞당겨 생각해볼 수 있게 해준다. 그러나 이런 능력은 일상의 모든 것을 낱낱이 밝히는 개방적 태도에서는 이내 사라지고 만다. 감정은 윤곽이 뚜렷한 형식(미학적인 형식)과 상호작용할 때 더욱 쉽사리 형성된다는 바로 그 이유에서 멀리 떨어져서 보는 게 훨씬 강렬한 느낌, 좀더 집중적인 느낌을 불러일으킨다. 이 느낌이 집중적인 까닭은 인지적으로 분명하고도 정확한 모델로 분류되기 때문이다.

심리학적 존재론

뿌리 깊은 상투적 관념에 따르면 과도한 상상과 기대는 현실을 무시한 결과다. 똑같은 관념은 또 기대라는 게 원래 비현실적이라고 강변한다. 『뉴욕타임스』의 「모던 러브」 칼럼에서 어떤 여성은 자신과 아주 잘 맞는 남자친구와 헤어진 경험을 털어놓으며, 자신이 기대를 계속 키운 게 화근이었다고 자책한다.

비좁은 집 안에서 잠시 낮잠에 빠진 남자친구를 보고 있노라니, 우리의 미래가 어떤 모습일지 섬광처럼 스쳐 지나갔다. 지극히 평균적인 인생이 내 뒤통수를 때렸다. 내가 원하는 건 그 이상이다. (……) 뉴욕에서, 특히 영화산업에서 다음 모퉁이만 돌아서면 훨씬 나은 게 기다리리라는 생각을 머릿속에서 몰아내기는 불가능에 가깝다. 그러나 이런 생각을 내 것으로 받아들이는 순간 내 인생은 김빠지는 실망의 끝없는 악순환을 벗어나지 못하리라는 점을 인정하지 않을 수 없었다. 결국 나는 팀 도너휴 같은 남자를 다시금 갈망하게 되리라. 정확히 지금 자신이 가진 것, 현재 자신의 모습 그대로에 만족할 줄 아는 남자 말이다. 더욱 심각한 노릇은 나 역시 그런 종류의 사람이 되기를 갈망할 거라는 점이다.[41]

상상으로 앞당긴 기대와 현실 사이의 괴리는 흔히 상대방에게 과도한 기대를 건 탓에 빚어지는 것으로 이해되고 다뤄진다. 위 이야기가 잘 그려내듯, 이런 과장은 자신의 사회적 지위를 끌어올리려는 제도화한 희망 탓에 벌어진다. 배우자 찾기의 어려움을 다룬 어떤 책에서 『애틀랜틱 매거진』Atlantic Magazine 기자 로리 고틀리브는 여성들에게 기대를 낮추라고 호소한다. 어떤 여성 비평가의 요약에 따르면 여기자의 이런 호소는 "여인들이야말로 남자의 좋은 점을 주목하는 법을 배워야 한다"는 강변에 지나지 않는다. "비록 **희망 리스트**를 남김없이 채우지는 못할지라도 그 정도면 남자와 잘 지낼 수 있음을 여인들은 알아야 한다."[42] 그러나 여기서 문제는 여인의 부풀려진 기대가 아니다. 오늘날 배우자를 찾으며 남자든 여자든 매우 섬세하게 다듬어진, 인지적으로 분명하며 미리 확정 지은 기준의 다발을 활용한다. 그러니까 인용된 충고에는 그런 기대를 명확히 표현하는 것뿐 아니라 실제로 관계에 장애가 되도록 만드는 작용방식에 대한 이해가 빠져 있다. 할리우드라는 허상의 세계 못지않게 현실을 둘러싼 실망을 불러일으키는 핵심적 작용방식 가운데 하나는 앞서 언급한 자아의 '심리학적 존재론'이다. 이 말이 뜻하는 바는, 우리가 타인에게 접근할 때 그 타인이 안정적이고 식별 가능하며 정확히 이름 붙일 수 있는 심리적 특성을 가져야만 한다는 것을 당연한 전제처럼 바탕에 깔고 들어간다는 점이다. 그러니까 특정 심리가 실재한다고 여기는 이런 존재론은 자아에게 고정된 특징을 갖추도록 강요한다. 자아는 자신의 고정된 특징을 알아야만 하며 상대방의 고정된 특징도 지각해야만 서로 관계를 맺을 수 있다. 결과적으로 우리는 분명히 알아볼 수 있으며 안정적 특징을 자랑하는 사람을 찾는다. 여기서 이런 방식으로 특히 존재화한 카테고리는 두 가지다. 곧 자아와 자아가 맺는 관계가 그것이다.

42세의 이혼녀 바버라는 '좋은 남자'를 찾을 전망을 다음과 같이 평가한다.

바버라 좋은 남자를 찾기란 정말 어려워요. 최소한 저한테 맞는 남자이기만 해도 좋겠어요. 좋은 남자를 찾으려면 기적이 일어나야 하는 모양이야 하고 믿을 때가 많다니까요.

나 왜죠? 도대체 좋은 남자는 어떤 남자죠?

바버라 예를 들어 제 복잡한 심리를 알아주는 남자라야만 해요. 저는 가능한 모든 두려움에 시달리며, 있을 수 있는 모든 욕구를 가졌어요. 그러나 한편으로 보면 저는 매우 독립적인 여자예요. 저만의 공간을 가져야 하고, 내가 원하는 대로 인생을 꾸밀 수 있다는 느낌이 필요해요. 다른 한편 저는 귀여움을 받아야만 해요. 보호받고 있다는 감정이 아주 중요하죠. 이 두 가지를 모두 이해하는 누군가를 찾기가 정말 쉽지 않아요. 전 아주 강하고 주관이 뚜렷하며 저와 공감을 나눌 수 있는 남자가 필요해요.

어느 모로 보나 바버라는 심리학적 존재론에 깊은 영향을 받은 여성이다. 자신의 요구가 모순이라는 것을 모르지 않으면서도, 그녀의 자아인식은 고정된 틀에서 벗어나지 못한다. 이런 자아인식을 빚어낸 게 바로 심리학적 존재론이다. 자신의 감정을 고정해둔 채 배우자 후보를 평가할 명확한 인지수단으로 삼는다. 나는 그녀에게 계속 물었다.

나 인터넷을 통해 누군가 찾았다면, 그가 방금 당신이 말한 그런 욕구에 맞는 남자인지 어떻게 알죠?

바버라 그게 복잡하죠. 예를 들어 곧 답장을 쓰지 않고 어떤 반응을 보이는지 살펴봐요. 그걸 두고 불평하는 남자는 아웃이죠. 그런 남자는 정말 질색이거든요. 반대로 메일을 보내면서 몇 마디 귀엽고 재미있는 농담을 하는 남자라면 오케이죠. 실제로 만나면 대화하기가 한결 편하거든요.

나   그럼 실제로 만났을 때는 어떤 점에 주목하나요?

바버라   뭐라고 말해야 좋을지 모르겠네요. 그러나 중요한 점은 상대가 자신감을 가지느냐 하는 것이죠. 온전히 나를 주목하는지, 신경질적으로 말하지 않는지, 다른 사람을 두고 욕을 하는지, 소유욕이 강한 건 아닌지 살펴요. 자신감에 빛나는지, 아니면 자존감이 떨어지는지가 문제죠.

상대방의 태도와 정체성을 놓고 이처럼 고도로 섬세하게 밀고 당기는 기술은 이 여성이 고정된 인지 카테고리와 경계를 활용하기 때문에 가능하다. 그리고 이런 고정된 틀은 협상의 대상이 될 수 없다. 원치 않는 특성이 확인될 경우에 만남은 곧바로 끝나기 때문이다. 이런 사정을 보여주는 또 다른 예는 어떤 여성 심리학자와 나눈 인터뷰다.

수전   그 남자는 저녁식사 자리에서 알게 되었죠. 상당히 마음에 들더군요. 외모가 준수하고 내내 재치 넘치는 농담을 해대는데 그때마다 웃음보가 터져 혼났어요. 그가 제 전화번호를 물었을 때 얼마나 신이 났는지 몰라요. 그냥 막 신났어요. 그래서 다음 날 점심때 만났죠. 정원이 딸린 카페였어요. 그는 정원에 앉고 싶어했고 저는 실내를 원했죠. 결국 정원에 앉았어요. 하지만 저는 정말 햇살 아래 앉아 있을 수 없었죠. 선글라스도 없는 데다 햇볕에 굉장히 민감하거든요. 그는 햇빛 부족에 시달리고 있다며 정원에 앉자고 계속 고집하더군요. 아시겠지만, 그 순간 그에게 아무런 매력을 느끼지 못하겠다는 게 분명해지더군요.

나   왜 그런지 말씀해주실 수 있나요?

수전   이런 남자와는 타협을 이루기가 정말 쉽지 않으리라는 인상을 받았거든요. 그는 언제나 자기 관심을 최우선으로 내세우니까요.

나   그러니까 그 사건으로 미루어 당신은 그가 어떤 남자인지 확실히 알았다고 느꼈단 말인가요?

수전   그럼요, 물론이죠. 훌륭한 직감과 예리한 심리학 감각을 갖춘다면 상대방을 아주 빠르게, 그것도 세세하게 판단할 수 있죠. 아마도 아주 디테일한 부분까지 말이죠.

「모던 러브」 칼럼에서 어떤 여성은 불교 워크숍에 참석했다가 한 남성에게 '홀딱 반해' 결국 그에게 말을 건 경험을 털어놓았다. "남자를 옆에서 지켜보는데 그가 바지 주머니에 우겨 넣은 볼펜들이 보였다. 그것도 굉장히 많은 볼펜다발을. 주머니의 불룩한 볼펜다발이라는 기묘한 디테일은 나로 하여금 그가 얼마나 독특한 남자인지 깨닫게 해주었다."[43] 이 글에서 남자의 '기묘한 디테일'은 여자에게 심리학과 감정의 존재론으로 번역된 게 분명하다.

이처럼 디테일 하나까지 놓치지 않고 대단히 정확하게 다른 사람을 평가하도록 심리화한 방식은 도처에서 볼 수 있는 것이 되었다. 이를테면 캐서린 타운센드의 남자친구는 그녀의 동성 친구들에게서 다음과 같은 평가를 받았다. "음, 그는 틀림없이 나쁘지는 않은 남자야. 확신하건대 아마도 20분 동안 고민하고 나면 너를 보호해줄 거야. 이익과 손해를 잘 따져보고 나서 말이지. 그런데 네가 원하는 남자는 본능적으로 즉각 너를 지켜줄 남자 아니었어?"[44] 분명 이런 거부 역시 한 남자의 심리학적 본질을 이루는 게 무엇인지 미리 완성된 틀에서 바라보는 스크립트에서 비롯되는 것이다. 마지막으로 다음 인터뷰도 살펴보자.

헬렌   어느 모로 보나 제 남자친구는 정말 이상적이에요. 똑똑하고 매력적이며 아주 유쾌하다는 말이 아니에요. 그런 건 모두 부수적이죠. 제가 말하고 싶은 건 그가 나를 정말 사랑한다는 거예요. 아마 상상하기 힘드실 거예요. 그는 매일 제게 문자메시지를 보내요. 하루에 두 번 혹은 심지어 다섯 번까지. 그게 모두 진짜 시예요. 그걸 모아 발표할 생각까지 했어요. 정말이라니까요. 그러나 저를 미치게 만드는 건 남자친구와 그의 어머니 사이의 관계죠. 좋은 일이든 나쁜 일이든 그는 곧장 저에게, 그리고 자기 어머니에게 털어놓죠. 그것도 거의 동시에. 똑같은 메시지를 보낼 때도 많아요. 정말 짜증나요. 아니, 짜증 이상이죠. 그 일 때문에 거의 헤어질 뻔했다니까요.

나   왜 그런지 말해줄 수 있어요?

헬렌   마치 아직도 어머니에게서 떨어져 나오지 못한 아이 같아요. 여전히 오이디푸스 단계에 머물러 있다고나 할까요. 50세 남자가 하는 일마다 어머니를 끌어들이지 않고는 배기지 못한다면 감정적으로 성숙했다고 볼 수 없죠. 그런 태도는 정말 매력적이지 않아요. 그가 감정적으로 얼마나 미숙한지 말해주는 증거니까요.

여기서 어머니에게 전화를 거는 일은 '오이디푸스'와 '감정적 성숙'이라는 개념으로, 곧 심리학적 존재론이 다루는 대상이 되었다. 이 두 가지는 행동방식과 감정이 고정된 특징을 갖춘 건강한 자아, 곧 충분히 연구되고 다듬어진 모델에 비춰 평가되어야 한다는 암시다. 지금껏 살펴본 모든 인터뷰는 심리학 치료라는 평가방식에서 출발해 '심적으로 건강한 자아'를 존재론의 대상으로 삼는다. 이에 따르면 인간의 행동방식은 그 건강함에 등급을 매길 수 있는 것이다.

이는 다시금 '관계'라는 이름의 새로운 문화 카테고리가 생겨나도록 이끈다. 관계는 그 당사자인 인격체로부터 떨어져 나와 문화적으로 독자적 지위를 획득한다. 나와 인터뷰한 어느 이혼녀는 이렇게 말했다. "제 전남편의 인격을 두고 불평할 말은 없어요. 정말이에요. 저는 요즘도 그에게서 처음에 봤던 바로 그 인격을 봅니다. 그는 훌륭한 남자예요. 다만 우리 관계가 이뤄지지 않았을 뿐이죠. 정말이지 깊은 결속을 이끌어내는 데는 전혀 성공하지 못했어요." 심리학이 말하는 자아는 고정된 특성을 가진 자아다. 그리고 이런 고정된 특성에 알맞은 심리 값을 나타내는 인지적 구조물만 관계로 취급한다. 문화의 카테고리로서 관계는 관찰과 평가의 새로운 대상이 된다. '관계'는 인격과는 별개로 취급되는 단위다(비록 두 가지가 밀접하게 맞물렸음에도 말이다). 그리고 관계는 한편으로는 문제없이 기능하느냐에 따라, 또 다른 한편으로는 쾌락주의의 원칙에 따라 평가된다. 요컨대 얼마나 많은 쾌락과 기분 좋음을 선사했느냐가 관계 평가의 기준이다. 관계는 무릇 이러저러해야 한다는 스크립트에 맞춰보는 셈이다. 몇몇 사회학자가 '감정작업'(특히 여성의 특권)이라 부른 것 역시 '감정존재론'에 바탕을 둔다. 이는 건강하고 만족하는 감정과 관계라는 스크립트와 모델에서 출발해 감정을 평가하는 방식이다. '감정작업'은 대화와 불평과 부탁과 욕구의 신고, 이해를 통해 관계를 반성적으로 감시하는 일이다. 감정존재론은 겉으로 드러내지는 않지만, 미디어가 중개해준 이상과 스토리와 끊임없이 비교하는 태도다. 이는 또한 자아를 다른 사람과 암묵적으로 비교하는 사회심리학의 과정을 통해 이뤄진다. 더욱 결정적인 점은 그런 감정존재론이 관계를 감시하고 비교하는 수단이라는 사실이다. 이상적 관계는 무릇 이러저러해야 한다는 표준과 비교하는 식 말이다.

이제 지금까지 살핀 것을 요약해보자. 우리의 일상생활은 이러저러한 모델로 구축된 이미지를 따르도록 이뤄지지 않는다. 그러니까 심리학이 떠받드는 밀도 높은 감정과 이상적 배우자는 현실에서는 찾아볼 수 없다. 존재하는 게 당연한 것처럼 여겨진 문화의 실체, 곧 자아와 감정과 관계는 일상의 상호관계가 표준으로 내세워진 상호관계의 흐름을 따를 확률을 오히려 낮출 뿐이다. 자아와 감정과 관계를 이상화하는 문화적 존재론은 현실을 그 이상적 모델과 끊임없이 비교하게 만들기 때문이다. 그것도 은연중 교묘하게 비교한다.

상상력과 인터넷

시민주체의 상상력 역사라는 게 있다면, 인터넷의 발명이야말로 그 역사의 획기적 국면을 연 사건이다. 의심의 여지 없이 월드와이드웹은 낭만적 상상력의 세계에 가장 위중한 변화를 몰아왔다. 나는 앞당겨서 봄이라는 상상력에 적어도 두 가지 형식이 현대문화에 의해 출현했다고 보고 그 차이를 주목하고자 한다. 앞당겨 떠올리는 예상의 한 가지 형식은 무수한 이미지와 스토리와 상품을 종합한다. 이를테면 러브스토리 하면 명품과 해외여행과 고급호텔을 미리 떠올리는 식이다. 이런 선취는 배후에 깔려 있어 잘 드러나지 않지만 인지체계를 고도로 활용하는 방식이다. 이미지와 스토리를 통해 어떤 소비제품을 교묘히 부각한다. 이를테면 러브스토리를 갈망하는 시청자에게 아주 높은 해상도의 키스 장면이나 낭만적 만찬을 보여주는 듯하면서 화면은 노골적인 상품전시장이 된다. 미리 앞당기는 상상력의 두 번째 형식은 기술적 수단을 총동원해 현실의 경험과 체험을 시각화한 장면으로 흉내 내는 것이다. 이 상상이 선취인 까닭은 현실의 만남을 고스란히 모사하려는 시도이기 때문이다. 워낙 그럴싸해서 사람들은 실제 만남을 갖는 듯한 착각에 빠진다. 이 분야는 온라인게임, 인터넷 만남 사이트 등을 포괄한다. 말하자면 진짜 낭만적 만남 혹은 섹스 만남이 가능한 것처럼 꾸며놓고 고객을 끌어모으는 형식이다.

2010년 〈BBC 월드 서비스〉가 19개국 1만 1,000명의 인터넷 이용자를 대상으로 시행한 조사에 따르면, 전체 이용자의 30퍼센트가 이성친구를 인터넷에서 찾았다.[45] 많은 나라, 이를테면 파키스탄과 인도 같은 나라에서는 이 비율이 60퍼센트까지 올라갔다. 『뉴욕타임스』가 실시한 '대학생 러브스토리 콘테스트'는 만남의 형식이 완전히 바뀌었음을 확인해준다. 제출된 원고들은 '원 나이트 스탠드'를 더는 다루지 않았으며 인터넷을 통한 만남이 홍수를 이루었다.

2월(2011년)에 '선데이 스타일즈'Sunday Styles(『뉴욕타임스』의 한 섹션)는 전국 대학생들에게 자신의 러브스토리를 자기 목소리로 들려줄 것을 요청했다. 우리가 3년 전 이 대회를 처음 시작했을 때 제출된 원고가 가장 즐겨 다룬 주제는 '끌고 가기'였다. 아무런 의무를 지지 않으려는 이 섹스 행태는 많은 독자로부터 근심과 우려를 자아냈다. 그 수많은 묘사를 두고 떠도는 물음은 이랬다. 어떻게 감정 없이 몸으로만 사랑을 할 수 있을까? 3년이라는 세월이 어떤 차이를 빚어냈는지 보라. 이번에 가장 빈번하게 제기된 물음은 이렇다. 어떻게 몸 없이 감정으로만 사랑을 얻을 수 있을까? 대학에서 횡행하던 '원 나이트 스탠드'는 건강하고 즐겁기라도 할 수 있지만, 이번 원고들은 기술에 의존한 애정에 초점을 맞추었다. 그러니까 거의 오로지 노트북, 웹카메라, 온라인 채팅, 문자메시지 등을 통해서만 이뤄지고 심화하는 관계가 주를 이뤘다. 건강상의 위험을 무릅쓰는 '원 나이트 스탠드' 문화와 달리 기술에 의존한 사랑이 가장 두려워하는 것은 성병에 걸리는 게 아니라 컴퓨터 바이러스다. 혹은 아마도 애정의 대상을 실제 개인적으로 만나는 일이리라.[46]

인터넷과 다양한 기술은 상대를 모니터로 보며 추적하는 일을 가능하게 함으로써 새로운 형식의 짝찾기에 걸출한 역할을 한다. 그러나 『뉴욕타임스』의 또 다른 기사 내용은 다음과 같다.

인터넷 이용자 대다수는 온라인 데이트에 상당히 두려운 마음으로 접근했다가 그것이 빠른 속도로 제공하는 대단한 즐거움과 다채로움에 흠뻑 빠져 지금 교류를 나누는 상대가 그토록 애타게 찾던 필생의 사랑이라 생각했으나 이내 쓰디쓴 실망을 맛보았다고 고백한다. 실제로 얼굴과 얼굴을 맞대고 만나보니 결함투성이 인간이 나왔더라는 것이다. 그 외모는 'JPEG' 이미지와 전혀 딴판이었고 말투도 이메일과 완전히 다르더라는.[47]

내가 『감정 자본주의』에서 주장했듯, 인터넷 만남 사이트를 통해 형성되는 이미지 스타일은 몸이라는 구체성을 숨어버리고 대화가 오가는 텍스트로만 만남이 이뤄지게 하는 기술을 배경에 놓고 봐야만 이해될 수 있다. 그러니까 언어 교환이라는 방법으로 심리적 친밀함을 이끌어내는 기술 말이다.[48] 이렇게 만들어진 친밀함은 구체적 경험에 바탕을 두는 게 아니다. 몸으로 직접 부딪치지 않았는데도 생겨나는 친밀한 감정은 심리학 지식과 심리적으로 서로 관계를 맺는 형식을 만들어냄으로써만 가능하다. 인터넷 판타지는 텍스트라는 형태를 취하는 무수히 많은 인지적 지식으로 그 생동감을 얻는다. 이런 지식은 네트워크가 주체들을 그 자체로 식별할 수 있고 심지어 수량화까지 가능한 심리적 특징과 라이프스타일 속성을 갖는 존재로 정의하기 때문에 그 힘을 발휘할 수 있다. 전통적인 낭만적 상상의 특징이 현실과 관념을 뒤섞는 것이었다면, 인터넷은 상상과 구체적인 만남을 따로 떼어놓았다. 전통의 낭만적 상상이 자신의 몸을 중심으로 겪은 경험의 보고라는 토대를 자랑했다면, 인터넷은 상상과 만남이 각기 다른 시점에 일어나게끔 만들었다. 이렇게 볼 때 인터넷의 상상은 주관이 스스로 빚어놓은, 다시 말해 제멋대로 꾸며본 의미들의 다발에 지나지 않는다. 이로써 상대방을 아는 것도 여러모로 분열되고 말았다. 처음에는 주관 자신이 직접 빚어놓은 심리적 단위에 지나지 않던 상대방이 나중에는 목소리로, 더 나중에는 움직이고 행동하는 몸으로 지각되기 때문이다. 이 각각의 과정 사이에서 벌어지는 상상과 현실의 불일치는 피할 수 없다.

　인터넷이 만들어내는 상상은 현실과 대립하는 게 아니다. 인터넷 상상은 몸과 직관적 감정에 뿌리를 두는 상상과 대립할 뿐이다. 여기서 직관적 감정이란 즉각 자발적으로 일어나는 것일 뿐 반성을 통해 상대방을 평가하면서 얻게 되는 감정은 아니다.■ 인터넷 상상은 과거의 경험을 되돌아보는 반성적 상상과도 대립한다. 반성적 상상은 상대방의 몸이 실제로 현재하는 가운데 촉발된 감각을 그 상대가 없는 가운데서도 생생하게 떠올린다. 이처럼 이미지를 투사하는 형식은 상대방을 직

■ 존 업다이크가 쓴 이 문장을 주목해보자. "상상 속의 키스는 더 쉽게 통제할 수 있는 반면, 더욱 깊게 즐길 수 있다. 물론 진짜 키스보다는 덜 어지럽다." 여기서 업다이크가 말하는 상상은 경험에 뿌리를 둔 상상이다. 그러니까 상대방을 실제로 만나본 경험에 바탕을 둔 게 업다이크의 상상이다. 다음 자료에서 인용했다. John Updike, "가벼운 리비도"Libido Lite, 『뉴욕 북 리뷰』, 2004년 11월 18일자, 30쪽 이하. 여기서는 31쪽.

관적으로 보는 시각, 그러니까 매우 불충분한 정보로 생겨난다. 반대로 인터넷은 자신이 원하는 특정 상대를 미리 앞당겨서 보는 형식의 상상을 가능하게 만들어준다. 물론 상대의 물리적 현재는 앞으로 겪어야만 하는 것이지만 말이다. 앞서 살펴본, 과거의 경험을 떠올려보는 상상은 상대의 정보를 거의 알지 못하고 이루어지는 반면, 인터넷으로 미리 앞당겨보는 상상은 정보만큼은 풍부하다.

전통의 낭만적 상상력은 몸에 뿌리를 둔다. 과거 경험들을 간추려 거기서 얻은 이미지를 현재의 상대와 뒤섞어 결합한다. 정보가 불충분한 탓에 전통의 낭만적 상상은 상대방의 진면목을 알려주는 몇 가지 '디테일'에 집중하려 든다. 이런 디테일은 시각적인 것일 수도 있고 언어적 특성을 보일 수도 있다. 결과적으로 그런 상상은 과거로부터 얻어낸 몇 가지 이미지를 현재 눈앞의 상대와 뒤섞는다. 이성적인 동시에 감정적 과정으로서의 이런 상상은 욕구와 비슷하다. 욕구는 그것을 불러일으키기에 많은 정보를 필요로 하지 않기 때문이다. 욕구와 마찬가지로 전통의 낭만적 상상은 산처럼 쌓인 정보보다는 몇 안 되는 약간의 정보로 생겨난다. 여성 정신분석학자 에텔 스펙터 퍼슨의 말을 들어보자. "낭만적 상상에 불을 지르는 것은 종종 겉보기에는 별로 중요해 보이지 않는 디테일이다. 상대방이 담배에 불을 붙이는 모습이라든가 머리카락을 쓸어 넘기는 순간 혹은 전화통화를 하는 옆모습 등등."[49] 달리 말해 몸동작, 제스처, 목소리 울림 등이 낭만적 상상과 감정을 불러일으킨다. 프로이트는 이런 부수적이고 겉보기에 비합리적인 디테일에 사로잡히는 태도는 우리의 사랑이 잃어버린 대상을 사랑하기 때문에 생겨난다고 본다. 아마도 부모가 심어준 뿌리 깊은 도식 혹은 우리 의식에 각인된 문화적으로 친숙한 행동과 태도가 빚어놓은 결과라는 게 프로이트의 해석이다. "사랑받는 사람이 사랑하는 사람에게 갖는 엄청난 위력은 상당 부분 과거에 잃어버린 대상이 빚어내는 후광으로 설명될 수 있다."[50] 프로이트가 연구하던 당시의 문화적 정황에서 사랑과 상상력은 과거와 현재의 체험들을 구체적인 몸의 만남으로 묶어보려는 갈망 때문에 서로 밀접하게 맞물렸다. 상대방에게 매력을 느낄 때는 과거의 경험이라는 보고에 바탕을 둔 직관적 판단이 작용하는 경우가 잦다. "직관은 자극을 주는 것의 특징이 무엇인지 판단할 줄 아는 능력, 혹은 우연에 기대지 않고 여러 가지 자극 카테고리를 구별할 줄 아는 능력이다. 왜 그런 판단을 내리는지 말로 설명은 할 수 없을지라도 몸으로 확신하는 것, 이게 직관이다. 〔……〕 내면의 관점에서 볼 때 직관의 판단은 자발적이며, 그 어떤 의식적 추론을 통해 일어나는 게 아니다."[51]

직관은 무의식이 불러일으키는 판단이다. 달리 말해 직관적 판단은 그 구조나 특성상 의식이 직접적으로 접근할 수 없는 판단이다. 상상이 이처럼 '희박한 정보'에 바탕을 두기 때문에 상상은 쉽사리 상대방을 과대평가하게 만든다. 상대방을 그 실제 가치보다 높게 평가하는 셈이다. 흔히 말하는 '이상화'가 일어나는 이유다. 이 이상화는 상대방을 속속들이 아는 게 아니라 그저 몇 가지 특성만 알 때 더욱 잘 일어난다.[52]

반면 인터넷을 통해 일어나는 앞당겨보는 상상은 정보들로 가득하다. 인터넷을 정보가 희박한 상상의 정반대로 볼 수 있는 것은 인터넷이 상대방을 사전에 알 수 있게끔 만들어주기 때문이다. 물론 상대의 전모를 알 수 있는 것은 아니지만 적어도 몇몇 표준이 되는 특성에 맞춰 판단할 수 있게 해준다. 심지어 이런 사전정보를 요구한다. 네트워크라는 기술로 가능해진 사람과 그 특징의 체계적 비교는 이상화 과정을 약하게 만들어버렸다. 인터넷 상상은 미리 앞당겨보며 아직 만난 적 없는 상대와 관계한다. 몸으로 이뤄지는 만남이 아니라 말을 주고 받으며 텍스트로 정보를 제공받는다. 이러다 보니 상대의 전모를 파악하기보다는 몇 가지 수집된 특성들로만 평가한다. 이런 특수한 정황은 사람들로 하여금 넘쳐나는 정보를 활용할 수 있게끔 만들어준 것으로 보인다. 그러나 바로 그래서 상대방을 이상적인 짝으로 보기가 쉽지 않다. 다음 인터뷰는 한 여성이 인터넷으로 알게 된 상대를 처음으로 실제 만나본 경험을 털어놓은 것이다.

스테파니 집중적으로 메일을 교환하고 한 번의 전화통화를 한 다음 상당히 빨리 만났어요. 그의 목소리가 맘에 들었거든요. 바닷가 카페를 약속 장소로 잡았죠. 시나리오는 완벽했어요. 비록 그가 사진만큼 멋져 보이지 않을 수 있다는 각오는 했지만 말이에요. 항상 사진과는 차이가 나더라고요. 그런데 실제로 만나보니 사진 못지않게 매력적이더라고요. 시작은 나무랄 데 없이 좋았어요. 그런데 저녁 시간을 보내면서 자꾸 뭔가 이상했어요. 우리는 전부 두 시간 반을 함께 보냈죠. 뭐가 이상한지 알아차렸어요. 한마디로 불꽃이 튀질 않는 거예요. 그가 네트워크에서 알던 모습과 달랐던 건 아니에요. 똑같은 유머감각을 자랑했고, 여전히 잘생겼고 똑똑했죠. 그런데 불꽃이 튀지를 않았어요.

나　　그 이유를 아세요?

스테파니 그거야, 이런 말을 하기는 정말 싫은데, 아마도 그가 너무 친절했던 것 같아요. 그의 친절함 중에서 어떤 건 너무 친절하더라고요(웃음). 제 맘에 들려고 지나치게 그러는 것 같았죠. 또는 아마도, 아 잘 모르겠어요. 친절함을 좋아하기는 하지만 약간은 거칠게 굴 필요도 있죠. 그래야 남자다워 보이니까요. 이런 제 맘을 이해하시겠어요?

참으로 흥미로운 대답이 아닐 수 없다. 남자는 여자가 원하는 특성을 갖추었음에도 거절을 당했다. '불꽃'이 튀지 않는다는 게 그 이유였다(불꽃은 현대의 러브스토리에서 빼놓고 생각할 수 없는 중요한 요소다). 스테파니는 이 남자에게 무어라 딱 꼬집어 말할 수는 없지만, 어떤 중요한 특징(남자다움)이 결여되었다고 설명한다. 이로 미루어보건대 남성성이라는, 시각적이고도 신체적인 해묵은 특징이 다시 등장하는 모양이다. '남성성'(혹은 '여성성')이라는 기준, 일반적으로 말해 섹시함이라는 기준은 전모를 보고 내리는 판단, 일종의 전체적 판단을 요구한다. 이른바 저 '행태심리학'의 상표와도 같은 전체적 판단 말이다. 남성성과 여성성 그리고 섹시함은 몸의 다양한 운동과 태도가 어울려 빚어지는 모습을 통해서만 확인할 수 있다. 이런 특성은 시각적으로만 확인할 수 있을 뿐 언어와 텍스트의 대화로 일어나는 건 아니다. 상대방을 그 말을 통해 추상적으로 먼저 알고 그 실재에 접근하는 만남은 시각적 전모를 판단하는 접근방식으로 넘어가기가 어렵다. 상대방을 둘러싼 심리적이고 언어적인 지식이 너무 많아 그에게 매력을 느끼기가 힘들어지는 탓이다. 전통적 사랑에서 몸과 희박한 정보에 바탕을 두던 감정은 네 가지 기본과정을 통해 일어났다. 우선 몸에 근원을 둔 매력이 그 첫 번째이며, 이 매력을 통해 옛날의 관계와 경험을 떠올리게 되는 게 두 번째다(프로이트는 그런 과거의 경험을 엄격하게 심리학과 인생역정으로만 바라본 반면, 우리는 부르디외와 더불어 사회적이고 집단적으로 이해하고자 한다). 세 번째는 반쯤 의식적이거나 무의식적으로 계산적 합리성의 '코기토'Cogito, 곧 '생각하는 자아'가 상대방을 평가하는 과정이다. 네 번째는 상대방을 유일한 존재로 여기는 이상화다. 이런 이상화를 두고 심리학은 흔히 전통적 형태의 사랑이라고 정의한다(이런 이상화는 상대에 대해 아는 것과 아직 모르는 것의 혼합으로 이루어진다). 바꿔 말해 희박한 정보를 바탕으로 하는 상상력에 의존했던 이상화는 이제 인터넷 기술로 그 뿌리까지 뒤바뀌었다. 부족하던 정보가 풍부해지고 이로써 상대방을 이상화하지 못하는 결과가 빚어진다.

전통적 사랑과 달리 인터넷에서는 '언어 과잉 그림자' verbal overshadowing라는 현상이 지배한다. 이는 일부 혹은 상당 부분 시각적 지각이나 자극에 바탕을 두던 평가과정이 말로만 이뤄지게 된 것을 염두에 둔 표현이다. 비록 사진을 볼 수는 있지만 언어 프로필로 자신을 소개하고 문자메시지를 주고받으며 딱지를 붙이기 때문에 인터넷 만남은 언어에 아주 높게 의존한다. 그러나 언어는 시각과 몸으로 상대를 평가하고 재인식하는 과정을 어렵게 만든다. '언어 과잉 그림자'는 언어로 평가함으로써 시각적 재인식이 방해받는다는 것을 지적한 표현이다. 사람들은 얼굴을 보여주고 언어로 묘사하라고 하면, 똑같은 얼굴을 언어에 의존하지 않고 묘사하라고 하는 경우보다 훨씬 더 어려움을 겪는다는 사실이 실험으로 입증되었다.[53] 이는 곧 텍스트와 언어 그리고 특징에 기초한 상대의 인식이 시각을 통해 매력을 느끼는 능력을 약하게 만든다는 암시가 아닐까.

혹은 낭만적 욕구의 중심이 이동했다고도 말할 수 있다. 내가 보기에 낭만적 욕구는 갈수록 무의식의 지배를 덜 받는다. 겉보기에 짝 선택의 기준을 정리하고 세련되게 다듬는 자아의 무궁무진한 능력은 지극히 의식적으로 이뤄지는 차원의 것이다. 이는 상대를 이성적 기준으로 선택하게 만드는 것을 피할 수 없게 한다. 그리고 이런 선택에서 책임을 지는 쪽은 어디까지나 본인 자신이다. 이로써 욕구는 행동의 이

중 형식, 곧 이성적인 동시에 감정적인 형식으로서의 선택이라는 구조를 갖게 된다. 나아가 사랑의 경험을 이루는 핵심과정인 이상화는 갈수록 어려워지고 있다. 자아가 상대의 인격을 심리학적 존재론의 여러 카테고리로 자잘하게 나누어 시험하고 평가하는 탓에 인격의 전면적 평가는 이뤄지지 않기 때문이다. 또한 한때 사랑감정의 두드러진 특징이던, 상대를 유일한 존재로 바라보는 압도적 감정은 얼핏 무한히 차고 넘쳐나는 듯 보이는 잠재적 배우자의 바다 밑으로 침몰하고 말았다.

그 자체가 목적이 되어버린 욕구

그래서 나는 욕구와 상상력과 현실 사이의 결합을 이뤄내기가 갈수록 어려워지고 있다고 주장하고 싶다. 여기에는 두 가지 주된 원인이 있다. 하나는 상상력이 일종의 스타일로 굳어지면서 그동안 있지도 않은 감정을 지어내며, 스토리와 시각이라는 형식을 동원한 시나리오로 미리 앞당겨진 감정을 자기 자신과 동일시하는 장르와 기술에 의존하게 되었다는 점이다. 두 번째 이유는 일상생활이 문화와 인지의 몇몇 카테고리로 정리되면서 낭만적 체험과 관계에 하나의 전체라는 형식을 부여하기가 어려워졌다는 점이다. 실제 우리의 체험에서 판타지와 상상력은 갈수록 그 대상과 무관한 것이 되어가고 있다. 더 나아가 나는 판타지와 상상력은 자아 스스로 빚어낸 것일 뿐 아니라 그 자체가 목적이 되어버렸다는 점을 지적하고자 한다. 판타지와 상상력은 그 자체가 독립적인(즐겁고 신나는) 목표로 변모했다. 50세의 이혼남 로버트가 하는 말을 들어보자.

나   앞서 나이가 먹어갈수록 판타지에 더욱 중독되는 것 같다고 말씀하셨죠? 그게 정확히 무슨 뜻인가요? 선생님은 판타지를 무엇으로 이해하세요? 이를테면 끝내 채워지지 않는 사랑 같은 것인가요?

로버트 그렇죠, 저는 나이를 먹어갈수록 충족되지 않는 사랑에 매달리는 것 같아요.

나   그것 참 흥미로운 말씀이군요. 왜 그런지 말씀해주실 수 있나요?

로버트 생각만 해도 엄청 즐겁거든요.

나   글쎄 그게 왜 그런지 설명해주실 수 있어요?

로버트 감정과 지성이 공존하며 일으키는 실존적 문제를 해결해주거든요. 제 심리는 사랑한다고 말하지만 섹스로 이어지지 않는 관계가 만족을 줍니다. 여기서 뭐가 그렇게 만족적인가 하는 점은 사랑이 충족되지 않았다는 사실, 곧 사랑이 실현되지 않았다는 사실입니다. 약속이 이뤄지지 않았다는 사실은 몸짓 하나, 모든 미소, 손동작 하나하나에 무수한 의미가 담긴 듯 보이게 합니다. 아침에 받은 문자메시지에는 그저 "좋은 아침!"이라고만 되어 있는데 거기 무수한 의미가 들어 있잖아요.

나   여인과 이룰 수 없는 사랑을 해보신 모양이군요?

로버트 그렇죠, 물론 그렇습니다.

나   그게 특히 자극적이던가요?

로버트 말씀드리기 어렵군요. 사랑에 빠질 때마다 그 사랑이 최고의 사랑인 것처럼 보이잖아요. 그러나 다시 한번 강조하지만, 이루지 못한 사랑이 특히 자극적이에요. 그걸 두고 많은 상상을 할 수 있으니까요.

여기서 욕구와 상상력은 채워지지 못한 사랑으로 서로 맞물려 돌아가며 구분할 수 없는 게 되고 말았다. 상상력은 욕구하기 위한 하나의 형식인 동시에 욕구를 불러일으키는 추진력이다. 거꾸로 욕구는 상상이라는 형식으로 더욱 집중적으로 경험된다. 욕구와 상상은 서로 맞물렸을 뿐 아니라 그 자체가 목적인 행동이 되어버렸다. 또 다른 남자 대니얼은 다음과 같이 털어놓았다.

> 대니얼 저는 '원 나이트 스탠드'를 증오합니다. 그건 굉장히 공허하잖아요. 제가 필요로 하는 건 상상할 수 있도록 허락해주는 일종의 종합세트 같은 거죠. 저는 상상을 해야만 하니까요. (……) 사랑이 없으면 저는 일을 할 수가 없어요. 저에게 사랑은 일종의 마약 같은 거죠. 저는 혼자 있을 수가 없어요. 제 말은 저는 머릿속에서 혼자이고 싶지 않다는 거죠. 물리적으로 같이 있음을 말하는 게 아닙니다. 네 개의 벽 안에 갇힌 애정은 조금도 관심 없어요. 가정 운운하는 말은 딱 질색이에요. 그러나 판타지는 다르죠.

여기서 상상은 말하자면 순수한 섹스관계('원 나이트 스탠드') 그리고 가정생활과 대립하는 것으로 간주된다. 내가 보기에 순수한 섹스관계와 가정생활의 공통점은 상상을 허락해주지 않는다는 점이다. 그러니까 스토리로 멋지게 꾸며진 상상을 방해하는 게 섹스와 가정이다. 또 44세의 프랑스 여성이 미국에 사는 어떤 남자와 갖는 원거리 관계를 묘사한 말도 의미심장하다. "그가 멀리 떨어져 있는 게 저한테는 훨씬 좋아요. 우리 관계가 언제나 이렇게 좋을 것 같다는 느낌이 들거든요. 관계의 상당 부분이 머릿속으로만 이뤄져서 그런가 봐요." 이 말에 담긴 뜻은 하이퍼모던한 상상력은 욕구의 욕구, 다시 말해 영원히 욕구함에만 머무를 뿐 욕구충족은 자발적으로 미뤄두는 데 만족한다는 점이다. 이는 욕구와 욕구하는 대상을 아름답게만 유지하려는 심리의 발로다. 여기서 우리는 상상과 감정의 밀도가 서로 맞물렸음에 주목할 필요가 있다. 무언가 상상하는 능력은 곧 이에 마땅하다고 여겨지는 감정을 집중적으로 떠올리게 만든다. 가정생활을 혐오하는 이유는 바로 이 상상된 시나리오를 통해 감정을 즐기는 능력이 위협받기 때문이다. 더욱이 앞서 인용한 인터뷰들에서 분명하게 드러나는 것은 상상이 상대방을 소유하는 걸 목표로 하지 않는다는 점이다. 오히려 상상은 자신의 감정을 소유하고 즐기려는 환각적 쾌락을 노린다. 이런 측면은 베로니카라는 이름의 47세 여성이 자신의 혼외정사 경험을 묘사한 데서도 잘 드러난다.

베로니카 그거 아세요. 가장 짜릿했던 순간은 집에서 각자 배우자 모르게 주고받는 이메일이었어요. 이메일을 기다리고 그걸 읽고 밤새 끝없이 그를 상상하는 것은 정말 달콤한 고통이었죠. 물론 아침에 깨어날 때 그리고 일하는 동안에도 말이죠. 서로 얼굴을 마주 보며 이야기를 나눌 수 없는 상황에서, 또 원한다고 바로 볼 수도 없는 상황에서, 은밀하게 주고받는 이메일은 정말이지 남자를 그리워하게 만들더군요. 심지어 혹시 현실보다 상상 속에서 그를 더 사랑하는 건 아닐까 자문한 적도 많아요. 그만큼 상상은 밀도 높은 감정을 느끼게 해주더군요.

나 어째서 그런지 아세요?

베로니카 에고, 그거 참 대답하기 어려운 질문이네요. (오랜 침묵) 제가 짐작하기로는 모든 걸 훨씬 잘 통제할 수 있어서 그런 것 같아요. 모든 게 자신이 원하는 바로 그대로 보이죠. 이메일을 쓸 때도 상대가 저를 이러저러하게 받아들여줬으면 좋겠다고 생각하는 바로 그대로 써요. 이렇게 하면 실수란 있을 수 없죠. 물론 그가 답장을 하지 않으면 지옥과도 같은 고통을 맛보죠. 그럼에도 나 자신의 드라마 시나리오를 쓰는 기분이 나쁘지 않았답니다. 그런데 실제로 만나면 모든 게 복잡해져요. 어딘지 모르게 불안해지고 예민해지며 그와 함께 있고 싶은 동시에 달아나고도 싶죠. 저 사람이 나를 정말 좋아해서 저럴까, 온갖 생각이 다 들죠. 그러나 메일을 쓸 때면 모든 감정이 바로 그래야만 하는 그런 감정이에요.

판타지와 상상력은 그 어떤 혼란스러움도 끌어들이지 않는다. 그러니까 오랜 문화사가 상상을 두고 저주를 불러온다고 바라본 것은 이제 정말 옛말이 되고 말았다. 오히려 상상력은 자신의 생각을 다스리고 경험을 안정적이고도 아름답게 꾸며내는 능력이 되었다. 또 남자와 여자의 상상은 그 자체가 목적일 뿐 고통을 낳는 문제가 아니며, 거꾸로 즐거움의 원천이기도 하다.

물론 어떤 비정부기구 사무총장의 비서로 일하는 38세 여성 오리트의 사례도 없지는 않다. 그녀는 인터뷰에서, 3년 전 인터넷을 통해 알게 된 남자와 사랑에 빠진 경험을 털어놓았다.

오리트 우리는 오랫동안 연락을 주고받았어요. 마치 그를 잘 아는 것 같은 감정이 생길 정도로요.
나 실제로 만나보셨어요?
오리트 아뇨. 한번은, 그러니까 2년 전에 만나보기로 결정했죠. 그런데 마지막 순간에 그가 취소하더군요.
나 그럼 아직 단 한 번도 만나보지 않았단 말인가요?
오리트 예, 만나보지 못했어요. 왜 그가 마지막 순간에 약속을 취소했는지 이유는 몰라요. 아마도 발이 얼어붙었던 모양이죠.

나   그게 그를 향한 당신의 감정에 영향을 주었나요?

오리트 아뇨, 전혀. 저는 그를 여전히 사랑해요. 함께했던 그 모든 시간 이후에도 저는 오로지 그만 사랑한다는 감정을 가질 정도예요. 서로 연락을 주고받지 않아도 그와 아주 가까이 있는 것만 같아요. 그를 아주 잘 알고 이해한다는 느낌이 들죠.

나   그와 가까이 있다고 느낀다고요?

오리트 예, 정말 그래요.

나   하지만 어떻게? 단 한 번도 만난 적이 없다면서요?

오리트 한번은 그가 자신이 어떤 사람인지 아주 많은 이야기를 들려줬어요. 우리는 상당히 많은 양의 이메일을 주고받았죠. 그거 아세요, 이 새 기술로 우리는 어떤 사람에 대해서든 상당히 많은 것을 알 수 있어요. '페이스북'에 들어가면 그의 친구들이 어떤 사람인지, 그가 지금껏 무엇을 해왔는지, 어디서 휴가를 보내는지, 사진들까지 낱낱이 볼 수 있죠. 마치 그와 한방에 있는 느낌이 들기도 해요. 그가 '구글'로 메일을 보내면, 마치 그를 실제로 보는 것만 같아요. 채팅으로 서로 살가운 대화를 나누기도 하죠. 저는 그가 무슨 음악을 다운받아 듣는지 알아요. 이건 꼭 그가 제 방에서 내내 함께 있는 것만 같은 느낌을 주죠. 그가 뭘 하는지, 무엇을 듣는지, 어떤 콘서트를 가는지 알 수 있어요. 정말 그와 함께 있는 기분이라니까요.

오리트가 실재하는 캐릭터와 상상의 캐릭터를 어느 정도 구분하느냐 하는 물음에는 확실하게 대답하기 어렵다. 어쨌거나 그녀의 감정은 내가 보기에 인식론이 흥미롭게 연구해야 할 대상인 것만큼은 분명하다. 남자를 단 한 번도 만나지 않았고 그녀 스스로 빚어놓은 것이라는 점에서 그녀의 감정은 허구적이다. 실제로 만나서 관계를 가져본 적도, 무슨 화상통화 같은 것도 해본 일이 없다. 그럼에도 서로 가까이 있다고 느낀다? 그러나 그녀가 현실의 기술적 도구를 활용해 서로 소통한다는 점(구글 메일, 페이스북 사진 등)에서 우리는 그녀의 감정이 적어도 상호관계에 의해 빚어진 허구라고는 말할 수 있다. 이 허구적 감정은 가상의 인물을 객관화하고 현재화하는 기술에 뿌리를 두고 있다. 따라서 우리는 허구적 감정을 불러오는 것은 '없는 것을 있는 것처럼 만드는 기술'이라고 말할 수 있다. 인터넷은 유령과도 같은 함께 있음을 빚어냄으로써 관계를 유지시키는 것으로 보인다. 절단된 사지를 두고 유령의 고통을 느끼는 현상이 신경생리학에서 관찰되는 만큼, 인터넷 역시 유령감정을 촉발하는 모양이다. 이런 유령감정은 현실의 인생을 그대로 꾸며놓은 가상 덕분에, 곧 그 본래 대상이 실재하지 않거나 곁에 없음에도 생생한 감정으로 체험된다. 이게 가능해진 것은 있음을 꾸며내는 기술 덕택이다. 소설과 영화가 독자와 관객으로 하여금 주인공과 자신을 동일시하게 만드는 과정을 불러오듯, 인터넷이라는 기술은 거리감을 없애주고, 있음을 흉내 내며 감정이 기댈 객관적 바탕을 제공함으로써 강한 감정을 불러일으킨다. 문화의 다른 어떤 기술보다 더 인터넷은 아주 희박한 감각에 바탕을 두는 상상력이 강한 감정을 촉발하게끔 만들어주었다. 이렇게 해서 인터넷을 통한 감정놀이는 그 자체가 목적이 되었으며 스스로 자양분을 취하며 우쭐우쭐 커져간다. 상상력이 없는 것을 현재화하는 일이라면 인터넷은 있음과 없음의 관계를 다루는 철저히 새로운 방식을 열어놓았다. 실제로 상상력의 핵심적 차원은 역사적으로 다양한 모습을 보여주면서 있음과 없음의 관계를 그때마다 혁신해왔다. 이제 인터넷은 심지어 상상이 스스로 유지될 수 있는 경지를 개척해준 셈이다. 그 자체가 목적이 되어버린 상상력은 허구의 재료와 인공기술로 이루어지는 만큼 실제 인생의 관계에 조금도 영향을 받지 않는다.

모나드의 상상력 놀이

이 장에서 나는 다양한 과정, 곧 무망한 꿈을 일상에서 익숙하게 볼 수 있는 인지적이고 감정적인 사랑의 활동으로 갈수록 역동적이게 만들고 규범화하는 과정, 실망과 일상구조 사이의 연관, 그리고 상상에서 현실로 넘어가는 것을 어렵게 만드는 애정관계, 이로써 빚어지는 실망감의 과정을 기록했다. 풍부한 정보를 제공하는 기술로 상상력과 욕구가 어떻게 합리화했는지, 갈수록 커져가는 자율성이 욕구와 상상력으로 하여금 어떻게 그 자체가 목적이 되도록 만들었는지도 살펴보았다. 우리는 실제 대상을 목표로 하는 일 없이도 허구적 감정놀이가 빚어지는 것을 확인했다. 문화현상의 하나인 상상력은 결과적으로 고도로 제도화했으며, 동시에 상당히 개인주의적인 것이 되었다. 실제 대상이 없거나 적어도 어떤 유일한 대상에 집중하지 않는데도 상상력은 모나드 같은 개인들이 자아도취를 즐기는 수단이 된 것이다. 형태도 넓이도 갖지 않으며 무엇으로도 나뉘지 않는다는 저 궁극적 실체인 모나드는 결국 소통의 길이 끊어진 외딴섬들로 우리를 내몬 것일까? 현실의 구체적 관계가 갈수록 절차의 규칙으로 이해되고 치장되는 반면, 그와 나란히 상상력 발휘는 그 자체가 목적인 일종의 놀이로 변모했다. 대상 없이 스스로 먹고 크는 욕구는 판타지에서 정상적인 삶의 현장으로 넘어갈 능력을 만들기 어렵다. 이런 흐름은 의지를 가지고 구체적 대상을 추구하는 욕구의 고전적 구조를 허물어버렸다. 이로써 지어낸 대상과 현실 사이의 긴장과 넘나듦을 관리하는 핵심인 자유의지가 허약해지는 결과를 빚었다.

에필로그

사랑에 필요한 새로운 형식

누군가의 심장이 깨지는 것을 막아줄 수만 있다면,
나는 헛되이 산 게 아니라네.
어떤 인생의 고통을 줄여줄 수만 있다면,
아픔을 식히기만이라도 한다면,
또는 힘을 잃은 울새 한 마리를
둥지로 돌려보낸다면,
나는 헛되이 산 게 아니라네.
― 에밀리 디킨슨[1]

이 책이 학문의 틀에서 벗어나려는 의도가 하나 있다면, 그것은 바로 사랑의 '아픔'을 '줄여줄 수 있었으면' 하는 바람이다. 사랑의 사회적 바탕을 조명하고 이해함으로써 말이다. 요즘 같은 시대에 이런 과제는, 건강하고 아픔 없는 애정생활을 이끌어가야만 한다는 폭압적 요구로 이미 오래전부터 과중한 부담에 시달리는 개인들에게 각종 규제와 처방을 강요하는 일부터 중단해야만 해결의 실마리를 찾을 수 있다. 나는 '사랑을 바라보는 두려움'이나 '지나친 사랑', 수많은 사례에서 확인한 두려움과 실망이 낭만적 선택과 섹스를 조직해내는 사회의 방식에서 비롯되는 것임을 이 책으로 보여주었기를 바랄 따름이다. 특히 낭만적 결합 내부에서 인정이 이루어지는 형식은 사회와 떼어놓고 생각할 수 없다.

이런 변화의 본성을 다시 한번 간략히 살펴보기 전에, 나는 먼저 이 책이 혹 의도하지 않았는데도 일으켰을지 모를 몇몇 가능한 오해부터 정리했으면 한다.

어떤 정황에서도 나는 현대의 사랑이 그 자체로 불행하다거나 빅토리아 시대의 사랑보다 못하다고 주장하고 싶은 생각은 전혀 없다. 빅토리아 시대의 사랑이 더 나은 조건을 가졌다고 선호할 이유는 조금도 없다. 나는 과거의 정형화한 편지와 소설을 현대 상황의 사회학적 특수성을 부각하기 위한 분석도구로만 썼을 뿐 그게 모범이자 규범이라고 치켜세운 것은 결코 아니다. 더 나아가 우리는 과거의 여인들이 때로는 지극히 숭배받았지만 의존상태를 벗어날 수 없어 많은 경우 좌절과 회의에 사로잡혀 지냈다는 사실을 결코 잊어서는 안 된다. 이런 아픔은 오늘날 그 어떤 방식으로도 속속들이 헤아려지지 않는다. 현대에도 수많은 형식의 행복한 사랑이 있을뿐더러 이 행복은 어려움 못지않게 현대적이다. 다만 내가 그런 행복한 사랑을 다루지 않았을 따름이다. 행복은 학문적 노력 없이도 얼마든지 잘 이뤄질 수 있기 때문이다. 그러나 불행을 두고 같은 말을 할 수는 없다. 평등과 자유, 성적 만족의 추구, 성별을 가리지 않고 배려와 자율성을 자랑하는 인간, 이 모든 것은 현대의 사랑과 애정의 약속이 충족되었음을 나타내는 표현이다. 나는 이성애든 동성애든 남자와 여자가 그런 약속을 실현하고 채워간다는 것은 그만큼 관계가 행복하다는 증거라고 생각한다. 이런 관계가 현대의 규범이라는 조건에 적응했다는 이유만으로 행복한 것은 아니다. 더 나아가 현대의 행복한 관계가 과거 시절의 규범보다 우월한 이상을 실현했기 때문이기도 하다.

비록 이 책이 주로 여성의 관점에서 쓰였고, 상당 부분 여성의 딜레마를 다루고 있지만, 그렇다고 남자가 사랑의 문제에서 아무런 어려움을 겪지 않는다고 말하는 것은 아니다. 내가 여성에 집중한 것은 여성이라는 이 지대가 내게 좀더 친숙하기 때문이다. 또 여성은 심리학의 자기치장 산업으로부터 끊임없이 융단폭격을 받고 있으며, 이른바 '여성의 심리적 결함'을 캐묻는 일을 시급히 중단해야 하기 때문이기도 하다. 다른 많은 여성과 마찬가지로 나 역시 감정 가운데 특히 아픔은 경제권력과 정치권력의 배분과 밀접하게 맞물려 있다고 생각한다. 그것도 상당히 복잡한 방식으로 말이다. 이 책이 설명하려 한 근원적 어려움 혹은 불편함의 원천이 있다면, 그것은 곧 페미니즘 혁명이 남성과 여성이 갖는 사랑과 열정의 갈망을 채워줄 수 없었다는 점이다. 치유에 도움을 주기 급급했던 페미니즘 혁명은 여전히 미완으로 남았을 뿐이다. 자유와 평등은 우리가 이상적으로 바라보는 사랑의 핵심임에 틀림없다. 그러나 이런 정치적 이상이 열정과 결속을 이뤄낼 수 있는지, 이뤄낼 수 있다면 그 방법은 무엇인지는 여전히 문화의 수수께끼로 남는다. 바로 이 난제를 나는 이 책에서 풀어보려 했다. 오늘날 중산층 출신 이성애 여성들은 참으로 묘한 역사적 상황에 처하고 말았다. 그 어느 때보다 더 여성은 당당하게 자신의 몸과 감정을 주장할 수 있게 되었으나, 그럼에도 지금껏 전혀 볼 수 없었던 새로운 방식으로 여전히 남자에게 지배당한다.

세 번째로 생겨날 수 있는 오해는 사랑의 불행이 이전에는 볼 수 없던 새로운 현상, 곧 현대와 맞물린 현상이라거나, 심지어 오늘날 우리가 예전보다 더 심하게 사랑의 아픔을 앓는다고 주장한 것처럼 받아들여지는 일이다. 찔리듯 아픈 상사병의 고통은 사랑 그 자체만큼이나 세계문학이 즐겨 다룬 소재다. 또 지나간 시대들은 저마다 사랑의 아픔을 보여주는 풍부한 사례와 모델의 저장고를 자랑했다. 그러나 현대인이 스스로 불러일으킨 아픔이 중세의 자책의식과 다른 것처럼 현대의 낭만적 아픔에는 사회적이고 문화적인 새로운 경험들이 중첩되어 있다. 물론 그렇다고 해서 이 많은 경험이 변화에 저항하는 요소들을 포함하지 않았다는 말은 아니다. 그러나 모든 연구가 현상의 특정 측면에 주목하고 다른 측면들은 무시하는 의도적 결정을 내릴 수밖에 없듯, 이 책 역시 낭만적 아픔 가운데 새로운 것에 집중했을 따름이다. 나는 낭만적 사랑이 하나의 역설적 과정이 이뤄지는 무대임을 보여주려 했다. 현대의 개인들은 이전의 그 어느 때 사람들보다 더 잘 무장하고 이별에도 잘 대처할 수 있다. 현대인들은 거듭 겪어보는 버림받음 혹은 배신 따위에 적어도 원칙적으로는 냉정함과 자율성, 쾌락주의, 냉소주의, 아이러니 등으로 얼마든지 여유롭게 반응할 수 있다. 실제로 현대인들 대다수는 젊은 시절 이미 낭만적 사랑에 이르는 길이 탄탄대로가 아니라는 것을 알고 출발한다. 그러나 바로 이 책이 강조하고자 하는 지점이 정확히 여기다. 자칫 깨져버릴 수 있는 관계의 섬세함을 다루는 무수한 전략을 개발했다는 바로 그 '이유'로 현재 우리가 살아가는 문화의 많은 측면은 열정을 온전히 경험하고 펼쳐낼 능력을 자아로부터 앗아간다. 사랑하고 결합하는 과정과 맞물려 일어나는 의심과 불안함에 제대로 저항도 해보기 전에 포기하고 마는 일은, 그래서 일어난다. 사랑을 다루는 전략의 개발이 오히려 사랑을 지레 포기하게 만드는 정말 희한한 역설이 눈앞의 현실이 되었다. 사랑의 형식은 그게 어떤 식으로 아픔을 주는지, 바로 그 방식이 변화한 만큼 딱 그렇게 변했다.

결국 이 책은, 비록 남자들의 회피하는 태도와 강한 감정결속을 어려워하는 거리두기를 포괄적으로 드러내려 했음에도, "대체 좋은 남자들은 다 어디로 간 거야?" 하는 물음의 답도, 섹스의 자유 그 자체를 겨냥한 고발장도 아니다. 오히려 이 책은 감정적으로 회피하는 남자들의 그 태도와 프리섹스라는 결과를 빚어낸 사회적 힘이 대체 무엇인지 살펴보려는 시도다. 그래서 남자가 원래 접근하기 힘든 존재라거나 자유가 우리 삶의 궁극적 목표라고는 보지 않았다. 많은 사람이 믿고 있듯, 자유숭배가 경제영역에서 파괴적 결과를 낳을 수 있으며 실제로 낳기도 했다면, 예를 들어 자유주의 경제는 불안과 엄청난 양극화를 빚어낸 주범이라는 주장이 정말 맞는다면, 우리는 이런 자유숭배가 개인과 감정과 섹스의 영역에서도 어떤 결과를 몰아왔는지, 적어도 물음은 던져봐야 한다. 어떤 영역에서 자유를 비판적으로 연구했다면 마찬가지로 다른 영역에서도 그것은 비판적으로 다뤄져야만 한다. 철두철미함을 자랑하는 정신이라면, 우리가 가장 심오하게 최고로 성스럽게 여기는 규범과 확신일지라도 그게 어떤 의도하지 않은 결과를 빚어내는지 연구하고 그 위험을 경고하는 일에 흠칫 물러서는 일이 절대 없어야 한다. 현재 맥락에서 그 대상은 바로 자유다. 자유가 경제영역에서 불평등을 야기한 동시에 이를 겉으로는 잘 드러나지 않게 만들어버렸듯, 섹스영역에서는 남자가 여자를 감정적으로 지배하는 것을 가능하게 한 사회적 조건들을 교묘하게 가려놓는 효과를 빚어냈다. 이 책이 확실히 하려는 핵심논점들 가운데 하나는 상당히 단순한 것이다. 현대사회의 조건들 아래서 남자는 성적으로나 감정적으로 여자보다 훨씬 더 큰 선택의 폭을 누린다. 그리고 이 불균형이 남자의 감정적 지배를 이끌어냈다. 이 책의 목표는 결국 전통적으로 심리학이 지배하던 곳으로 사회학을 데려가서, 여성 문화사회학자들이 가장 잘할 수 있는 것, 곧 우리 주관의 아주 은밀한 구석까지 속속들이 낭만적 선택의 생태와 구조의 변화 같은 '주어진 큰 사건'에 결정적 영향을 받는다는 증거를 구하는 일이다. 사랑받지 못한다거나 버림을 받았다거나, 거리를 두는 상대의 태도로 아파하는 것 같은 감정적 고통의 익숙한 경험은 결정적으로 현대의 주요 제도와 가치가 빚어놓은 결과일 따름이다. 이 책이 품은 커다란 야심은 마르크스가 상품을 가지고 벌인 일을 감정에, 적어도 낭만적 사랑의 감정에 적용해보고자 함이다. 즉 감정은 사회관계들로 형성된다는 것, 감정은 아무런 제약이 없는 자유로운 방식으로 순환하는 게 아니라는 것, 감정이 빚어내는 마법은 바로 사회의 마법이라는 것, 그리고 마지막으로 감정은 현대의 제도들을 압축해낸 것임을 보여주고자 하는 야심인 동시에 열망이다.

물론 현대와 근대의 차이를 과도하게 강조하지는 말아야 한다. 근대의 남자와 여자도 일정 정도 자유를 누리며 결혼했고, 서로 사랑하거나 헤어졌으며, 상대적 차이는 있지만 선택의 자유를 맛보며 행동했다. 그럼에도 내가 이미 보여줬으리라 믿지만 사회학은 문화의 발달 방향과 일반적 경향을 이해하려는 노력이다. 이로써 사회학은 개인들의 주관을 넘어서서 이 자유에서 어떤 근본적인 게 변화했다고 주장할 수 있다. 다시 말해 자유는 선택이라는 현대의 문화 카테고리 안에서 제도로 굳어졌다. 그리고 이 제도화는 남녀 사이의 감정교류와 행동조건을 뒤바꿔놓았다. 남자와 여자의 낭만적 불행은 현대의 자유와 선택 능력이라는 수수께끼로 연출된다. 이 수수께끼는 다음과 같은 핵심과정과 복잡한 방식으로 맞물려 있다.

• 선택의 생태와 아키텍처의 변화 규범적 성격(섹스혁명), 사회적 성격(계급 혹은 인종이나 민족으로 제한받는 동족결혼의 약화), 기술적 성격(인터넷 발명과 이에 상응하는 만남의 기술) 등의 원인에 따라 배우자 찾기와 선택은 그 근본까지 뒤바뀌었다. 우리는 '사랑의 위대한 변화'라는 이상을 분석도구로 활용해 근대와 현대의 선택이 그 사회적 조직에서 어떤 차이를 보이는지 포착했다. 앞서 나는 일반적인 생각과 달리 현대에서는 사랑의 대상을 구하고 찾는 일에서 선택이라는 요소(인식형태의 반성적 카테고리)가 더욱 강력하게 전면에 부각되었다고 논증했다. 이 카테고리가 그토록 두드러져

보이는 이유는 선택의 생태계가 변화한 결과다. 그런 변화가 갖는 일련의 특징은 이렇게 정리할 수 있다. 선택할 수 있는 상대의 범위가 엄청나게 넓어진 것, 이와 맞물려 빚어지는 자신의 가능성이 무한하다는 인상, 그리고 어떤 파트너를 선택하기로 결심하는 과정이 복잡해지고 시간상으로 더욱 길어졌다는 점 등이 그것이다. 더 나아가 다양한 영역에 걸쳐, 곧 섹스와 신체와 문화의 영역에서 취향이 갈수록 빠르게 바뀌고 더욱 섬세해졌다. 이는 곧 갈수록 더 많은 정보로 무장하고 산업이 제시하는 기준에 따라 상대방을 평가하게 되었음을 뜻한다. 그리고 언제든 더 나은 선택을 할 수 있으리라고 자신의 기회를 극대화하는 의식이 관계맺기를 구조적으로 뒤흔들었다. 이 모든 측면이 합리적 차원과 감정적 차원에서, 동시에 개인의 취향에 더욱 의존하게 만드는 방향으로 짝찾기 과정을 변화시켰다. 또 배우자 찾기의 과정에는 무수한 정보가 차고 넘친다. 이로써 낭만적 사랑의 심장 안에서는 지쳐 나가떨어질 정도로 집요한 평가과정이 새롭게 이뤄진다. 자아는 존재론화한 감정, 다시 말해 언제라도 인지할 수 있는 고정된 감정에 의지한다. 이 고정된 감정은 행동의 길라잡이가 된다. 사람들을 두고 다양한 기준에 따라 복잡하게 다듬어진 평가가 이뤄진다. 이런 발달은 욕구와 의지의 본성이 변화하게 되는 조건들을 창출해냈다. 곧 사람들이 약속을 하고 자신의 미래를 생각하며 결정을 내리기 위해 과거를 뒤돌아보는 방식과, 위험요소들을 관찰하고 서로 어떤 사랑을 원하는 게 마땅한지 생각하는 방식이 바뀌었다는 말이다.

- 섹스영역의 형성 섹스영역이란 성적 매력이 짝짓기의 자율적 차원이자 사회생활에서 고도로 상업화한 부분으로서, 또 하나의 자율적

평가기준으로 자리잡은 사회의 경연장이다. 섹스영역은 거기서 활약하는 사람들이 끊임없이 서로 평가하며 무수히 많은 경쟁자와 치열한 다툼을 벌이면서, 서로가 이 경쟁조건 아래 평가한다는 것을 포괄적으로 압축한 표현이다. 각기 다른 종교를 가지며, 서로 다른 혈통과 다양한 사회계층 출신의 남자와 여자가 아무런 규제를 받지 않는 자유로운 시장에서 서로 만나는 일은 이전 역사에서 단 한 번도 찾아볼 수 없던 현상이다. 이 시장에서는 아름다움과 섹시함과 사회계층이라는 특징이 계산적이고 도구적으로 평가되어 거래된다. 결혼이 곧 시장이 된 것은 자연적인 일이 아니라 선택의 생태가 변화한 탓에 벌어진 역사적 사실이다. 이런 결혼시장에는 섹스영역이 선행한다. 그리고 이제 결혼시장과 섹스영역은 늘 맞물리며 공존한다. 두 무대는 각각의 논리가 서로 교차하면서 중첩되기도 한다. 섹스영역의 활동가는 서로 ① 가장 섹시한 파트너를 두고 경쟁하며, 바로 그래서 ② 될 수 있는 한 많은 파트너를 수집하며, 또 ③ 자신의 성적 매력과 실력을 과시한다. 결혼시장은 이 경쟁의 차원을 짝짓기라는 것으로 종합한다. 여기에는 다시 사회경제적 지위와 인격과 문화적 능력이라는 요소들이 첨가된다. 결혼시장에서 선택은 경제적 지위, 신체매력, 교양, 수입의 정도, '섹시함'이나 '멋짐' 같은 약간 알쏭달쏭한 기준으로 이루어진다. 그러나 시간상으로 보면 섹스영역이 결혼시장보다 앞서기 때문에, 섹스영역이 결혼시장을 방해하는 것처럼 보일 수 있다. 남자와 여자가 섹스영역에 더 오래 머무르려 하거나, 심지어 섹스영역을 결혼시장보다 더 선호할 수 있기 때문이다. 섹스영역 그 자체는 남자들이 지배한다. 남자들은 더 오래 이 영역에서 춤추며 여인들을 마음껏 고를 수 있기 때문이다. 이처럼 더 큰 선택 가능성은 남자들, 특히 중상위층 이상의 남자들이 섹스영역을 지배하게 만들었다. 이런 상황 덕에 남자들은 장기적 관계를 맺는 일을 예전보다 훨씬 꺼려한다. 섹스영역의 역동성과 선택의 새로운 생태는 여자들이 남자들에게 감정적으로 지배당할 조건을 만들어냈다. 남자는 특히 다음 세 가지 근거로 강점을 누린다. 오늘날 남자의 사회적 지위는 가정을 꾸리고 자녀를 키우느냐 하는 문제보다 경제적 성공을 이루었느냐 하는 문제에 더 강하게 의존한다. 남자가 종족번식을 원하는 것은 생리적 이유에서가 아니라 문화의 영향 탓이다. 그래서 남자는 더 오랜 시간 동안 짝 찾는 일을 즐길 수 있다. 결국 남자는 자신의 성을 무슨 우월한 신분처럼 활용한다. 섹시함의 표준이 젊음을 최고로 여기는 탓이다. 게다가 나이에 따른 차별은 남자가 여자보다 훨씬 큰 선택의 기회를 누릴 수 있게 해주었다. 중산층 출신의 이성애 선호 여성과 남성은 각기 다른 방식으로 섹스영역에 접근한다. 이들의 경제적 생존 여부는 결혼보다는 시장에 더 직접적 영향을 받기 때문이다. 또 낭만적 인정이라는 율법에 아주 조금이라도 매이지 않으려는 탓이다. 남자는 자신의 성을 우월한 지위로 내세우며 자신의 자율성을 증명하고자 섹스경험을 축적하며 과시하고, 동시에 여성에게는 일정 정도 거리를 두는 경향을 보인다. 반면 여성은 의존과 거리두기라는 모순된 전략의 포로가 되어버렸다. 남성이 감정적으로 거리를 두며 관계맺기를 두려워하는 태도에는 섹스영역에서 여성이 가지는 지위가 고스란히 반영되어 있다. 여성의 이런 열악한 지위는 선택의 새로운 생태가 빚어놓은 것이다.

● 새로운 형식의 인정 이런 추세와 더불어 새로운 불평등이 생겨났다. 사회의 모든 영역이 그렇듯 섹스영역에서도 성공은 신분 상승과

자기 가치의 향상을 뜻한다. 매력과 섹스자본은 이제 사회로부터 인정을 이끌어내 과시하기 위해 투자된다. 그러므로 인정받음에서 결정적인 것은 매력과 섹스자본이다. 이는 또한 자아 본연의 자존감과 정체성이 위협받을 수도 있음을 뜻한다. 성공하지 못했을 경우 자존감과 정체성은 치명적 상처를 입는다. 따라서 사랑은 도덕적 불평등을 빚어내는 역동성의 한 측면이 된다. 여기서 도덕적 불평등이라 함은 자존감의 불평등을 말한다. 이런 불평등은 남자와 여자를 갈라놓는다. 섹스영역을 남자가 지배하기 때문이다. 또 성공적인 남자와 여자를 성공하지 못한 남자와 여자와 분리시킨다. 그러니까 불평등은 남성과 여성 사이에서만 빚어지는 게 아니라 같은 성별을 갖는 집단 내부에서도 일어난다. 여기에 다시금 현대는 사적 영역을 부각했다. 이 사적 영역은 여성의 정체성에 결정적 영향을 미치는 것인 한편, 공공과 분리된 여성의 소중한 영역이기 때문에, 이 영역을 확보하게 해주는 사랑이야말로 여성의 자존감을 좌우하는 결정적인 것이 되었다. 자유시장이라는 조건 아래서 여성은 자신의 가치를 확인하기 위해 더욱 절실히 사랑을 필요로 하기 때문에, 좀더 일찍 관계를 맺으려는 강한 열망을 품는다. 선택의 생태적 변화 그리고 사랑과 사회적 확인 사이의 연관은 성의 불평등이 더는 사회적 차원에 그치지 않고 감정불평등까지 빚어지게 만들었다. 사람들에게 널리 읽힌 이른바 '화성남자 금성여자' 시리즈는 실제로는 사회학 과정인 것을 심리학 개념으로 풀어보려 한 시도에 지나지 않는다. 즉 사랑을 여인에게는 자존감의 원천으로, 남자에게는 섹스자본으로 여겨지게 만들도록 성별의 차이를 새롭게 조직해낸 과정은 사회학의 관점에서만 설명될 수 있는 것일 따름이다.

- **식어버린 욕구와 의지의 약화** 아이러니, 관계공포증, 애매모호함, 실망, 이 모든 것은 이 책이 다룬 핵심주제이며, 사랑경험을 이루는 주축이다. 이 네 가지 주된 요소를 두고 나는 의지와 욕구의 탈구조화(그리고 신新구조화)라 불렀다. 예전에는 확실한 관계를 추구했던 의지와 욕구가 이제는 쿨한 개성을 키워내는 쪽으로 방향을 바꾸었다. 아이러니, 관계공포증, 애매모호함, 실망은 자신의 욕구를 통해 자아 전체를 움직이게 만들기가 어렵다는 점을 공통적으로 표현하는 말들이다. 이 단어들은 자율적 정체성을 고집하는 태도가 주관의 아주 은밀한 구석까지 속속들이 물들이고 있음을 보여준다. 자율성의 고집은 좀더 일반적으로 말하자면 열정이 식어버렸음을 뜻한다. 이로써 실제로 욕구를 불러일으키는 과정을 작동하고 사랑의 상대를 결정하며 사랑의 문화에 따르는 능력이 심각한 위협을 받았다. 욕구 자체는 그 밀도나 자아로부터 출발하는 방식에서 다음과 같은 원인들 때문에 변화를 겪었다. ① 선택의 폭이 넓어지면서 욕구는 자기관찰과 자기검증이라는 정보에 고도로 의존하는 형식으로 바뀌었다. ② 여러 가지 선택 가능성을 두고 비교하다 보니 강렬했던 감정은 김이 빠져버린다. ③ 이제 사람들은 절차주의가 지배하는 문화적 환경에서 욕구하게 되었다. 여기서 절차주의란 자신과 상대방의 감정생활을 규제하는 추상적이고 형식적인 규칙에 따르게 되었다는 뜻이다. ④ 근대의 욕구가 결손경제의 영향을 받은 반면, 오늘날의 욕구는 섹스의 자유와 섹스 상업화로 말 그대로 과잉경제를 누린다. ⑤ 마지막으로 욕구는 상상력의 왕국으로 이주해 버렸으며, 이로써 서로 얼굴을 맞대고 낭만적 욕구를 해결할 가능성은 심각한 위협을 받는다. 이런 의미에서 욕구는 약해진 동시에 강해졌다. 욕구는 의지의 뒷받침을 받지 못한다는 점에서 약해졌으며, 가상

세계에서 간접적 관계를 즐기게 되었다는 점에서 강해졌다.

이 책은 모든 면에서 현대의 사랑을 겨눈 고발장처럼 보일 수 있다. 물론 지배적 선입견에 저항하려는 시도로 읽는 게 훨씬 유익하며 의미도 더 풍부하리라. 지배적 선입견이란, 남자는 심리학적으로나 생물학적으로 본래 깊은 관계를 맺지 못하는 존재이며, 여자는 자신의 심리학적 본성을 따르기만 하면 사랑을 찾기가 쉽고 또 더욱 잘 유지할 수 있다는 통념이다. 그러나 실제로 생물학과 심리학은 낭만적 관계의 어려움을 풀어주고 보듬어주는 방법이라기보다는 오히려 문제의 일부이며 이런 어려움을 풀어줄 해결책이 아니다. 남자와 여자의 감정적 불평등을 생물학과 진화론 혹은 심리발달로 설명하려는 태도는 오히려 이런 차별을 상당히 부풀리는 결과만 낳을 뿐이다. 그럼에도 오늘날의 문화와 현대적 제도는 일정 정도 그런 시도를 방어해주고 있다. 금성과 화성 운운하는 이야기가 여자와 남자의 차이를 설명함으로써 그 차이를 극복할 수 있게 해준다고 하나, 실제로 우리에게는 아무런 도움이 되지 않는다. 실제로 그런 시도는 오로지 문화가 만들어낸 차이를 자연의 차이인 것처럼 포장하는 데 급급했을 따름이다. 그런 이야기는 남자와 여자가 근본적으로 다르며, 남자는 기꺼이 문제를 풀려 하고 여자는 인정받으려 한다고 상정한다. 결과적으로 내놓은 해결책이라는 게, 남자는 여자의 말을 경청하고 확인해주고 여자는 남자의 자율성 욕구를 존중해줘야 한다는 식이다. 이런 충고가 혼란에 빠진 남자와 여자에게 성별의 차이라는 파고가 높은 바다를 헤쳐 나가는 데 유용한 도움이 되는 듯 보일지 모르나, 어느 모로 보든 이런 충고는, 남자는 감정적으로 무능하며 여자는 자신의 감정기질을 다스릴 수 있어야만 한다는 편견을 더욱 굳히는 데 기여했을 뿐이다.

물론 사회와 문화가 문제를 낳는 주범이라 말한다고 해서, 남자와 여자가 개인적으로 자신의 행동에 책임을 지지 않아도 좋다는 것은 결코 아니다. 이 책은 인간관계의 개인적 책임과 의무라는 관념을 어떤 방식으로도 깎아내리거나 과소평가하지 않았다. 오히려 정반대로 양쪽 성에 미치는 일반적인 힘과 요소를 정확히 이해할 때 서로 책임을 떠넘기는 일을 피하고, 개인적이며 윤리적으로 책임져야 하는 지점을 좀더 정확히 밝혀낼 수 있다고 주장했을 따름이다. 물론 이 책을 읽을 독자들은 도대체 내가 정치적으로 추천하는 구체적 내용이 정확히 무엇인지 알고 싶어하리라. 내 연구작업에 바탕이 되어준 아주 중요한 규범적 전제 가운데 하나는 열정과 같은 밀도 높은 감정의 상실이 문화적으로 아주 심각한 손실이며, 감정이 식어버린 탓에 우리가 상처를 덜 입을지는 몰라도 사랑하는 사람과 격정적으로 맺어지는 일은 더욱 어려워졌다는 점이다. 바로 이 지점에서 나는 아픔 없는 열정적 사랑이란 있을 수 없으며 이 아픔을 두려워하지 말아야 한다는 크리스티나 네링과 조너선 프랜즌의 견해에 흔쾌히 동의하고자 한다. "고통이 아프기는 하지만 그렇다고 고통으로 죽는 것은 아니다. 마취를 한 채 기술의 힘을 빌린 자급자족의 꿈이라는 대안이 과연 바람직한지 생각해본다면 아픔은 자연의 산물이며 모순으로 가득한 세상에서 살아 있음을 확인해주는 자연의 지표다. 아무런 아픔 없이 인생을 헤쳐왔다는 말은 살아보지 않았다는 뜻이다."[2]

성평등의 목표가 남성과 여성이 일정한 거리를 두고 마주 보는 것일 수는 없다. 그보다는 강하고 열정적인 감정을 똑같이 누리는 능력을 키워가는 일이어야 하지 않을까. 그러나 도대체 왜 그토록 열정적이어야만 할까? 모든 일, 특히 열정의 문제에서 절제를 강조하는 철학과 윤리의 모델은 차고도 넘친다. 이 책이 관계의 제도화야말로 감정과 관계를 꾸며갈 유일한 실용적 틀이라는 관념을 전적으로 거부한 까닭은 자아를 그 전체로 온전히 실현하는 방식으로서 사랑할 줄 아는 능력이야말로 함께 살며 성장해갈 결정적 능력이자 동시에 인간과 문화가 활용할 수 있는 중요한 자원이라고 보았기 때문이다. 관계와 감정으로부터 의미를 길어낼 줄 아는 능력은, 내가 보기에 자아 전체를 온전히 요구하며 자신을 완전히 잊을 만큼 헌신적으로 다른 사람과 관계를 맺을 수 있도록 해주는 만남에서 찾아볼 수 있다(이를테면 이상적인 부모상이나 진정한 우정이라는 모델이 이에 해당한다). 더 나아가 열정적 사랑은 불확실함과 불안으로부터 우리를 해방해준다. 만남에서 우리는 흔히 불확실함과 불안 때문에 괴로워하지 않던가. 이런 의미에서 열정적 사랑은 우리에게 중요한 바로 그것을 이해하고 실현해줄 지극히 중요한 원천이다.[3] 이런 종류의 사랑은 우리 자아의 가장 깊은 내면에서 환한 빛을 발하고 의지를 불러일으키며 우리의 다양한 욕구를 하나로 묶어준다. 해리 프랑크푸르트는 사랑이 우리를 어떻게 생각해야 좋을지 몰라 생겨나는 제약과 어려움으로부터 해방해준다고 말했다. 내가 여기에 덧붙이자면, 어떻게 느껴야 좋을지 몰라 생겨나는 제약과 어려움으로부터 사랑은 우리를 해방해준다. 열정적 사랑은 이런 막막한 상황에 종지부를 찍어준다. 우리가 살며 겪는 모든 어려움은 어찌하면 좋을지 모르는 이런 막막함 때문에 빚어지지 않던가. 그래서 사랑은 '애매모호함의 장벽'[4]으로부터 우리를 구원한다. 이런 종류의 사랑은 성격을 강인하게 키워주며, 이는 궁극적으로 다른 누구의 것도 아닌 바로 우리의 인생을 살아갈 나침반을 손에 쥐어주는 유일한 사랑이다. 누구를 어떻게 사랑해야 좋을지 모르는 애매모호하고 우유부단한 상황은 선택 가능성의 과잉과, 자신의 감정을 자기검증을 통해 알아내야 한다는 어려움, 그리고 자율이라는 이상 때문에 빚어졌다. 이런 상황은 열정적 결속을 방해하며, 결국 우리 자신이 누구인지 알아보지 못하게 우리 눈을 흐린다. 이런 이유로 나는 서구 사회라는 문화적 풍경을 휩쓸고 있는 섹스숭배를 도저히 아무런 비판 없이 묵과할 수는 없었다. 특히나 고도로 상품화한 섹스의 자유야말로 모든 것을 포용하며 집중적 감정을 나누는 남자와 여자의 능력에 결정적 손상을 입혔다고 나는 믿는다. 밀도 높은 감정을 맛보는 열정적 사랑은 우리가 어떤 종류의 사람이 중요한지 알아볼 혜안을 뜨게 해준다.

자유를 신봉하는 극단적 페미니즘은 현재 상황에 분석적으로 대응하는 데 그치고 말았을 뿐만 아니라 규범적으로 반응하기도 했다. 여성은 여전히 낭만적 사랑이라는 이상을 포기할 각오가 되어 있지 않기 때문에, 또 활짝 열린 섹스영역에서 남자들과 마주치기 때문에, 섹스자본의 축적이라는 문제를 집중적으로 토론하고 어떻게 해야 감정의 불평등을 극복할 수 있으며, 사회적이고 윤리적인 목표를 더 포괄적으로 실현할 수 있을지, 그 새로운 전략을 구상하는 데 힘을 모아야 한다. 우리는 섹스자본 축적이라는 문화모델의 배경을 페미니즘의 관점은 물론이고 칸트 윤리의 관점에서도 캐묻고 들어가야만 한다. '새로운 여성운동'이 섹스의 제약과 억압이라는 족쇄를 풀어버렸듯, 이제 우리는 소외와 침묵의 상태가 어째서 빚어졌는지 그 원인을 찾아야 할 시점에 이르렀다. 감정의 상호작용과 중첩, 섹스의 자유, 경제가 이끌고 온 이런 상황을 우리는 좀더 면밀히 관찰해야 한다. 이성애 부부의 가정이라는 틀로 생물학적 재생산을 제도화하는 사회와 경제가 성의 불평등을 빚어내는 한 섹스의 자유는 여성에게 부담일 수밖에 없다. 결국 우리는 이런 문제를 특히 중요하게 토론하지 않을 수 없다. 대체 성생활은 자유 중심 사상과 윤리의 관점에 지배당하는 행태의 영역에서 어떻게 변화해왔을까? 터부를 깨고 평등을 이루려는 열성으로 섹스혁명은 윤리 일반을 성생활의 영역에서 몰아냈다. 그래서 나는 이 책의 마지막 논제로 섹스를 통한 자기표현이라는 프로젝트가 상대방과 그의 감정을 존중해야 한다는 의무의 문제와 따로 떼어놓을 수 없다는 점을 강조하고자 한다. 그러니까 우리는 남성의 심리가 근본적으로 허약하거나 사랑할 줄 모른다는 통념을 벗어던져야 한다. 오히려 섹스자본의 축적이라는 모델을 시험대 위에 올려놓고 더 활짝 열어 철저히 파헤쳐야 한다. 현대의 남성성을 이끌어냈으며, 여성도 열광해 그대로 흉내 냈던 바로 그 모델 말이다. 그리고 우리는 그 대안이 될 수 있는 모델로 어떤 게 있을지 머리를 맞대고 함께 모색해야 한다. 남성성과 열정적 사랑이 서로 대립하는 게 아니라 하나의 같은 사안을 뜻하는 그런 모델 말이다. 남성을 두고 감정적으로 무능하다고 못 박는 대신, 우리는 감정을 소중히 하는 남성성이라는 모델을 이끌어내야만 한다. 이런 모델에서는 섹스자본이라는 것이 설자리가 없다. 이런 문화적 선언은 우리를 실제로 페미니즘의 목표에 더욱 가깝게 데려다주리라. 페미니즘은 예나 지금이나 여성의 사회적 경험을 뒷받침할 수 있는 윤리와 감정의 모델을 찾아내려 노력해왔다. 그러나 윤리로부터 떨어져 나온 섹스는, 우리가 지난 30년 동안 목도해왔듯, 벌거벗은 이전투구의 경연장으로 전락하고 말았다. 여기서 수많은 남자는, 그리고 특히 여자들은 환멸을 곱씹으며 지쳐 나가떨어져 신음할 뿐이다.

이 책이 밝혀보고자 했던 역설은 이렇게 정리될 수 있다. 한편으로 감정과 사랑과 낭만이 기묘할 정도로 차갑게 식어버렸다. 오늘날 대다수의 남자는 열정이라고 하면 코웃음부터 치며, 또 대개의 여성은 18세기와 19세기의 연애편지에서 나타나는 열정의 표현을 비웃거나 심지어 가벼운 거부감까지 내보인다. 다른 한편 사랑은, 내가 지금껏 살펴본 수많은 관점에서 그 어느 때보다 더 강력하게 우리의 자존감을 결정짓는 위력을 발휘한다. 우리 문화가 워낙 손가락으로 심리를 즐겨 가리키는 탓에 사랑의 실패는 우리의 무능함 때문에 빚어진 것처럼 보인다. 바로 그래서 사랑을 그린 드라마는 자아를 그 뿌리까지 뒤흔든다. 현대의 사랑이 심리치료, 친구들과의 끝없는 대화, 상담, 위로 등을 요구하는 이유도 여기 있다. 사랑은 문화적 이상에 그치는 게 아니다. 사랑은 자아를 떠받드는 중요한 사회적 토대의 하나다. 그러나 사랑을 자아의 토대로 만들어주던 문화자원들은 소진되고 말았다. 바로 그래서 우리는 섹스와 감정의 관계에서 그 어느 때보다 더 간절히 윤리를 필요로 하게 되었다. 이런 관계야말로 자아의 자존감과 가치를 키우는 데 결정적 역할을 맡기 때문이다.

 그러니까 이 책은 사랑이라는 매체로 현대성을 냉철하게 바라본 긍정이다. 이 책은 자유, 이성, 평등, 자율과 같은 가치의 필연성을 인정했다. 그러나 현대를 이루는 문화의 핵심 축이 빚어낸 엄청난 곤경을 결산해보지 않을 수 없었다. 만취한 다음 날 깨어날 때 항상 그러하듯, 현대를 냉철하게 긍정하는 것에는 유토피아에 젖은 열정이나 맹렬히 비난하고자 하는 열성이 없다. 그러나 냉철한 긍정은 우리가 맑은 정신으로 자신을 더 잘 성찰할 때 이 시대를 더 잘 살아낼 수 있으며, 심지어 새로운 형식의 열정적 사랑을 찾아낼 수도 있지 않을까 하는 나직한 희망만은 주리라.

감사의 말

하나 이상의 관점에서 나는 아주 오래전에, 그러니까 아직 어렸을 때 이 책을 쓰겠다는 생각을 했다. 가까운 친구들과 잘 모르는 사람들과 나눈, 수천 번은 아닐지라도 수백 번은 족히 되는 대화로 현대의 낭만적 관계를 뒤덮은 카오스를 확인하며, 나는 말문이 막히는 놀라움에 사로잡혔다. 내가 성인이 되어 살아본 네 개의 나라(프랑스, 미국, 이스라엘, 독일)의 여성들은 대체 어쩌다가 그 강인함과 독립성에도 남자들의 회피하는 태도에 속수무책으로 속만 끓이는 지경이 되었을까? 왜 우리의 자존감은 사랑과 그토록 밀접하게 맞물려 있을까? 과거의 사람들도 현대의 남성, 여성과 똑같은 사랑의 아픔을 앓았을까? 나는 이 책이 이런 물음에 정확한 답을 주지는 못할지라도 새로운 고민방식을 제시했기를 희망한다. 사실 우리 문화는 애정생활에서 빚어지는 혼란이 주로 상처받은 어린 시절과 우리의 심적 결함 때문에 일차적으로 빚어진다는 쪽으로 몰아간다. 이 책은 이런 전제를 문제 삼고 싶었다. 왜 사랑이 아픔을 주는지 설명하는 방법을 심리학의 맥락 대신 남자와 여자가 만나는 사회라는 맥락에서 찾으려 했다.

이 책은 몇 시간에 걸쳐 자신의 은밀한 속내를 드러내준 많은 사람의 인터뷰 덕분에 탄생했다. 그처럼 과감히 자신의 속내를 밝혀줬기에 커다란 도움을 주는 유익한 대화가 될 수 있었다. 내 첫 번째 감사는 베를린 학술 진흥원에 돌리고 싶다. 2007년과 2008년 학기에 진흥원은 수도원과 같은 고요함과 평화를, 18세기 살롱과 같은 속세의 기쁨을 맛볼 수 있게 해주었다. 많은 참고문헌을 권고해주며 생각이 새롭게 물꼬를 틀 수 있도록 도와준 데일 바우어, 우테 프레베르트, 스벤 힐렌캄프, 악셀 호네트, 톰 라퀴르, 라인하르트 메르켈, 라인하르트 마이어 캘커스, 수전 니먼, 존 톰슨, 에이턴 윌프 등에게 감사한다. 마탄 샤하크는 조교 역할에 그치지 않는 헌신적 도움을 주었다. 이 책을 쓰는 데 그는 정말 없어서는 안 될 존재였다. 이토록 뛰어난 학생을 조교로 두는 기쁨을 맛볼 수 있게 해준 그에게 감사한다.

오리 슈워츠, 데이나 캐플런 그리고 추샤 베렌드는 많은 장을 함께 읽으며 모범이 될 그 탁월한 지성으로 이 책의 주요 부분을 개선할 수 있게 도와주었다. 나탈리 미리엄 일루즈, 시갈 굴딘과 베아트리스 스메들리는 사랑의 화려함과 곤궁함을 두고 나와 끝도 없이 토론했다. 내가 이들의 섬세한 분석을 잘 따라갔기만을 바란다. 에바 길머와 페트라 하르트는 주어캄프 출판사를 오늘날과 같이 훌륭하게 키워냈다. 영문 원고를 독일어 감각에 맞게 충실히 옮겨준 미하엘 아드리안은 다시금 그 능숙한 솜씨로 '함께 생각할 줄 아는 번역가'임을 입증했다.

내게 신뢰를 선물하며 자신들의 이야기를 들려준 모든 이, 가까운 친구와 낯선 이들 모두에게 충심에서 우러나오는 감사를 드린다. 이들은 때로 극심한 회의에 시달렸으며, 또 때로는 벅찬 희망과 자신감을 보이기도 했다. 나는 이 책을 앞으로도 오랫동안 사랑을 하며 살아갈 남자와 여자에게 헌정하고자 한다. 그 삶에 아픔이 따르거나, 아무런 아픔이 없거나.

옮긴이의 말

사회학이 바라본 사랑

에바 일루즈는 1961년생으로 현대문화의 다방면을 활발히 성찰해온 이스라엘 여성 사회학자다. 그녀가 특히 주목하는 연구주제는 '감정'이다. 자본주의라는 현대 소비사회는 그 구성원이 가지는 감정의 생산과 변형에 막대한 영향력을 행사하고 있다는 게 일루즈의 진단이다. 다시 말해 지금껏 심리학의 연구대상으로 여겨지던 '감정'을 전혀 다른 관점, 곧 사회학의 관점에서 해석함으로써 인간 이해의 기존 패러다임을 확 바꾸는 일대 혁명을 시도했다.

이런 연구성과에 주목해 독일의 일간지 『디자이트』 Die Zeit는 2009년 미래의 사상을 선도해나갈 전 세계 열두 명의 지성인 가운데 한 명으로 일루즈를 꼽았다. 모로코에서 태어나 열 살 때 프랑스로 이주해 파리와 미국 펜실베이니아에서 수학했으며, 독일에서 한동안 연구활동을 한 일루즈는 영어, 프랑스어, 독일어, 히브리어, 아랍어 다섯 개 국어를 자유자재로 구사하며, 현재 예루살렘의 히브리 대학교 정교수로 활약하고 있다.

사랑의 아픔을 분석한 이 책은 '감정 자본주의'라는 일루즈의 연구성과를 또 다른 방식으로 집대성한 것이나 다름없다. 이 책의 구성은 크게 네 가지로 압축된다. 첫째, 사랑이라는 낭만적 감정을 떠받드는 구조의 변화를 짚어본다. 둘째, 인정받고 싶다는 인간의 본래적 갈망과 자유의지가 갈등을 빚어내는 현장을 바라보는 일루즈의 관찰이다. 셋째, 삶의 짝을 찾으려는 인간의 치열한 소망을 자본주의가 어떻게 상품화했는지 짚어본다. 문제해결은 정확한 진단을 전제로 한다는 점에서 사랑이 발휘하는 구원의 힘을 노래하는 게 마지막 넷째 부분이다. 문학, 심리학, 철학, 경제학, 사회학 등 다양한 분야를 자유자재로 넘나들며 이룩한 통찰을 바탕으로 일루즈는 사랑의 힘을 복원하자고 호소하고 있으며, 누구나 음미해볼 만하다.

낭만의 구조 변화

감정을 사회학으로 해석한다는 것은 어떤 의미일까? 심리학이 주도해온 해석모델에 반대하는 일루즈의 논지는 세 가지로 요약된다. 첫째, 우리가 개인의 포부와 경험으로 여겨온 모든 것, 곧 감정은 사실 사회라는 집단이 심어준 것에 지나지 않는다. 그러나 심리학, 특히 프로이트의 정신분석은 한 인간의 감정을 개인의 어린 시절에 뿌리를 둔 것으로 되돌린다. 두 가지 관점이 드러내는 차이는 확연하다. 어린 시절의 경험이 우리 감정의 원형을 이루었다는 심리학의 접근은 살아가며 겪는 문제를 실제로는 거의 해결하지 못한다는 것이 일루즈의 분석이다. 이미 과거에 판박이로 굳어진 것이 곧 감정이라는 설명은 현재 직면한 문제를 정확히 직시하지 못하게 만들기 때문이다. 그러나 감정을 사회의 틀이 강제하는 것으로 해석하면 해결의 지평이 열린다. 과거가 아닌 현재를 주목하게 만듦으로써 적어도 다른 선택의 여지를 제공하기 때문이다. 둘째, 개인의 심리라는 것은 당사자가 처한 사회적 위치의 요구에 따른 것이라고 일루즈는 지적한다. 셋째, 바로 그래서 사회는 심리라는 간판 뒤에 숨어 이런저런 감정을 가져야만 애정생활은 물론이고 사회생활에서도 성공할 수 있다고 강변한다. 물론 사회가 강제하는 방식은 교묘하고도 은밀하다. 한편으로는 모든 선택이 개인의 자유에 따른 것처럼 열어놓지만 다른 한편으로는 사회가 개인의 심리구조를 고스란히 노출시킴으로써 그 요구에 따르지 않는 사람은 쉽게 상처받아 아픔에서 헤어 나오지 못하는 비극을 겪게 된다는 것이다.

제도와 관습 그리고 이에 맞춤하게 강요된 감정이라는 기본 틀로 사회가 그 구성원인 개인들에게 영향력을 행사한다는 일루즈의 진단은 적확하다. 인간은 아무것도 쓰이지 않은 백지가 아니다. 태어나서 성인이 되어 인생을 살아가는 동안 우리는 일정한 틀에서 벗어날 수 없다. 사회라는 이름의 이 틀은 교육과 환경과 인간관계를 통해 백지가 아닌 일정 서식을 만들어낸다. 우리가 살며 겪는 경험은 이 서식으로만 기록될 따름이다. 더욱이 이런 서식은 인생의 특정 시기, 이를테면 유아기에만 만들어지지 않는다. 오히려 이 서식이 발휘하는 힘은 현재라는 시점에서 특히 생생하며 우리의 미래를 농단한다. 제도와 관습과 감정은 그에 맞춰야 한다는 일정 수준의 요구를 담는다. 사회는 우리가 이 요구에 맞추기만 하면 편안하고 행복한 삶을 살 수 있다고 꼬드기지만 과연 그럴까? 사회의 흐름, 이른바 '트렌드'와 그에 따른 감정은 개인의 현실과 외려 갈등만 불러일으킬 따름이다. 인간이 홀로 제멋대로 살아갈 수 없는 사회적 동물인 동시에 자유의지를 갖는다는 점에서 이 갈등은 불가피하다. 적어도 이 정도는 되어야 하지 않을까 하는 기대감은 주변을 의식하는 태도가 그 대부분을 이룬다. 기대를 충족할 수 없을 때 아픔은 피할 수 없는 감정이다.

이 생채기가 가장 생생한 아픔을 자아내는 현장이 바로 사랑이다.

일루즈는 "사랑은 왜 아픈가?"라는 물음으로 사회와 감정 사이에 끼어 갈등하는 현대인의 현주소를 짚어보고, 그 해결책을 찾고자 노력한다. 이른바 '빅토리아 시대'로 거슬러 올라가 한편의 오디세이를 펼치며 페넬로페라는 이름의 사랑을 찾아가는 일루즈의 여정은 감동을 넘어서서 장엄의 경지를 보여준다. 각 시대마다 대표적인 문학작품은 물론이고 철학·심리학·경제학·사회학의 연구성과를 되짚는 그 연구의 폭과 깊이는 가히 탄복을 자아낼 정도다.

어떤 문제든 알아야 길이 열리는 법이다. 일루즈가 문제해결의 실마리를 찾아가는 지점은 현명하게도 문학이다. 문학은 어느 사회가 살아낸 시대의 모습을 고스란히 담는 동시에 시대의 모순을 폭로하며 인간 이해의 폭과 깊이를 더해주는 소중한 보물창고다. 그래서 문학, 특히 소설은 필요할 때마다 되찾아 읽어보며 우리의 현재를 비추어내는 거울의 역할을 한다. 비록 소설이 창작된 허구라 할지라도, 그 바탕에는 당대의 시대상이 고스란히 깔려 있게 마련이다.

이른바 '빅토리아 시대'로 대변되는 근대사회는 제인 오스틴이라는 불세출의 작가가 자랑한 필력으로 그 생생함을 조금도 잃지 않았다. 오스틴은 자신의 작품세계를 통해 한 여인이 추구해야 하는 이상적 낭만, 곧 사랑이 어떤 모습이어야 하는지 그려놓았다. 계몽주의와 맞닿아 있던 시절, 사랑의 심장은 이성이나 도덕과는 상관없이 따로 있는 왕국이 아니었다. 오히려 이성과 덕성을 소중히 여기며 조건과 외모에 매이지 않는 주체성을 근대 여성은 자랑했다. '가족과 같은 믿음과 습관'을 바탕으로 자라나는 사랑은 다른 사람들과의 관계, 곧 사회라는 이름의 네트워크와 밀접하게 얽힌다. 이런 사랑에서 개인의 선택과 결단은 바로 공공의 결정에 따른다는 점에서 지극히 사회적이다.

그러나 이런 낭만의 구조는 현대로 넘어오면서 일대 변화를 겪는다. 흔히 역사학자들은 이런 변화를 일러 '감정 개인주의로의 이행'이라고 부른다. 일루즈는 이런 진단이 너무도 피상적이며 핵심을 놓치고 있다고 꼬집는다. 사회라는 바탕을 무시하고 개인주의로 넘어간 게 결코 아니라는 주장이다. 근대가 이성과 도덕이라는 규범을 금과옥조처럼 떠받들었다면, 현대의 두드러진 특징은 사회의 경제논리화라고 일루즈는 진단한다. 현대에 들어와 배우자 선택은 치열한 경쟁을 벌이는 시장을 통해 이뤄진다. 결국 사랑은 경제적 거래행위로 변모해 수요와 공급의 원칙, 희귀함과 과잉의 원리로 규제되어버리고 말았다. 경제라는 원리는 인간의 의지가 만들어내는 구조를 철저히 뒤흔들어놓았다.

인정받고 싶은 욕구와 존재의 확실성

누군가를 사랑하고 배우자로 선택하려는 낭만적 의지는 결혼시장의 형성과 더불어 중대한 변화를 겪었다. 상대를 고를 때 고유의 인격적 특성을 주목하던 이전과 달리, 시장은 조건의 희소성을 강조한다. 인격의 문제는 이제 조건의 문제로 탈바꿈했다. 되도록 높은 값을 부르기 위해 시장은 각종 노림수로 선택기준을 규격화하며 사회적 지위와 경제력이라는 조건을 포장해내기에 이르렀다. 겉보기에는 마음대로 고를 선택의 자유가 활짝 열린 것 같지만, 조건을 따지는 시장은 거꾸로 모든 것을 불투명하게 만들어버렸다.

인격주체를 사랑의 대상으로 보던 낭만적 의지는 조건을 따지는 경제논리 앞에서 맥없이 허물어지고 말았다. 조건들이 맞물리며 서로 엇갈리는 통에 대체 누구를 어떻게 사랑의 대상으로 삼아야 할지 몰라 방황하며 선택하는 주체가 사라지는 불투명한 상황이 초래된 셈이다.

여기에는 가족이나 친지라는 네트워크의 강제로부터 풀려난 자유가 결정적 빌미를 제공했다. 마음대로 고를 수 있다는 자유가 오히려 낭만적 의지를 약화함으로써 선택의 어려움만 낳았다. 심지어 아예 선택하지 못하는 무능함에 이르기도 한다. 이런 정황을 두고 일루즈는 "자유의 역사를 이야기할 수 있다면, 그 역사는 곧 자유를 쟁취하기 위한 투쟁에서 선택의 어려움에 이른 역사, 심지어는 선택하지 않을 권리에 이른 역사라고 말할 수 있으리라"라고 단언한다.

사랑은 나만의 상대로부터 인정받고 싶다는 인간 본연의 욕구의 오롯한 발현이다. 인정받을 때 자기 존재의 확실성이 확인된다는 점에서 인간이 사랑을 갈구하는 이유는 더없이 선명하다. 그러나 경제논리에 사로잡힌 결혼시장은 이 인정받음의 구조에 기이한 모순을 끌어들였다. 일루즈는 도대체 왜 여성은 낭만적 관계의 어려움과 실패를 자신의 책임으로 돌리는 반면, 남성이 그러는 경우는 거의 찾아볼 수 없을까 하는 물음을 던진다. 해답은 간단하다. 현대 남성은 인정의 주고받음에서 주도권을 쥐고 자유와 자율을 만끽하는 탓이다. 어디까지나 인정認定을 베푸는 쪽은 자신이라고 믿는 남성의 기고만장함은 어떻게 생겨났을까? 이 물음을 다루는 일루즈의 관점은 통렬할 정도로 직설적이다. 남자가 원하는 인정은 다른 남자가 해주는 인정일 뿐이라는 것이다! 남자는 여자의 인정을 필요로 하지 않는다. 남자든 여자든 남성의 인정에만 목을 맬 따름이다.

인간 대 인간으로서 인정의 주고받음이라는 구조는 이처럼 기형이 되고 말았다. 현대인은 사랑을 통해 자기 존재의 확실성을 보장받지 못한다. 오히려 불확실성이 불평등하게 분배된 게 오늘날의 사랑이다. 그 결과 사랑은 치명적인 아픔을 안길 뿐이다. 그럼에도 경제적 계산에 매달리는 현대인의 아픈 사랑은 연민조차 자아내지 못한다. 오로지 어떤 선택이 더 이득인가 하는 계산에만 골몰하는 탓에 사랑을 쟁취하고야 말리라던 낭만적 의지는 깨끗이 자취를 감추었다.

자본주의 사회와 상상력

본래 상상력이라 함은 현실의 제약에서 자유롭게 풀려나 정신이 창의적 활동을 벌이는 것으로 이해되었다. 이런 상상력은 이전에 없던 무엇인가를 지어내 확장하고 강화하는 능력이다. 이런 상상력은 사랑에서 특히 중요하다. 사랑의 대상은 그 상상력 덕분에 활력과 생동감을 자랑할 수 있기 때문이다. 사랑하는 상대를 두고 상상의 다채로운 무대를 꾸미는 일은 현실의 고단함을 잊고 사랑에 몰두하게 만드는 원동력이기도 했다.

그러나 상상력의 상품성에 주목한 자본주의는 거꾸로 일정 틀을 자극하고 고무하는 상상력의 제도화를 이루어냈다고 일루즈는 지적한다. 소비문화, 곧 개인의 감정충족을 상품소비로 유도하는 소비문화는 판박이 개성이라는 우스꽝스러운 결과를 낳았다. 현대인은 각종 미디어를 통해 광고와 드라마로 어떤 특정 감정을 주문받는 소비노예로 전락했다. 개인의 실존적 결단에 바탕을 둔 본래의 사랑은 이로써 남루하게 퇴색하고 말았다. 무엇을 욕구해야 할지 판단하는 주관의 능력은 광고와 드라마의 정형화한 사랑으로 형편없이 쪼그라들었다.

일루즈는 오늘날의 상상력은 자본주의가 조직하고 제도화한 생활방식이라고 사회학 관점에서 정의한다. 현실로부터 자유로워야 마땅할 상상이 사실은 사회의 조작대상으로 전락하고 말았다는 것이다. 이제 상상력은 인쇄와 영상이라는 형식으로 유포되는 상품일 따름이다. 특히 사랑과 가정생활과 섹스는 사회가 강요하는 틀 안에 갇혀버렸다. 따라서 상상이라는 것 역시 우리가 뻔히 아는 스토리와 시각 이미지로만 연출된다. 있지도 않은 감정을 미리 앞당겨 꾸며낸 허구가 우리의 감정생활을 지배하며, 현실의 인생을 장악했다. 이런 경향은 인터넷이라는 새로운 미디어로 더욱더 심각해졌다.

 이러한 변화의 결과는 참담하다. 실제 있지도 않은 대상을 그려내는 허구적 감정놀이가 버젓이 벌어지게 되었다. 드라마나 영화에 심취해 거기 등장하는 배우의 화려한 꾸밈에 얼이 나간 현대인은 정작 현실에서는 사랑을 찾으려 노력하지 않는다. 오로지 허상을 좇으며 망상에 빠져 허우적거리다 익사할 따름이다. 개인들이 소통의 통로를 잃어버린 외딴섬으로 변해버렸다는 일루즈의 탄식은 가슴을 후벼 팔 정도로 절절하다. 결국 상대가 없이 자급자족하는 자위의 문화가 현대 사랑의 현주소다. 인간은 스스로 자신의 삶을 꾸려갈 자유의지를 잃고 말았다.

사랑의 구원

 사랑은 열정이다. 나와 다른 너를 사랑한다는 것은 곧 그 다름을 넘어서서 다름을 포용할 줄 아는 자세다. 다름이 다름으로 남는 한, 사랑은 아픔의 질곡을 헤맬 수밖에 없다. 나와 너를 가르는 계곡을 용감하게 뛰어넘어야 사랑에 이를 수 있다. 불확실함과 불안이라는 장벽을 극복하게 해줄 유일한 힘은 열정이다.

 열정은 아픔이라는 친구를 이끌고 나타난다. 참 다르다는 확인이, 미래의 불확실함이 우리를 혼란에 빠뜨린다. 어찌해야 좋을지 몰라 막막하기만 한 탓에 밤잠을 이루지 못하는 고통이 이어진다. 그러나 바로 그래서 열정이 필요하다. 자신이 동원할 수 있는 모든 자원을 남김없이 이끌어내 불사를 줄 아는 힘, 그게 열정이다. "고통이 아프기는 하지만 그렇다고 고통으로 죽는 것은 아니다. ······아픔은 자연의 산물이며 모순으로 가득한 세상에서 살아 있음을 확인해주는 자연의 지표다. 아무런 아픔 없이 인생을 헤쳐왔다는 말은 살아보지 않았다는 뜻이다." 일루즈가 인용한 미국 작가 조너선 프랜즌의 말이 깊은 울림을 남긴다.

그러나 현대의 소비문화는 감정과 낭만과 사랑을 기이할 정도로 차갑게 식히고 말았다. 선택 가능성의 과잉과 자유라는 이상은 열정 어린 사랑을 숨아버리고 섹스를 거침없이 상품화하는 지경까지 현대사회를 내몰았다. 이제 사람들은 열정이라면 코웃음부터 친다. 심지어 노골적 거부감까지 드러낸다.

역설적이게도 상황이 이렇게까지 극단으로 치달은 책임은 페미니즘에도 일부 있다고 일루즈는 지적한다. 페미니즘 운동이 평등을 추구하면서 시도한 섹스혁명은 윤리와 도덕을 성생활에서 내모는 실수를 저지르고 말았다는 게 그녀의 진단이다. 윤리로부터 떨어져 나온 섹스는 무한경쟁의 진흙탕에서 헐벗은 남자와 여자가 흉측한 몰골로 뒤엉켜 뒹굴게 만들었다. 그 결과 현대인, 특히 여성은 환멸을 곱씹으며 지쳐 나가떨어져 신음할 뿐이라고 일루즈는 깊은 한숨을 토한다.

열정이 식어버렸음에도 오늘날 사랑은 그 어느 때보다 더 강력하게 우리의 자존감을 이루는 바탕이 되고 있다. 모든 게 "It sells?"(그거 팔려?) 하는 경제논리에 함몰된 지금, 자아의 온전한 가치를 확보할 수 있는 순수함은 오로지 사랑만이 베풀어줄 수 있기 때문이다. 뭇 여인들의 가슴을 전전해온 바람둥이가 늙고 병들어 자신은 단 한 번도 사랑을 맛보지 못했다며 눈물짓는 꼬락서니가 오늘날 우리의 자화상은 아닐까?

열정을 회복해야 한다. 그래야 나와 너의 소중한 자아가 '우리'로 엮이며 혼연일체를 이루는 진정한 사랑이 가능하다. 애정생활에서 빚어지는 혼란이 주로 상처받은 어린 시절과 우리의 심적 결함 때문에 빚어진다던 심리학의 접근방식은 문제해결에 아무런 도움을 주지 못했다. 오히려 개인의 심리를 상품화하고 농단하는 일이 벌어지도록 방조했을 따름이다. 왜 사랑이 아픔을 주느냐 하는 물음의 진정한 답은 남자와 여자가 만나는 사회라는 맥락 안에서만 찾아질 수 있다. 윤리를 바탕으로 서로 지극히 존중해주는 열정적 사랑의 복권이 절실하다. 그래야 우리 자아가 자존감과 드높은 자기 가치를 누릴 수 있기 때문이다. 사랑하자, 열정이 구원의 손길을 베풀도록!

역사의 몇몇 지점은 폭포수처럼 쏟아지는 지혜의 은총을 맛볼 기회를 제공한다. 고대 그리스의 플라톤이, 잉글랜드의 셰익스피어가, 독일의 헤겔이 각기 확보하고 있는 지점이 그렇다. 그곳은 인류가 성찰해온 지혜가 흘러들어 웅장한 호수를 이룬다. 그 잔잔한 수면 위로는 밤하늘의 찬란한 빛을 발하는 별들이 다소곳이 내려앉는다. 무수한 별빛을 품어 반짝이는 호수는 바라보는 것만으로도 지극한 기쁨이다. 옮긴이는 일루즈를 통해 다시 한번 이런 기쁨을 맛보았다. 스스로 독일어를 할 줄 알면서도 문장의 완벽을 기하려고 다시 원어민에게 번역을 맡기는 학자 일루즈의 성실함과, 여성으로서 사랑을 향한 진정한 갈망이 고스란히 녹아든 아름다운 호수의 정경을 독자들에게 모자람 없이 충실히 전달했기만을 바랄 따름이다.

어려운 작업 내내 따뜻하게 손잡아준 알리사의 열정 어린 사랑에 감사한다.

김희상

주

프롤로그

1 Shulamith Firestone: 1945년에 태어난 유대계 캐나다 여성 페미니스트로, 이른바 '급진적 페미니즘' 운동에서 핵심역할을 한 인물이며 『성의 변증법: 페미니스트 혁명의 사례』 The Dialectic of Sex: The Case for Feminist Revolution, 1970을 썼다. 본문의 인용문은 이 책 129쪽에서 발췌했다.
2 Gustave Flaubert, 『보바리 부인』 Madame Bovary, 1857(1996년 판), 145쪽.
3 Simone de Beauvoir, 『제2의 성』 Le Deuxième Sexe, 1949.
4 Firestone, The Dialectic of Sex: The Case for Feminist Revolution.
5 Ti-Grace Atkinson, "급진적 페미니즘과 사랑" Radical Feminism and Love, 1969, 출전: 『아마존 오디세이』 Amazon Odyssey, 1974.
6 다음 자료들을 참조할 것. 캐서린 맥키넌Catharine A. MacKinnon, 『직장여성의 성희롱—성차별의 사례』 Sexual Harassment of Working Women. A Case of Sex Discrimination, New Haven, 1979; 아드리아네 리치Adrienne Rich, "강요된 이성애와 레즈비언의 실존" Zwangsheterosexualität und lesbische Existenz, 1980, 출전: 오드르 로드/아드리아네 리치Audre Lorde/Adrienne Rich, 『권력과 감각』 Macht und Sinnlichkeit, 논문 모음집, 다그마르 슐츠Dagmar Schultz 편집, Berlin, 1991, 138~168쪽; 수전 쉐흐터Susan Schechter, "가정에서 여성에게 행해지는 폭력의 지속성에 관한 분석" Towards an Analysis of the Persistence of Violence Against Women in the Home, 출전: 『이지스』 Aegis, 1979년 7/8월, 46~56쪽; 같은 저자, 『여성과 남성 폭력—공격받는 여성운동의 비전과 논쟁』 Women and Male Violence. The Visions and Struggles of the Battered Women's Movement, Boston, 1983.
7 이 물음에 탁월한 답을 주는 책에는 다음과 같은 게 있다. 앤 스위들러, 『사랑 이야기—문화는 어떻게 작동할까』 Talk of Love. How Culture Matters,

Chicago, 2001.
8   Harry G. Frankfurt, 『사랑의 근거들』*The Reasons of Love*, 2004, 5쪽.
9   이얼 초위스Eyal Chowers, 『미로 안에 갇힌 현대인의 자아』*The Modern Self in the Labyrinth*, Cambridge(Mass.), 2004.
10 Karl Marx, 『루이 보나파르트의 브뤼메르 18일』*Der achtzehnte Brumaire des Louis Bonaparte*(1852), 하우케 브룬크호르스트Hauke Brunkhorst가 주석을 달았음, Frankfurt/M. 2007, 9쪽. 다음 자료도 볼 것. 피터 와그너 Peter Wagner, 『현대성의 사회학—자유와 규율』*A Sociology of Modernity. Liberty and Discipline*, London & New York, 1994.
11 Max Weber, "세계 종교의 경제윤리"Die Wirtschaftsethik der Weltreligionen, "중간고찰"Zwischenbetrachtung이라는 제목의 장(1915), 『종교사회학 논문 모음집』*Gesammelte Aufsätze zur Religionssoziologie* 제I권, Stuttgart, 1988, 536~573쪽.
12 다음 책을 참조할 것. 로버트 벨라Robert N. Bellah, 리처드 매드슨Richard Madsen, 윌리엄 설리번William Sullivan, 앤 스위들러, 스티븐 팁턴Steven Tipton(공저), 『미국인의 사고와 관습』*Habits of the Heart: Individualism and Commitment in American Life*, University of California Press, 1985.
13 Eva Illouz, 『현대 영혼의 구원: 치료, 감정, 자기 도움의 문화』*Saving the Modern Soul: Therapy, Emotions, and the Culture of Self-Help*. California University Press, Berkeley, 2008.
14 Ute Frevert, "감정은 역사에서 무엇을 찾는가?"Was haben Gefühle in der Geschichte zu suchen?, 『역사와 사회』*Geschichte und Gesellschaft*, 제2호 (2009), 183~208쪽, 본문의 인용문은 202쪽.
15 Gabriel Motzkin, "세속화, 지식과 권위"Secularization, Knowledge and Authority, Gabriel Motzkin/요치 피셔Yochi Fischer(공동편집), 『현대 유럽의 종교와 민주주의』*Religion and Democracy in Contemporary Europe*, Jerusalem, 2008, 35~54쪽.
16 마이클 맥도널드Michael Macdonald, 『신비를 둘러싼 난리법석—17세기 잉글랜드의 광기, 두려움, 치유』*Mystical Bedlam. Madness, Anxiety and Healing in Seventeenth-Century England*, Cambridge, 1983, 98쪽.
17 Francesca M. Cancian, *Love in America. Gender and Self-Development*, Cambridge & New York, 1987; Anthony Giddens, 『현대사회의 성 사랑 에로티시즘—친밀성의 구조 변동』*The Transformation of Intimacy:*

Sexuality, Love and Eroticism in Modern Societies, Stanford University Press, 1992; Lawrence Stone, 『1500~1800년 잉글랜드의 가정, 섹스, 결혼』 *The Family, Sex and Marriage in England*, 1500~1800, New York, 1977.
18 Anthony Giddens, *The Transformation of Intimacy: Sexuality, Love and Eroticism in Modern Societies*, Stanford University Press, 1992.
19 Motzkin/Fischer, *Religion and Democracy in Contemporary Europe*, 14쪽.
20 Ann Douglas, 『미국문화의 여성화』*The Feminization of American Culture*, New York, 1978, 6쪽 이하.
21 Anthony Giddens, 『현대성과 자아정체성―현대 후기의 자아와 사회성』 *Modernity and Self-identity. Self and Society in the Late Modern Age*, Stanford, 1991, 제3장; 같은 저자의 다음 자료도 볼 것. *The Transformation of Intimacy*, 제4장.
22 르네 지라르의 자료를 참조할 것. 르네 지라르René Girard, 『희생』*Le sacrifice*, Paris, 2003; 『질투의 극장: 셰익스피어』*A Theater of Envy: Shakespeare*. Oxford University Press, 1991.
23 William James, 『심리학 원리』*The Principles of Psychology*, 제1권(1890), New York, 2007, 22쪽.
24 다음 책을 참조할 것. Swidler, *Talk of Love*.
25 아서 클라인맨Arthur Kleinman/비나 다스Veena Dass/마거릿 로크 Margaret Lock(공동편집), 『사회적 고통』*Social Suffering*, Berkeley, 1997.
26 Arthur Schopenhauer, 『소논문과 부록들』*Parerga und Paralipomena* (1851), 총 2권, 루드거 뤼트케하우스Ludger Lütkehaus 편집, Zürich, 1988, 266쪽.
27 이언 윌킨슨Iain Wilkinson, 『고통―사회학적 접근』*Suffering. A Sociological Introduction*, Cambridge, 2005, 43쪽.

1장

1 두 인용문은 각각 다음 책에서 발췌했다. Fyodor M. Dostoevskii, 『가난한 사람들』*Arme Leute*, 1846, 뢸H. Röhl 번역, Frankfurt/M. 1997, 22쪽; Philip Roth, 『분노』*Empörung*, 슈미츠W. Schmitz 번역, München, 2009, 55쪽 이하.
2 다음 자료를 참조할 것. 헤이즐 마커스Hazel M. Markus/시노부 기타야마

Shinobu Kitayama, "대리인 모델: 행동 구성의 사회문화적 다양성"Models of Agency. Sociocultural Diversity in the Construction of Action, 출전: 버지니아 머피버맨Virginia Murphy-Berman/존 버맨John J. Berman(공동 편집), 『자아를 보는 관점에 나타나는 범문화적 차이』Cross-Cultural Differences in Perspectives on the Self, 네브래스카 동기부여 심포지엄 Nebraska Symposium on Motivation, 제49권, Lincoln, 2003, 1~58쪽.

3 다음 자료를 참조할 것. 선스테인Sunstein, C. R./탈러Thaler, R. H., 『넛지: 똑똑한 선택을 이끄는 힘』Nudge: Improving decisions about health, wealth, and happiness, Yale University Press, 2008.

4 자신의 행동이 낳는 간접적 결과를 다루는 새로운 형식이 출현하는 사례는 다음 자료를 참조할 것. 노르베르트 엘리아스Norbert Elias, 『문명화과정』Über den Prozess der Zivilisation. Soziogenetische und psychogenetische Untersuchungen(1969), 총 두 권, Frankfurt/M., 2001; 다음 자료도 볼 것. 토머스 해스켈Thomas L. Haskell, "자본주의와 인도주의 감성의 기원" Capitalism and the Origins of the Humanitarian Sensibility, 『미국 역사 리뷰』The American Historical Review, 제2호(1985), 339~361쪽(제1부), 제3호(1985), 547~566쪽.

5 장쓰지아Szu-Chia Chang/잔샤오넝Chao-Neng Chan, "짝 선택의 과정에서 나타난 책무 변화의 지각—타이완 신혼부부의 사례"Perceptions of Commitment Change During Mate Selection. The Case of Taiwanese Newlyweds, 『사회와 인간관계 저널』Journal of Social and Personal Relationships, 제1권, 2007, 55~68쪽.

6 다음 자료를 참조할 것. 크리슈나 사바니Krishna Savani/헤이즐 로즈 마커스 Hazel Rose Markus/앨라나 코너Alana Conner, "당신이 선호하는 게 곧 결정의 안내자인가? 선호와 선택은 인디언보다 북아메리카 사람들에게 더욱 강하게 결합되어 있다"Let Your Preference Be Your Guide? Preferences and Choices Are More Tightly Linked for North Americans than for Indians, 출전: Journal of Personality and Social Psychology, 제4호, 2008, 861~876쪽.

7 J. Austen, Emma, Kessinger Publishing, 2004(1816), 325쪽.

8 제임스 데이비슨 헌터James Davison Hunter, 『성격의 죽음—선악이 없는 시대의 도덕교육』Death of Character. Moral Education in an Age Without Good Or Evil, New York, 2000, 21쪽.

9   위의 책, 19쪽.
10 원주 8의 책에 인용된 것을 재인용함.
11 J. Austen, *Pride and Prejudice*(1813), Harvard University Press, 2010, 40쪽.
12 J. Austen, *Persuasion*(1818), Oxford University Press, 2004, 54쪽.
13 J. Austen, *Sense and Sensibility*(1811), Penguin Books, 1994, 172쪽.
14 콕스후트A. O. J. Cockshut, 『남자와 여자―1740년에서 1940년 사이의 사랑과 소설 연구』*Man and Woman. A Study of Love and the Novel*, 1740~1940, New York, 1978.
15 다음 자료를 참조할 것. Dror Wahrman, 『근대 자아의 형성―18세기 영국의 정체성과 문화』*The Making of the Modern Self. Identity and Culture in Eighteenth-Century England*, New Haven, 2004, 207쪽에서 인용.
16 James Wood, "미스터 쉐퍼드의 내면"Inside Mr Shepherd, 『런던 북 리뷰』 *London Review of Books*, 제21호(2004. 04. 11), 41~43쪽.
17 Mollie Dorsey Sanford, 『몰리―1857~1866년 네브래스카와 콜로라도의 접경지역에 살던 몰리 도르시 샌포드의 일기』*Mollie. The Journal of Mollie Dorsey Sanford in Nebraska and Colorado Territories*, 1857~1866, Lincoln, 2003, 57쪽.
18 앨런 맥팔레인Alan MacFarlane, 『영국의 결혼과 사랑―1300년부터 1840년까지 살펴본 번식의 유형』*Marriage and Love in England. Modes of Reproduction, 1300~1840*, Oxford, 1986, 294쪽.
19 수전 K. 해리스Susan K. Harris, 『올리비아 랭던과 마크 트웨인의 연애』*The Courtship of Olivia Langdon and Mark Twain*, Cambridge, 1996, 72쪽.
20 Michael MacDonald, *Mystical Bedlam*, , Cambridge, 1983, 96쪽 이하.
21 A. Giddens, 『사회의 구성: 구조화 이론의 기본 윤곽』*The Constitution of Society: Outline of the theory of structuration*, University of California Press, 1984.
22 Ian McEwan, *On Chesil Beach*, Vintage, 2008, 8쪽.
23 스테파니 쿤츠Stephanie Coontz, 『진화하는 결혼』*Marriage, a History: From obedience to intimacy or how love conquered marriage*, Viking, 2005, 199쪽.
24 윌리엄 레디William Reddy, "감정자유: 감정 인류학의 정치와 역사" Emotional Liberty: Politics and history in the anthropology of emotions,

출전:『문화인류학』Cultural Anthropology, 제14호, 1999, 256~288쪽; 같은 저자, "구성주의에 반대하며: 감정의 역사적 민족지학"Against Constructionism: The historical ethnography of emotions, 출전:『인류학 최신 동향』Current Anthropology, 제38호, 1997, 327~351쪽.
25 Ellen K. Rothman,『손과 심장─미국의 연애 역사』Hands and Hearts. A History of Courtship in America, New York, 1984, 34쪽.
26 매릴린 옐롬Marilyn Yalom,『아내의 역사』A History of the Wife, New York, 2001, 206쪽.
27 마셜 버먼Marshall Berman,『진정성의 정치─극단적 개인주의와 현대사회의 출현』The Politics of Authenticity. Radical Individualism and the Emergence of Modern Society, New York, 1970, 19쪽.
28 존 H. 영John H. Young,『우리의 행실』Our Deportment(1897), Charleston, 2008, 155쪽.
29 J. Austen, Persuasion(1818), 2004, 195쪽.
30 Timothy Kenslea,『세지윅 가문의 사랑: 공화국 초기 연애와 약혼과 결혼』The Sedgwicks in Love: Courtship, Engagement, and Marriage in the Early Republic, Boston, 2006, 7쪽.
31 R. H. Frank,『이성 안의 열정─감정의 전략적 역할』Passions Within Reason: The strategic role of the emotions, 1988, Norton, 4쪽.
32 Michael MacDonald, Mystical Bedlam, 94쪽.
33 Louis Dumont, 1970,『인간 위계질서: 계급제도와 그 함의』Homo Hierarchicus: The caste system and its implications, University of Chicago Press, 1970.
34 매리언 캐플런Marion Kaplan,『결혼 흥정─유럽 역사에서 여인과 지참금』The Marriage Bargain. Women and Dowries in European History, New York, 1985, 2쪽
35 위의 책, 4쪽.
36 위의 책, 9쪽.
37 다음 자료를 참조할 것. 랜들 크레이그Randall Craig,『약속의 언어─빅토리아 시대의 법과 허구에 나타난 약혼』Promising Language. Betrothal in Victorian Law and Fiction, State University of New York press, 2000, 58쪽.
38 Steven Shapin,『진실의 사회사』A Social History of Truth, Chicago, 1994.

39　J. Austen, *Persuasion*, 155쪽.
40　위의 책, 194쪽.
41　이디스 워튼Edith Wharton, 『여름』*Summer*, Kessinger Publishing, 1917, 105쪽.
42　Mark Twain, 『마크 트웨인의 편지』*Mark Twain's Letters*, 총 2권: 1867~1868, 해리엇 엘리너 스미스Harriet Elinor Smith, 리처드 부치Richard Bucci & 린 샐로모Lin Salomo(공동편집), Berkeley, 1990, 357쪽.
43　진저 프로스트Ginger S. Frost, 『약속 파기―빅토리아 시대 영국의 연애, 계급, 성』*Promises Broken. Courtship, Class, and Gender in Victorian England*, Charlottesville & London, 1995.
44　Anthony Trollope, *Doctor Thorne*(1858), London, 1953, 198쪽.
45　Edith Wharton, *The Age of Innocense*(1920), Wordsworth, 198쪽.
46　Sanford, *Mollie*, 145쪽.
47　Yalom, *History of the Wife*, 260쪽.
48　다음 자료를 참조할 것. Robert Bellah/ Richard Madsen/ William Sullivan/ Ann Swidler/ Steven Tipton, *Habits of the Heart*.
49　Amartya K. Sen, "합리적 바보: 경제이론의 행태적 기초 비판"Rational Fools: A critique of the behavioral foundations of economic theory, 출전: 『철학과 공공문제』*Philosophy and Public Affairs*, 제6호(4권), 326쪽.
50　Lawrence Stone, *The Family, Sex and Marriage in England, 1500~1800*, New York, 1977.
51　Karl Polanyi, 『거대한 전환』*The Great Transformation*, Beacon Press, 1944.
52　Julia Markus, 『과감하게 행하다―엘리자베스 배럿과 로버트 브라우닝의 결혼』*Dared and Done. The Marriage of Elizabeth Barrett and Robert Browning*, New York, 1995.
53　John D'Emilio/Estelle Freedman, 『은밀한 일―미국의 섹스 역사』*Intimate Matters. A History of Sexuality in America*, New York, 1988, 291쪽.
54　캐시 파이스Kathy Peiss, "아름다움에 관해······그리고 비즈니스의 역사"On Beauty···and the History of Business, 출전: 필립 스크랜턴Philip Scranton(편집), 『미용사업―현대 미국의 상업과 성과 문화』*Beauty Business. Commerce, Gender, and Culture in Modern America*, New York, 2001, 7~23쪽, 여기서는 20쪽.

55 Kathy Peiss, 『작은 병 안에 담긴 희망―미국 미용 문화의 탄생』Hope in a Jar. The Making of America's Beauty Culture, New York, 1998, 142쪽.
56 Peiss, Hope in a Jar, 249쪽.
57 위의 책, 114쪽.
58 위의 책, 142쪽.
59 위와 같음.
60 로이스 배너Lois Banner, 『미국의 미용』American Beauty, New York, 1983, 264쪽.
61 톰 펜더개스트Tom Pendergast, 『현대 남성의 창조―1900년에서 1950년에 이르기까지 미국 매거진과 소비문화』Creating the Modern Man. American Magazines and Consumer Culture, 1900~1950, Columbia, 2000; 빌 오스거비Bill Osgerby, "남성 소비의 족보―남성성, 소비, 미국의 레저 클래스" A Pedigree of the Consuming Male. Masculinity, Consumption, and the American 'Leisure Class', 출전: 베턴 벤웰Bethan Benwell(편집), 『남성성과 남성들의 라이프스타일 매거진』Masculinity and Men's Lifestyle Magazines, Oxford, 2003, 57~86쪽, 여기서는 61쪽 이하.
62 바로 앞의 자료, 62쪽.
63 위와 같은 자료, 77쪽.
64 Peiss, Hope in a Jar, 126쪽.
65 제인 F. 거하드Jane F. Gerhard, 『욕망의 혁명―두 번째 페미니즘 물결과 미국 섹스사상의 재기록 1920~1982』Desiring Revolution. Second-Wave Feminism and the Rewriting of American Sexual Thought, 1920 to 1982, New York, 2001.
66 William Camp, Prospects of Love, London & New York, 1957.
67 〈http://www.brainyquote.com/quotes/authors/s/sophia_loren.html〉, 마지막으로 열어본 날짜는 2011년 3월 13일.
68 제프리 네비드Jeffrey Nevid, "낭만적 매력의 요인들 가운데 섹스 차이"Sex Differences in Factors of Romantic Attraction, 『섹스역할』Sex Roles, 제 5/6호(1984), 401~411쪽, 여기서는 401쪽. 다음 자료도 볼 것. 아얄라 파인스Ayala Pines, "낭만적 매력에서 인성과 성 차이의 전망적 연구"A Prospective Study of Personality and Gender Differences in Romantic Attraction, 출전: 『인성과 개인적 차이』Personality and Individual Differences, 제1호(1998), 147~157쪽; 앨런 파인골드Alan Feingold, "낭만적 매력에서 신체

매력이 불러일으키는 효과의 성적 차이—다섯 가지 연구 패러다임의 비교" Gender Differences in Effects of Physical Attractiveness on Romantic Attraction. A Comparison Across Five Research Paradigms, 출전: 『인성과 사회심리학 저널』Journal of Personality and Social Psychology, 제5호 (1990), 981~993쪽.

69 폴 이스트윅Paul Eastwick/엘리 핑켈Eli Finkel, "배우자 선호도에 있어서의 성적 차이 재검토—사람들은 낭만적인 짝에서 무엇을 가장 우선시하는지 알까?"Sex Differences in Mate Preferences Revisited. Do People Know What They Initially Desire in a Romantic Partner?, 출전: Journal of Personality and Social Psychology, 제2호(2008), 245~264쪽; 노먼 리 Norman Li/더글러스 켄리크Douglas Kenrick, "단기 짝관계에서 나타난 선호도의 섹스 유사성과 차이점. 무엇을, 어떤 쪽을, 그리고 왜"Sex Similarities and Differences in Preferences for Short-Term Mates. What, Whether, and Why, 출전: Journal of Personality and Social Psychology, 제3호 (2006), 468~489쪽.

70 데이비드 부스David Buss/토드 쉐이켈포드Todd Shackelford/리 커크패트 릭Lee Kirkpatrick/랜디 라슨Randy Larsen, "배우자 선택의 반세기—가치 의 문화적 진화"A Half Century of Mate Preferences. The Cultural Evolution of Values, 출전: 『결혼과 가족 저널』Journal of Marriage and the Family, 제2호(2001), 491~503쪽.

71 도덕성과 계급을 포괄적으로 분석한 자료에는 다음과 같은 게 있다. 미셸 라몽 Michèle Lamont, 『돈, 도덕 그리고 매너—프랑스와 미국 중상위층 계급의 문화』Money, Morals, and Manners. The Culture of the French and American Upper-Middle Class, Chicago & London, 1992; 다음 자료도 볼 것. 니콜라 바이셀Nicola Beisel, 『위협받는 순결—앤서니 콤스톡과 빅토리아 시대 미국 에서의 가족 번식』Imperiled Innocents. Anthony Comstock and Family Reproduction in Victorian America, Princeton, 1998.

72 Zetterberg, "The Secret Ranking", 136쪽.

73 제프리 알렉산더Jeffrey Alexander, "상징의 의식—의미의 물질적 느낌" Iconic Consciousness. The Material Feeling of Meaning, 『환경과 계획』 Environment and Planning, 제5호(2008), 782~794쪽{Jeffrey Alexander(1947~): 미국의 사회학자로 이른바 '신기능주의'를 대변하는 인물이다—옮긴이}.

74 Gary S. Becker, "결혼 이론—제1부"A Theory of Marriage. Part I, 출전: 『정치경제학 저널』*The Journal of Political Economy*, 제4호(1973), 813~846쪽, 여기서는 814쪽.

75 Naomi Wolf, 『아름다움이라는 신화—아름다움의 이미지는 어떻게 여성에게 반하는 쪽으로 이용될까』*The Beauty Myth: How images of beauty are used against women*, Random House, 1990.

76 피오나 애트우드Feona Attwood, 『주류 섹스—서구문화의 섹스 중심화』*Mainstreaming Sex. The Sexualization of Western Culture*, London & New York 2009. 다음 자료도 볼 것. 앤 홀Ann Hall/마르디아 비숍Mardia Bishop(공동편집), 『팝 포르노—미국문화의 포르노그래피』*Pop-Porn. Pornography in American Culture*, Westport, 2007; 브라이언 맥네어Brian McNair, 『스트립 문화—섹스, 미디어, 욕망의 민주화』*Striptease Culture. Sex, Media and the Democratization of Desire*, London, 2002; 파멜라 폴Pamela Paul, 『포르노화하다—포르노그래피는 우리의 삶과 관계와 가족을 어떻게 바꿔놓았나』*Pornified. How Pornography Is Transforming Our Lives, Our Relationships, and Our Families*, New York, 2005; 캐서린 로치lCatherine M. Roach, 『벗기기, 섹스 그리고 팝문화』*Stripping, Sex, and Popular Culture*, Oxford, 2007.

77 Zetterberg, "The Secret Ranking", 135쪽.

78 Webster & Driskell, "Beauty as Status."

79 애덤 그린Adam Green, "욕망의 사회조직—섹스 분야 접근"The Social Organization of Desire. The Sexual Fields Approach, 출전: 『사회학 이론』*Sociological Theory*, 제1호(2008), 25~50쪽.

80 Green, "Social Organization of Desire", 29쪽; 다음 자료도 볼 것. 존 레비 마틴John Levi Martin/매트 조지Matt George, "섹스만족 이론—섹스 분야 분석과 섹스자본 이론"Theories of Sexual Stratification. Toward an Analytics of the Sexual Field and a Theory of Sexual Capital, 출전: *Sociological Theory*, 제2호(2006), 107~132쪽.

81 Josh Kilmer-Purcell, "25대 1의 가능성"Twenty-Five to One Odds, 마이클 태켄스Michael Taeckens(편집), 『사랑은 네 글자 단어—망가짐과 나쁜 관계와 깨진 심장의 실화』*Love Is a Four-Letter Word. True Stories of Breakups, Bad Relationships, and Broken Hearts*, New York, 2009, 106~119쪽.

82 Greta Christina, "우리 지금 섹스해요, 아님 뭘 하겠어요?"Are We Having Sex Now or What?(1992), 출전: 앨런 소블Alan Soble/니콜라스 파워 Nicholas Power(공동편집), 『섹스의 철학—현시대 읽기』The Philosophy of Sex. Contemporary Readings, Lanham, 2007, 23~29쪽, 여기서는 24쪽.
83 Dana Kaplan, "섹스, 부끄러움 그리고 자극—감정 자본주의에서의 자아" Sex, Shame and Excitation. The Self in Emotional Capitalism, 아직 출간 되지 않은 원고, 2쪽.
84 Catherine Hakim, 『21세기의 일과 라이프스타일 선택—선호이론』Work-Lifestyle Choices in the 21st Century. Preference Theory, Oxford, 2000, 160~163쪽; 다음 자료도 참조할 것. 로버트 에릭손Robert Erikson/존 골드소프John H. Goldthorpe, The Constant Flux. A Study of Class Mobility in Industrial Societies, Oxford 1993, 231~277쪽; Claude Thélot, Tel pére, tel fils? Position sociale et origine familiale, Paris, 1982.

2장

1 두 인용문은 각각 다음 자료에서 따왔다. Friedrich Nietzsche, 『도덕의 계보학』Zur Genealogie der Moral, 출전: 조르조 콜리Giorgio Colli/마치노 몬티나리Mazzino Montinari(공동편집), 전집 판, 제5권, München, 1980, 291쪽; Maureen Dowd, "블루가 새로운 블랙이다"Blue is the New Black, 『뉴욕타임스』, 2009년 9월 19일자, http://www.nytimes.com/2009/09/20/ opinion /20dowd.html?scp=2&sq=Blue+Is+the+New+Black&st=nyt, 마지막으로 열어본 날짜는 2011년 2월 28일{Maureen Dowd(1952~): 미국의 여성 칼럼니스트다—옮긴이}.
2 마이클 샌델Michael J. Sandel, "절차 공화국과 방해받는 일이 없는 자아"The Procedural Republic and the Unencumbered Self, 출전: 『정치이론』Political Theory, 제1호(1984), 81~96쪽; 찰스 테일러Charles Taylor, 『자아의 원천』Souces of the Self, Cambridge University Press, 1992; 마이클 월처Michael Walzer, 『정의와 다원적 평등—정의의 영역』Spheres of Justice: A defense of pluralism and equality, Basic Books, 1983.
3 Anthony Giddens, 『현대성과 자아 정체성—현대 후기 시대의 자아와 사회』Modernity and Self-Identity. Self and Society in the Late Modern Age, Stanford, 1991; 브라이언 터너Bryan S. Turner/크리스 로젝Chris Rojek,

『사회와 문화—결핍과 연대감의 원리』*Society and Culture. Principles of Scarcity and Solidarity*, London, 2001 ; Max Weber, "프로테스탄트 윤리와 자본주의 정신"Die protestantische Ethik und der Geist des Kapitalismus(1904/1905), 출전: 같은 저자, 『종교사회학 논문 모음 제1권』 *Gesammelte Aufsätze zur Religionssoziologie I*, Stuttgart, 1988, 17~205쪽.

4 드루실라 코넬Drucilla Cornell, 『자유의 심장에서—페미니즘, 섹스, 평등』*At the Heart of Freedom. Feminism, Sex, and Equality*, Princeton, 1998.

5 데이비드 엘우드David T. Ellwood/크리스토퍼 젱크스Christopher Jencks, "1960년대 이후 미국에서 이혼 가정의 확산"The Spread of Single-Parent Families in the United States since 1960, 출전: 대니얼 모니한Daniel P. Moynihan/리 레인워터Lee Rainwater/티모시 스미딩Timothy Smeeding (공동편집), 『가족의 미래』*The Future of the Family*, New York, 2006, 25~64쪽.

6 알랜드 손턴Arland Thornton, "미국에서 가족문제를 바라보는 태도의 변화" Changing Attitudes toward Family Issues in the United States, 출전: 『결혼과 가족 저널』*Journal of Marriage and the Family*, 제4호(1989), 873~893쪽.

7 Daniel Yankelovich, 『새 규칙—물구나무 선 세상에서 자기 충족의 탐색』 *New Rules. Searching for Self-Fulfillment in a World Turned Upside Down*, New York, 1981. 다음 책에 인용된 것을 재인용했음. Robert N. Bellah /Richard Madsen/William M. Sullivan/Ann Swidler/Steven M. Tipton, *Habits of the Heart*, 90~93쪽.

8 위와 같은 곳.

9 로버트 쉰Robert Schoen/로빈 와이닉RobinWeinick, "결혼 배우자 선택과 동거"Partner Choice in Marriages and Cohabitations, 출전: *Journal of Marriage and the Family*, 제2호(1993), 408~414쪽.

10 Bellah 외. *Habits of the Heart*, 89~90쪽.

11 위의 책. 제4장은 특히 앤 스위들러가 행한 사랑과 결혼 연구를 다루었다.

12 데이비드 하딩David Harding/크리스토퍼 젱크스Christopher Jencks, "혼전 섹스를 바라보는 태도의 변화—집단, 시기, 연령대 효과"Changing Attitudes Toward Premarital Sex. Cohort, Period, and Aging Effects, 출전: 『분기별 여론』*Public Opinion Quarterly*, 제2호(2003), 211~226쪽.

13 낸시 코트Nancy F. Cott, "열정 없음—빅토리아 시대의 섹스 이데올로기 해

석, 1750~1850"Passionlessness. An Interpretation of Victorian Sexual Ideology, 1790~1850, 『징후―문화와 사회의 여성 저널』*Signs. Journal of Women in Culture and Society*, 제2호(1978), 219~236쪽, 여기서는 222쪽 {Nancy Cott: 하버드 대학교 역사학과 교수로 19세기와 20세기의 가족, 결혼, 페미니즘 등을 연구해온 전문가다―옮긴이}.

14 Samuel Richardson, 『파멜라―보상받은 덕성』*Pamela, or Virtue Rewarded* (1740), Harmondsworth, 1985.
15 이언 와트Ian Watt, "새로운 여인상―새뮤얼 리처드슨의 파멜라"The New Woman. Samuel Richardson's Pamela, 출전: 로즈 코저Rose Coser(편집), 『가족―그 구조와 기능』*The Family. Its Structure and Functions*, New York, 1964, 267~289쪽, 여기서는 281쪽 이하, 다음 자료에서 인용된 것을 재인용함. Cott, "Passionlessness", 223쪽.
16 Cott, "Passionlessness", 228쪽.
17 Cott, "Passionlessness", 233쪽.
18 Ellen K. Rothman, *Hands and Hearts. A History of Courtship in America*, New York, 1984, 32쪽.
19 위의 책, 34쪽.
20 위와 같은 곳.
21 위의 책, 35쪽.
22 위의 책, 11쪽.
23 위의 책, 33쪽.
24 위의 책, 70쪽.
25 위의 책, 71쪽.
26 Timothy Kenslea, *The Sedgwicks in Love: Courtship, Engagement, and Marriage in the Early Republic*, Boston, 2006, 49쪽.
27 루앤 개더트LouAnn Gaeddert, 『뉴잉글랜드 러브스토리―너대니얼 호손과 소피아 피바디』*A New England Love Story. Nathaniel Hawthorne and Sophia Peabody*, New York, 1980, 81쪽.
28 Karen Lystra, 『심장을 찾아서―19세기 미국의 여성과 남성과 낭만적 사랑』*Searching the Heart. Women, Men and Romantic Love in Nineteenth-Century America*, New York, 1989, 21쪽.
29 Lawrence Stone, 『깨진 삶―1660~1857년 영국에서의 별거와 이혼』*Broken Lives. Separation And Divorce in England, 1660~1857*,

Oxford & New York, 1993, 88쪽.

30 스탠리 초이나키Stanley Chojnacki, "베네치아 초기 르네상스에서 지참금과 혈족관계"Dowries and Kinsmen in Early Renaissance Venice, 출전:『학제간 역사학 저널』Journal of Interdisciplinary History, 제4호(1975), 571~600쪽.

31 L. Stone, Broken Lives.

32 앨러스테어 해네이Alastair Hannay, 『키르케고르 전기』Kierkegaard. A Biography, Cambridge & New York, 2001, 158쪽 이하.

33 http://www.lipstickalley.com/f41/how-go-casual-committed-138565/, 페이지를 마지막으로 열어본 날짜는 2001년 2월 27일.

34 http://www.urbandictionary.com/define.php?term=Committment, 마지막으로 열어본 날짜는 2011년 2월 27일.

35 미국 인구조사국 리포트, 『결혼과 이혼의 횟수와 타이밍과 지속기간: 2001』 Number, Timing and Duration of Marriages and Divorces: 2001, 2005년 2월 발간.

36 로버트 쇤Robert Schoen/블라디미르 카누다스로모Vladimir Canudas-Romo, "첫 결혼의 타이밍 효과—20세기 잉글랜드와 웨일스와 미국에서의 경험"Timing Effects on First Marriage. Twentieth-Century Experience in England and Wales and the USA, 출전:『인구연구』Population Studies, 제2호(2005), 135~146쪽.

37 찰스 스트롬Charles Strohm/유디트 셀처Judith Seltzer/수전 코흐란Susan Cochran/위키 메이스Wickie Mays, "미국의 따로 또 같이 사는 관계"Living Apart Together. Relationships in the United States, 출전:『인구통계연구』 Demographic Research, 제7호(2009), 177~214쪽.

38 제시 버나드Jessie Bernard, 『결혼의 미래』The Future of Marriage, New Haven, 1982.

39 사라 버크Sarah F. Berk, 『성 공장—미국 가정에서 일의 배분』The Gender Factory. The Apportionment of Work in American Households, New York, 1985.

40 스티븐 노크Steven L. Nock, 『남자 인생에서의 결혼』Marriage in Men's Lives, New York, 1998.

41 게일 카우프만Gayle Kaufman/프랜시스 골드샤이더Frances Goldscheider, "남자는 여자보다 더 배우자를 필요로 할까? 남성과 여성의 결혼 중요성 지각"

Do Men 'Need' A Spouse More Than Women? Perceptions of the Importance of Marriage for Men and Women, 출전: *Sociological Quarterly*, 제1호 (2007), 29~46쪽.

42 Gary S. Becker, 『가정 연구 논문』*A Treatise on the Family*, Cambridge (Mass.), 1981. 이 이론을 비판하는 자료로는 다음과 같은 게 있다. 밸러리 오펜하이머Valerie K. Oppenheimer, "산업사회에서 여성 고용의 증가와 가정의 미래"Women's Rising Employment and the Future of the Family in Industrial Societies, 출전: 『인구와 발달 리뷰』*Population and Development Review*, 제2호(1994), 293~342쪽.

43 과학이 이런 식으로 설명하는 자료로는 이런 것들이 있다. 데이비드 부스 David M. Buss/데이비드 슈미트David P. Schmitt, "섹스전략—진화론의 관점에서 본 인간 짝짓기"Sexual Strategies Theory. An Evolutionary Perspective on Human Mating, 출전: 『심리학 리뷰』*Psychological Review*, 제2호(1993), 204~232쪽; 도널드 사이먼스Donald Symons, 『인간 섹스의 진화』*The Evolution of Human Sexuality*, New York, 1979; 로버트 트라이버스Robert Trivers, 『사회진화』*Social Evolution*, Menlo Park, 1985.

44 마이클 킴멜Michael Kimmel, 『욕망의 성—남성의 성정체성을 생각해본 에세이』*The Gender of Desire. Essays on Male Sexuality*, Albany, 2005, 32쪽.

45 앤 뱅상뷔포Anne Vincent-Buffault, 『눈물의 역사—프랑스의 감성과 감수성』*History of Tears. Sensibility and Sentimentality in France*, New York, 1991; Cancian, *Love in America*, Cambridge University Press, 1987; Eva Illouz, 『낭만적 유토피아의 소비: 사랑 그리고 그것이 자본주의와 빚는 문화적 충돌』*Consuming the Romantic Utopia: Love and the cultural contradictions of capitalism*, University of California Press, 1997.

46 Nancy Chodorow, 『모성母性의 재생산: 정신분석과 성의 사회학』*The Reproduction of Mothering: Psychoanalysis and the sociology of gender*, University of California Press, 1979; 같은 저자, "오이디푸스 콤플렉스의 비대칭과 이성애 결합"Oedipal Asymmetries and Heterosexual Knots, 출전: 『사회문제』*Social Problems*, 제4호(1976), 454~468쪽.

47 S. Firestone, *Dialectic of Sex: The case for feminist revolution*, William Morrow and Company, 1970, 127쪽.

48 에이드리언 리치Adrienne Rich, "강요된 이성애와 레즈비언으로서의 실존"

Compulsory Heterosexuality and Lesbian Existence, 출전:『사인』Signs, 제4호(1980), 631~660쪽.
49 Bruno Latour,『우리는 결코 근대인이었던 적이 없다』We have never been modern, Harvard University Press, 1993.
50 Bruno Latour,『판도라의 희망: 과학 연구의 현실을 생각해본 에세이』 Pandora's Hope: Essays on the reality of science studies, Harvard University Press, 1999, 145~173쪽.
51 John Tosh,『19세기 영국에서 나타난 남자다움과 남성성—성, 가족, 제국에 관한 에세이』Manliness and Masculinities in Nineteenth-Century Britain. Essays on Gender, Family and Empire, Harlow, 2005, 35쪽.
52 위와 같은 곳.
53 Francis Fukuyama,『일대 혼란—인간 본성과 사회질서의 재구성』The Great Disruption: Human Nature and the Reconstitution of Social Order, Free Press, 1999, 121쪽.
54 위의 책, 121쪽.
55 마이크 도널드슨Mike Donaldson, "무엇이 남성성의 헤게모니인가?"What Is Hegemonic Masculinity?, 출전:『이론과 사회』Theory and Society, 제5호(1993), 643~657쪽. 여기서는 645쪽.
56 시어 하이트Shere Hite,『남성 섹스에 관한 하이트 리포트』The Hite Report on Male Sexuality, Ballantine Books, 793쪽.
57 Feona Attwood, Mainstreaming Sex, London & New York 2009; Ann C. Hall/Mardia J. Bishop(공동편집), Pop-Porn, Westport 2007; Brian McNair, Striptease Culture, London, 2002.
58 Evelyn Blackwood, "가부장 남자의 유령"The Specter of the Patriarchal Man, 출전:『미국 민족학자』American Ethnologist, 제1호(2005), 42~45쪽, 여기서는 44쪽.
59 Randall Collins, "섹스 계층화의 갈등 이론"A Conflict Theory of Sexual Stratification, 출전: Social Problems, 제1호(1971), 3~21쪽, 여기서는 3쪽.
60 Susan Brownmiller,『성, 성폭력, 성폭력의 역사』Against Our Will: Men, women, and rape, Bantam Books, 1976. 다음 자료도 볼 것. Chodorow, "Oedipal Asymmetries and Heterosexual Knots", 1976, "The Reproduction of Mothering", 1979; Rich, "Compulsory Heterosexuality and Lesbian Existence", 1980.

61 Alice Rossi, "여성의 삶에서 자녀와 일"Children and Work in the Lives of Women(1976년 애리조나 투손Tucson 대학교에서 행한 강연), 다음 자료에서 재인용함. Rich, "Compulsory Heterosexuality and Lesbian Existence", 138쪽.
62 Ellwood/Jencks, *The Spread of Single-Parent Families*.
63 Catherine Townsend, "사랑의 일곱 살"The Seven Ages of Love, 2008년 9월 26일, http://sleeping-around.blogspot.com/2008/09/even-during-my-hedonistic-teenage-years.html, 마지막으로 열어본 날짜는 2008년 9월 28일.
64 Helen Fielding, *Bridget Jones's Diary*, Thorndike Press, 1998
65 유디스 이스턴Judith Easton/제이미 콘퍼Jaime Confer/카리 괴츠Cari Goetz/데이비드 부스David Buss, "번식 촉진— 섹스 동기화, 판타지, 그리고 생리시계의 작동"Reproduction Expediting. Sexual Motivations, Fantasies, and the Ticking Biological Clock, 출전: 『인성과 개인적 차이』 *Personality and Individual Differences*, 제5호(2010), 516~520쪽.
66 http://seductiontutor.blogspot.com/2006/09/4-women-to-avoid.html 마지막으로 열어본 날짜는 2011년 2월 27일.
67 Catharine A. MacKinnon, *Sexual Harassment of Working Women. A Case of Sex Discrimination*, New Haven, 1979.
68 캐서린 피터Katharin Peter/로라 혼Laura Horn, 『학부 교육의 참여와 완성에서 나타나는 성 차이 그리고 이는 시대를 두고 어떻게 변화해왔나』*Gender Differences in Participation and Completion of Undergraduate Education and How They Have Changed Over Time*(NCES 2005~169), 미국 교육부U. S. Department of Education, 국립교육통계센터National Center for Education Statistics, Washington, D. C., 2005. 다음 자료도 볼 것. 앤드루 섬Andrew Sum 외, 『미국의 대학 등록과 학위 취득에서 커지는 성 격차 그리고 그 경제와 사회의 잠재적 귀결』*The Growing Gender Gaps in College Enrolment and Degree Attainment in the U.S. and Their Potential Economic and Social Consequences*, Boston, 2003.
69 Lewis/Oppenheimer, "Educational Assortative Mating", 36쪽.
70 Marguerite Fields, "내 남자친구가 되고 싶어요? 태도를 분명히 하세요" Want to Be My Boyfriend? Please Define, *The New York Times*, 2008년 5월 4일자, http://www.nytimes.com/2008/05/04/fashion/04love.html,

마지막으로 열어본 날짜는 2011년 4월 20일.
71 Firestone, *The Dialectic of Sex: The Case for Feminist Revolution*, 144쪽.
72 http://www.ivillage.com/men-confess-what-makes-them-fall-love-0/4-a-283713, 마지막으로 열어본 날짜는 2011년 2월 27일.
73 에드먼드 W. J. 페이슨Edmund W. J. Faison, "방치된 버라이어티 드라이브―소비행태의 유용한 개념"The Neglected Variety Drive. A Useful Concept for Consumer Behavior, 출전:『소비자 연구 저널』*Journal of Customer Research*, 제3호(1977), 172~175쪽.
74 로버트 파이어스톤Robert W. Firestone/조이스 캐트렛Joyce Catlett,『연애 감정의 공포』*Fear Of Intimacy*, Washington, D.C., 1999.
75 로버트 솅크Robert Schenk, 다음 인터넷 주소에 실린 글을 참조한 것임. http://ingrimayne.com/econ/Introduction/ScarcityNChoice.html, 마지막으로 열어본 날짜는 2011년 2월 27일.
76 Helen Fielding, *Bridget Jones's Diary*, 102쪽.
77 Russell Belk/Güliz Ger/Søren Askegaard, "욕망의 불꽃―소비자 열정의 다층적 탐구"The Fire of Desire. A Multisited Inquiry into Consumer Passion,『소비자 연구 저널』*Journal of Consumer Research*, 제3호(2003), 326~351쪽, 여기서는 330쪽.
78 위와 같은 곳.
79 엘렌 페인Ellen Fein/셰리 슈나이더Sherrie Schneider,『규칙―이상적인 남자의 심장을 사로잡는, 시간으로 검증된 비결』*The Rules. Time-Tested Secrets for Capturing the Heart of Mr. Right*, New York, 1995, 17쪽.
80 http://dating.about.com/od/datingresources/a/SecondThought_2.htm, 마지막으로 열어본 날짜는 2006년 2월 15일.
81 http://www.uncommonforum.com/viewtopic.php?t=15806, 마지막으로 열어본 날짜는 2011년 2월 27일.
82 Harry G. Frankfurt, *The Reasons of Love*, 46쪽.
83 Alan MacFarlane, *Marriage and Love in England*, 296쪽.
84 Timothy D. Wilson/Daniel T. Gilbert, "정서 예측"Affective Forecasting, 출전:『실험 사회심리학 발달』*Advances in Experimental Social Psychology*, 제35호(2003), 345~411쪽.
85 Timothy Wilson, "두 번 생각하지 말자, 그런대로 좋다"Don't Think Twice, It's All Right, 출전:『인터내셔널 헤럴드 트리뷴』*International Herald*

Tribune, 2005년 12월 30일자, 6쪽.
86 Gary Klein, 『힘의 원천: 사람들은 어떻게 결정을 내리나』Sources of Power: How People Make Decisions. MIT Press, 1999.
87 갈레나 클라인Galena Kline/스콧 스탠리Scott Stanley/하워드 마크맨 Howard Markman, "동거라는 선약과 결혼약속에서 나타나는 성의 비대칭" Pre-Engagement Cohabitation and Gender Asymmetry in Marital Commitment, 출전: 『가정심리학 저널』Journal of Family Psychology, 제4호(2006), 553~560쪽; Galena Kline 외, "타이밍이 모든 것이다―동거 선약과 불행한 결혼생활의 위험부담 증가"Timing Is Everything. Pre-Engagement Cohabitation and Increased Risk for Poor Marital Outcomes, Journal of Family Psychology, 제2호(2004), 311~318쪽.
88 윌리엄 액신William Axinn/알랜드 손턴Arland Thornton, "동거와 이혼의 관계―선택 혹은 인과의 영향?"The Relationship Between Cohabitation and Divorce. Selectivity or Causal Influence?, 출전: 『인구통계학』 Demography, 제3호(1992), 357~374쪽; 로버트 쇤Robert Schoen, "첫 번째 결합과 첫 결혼의 안정성"First Unions and the Stability of First Marriages, 출전: 『결혼과 가족 저널』Journal of Marriage and Family, 제2호(1992), 281~284쪽.
89 Herbert Simon, "사회학에서 경계가 있는 합리성―오늘과 내일"Bounded Rationality in Social Science. Today and Tomorrow, 『마인드 & 소사이어티』Mind & Society, 제1호(2000), 25~39쪽.
90 Barry Schwartz, 『선택의 역설―왜 더 많은 게 더 적은가』The Paradox of Choice: Why more is less, HarperCollins, 2005, 163쪽.
91 Diana Spechler, "나 자신의 리얼리티 쇼에서 경쟁하기"Competing in My Own Reality Show, The New York Times, 2010년 6월 11일자, http://www.nytimes.com/2010/06/13/fashion/13love.html?emc=tnt&tntemail1 =y, 마지막으로 열어본 날짜는 2011년 2월 27일.
92 에드워드 롤러Edward Lawler/셰인 타이Shane Thye/윤정구Jeongkoo Yoon, 『비인격화한 세상에서 사회적 약속』Social Commitments in a Depersonalized World, New York, 2009.
93 David Pugmire, 『건전한 감성―감정의 융화』Sound Sentiments. Integrity in the Emotions, Oxford & New York, 2005.
94 Andrew J. Weigert, 『혼합된 감정―애매모호한 양면성을 이해하기 위한 발

걸음』*Mixed Emotions. Certain Steps Toward Understanding Ambivalence*, Albany, 1991, 34쪽.
95 위와 같은 곳.
96 위와 같은 자료 22쪽에 인용된 것을 재인용함.
97 Amartya K. Sen, "합리적 얼간이들: 경제이론의 행태 기초에 관한 비판"Rational Fools: A Critique of the Behavioral Foundations of Economic Theory, 출전:『철학과 공공문제』*Philosophy and Public Affairs*, 제4호(1977), 317~344쪽, 여기서는 329쪽.
98 Jean-Luc Marion,『에로스 현상—여섯 개의 성찰』*Le phénomène érotique. Six méditations*, Paris, 2003, 174쪽.
99 랜들 크레이그Randall Craig,『약속의 언어—빅토리아 시대의 법과 허구의 약혼』*Promising Language. Betrothal in Victorian Law and Fiction*, Albany, 2000, 6쪽.
100 위와 같은 곳.
101 애덤 셀리그먼Adam Seligman,『의식과 그 결과—신의의 한계에 관한 에세이』*Ritual and Its Consequences: An Essay on the Limits of Sincerity*, Oxford University Press, 115쪽.
102 Bellah 외, *Habits of the Heart*, 90쪽.
103 지그문트 바우만Zygmunt Bauman,『소비로서의 인생』*Consuming Life*, 2007, Polity Press.
104 팀 크라이더Tim Kreider, "국민투표"The Referendum, *The New York Times*, 2009년 9월 17일자, http://happydays.blogs.nytimes.com/2009/09/17/the-referendum/?scp=3-b&sq=Light+Years&st=nyt, 마지막으로 열어본 날짜는 2011년 2월 27일.
105 Jacques Derrida,『회상록: 폴드망을 위해』*Mémoires: For Paul de Man*, Lindsay, Cecile/Culler, Jonathan/Cadavra, Eduardo(공동번역), Columbia University Press, 1986, 94쪽 이하.
106 Anthony Giddens, *The Transformation of Intimacy*.
107 http://www.urbandictionary.com/define.php?term=commitment-phobe, 마지막으로 열어본 날짜는 2011년 2월 27일.
108 Hannay, *Kierkegaard. A Biography*, 155쪽.
109 파멜라 리건Pamela Regan/카를라 드레이어Carla Dreyer, "쾌락? 사랑? 지위? 젊은 성인이 일회적 섹스에 몰입하는 동기"Lust? Love? Status? Young

Adults' Motives for Engaging in Casual Sex, 출전: 『심리학과 인간섹스 저널』 Journal of Psychology and Human Sexuality, 제1호(1999), 1~23쪽. 다음 자료도 볼 것. 메리 올리버Mary Oliver/저넷 하이드Janet Hyde, "섹스에서 성의 차이—메타 분석"Gender Differences in Sexuality. A Meta-Analysis, 출전: Psychological Bulletin, 제114호(1993), 29~51쪽.

110 레이먼드 피스먼Raymond Fisman/시나 아이엔가Sheena Iyengar/에미르 카메니카Emir Kamenica/이타마 시몬슨Itamar Simonson, "짝 선택의 성 차이—스피드 데이트 실험에 나타난 결과"Gender Differences in Mate Selection. Evidence from a Speed Dating Experiment, 출전: Quarterly Journal of Economics, 제2호(2006), 673~697쪽. Pamela C. Regan 외, "배우자 선호도—단기 섹스와 장기적인 낭만관계에서 남자와 여자가 원하는 것의 차이는?"Partner Preferences. What Characteristics Do Men and Women Desire in Their Short-Term Sexual and Long-Term Romantic Partners?, 출전: Journal of Psychology & Human Sexuality, 제3호(2000), 1~21쪽: 스테파니 스튜어트Stephanie Stewart/히서 스티네트Heather Stinnett/로렌스 로젠펠드Lawrence Rosenfeld, "단기와 장기 관계에서 욕구의 특징에 드러나는 성 차이"Sex Differences in Desired Characteristics of Short-Term and Long-Term Relationship Partners, 출전: 『사회와 인간관계 저널』 Journal of Social and Personal Relationships, 제6호(2000), 843~853쪽. 역사적으로 볼 때 남자와 여자가 신체매력에 더 큰 비중을 두기 시작한 것은 20세기 후반부터다. 위의 자료, 84~94쪽.

111 리자 커빈스Lisa Cubbins/코레이 탠퍼Koray Tanfer, "성이 섹스에 미치는 영향—고위험도 섹스 행태를 두고 남성과 여성이 자기보고를 한 것에 관한 연구"The Influence of Gender on Sex. A Study of Men's and Women's Self-Reported High-Risk Sex Behavior, 출전: 『섹스 행태 기록』 Archives of Sexual Behavior, 제3호(2000), 229~255쪽.

112 Collins, "A Conflict Theory of Sexual Stratification", 7쪽. 다음 자료도 볼 것. 왓슨 버지스Watson Burgess/폴 월린Paul Wallin, 『약혼과 결혼』 Engagement and Marriage, Chicago, 1953.

113 중산층 여인이 결혼(혹은 다른 형태의 짝관계)과 엄마 노릇을 분리하는 전략을 알아보려면 다음 자료를 볼 것. Hertz, Single by Chance, Mothers by Choice.

114 Fields, "Want to Be My Boyfriend?", http://www.nytimes.com/2008/05/04/fashion/04love.html?pagewanted=2

115 http://parents.berkeley.edu/advice/family/committment.html, 마지막으로 열어본 날짜는 2011년 2월 27일.
116 Laura Sessions Stepp, 『벗겨지다—젊은 여성은 어떻게 섹스를 추구하며 사랑을 지연하고 둘 다 잃어버리나』*Unhooked. How Young Women Pursue Sex, Delay Love and Lose at Both*, New York, 2007, 10쪽.
117 위의 책, 4쪽.
118 Fields, "Want to Be My Boyfriend?", http://www.nytimes.com/2008/05/04/fashion/04love.html?pagewanted=3
119 Erica Jong, 『날기가 두렵다』*Fear of Flying*, New York, Signet, 1974, 11쪽.

3장

1 인용 시구의 출전은 다음과 같다. Emily Dickinson, 『시집 1890~1896』 *Poems 1890~1896*, Gainesville, 1967, 470쪽(*Love's Humilty*), Heinrich von Kleist, *Penthesilea*(1808), 전집 판 제2권, Frankfurt/M. 1987, 224쪽.
2 René Descartes, 『방법에 관한 담론과 제1철학에 대한 성찰』*Discourse on the Method and Meditations on First Philosophy*(1642), 바이치 코지모 Veitch, J., Cosimo 번역, 2005.
3 Charles Taylor, 『자아의 원천』*Sources of the self*, Cambridge University Press, 1992.
4 Jean-Luc Marion, *Le phénoméne érotique. Six mèditations*, Paris, 2003, 27쪽.
5 위와 같은 곳.
6 Johann Wolfgang von Goethe, *Die Leiden des jungen Werther*, 함부르크 판 전집, 에리히 트룬츠Erich Trunz(편집), 제6권, München, 1988, 38쪽.
7 David Hume, 『인간이란 무엇인가—오성·정념·도덕 本性論』*A treatise of Human Nature*(1739/1740), 셀비비게Selby-Bigge, L. A.(편집), Oxford University Press, 1888, 394쪽.
8 Simon Blackburn, 『음욕: 죽음에 이르는 일곱 가지 죄악』*Lust: The seven deadly sins*, Oxford University Press, 82쪽.
9 Sigmund Freud, "대중심리와 자아분석"Massenpsychologie und Ich-Analyse(1921), 출전: *Studienausgabe*, 전집 판 제9권, 알렉산더 미철리히 Alexander Mitscherlich/앤젤라 리처즈Angela Richards/제임스 스트래치

James Strachey(공동편집), Frankfurt/M., 1986, 61~134쪽, 여기서는 105쪽.
10 Friedrich Nietzsche, 『단편 유고 모음 1887~1889』*Nachgelassene Fragmente 1887~1889*, 전집 판 제13권, München, 1980, 299쪽. 다음 자료도 참조할 것. 앤 카슨Anne Carson, 『달콤 씁쓸한 에로스—에세이』*Eros the Bittersweet. An Essay*(1986), Princeton, 1998.
11 Blackburn, *Lust*, 88쪽.
12 조이 브라운Joy Browne, *Dating for Dummies*, Wiley Publishing, 2006.
13 존 그레이John Gray, *Mars and Venus on a Date*, HarperCollins, 1997.
14 닐 클라크 워렌Neil Clark Warren, *Date… or Soul Mate: How to know if someone is worth pursuing in two dates or less*, Thomas Nelson Publishers, 2002.
15 Gray, *Mars and Venus on a Date*, 179쪽.
16 Warren, *Date… or Soul Mate*, 18쪽.
17 Ethel Spector Person, 『사랑의 꿈과 운명적인 만남: 낭만적 열정의 힘』*Dreams of Love and Fateful Encounters: The power of romantic passion*, Norton Company, 1988, 38쪽.
18 위의 책, 72쪽.
19 Timothy Kenslea, *The Sedgwicks in Love: Courtship, engagemnt, and marriage in the early republic*, Northeastern University, 2006, 46쪽.
20 Ellen K. Rothman, *Hands and Hearts. A History of Courtship in America*, New York, 1984, 98쪽.
21 위의 책, 98쪽 이하.
22 위의 책, 19쪽.
23 다음 책에 인용된 것을 재인용함. Susan K. Harris, *The Courtship of Olivia Langdon and Mark Twain*, Cambridge 1996, 96쪽.
24 대니얼 칼린Daniel Karlin(편집), 『로버트 브라우닝과 엘리자베스 배릿—연애편지 교환, 1845~1846』*Robert Browning and Elizabeth Barrett. The Courtship Correspondence, 1845~1846*, Oxford, 1989, 124쪽.
25 위의 책, 218쪽.
26 위의 책, 229쪽.
27 라이오넬 스트래치Lionel Strachey/월터 리틀필드Walter Littlefield(공동편집), 『유명한 시인과 소설가의 연애편지』*Love Letters of Famous Poets and Novelists*, New York, 1909, 29쪽.

28　Kenslea, *The Sedgwicks in Love*, 156쪽.
29　Susan Shapiro, *Five Men Who Broke My Heart*, New York, 2004, 29쪽.
30　Person, *Dreams of Love*, 51쪽.
31　위의 책, 42쪽.
32　Axel Honneth,『인정 투쟁―사회 갈등의 도덕적 문법』*Kampf um Anerkennung. Zur moralischen Grammatik sozialer Konflikte*, Frankfurt/M., 1992, 212쪽.
33　Randall Collins,『상호작용 의례 연쇄 고리』*Interaction Ritual Chains*, Princeton, 2004; 같은 저자, "거대사회학의 미세 기초"On the Microfoundations of Macrosociology, 출전:『미국 사회학 저널』*The American Journal of Sociology*, 제5호(1981), 984~1014쪽.
34　Laura Fraser, "우리가 작별을 고하는 방식"Our Way of Saying Goodbye, *The New York Times*, 2010년 5월 30일자, http://www.nytimes.com/2010/05/30/fashion/30love.html?emc=tnt&tntemail1=y, 마지막으로 열어 본 날짜는 2011년 2월 27일.
35　Honneth, *Kampf um Anerkennung*.
36　Marion, *Le phénomène érotique*.
37　보니 야콥슨Bonnie Jacobson/산드라 고든Sandra Gordon,『수줍어하는 독신자―대담하지 못한 독신자를 위한 대담한 데이트 가이드』*The Shy Single. A Bold Guide to Dating for the Less-Than-Bold Dater*, Emmaus, 2004, 4쪽 이하.
38　Axel Honneth, "무시당함―인정의 도덕적 인식론에 관하여"Unsichtbarkeit. Über die moralische Epistemologie von 'Anerkennung', 출전: 같은 저자,『무시당함―상호주관 이론의 단계들』*Unsichtbarkeit. Stationen einer Theorie der Intersubjektivität*, Frankfurt/M., 2003, 10~27쪽.
39　Jacobson/Gordon, *The Shy Single*, 15쪽.
40　위의 책, 17쪽.
41　Vincent van Gogh,『서신집』*Completre letters*, New York Graphic Society, 1959, 254쪽.
42　Catherine Townsend,『규칙 깨기―나쁜 여자의 고백』*Breaking the Rules. Confessions of a Bad Girl*, London, 2008, 283쪽.
43　Jonathan Franzen, "아프다고 죽지 않아"Schmerz bringt Dich nicht um, 프로인트W. Freund 번역,『벨트』*Die Welt*, 2011년 7월 2일자, http:// www. welt. de/print/die_welt/vermischtes/article13463367/Schmerz-bringt-Dich-

nicht-um.html, 마지막으로 열어본 날짜는 2011년 7월 2일.
44　이 블로그 글의 전문은 다음 인터넷 주소에서 볼 수 있다. http://www. glamour.com/sex-love-life/blogs/smitten/2009/02/the-one-thing-not-to-say-to-a.html, 마지막으로 열어본 날짜는 2011년 2월 27일.
45　파멜라 폴Pamela Paul, "젊은이의 한탄: 사랑은 아프다!"A Young Man's Lament: Love Hurts!, The New York Times, 2010년 7월 22일자. http://www.nytimes.com/2010/07/25/fashion/25Studied.html?_r=1&emc=tnt&tntemail1=y, 마지막으로 열어본 날짜는 2011년 2월 27일.
46　어빙 싱어Irving Singer, 『사랑의 본성: 기사도 사랑과 낭만적 사랑』The Nature of Love: Courtly and Romantic, Chicago & London, 1984, 25쪽.
47　다음 책에 인용된 것을 재인용함. 애너 클라크Anna Clark, 『욕망—유럽 성취향의 역사』Desire. A History of European Sexuality, New York & London, 2008, 55쪽.
48　위의 책에서 재인용함. 88쪽.
49　위의 책에서 재인용함. 85쪽 이하.
50　Cristina Nehring, 『사랑의 변호—21세기를 위한 낭만의 복구』A Vindication of Love. Reclaiming Romance for the Twenty-First Century, New York, 2009, 232쪽.
51　다음 책에서 재인용함. Michael MacDonald, Mystical Bedlam, Cambridge, 1983, 90쪽.
52　Jacques Ferrand, 『상사병에 관한 논고』A Treatise on Lovesickness(1610), Syracuse, 1990, 273쪽. 이런 글이 있음을 알려준 마이클 알트바우어에게 감사드린다.
53　Michael MacDonald, Mystical Bedlam, 88쪽 이하.
54　위의 책, 100쪽.
55　주디스 버틀러Judith Butler, 『욕구의 주체—20세기 프랑스에 나타난 헤겔 철학의 반향』Subjects of Desire. Hegelian Reflections in Twentieth-Century France, New York, 1987, 77쪽.
56　위의 책, 49쪽.
57　위와 같은 곳.
58　Ori Schwarz, "렌즈 앞에서 이뤄지는 낭만의 협상"Negotiating Romance in Front of the Lens, 출전: 『비주얼 커뮤니케이션』Visual Communication, 제 2호(2010), 151~169, 여기서는 157쪽.

59 위와 같은 곳.
60 http://www.enotalone.com/forum/showthread.php?t=152843, 작성자의 닉네임은 finneganswake이며 마지막으로 열어본 날짜는 2011년 2월 27일이다.
61 Person, *Dreams of Love*, 53쪽.
62 Wendy Shalit, 『순해진 여인들―젊은 여인들이 자존감을 되찾아 그것이 인생을 잘 살아나가도록 하는 데 나쁘지 않음을 발견하다』*Girls Gone Mild. Young Women Reclaim Self-Respect and Find It's Not Bad to Be Good*, New York, 2007{Wendy Shalit(1975~): 미국의 여성 작가로 각종 신문과 잡지에 문화와 문학 등을 주제로 글을 기고한다―옮긴이}.
63 캔디스 부시넬Candace Bushnell, *Sex and the City*, Warner Books, 1996, 222쪽.
64 Townsend, *Breaking the Rules*, 179쪽.
65 다음 인터넷 주소를 참조할 것. 마지막으로 열어본 날짜는 2011년 2월 27일. http://www.nydailynews.com/lifestyle/2010/02/16/2010-02-16_online_dating_grows_in_popularity_attracting_30_percent_of_web_users_poll.html#ixzz0fmImu6AT
66 Robin Norwood, *Women Who Love Too Much*, Pocket Books, 1985, 3쪽.
67 Jane Austen, *Sense and Sensibility*(1811), Penguin Books, 1994, 172쪽.
68 Susan Neiman, 『도덕적 명료함―성숙한 이상주의를 위한 안내서』*Moral Clarity: A Guide for Grown-up Idealists*, Bodley Head Adults, 2009.
69 Jane Austen, *Northanger Abbey*, Wild Jot Press, 2009, 125쪽.
70 Alasdair MacIntyre, 『덕의 상실: 도덕이론 연구』*After Virtue: A Study in Moral Theory*, University of Notre Dame Press, 1984, 123쪽.
71 Honoré de Balzac, *La Femme abandonee*(1832), Nizet, 1977, 13쪽.
72 http://www.medhelp.org/posts/show/670415. 마지막으로 열어본 날짜는 2011년 2월 27일.
73 Suzanne Schlosberg, *The Curse of the Singles Table: the true story of 1001 nights without Sex*, Warner books, 2004, 55쪽.
74 Helen Fielding, *Bridget Jones's Diary*, 167~168쪽.
75 Axel Honneth/Avishai Margalit, "Recognition", 출전: 『아리스토텔레스 학회 회의록』*Proceedings of the Aristotelian Society*, 제75권(2001), 111~139쪽.

76　http://www.naughtygirl.typepad.com/, 마지막으로 열어본 날짜는 2011년 2월 28일.
77　http://www.helium.com/items/477586-ways-to-avoid-emotionall yunavailable-men, 마지막으로 열어본 날짜는 2011년 2월 28일.
78　http://www.therulesbook.com/rule10.html, 마지막으로 열어본 날짜는 2010년 11월 13일.
79　http://www.simplysolo.com/relationships/love_strategies.html, 마지막으로 열어본 날짜는 2010년 11월 13일.
80　http://www.thirdage.com/today/dating/where-did-my-self-doubtcome-from, 이 글은 수전 앤더슨Susan Anderson(미국의 여성 심리학자로 연애 문제를 다룬 책을 많이 썼다)이라는 여성 심리학자가 2008년 7월 18일 위 사이트에 올린 것이다. 마지막으로 열어본 날짜는 2011년 2월 28일.
81　http://www.ynet.co.il/articles/0,7340,L-3320096,00.html, 마지막으로 열어본 날짜는 2011년 2월 28일.
82　Hannah Arendt, 『활동하는 생명』*Vita Activa oder Vom tätigen Leben* (1958), München, 2010, 352쪽.

4장

1　인용문은 각각 다음 책들에서 따왔다. J. M. Coetzee, 『추락』*Disgrace*, Penguin Books, 1999, 13쪽; Julian Barnes, 『사랑, 그리고』*Love, etc.*, Alfred A. Knopf, 2001, 115쪽.
2　다음 자료에 인용된 것을 재인용함. Marshall Berman, 『그 모든 것은 허공으로 사라져버렸네―현대성의 경험』*All That is Solid Melts into Air. The Experience of Modernity*, Gloucester, 1982. 109쪽{Edmund Burke(1729~1797): 아일랜드 출신의 정치가이자 정치철학자로 보수주의의 정신적 아버지로 여겨지는 인물이다. 본문의 인용문은 『프랑스혁명과 이에 관한 런던 시민단체의 움직임에 관한 고찰』*Reflections on the Revolution in France and on the Proceedings in certain societies in London Relative to it*에 나오는 문장이다―옮긴이}.
3　Karl Marx/Friedrich Engels, 『공산당 선언』*Manifest der Kommunistischen Partei*(1848), Stuttgart, 1981, 27쪽.
4　로렌스 스캐프Lawrence Scaff, 『철장에서 도망치기―막스 베버의 사상에 나

타난 문화, 정치, 그리고 현대성』Fleeing the Iron Cage. Culture, Politics, and Modernity in the Thought of Max Weber, Berkeley, 1991.
5 Eva Illouz/Shoshana Finkelman, "떨어지지 못하는 특이한 커플—배우자 선택에서 감정과 합리성"An Odd and Inseparable Couple. Emotion and Rationality in Partner Selection, 출전: 『이론과 사회』Theory and Society, 제4호(2009), 401~422쪽.
6 Lionel Strachey/Walter Littlefield(공동편집), Love Letters of Famous Poets and Novelists, New York, 1909, 76쪽.
7 위의 책, 51쪽.
8 위의 책, 57쪽.
9 위의 책, 78쪽.
10 William Shakespeare, Romeo and Juliet(1599), 제1막 5장.
11 Honoré de Balzac, Le Lys dans la Vallee(1836).
12 Candace Bushnell, Sex and the City, 2쪽.
13 Maureen Dowd, "코미디의 비극"Tragedy of Comedy, The New York Times, 2010년 8월 3일자에 실린 칼럼으로, 이 기사의 온라인 주소는 http://www.nytimes.com/2010/08/04/opinion/04dowd.html이며, 마지막으로 열어본 날짜는 2011년 2월 28일.
14 Max Weber, 『직업으로서의 학문』Wissenschaft als Beruf(1919), Stuttgart 2006; 같은 저자, 『프로테스탄티즘의 윤리와 자본주의 정신』Die protestantische Ethik und der Geist des Kapitalismus(1904/1905), 출전: 같은 저자, 『종교사회학 논문 모음집 제1권』Gesammelte Aufsätze zur Religionssoziologie I, Stuttgart, 1988, 17~206쪽.
15 카렌 라이스트라Karen Lystra, 『하트를 찾아서—19세기 미국에서 여성과 남성과 낭만적 사랑』Searching the Heart. Women, Men and Romantic Love in Nineteenth-Century America, New York, 1989, 50쪽.
16 William Shakespeare, "A Midsummer-Night's Dream"(1623), 출전: 『희극 네 편』Four Comedies, G. R. 히버드Hibbard(편집), Penguin Classics, 1982, 62쪽.
17 Julie de Lespinasse, 『격정의 편지들 1773~1776』Briefe einer Leidenschaft, 1773~1776, 출전: 요하네스 빌름스Johannes Willms(번역·편집), München, 1997, 48쪽(1773년 8월 1일의 편지).
18 Edith Wharton, 『이디스 워튼의 편지들』The Letters of Edith Wharton, 낸시

루이스Nancy Lewis(편집), New York, 1988, 152쪽.
19 안드레아스 바텔스Andreas Bartels/세미어 체키Semir Zeki, "낭만적 사랑의 신경 기초"The Neural Basis of Romantic Love, 출전: 『뉴로리포트』 *Neuroreport*, 제17호(2000), 3829~3834쪽.
20 아서 애런Arthur Aron 외, "보상, 동기부여, 감정체계—초기 단계의 낭만적 사랑과 관련해 살펴본 결과"Reward, Motivation, and Emotion Systems Associated With Early-Stage Intense Romantic Love, 출전: 『신경생리학 저널』*Journal of Neurophysiology*, 제1호(2005), 327~337쪽.
21 도나텔라 마라치티Donatella Marazziti 외, "낭만적 사랑에서 혈소판 세로토닌 이동의 변화"Alteration of the Platelet Serotonin Transporter in Romantic Love, 출전: 『심리의학』*Psychological Medicine*, 제3호(1999), 741~745쪽; 도로시 텐노브Dorothy Tennov, 『사랑과 강박관념—사랑에 빠지는 경험』*Love and Limerence: The experience of being in love*, Stein and Day, 1979; 에이브러햄 테서Abraham Tesser/들로이 폴후스Delroy L. Paulhus, "사랑의 원인모델"Toward a Causal Model of Love, 출전: *Journal of Personality and Social Psychology*, 제6호(1976), 1095~1105쪽.
22 다음 자료 참조. Marazziti 외, "Alteration of the Platelet Serotonin."
23 J. 토머스 커티스J. Thomas Curtis/왕추오신Zuoxin Wang, "관계 결합의 신경화학"The Neurochemistry of Pair Bonding, 출전: 『심리학의 현재 동향』 *Current Directions in Psychological Science*, 제2호(2003), 49~53쪽; 토머스 인셀Thomas R. Insel/래리 영Larry Young, "애착의 신경생물학"The Neurobiology of Attachment, 출전: 『신경과학 네이처 리뷰』*Nature Review of Neuroscience*, 제2호(2001), 129~136쪽; 케이스 켄드릭Keith Kendrick, "옥시토신, 엄마 노릇과 결합"Oxytocin, Motherhood and Bonding, 출전: 『실험생리학』*Experimental Physiology*, 통권 85호(2000), 111~124쪽.
24 헬렌 피셔Helen Fisher, 『연애본능: 심리학이 말하는 연애의 모든 것』*Why We Love: The nature and chemistry of romantic love*, Henry Holt, 2004.
25 Catherine Townsend, *Breaking the Rules. Confessions of a Bad Girl*, London, 2008, 241쪽.
26 Dylan Evans, 『감정—감상의 과학』*Emotion. The Science of Sentiment*, Oxford & New York, 2001.
27 Weber, *Wissenschaft als Beruf*, 18쪽 이하. 다음 자료도 참조할 것. 니콜라스 게인Nicholas Gane, 『막스 베버와 포스트모던 이론—합리화 대 재마법

화』*Max Weber and Postmodern Theory. Rationalization versus Re-enchantment*, Basingstoke, 2004.
28 Marshall Berman, 『진정성의 정치―극단적 개인주의와 현대사회의 출현』 *The Politics of Authenticity. Radical Individualism and the Emergence of Modern Society*, New York, 1970, 16쪽.
29 Shulamith Firestone, *Dialectic of Sex: The case for feminist revolution*, 126쪽.
30 Barry M. Dank, "올바른 성관계의 윤리와 캐스의 사례"The Ethics of Sexual Correctness and the Cass Case, 『회의록―응용윤리학 학술대회 7차 연보』 *Book Of Proceedings, Seventh Annual Conference On Applied Ethics*(1996), 110~115쪽. 여기서는 112쪽. 이 글은 다음 온라인 주소에서도 볼 수 있다. www.csulb.edu/~asc/post9.html. 마지막으로 열어본 날짜는 2011년 2월 28일.
31 Coetzee, *Disgrace*, 52쪽 이하.
32 『HGSE 학생 핸드북』*HGSE Student Handbook*, 45쪽. 이 글은 온라인에서도 볼 수 있다. http://pdca.arts.tnua.edu.tw/reference/Harvard%A1Ghandbook. 마지막으로 열어본 날짜는 2011년 2월 28일.
33 http://www.upenn.edu/affirm-action/shisnot.html. 마지막으로 열어본 날짜는 2011년 2월 28일.
34 사라 크리츠턴Sarah Crichton 외, "섹스 정당성: 너무 멀리 간 게 아닐까?" Sexual Correctness: Has it Gone Too Far?, *Newsweek*, 1993년 10월 25일. 이 기사의 온라인 주소는 www.soc.umn.edu/~samaha/cases/sexual%20correctness.htm. 마지막으로 열어본 날짜는 2011년 2월 28일.
35 린 헌트Lynn Hunt, 『프랑스혁명의 정치와 문화와 계급』*Politics, Culture, and Class in the French Revolution*, University of California Press, 2004.
36 Luc Boltanski/Laurent Thévenot, 『정당화에 관하여―가치의 경제학』*On Justification: Economies of worth*, Princeton University Press, 283쪽.
37 http://www.revolutionhealth.com/healthy-living/relationships/lovemarriage/couples-marriage/sharing-housework-equally. 마지막으로 열어본 날짜는 2011년 2월 28일.
38 제인 매튜Jane Matthews, *Lose that Loser and Find the Right Guy*, Berkeley, 2005, 21쪽.

39　Eva Illouz, 『감정 자본주의: 자본은 어떻게 감정을 활용하는가』 Cold Intimacies: The making of emotional capitalism, Polity Press, 2007.
40　Lawrence Stone, The Family, Sex and Marriage in England, 1500~1800, New York, 1977.
41　Alan MacFarlane, Marriage and Love in England. Modes of Reproduction, 1300~1840, Oxford, 1986, 160~166쪽.
42　다음 자료에 인용된 것을 재인용함. 메리 로저스Mary Rogers/파올라 티나글리Paola Tinagli(공동편집), 『이탈리아의 여인들, 1350~1650—이상과 현실(자료집)』 Women in Italy, 1350~1650. Ideals and Realities. A Sourcebook, Manchester & New York, 2005, 116쪽 이하.
43　위의 책, 118쪽.
44　위의 책, 117쪽.
45　Rogers/Tinagli, Women in Italy, 118쪽. 비슷한 예는 다음 자료에서도 찾아볼 수 있다. Stone, The Family, Sex and Marriage in England, 194쪽 이하.
46　Barbara J. Harris, 『잉글랜드 귀족 여인들, 1450~1550—결혼과 가족, 자산과 경력』 English Aristocratic Women, 1450~1550. Marriage and Family, Property and Careers, Oxford & New York, 2002, 55쪽.
47　Frances Gies/Joseph Gies, 『중세의 결혼과 가족』 Marriage and the Family in the Middle Ages, New York, 1989, 242쪽 이하.
48　Lawrence Stone, Broken Lives. Separation and Divorce in England, 1660~1857, Oxford & New York 1993, 27쪽 이하.
49　배우자를 찾는 합리적 방법의 사례는 다음 자료를 참조할 것. 애런 아후비아 Aaron Ahuvia/마라 애델먼Mara Adelman, "결혼시장의 형식적 중매인들—유형의 분류와 리뷰"Formal Intermediaries in the Marriage Market. A Typology and Review, 출전: Journal of Marriage and Family, 제2호(1992), 452~463쪽; 리처드 불크로프트Richard Bulcroft/크리스 불크로프트Kris Bulcroft/캐런 브래들리Karen Bradley/칼 심슨Carl Simson, "낭만적 관계 위험의 관리와 생산—포스트모던의 역설"The Management and Production of Risk in Romantic Relationships. A Postmodern Paradox, 출전: 『가족역사 저널』 Journal of Family History, 제1호(2000), 63~92쪽; 스탠리 월Stanley Woll/피터 영Peter Young, "맞는 짝 찾기—비디오 데이트에 나타난 자기 연출"Looking for Mr. or Ms. Right. Self-Presentation in Videodating, 출전: Journal of Marriage and Family, 제2호(1989), 483~

488쪽.

50 이후 이어지는 분석은 나의 '아도르노 강연' 내용에 기초한 것이다. 다음 자료를 참조할 것. Eva Illouz, *Cold Intimacies: The making of emotional capitalism*, 제3장.
51 www.match.com, 마지막으로 열어본 날짜는 2011년 2월 28일.
52 http://personals.yahoo.com/us/static/dating-advice_romancepredictions-07, 마지막으로 열어본 날짜는 2011년 2월 28일.
53 www.eHarmony.org. 마지막으로 열어본 날짜는 2011년 2월 28일.
54 Eva Illouz, *Consuming the Romantic Utopia*.
55 Weber, *Wissenschaft als Beruf*.
56 Neil Smelser, "사회과학의 합리성과 애매모호함―1997년 회장직 수락 연설"The Rational and the Ambivalent in the Social Sciences. 1997 Presidential Address, 『아메리카 사회학 리뷰』*American Sociological Review*, 제1호(1998), 1~16쪽, 여기서는 2쪽.
57 Weber, *Wissenschaft als Beruf*; 같은 저자, *Die protestantische Ethik*. 베버가 말하는 합리성을 이해하는 데는 다음 자료들도 도움이 된다. 마틴 앨브로 Martin Albrow, 『베버의 사회이론 구성』*Max Weber's Construction of Social Theory*, London, 1990; 볼프강 슐루흐터Wolfgang Schluchter, 『서구 합리주의의 발달―막스 베버의 사회사 분석』*Die Entwicklung des okzidentalen Rationalismus. Eine Analyse von Max Webers Gesellschaftsgeschichte*, Tübingen, 1979; 샘 휨스터Sam Whimster/스코트 래시Scott Lash(공동편집), 『막스 베버, 합리성과 현대성』*Max Weber, Rationality and Modernity*, London, 1987.
58 Wendy Espeland/Mitchell Stevens, "사회과정의 계량화"Commensuration as a Social Process, 출전: 『사회학 연간 리뷰』*Annual Review of Sociology*, 통권 24호(1998), 313~343쪽, 여기서는 316쪽.
59 Gary Klein, 『직관의 힘―작업결정을 하면서 좋은 느낌을 어떻게 하면 더 좋은 느낌으로 만드나』*The Power of Intuition. How to Use Your Gut Feelings to Make Better Decisions at Work*, New York, 2004, 293쪽.
60 에번 카츠Evan Katz, 『이 책을 산 게 믿어지지 않아요―인터넷 데이트의 상식 가이드』*I Can't Believe I'm Buying this Book. A Commonsense Guide to Internet Dating*, Berkeley, 2004, 103쪽.
61 Pierre Bourdieu, 『경제의 사회적 구조』*The Social Structures of the*

Economy, Cambridge, 2005, 6쪽.
62 최대한의 만족에 초점을 맞춘 동기화가 일으킨 영향을 보여주는 사례들은 다음 자료에서 찾을 수 있다. Barry Schwartz, *The Paradox of Choice: Why more is less*, Ecco Press, 2004. 또 다음과 같은 자료도 있다. 시나 아이엔가 Sheena Iyengar/마크 레퍼Mark Lepper, "선택이 동기를 앗아갈 때, 하나의 욕망도 좋은 것에는 너무 지나치지 않을까?"When Choice is Demotivating. Can One Desire Too Much of a Good Thing?, *Journal of Personality and Social Psychology*, 제6호(2000), 995~1006쪽.
63 Jeffrey C. Alexander, 『사회생활의 의미—문화사회학』*The Meanings of Social Life. A Cultural Sociology*, Oxford &. New York, 2003, 179쪽. 다음 자료도 참조할 것. Neil Smelser, *The Rational and the Ambivalent*.
64 하워드 브라이언 에드거 주니어Howard Brian Edgar, Jr./하워드 마틴 에드거 2세Howard Martin Edgar II, 『남자의 인터넷 미팅을 위한 궁극적 가이드—남자가 여자를 찾아내고 유혹하며 만나고 데이트하는 가장 좋은 원천은 온라인 데이트다』*The Ultimate Man's Guide to Internet Dating. The Premier Men's Resource for Finding, Attracting, Meeting and Dating Women Online*, Aliso Viejo, 2003, 21쪽 이하.
65 Jacques Derrida, 『간결하게 풀어본 해체—자크 데리다와의 대화』*Deconstruction in a Nutshell. A Conversation with Jacques Derrida*, 존 케이푸토John D. Caputo(편집), New York, 1997, 14쪽.
66 Cristina Nehring, *A Vindication of Love. Reclaiming Romance for the Twenty-First Century*, New York, 2009, 79쪽.
67 Louis M. Dumont, *Homo Hierarchicus*, University of Chicago press, 1970, 4쪽.
68 위의 책, 16쪽.
69 Louis Dumont, 『개인주의를 생각해본 에세이—인류학의 관점에서 바라본 현대 이데올로기』*Essays on Individualism: Modern ideology in anthropological perspective*, University of Chicago Press, 1986, 249쪽.
70 Roland Barthes, 『텍스트의 즐거움』*The Pleasure of the Text*, Jonathan Cape, 1975, 9~10쪽.
71 Richard Shusterman, "미학적 경험—에로스의 분석"Aesthetic Experience: From analysis to Eros, 출전: R. Shusterman/A. Tomlin(공동편집), 『미학적 경험』*Aesthetic Experience*, Routledge, 2008, 79~97쪽, 92~93쪽.

72　위의 책, 13쪽.
73　Max Weber, "세계종교의 경제윤리"Die Wirtschaftsethik der Weltreligionen, 중간고찰이라는 제목의 장에서(1915), 출전: 같은 저자, 『종교사회학 논문모음집 제1권』Gesammelte Aufsätze zur Religionssoziologie I, Stuttgart, 1988, 536~573쪽, 여기서는 560쪽 이하.
74　위의 책, 562쪽.
75　Georges Bataille, 『저주받은 몫』The Accursed Share 시리즈 중 "에로티시즘과 주권의 역사"(제2권과 제3권), R. Hurley(번역), Zone Books, 1992.
76　Philip Rieff, 『치료의 승리―프로이트 이후 믿음의 이용』The Triumph of the Therapeutic. Uses of Faith After Freud(1966), Chicago, 1987. 다음 자료에 인용된 것을 재인용함. 워렌 I. 수스먼Warren I. Susman, 『역사로서의 문화―20세기의 미국 사회 변화』Culture as History. The Transformation of American Society in the Twentieth Century, New York, 1984, 278쪽.
77　Jean-Luc Marion, Le phénomène érotique. Six méditations, Paris, 2003, 114쪽 이하.
78　Catherine Townsend, "왜 어떤 남자들의 뜨거운 섹스 장면은 나를 차갑게 버려둘까"Why Some Men's 'Hot' Sex Scenes Leave Me Cold, 출전: The Independent, 2010년 1월 7일. 이 기사의 온라인 주소는 http://catherine townsend.independentminds.livejournal.com/17943.html, 마지막으로 열어본 날짜는 2011년 2월 28일.
79　Robert Greene, 『유혹의 기술』The Art of Seduction, New York, 2001.
80　Shadi Bartsch/Thomas Bartscherer, "침묵의 사랑은 무엇을 쓰는가―입문" What Silent Love Hath Writ. An Introduction, 출전: 같은 저자(공동편집), 『에로티콘―에로스에 관한 에세이, 고대와 현대』Erotikon. Essays on Eros, Ancient and Modern, Chicago, 2005, 1~15쪽, 여기서는 7쪽.
81　Jeffrey C. Alexander, "아이콘 의식―의미의 물질적 느낌"Iconic Consciousness. The Material Feeling of Meaning, 출전: 『환경과 플랜 D: 사회와 공간』Environment and Planning D: Society and Space, 제5호(2008), 782~794쪽, 여기서는 789쪽.
82　William James, 『믿음의 의지와 대중철학 그리고 인간 불멸성에 관한 에세이』The Will to Believe and Other Essays in Popular Philosophy & Human Immortality(1897/1898), Mineola, 1956, 77쪽.
83　Maureen Dowd, 『남자가 꼭 필요한가? 섹스가 충돌할 때면』Are Men

Necessary? When Sexes Collide, New York & London, 2005, 40쪽.

84 Robert Pippin, "어지러움—톰 거닝에게 보내는 답"Vertigo. A Response to Tom Gunning, 출전: Bartsch/Bartscherer(공동편집), Erotikon, 278~282쪽, 여기서는 280쪽.

85 마이클 페인Michael Payne/제시카 래 바버라Jessica Rae Barbera(공동편집), 『문화와 비판이론 사전』A Dictionary of Cultural and Critical Theory, Malden, 1997, 518쪽.

86 Catherine Townsend, "낭만과 열정"Romance and Passion, 2008년 9월 19일자 칼럼. 이 기사의 온라인 주소는 http://sleeping-around.blogspot.com/ 2008/09/romance-passion.html, 마지막으로 열어본 날짜는 2011년 2월 28일.

87 Friedrich Schlegel, 『철학 강의—특히 언어와 단어의 철학에 관하여』 Philosophische Vorlesungen insbesondere über die Philosophie der Sprache und des Wortes(1830), Paderborn, 1969, 357쪽.

88 Sören Kierkegaard, 『이것이냐 저것이냐』Either/Or(1843), 제2권, Doubleday, 1959, 21쪽.

89 David Halperin, "사랑의 아이러니—플라토닉 에로스에 관한 여섯 개 논평" Love's Irony. Six Remarks on Platonic Eros, Bartsch/Bartscherer, 출전: Erotikon, 48~58쪽, 여기서는 49쪽.

90 인식의 오름길이라는 유명한 비유에 '사랑의 사다리'라는 표현이 나온다. Plato, The Symposium, M. C. Howatson/C. C. Sheffield(편집), Cambridge University Press, 2008.

91 Miriam Markowitz, "섬세한 낭만—크리스티나 네링에 관하여"A Fine Romance. On Cristina Nehring, The Nation, 2010년 2월 28일자. 이 기사의 온라인 주소는 http://www.thenation.com/article/fineromance-cristina-nehring?page=full, 마지막으로 열어본 날짜는 2011년 2월 28일.

5장

1 이 인용문들은 다음 자료에서 따왔다. Roland Barthes, 『연인의 대화』A Lover's Discourse, penguin, 137쪽; John Keats, "그리스 항아리에 바치는 시"Ode on a Grecian Urn(1820), 다음 책에 인용된 것을 재인용함. Mario Praz, 1956, 『낭만의 고통』Romantic Agony, Meridian Books, 1956, 15쪽.

2   요헨 슐테사스Jochen Schulte-Sasse, "상상과 현대, 또는 인간 마음의 길들임"Imagination and Modernity. Or the Taming of the Human Mind, 출전: 『문화비평』Cultural Critique, 제5호(1986), 23~48쪽.
3   Theodor W. Adorno 외, *Der Positivismusstreit in der deutschen Soziologie*(1969), München, 1993, 63쪽(서문).
4   위와 같은 곳.
5   Jeffrey C. Alexander 외, 『문화 트라우마와 집단의 정체성』*Cultural Trauma and Collective Identity*, Berkeley, 2004, 9쪽.
6   Jean-Paul Sartre, *The Psychology of Imagination*(1940), Routledge, 1995.
7   다음 자료에 인용된 것을 재인용함. Elaine Scarry, "활기에 관하여—백일몽과 작가 지시에 따른 상상 사이의 차이"On Vivacity. The Difference Between Daydreaming and Imagining-Under-Authorial-Instruction, 출전: 『재현』*Representations*, 제52호(1995), 1~26쪽, 여기서는 1쪽.
8   위와 같은 곳.
9   William Shakespeare, "A Midsummer-Night's Dream"(1623), *Four Comedies*, Penguin Classics, 1982, 56쪽.
10 Shakespeare, "A Midsummer-Night's Dream", 10쪽 이하.
11 찰스 테일러Charles Taylor, 『현대의 사회적 상상』*Modern Social Imaginaries*, Durham, 2004.
12 Alexander Pushkin, *Eugene Onegin*, Princeton University Press, 1964, 139쪽.
13 위의 책, 152쪽.
14 다음 자료에 인용된 것을 재인용함. 샐리 미첼Sally Mitchell, "감상과 고통—1860년대 여성의 오락성 독서"Sentiment and Suffering. Women's Recreational Reading in the 1860s, 출전: 『빅토리아 시대 연구』*Victorian Studies*, 제1호(1977), 29~45쪽.
15 Gustave Flaubert, *Madame Bovary*(1857), Bantam Book, 1989, 31~32쪽 {Walter Scott(1771~1832): 스코틀랜드 출신의 작가로 역사를 배경으로 한 소설들을 많이 썼다. 『아이반호』가 대표작이다. 낭만주의를 표방하는 대중소설을 발전시킨 공로를 인정받아 귀족 작위를 받았다—옮긴이}.
16 위의 책, 140~141쪽.
17 위의 책, 94쪽.

18 다음 자료에 인용된 것을 재인용함. 르네 지라르René Girard, 『속임수, 욕망 그리고 소설: 문학 구조에 나타난 자아와 타자』*Deceit, Desire, and the Novel: Self and other in literary structure*, Johns Hopkins Press, 63~64쪽.
19 Colin Campbell, *The Romantic Ethic and the Spirit of Modern Consumerism*, Oxford & New York, 1989.
20 위의 책, 89쪽.
21 Bijoy H. Boruah, 『허구와 감정—미학과 정신철학 연구』*Fiction and Emotion. A Study in Aesthetics and the Philosophy of Mind*, Oxford, 1988, 3쪽.
22 Kendall L. Walton, "허구가 두렵다"Fearing Fictions, 출전: 『철학 저널』 *Journal of Philosophy*, 제1호(1978), 5~27쪽.
23 에밀리 홈스Emily A. Holmes/앤드루 매튜Andrew Mathews, "정신적 이미지와 감정—특별한 관계?"Mental Imagery and Emotion. A Special Relationship?, 출전: 『감정』*Emotion*, 제4호(2005), 489~497쪽.
24 Anna Breslaw, "캐스팅 전화: 약간 난봉꾼 기질이 있는 남자"Casting Call: Bit Player, Male, *The New York Times*, 2011년 3월 13일자. 이 기사의 온라인 주소는 http://www.nytimes.com/2011/03/13/fashion/13ModernLove.html?emc=tnt&tntemail1=y, 마지막으로 열어본 날짜는 2011년 7월 3일.
25 Alasdair MacIntyre, *After Virtue: A study in moral theory*, University of Notre Dame Press, 1984, 212쪽.
26 Keith Oatley, "문학 반응에 나타난 감정의 분류와 허구적 내레이션의 동일시 이론"A Taxonomy of the Emotions of Literary Response and a Theory of Identification in Fictional Narrative, 출전: 『시학』*Poetics*, 제1/2호 (1994), 53~74쪽, 여기서는 64쪽.
27 Catherine Townsend, "사랑의 문화"Culture of Love, 2008년 9월 23일자, http://sleeping-around.blogspot.com/2008/09/culture-of-love.html, 마지막으로 열어본 날짜는 2011년 3월 1일.
28 Marshall Berman, *The Politics of Authenticity. Radical Individualism and the Emergence of Modern Society*, New York, 1970, 90쪽.
29 Candace Bushnell, *Sex and the City*, 6쪽.
30 Benedict Anderson, 『상상의 공동체: 민족주의의 기원과 전파에 대한 성찰』 *Imagined communities: reflections on the origin and spread of nationalism*, Verso, 1991.

31 Jean Delumeau, *Une Histoire du paradis*, Paris, 2002, 155쪽.
32 위와 같은 곳.
33 Daniel Kahneman/바버라 프레드릭슨Barbara Fredrickson/찰스 슈라이버 Charles Schreiber/도널드 레델마이어Donald A. Redelmeier, "더 많은 고통이 적은 것보다 선호될 때—더 나은 끝을 더해"When More Pain Is Preferred to Less. Adding a Better End, 출전: 『심리학 과학』*Psychological Science*, 제6호(1993), 401~405쪽.
34 Donald A. Redelmeier/Daniel Kahneman, "고통스러운 의학 치료의 환자 기억. 두 가지 간단한 외과수술의 실시간과 반성적 평가"Patients' Memories of Painful Medical Treatments. Real-Time and Retrospective Evaluations of Two Minimally Invasive Procedures, 출전: 『아픔』*Pain*, 제1호(1996), 3~8쪽.
35 제임스 W. 존스James W. Jones, 『테러와 변화—정신분석의 관점에서 본 종교의 애매모호함』*Terror and Transformation. The Ambiguity of Religion in Psychoanalytic Perspective*, New York, 2002, 14쪽.
36 Stephen A. Mitchell, 『사랑은 영원할 수 있을까?: 시간을 뛰어넘는 로맨스의 운명』*Can Love Last?: The fate of romance over time*, Norton, 2003.
37 Jean-Claude Kaufmann, *Agacements. Les petites guerres du couple*, Armand Colin, 2007.
38 로라 스태포드Laura Stafford/앤디 메롤라Andy Merolla, "이상화, 재결합 그리고 먼 거리 관계의 안정성" Idealization, Reunions, and Stability in Long-Distance Dating Relationships, 출전: 『사회와 인간관계 저널』*Journal of Social and Personal Relationships*, 제1호(2007), 37~54쪽.
39 1847년 해리엇 비처 스토가 남편에게 보낸 편지. 다음 자료에 인용된 것을 재인용함. Cathy N. Davidson, *The Book of Love. Writers and Their Love Letters*, New York, 1996, 73쪽.
40 Stafford/Merolla, "Idealization, Reunions, and Stability", 38쪽. 인용문 속의 인용문은 다음 자료가 그 출처다. 스티브 덕Steve Duck, 『의미 있는 관계—대화, 센스, 그리고 관계맺음』*Meaningful Relationships. Talking, Sense, and Relating*, Thousand Oaks, 1994, 11쪽.
41 로라 버닝Laura Berning, "나는 당신의/그의 이름을 불렀네"I Call Your/His Name, *The New York Times*, 2011년 1월 27일자. 이 기사의 온라인 주소는 http://www.nytimes.com/2011/01/30/fashion/30Modern.html?pagewan

ted=2&tntemail1=y&_r=1&emc=tnt. 마지막으로 열어본 날짜는 2011년 1월 30일.

42 다이앤 존슨Diane Johnson, "결혼의 종류"The Marrying Kind, 『뉴욕 북 리뷰』The New York Review of Books, 2010년 8월 19일부터 9월 29일까지 나온 책들을 리뷰한 신문, 22~27쪽. 여기서는 24쪽.

43 페이건 케네디Pagan Kennedy, "숨을 들이쉬고, 숨을 내쉬고, 사랑에 빠지다"Breathe In, Breathe Out, Fall in Love, The New York Times, 2010년 11월 4일자. 온라인 주소는 http://www.nytimes.com/2010/11/07/fashion/07Modern.html?pagewanted=1&tntemail1=y&_r=2&emc=tnt. 마지막으로 열어본 날짜는 2011년 3월 2일.

44 Catherine Townsend, Breaking the Rules. Confessions of a Bad Girl, London, 2008, 183쪽.

45 다음 인터넷 주소를 참조할 것. http://articles.nydailynews.com/2010-02-16/entertainment/27056462_1_new-poll-web-users-internet. 마지막으로 열어본 날짜는 2011년 3월 2일.

46 대니얼 존스Daniel Jones, "대학생 러브스토리 콘테스트"College Essay Contest, The New York Times, 2011년 4월 28일자. 이 기사의 온라인 주소는 http://www.nytimes.com/2011/05/01/fashion/01ModernIntro.html?emc=tnt&tntemail1=y, 마지막으로 열어본 날짜는 2011년 6월 19일.

47 Daniel Jones, "아픈 게 아니야, 이제 막 사랑에 빠진 거야"You're Not Sick, You're Just in Love, The New York Times, 2008년 2월 12일자. 이 기사의 온라인 주소는 http://www.nytimes.com/2006/02/12/fashion/sundaystyles/12love.html, 마지막으로 열어본 날짜는 2011년 6월 19일.

48 Eva Illouz, Cold Intimacies: The making of emotional capitalism, Polity Press, 2007.

49 Ethel Spector Person, Dreams of Love and Fateful Encounters: The power of romantic passion, Norton Company, 1988, 43쪽.

50 위의 책, 92쪽.

51 아네테 볼테Annette Bolte/토마스 고쉬케Thomas Goschke, "대상 지각의 맥락에서 본 직관—직관적 형태 판단은 기호의 대변이라는 무의식의 활동에 의존한다"Intuition in the Context of Object Perception. Intuitive Gestalt Judgments Rest on the Unconscious Activation of Semantic Representations, 출전: 『인지』Cognition, 제3호(2008), 608~616쪽. 여기

서는 608쪽.
52 Stephen A. Mitchell, *Can Love Last?: The fate of romance over time*, 95쪽과 104쪽.
53 조너선 스쿨러Jonathan Schooler/토냐 엥스틀러스쿨러Tonya Engstler-Schooler, "시각적 기억의 언어 과잉 그림자—말해지지 않은 것이 더욱 낫다" Verbal Overshadowing of Visual Memories. Some Things Are Better Left Unsaid, 출전: 『인지심리학』*Cognitive Psychology*, 제1호(1990), 36~71쪽.

에필로그

1 이 시는 다음 책에서 인용했다. Emily Dickinson, 『에밀리 디킨슨의 시들—독해본』*The Poems of Emily Dickinson*. Reading Edition, R. W. 프랭클린 R. W. Franklin(편집), Cambridge(Mass.) & London 1999, 411쪽. 이 시의 원문은 다음과 같다. "If I can stop one Heart from breaking,/I shall not live in vain;/If I can ease one Life the Aching,/Or cool one Pain,/Or help one fainting robin/Unto his Nest again,/I shall not live in vain."
2 Jonathan Franzen, "Schmerz bringt Dich nicht um", W. 프로인트 W. Freund(번역), 출전: 『디 벨트』*Die Welt*, 2011년 7월 2일자. 이 기사의 온라인 주소는 http://www.welt.de/print/die_ welt/vermischtes/article13463367/Schmerz-bringt-Dich-nicht-um.html, 마지막으로 열어본 날짜는 2011년 7월 2일.
3 Harry G. Frankfurt, *The Reasons of Love*, Princeton, 2004.
4 위의 책, 65쪽.

참고문헌

Adorno, Theodor W. 외, *Der Positivismusstreit in der deutschen Soziologie* (1969), München, 1993(Einleitung von Adorno).

Ahuvia, Aaron/Mara Adelman, "Formal Intermediaries in the Marriage Market. A Typology and Review", 출전: *Journal of Marriage and Family*, Jg. 54, Nr. 2(1992), 452~463쪽.

Albrow, Martin, *Max Weber's Construction of Social Theory*, London, 1990.

Alexander, Jeffrey, The Meanings of Social Life. A Cultural Sociology, Oxford / New York, 2003.

─────────, "Iconic Consciousnes. 외 The Material Feeling of Meaning", 출전: Environment and Planning D: Society and Space, Jg. 26, Nr. 5(2008), 782~794쪽.

───────── 외, *Cultural Trauma and Collective Identity*, Berkeley, 2004.

Anderson, Benedict, *Imagined communities: reflections on the origin and spread of nationalism*, Verso, 1991.

Arendt, Hannah, *Vita Activa oder Vom t?tigen Leben*(1958), München, 2010.

Aron, Arthur 외, "Reward, Motivation, and Emotion Systems Associated With Early-Stage Intense Romantic Love", 출전: *Journal of Neurophysiology*, Jg. 94, Nr. 1(2005), 327~337쪽.

Atkinson, Ti-Grace, "Radical Feminism and Love", 1969, 출전: *Amazon Odyssey*, 1974.

Attwood, Feona, *Mainstreaming Sex. The Sexualization of Western Culture*, London & New York, 2009.

Austen, Jane, *Northanger Abbey*, Wild Jot Press, 2009.

─────────, *Sense and Sensibility*(1811), Penguin Books, 1994.

─────────, *Emma*, Kessinger Publishing(1816), 2004.

──────, *Persuasion*, Oxford University Press (1818), 2004.
──────, *Pride and Prejudice* (1813), Harvard University Press, 2010.
Axinn, William/Arland Thornton, "The Relationship Between Cohabitation and Divorce. Selectivity or Causal Influence?", 출전: *Demography*, Jg. 29, Nr. 3 (1992), 357~374쪽.

Balzac, Honoré de, *La Femme abandonee* (1832), Nizet, 1977.
──────, *Le Lys dans la Vallee* (1836).
Banner, Lois, *American Beauty*, New York, 1983.
Barnes, Julian, *Love, etc.*, Alfred A. Knopf, 2001.
Bartels, Andreas/Semir Zeki, "The Neural Basis of Romantic Love", 출전: *Neuroreport*, Jg. 11, Nr. 17 (2000), 3829~3834쪽.
Barthes, Roland, *A Lover's Discourse*, penguin.
──────, *The Pleasure of the Text*, Jonathan Cape, 1975.
Bartsch, Shadi/Thomas Bartscherer, "What Silent Love Hath Writ. An Introduction", 출전: 같은 저자(편집), *Erotikon* 1~15쪽.
────── (편집), *Erotikon. Essays on Eros, Ancient and Modern*, Chicago, 2005.
Bataille, Georges, *The Accursed Share: Volumes II and III: The history of eroticism and sovereignty*, Zone Books, 1991.
──────, *The Accursed Share: An Essay On General Economy. Volume I: Consumption*, Zone Books, 1988.
Bauman, Zygmunt, *Consuming Life*, Polity press, 2007.
Beauvoir, Simone de, *Le Deuxième Sexe*, 1949.
Beck, Ulrich/Elisabeth Beck-Gernsheim, *Das ganz normale Chaos der liebe*, Frankfurt/M. 1990.
Becker, Gary 외, "A Theory of Marriage. Part I", 출전: *The Journal of Political Economy*, Jg. 81, Nr. 4 (1973), 813~846쪽.
──────, *A Treatise on the Family*, Cambridge (Mass.), 1981.
Beethoven, Ludwig van, *Briefe. Eine Auswahl*, Hansjürgen Schäfer(편집), Berlin, 1984.
Beisel, Nicola, *Imperiled Innocent와 Anthony Comstock and Family Reproduction in Victorian America*, Princeton, 1998.

Belk Russell/Güliz Ger/Søren Askegaard, "The Fire of Desire. A Multisited Inquiry into Consumer Passion", 출전: *Journal of Consumer Research*, Jg. 30, Nr. 3(2003), 326~351쪽.

Bellah, Robert N/Richard Madsen/William M. Sullivan/Ann Swidler/Steven M. Tipton, *Habits of the Heart: Individualism and Commitment in American Life*, University of California Press, 1985.

Berk, Sarah F., *The Gender Factory. The Apportionment of Work in American Households*, New York, 1985.

Berman, Marshall, *The Politics of Authenticity. Radical Individualism and the Emergence of Modern Society*, New York, 1970.

─────────────, *All That is Solid Melts into Air. The Experience of Modernity*, Gloucester, 1982.

Bernard, Jessie, *The Future of Marriage*, New Haven, 1982.

Berning, Laura, "I Call Your/His Name", 출전: *The New York Times*, 27. January 2011, ⟨http://www.nytimes.com/2011/01/30/fashion/30Modern.html?pagewanted=2&tntemail1=y&_r=1&emc=tnt⟩

Blackburn, Simon, *Lust: The seven deadly sins*, Oxford University Press, 2004

Blackwood, Evelyn, "The Specter of the Patriarchal Man", *American Ethnologist*, Jg. 32, Nr. 1(2005), 42~45쪽.

Boltanski, Luc/Laurent Thévenot, *On Justification: Economies of worth*, Princeton University Press, 1991.

Bolte, Annette/Thomas Goschke, "Intuition in the Context of Object Perception. Intuitive Gestalt Judgments Rest on the Unconscious Activation of Semantic Representations", *Cognition*, Jg. 108, Nr. 3(2008), 608~616쪽.

Boruah, Bijoy H., *Fiction and Emotion. A Study in Aesthetics and the Philosophy of Mind*, Oxford, 1988.

Bourdieu, Pierre, *The Social Structures of the Economy*, Cambridge, 2005.

Breslaw, Anna, "Casting Call: Bit Player, Male", *The New York Times*, 13. March 2011, ⟨http://www.nytimes.com/2011/03/13/fashion/13 ModernLove.html?emc=tnt&tntemail1=y⟩

Brontë, Emily, *Wuthering Heights*, 1847.

Brown, Herbert Ross, *The Sentimental Novel in America, 1789~1860*,

Durham, 1940.
Browne, Joy, *Dating for Dummies*, Wiley Publishing, 2006.
Brownmiller, Susan, *Against Our Will: Men, women, and rape*, Bantam Books, 1976.
Bruckner, Pascal, *Le Paradoxe Amoureux*, Paris, 2009.
Bulcroft, Richard/Kris Bulcroft, Karen Bradley/Carl Simson, "The Management and Production of Risk in Romantic Relationships. A Postmodern Paradox", *Journal of Family History*, Jg. 25, Nr. 1(2000), 63~92쪽.
Bumpass, Larry/Hsien-Hen Lu, "Trends in Cohabitation and Implications for Children's Family Contexts in the United States", 출전: *Population Studies. A Jorunal of Demography*, Jg. 54, Nr. 1(2000), 29~41쪽.
Burgess, Watson/Paul Wallin, *Engagement and Marriage*, Chicago, 1953.
Burke, Edmund/Friedrich Gentz, *Reflections on the Revolution in France and on the Proceedings in certain societies in London Relative to it*, London, 1790.
Bushnell, Candace, *Sex and the City*, Warner Books, 1996.
Buss, David M./David P. Schmitt, "Sexual Strategies Theory. An Evolutionary Perspective on Human Mating", 출전: *Psychological Review*, Jg. 100, Nr. 2(1993), 204~232쪽.
──────────, Todd K. Shackelford/Lee A. Kirkpatrick/Randy Larsen, "A Half Century of Mate Preferences. The Cultural Evolution of Values", 출전: *Journal of Marriage and the Family*, Jg. 63, Nr. 2(2001), 491~503쪽.
Butler, Judith, *Subjects of Desire. Hegelian Reflections in Twentieth-Century France*, New York, 1987.

Camp, William, *Prospects of Love*, London & New York, 1957.
Campbell, Colin, *The Romantic Ethic and the Spirit of Modern Consumerism*, Oxford & New York, 1989.
Cancian, Francesca M., *Love in America. Gender and Self-Development*, Cambridge & New York, 1987.
Carson, Anne, *Eros the Bittersweet. An Essay*(1986), Princeton, 1998.
Casper, Lynne M./Philip N. Cohen, "How Does POSSLQ Measure up? Historical Estimates of Cohabitation", 출전: *Demography*, Jg. 37, Nr.

2(2000), 237~245쪽.

Chang, Szu-Chia, Chao-Neng Chan, "Perceptions of Commitment Change During Mate Selection. The Case of Taiwanese Newlyweds", 출전: *Journal of Social and Personal Relationships*, Jg. 24, Nr. 1(2007), 55~68쪽.

Cherlin, Andrew J., "The Deinstitutionalization of Amercican Marriage", 출전: *Journal of Marriage and Family*, Jg. 66, Nr. 4(2004), 848~861쪽.

Chodorow, Nancy, "Oedipal Asymmetries and Heterosexual Knots", 출전: *Social Problems*, Jg. 23, Nr. 4(1976), 454~468쪽.

──────, *The Reproduction of Mothering: Psychoanalysis and the sociology of gender*, University of California Press, 1979.

Chojnacki, Stanley, "Dowries and Kinsmen in Early Renaissance Venice", 출전: *Journal of Interdisciplinary History*, Jg. 5, Nr. 4(1975), 571~600쪽.

Chowers, Eyal, *The Modern Self in the Labyrinth*, Cambridge(Mass.), 2004.

Christina, Greta, "Are We Having Sex Now or What?"(1992), 출전: Alan Soble/Nicholas Power(편집), *The Philosophy of Sex. Contemporary Readings*, Lanham, 2007, 23~29쪽.

Clark, Anna, *Desire. A History of European Sexuality*, New York & London, 2008.

Cockshut, A. O. J., *Man and Woman. A Study of Love and the Novel, 1740~1940*, New York, 1978.

Coetzee, J. M., *Disgrace*, Penguin Books, 1999.

Collins, Randall, "A Conflict Theory of Sexual Stratification", *Social Problems*, Jg. 19, Nr. 1(1971), 3~21쪽.

──────, "On the Microfoundations of Macrosociology", *The American Journal of Sociology*, Jg. 86, Nr. 5(1981), 984~1014쪽.

──────, *Interaction Ritual Chains*, Princeton, 2004.

Coontz, Stephanie, *Marriage, a History: From obedience to intimacy or how love conquered marriage*, Viking, 2005.

Cornell, Drucilla, *At the Heart of Freedom. Feminism, Sex, and Equality*, Princeton, 1998.

Cott, Nancy F., "Passionlessness. An Interpretation of Victorian Sexual Ideology, 1790-1850", 출전: *Signs. Journal of Women in Culture and Society*, Jg. 4, Nr. 2(1978), 219~236쪽.

Craig, Randall, *Promising Language. Betrothal in Victorian Law and Fiction*, Albany, 2000.
Crichton, Sarah 외, "Sexual Correctness: Has it Gone Too Far?", 출전: *Newsweek*, 25. October 1993, 〈www.soc.umn.edu/~samaha/cases/sexual%20correctness.htm〉.
Cubbins, Lisa/Koray Tanfer, "The Influence of Gender on Sex. A Study of Men's and Women's Self-Reported High-Risk Sex Behavior", 출전: *Archives of Sexual Behavior*, Jg. 29, Nr. 3(2000), 229~255쪽.
Curtis, J. Thomas/Zuoxin Wang, "The Neurochemistry of Pair Bonding", 출전: *Current Directions in Psychological Science*, Jg. 12, Nr. 2(2003), 49~53쪽.

Dank, Barry M., "The Ethics of Sexual Correctness and the Cass Case", *Book Of Proceedings, Seventh Annual Conference On Applied Ethics*(1996), 110~115쪽, 〈www.csulb.edu/~asc/post9.html〉.
Davidson, Cathy N(편집), *The Book of Love. Writers and Their Love Letters*, New York, 1996.
Delumeau, Jean, *Une Histoire du paradis*, Bd. 1: Le Jardin des délices, Paris, 2002.
D'Emilio, John/Estelle Freedman, *Intimate Matters. A History of Sexuality in America*, New York, 1988.
Derrida, Jacques, *Mémoires: For Paul de Man*, Columbia University Press, 1986.
──────────, *Deconstruction in a Nutshell. A Conversation with Jacques Derrida*, John D. Caputo(편집), New York, 1997.
Descartes, René, *Discourse on the Method and Meditations on First Philosophy*(1642).
Dhar, Ravi, "Consumer Preference for a No-Choice Option", 출전: *The Journal of Consumer Research*, Jg. 24, Nr. 2(1997), 215~231쪽.
Dickinson, Emily, *Poems 1890~1896*, Gainesville, 1967.
──────────, *The Poems of Emily Dickinson*. Reading Edition, hg. von R. W. Franklin, Cambridge(Mass.) & London, 1999.
Donaldson, Mike, "What Is Hegemonic Masculinity?", 출전: *Theory and Society*, Jg. 22, Nr. 5(1993), 643~657쪽.

Dostoevskii, Fyodor M., *Arme Leute*, 1997.
Douglas, Ann, *The Feminization of American Culture*, New York, 1978.
Dowd, Maureen, *Are Men Necessary? When Sexes Collide*, New York & London, 2005.
──────────, "Blue is the New Black", 출전: *The New York Times*, 19. September 2009, ⟨http://www.nytimes.com/2009/09/20/opinion/20dowd.html⟩
──────────, "Tragedy of Comedy", 출전: *The New York Times*, 3. August 2010, ⟨http://www.nytimes.com/2010/08/04/opinion/04dowd.html⟩.
Duck, Steve, *Meaningful Relationships. Talking, Sense, and Relating*, Thousand Oaks, 1994.
Dumont, Louis M., *Homo Hierarchicus*, University of Chicago press, 1970.
──────────, *Essays on Individualism: Modern ideology in anthropological perspective*, University of Chicago Press, 1986.

Easton, Judith/Jaime Confer/Cari Goetz/David Buss, "Reproduction Expediting. Sexual Motivations, Fantasies, and the Ticking Biological Clock", 출전: *Personality and Individual Differences*, Jg. 49, Nr. 5(2010), 516~520쪽.
Eastwick, Paul/Eli Finkel, "Sex Differences in Mate Preferences Revisited. Do People Know What They Initially Desire in a Romantic Partner?", 출전: *Journal of Personality and Social Psychology*, Jg. 94, Nr. 2(2008), 245~264쪽.
Edgar, Jr./Howard Brian/Howard Martin Edgar II, *The Ultimate Man's Guide to Internet Dating. The Premier Men's Resource for Finding, Attracting, Meeting and Dating Women Online*, Aliso Viejo, 2003.
Elias, Norbert, *Über den Prozess der Zivilisation. Soziogenetische und psychogenetische Untersuchungen*(1969), 2 Bde., Frankfurt/M., 2001.
Ellwood, David T./Christopher Jencks, "The Spread of Single-Parent Families in the United States since 1960", 출전: Daniel P. Moynihan, Lee Rainwater/Timothy Smeeding(공동편집), *The Future of the Family*, New York, 2006, 25~64쪽.
Erikson, Robert/John H. Goldthorpe, *The Constant Flux. A Study of Class*

Mobility in Industrial Societies, Oxford, 1993.

Espeland, Wendy/Mitchell Stevens, "Commensuration as a Social Process", *Annual Review of Sociology*, Jg. 24(1998), 313~343쪽.

Evans, Dylan, *Emotion. The Science of Sentiment*, Oxford & New York, 2001.

Evans, Mary, *Love. An Unromantic Discussion*, Cambridge, 2003.

Faison, Edmund W. J., "The Neglected Variety Drive. A Useful Concept for Consumer Behavior", *Journal of Customer Research*, Jg. 4, Nr. 3(1977), 172~175쪽.

Fein, Ellen/Sherrie Schneider, *The Rules. Time-Tested Secrets for Capturing the Heart of Mr. Right*, New York, 1995.

Feingold, Alan, "Gender Differences in Effects of Physical Attractiveness on Romantic Attraction. A Comparison Across Five Research Paradigms", *Journal of Personality and Social Psychology*, Jg. 59, Nr. 5(1990), 981~993쪽.

Ferrand, Jacques, *A Treatise on Lovesickness*(1610), Syracuse, 1990, 273쪽.

Fielding, Helen, *Bridget Jones's Diary*, Thorndike Press, 1998.

Fields, Marguerite, "Want to Be My Boyfriend? Please Define", 출전: *The New York Times*, 4. May 2008, ⟨http://www.nytimes.com/2008/05/04/fashion/04love.html⟩.

Firestone, Robert W./Joyce Catlett, *Fear Of Intimacy*, Washington, D. C., 1999.

Firestone, Shulamith, *Dialectic of Sex: The Case for Feminist Revolution*, William Morrow and Company, 1970.

Fisher, Helen, *Why We Love: The nature and chemistry of romantic love*, Henry Holt, 2004.

Fisman, Raymond/Sheena Iyengar/Emir Kamenica/Itamar Simonson, "Gender Differences in Mate Selection. Evidence from a Speed Dating Experiment", 출전: *Quarterly Journal of Economics*, Jg. 121, Nr. 2(2006), 673~697쪽.

Flaubert, Gustave, *Madame Bovary*(1857), Bantam Book, 1989.

Frank, Robert H., *Passions Within Reason: The strategic role of the emotions*, Norton, 1988

Frankfurt, Harry G., *The Reasons of Love*, Princeton, 2004.

Franzen, Jonathan, "Schmerz bringt Dich nicht um", übers. V. W. Freund, 출전: *Die Welt*, 2. July 2011, 〈http://www.welt.de/print/die_welt/vermischtes/article13463367/Schmerz-bringt-Dich-nicht-um.html〉.

Fraser, Laura, "Our Way of Saying Goodbye", 출전: *The New York Times*, 30. May 2010, 〈http://www.nytimes.com/2010/05/30/fashion/30love.html?emc=tnt&tntemail1=y〉.

Freud, Sigmund, "Massenpsychologie und Ich-Analyse"(1921), 출전: *Studienausgabe*, Alexander Mitscherlich, Angela Richards/James Strachey(공동편집), Bd. 9, Frankfurt/M., 1986, 61~134쪽.

Frevert, Ute, "Was haben Gefühle in der Geschichte zu suchen?", *Geschichte und Gesellschaft*, Jg. 35, Nr. 2(2009), 183~208쪽.

Frost, Ginger S., *Promises Broken. Courtship, Class, and Gender in Victorian England*, Charlottesville & London, 1995.

Fukuyama, Francis, *The Great Disruption: Human Nature and the Reconstitution of Social Order*, Free Press, 1999.

Gaeddert, LouAnn, *A New England Love Story. Nathaniel Hawthorne and Sophia Peabody*, New York, 1980.

Gane, Nicholas, *Max Weber and Postmodern Theory. Rationalization versus Re-enchantment*, Basingstoke, 2004.

Gerhard, Jane F., *Desiring Revolution. Second-Wave Feminism and the Rewriting of American Sexual Thought 1920 to 1982* , New York, 2001.

Giddens, A., *The Constitution of Society: Outline of the theory of structuration*, University of California Press, 1984

─────────, *Modernity and Self-Identity. Self and Society in the Late Modern Age*, Stanford, 1991.

─────────, *The Transformation of Intimacy: Sexuality, Love and Eroticism in Modern Societies*, Stanford University Press, 1992.

Gies, Frances/Joseph Gies, *Marriage and the Family in the Middle Ages*, New York, 1989.

Girard, René, *A Theater of Envy Shakespeare*. Oxford University Press, 1991.

─────────, *Deceit, Desire, and the Novel: Self and other in literary structure*, Johns Hopkins Press.

――――, *Le sacrifice*, Paris, 2003.

Goethe, Johann Wolfgang von, *Die Leiden des jungen Werther*, 출전: *Werke. Hamburger Ausgabe*, Erich Trunz(편집), Bd. 6. München, 1988.

Gogh, Vincent van, *Completre letters*, New York Graphic Society, 1959.

Gould, Eric D./M. Daniele Paserman, "Waiting for Mr. Right. Rising Inequality and Declining Marriage Rates", 출전: *Journal of Urban Economics*, Jg. 53, Nr. 2(2003), 257~281쪽.

Gray, John, *Mars and Venus on a Date*, HarperCollins, 1997.

Green, Adam, "The Social Organization of Desire. The Sexual Fields Approach", 출전: *Sociological Theory*, Jg. 26, Nr. 1(2008), 25~50쪽.

Greene, Robert, *The Art of Seduction*, New York, 2001.

Habermas, Jürgen, *Der philosophische Diskurs der Moderne. Zwölf Vorlesungen*, Frankfurt/M, 1985.

Hakim, Catherine, *Work-Lifestyle Choices in the 21st Century. Preference Theory*, Oxford, 2000.

Hall, Ann C./Mardia Bishop(공동편집), *Pop-Porn. Pornography in American Culture*, Westport, 2007.

Halperin, David, "Love's Irony. Six Remarks on Platonic Eros", 출전: Bartsch/Bartscherer(공동편집), *Erotikon*, 48~58쪽.

Hannay, Alastair, *Kierkegaard. A Biography*, Cambridge & New York, 2001.

Harding, David/Christopher Jencks, "Changing Attitudes Toward Premarital Sex. Cohort, Period, and Aging Effects", 출전: *Public Opinion Quarterly*, Jg. 67, Nr. 2(2003), 211~226쪽.

Harris, Barbara J., *English Aristocratic Women, 1450~1550. Marriage and Family, Property and Careers*, Oxford & New York, 2002.

Harris, Susan K. *The Courtship of Olivia Langdon and Mark Twain*, Cambridge, 1996.

Haskell, Thomas L., "Capitalism and the Origins of the Humanitarian Sensibility", 출전: *The American Historical Review*, Jg. 90, Nr. 2(1985), 339~361쪽(Teil 1), Nr. 3(1985), 547~566쪽.

Hertz, Rosanna, *Single by Chance, Mothers by Choice. How Women Are*

Choosing Parenthood Without Marriage and Creating the New American Family. Oxford, 2008.

Hite, Shere, *The Hite Report on Man and Male Sexuality*, Ballantine Books, 1981.

Holmes, Emily A./Andrew Mathews, "Mental Imagery and Emotion. A Special Relationship?", *Emotion*, Jg. 5, Nr. 4(2005), 489~497쪽.

Honneth, Axel, *Kampf um Anerkennung. Zur moralischen Grammatik sozialer Konflikte*, Frankfurt/M., 1992.

──────, "Unsichtbarkeit. Über die moralische Epistemologie von 'Anerkennung'", 출전: ders., *Unsichtbarkeit. Stationen einer Theorie der Intersubjektivität*, Frankfurt/M., 2003. 10~27쪽.

──────/Avishai Margalit, "Recognition", 출전: *Proceedings of the Aristotelian Society, Supplementary Volumes*, Bd. 75(2001), 111~139쪽.

Hume, David, *A treatise of Human Nature*(1739/1740), Oxford University Press, bk. II, pt. ii, sec. 11, 394쪽.

Hunt, Lynn, *Politics, Culture, and Class in the French Revolution*, University of California Press, 2004.

Hunter, James Davison, *Death of Character. Moral Education in an Age Without Good Or Evil*, New York, 2000.

Illouz, Eva, *Cold Intimacies: The making of emotional capitalism*, Polity Press, 2007.

──────, *Saving the Modern Soul: Therapy, Emotions, and the Culture of Self-Help*. California University Press, Berkeley, 2008.

──────, *Consuming the Romantic Utopia: Love and the cultural contradictions of capitalism*, University of California Press, 1997.

──────/Shoshana Finkelman, "An Odd and Inseparable Couple. Emotion and Rationality in Partner Selection", 출전: *Theory and Society*, Jg. 38, Nr. 4(2009), 401~422쪽.

Insel, Thomas R./Larry J. Young, "The Neurobiology of Attachment", 출전: *Nature Review of Neuroscience*, Jg. 2, Nr. 2(2001), 129~136쪽.

Iyengar, Sheena S./Mark Lepper, "When Choice is Demotivating. Can One Desire Too Much of a Good Thing?", 출전: *Journal of Personality and*

Social Psychology, Jg. 79, Nr. 6(2000), 995~1006쪽.

Jacobson, Bonnie(with Sandra J. Gordon), *The Shy Single. A Bold Guide to Dating for the Less-Than-Bold Dater*, Emmaus, 2004.

James, William, *The Principles of Psychology*, Bd. 1(1890), New York, 2007.

—————, *The Will to Believe and Other Essays in Popular Philosophy & Human Immortality*(1897/1898), Mineola, 1956.

Johnson, Diane, "The Marrying Kind", 출전: *The New York Review of Books*, 19. August~29. September 2010, 22~27쪽.

Jones, Daniel, "Modern Love. You're Not Sick, You're Just in Love", 출전: *The New York Times*, 12. February 2006, ⟨http://www.nytimes.com/2006/02/12/fashion/sundaystyles/12love.html⟩.

—————, "Modern Love. College Essay Contest", 출전: *The New York Times*, 28. April 2011, ⟨http://www.nytimes.com/2011/05/01/fashion/01ModernIntro.html?emc=tnt&tntemail1=y⟩.

Jones, James W., *Terror and Transformation. The Ambiguity of Religion in Psychoanalytic Perspective*, New York, 2002.

Jong, Erica, *Fear of Flying*, New York, Signet, 1974.

Kahneman, Daniel/Barbara L. Fredrickson/Charles Schreiber/Donald A. Redelmeier, "When More Pain Is Preferred to Less. Adding a Better End", 출전: *Psychological Science*, Jg. 4, Nr. 6(1993), 401~405쪽.

Kaplan, Dana, "Sexual Liberation and the Creative Class in Israel", 출전: Steven Seidman, Steven/Nancy Fisher/Chet Meeks(공동편집), *Introducing of the New Sexuality Studies(second Edition)*, Abington & New York 2011, 357~363쪽.

—————, *Sex, Shame and Excitation. The Self in Emotional Capitalism*, unveröffentlichtes Manuskript.

—————, "Theories of Sexual and Erotic Power", unveröffentlichtes Manuskript.

Kaplan, Marion *The Marriage Bargain. Women and Dowries in European History*, New York, 1985.

Karlin, Daniel(편집), *Robert Browning and Elizabeth Barrett. The Courtship*

Correspondence, 1845~1846, Oxford, 1989.

Katz, Evan, I Can't Believe I'm Buying this Book. A Commonsense Guide to Internet Dating, Berkeley, 2004.

Kaufman, Gayl/Frances Goldscheider, "Do Men 'Need' A Spouse More Than Women? Perceptions of the Importance of Marriage for Men and Women", 출전: Sociological Quarterly, Jg. 48, Nr. 1(2007), 29~46쪽.

Kaufmann, Jean-Claude, Agacements. Les petites guerres du couple, Armand Colin, 2007.

Kendrick, Keith, M. "Oxytocin, Motherhood and Bonding", 출전: Experimental Physiology, Jg. 85(2000), 111s~124s쪽.

Kennedy, Pagan, "Breathe In, Breathe Out, Fall in Love", 출전: The New York Times, 4, November 2010, 〈http://www.nytimes.com/2010/11/07/fashion/07Modern.html?pagewanted=1&tntemail1=y&_r=2&emc=tnt〉.

Kenslea, Timothy, The Sedgwicks in Love. Courtship, Engagement, and Marriage in the Early Republic, Boston, 2006.

Kierkegaard, Søren, Either/Or(1843), Doubleday, 1959.

Kilmer-Purcell, Josh, "Twenty-Five to One Odds", 출전: Michael Taeckens(편집), Love Is a Four-Letter Word. True Stories of Breakups, Bad Relationships, and Broken Hearts, New York, 2009, 106~119쪽.

Kimmel, Michael, S., The Gender of Desire. Essays on Male Sexuality, Albany, 2005.

Klein, Gary, The Power of Intuition. How to Use Your Gut Feelings to Make Better Decisions at Work, New York, 2004.

――――――, Sources of Power: How People Make Decisions. MIT Press, 1999.

Kleinman, Arthur, Veena Dass/Margaret Lock(편집), Social Suffering, Berkeley, 1997.

Kleist, Heinrich von, Penthesilea(1808), 출전: Sämtliche Werke und Briefe, Ilse-Marie Barth/Klaus Müller-salget/Walter Müller-Seidel/Hinrich C. Seeba (공동편집), Bd. 2, Frankfurt/M., 1987.

Kline, Galena 외, "Timing Is Everything. Pre-Engagement Cohabitation and Increased Risk for Poor Marital Outcomes", 출전: Journal of Family Psychology, Jg. 18, Nr. 2(2004), 311~318쪽.

――――――, Scott M. Stanley/Howard J. Markman, "Pre-Engagement

Cohabitation and Gender Asymmetry in Marital Commitment", 출전: *Journal of Family Psychology*, Jg. 20, Nr. 4(2006), 553~560쪽.

Kreider, Tim, "The Referendum", 출전: *The New York Times*, 17. September 2009, 〈http://happydays.blogs.nytimes.com/2009/09/17/the-referendum/?scp=3-b&sq=Light+Years&st=nyt〉.

Kuksov, Dmirti/Miguel Villas-Boas, "When More Alternatives Lead to Less Choice", 출전: *Marketing Science*, J.. 29, Nr. 3(2010), 507~524쪽.

Lamont, Michèle, *Money, Morals, and Manners. The Culture of the French and American Upper-Middle Class*, Chicago & London, 1992.

Latour, Bruno, *We have never been modern*, Harvard University Press, 1993.

――――――, *Pandora's Hope: Essays on the reality of science studies*, Harvard University Press, 1999.

Lawler, Edward j./Shane Thye/Jeongkoo Yoon, *Social Commitments in a Depersonalized World*, New York, 2009.

Lespinasse, Julie de, *Briefe einer Leidenschaft, 1773~1776*, Johannes Willms(번역·편집), München, 1997.

Lewis, Susan k./Valerie K. Oppenheimer, "Educational Assortative Mating across Marriage Markets. Non-Hispanic Whites in the United States", 출전: *Demography*, Jg. 37, Nr. 1(2000), 29~40쪽.

Li, Norman P./Douglas Kenrick, "Sex Similarities and Differences in Preferences for Short-Term Mates. What, Whether, and Why", 출전: *Journal of Personality and Social Psychology*, Jg. 90, Nr. 3(2006), 468~489쪽.

Lystra, Karen, *Searching the Heart. Women, Men and Romantic Love in Nineteenth-Century America*, New York, 1989.

MacDonald, Michael, *Mystical Bedlam. Madness, Anxiety, and Healing in Seventeenth-Century England*, Cambridge, 1983.

MacFarlane, Alan, *Marriage and Love in England. Modes of Reproduction, 1300~1840*, Oxford, 1986.

MacIntyre, Alasdair, *After Virtue: A study in moral theory*, University of Notre Dame Press, 1984.

MacKinnon, Catharine A., *Sexual Harassment of Working Women. A Case of Sex Discrimination*, New Haven, 1979.

Marazziti, Donatella/Hagop S. Akiskal/Alessandra Rossi/Giovanni B. Cassano, "Alteration of the Platelet Serotonin Transporter in Romantic Love", 출전: *Psychological Medicine*, Jg. 29, Nr. 3(1999), 741~745쪽.

Marion, Jean-Luc, *Le phénomène érotique. Six méditations*, Paris, 2003.

Markowitz, Miriam, "A Fine Romance. On Cristina Nehring", 출전: *The Nation*, 28. February 2010, 〈http://www.thenation.com/article/fineromance-cristina-nehring?page=full〉.

Markus, Hazel M./Shinobu Kitayama, "Models of Agency. Sociocultural Diversity in the Construction of Action", 출전: Virginia Murphy-Berman/John J. Berman(공동편집), *Cross-Cultural Differences in Perspectives on the Self*, Nebraska Symposium on Motivation, Bd. 49, Lincoln, 2003.

Markus, Julia, *Dared and Done. The Marriage of Elizabeth Barrett and Robert Browning*, New York, 1995.

Marx, Karl, *Der achtzehnte Brumaire des Louis Bonaparte*(1852), kommentiert von Hauke Brunkhorst, Frankfurt/M., 2007.

―――――/Friedrich Engels, *Manifest der Kommunistischen Partei*(1848), Stuttgart, 1981.

Matthews, Jane, *Lose that Loser and Find the Right Guy*, Berkeley, 2005.

McEwan, Ian, *On Chesil Beach*, Vintage, 2008, 8쪽.

McNair, Brian, *Striptease Culture. Sex, Media and the Democratization of Desire*, London, 2002.

Mitchell, Sally, "Sentiment and Suffering. Women's Recreational Reading in the 1860s", 출전: *Victorian Studies*, Jg. 21, Nr. 1(1977), 29~45쪽.

Mitchell, Stephen A., *Can Love Last?: The fate of romance over time*, Norton, 2003.

Motzkin, Gabriel, "Secularization, Knowledge and Authority", 출전: Gabriel Motzkin/Yochi Fischer(공동편집), *Religion and Democracy in Contemporary Europe*, Jerusalem, 2008, 35~54쪽.

Nabokov, Vladimir, *Lolita*, Olympia Press, 1955.

Nehring, Cristina, *A Vindication of Love. Reclaiming Romance for the*

Twenty-First Century, New York, 2009.

Neiman, Susan, Moral Clarity: A guide for grown-up idealists, Bodley Head Adults, 2009.

Nevid, Jeffrey, "Sex Differences in Factors of Romantic Attraction", 출전: Sex Roles, Jg. 11, Nr. 5/6(1984), 401~411쪽.

Nietzsche, Friedrich, Zur Genealogie der Moral, 출전: Sämtliche Werke, von Giorgio Colli/Mazzino Montinari(공동편집), Bd. 5, München, 1980.

─────────, Nachgelassene Fragmente 1887~1889, 출전: Sämtliche Werke, München, Giorgio Colli/Mazzino Montinari(공동편집), Bd. 5, München, 1980.

Nock, Steven L., Marriage in Men's Lives, New York, 1998.

Norwood, Robin, Women Who Love Too Much, Pocket Books, 1985.

Oatley, Keith, "A Taxonomy of the Emotions of Literary Response and a Theory of Identification in Fictional Narrative", 출전: Poetics, Jg. 23, Nr. 1/2(1994), 53~74쪽.

Ofir, Chezy/Itmar Simonson, "In Search of Negative Customer Feedback. The Effect of Expecting to Evaluate on Satisfaction Evaluations", 출전: Journal of Marketing Research, Jg. 38, Nr. 2(2001), 170~182쪽.

Oliver, Mary B./Janet S. Hyde, "Gender Differences in Sexuality. A Meta-Analysis", 출전: Psychological Bulletin, Nr. 114(1993), 29~51쪽.

Oppenheimer, Valerie K., "Women's Rising Employment and the Future of the Family in Industrial Societies", 출전: Population and Development Review, Jg. 20, Nr. 2(1994), 293~342쪽.

Osgerby, Bill, "A Pedigree of the Consuming Male. Masculinity, Consumption, and the American 'Leisure Class'", 출전: Bethan Benwell(편집), Masculinity and Men's Lifestyle Magazines, Oxford, 2003, 57~86쪽.

Ovidius Naso, Publius, Liebesgedichte. Amores. Lateinisch-Deutch, Niklas Holzberg(번역·편집), Düsseldorf & Zürich, 2002.

Paul, Pamela, Pornified. How Pornography Is Transforming Our Lives, Our Relationships, and Our Families, New York, 2005.

─────────, "A Young Man's Lament: Love Hurts!", 출전: The New York

Times, 22. July 2010, 〈http://www.nytimes.com/2010/07/25/fashion/25Studied.html?_r=1&emc=tnt&tntemail1=y〉.

Payne, Michael/Jessica Rae Barbera(공동편집), *A Dictionary of Cultural and Critical Theory*, Malden, 1997.

Peiss, Kathy, *Hope in a Jar. The Making of America's Beauty Culture*, New York, 1998.

──────, "On Beauty…and the History of Business", 출전: Philip Scranton(편집), *Beauty Business. Commerce, Gender, and Culture in Modern America*, New York, 2001, 7~23쪽.

Pendergast, Tom, *Creating the Modern Man. American Magazines and Consumer Culture, 1900~1950*, Columbia, 2000.

Person, Ethel Spector, *Dreams of Love and Fateful Encounters: The power of romantic passion*, Norton Company, 1988.

Peter, Katharin/Laura Horn, *Gender Differences in Participation and Completion of Undergraduate Education and How They Have Changed Over Time*(NCES 2005−169)/S. Department of Education, National Center for Education Statistics, Washington, D. C., 2005.

Pines, Ayala, "A Prospective Study of Personality and Gender Differences in Romantic Attraction", 출전: *Personality and Individual Differences*, Jg. 25, Nr. 1(1998), 147~157쪽.

Pippin, Robert, "Vertigo. A Response to Tom Gunning", 출전: Bartsch/Bartscherer(공동편집), *Erotikon*, 278~282쪽.

Plato, *The Symposium*, M. C. Howatson/C. C. Sheffield(편집), Cambridge University Press, 2008.

Polanyi, Karl, *The Great Transformation*, Beacon Press, 1944.

Praz, Mario, *The Romantic Agony*, Meridian Books, 1956, 45쪽.

Pugmire, David, *Sound Sentiments. Integrity in the Emotions*, Oxford & New York, 2005.

Pushkin, Alexander, *Eugene Onegin*, Princeton University Press, 1964.

Qian, Zhenchao, "Changes in Assortative Mating. The Impact of Age and Education, 1970~1990", 출전: *Demography*, Jg. 35, Nr. 3(1998), 279~292쪽.

Reddy, William M., "Against Constructionism: The historical ethnography of emotions", 출전: *Current Anthropology*, Jg. 38, Nr. 3(1997), 327~351쪽.

――――――――, "Emotional Liberty: Politics and history in the anthropology of emotions", 출전: *Cultural Anthropology*, Jg. 14, Nr. 2(1999), 256~288쪽.

Redelmeier, Donald A./Daniel Kahneman, "Patients' Memories of Painful Medical Treatments. Real-Time and Retrospective Evaluations of Two Minimally Invasive Procedures", 출전: *Pain*, Jg. 66, Nr. 1(1996), 3~8쪽.

Regan, Pamela/Carla Dreyer, "Lust? Love? Status? Young Adults' Motives for Engaging in Casual Sex", *Journal of Psychology and Human Sexuality*, Jg. 11, Nr. 1(1999), 1~23쪽.

―――――――― 외, "Partner Preferences. What Characteristics Do Men and Women Desire in Their Short-Term Sexual and Long-Term Romantic Partners?", 출전: *Journal of Psychology & Human Sexuality*, Jg. 12, Nr. 3(2000), 1~21쪽.

Rich, Adrienne, "Zwangsheterosexualität und lesbische Existenz"(1980), 출전: Audre Lorde/Adrienne Rich, *Macht und Sinnlichkeit, Ausgewählte Texte*, Dagmar Schultz(편집), R. Stendhal(번역), Berlin, 1991, 138~168쪽.

Richardson, Samuel, *Pamela, or Virtue Rewarded*(1740), Harmondsworth, 1985.

Rieff, Philip, *The Triumph of the Therapeutic. Uses of Faith After Freud*(1966), Chicago, 1987.

Roach, Catherine M., *Stripping, Sex, and Popular Culture*, Oxford, 2007.

Rogers Mary/Paola Tinagli(편집), *Women in Italy, 1350~1650. Ideals and Realities. A Sourcebook*, Manchester & New York, 2005.

Rossi, Alice, "Children and Work in the Lives of Women"(애리조나 대학교 강연, Tucson, February 1976).

Roth, Philip, Empörung, W. Schmitz(번역), München, 2009.

Rothman, Ellen K. *Hands and Hearts. A History of Courtship in America*, New York, 1984.

Sandel, Michael J., "The Procedural Republic and the Unencumbered Self", 출전: *Political Theory*, Jg. 12, Nr. 1(1984), 81~96쪽.

Sanford, Mollie Dorsey, *Mollie. The Journal of Mollie Dorsey Sanford in Nebraska and Colorado Territories, 1857~1866*, Lincoln, 2003.

Sartre, Jean-Paul, *The psychology of imagination*(1940), Routledge, 1995.

Savani, Krishna/Hazel Rose Markus/Alana Conner, "Let Your Preference Be Your Guide? Preferences and Choices Are More Tightly Linked for North Americans than for Indians", 출전: *Journal of Personality and Social Psychology*, Jg. 95, Nr. 4(2008), 861~876쪽.

Scaff, Lawrence A., *Fleeing the Iron Cage. Culture, Politics, and Modernity in the Thought of Max Weber*, Berkeley, 1991.

Scarry, Elaine, "On Vivacity. The Difference Between Daydreaming and Imagining-Under-Authorial-Instruction", 출전: *Representations*, Nr. 52(1995), 1~26쪽.

Schechter, Susan, "Towards an Analysis of the Persistence of Violence Against Women in the Home", 출전: *Aegis*, July/August 1979, 46~56쪽.

──────, *Women and Male Violence. The Visions and Struggles of the Battered Women's Movement*, Boston, 1983.

Schlegel, Friedrich, *Philosophische Vorlesungen insbesondere über die Philosophie der Sprache und des Wortes*(1830), 출전: *Kritische Friedrich-Schlegel-Ausgabe*, hg. von Ernst Behler, Bd. 10, Paderborn, 1969.

Schlosberg, Suzanne, *The Curse of the Singles Table: the true story of 1001 nights without Sex*, Warner books, 2004.

Schluchter, Wolfgang, *Die Entwicklung des okzidentalen Rationalismus. Eine Analyse von Max Webers Gesellschaftsgeschichte*, Tübingen, 1979.

Schoen, Robert, "First Unions and the Stability of First Marriages", 출전: *Journal of Marriage and Family*, Jr. 54, Nr. 2(1992), 281~284쪽.

──────/RobinWeinick, "Partner Choice in Marriages and Cohabitations", 출전: *Journal of Marriage and the Family*, Jg. 55. Nr. 2(1993), 408~414쪽.

──────/Vladimir Canudas-Romo, "Timing Effects on First Marriage. Twentieth-Century Experience in England and Wales and the USA", 출전: *Population Studies*, Jg. 59, Nr. 2(2005), 135~146쪽.

Schooler, Jonathan W./Tonya Engstler-Schooler, "Verbal Overshadowing of Visual Memories. Some Things Are Better Left Unsaid", 출전: *Cognitive*

Psychology, Jg. 22, Nr. 1(1990), 36~71쪽.

Schopenhauer, Arthur, *Parerga und Paralipomena*(1851), Bd. 2, Ludger Lütkehaus(편집), Zürich, 1988.

Schulte-Sasse, Jochen, "Imagination and Modernity. Or the Taming of the Human Mind", 출전: *Cultural Critique*, Nr. 5(1986), 23~48쪽.

Schwartz, Barry, *The Paradox of Choice: Why more is less*, HarperCollins, 2005.

Schwartz, Pepper, *Love Between Equals: How peer marriage really works*, The Free Press, 1994.

Schwarz, Ori, "Negotiating Romance in Front of the Lens", 출전: *Visual Communication*, Jg. 9, Nr. 2(2010), 151~169쪽.

Seligman, Adam B./Robert P. Weller/Michael J. Puett/Bennett Simon, *Ritual and Its Consequences: An Essay on the Limits of Sincerity*, Oxford & New York, 2008.

Sen, Amartya K., "Rational Fools: A Critique of the Behavioral Foundations of Economic Theory", 출전: *Philosophy and Public Affairs*, Jg. 4, Nr. 6(1977).

Shakespeare, William, *Romeo and Juliet*(1599).

─────────────, "A Midsummer-Night's Dream"(1623), *Four Comedies*, Penguin Classics, 1982.

Shalit, Wendy, *Girls Gone Mild. Young Women Reclaim Self-Respect and Find It's Not Bad to Be Good*, New York, 2007.

Shapin, Steven, *A Social History of Truth*, Chicago, 1994.

Shapiro, Susan, *Five Men Who Broke My Heart*, New York, 2004.

Shusterman, Richard, "Aesthetic Experience: From analysis to Eros", 출전: R. Shusterman/A. Tomlin(편집), *Aesthetic Experience*, Routledge, 2008, 79~97쪽.

Simon, Herbert, "Bounded Rationality in Social Science. Today and Tomorrow", 출전: *Mind & Society*, Jg. 1, Nr. 1(2000), 25~39쪽.

Singer, Irving, *The Nature of Love: Courtly and Romantic*, Chicago & London, 1984.

Smelser, Neil, "The Rational and the Ambivalent in the Social Sciences. 1997 Presidential Address", 출전: *American Sociological Review*, Jg. 63, Nr.

1(1998), 1~16쪽.

Spechler, Diana, "Competing in My Own Reality Show", 출전: *The New York Times*, 11. June 2010, 〈http://www.nytimes.com/2010/06/13/fashion/13love.html?emc=tnt&tntemail1=y〉.

Stafford, Laura/Andy J. Merolla, "Idealization, Reunions, and Stability in Long-Distance Dating Relationships", 출전: *Journal of Social and Personal Relationships*, Jg. 24, Nr. 1(2007), 37~54쪽.

Stepp, Laura Sessions, *Unhooked. How Young Women Pursue Sex, Delay Love and Lose at Both*, New York, 2007.

Stewart, Stephanie&Heather Stinnett/Lawrence B. Rosenfeld, "Sex Differences in Desired Characteristics of Short-Term and Long-Term Relationship Partners", 출전: *Journal of Social and Personal Relationships*, Jg. 17, Nr. 6(2000), 843~853쪽.

Stone, Lawrence, *The Family, Sex and Marriage in England, 1500~1800*, New York, 1977.

──────, *Broken Lives. Separation And Divorce in England, 1660~1857*, Oxford & New York, 1993.

Strachey, Lionel/Walter Littlefield(편집), *Love Letters of Famous Poets and Novelists*, New York, 1909.

Strohm, Charles/Judith Seltzer/Susan Cochran/Wickie Mays, "Living Apart Together. Relationships in the United States", 출전: *Demographic Research*, Jg. 21, Nr. 7(2009), 177~214쪽.

Sum, Andrew 외, *The Growing Gender Gaps in College Enrolment and Degree Attainment in the U.S. and Their Potential Economic and Social Consequences*, Boston, 2003.

Susman, Warren I, *Culture as History. The Transformation of American Society in the Twentieth Century*, New York, 1984.

Swidler, Ann, *Talk of Love. How Culture Matters*, Chicago, 2001.

Symons, Donald, *The Evolution of Human Sexuality*, New York, 1979

Taylor, Charles, *Souces of the Self*, Cambridge University Press, 1992.

──────, *Modern Social Imaginaries*, Durham, 2004.

Tennov, Dorothy, *Love and Limerence: The experience of being in love*,

Stein and Day, 1979.

Tesser, Abraham/Delroy L. Paulhus, "Toward a Causal Model of Love", 출전: *Journal of Personality and Social Psychology*, Jg. 34, Nr. 6(1976), 1095~1105쪽.

Thaler, Richard. H./Cass R. Sunstein, *Nudge: Improving decisions about health, wealth, and happiness*, Yale University Press, 2008.

Thélot, Claude, *Tel père, tel fils? Position sociale et origine familiale*, Paris 1982.

Thornton, Arland, "Changing Attitudes toward Family Issues in the United States", 출전: *Journal of Marriage and the Family*, Jg. 51, Nr. 4(1989), 873~893쪽.

Tosh, John, *Manliness and Masculinities in Nineteenth-Century Britain. Essays on Gender, Family and Empire*, Harlow, 2005.

Townsend, Catherine, *Breaking the Rules. Confessions of a Bad Girl*, London, 2008.

——————————, "Romance and Passion", 19. September 2008, ⟨http://sleeping-around.blogspot.com/2008/09/romance-passion.html⟩.

——————————, "Culture of Love", 23. September 2008, ⟨http://sleeping-around.blogspot.com/2008/09/culture-of-love.html⟩.

——————————, "The Seven Ages of Love", 26. September 2008, ⟨http://sleeping-around.blogspot.com/2008/09/even-during-my-hedonistic-teenage-years.html⟩.

——————————, "Why Some Men's 'Hot' Sex Scenes Leave Me Cold", 출전: *The Independent*, 7. January 2010, ⟨http://catherinetownsend.independentminds.livejournal.com/17943.html⟩.

Trivers, Robert, *Social Evolution*, Menlo Park, 1985.

Trollope, Anthony, *Doctor Thorne*(1858), London, 1953.

Turner, Bryan S./Chris Rojek, *Society and Culture. Principles of Scarcity and Solidarity*, London, 2001.

Twain, Mark, *Mark Twain's Letters*, Bd. 2: 1867~1868, Harriet Elinor Smith/Richard Bucci/Lin Salomo(공동편집), Berkeley, 1990.

Updike, John, "Libido Lite", 출전: *The New York Review of Books*, 18.

November, 2004, 30쪽 이하.

U. S. Census Bureau Report, *Number, Timing and Duration of Marriages and Divorces: 2001*, February 2005.

──────────────, *America's Families and Living Arrangements: 2007*, September 2009.

Vincent-Buffault, Anne, *History of Tears. Sensibility and Sentimentality in France*, New York, 1991.

Wagner, Peter, *A Sociology of Modernity. Liberty and Discipline*, London & New York, 1994.

Wahrman, Dror, *The Making of the Modern Self. Identity and Culture in Eighteenth-Century England*, New Haven 2004.

Walton, Kendall L., "Fearing Fictions", 출전: *Journal of Philosophy*, Jg. 75, Nr. 1(1978), 5~27쪽.

Walzer, Michael, *Spheres of Justice: A defense of pluralism and equality*, Basic Books, 1983.

Warren, Neil Clark, *Date… or Soul Mate: How to know if someone is worth pursuing in two dates or less*, Thomas Nelson Publishers, 2002.

Watt, Ian, "The New Woman. Samuel Richardson's Pamela", 출전: Rose L. Coser(편집), *The Family. Its Structure and Functions*, New York, 1964, 267~289쪽.

Weber, Max, "Die protestantische Ethik und der Geist des Kapitalismus (1904/1905)", 출전: 같은 저자, *Gesammelte Aufsätze zur Religionssoziologie I*, Stuttgart, 1988, 17~206쪽.

──────────────, "Die Wirtschaftsethik der Weltreligionen", Abschnitt "Zwischenbetrachtung"(1915), 출전: *Gesammelte Aufsätze zur Religionssoziologie I*, Stuttgart, 1988, 536~573쪽.

──────────────, *Wissenschaft als Beruf*(1919), Stuttgart, 2006

Webster, Murray/James E. Driskell, "Beauty as Status", 출전: *American Journal of Sociology*, Jg. 89, Nr. 1(1983), 140~165쪽.

Weigert, Andrew J., *Mixed Emotions. Certain Steps Toward Understanding Ambivalence*, Albany, 1991.

Wharton, Edith, *Summer*(1917), Kessinger Publishing.

―――――――, *The Letters of Edith Wharton*, R. W. B. Lewis/Nancy Lewis (공동편집), New York, 1988.

―――――――, *The Age of Innocense*(1920), Wordsworth.

Whimster Sam/Scott Lash(공동편집), *Max Weber, Rationality and Modernity*, London, 1987.

Wilkinson, Iain, *Suffering. A Sociological Introduction*, Cambridge, 2005.

Wilson, Timothy, "Don't Think Twice, It's All Right", 출전: *International Herald Tribune*, 30. December 2005, 6쪽.

―――――――/Daniel T. Gilbert, "Affective Forecasting", 출전: *Advances in Experimental Social Psychology*, Jg. 35(2003), 345~411쪽.

―――――――/Jonathan W. Schooler, "Thinking Too Much. Introspection Can Reduce the Quality of Preferences and Decisions", 출전: *Journal of Personality and Social Psychology*, Jg. 60, Nr. 2(1991), 181~192쪽.

Wolf, Naomi, *The Beauty Myth: How Images of Beauty are Used Against Women*, Random House, 1990.

Woll, Stanley/Peter Young, "Looking for Mr. or Ms. Right. Self-Presentation in Videodating", 출전: *Journal of Marriage and Family*, Jg. 51, Nr. 2(1989), 483~488쪽.

Wood, James, "Inside Mr Shepherd", 출전: *London Review of Books*, Jg. 26, Nr. 21(4. November 2004), 41~43쪽.

Yalom, Marilyn, *A History of the Wife*, New York, 2001.

Young, John H., *Our Deportment*(1897), Charleston, 2008.

Zetterberg, Hans, "The Secret Ranking", 출전: *Journal of Marriage and the Family*, Jg. 28, Nr. 2(1966), 134~142쪽.

Zweig, Stefan, *Brief einer Unbekannten*(1922), Frankfurt/M, 1996.

찾아보기

ㄱ · ㄴ

감정 개인주의 48, 114, 482
감정 수행성 체제 64, 65, 67, 83
『감정 자본주의』 440
감정 진정성 체제 66
감정권력 206, 207
감정불평등 201, 204~206, 211, 468
감정자아 28, 80, 82
감정작업 340, 372, 437
감정주관 393
거리두기 전략 169
결혼기피증 136, 141~143, 157
고딕소설 397
고프먼, 어빙 233, 235
고흐, 빈센트 반 243
『골짜기에 핀 백합』 311
공감편견 182
공쿠르, 에드몽 드 249
공쿠르, 쥘 드 249
『구속 없는 만남에서 확실한 관계에 이르기까지』 130
『규칙』 171, 173, 291
그린, 로버트 370
『글래머』 245
기든스, 앤서니 25, 29, 30, 199, 342
기사도 사랑 247, 249

『날기가 두렵다』 210
『남자를 위한 예절』 220
『낭만적 유토피아의 소비』 349
『낭만주의 윤리와 근대 소비주의 정신』 403
『내 가슴을 찢어놓은 다섯 남자』 230
『내셔널 지오그래픽』 324
『너무 지나치게 사랑하는 여인들』 269
〈네 번의 결혼식과 한 번의 장례식〉 414
네링, 크리스티나 250, 357, 358, 370, 372, 471
『네이션』 381
『노생거 수도원』 277, 278, 397
『뉴스위크』 338
『뉴요커』 60, 63
『뉴욕타임스』 38, 158, 189, 190, 197, 204, 236, 245, 284, 313, 409, 431, 439, 440
니먼, 수전 277, 281, 477
니체, 프리드리히 118, 218

ㄷ · ㄹ

다우드, 모린 118, 313
대학생 러브스토리 콘테스트 158, 204, 439
데리다, 자크 195, 198, 354

데밀리오, 존 87
『데이트 혹은 소울메이트』 222
데카르트, 르네 215, 216, 298, 299
데팡스 366
도덕감정 58, 278
도스토옙스키, 표도르 22, 42
『독일 사회학 실증주의 논쟁』 385
『동백 아가씨』 280
동질혼 97, 98, 102, 103, 110, 113
뒤르켐, 에밀 21, 235
뒤마, 알렉상드르 280
뒤몽, 루이 71, 359~361
들뤼모, 장 419
디드로, 드니 357
디킨슨, 에밀리 214, 357, 458
라캉, 자크 216
〈라스베이거스에서만 생길 수 있는 일〉 414
라투르, 브뤼노 142
레스 코기탄스 216
레프로이, 톰 72
로리스, 기욤 드 309
로스, 필립 42
로스케, 시어도어 183
로트먼, 엘렌 65, 126, 127, 225
리비도 114, 371, 441
리처드슨, 새뮤얼 124
리쾨르, 폴 36

ㅁ・ㅂ
『마네킹을 위한 데이트』 221
마르크스, 카를 20, 21, 286, 304, 305, 329, 377, 463
마리옹, 장 뤽 195, 216, 238, 367

마코위츠, 미리엄 381, 382
막스, 그루초 169
매킨타이어, 알래스데어 278
맥팔레인, 앨런 180
머튼, 로버트 193
「모던 러브」 38, 190, 236, 245, 284, 409, 431, 435
모츠킨, 가브리엘 28, 29
묑, 장 드 309
문화의 포르노화 120
미첼, 스티븐 424, 425
밀, 존 스튜어트 357
바르트, 롤랑 361, 384
바이런, 조지 228, 248, 249
바타유, 조르주 365, 366
반복강박 15, 316
반스, 줄리언 302
발자크, 오노레 드 279, 280, 309, 311
배럿, 엘리자베스 86, 227, 357
〈배철러〉 113
버라이어티 드라이브 163
『버림받은 여인』 279
버먼, 마셜 329, 417
버크, 에드먼드 303~305
버튼, 로버트 251
버틀러, 주디스 254
『벗겨지다』 207
베버, 막스 21, 22, 306~308, 314, 327, 328, 353, 364, 385
베커, 게리 101, 102, 137
보드리야르, 장 389, 402
보루아, 비조이 406
『보바리 부인』 11, 397, 399, 401

찾아보기 553

보부아르, 시몬 드 17, 357
보카치오, 조반니 345
볼랑, 소피 357
볼탄스키, 뤽 221, 339
부르디외, 피에르 108, 206, 221, 352, 445
브라우닝, 로버트 86, 227, 357
브라운밀러, 수전 149
브레슬로, 애너 409
브루크너, 파스칼 121
『브리짓 존스의 일기』 152, 169, 285
블랙번, 사이먼 218, 219
블랙우드, 에블린 148
〈BBC 월드 서비스〉 439
BTP 199, 200

ㅅ
『사랑은 영원할 수 있을까?』 424
『사랑의 전망』 94
사르트르, 장 폴 232, 357, 387, 388, 401
사우스게이트, 엘리자 65, 126
사이먼, 허버트 188
『상상의 공동체』 419
『상상의 심리학』 387
상징권력 206, 207
샤피로, 수전 230
샤핀, 스티븐 74
샬릿, 웬디 263
선택 아키텍처 45, 46, 48, 141, 143, 157, 181, 194, 210, 211
『설득』 54, 60, 68, 71, 74
『성의 변증법: 페미니스트 혁명의 사례』 17
세균병원균 가설 142
세컨드웨이브 페미니즘 330

섹스 사다리 169
『섹스 앤 더 시티』 266
〈섹스 앤 더 시티〉 113, 209, 313, 418
섹스숭배 473
섹스 아레나 98
『섹스의 변증법』 331
섹스자본 203, 468, 473, 474
섹스해방 운동 362
섹스혁명 45, 63, 93, 464, 474, 486
센, 아마르티아 81, 82
쇼펜하우어, 아르투어 36
『순해진 여인들』 263
슈스터만, 리처드 363, 364
슈워츠, 배리 189
슈워츠, 오리 256, 477
슈워츠, 페퍼 121
슐레겔, 프리드리히 378, 379
슐로스버그, 수전 284
스멜서, 닐 350
스위들러, 앤 122
스톤, 로렌스 29, 347
스페클러, 다이애나 190
슬레이터, 로렌 324
『실패자를 버리고 제대로 된 녀석을 찾아라』 340
『심리학의 오늘』 324
『싱글 테이블의 저주』 284

ㅇ
『아담 비드』 397
아도르노, 테오도어 385, 386, 389, 403
아렌트, 한나 298
아크라시아 178

『안나 카레니나』 407
알렉산더, 제프리 353, 371, 387
『애틀랜틱 매거진』 432
앤더슨, 베네딕트 419
앳킨슨, 티 그레이스 18
약속공포증 134
얀켈로비치, 대니얼 121
업다이크, 존 441
에로스 자본 110~113, 210
에머슨, 랠프 월도 250
에반스, 딜런 325
LAT 135
엘리엇, 조지 397
『엠마』 50, 59, 71
엥겔스, 프리드리히 286
여성해방 프로젝트 265
『여자를 위한 예절』 220
『예브게니 오네긴』 396
『오만과 편견』 54
오스틴, 제인 49, 50, 54, 55, 57, 59, 61, 63, 70~74, 77, 100, 104, 198, 233, 275, 276, 278, 285, 397, 481
오이디푸스 콤플렉스 316
오틀리, 키스 410, 411
우드, 제임스 59
워튼, 이디스 75, 77, 322, 323
월턴, 캔들 408
웨이거트, 앤드루 193
윌리엄스, 레이먼드 377
『이성과 감성』 55, 59, 65, 68, 275, 278
『인디펜던트』 150, 208, 244, 268

ㅈ · ㅊ · ㅋ
『장미 이야기』 309
제1차 세계대전 24, 96
제2차 세계대전 96
제임스, 윌리엄 32
제퍼슨, 토머스 395
즉흥적 섹스 209, 210
지멜, 게오르크 21, 170
『진정성의 정치』 329
체터버그, 한스 97, 108
초도로, 낸시 139
충격편견 183
『친구 사이』 69
카너먼, 대니얼 421, 422
〈카지노〉 415
칼라일, 토머스 72
캐플런, 데이나 97, 112, 477
캐플런, 매리언 72
캔시언, 프란체스카 29, 123
캠벨, 콜린 403
코제브, 알렉상드르 254
코젤렉, 라인하르트 416
코트, 낸시 125, 126
코틀리 러브 414
콜린스, 랜들 148, 235
쿳시, 존 맥스웰 302, 333
크리스티나, 그레타 111
클라인, 게리 184, 351
키르케고르, 쇠렌 오뷔에 53, 86, 130, 200, 201, 379
키츠, 존 384
킬머퍼슬, 조시 110, 111

ㅌ·ㅍ·ㅎ

테베노, 로랑 339
테일러, 해리엇 357
토시, 존 143, 144
토크빌, 알렉시스 드 360
트롤럽, 앤서니 77
트루바두르 247
트웨인, 마크 61, 76, 227
〈파리에서의 마지막 탱고〉 369
『파멜라』 124
파이어스톤, 슐라미스 10, 17, 140, 159, 160, 331
퍼그마이어, 데이비드 192
퍼슨, 에텔 스펙터 223, 442
페미니즘 정치 172
포스트모더니즘 195, 385, 401
『폭풍의 언덕』 11
폴라니, 칼 84
폴리아모리 171
풀러, 마거릿 250, 251
프랑스혁명 303, 305
프랑크푸르트, 해리 19, 178, 179, 234, 472
프랜즌, 조너선 245, 471, 486
프랭크, 로버트 70
프레베르트, 우테 28, 477
프레이저, 로라 236
〈프렌즈〉 415
프로이트 문화 14, 15
프로이트, 지그문트 15, 192, 218, 274, 316, 392, 411, 442, 443, 445, 479
프리드먼, 에스텔 87
〈프리티 우먼〉 378

『플레이보이』 91, 145
피핀, 로버트 376
필딩, 헬렌 152
하버마스, 위르겐 234, 416
『한여름 밤의 꿈』 319, 389
해리스, 바버라 J. 345
핼퍼린, 데이비드 379, 380
『향연』 87, 380
헌터, 제임스 데이비슨 53
헤르츠, 로산나 149
헤이킴, 캐서린 112
헤프너, 휴 145
호네트, 악셀 234, 237, 241, 477
호르크하이머, 막스 389
호메로스의 사회 278, 279
호손, 너새니얼 128
홉스, 토머스 387, 401
『화성남자 금성여자의 사랑의 완성』 221, 222
후쿠야마, 프랜시스 145, 146
흄, 데이비드 73, 74, 218
『홍분-부부의 작은 전쟁들』 426